和谐社会与刑法问题论文集锦

主编　李永升

合肥工业大学出版社

图书在版编目(CIP)数据

和谐社会与刑法问题论文集锦/李永升主编．—合肥：合肥工业大学出版社，2014.12

ISBN 978-7-5650-2087-2

Ⅰ.①和…　Ⅱ.①李…　Ⅲ.①刑法—中国—文集　Ⅳ.①D924.04-53

中国版本图书馆 CIP 数据核字(2014)第 304166 号

和谐社会与刑法问题论文集锦

李永升　主编　　　　责任编辑　朱移山

出　版	合肥工业大学出版社	**版　次**	2014 年 12 月第 1 版
地　址	合肥市屯溪路 193 号	**印　次**	2014 年 12 月第 1 次印刷
邮　编	230009	**开　本**	710 毫米×1010 毫米　1/16
电　话	总　编　室:0551-62903038	**印　张**	34.75
	市场营销部:0551-62903198	**字　数**	624 千字
网　址	www.hfutpress.com.cn	**印　刷**	合肥现代印务有限公司
E-mail	hfutpress@163.com	**发　行**	全国新华书店

ISBN 978-7-5650-2087-2　　　　定价：58.00 元

前　言

自从党的十六届四中全会提出“构建社会主义和谐社会”的科学命题以来，关于如何在新的形势下搞好和谐社会的建设就成为广大理论与实务工作者研究的热门话题。社会和谐是中国特色社会主义的本质属性，是国家富强、民族振兴、人民幸福的重要保证。构建社会主义和谐社会，是我们党以马克思列宁主义、毛泽东思想、邓小平理论和“三个代表”重要思想为指导，全面贯彻落实科学发展观，从中国特色社会主义事业总体布局和全面建设小康社会全局出发提出的重大战略任务，反映了建设富强民主文明和谐的社会主义现代化国家的内在要求，体现了全党全国各族人民的共同愿望。和谐社会的总体要求是民主法治、公平正义、诚信友爱、充满活力、安定有序、人与自然和谐相处。它强调了人与人的和谐相处、人与社会的和谐相处、人与自然的和谐相处的总体精神。为了充分贯彻落实科学发展观，更好地构建社会主义和谐社会，我们结合刑法理论与刑法实务的实际情况，从中选择了刑法理论与刑法实践两方面的内容进行系统的分析和研究，从而对刑法理论和司法实务中的相关问题提出了自己的新见解，借此为社会主义和谐社会的构建贡献我们的绵薄之力。

本书以当代马克思主义的最新研究成果科学发展观与和谐社会这一治国、治世理念为基础，分八编对有关问题进行了系统的分析与研究。第一编是和谐社会语境下的刑事政策研究，分别对刑事政策的内涵、基本范畴、基本理论与方法论等问题与和谐社会的关系进行了研究。第二编是和谐社会语境下的犯罪论体系研究，分别对大陆法系的三阶层犯罪论体系、英美法系的双层次犯罪论体系与我国四要件的犯罪论体系与和谐社会的关系进行了研究。第三编是和谐社会语境下的刑法改革研究，分别对刑罚轻缓化、刑罚的体系与构造、未成年人犯罪的刑法改革、死刑制度的改革等问题与和谐社会的关系进行了研究。第四编是和谐社会语境下的公共安全研究，分别对公共安全所涉及的诸多方面问题，如危险驾驶、重大安全事故等与和谐社会的关系进行了研究。第五编是和谐社会语境下的群体性事件研究，分别对群体性事件的危害、成因和刑法规制等方面的内容进行了研究。第六编是和谐社会语境下的民生问题研究，分别对食品安全、产品安全与和谐社会的关系进行了研究。第七编是和谐社会语境下的人身权利研究，分别对安乐死、未成年人的刑法保护、死刑犯的生育权以及其他人身权利与和谐社会的关系进行了研究。第八编是和谐社会语境下的环境犯罪研究，分别对环境犯罪的概念、特征、危害、成因以及刑法规制与立法完善等方面的问题进行了研究。以上这些内容不仅从整体上对和谐社会与刑法的理论问题进行了研究，而且从各个不同视角对和谐社会与刑法的实践问题进行了研究。本书对和谐社会各个方面的研究都有自己的创新之处，因此，本书不仅是刑法理论与实务工作者必备的读本，也是党政工作者掌握和谐社会的理论必备的参考读物。

由于每个人的学术观点有所不同，本书在不同专题的研讨中对某些具有共性的问题，可能存在前后不一致的地方，为尊重不同作者的思想自由权利以及劳动成果，本着文责自负的精神，对有抵牾的部分并没有强求一致。我们深信，在某些问题上，学术观点的抵触，学术论争的存在，可能更清楚地突现刑法实施中存在的问题，也同时昭示着未来中国刑法学长足发展的希望。

本书由西南政法大学法学院刑法教研室博士生导师李永升教授拟定写作内容和注意事项。全书初稿完成后，由李永升教授统一修改定稿。本书的写作得到了我校 2012 级和 2013 级刑法专业研究生的大力支持。如果没有他们的共同努力，恐怕此书的出版就没有如此顺利。在此，对于这些青年才俊所付出的辛勤劳动表示衷心的感谢。

由于和谐社会理论的博大精深，司法实践的波诡云谲，加上我们时间、精力与能力有限，本书所关注的问题，只不过是刑法理论与司法实务长河中的几朵小小的浪花，鉴于本书的研究有一定的局限性，难免存在不足之处，若有疏漏之处，敬请各位同行方家指正。

本书在写作的过程中，参考了大量的专著、教材、论文以及其他方面的参考资料，对于以上成果除了在论文中已作说明的以外，在此一并表示衷心的感谢！

李永升谨识于西南政法大学

2014 年 6 月 9 日

目　　录

第二编　和谐社会语境下的犯罪论体系研究

第三编　和谐社会语境下的刑法改革研究

第四编　和谐社会语境下的公共安全研究

第五编　和谐社会语境下的群体性事件研究

第六编　和谐社会语境下的民生问题研究

第七编　和谐社会语境下的人身权利研究

第八编　和谐社会语境下的环境犯罪研究

第一编

和谐社会语境下的刑事政策研究

和谐社会与宽严相济刑事政策的辩证思考

李永升 刘沛谞

一、导论：和谐社会语境中的刑事政策

2002年召开的中国共产党第十六次全国代表大会在阐述全面建设小康社会的目标时强调，要使经济更加发展、民主更加健全、科教更加进步、文化更加繁荣、社会更加和谐、人民生活更加殷实，从而提出了社会和谐的问题。2004年，中国共产党十六届四中全会明确将其具体化为“构建社会主义和谐社会”的科学命题，并提出了构建社会主义和谐社会的具体任务。2005年2月，胡锦涛总书记在中央党校举办的“省部级主要领导干部提高构建社会主义和谐社会能力”的专题研讨班上，全面阐述了构建社会主义和谐社会的内涵，并提出和谐社会应具备民主法治、公平正义、诚信友爱、充满活力、安定有序、人与自然和谐相处六大特征。构建社会主义和谐社会是全面建设小康社会的重要内容，也是建设中国特色社会主义长远战略规划的重要方面。“和谐社会”命题的提出，是我们党对中国特色社会主义事业认识的新发展。它表明，我国社会主义现代化建设的总布局已经由发展社会主义市场经济、社会主义民主政治和社会主义先进文化的三位一体，提升为包括社会主义和谐社会在内的四位一体。这不只是量的增加，更重要的是认识上的一大飞跃。①

有学者指出，和谐社会是“元素互补”的社会，是各个社会元素之间结构互补以至功能互补的社会；和谐社会是“彼此互动”的社会，是个体与个体的动态关系得到很好对待的社会；和谐社会是“相互协调”的社会，是个体与个体，个体与整体很好协调的社会。② 可见，和谐社会作为一个复杂多元的社会系

作者简介：李永升（1964—），男，安徽怀宁人，西南政法大学法学院教授，博士生导师，博士后合作导师。刘沛谞（1979—），男，四川苍溪人，西南政法大学法学院副教授，硕士生导师。

① 邓伟志：《“和谐社会”提出的意义》，载东方网，http://news.eastday.com/eastday/news/node47824/node47836/node47891/node47923/userobject1ai989692.html，2006年3月1日访问。

② 卓泽渊：《构建和谐社会与法治社会》，载正义网，http://news.jcrb.com/Biglaw/lawschools/201205/t20120502_852871.html，2006年3月2日访问。

统，是多种元素、环节、场景的统一体，其间充斥着各种利益与关系的交织和冲突，如果放任自流，很容易导致社会整体的失序、混乱。因此，和谐社会之“和谐”不是自然达成的状态，而需要一系列的规则、机制保障。其中，民主法治作为和谐社会的首要基本特征，表明法治对于和谐社会构建具有重要意义。自从人类历史跨入阶级社会以来，法律就担负着维护社会秩序的重任。法治状况的程度直接影响和决定着社会秩序的好坏。中国共产党将依法治国上升到治国基本方略的高度正体现了对二者关系的深刻认识。

众所周知，就部门法的角度而言，法治包括宪政、刑事法治、行政法治、民事法治、经济法治等多个界面。其中，刑事法治的规制对象直接指向以社会整体为侵害对象的犯罪，并具有制裁对象的广泛性和惩治措施的严厉性两大特征，因而成为社会维护的最后一道防线。基于此，刑事法治对于和谐社会建构就具有了特殊意义。刑事法治具有多种模式，选择何种刑事法治，对于和谐社会的建设效果无疑具有重要影响。由于刑事政策是刑事法治的灵魂与导向，所以刑事法治模式的选择问题，从根本上说，是刑事政策模式的选择问题。新中国成立以来，我国经历了“惩办与宽大相结合”“坦白从宽，抗拒从严”“严打”等类型刑事政策的变迁，其在净化治安环境、提升刑事安全形势方面取得了一定的成效，同时也在政策选择方面积累了一些经验教训。

当下，我国刑事政策领域的最新形态是宽严相济的刑事政策。2006 年 3 月 1 日最高人民法院院长肖扬在向十届全国人大四次会议作最高人民法院年度工作报告时两次提到“宽严相济”，一处是在报告开头，介绍一年来审判和执行工作情况“依法严惩严重刑事犯罪，维护国家安全和社会安定”时，要求“贯彻宽严相济的刑事政策，对罪当判处死刑但具有法定从轻、减轻处罚情节或者不是必须立即执行的，依法判处死缓或无期徒刑”。另一处是在介绍 2006 年工作安排“加强刑事审判工作，依法惩罚犯罪”时，强调“坚持宽严相济的刑事政策，对犯罪情节轻微或具有从轻、减轻、免除处罚情节的，依法从宽处罚”。为了更好地阐释宽严相济的刑事政策对于和谐社会建构的理论及实证意义，笔者拟先就一般意义的刑事政策展开一些介评。

二、刑事政策之内涵厘定

回溯刑事法治的历史源流，刑事政策的实践展开先于其理论范型。我国奴隶社会的“慎刑”“轻刑”和“刑期于无刑”，封建社会的“重其重罪、轻其轻罪”“刑不可知则威不可测”等法律思想中均得以窥见早期刑事政策的实践形态。而作为理论概念的刑事政策，则最早于 1800 年由被誉为“刑事政策之父”的德国学者费尔巴哈提出，其认为“刑事政策是国家据以与犯罪作斗争的惩罚措施的总和，是‘立法国家的智慧’”[①]。同时期的德国学者克兰斯洛德认为，“刑事政策是立法者为了预防、阻止犯罪、保护公民自然权利并根据各个国家具体情况而采取的措施”。[②] 其后，对刑事政策的理论研究进入了一个相对沉寂的阶段。直至20世纪初德国刑法学家李斯特将刑事政策界定为“国家与社会据以组织反犯罪斗争的原则的总和”之后，刑事政策及相关问题的研究在大陆法系国家掀起了一个高潮，各国学者纷纷在此基础之上提出自己的理解。随着刑事政策被译为“Criminal Policy”，其在英美法系也开始得到重视。各路学者中，法国学者的研究成效斐然，征表之一就是贡献了不少关于刑事政策的经典定义。如亨利·多纳迪·德瓦布尔认为，“刑事政策就是国家对犯罪所作出的反应，作用就是对犯罪进行惩罚”[③]。马克·安塞尔则将刑事政策视为“观察的科学”与“组织反犯罪斗争的艺术与策略”，他进一步指出，“刑事政策是由社会，实际上也就是由立法者和法官在认定法律所要惩罚的犯罪，保护‘高尚公民’时所作的选择”。[④] 另一位著名女性学者克里斯蒂娜·拉塞杰在其著作中指出，“政策，一般地说，就是对城邦事务的认识与管理。刑事政策一方面是对犯罪这一城邦内部的特殊事务的认识与分析，另一方面是用来解决犯罪行为或越轨行为所带来的一系列问题的战略”[⑤]。米海依尔·戴尔玛斯·马蒂则认为，“刑事政策就是社会整体据以组织对犯罪现象的反应的方法的总和，因而是不同社会控制形式的理论和实践”[⑥]。

为了更好地把握刑事政策的本质，有必要将代表性国家和地区的典型定义予以列举：德国当代刑事法学家耶塞克教授认为“制裁制度的构筑、适用和改革，鉴于变化着的社会关系，被概括性地描述为刑事政策，而刑事政策还包括处罚的先决条件和犯罪构成适应时代的需要以及符合目的的构筑刑事程序和刑事追诉”[⑦]；日本学者大谷实认为，“所谓刑事政策，是国家机关（国家和地方公共团体）通过预防犯罪，缓和犯罪被害人及社会一般人对于犯罪的愤慨，从而实现维护社会秩序的目的的一切措施政策，包括立法、司法及行政方面的对策”[⑧]；我

---

① ［法］米海依尔·戴尔玛斯-马蒂著：《刑事政策的主要体系》，卢建平译，法律出版社2000年版，第1页。

② 卢建平：《社会防卫思想》，载高铭暄、赵秉志主编《刑法论丛》（第1卷），法律出版社1998年版，第48页。

③ ［法］亨利·多纳迪·德瓦布尔著：《专制国家刑事政策》（1938年法文版）。

④ ［法］马克·安塞尔著：《社会防卫思想》，卢建平译，香港天地图书有限公司1988年版，第7页。

⑤ ［法］克里斯蒂娜·拉塞杰著：《刑事政策学》，法国大学出版社1987年法文版。

⑥ ［法］米海依尔·戴尔玛斯-马蒂著：《刑事政策的主要体系》，卢建平译，法律出版社2000年版，第1页。

⑦ ［德］汉斯·海因里希·耶塞克著：《德国刑法教科书》，中国法制出版社2001年版，第28-29页。

⑧ ［日］大谷实著：《刑事政策学》，黎宏译，法律出版社2000年版，第3页。

国台湾学者林纪东指出，“刑事政策的含义，可分为广义和狭义两说。广义说认为刑事政策是探求犯罪的原因，批判现行的刑罚制度，及各种有关制度，从而改善或运行现行刑罚制度，及各种有关制度，以期防止犯罪的对策”①。

在英美法系国家，刑事政策一词在二战以后才开始逐渐使用，由于法律思维的殊异，定义式研究方法所见不多。安德鲁·卢瑟福于1996年出版的《刑事政策转轨》一书中对刑事政策定义如下：“刑事政策，广义来说，可以被认为是社会整体对由于犯罪现象所引发的问题的具体反应。其中心内容包括：刑法的界限(包括个人责任的界限)；在刑事诉讼各个阶段与犯罪作斗争的措施；为防止任意搜查和逮捕以及为确保公平、公正和体面对待所提供的保护；在执行刑法时无论性别、阶级、种族，一律不偏不倚；被害人的地位；最后，还有更深更广的犯罪预防领域。”②

在国内学者的代表性言说中，《外国刑法学》一书认为，“刑事政策是国家或者社会团体针对犯罪、犯罪者以及犯罪诸现象，根据以镇压、压制或者遏制和预防犯罪为目的的原则，采取有效的有指导意义的活动或者措施”③；《中国刑事政策学》一书认为，“我国的刑事政策是指中国共产党和人民民主政权，为了预防犯罪、减少犯罪，以致消灭犯罪，以马列主义、毛泽东思想为指导，根据我国的国情和一定时期的形势，而制定的与犯罪进行有效斗争的指导方针和对策”④；曲新久教授则认为，“所谓刑事政策，是指国家基于预防犯罪、控制犯罪以保障自由、维持秩序、实现正义的目的而制定并实施的准则、策略、方针、计划以及具体措施的总称”⑤。

由上可见，关于刑事政策的定义可谓林林总总、仁智互见。对此，储怀植教授评论道，“至今几乎所有关于刑事政策的著述，找不到两个完全相同的刑事政策定义”⑥。曲新久教授也认为，“有多少个刑事政策研究者大概就有多少种刑事政策概念”⑦。因此，刑事政策的定义被称为“一个歧义丛生的概念”。

---

① 林纪东著：《刑事政策学》，台湾正中书局1969年版，第3页。

② ［英］Andrew Rutherford：Transforming Criminal Policy，Published 1996 by Waterside Press，P11. 转引自刘仁文：《论刑事政策的概念与范围》，载《中国人民公安大学学报》2005年第1期。

③ 甘雨沛、何鹏著：《外国刑法学》（上册），北京大学出版社1983年版，第74页。

④ 马克昌著：《中国刑事政策学》，武汉大学出版社1992年版，第5页。

⑤ 曲新久：《论刑事政策——作为权力知识的公共政策》，载陈兴良主编《刑事法评论》（第11卷），中国政法大学出版社2002年版，第46页。

⑥ 储槐植：《刑事政策：犯罪学的重点研究对象和司法实践的基本指导思想》，载《福建公安高等专科学校学报》1999年第5期。

⑦ 曲新久：《论刑事政策——作为权力知识的公共政策》，载陈兴良主编《刑事法评论》（第11卷），中国政法大学出版社2002年版，第47页。

笔者认为，刑事政策的概念是阐释宽严相济政策的逻辑起点。二百多年来诞生的关于刑事政策的众多界定透视出一个由漫长的历史进路与广阔的社会背景交织而成的语境中刑事政策研究与实践的丰富情状及变迁。这一翔实的史料对于我们今天的政策研究与择定具有重要借鉴意义。同时，我们也必须清醒意识到，和谐社会是我们研究的当下语境，不能逸脱这一话语背景进行空泛研究。基于此，笔者认为应当从刑事一体化的视角对刑事政策进行重新界定。因为，刑事政策模式决定刑事法治形态，决定刑事法治内部诸要素以何种方式组合以有效防控犯罪。刑事政策的模式不同，刑事法治内部诸要素的组合方式也就不同，从而牵涉到相互功能的协调发挥，最终影响刑事法治的成效。从刑事一体化的视角界定刑事政策，有利于刑事法治内部诸要素以符合刑事法治内在规律的方式组合，确保刑事法治以良性态势运行，从而达致刑事政策的理想目标。基于以往国内外学者的研究成果，笔者认为，对刑事政策的概念界定过窄，容易造成与具体刑事学科的交叉重合，不利于体现其居于其他刑事学科上位，并对之起价值指导作用的功能；界定过宽，可能导致刑事政策内涵虚置，机制不明，不利于刑事法整体的科际整合与功能协调。由此，笔者提出从刑事一体化视角界定刑事政策的内涵，即：刑事政策是国家基于特定刑事安全形势的要求，以符合刑事法治要求的方式运用刑事实体法和刑事程序法预防与抗制犯罪，从而防卫社会的策略系统。不难看出，笔者所提出的刑事政策内涵具有一般性，其中并不包含宽严相济的趣旨。因为刑事政策的内涵与其形态并无必然关联，而任何科学合理的刑事政策均应从刑事政策的一般内涵出发，并因具体社会情势与法治内在规律的要求而作形态上的相应变更。

三、刑事政策之模型建构

宽严相济刑事政策并非晚近产物，其在国外表现为某些学者所引介的“轻轻重重”的刑事政策。20世纪70年代，西方国家日益高涨的犯罪浪潮挑战了以“新社会防卫论”为基础的轻缓化刑事政策，并为“轻轻重重”刑事政策之缘起提供了时代契机。所谓“轻轻”，即对轻微犯罪，处罚较以往更轻，体现为刑事立法上的“非犯罪化”，刑事司法上的“非刑罚化、程序简易化”，刑事执行上的“非机构化、非监禁化”；所谓“重重”，即对严重犯罪，处罚较以往更重，体现为刑事立法上的“入罪化”，刑事司法上的“从重量刑、特别程序和证据规则”，刑事执行上的“隔离与长期监禁”。“轻轻重重”的刑事政策在主流法治国已经形成了较为完备的理论体系，通过“轻轻”，提升了刑事法治的谦抑宽容，通过“重重”，有利于集中有限的司法资源抗制较为严重的犯罪。因此，取得了较好的实践效果。

反观新中国成立以来的刑事政策实践，大体经历了由“惩办与宽大相结合”政策到“严打”政策的流变。尤其是“严打”政策的出台及适用是改革开放以来我国政策实践领域的主要形态。而这一时期，基本对应西方由轻缓化刑事政策向“轻轻重重”刑事政策的过渡。“严打”政策是严厉型刑事政策的一种体现，相对宽松型刑事政策而言。“严打”政策曾在遏阻刑事安全形势的恶化和降低犯罪发生率方面发挥了积极作用，但由于我们在刑事政策本质及刑事政策与刑事实体法和程序法的交互关系及互动机制等方面存在根本的认识缺陷，使得“严打”政策与刑事法的关系发生严重错位，进而导致违背罪刑法定原则、程序法定原则等负面情形，最终不利于刑事法治目标之实现。当下，我国正处于社会转型时期，宽严相济政策由于能够较为全面地关照复杂的犯罪形势并平衡保障人权与惩治犯罪之间的关系，从而受到学者的青睐。因此，如何在新形势下合理运用宽严相济政策，使得刑事政策与刑事法的对话机制能够以符合正义要求的方式畅达进行，从而推动刑事法治的进程，就成为一个兼具理论与实践双重使命的重大课题。

可以说，目前国内对宽严相济政策的研究尚处于起步阶段。由于刑事政策与刑事一体化的研究起步较晚，所以针对刑事政策本体、刑事一体化、刑事政策与实体法和程序法的交互关系的研究呈现片断性，没有形成系统完备的理论体系，这势必折损宽严相济政策的实施效果。基于此，笔者拟在借鉴国际国内最新研究成果的基础上，对我国传统政策实践模式及其成效进行审慎反思，并提出如何从刑事一体化的视角建构宽严相济政策的理论范式和实践模型，以期更好地服务于和谐社会构建。

在刑事法治视域下，社会整体据以组织对犯罪现象的反应的方法大致可以划分为实体方法与程序方法两个宏观向度。实体方法主要体现为立法机关根据基于刑事安全形势的具体状况拟定的刑事目标对犯罪圈的扩张或紧缩以及针对个罪的刑事制裁措施的种类与量的配置；程序方法主要体现为针对不同类别犯罪的诉讼程序设计的疏别以及被追诉人的诉讼权利与基本人权在不同程序中所面临的司法处遇。刑事政策作为刑事法治的灵魂，是贯穿刑事实体法与刑事程序法的价值基石与精神导向。合理型塑刑事政策与实体法和程序法的交互关系与互动机制，不仅有利于推动刑事政策的法治化（包括政策实体化和程序化），确保惩罚犯罪与保障人权的刑事法治目标得以更好实现，也有利于深化刑事一体化的理论研究并促成其在实践层面的展开。由此，笔者认为，应当从政策实体化和程序化两个向度贯彻刑事政策对犯罪防控的要求，从而使刑事政策对刑事法的指导作用能以符合法治要求的方式展开。同时，刑事政策亦应注重及时关注、搜集政策在实体化和程序化过程中出现的异常“症状”，并适时进行自我调整以满足刑事法实践的要求。这样一来，就可以避免传统理论仅从单向关注刑事政策对刑事法的作用这一理论误区，在刑事政策与刑事法之间力图形成一种良性、双向的对话渠道与共生机制。

笔者在前文提出了一个全新的刑事政策理论及实践模型，与此同时，该模型也是一个分析工具，可以作为评判过往刑事政策成败得失的标尺，并对现行刑事政策的改良提出有益启示。就“严打”政策而言，其出台有特定的历史背景。改革开放初期，经济违法犯罪行为丛生，党中央做出了严惩严重经济犯罪活动的决定。五届人大常委会第22次会议于1982年3月通过了《关于严惩严重破坏经济的罪犯的决定》。《决定》对1979年《刑法》的相关条文作了补充和修改，对原未配置无期徒刑和死刑的走私罪、投机倒把罪、盗窃罪、贩毒罪、盗运珍贵文物出口罪分别补充或修改为：情节特别严重的，处10年以上有期徒刑、无期徒刑或者死刑，可以并处没收财产。此后，鉴于严重刑事犯罪案件大幅度上升的情况，党中央又决定对严重刑事犯罪依法从重从快予以打击。1983年9月，全国人大常委会做出《关于严惩严重危害社会治安的犯罪分子的决定》（以下简称《决定》）。《决定》对原来处刑较轻的流氓罪、故意伤害罪、拐卖人口罪、引诱容留妇女卖淫罪、强迫妇女卖淫罪等个罪，均规定“可以在刑法规定的最高刑以上处刑，直至判处死刑”。《决定》还增设了传授犯罪方法罪，对传授犯罪方法情节较轻、情节严重、情节特别严重的分设三个量刑档次，分别为5年以下有期徒刑、5年以上有期徒刑、无期徒刑或者死刑。根据宪法，刑法作为影响公民基本人权的法律，只能由全国人大进行制定或者修改。而全国人大常委会仅有权对其进行部分补充和修改，但不得与基本原则相抵触。全国人大常委会以《决定》形式升格部分罪名的法定刑乃至创设新罪的做法有超越部分补充和修改限度之嫌疑，属于刑事政策以非法治化方式影响刑法的罪刑圈设置。同时，“严打”政策对诉讼程序的非法治化影响也是非常严重的。比如，旧刑诉法明确规定被告人对一审判决的上诉期限是10日，而全国人大常委会出台的《关于迅速审判严重危害社会治安的犯罪分子的程序的决定》却将几类被判处死刑的人的上诉期限修改为3日；又如“严打”中曾出现公开逮捕现象，甚至还有地方将犯罪嫌疑人游街示众或者在媒体上曝光，严重背离了无罪推定原则的要求；再如公检法联合办案现象对审判中立的违背，普通刑事犯罪死刑核准权的下放，从快所遭致的死刑复核程序的非公开性等都折射出刑事政策对诉讼程序的扭曲。上述做法严重悖反了程序法治精神的要求，严重削夺了犯罪人的基本人权。而在司法实践中，这一危险的举措仍有延续的态势，最新的迹象来源于广东省，请看下列报道：

本报讯（记者林洁）　“‘飞车抢夺’具有特定情形可按抢劫罪处理，最高刑罚可适用死刑。”记者近日从广东省高级人民法院获悉，省法院、省检察院和省公安厅3家联合下发了《关于依法严厉打击抢劫、抢夺犯罪适用法律的指导意见》(以下简称《意见》),该《意见》明确抢夺500元即构成抢夺罪。广东省高级人民法院副院长陈华杰透露,广东省“两抢”犯罪案件增长率连续3年保持在两位数以上,年均增长17.37%,“双抢”犯罪分子人数也连续3年超过全省刑事犯罪分子总数的1/3。《意见》特别就“飞车抢夺”作出了专门规定,明确7种情形之下驾驶车辆强行夺取他人财物的行为,应当以抢劫罪定罪处罚。根据我国现行《刑法》,“抢夺罪”一般处以3年以下的刑罚,最高刑罚则为无期徒刑;而“抢劫罪”一般处以3年以上的刑罚,最高刑罚可至死刑。因此《意见》规定,部分飞车抢夺行为应当“升格”为抢劫罪,从而实现对飞车抢夺的“从重打击”。《意见》明确,以下几种情况从重处罚:抢夺老年人财物,抢夺未成年人财物,抢夺孕妇或者携带婴儿的妇女财物,抢夺残疾人财物,一年内抢夺3次以上,胁迫、引诱、教唆未成年人等无行为能力或者限制行为能力人实施抢夺等。[①] 广东省司法机关的做法通过地方性司法解释对刑法关于抢劫罪的罪状予以扩充,无疑会造成对罪刑法定主义根基的松动,从而背离刑事法治的基本精神。

四、宽严相济政策与和谐社会建设

(一) 政策实体化进路

宽严相济政策的目标制定及实施过程不是在一个封闭的藩篱内自给自足实现的,而必须依赖刑事一体化的运作机制,在与实体法和程序法的良性互动中实现惩罚犯罪与保障人权这两大刑事法治目标的平衡。在实体刑法角度,社会的转型与变迁将引发由经济基础到上层建筑,由客观存在到主体观念的变化(这种变化可能是激进的,也可能是渐进的),从而引发犯罪形势以及对犯罪社会危害性的价值评价的相应变化。就某种个罪社会危害性的价值评价而言,可能维持不变,可能是向上的增加,亦可能是向下的减低,可能是质变,亦可能是量变。当行为的社会危害性向下呈现质变式减低时,宽严相济政策将因世界刑事法治的宽容、人道潮流,将部分社会危害性已经降到刑法的界限以下,因而丧失应受刑罚惩罚性的犯罪行为排除在犯罪圈之外,从而实现非犯罪化,并通过其他部门法措施或者相应的社会政策予以处置。这一形式实际上在1997年刑法中已有体现。新刑法对作为旧刑法规定的“口袋罪”之一的投机倒把罪进行分解,对于其中仍然具有严重社会危害性的行为通过更为具体的罪名予以

① 载中华网,http://www.people.com.cn/GB/paper447/17005/1493525.html,2006年3月3日访问。

保留，而其他一些在计划经济体制下于社会有害的投机倒把行为由于在市场经济条件下已经趋于无害甚或有益的行为，则被立法逐出犯罪圈以外。而在某些犯罪行为的社会危害性仅呈现量变式减低的情形下，由于立法机关对其负价值评价亦相应降低，从而带来刑罚量的相应减轻。譬如，由于经济水平的成长和社会财富的增加，不涉及人身权益的贪污贿赂犯罪、经济犯罪和财产犯罪对社会关系所造成的现实抑或潜在侵害已不能较从前同日而语，并且对公私财产权益的侵害具有可修复性和可补偿性。同时，人道主义观念和人文主义精神也要求仅能针对以最重要和最基本的人身权益——生命权为指向的犯罪方能适用极刑。因此，死刑所适用的对象应当逐渐收缩到以极端方式侵害最基本人权的犯罪上。另一方面，宽严相济政策要求将社会危害性达到犯罪程度的新型危害行为纳入刑法规制的范围以内，以实现罪刑圈的适时扩张。比如，1998 年 12 月 29 日全国人大常委会颁行的《关于惩治骗购外汇、逃汇和非法买卖外汇犯罪的决定》就属于因应国家外汇管理的新形势，对犯罪圈做出的相应扩张。而当社会形势变化引起现行犯罪的社会危害性升高时，则可以相应增加刑罚量。如 2001 年 12 月 29 日颁行的《中华人民共和国刑法修正案（三）》第三条将刑法第一百二十条规定的“组织、领导和积极参加恐怖活动组织的，处三年以上十年以下有期徒刑”修改为“组织、领导参加恐怖活动组织的，处十年以上有期徒刑或者无期徒刑”。这一立法变化表明，以“9·11”事件为代表的各种恐怖主义活动对国际国内的安全形势造成了新的威胁，成为新时期刑事安全防范的重点。基于此，立法机关对于某些既有恐怖主义犯罪行为的违法性评价提升，并通过刑罚量的增加体现出来。

不仅罪刑圈的态势应随着社会形势的变化在宽与严两个向度上做出适时调整，并且这种变化应当严格依循法治化的轨道进行。根据罪刑法定主义的旨趣，犯罪与刑罚的创设必须经由一国议会或者最高立法机关的通过或者批准。根据我国宪法的规定，全国人民代表大会和全国人民代表大会常务委员会共同行使国家立法权，但在具体权限方面存在疏别。前者负责制定和修改刑事、民事、国家机构的和其他的基本法律。而后者不仅可以制定和修改除应当由全国人民代表大会制定的法律以外的其他法律，还可以在全国人民代表大会闭会期间，对其制定的基本法律进行部分补充和修改，但是不得同该法律的基本原则相抵触。同时，全国人大常委会还有权解释法律。而从全国人大常委会的立法实践来看，“对全国人民代表大会制定的法律进行部分补充和修改”这一界限并未得到很好的理解与遵循，从而可能产生背离宪政和罪刑法定原则的情形。据笔者统计，自新刑法颁行以来，全国人大常委会先后出台了八个刑法修正案和一个决定（特别法），这些立法对新刑法所做的调整与变动主要体现为下列三种形式：即设立新罪、罪状的变化以及法定刑的变化。笔者认为由全国人大常委会创设新罪属于罪刑从无到有的生成，已然僭越“部分补充和修改”的界限，构成对罪刑法定原则的违犯，因而是不足取的。[①] 合理的做法是：在开会期间，由全国人民代表大会颁行立法创设新罪；在闭会期间，由全国人民代表大会授权全国人大常委会创设新罪。至于罪状和法定刑的变化，由于其均是在已有罪名的框架之内进行的调整，所以应归属于“部分补充和修改”的范围，因而由全国人大常委会径行变更的做法是妥当的。由此，罪刑圈的变化应当以符合宪政、法治要求的方式进行。附带一句，在刑种及刑罚体系的设置上，由于我国刑法已经规定了作为极刑的死刑，所以宽严相济在这个维度不能体现为宽严两个相反方向的变化，只能表现为刑罚体系整体的轻缓化，比如增加某些非监禁的刑事制裁措施（如社区矫正、社区服务等）。在刑罚的适用上，也应当严格限制短期自由刑的适用。

（二）政策程序化范式

在程序法视角，宽容相济政策意味着不能对所有犯罪给予相同的程序处置。细言之，复杂的犯罪防控形势和稀缺的司法资源要求建立一个多样化的刑事诉讼体系（尤其是刑事审判体系），使得不同性质和不同危害程度的犯罪能得到相互区别的程序对待，即程序处置上的宽严相济。具体体现为，在满足底限程序正义的前提下，政策关照重点外的犯罪得以通过简易、快速的程序分流，而作为关注重点的犯罪则通过普通正常程序加以处理。

笔者试以侦控审的纵向刑事诉讼流程为标尺，分析在不同的诉讼阶段如何体现宽严相济政策。在侦查阶段，国家侦查机关运用刑事侦查力量与资源查明案件事实，为检察机关提起公诉作程序准备。鉴于打击犯罪的时效性与司法资源的稀缺性之要求，对不同性质和危害程度的犯罪投入的侦查力量不能等量齐观。对于严重犯罪和特定时期的高发犯罪，理应配给较多的司法资源，即“好钢用在刀刃上”。对于轻微犯罪和情节轻微的犯罪，虽非防控重点但也不应忽视，以防集腋成裘。同时，人权保障精神也要求在侦查羁押期限和强制性侦查措施的适用上体现宽严相济。只有对于情节严重、性质恶劣的犯罪才能适用较长的侦查羁押期限和较严厉的强制性侦查措施，如拘留、逮捕等。当前在侦查实践中较为普遍的高拘留率、高批捕率都是与宽严相济政策相违背的。就起诉阶段而言，我国目前采行的是便宜主义起诉模式。在此模式下，对于侦查机关移送审查起诉的案件，经检察机关审查后，以提起公诉为主，而符合特定条件时，则做出不起诉决定。我

① 对已有罪名的废除属于罪刑从有到无的消解，作为一种根本性变动，业已突破了“部分补充和修改”的界限，理应由全国人民代表大会做出规定。但由于这项变动从根本上是有利于被告和潜在的犯罪人的，因而出于便宜性考量，可以由全国人大常委会做出。

国刑事诉讼法规定了法定不起诉、酌定不起诉和证据不足不起诉三种不起诉情形。其中，法定不起诉和证据不足不起诉都属于依法不应当提起公诉的情形。而对于酌定不起诉，检察机关则拥有一定的裁量权限。在当下的检察实践中，酌定不起诉环节存在的主要问题是检察机关对于“犯罪情节轻微，依法不需要判处刑罚或者免除刑罚”这一标准把握过严，从而导致适用率过低。不起诉制度能够消解国家和当事人的讼累，体现刑法个别化与特殊预防，因而具有重要的程序价值，理应疏导而非贬抑其程序分流潜能。同时，笔者认为，目前立法所规定的酌定不起诉标准偏于狭窄，根据我国社会转型阶段的社会情势和犯罪态势，宜将其扩及“三年以下有期徒刑、拘役或者管制”，以便更好地体现宽严相济政策。就审判阶段而言，我国现行的刑事审判程序较为单一，显然不能满足程序分流、宽严相济的需求。目前的刑事审判程序主要是以普通程序和简易程序为主导的。2003 年 3 月 14 日最高人民法院、最高人民检察院与司法部颁行了《关于适用普通程序审理“被告人认罪案件”的若干意见（试行）》，从而确立了所谓“被告人认罪程序”这一新型刑事审判程序，然而由于操作方式不够明晰，其在司法实践中的运用效果不尽人意。反观主流法治国，确立多种庭审模式，以对轻微抑或符合特定条件的刑事案件进行速审分流，将有限的刑事司法资源集中用于抗制少数情节严重、性质恶劣的犯罪业已成为一大趋势。刑事发案率较高、司法资源稀缺是我国刑事治理的基本特点，因此有必要顺应上述趋势，构建更为丰富的复合型刑事庭审模式，以实现对不同案件在庭审处置上的宽严相济，从而提升刑事审判质量与审判效率。

最后但并非最不重要的是，宽严相济刑事政策在实体化和程序化过程中出现的实践信息应能及时反馈给政策制定机构，使得任何针对政策做出的改变或调整都具有充分的实证根据。如此一来，宽严相济政策就能以刑事一体化方式并沿着法治化轨道运行，在犯罪防控与人权保障之间达成良性平衡，更好地实现国家刑事治理目标，从而立足于刑事安全领域为构建中国特色社会主义和谐社会做出应有贡献。

和谐社会的构建与宽严相济刑事政策的提倡

邓芮

一、和谐社会的基本理念

中共十六大和十六届三中全会、四中全会，从全面建设小康社会、开创中国特色社会主义事业新局面的全局出发，明确提出构建社会主义和谐社会的战略任务，并将其作为加强党的执政能力建设的重要内容。十六届六中全会《关于构建社会主义和谐社会若干重大问题的决定》中指出："和谐凝聚力量，和谐成就伟业。"构建社会主义和谐社会是社会全面发展的重大战略。

和谐，是中国传统文化的精神特质。《易经》讲"保合太和"，关注的是阴阳平衡；《论语》讲"和为贵"，关注的是人与人的和谐；《中庸》讲"致中和，天地位焉，万物育焉"，关注的是大化和谐；《荀子·天论》讲"万物各得其和以生，各得其养以成，不见其事而见其功"。简单地说，和谐就是万事万物的正常状态。万事万物若要保持自己、发展自己，都必须与内外环境达成尽可能充分的和谐。① 世间万物既有相对的存在，也有对立的一面，和谐就是承认不同事物间的差异、矛盾，不断调和，这些不和谐在事物的发展过程中会自然地调和，宇宙间的一切都离不开对立走向融合这一特定的自然法则。对立的目的是融合，这才是和谐的灵魂，和谐就是一个将不和谐因素最大可能化解为和谐因素的一种动态化的对立统一。

从人类社会角度讲，和谐乃政治上的和平、民主、自由、平等；经济上的平衡、稳健、可持续发展；法律上的公平、公正、公开、权利义务对等；道德上的仁爱、诚信、和睦、集体主义；文化上的平等对话、百花齐放、百家争鸣；国际上的世界主义、博爱主义、人道主义、和平主义。② 和谐社会作为一个多元化的、复杂的社会系统，是多种社会因素的综合体，其中必然交织着社会的各方面

作者简介：邓芮（1990—），女，广东深圳人，西南政法大学法学院刑法专业硕士研究生。

① 易超著：《和谐哲学原理》，重庆大学出版社2007年版，第41页。

② 易超著：《和谐哲学原理》，重庆大学出版社2007年版，第43页。

的利益关系冲突。如果放任自流不加以管制，很大可能会造成社会整体失序和混乱。稳定的社会秩序、良好的社会治安，是构建和谐社会的其中一个方面。犯罪是严重危害社会的行为，严重扰乱了社会安定，是和谐社会中的不和谐因素，因而是刑事法治所规制的对象。刑事法治是维护和谐社会的最严厉的防线，对构建和谐社会具有重大的意义。其中刑事政策是刑事法治的导向，因此选择怎样的刑事法治从本质上讲就是选择怎样的刑事政策。

二、和谐社会语境下刑事政策的思考

刑事政策最早出现于一些西方学者费尔巴哈、李斯特、菲利等人的法学专著之中，是基于保护个人自由的社会理念。20 世纪中期被引入我国，储槐植、曲新久、刘仁文、赵秉志、刘家琛、何秉松等学者对此进行了大量研讨，中外法学家们对刑事政策的定义有各种各样的表述，可谓仁者见仁，智者见智。所谓刑事政策，是指国家立法机关、司法机关根据我国国情和犯罪状况制定或运用的预防犯罪、惩罚犯罪以及矫治犯罪人的各种刑事对策。一般认为，刑事政策的目标在于合理地惩治犯罪，协调、治理相关的社会关系。刑事政策围绕着犯罪而展开，随着犯罪形势的变化而变化，而犯罪作为一种社会现象，是无论如何不可避免的，因此刑事政策不可能消灭犯罪，必须要在研究犯罪的基础上掌握其规律，对其做到预防与惩治。这就要求我们不断反思和关注现行的刑事政策对社会起到的作用，对社会的变迁、知识和经济文化的发展趋势进行研究，社会的变迁和发展必然会导致新型犯罪、跨国犯罪的产生，根据这种趋势调整刑事政策的方向和重心，对掌握犯罪是很有必要的。此外，对国际上关于刑事政策的理念要加强关注，制定灵活的刑事政策预防、控制犯罪，最大程度上消除犯罪这一不和谐因素。

我们所要建设的社会主义和谐社会，应该是民主法治、公平正义、诚信友爱、充满活力、安定有序、人与自然和谐相处的社会。刑事政策在维护公平正义、维护社会稳定秩序等方面具有独特的功能和作用：[①] 首先，刑事政策是维护社会法治的重要手段。和谐社会是不能没有法治的；法治对于构建和谐社会的可能性在于，和谐社会与法治社会追求的秩序井然、公平正义、权利保障的价值追求是一致的。刑事政策通过对刑事立法和刑事司法的导向和调节功能来维护社会法治，法治自身体系的完善建构能极大促进和谐社会的形成，维护和谐社会稳定。其次，刑事政策能够弥补法律缺失，维护社会公正。法的实践是运动的而非

① 严励：《刑事政策与和谐社会》，载赵秉志主编《和谐社会的刑事法治》（上卷：刑事政策与刑罚改革研究），中国人民公安大学出版社 2006 年版，第 170 页。

静止的，更是一种不断运用、实践的过程，同时法要有其稳定性，而刑事政策则是灵活的。刑事政策从预防犯罪、改造犯罪和抑制犯罪的目的出发，对各种犯罪现象及其原因进行研究，分析各种刑罚制度及相关制度的功能及缺陷，针对不同的犯罪行为和犯罪人，主张采取不同的对策、策略和具体措施的办法，从而促进社会公正的实现。最后，刑事政策在化解社会矛盾、促进社会活力方面发挥着重要作用。刑事政策通过预防和控制犯罪（包括化解社会矛盾，预防违法行为，减少不安全因素的发生），减少犯罪行为的发生，避免社会冲突，维护社会秩序。现代刑事政策体现新的人权观和宽容精神，认为人（包括犯罪人）都是具有社会可塑性的，认为具有社会危害性和人身危险性的人，即使实施了违法犯罪行为也是可以改造、教育和感化的并回归社会。刑事政策反对社会的排斥，教育、引导犯罪人回归社会，使他们重新融入社会，使社会变得更加融洽和谐。

那么，关于和谐社会语境下的刑事政策该为如何，笔者认为有以下几个方面的基本内容:①

（一）应坚持罪刑法定原则对刑事政策的作用

刑罚是国家维护社会安定的最严厉的手段，刑罚权仅掌握在国家手中，如果运用不当不仅对公众带来危害，对自身也有严重的影响。罪刑法定原则对国家刑罚权做出了明确的规定，极大程度地限制了国家权力。和谐社会是一个高度民主法治化的社会，罪刑法定原则体现的人权保障思想，是民主法治思想在刑法中的具体体现。法无明文规定不为罪，法无明文规定不处罚，已经制定的法律必须得到严格遵守，定罪量刑也必须根据合法程序，做到公平公正。和谐社会在对待犯罪这一不和谐因素的同时，也应当保护人民，保障人权，维护社会稳定。

（二）和谐社会的刑事政策应当以谦抑宽容为基础

和谐社会下刑事政策的谦抑宽容实际上是指刑事政策的价值取向问题，根本上就是针对具有矛盾和冲突的多种价值目标，如何处理它们之间的关系和如何实现它们之间的整合与有机统一的问题。李斯特说，“最好的社会政策就是最好的刑事政策”。② 和谐社会下的刑事政策的主旨是以人为本。和谐社会应当有一种和谐的刑事政策，刑法在其应干预的范围内发挥作用、追求严密。但这种刑事政策不会使刑法过多地介入社会生活，否则不仅会给公民的正当权益带来巨大的威胁，还会使整个社会在刑法的压抑中失去生机和活力，与和谐社会的要求不符。总体上可以把谦抑宽容的价值理念概括为：最大限度地保障人权、最大限度地促

① 韩美秀：《构建社会主义和谐社会与宽严相济刑事政策》，载赵秉志主编《和谐社会的刑事法治》（上卷：刑事政策与刑罚改革研究），中国人民公安大学出版社2006年版，第177页。

② ［德］李斯特著：《德国刑法教科书》（修订译本），徐久生译，法律出版社2006年版，第15页。

进社会发展、最大限度地体现相对公正、最小限度地维持秩序（必要秩序）。[①] 宽容地对待犯罪，是和谐社会的必然选择。犯罪作为刑事政策的打击对象，是不同社会形态和社会阶段都必然存在的不和谐因素，它的客观存在性，它的产生和发展同整个社会生活的基本条件联系在一起，有着其复杂的社会、个人等多方面的原因。犯罪的社会特性要求对犯罪的约束应当是必定的、宽和的。刑罚是国家为达其保护法益与维护法秩序的任务时的“最后手段”。以其他手段能够达到维护社会共同生活秩序、保护社会和个人的法益的目的的时候，应当不采取刑罚的手段。“对于犯罪最强有力的约束力量不是刑罚的严酷性，而是刑罚的必定性，这种必定性要求司法官员谨守职责，法官铁面无私、严肃认真，而这一切只有在宽和法制的条件下才能成为有益的美德。”[②] 犯罪的客观存在性，决定了犯罪是不可能被消灭的，在合理限度内抑制犯罪和产生犯罪如同善恶的斗争在推动社会的发展。因此谦抑宽和的刑事政策是缓解善恶斗争的有力手段，是缓解双方斗争的安全地带。

和谐社会语境下的刑事政策之所以应当以谦抑宽和为基础，其根源在于和谐思维折射出的宽容性和模糊性。[③] 哲学曾经一直都是一种清晰明白的表述，笛卡尔把几何学推理方法和演绎法应用在哲学领域，认为清晰明白的概念就是真理，数学是理性的能清楚明白地理解的，所以数学方法可以用来作为求得真理的方法，应用这一方法找出最根本的真理作为哲学的基础。但是，20 世纪模糊数学的兴起引起了人们对清楚明白的质疑和对适度模糊的兴趣。生活中有些事情没有必要弄得太清楚，而有些事情弄得太清楚反而不好。和谐思维不可以追求事物的清晰明白，允许矛盾性的适度存在，和谐社会是一个和谐因素与不和谐并存并且相互调和的存在，体现在刑事政策上，就是对待犯罪没有必要一律从严，而是通过立法上的适度、刑事程序法的保障、司法工作人员的素质提高使犯罪得到合理的控制。在构建社会主义和谐社会的过程中，宽严相济的刑事政策与和谐社会具有天然的契合性。

（三）应采取宽严相济的刑事政策

1. 宽严相济刑事政策的基本内涵[④]

宽严相济之“宽”，是指对于犯罪施以宽松刑事政策，在刑事处理上侧重宽大、宽缓、宽容。进而言之，是指对于轻微的犯罪行为和偶犯、过失犯、中止

---

① 魏东：《论和谐社会的刑事法治理性》，载赵秉志主编《和谐社会的刑事法治》（上卷：刑事政策与刑罚改革研究），中国人民公安大学出版社 2006 年版，第 35 页。

② ［意］切萨雷·贝卡里亚著：《论犯罪与刑罚》，黄风译，北京大学出版社 2008 年版，第 62 页。

③ 熊永明：《和谐社会构建的刑事启示解读》，载赵秉志主编《和谐社会的刑事法治》（上卷：刑事政策与刑罚改革研究），中国人民公安大学出版社 2006 年版，第 43 页。

④ 赵秉志：《构建和谐社会与宽严相济刑事政策之实现》，载《吉林大学社会科学学报》2008 年第 1 期。

犯、从犯、胁从犯、防卫过当犯、避险过当犯，以及未成年人、又聋又哑或者盲人、孕妇或哺乳期的妇女、严重疾病患者等犯罪人，予以轻缓化的合法合理合情的处理；合理削减死刑罪名，将管制刑改革为社区劳役刑，扩大罚金刑的适用范围，建立健全赦免制度，建立健全社区矫正立法，等等。

宽严相济之“严”，是指对于犯罪施以严格刑事政策，在刑事处理上侧重严密、严厉、严肃。对于具有严重社会危害性的黑社会犯罪、国际犯罪、恐怖组织犯罪、严重暴力犯罪等严重刑事犯罪坚决严厉打击，依法快捕快诉，做到该严则严。

宽严相济之“济”，即协调、统一。也就是说，宽严相济不仅是指对犯罪有宽有严，而且在“宽”与“严”之间要达到一定的平衡，两者不能有所偏颇，应当相互协调，相互补充，形成良性互动。这也是和谐社会的基本含义和内在要求。

2. 宽严相济刑事政策与构建和谐社会具有天然的契合性

(1) 宽严相济刑事政策本身蕴含着和谐理念

和谐是指匀合，适中。和谐社会是一种社会中经济、政治、文化等各要素相互协调的状态，具体是指社会管理体系的有效运行，政府的政策、方针得以有效施行并且对社会各阶层具有较强的整合性和协调性，使得社会共同发展。宽严相济的刑事政策的内容是有宽有严，宽严结合，宽与严之间互动互补、互相衔接，保持相对平衡，既不能宽大无边也不能严厉无度。这种宽和严相结合，协调发挥作用可以良好运行的刑事政策，本身就具有和谐的理念。

(2) 宽严相济刑事政策符合构建和谐社会的民主法治和以人为本的精神

和谐社会必然是法治社会，建立在尊重人权、有法律秩序之上的社会才是和谐社会，需要运用各种方法包括法律手段化解社会矛盾，促进人与人之间、人与社会之间、人与自然之间的和谐相处。和谐社会更是以人为本的社会，必须坚持人权至上的原则。刑法作为国家控制违法行为的最后一道防线，保障法律的实施，保证自身的谦抑性保障人权，绝对不能肆意侵犯人权。刑法通过惩罚犯罪恢复被扭曲了的社会关系，消除犯罪行为带来的对人民利益的损害，而且维护社会稳定，保护公民不受刑罚的肆意侵害，保障无罪的人不受刑罚处罚。即使对待犯罪人，也应当尊重其应当享有的权利，避免其受到不公正的惩罚。宽严相济的刑事政策在讲究严厉打击的同时，也注重教育、感化犯罪人，从而顺应了以人为本的法治精神，也是这种轻缓刑事政策得以实施的保证。

(3) 宽严相济刑事政策符合我国目前社会发展阶段的基本要求

我国目前正处于社会转型的特殊时期，社会矛盾错综复杂，如经济发展不平衡、贫富悬殊、教育差异等。这些不和谐因素如果不用合理有效的手段加以消除，便很有可能引发各种犯罪问题。因此在这个时期，我们要追求的不是完全消灭犯罪，只要能把犯罪控制在社会发展可以容忍的程度内，这个社会便是稳定的、和谐的。反观我国刑事政策的发展，长期处于一种对犯罪不能容忍，必须用严苛的手段对待它们的态度之中，这种思想造成的后果就是社会的和谐度日益下降；反之，如果对犯罪持容忍态度，采用较为轻缓的刑事政策，社会和谐度就会上升。当然这并不意味着纵容犯罪，这种容忍是有节制有限度的，只能限定在目前社会发展所允许的程度。宽严相济的刑事政策有利于营造宽容的社会氛围，提高社会的和谐度。

最高人民法院和最高人民检察院报告明确规定我国现阶段实行“宽严相济”的刑事政策。其主要内容是：“坚持区别对待，对严重刑事犯罪坚决严厉打击，依法快捕快诉，做到该严则严，对主观恶性较小、犯罪情节轻微的未成年人初犯、偶犯和过失犯，贯彻教育、感化、挽救方针，慎重逮捕和起诉，可捕可不捕的不捕，可诉可不诉的不诉，做到当宽则宽”，“宽不是要法外施恩，严也不是要无限加重，而是要严格依刑法、刑事诉讼法及相关刑事法律，根据具体的案件情况来惩罚犯罪，做到宽严相济、罚当其罪”。[①] 简而言之就是适度宽容轻处小恶以感化轻案犯、依法从严惩罚大恶以震慑重案犯。因此我们认为，宽严相济，区别对待，应该是我国现阶段惩治与预防犯罪的基本的刑事政策。

（四）和谐社会的刑事政策应当注重预防犯罪和提升公众的法律意识

构建和谐社会，一方面，必须坚持预防为主的刑事政策。比起彻底地消灭犯罪，预防犯罪更能最大限度地消除社会矛盾，化解不和谐因素。积极推进改革，加快完善社会保障体系，注重社会公平，减少矛盾发生，加强社会治安防控体系建设，防患于未然，将犯罪诱因遏制在萌芽状态，从源头防止犯罪的发生。另一方面，公众自身的法律意识对于犯罪的产生有着很大影响。刑法在公众心目中长期以来处于刑重、威慑性强、令人惧怕的位置，心理上的抵触很难让人去认同它。因此，如果公众的法律意识不断提升，从自身去理解法律并对此产生一种认同感，将其视为日常生活中与自己有切身利益关系的东西，社会矛盾与对抗就会趋于减少。

结　语

构建社会主义和谐社会已经上升为全国人民的共同奋斗目标。这就需要合适的刑事政策保障社会的良好运转，为构建和谐社会提供稳定的基石。当代中

① 《最高人民法院关于贯彻宽严相济刑事政策的若干意见》，http：//wenku. baidu. com/view/a4e2c8addd3383c4bb4cd286. html.

国正处于社会转型时期，规范与制度的缺乏导致社会失范现象非常严重，也致使和谐社会的构建面临重重困难。在这一社会情境下，确立并贯彻宽严相济的刑事政策，据以应对当前依然严峻的犯罪态势，并切实指导刑事立法、刑事司法与刑罚执行活动，既可以有力地打击和威慑犯罪，维护法制的严肃性，又可以尽可能减少社会对抗，化消极因素为积极因素，实现法律效果和社会效果的有机统一。①

① 《全国政法工作会议：加强司法保障　维护司法权威》，载《法制日报》2005年12月7日。

宽严相济刑事政策在和谐社会中的实现

易　珊

一、刑事政策的含义及其变迁

(一) 刑事政策的含义

刑事政策一词是“舶来品”，首先出现在19世纪初西方一些著名学者的法学专著之中，20世纪中期，我国刑法学家引进了这一词语。关于刑事政策的定义，法学家们已经有很多表述，而且对刑事政策基本含义的理解大体一致。集众家之言，笔者认为，刑事政策是国家依据犯罪态势对犯罪行为和犯罪人运用刑罚和诸多处罚手段以期有效地实现惩罚和预防犯罪目的的方略。

刑事政策以其作用对象是否宽泛为标准，可以分为基本的刑事政策和具体的刑事政策两种。基本刑事政策作用对象比较广泛，是惩办与宽大相结合的政策，域外的“轻轻重重”政策属于基本刑事政策；而具体的刑事政策作用对象比较狭窄，“严打”政策、单向度的轻轻政策抑或重重政策属于具体刑事政策。①

(二) 我国基本刑事政策的历史变迁

自改革开放以来，随着社会形势的变化，我国基本刑事政策经历了以下三个发展阶段：第一阶段1978—1983年，我国基本的刑事政策是惩办与宽大相结合；第二阶段1983—2005年，基本刑事政策由惩办与宽大相结合转变为“严打”；第三阶段2005年至今，基本的刑事政策由“严打”回归到宽严相济。2005年12月，罗干同志在全国政法工作会议上指出，“宽严相济”是我国在维护社会治安的长期实践中形成的基本刑事政策；“宽严相济”是指对刑事犯罪区别对待，做到既要有力打击和震慑犯罪，维护法制的严肃性，又要尽可能减少社会对抗，化消极因素为积极因素，实现法律效果与社会效果的统一。② 这是“宽严相济”的

作者简介：易珊（1988—），女，河南信阳人，西南政法大学法学院刑法专业硕士研究生。

① 刘沛谞：《宽严相济刑事政策研究》，西南政法大学博士论文，2009年3月，第29页。

② 沈志民、梁居峰：《和谐社会语境下刑事政策探析》，载《广州大学学报》（社会科学版）2009年第8卷第7期。

刑事政策在全国性会议上的首次提出，标志着我国刑事政策将发生重大转变。2006 年 3 月，最高人民法院院长和最高人民检察院检察长在向十届全国人大四次会议做报告时都提到“宽严相济”。2006 年 10 月 11 日，中国共产党第十六届中央委员会第六次全体会议通过的《中共中央关于构建社会主义和谐社会若干重大问题的决定》指出“实施宽严相济的刑事司法政策……”①

二、宽严相济的刑事政策与和谐社会

（一）和谐社会的内涵

1. 和谐社会的含义

根据我国刑法学界有的学者的理解，和谐社会的具体含义是：人与人之间的和谐；人与社会之间的和谐；人与自然之间的和谐；人与自身之间的和谐；民族与民族之间的和谐；国家与国家之间的和谐；国家与地区之间的和谐；地区与地区之间的和谐。

2. 和谐社会的具体表现

2005 年 2 月 19 日，胡锦涛总书记明确指出：我们所要建设的社会主义和谐社会，应该是民主法治、公平正义、诚信友爱、充满活力、安定有序、人与自然和谐相处的社会。根据这一理论，和谐社会的内容具体表现为以下六个方面：

第一，社会主义和谐社会是民主法治的社会。民主法治，就是社会主义民主得到充分发扬，依法治国基本方略得到切实落实，各方面积极因素得到广泛调动。第二，社会主义和谐社会是公平正义的社会。公平正义，就是社会各方面的利益关系得到妥善协调，人民内部矛盾和其他社会矛盾得到正确处理，社会公平和正义得到切实维护和实现。第三，社会主义和谐社会是诚信友爱的社会。诚信友爱，就是全社会互帮互助、诚实守信，全体人民平等友爱、融洽相处。第四，社会主义和谐社会是充满活力的社会。充满活力，就是能够使一切有利于社会进步的创造愿望得到尊重，创造活动得到支持，创造才能得到发挥，创造成果得到肯定。第五，社会主义和谐社会是安定有序的社会。安定有序，就是社会组织机制健全，社会管理完善，社会秩序良好，人民群众安居乐业，社会保持安定团结。第六，社会主义和谐社会是人与自然和谐相处的社会。人与自然和谐相处，就是要处理好人与自然的关系，转变发展方式和生活方式，实现经济社会的可持续发展，走生产发展、经济繁荣、生活富裕、环境优化、生态良好的可持续发展

---

① 谭庆德：《“宽严相济的刑事政策”在和谐社会语境下的实现路径——基于刑法与刑事诉讼法的视阈》，载《中共青岛市委党校青岛行政学院学报》2008 年第 4 期。

之路。[①]

（二）构建和谐社会需要实行宽严相济的刑事政策

1. 化解社会矛盾，促进社会和谐的需要

宽严相济的刑事政策，着重体现了突出重点、区别对待、和谐有序的刑事司法精神，一方面强调严密刑事法网，有力打击各种刑事犯罪，另一方面强调综合运用政策、经济、行政等手段，实施人性化执法方法，及时、合理、有效、实质性地调节和解决社会冲突和矛盾，从而促进社会的和谐与稳定。[②] 宽严相济刑事政策的实质是构建和谐社会的社会治理政策在刑事司法工作中的具体要求和体现。

2. 促进民主法治，践行社会主义法治理念的需要

宽严相济刑事政策既要求宽严有度，以法为据，也要求重罪重罚，轻罪轻罚，同时强调区别对待，实现公平、公正。这与依法治国、执法为民、公平正义等社会主义法治理念在核心内容、本质要求、价值追求等方面具有高度的一致性。[③] 因此，促进民主法治、践行社会主义法治理念，就需要贯彻宽严相济的刑事政策。

3. 协调社会利益的需要

刑事司法活动直接关系到刑罚的裁定与执行，很容易影响到犯罪人、被害人及社会公众的利益平衡，激化矛盾冲突。宽严相济的刑事政策，充分体现了司法平衡的艺术，能协调好多方社会利益。因为它强调在处理犯罪上，既要突出刑罚打击的效果，又要发挥刑罚教育的功能；既要考虑到对犯罪分子的公平定罪量刑，又要重视对被害人一方的利益补偿；既要充分考虑到社会公众对犯罪的容忍度，又要依法稳步探索实行恢复性司法举措。[④]

（三）和谐社会下宽严相济刑事政策的反应

宽严相济刑事政策的提出，完全符合“和谐社会”的内在要求，是贯彻落实构建和谐社会在刑事政策上的体现。

1. 宽严相济刑事政策的含义

“宽严相济”的具体含义是：坚持区别对待，对严重刑事犯罪坚决严厉打击，依法快捕快诉，做到该严则严，对主观恶性较小、犯罪情节轻微的未成年人

---

① 程非非：《论轻刑化与我国和谐社会的构建》，烟台大学硕士论文，2008 年 3 月，第 28–29 页。

② 郭盟：《析论构建和谐社会中宽严相济的刑事政策》，中国政法大学硕士论文，2008 年 3 月，第 19 页。

③ 赵秉志：《和谐社会构建与宽严相济刑事政策的贯彻》，载《吉林大学社会科学学报》2008 年第 1 期，第 8 页。

④ 郭盟：《析论构建和谐社会中宽严相济的刑事政策》，中国政法大学硕士论文，2008 年 3 月，第 21–22 页。

初犯、偶犯和过失犯，贯彻教育、感化、挽救方针，慎重逮捕和起诉，可捕可不捕的不捕，可诉可不诉的不诉，做到当宽则宽。宽不是要法外施恩，严也不是要无限加重，而是要严格依刑法、刑事诉讼法及相关刑事法律，根据具体的案件情况来惩罚犯罪，做到宽严相济、罚当其罪。①

要正确理解宽严相济的刑事政策，需要界定“宽”“严”“济”的含义。

首先，宽严相济的“宽”，表现为非犯罪化、非监禁化和非司法化。非犯罪化是指本来作为犯罪处理的行为，不作为犯罪处理。非监禁化是指某一犯罪行为根据犯罪情节和悔罪表现，判处非监禁刑或者采取缓刑、假释等非监禁化的刑事处遇措施。非司法化是在某些情况下，对于犯罪情节较轻或者刑事自诉案件，可以经过刑事和解，不进入刑事诉讼程序案件便得以结案的一种方式。②

其次，宽严相济的“严”，是指对于犯罪施以严格刑事政策，在刑事处理上侧重严密、严厉、严肃。严密是指立法上严密刑事法网，对具有一定社会危害性的行为，该划入犯罪圈的要规定为犯罪。严厉是指对严重刑事犯罪诸如有组织犯罪、黑恶势力犯罪、严重暴力犯罪、跨国境犯罪、恐怖主义犯罪③等适用严厉的刑罚。严肃是指司法活动循法而治，不徇私情，严肃刑罚执行。

最后，宽严相济的“济”，是指宽严具有相对性，对于犯罪的认定和处理应当有宽有严，二者有机统一，密切结合，形成良性互动。根据一定的形势，对某种或几种犯罪因时、因地制宜的“宽”或“严”。宽与严之间要保持一定的平衡，不能宽大无边，法外施恩，也不能严刑苛罚，滥用极刑。

2. 宽严相济刑事政策的内容

关于宽严相济的刑事政策，主要包括以下几个方面的具体内容：

一是以人为本，保障人权，这是它的道德基础。实施宽严相济刑事政策，一方面，要求严惩重罪，保障所有公民的基本人权；另一方面，要求严格保障犯罪嫌疑人、被告人的人权。

二是区别情况，不同对待，这是它的精神实质。为达到惩罚犯罪和预防犯罪的目的，对于少数罪行严重、主观恶性较大的犯罪分子，予以从严打击；对于罪行较轻、主观恶性较小的犯罪分子，予以从宽处罚。

三是宽严并用，以宽为主，这是它的价值取向。在依法严厉打击极少数罪行严重的犯罪分子的同时，对其他绝大多数犯罪罪行较轻的、可以教育改造挽救的

---

① 谭庆德：《“宽严相济的刑事政策”在和谐社会语境下的实现路径——基于刑法与刑事诉讼法的视阈》，载《中共青岛市委党校青岛行政学院学报》2008年第4期，第91页。

② 孙向阳：《和谐社会语境下宽严相济的刑事政策研究》，载《法学研究》2007年第12期。

③ 赵秉志：《和谐社会构建与宽严相济刑事政策的贯彻》，载《吉林大学社会科学学报》2008年第1期，第11页。

犯罪分子，给予从宽处罚，有助于最大限度地缩小刑罚的打击面，减少社会对立，赢得人民群众的广泛支持。

四是宽严互补，有机结合，这是它的适用原则。就具体而言，要以个案的实际情况为基础，全面考虑从宽和从严的情节，权衡调剂，才能做到处罚公正、合理。同时，在认定具体犯罪和处罚的过程中，既要考虑法律规定，还要考虑打击面的宽与窄，不能失之偏颇。

五是宽严适度，不可逾矩，这是它的适用尺度。刑事法律是贯彻宽严相济刑事政策不可逾越的界限。只有严格依照刑法、刑诉法及相关法律规定，尤其是要严格遵循罪刑法定、罪刑相适应等刑法基本原则，宽严相济才有合法、正当的前提。

六是有张有弛，审时度势，这是它的调整规则。在不同的历史时期，司法机关要根据经济发展状况、社会价值观和社会治安形势等所发生的变化，准确把握宽严的对象和力度，审时度势地调整宽严的节奏和范围，[①] 因时而宜、因地而宜和因罪而宜。

三、宽严相济刑事政策在和谐社会中的适用和实现

（一）作为刑事立法政策的运用

1. 合理划定犯罪圈

犯罪圈的划定包括犯罪化与非犯罪化。犯罪化是指将原本不是犯罪的行为规定为犯罪；非犯罪化是指将本来是犯罪的行为，不再作为犯罪处理。刑事立法应当坚持刑法的谦抑性原则，对于犯罪应当保持克制的态度，合理划定犯罪圈。一味依赖刑法，过度的犯罪化无助于控制犯罪，反而会刺激犯罪使犯罪率急剧攀升。

2. 合理调整刑罚幅度

为改变我国刑罚体系“死刑过重、生刑过轻”的状况，立法者应当合理调整刑罚幅度，基本思路是死刑由严到宽，生刑（自由刑）由宽到严，体现在以下三个方面：

第一，扩大死缓的适用。犯罪人对所犯罪行确有自首、立功或者其他积极悔改、认罪服法表现的，均可考虑适用死缓。

第二，合理改革无期徒刑。为进一步加强无期徒刑的严厉性，规定对于某些屡次犯罪且罪行严重、影响极坏但又不足以判处死刑的严重犯罪，判处无期徒刑并规定终身不得减刑、假释；同时规定对于某些虽罪行严重，但系初犯、偶犯或

---

① 李向阳：《论宽严相济的刑事政策》，山东大学硕士论文，2008 年 9 月，第 5-7 页。

过失犯的犯罪分子，在判处无期徒刑后可视其悔改表现予以减刑或假释。

第三，适当提高有期徒刑的刑期并细化量刑幅度。可以考虑将有期徒刑最高刑期由15年提高到20年，数罪并罚时不超过30年。①

3. 设立财产刑易科制度

财产刑易科是指财产刑向自由刑的单向易科，先根据犯罪人的犯罪情节和经济状况，判处一定数目的罚金，若其不履行，则易科为自由刑，或将其留在劳改农场服劳役，或强制其在社区等公益场所从事公益劳动，以其劳动所得折抵罚金。

4. 将积极退赃规定为法定从宽情节

在贪污、受贿、挪用公款、私分国有资产等职务犯罪中，对于能够积极退赃、挽回经济损失的案件，② 在量刑上应当予以从宽处罚。

（二）作为刑事司法政策的运用

1. 适度扩大相对不起诉的范围

相对不起诉是指对于犯罪情节轻微，依照刑法规定不需要判处刑罚或者免除刑罚的，人民检察院做出不起诉决定。在司法实践中，司法机关可适当扩大相对不起诉的适用范围，认为犯罪较轻，综合考虑社会危害性和情节，不必追究刑事责任时，亦可做出不起诉的决定。③ 它有利于节约司法资源，将主要精力投入到起诉更为严重的刑事犯罪案件中去，以提高诉讼质量和诉讼效率。

2. 建立暂缓起诉制度

暂缓起诉是指对于一些虽然符合起诉条件，但是涉嫌的罪行比较轻微、社会危害性不大、不起诉更有利于体现公共利益和达到刑事诉讼目的的刑事案件，检察机关可以决定对犯罪嫌疑人暂缓起诉，并给其规定一定的考验期。被暂缓起诉人在考验期内接受矫治，未出现法定情形的，即不再起诉，终结诉讼，否则便提起公诉。④ 这种不起诉制度体现了对检察机关自由裁量权的延伸，为处理未成年犯、初犯、偶犯、胁从犯等案件提供了新的途径。

3. 引进刑事和解制度

刑事和解是指在刑事诉讼中，加害人以认罪、赔偿、道歉等形式与被害人达成和解后，国家专门机关对加害人不追究刑事责任、免除处罚或者从轻处罚的一

---

① 康均心：《和谐社会建设与宽严相济的刑事政策》，载《武汉公安干部学院学报》2008年第4期。

② 郭盟：《析论构建和谐社会中宽严相济的刑事政策》，中国政法大学硕士论文，2008年3月，第28-29页。

③ 储槐植、赵合理：《国际视野下的宽严相济刑事政策》，载《法学论坛》2007年第3期。

④ 赵秉志：《和谐社会构建与宽严相济刑事政策的贯彻》，载《吉林大学社会科学学报》2008年第1期。

种制度。刑事和解符合我国“和为贵”“冤家宜解不宜结”的善良风俗，有利于弥补被害人因犯罪造成的损害，抚平其心理创伤；有利于减少对抗，化解矛盾，促进社会和谐。[①] 因此，贯彻“宽大”的刑事政策，应引进刑事和解制度。

（三）作为刑事执行政策的运用

1. 扩大缓刑、假释的适用

缓刑与假释都是自由刑的执行变更措施，缓刑是附条件地不执行原判刑罚，而假释是附条件地提前释放，因而都具有非监禁性。根据一些城市的经验，依据法定条件适当扩大假释率，有利于促进监狱的管理和罪犯的改造。特别是对一些过失犯、老病犯、经济犯等非暴力犯罪人适用假释，所发挥的改造效果和促其顺利回归社会的成效明显。[②]

2. 严格管理严重刑事罪犯

要实现宽严相济刑事政策中的“当严则严”，严格管理严重刑事罪犯很有必要。严重刑事罪犯包括犯罪集团的首要分子以及其他共同犯罪的主犯，黑社会组织的主要成员，抢劫、杀人、绑架等严重暴力性犯罪的犯罪人，屡教不改的累犯等，对不符合减刑、假释条件的，坚决不予减刑和假释。[③]

3. 积极引进社区矫正措施

社区矫正是非监禁化处理的一个典型。社区矫正是指将符合社区矫正条件的罪犯置于社区内，由专门的国家机关在相关社会团体和民间组织以及社会志愿者的协助下，在判决、裁定或决定确定的期限内，矫正其犯罪心理和行为恶习，并促进其顺利回归社会的非监禁刑罚执行活动。社区矫正重视利用社会力量对罪犯进行改造，克服了监禁刑的缺点，使罪犯不脱离社会，有开放性、自由性特点，体现了刑罚宽容轻缓的一面，有利于对罪行较轻的犯罪人的教育矫正。[④]

---

① 赵秉志：《和谐社会构建与宽严相济刑事政策的贯彻》，载《吉林大学社会科学学报》2008 年第 1 期。

② 储槐植、赵合理：《国际视野下的宽严相济刑事政策》，载《法学论坛》2007 年第 3 期。

③ 康均心：《和谐社会建设与宽严相济的刑事政策》，载《武汉公安干部学院学报》2008 年第 4 期。

④ 谭庆德：《“宽严相济的刑事政策”在和谐社会语境下的实现路径——基于刑法与刑事诉讼法的视阈》，载《中共青岛市委党校青岛行政学院学报》2008 年第 4 期。

和谐社会语境下宽严相济刑事政策的落实

马海焕

一、和谐社会语境下的刑事政策

(一) 刑事政策的内涵

刑事政策一词最早出现于1800年，由被誉为“刑事政策之父”的费尔巴哈提出，其认为“刑事政策是国家据以与犯罪作斗争的惩罚措施的总和，是‘立法国家的智慧’”①。到20世纪初德国刑法学家李斯特将刑事政策界定为“国家与社会据以组织反犯罪斗争的原则的总和”，之后，在大陆法系国家掀起了关于刑事政策及其相关问题的研究高潮。如日本学者大谷实认为：“所谓刑事政策，是国家机关（国家和地方公共团体）通过预防犯罪，缓和犯罪被害人及社会一般人对于犯罪的愤慨，从而实现维护社会秩序的目的的一切措施政策，包括立法、司法及行政方面的对策。”②

我国内陆学者关于刑事政策的观点也有很多，如马克昌教授认为：“我国的刑事政策是指中国共产党和人民民主政权，为了预防犯罪、减少犯罪，以致消灭犯罪，以马列主义、毛泽东思想为指导，根据我国的国情和一定时期的形势，而制定的与犯罪进行有效斗争的指导方针和对策。”③ 在2006年11月25—26日在重庆召开的“刑事政策与和谐社会构建学术研讨会”中曲新久教授认为：所谓刑事政策，是指国家基于预防犯罪、控制犯罪以保障自由、维持秩序、实现正义的目的而制定实施的准则、策略、方针、计划以及具体措施的总称。我国著名刑法学家李永升教授从刑事一体化的角度出发认为：“刑事政策是国家基于特定刑事安全形势的要求，以符合刑事法治要求的方式运用刑事实体法和刑事程序法预

作者简介：马海焕（1988—），女，河南洛阳人，西南政法大学法学院刑法专业硕士研究生。

① ［法］米海依尔·戴尔玛斯·马蒂著：《刑事政策的主要体系》，卢建平译，北京大学出版社2000年版，第1页。

② ［日］大谷实著：《刑事政策学》，黎宏译，法律出版社2000年版，第4页。

③ 马克昌著：《刑事政策学》，武汉大学出版社1992年版，第5页。

防与抗制犯罪，从而防卫社会的策略系统。”① 正如李永升教授所认为的其对刑事政策所下定义具有一般性，的确如此，这正是该定义最大的价值所在，因为任一时期的刑事政策都是随着刑事法治的发展、社会发展的需要以及时代的变迁而发展变化着的，因此李永升教授对刑事政策内涵的揭示具有普适性，同时还从刑事一体化的角度给我们提供了落实和贯彻刑事政策的路径，对司法实践具有重要的指导意义。

（二）和谐社会语境下的刑事政策选择

中国共产党在2002年召开的第十六次全国代表大会上，在阐述全面建设小康社会的目标时强调指出，要使经济更加发展、民主更加健全、科教更加进步、文化更加繁荣、社会更加和谐、人民生活更加殷实，提出了社会和谐的问题。2005年2月，胡锦涛总书记在中央党校举办的“省部级主要领导干部提高构建社会主义和谐社会能力”的专题研讨班上，全面阐述了构建社会主义和谐社会的内涵，提出了和谐社会的总要求即：民主法治、公平正义、诚信友爱、充满活力、安定有序、人与自然和谐相处。“和谐社会”命题的提出标志着我国社会主义现代化建设的总布局从“三位一体”提升为“四位一体”，是建设中国特色社会主义长远战略规划的重要方面。

和谐社会的基本内涵包括人与人的和谐、人与社会的和谐、人与自然的和谐、人的自身和谐以及世界和谐。不难看出和谐社会具有丰富的内涵，需要各个方面各个环节相互联结相互协调，共同和谐运作，才能达到社会的真正和谐。否则，会出现与和谐社会背道而驰的情况，打破社会的正常运作状态，扰乱社会的稳定秩序，使得和谐社会的构建成为空中楼阁。而民主法治作为和谐社会的首要基本特征，是和谐社会构建中的重要一环，必将对和谐社会的构建具有重大的作用和意义。法律从很早以来就充当着维护社会秩序的重任，法治状况的好与坏直接影响着社会秩序的稳定与否，进而也就影响着社会的和谐程度。因此，法治与和谐社会有着紧密的关系。

法治与和谐社会有着紧密的关系，而刑法作为维护社会正义与秩序的最后一道防线，对和谐社会的构建就具有极为特殊的意义，因此刑事法治在构建和谐社会的过程中必将起着举足轻重的作用。从历史的发展不难看出，刑事法治的模式具有多样性，选择不同的刑事法治模式，就会对社会的发展和治理产生不同的效果。李永升教授认为，刑事政策是刑事法治的灵魂与导向，刑事法治模式的选择问题归根结底是刑事政策模式的选择问题。所以，刑事政策选择对法治社会的建设具有重大意义，进而对和谐社会的构建具有重大影响。我国的

① 李永升、陈伟著：《和谐语境下的刑法观沉思》，合肥工业大学出版社2009年版，第7页。

刑事政策经历了“惩办与宽大相结合”“坦白从宽，抗拒从严”“严打”的历史变迁，在我国和谐社会构建的背景下，体现和谐社会和谐深意的宽严相济刑事政策就应运而生了。宽严相济刑事政策反映了时代的要求，是和谐语境下对刑事政策选择的必然。

二、和谐社会语境下的宽严相济刑事政策

（一）宽严相济刑事政策的提出

有学者认为在“犯罪情况的不断变化和国际社会渐趋强调个人自由保护，以惩罚为主的刑事政策违背了人道主义思想，也有悖于国际刑事政策的宽缓化发展趋势”[①] 的背景下，2004 年 12 月，罗干同志在全国政法工作会议上正式提到“宽严相济刑事政策”这一概念。而对“宽严相济刑事政策”具体内容的揭示是在2006 年第十届全国人大四次会议的最高人民法院工作报告中指出的，“贯彻宽严相济的刑事政策，对应当判处死刑但具有法定从轻、减轻处罚情节或者不是必须立即执行的，依法判处死缓或无期徒刑。对认定事实不清、证据不足的案件，依法发回重审。坚持宽严相济的刑事政策，对犯罪情节轻微或具有从轻、减轻、免除处罚情节的，依法从宽处罚”。至此，我国正式确立了具有一定内涵的宽严相济刑事政策。

（二）和谐社会语境下宽严相济刑事政策的内涵

在重庆召开的“刑事政策与和谐社会构建学术研讨会”中与会学者围绕宽严相济的内涵各抒己见。高铭暄教授认为，宽严相济的含义就是针对犯罪的不同情况，区别对待，该宽则宽，该严则严，有宽有严，宽严适度；宽不是法外施恩，严也不是无限加重，而是要严格依照刑法、刑事诉讼法以及相关的刑事法律，根据具体的案件情况来惩罚犯罪，做到“宽严相济，罚当其罪”。储怀植教授认为，宽严相济政策应当旗帜鲜明地主张刑罚的宽和严，即在“严”的现实中，通过司法努力，尽可能多地拓展“宽”的空间和份额：对于有法定从轻、减轻或免除处罚的，必须依法兑现；对于有酌定从轻、减轻或者免除处罚的，也必须依据政策兑现；依据《刑法》第 13 条规定的“但是情节显著轻微，危害不大的”，坚决不以犯罪处理；扩大非监禁刑适用；等等。宽严相济刑事司法政策的主旨所在是主张和强调刑法的宽和、适当、人道与谦抑，做出有利于被告人的裁判和执行。可见，与会学者均主张用刑罚的“轻轻”“重重”来体现刑事政策逐步轻缓化的轨迹。

---

① 李连博、潘霓：《和谐语境下宽严相济刑事司法政策之解读》，载《广西警官高等专科学校学报》2009 年第 1 期。

从以上两位刑法学家对宽严相济刑事政策内涵的认识，以及其他学者关于宽严相济刑事政策的内涵的看法，可以将其概括总结为：

1. 该宽则宽

其着重强调的就是宽严相济中的“宽”，对于那些较轻微的犯罪处于较轻的刑罚或免除处罚。

2. 该严则严

体现的主要是宽严相济中的“严”，指一是对于构成犯罪的人一定要追究其刑事责任；二是对“犯有严重罪行的罪犯处以较重的刑罚，或者对具有从重情节的罪犯，在法定刑幅度内处以较重的刑罚”。①

3. 严中有宽

是指在对犯罪分子处以较重刑罚的同时也要充分考虑可以减轻其刑罚的因素，比如对罪当判处死刑但具有法定从轻、减轻处罚情节或者不是必须立即执行的，依法判处死缓或无期徒刑。这依然是宽严相济中“宽”的内在价值的体现。不能因为犯罪分子犯重罪，社会危害性严重，罪大恶极就不去考虑刑罚中可以对其从宽处罚的因素，这样不仅不符合宽严相济的刑事政策，同时也是对罪刑法定原则的违背。

4. 宽严有度

这主要是指宽严适度，宽不是法外施恩，严也不是无限加重，宽严都要有度，要严格依照刑法、刑事诉讼法以及相关的刑事法律，根据具体的案件情况来惩罚犯罪，进而在此基础上达到宽严相“济”，使得宽中有严、严中有宽，两者相互协调、相互补充，从而使两者从静态平衡达到司法实践中的动态平衡。

从宽严相济的内涵可以看出，在法律许可的范围之内，该政策侧重于刑罚的宽缓化，倡导刑法的谦抑性，以最大限度地发挥刑事法治对犯罪的预防作用而不是惩罚作用，进而符合和谐社会的主旋律，为和谐社会的构建发挥自身独特而巨大的作用。

三、和谐社会语境下宽严相济刑事政策的落实

如果说宽严相济刑事政策的提出对于和谐社会的构建在理论上具有重大意义的话，那么宽严相济刑事政策的落实对和谐社会的构建则具有重大的实践意义和实质价值，它是和谐社会从理论上的构架转变为现实的方法或路径。在学界中，有很多学者都对宽严相济刑事政策的落实发表了意见，如龙宗智教授就提出要提高程序的柔性，完善和解性司法和协商性司法等；李永升教授从刑事一体化的角

① 马克昌著：《中国刑事政策学》，武汉大学出版社 1992 年版，第 95 页。

度提出了落实宽严相济刑事政策的实体化进路和程序化范式，等等。

从学者的观点我们可以认识到，宽严相济刑事政策的落实必须建立在实体法和程序法共同作用的基础之上，二者缺一不可，否则，在宽严相济刑事政策落实的过程中必会在某一环节或某些环节发生扭曲，出现不和谐。下面首先介绍一下《刑法修正案（八）》、新《刑事诉讼法》中对落实宽严相济刑事政策的有利方面，其次介绍一下自己对落实宽严相济刑事政策需要进一步改进的方面的认识。

（一）《刑法修正案（八）》、新《刑事诉讼法》有利于该政策的落实

《刑法修正案（八）》第1条规定：已满七十五周岁的人故意犯罪的，可以从轻或者减轻处罚；过失犯罪的，应当从轻或者减轻处罚。刑法这样规定，不仅体现了我国传统文化中“矜老恤幼”的原则，体现了司法文明和人文关怀，同时也符合了宽严相济刑事政策的刑罚宽缓化的精神，有利于该政策的落实。

在《刑法修正案（八）》中，我国取消13种罪名的死刑，这就说明，随着经济和社会的发展，对于以上这些不是属于罪大恶极的非暴力性犯罪采取宽缓的刑罚，将这些犯罪排除在死刑的适用范围之内，进而从总体上减少死刑的适用率，表明了刑罚宽宥的趋势，同时也符合了宽严相济刑事政策的精神。

《刑法修正案（八）》第4条规定：对被判处死刑缓期执行的累犯以及因故意杀人、强奸、抢劫、绑架、放火、爆炸、投放危险物质或者有组织的暴力性犯罪被判处死刑缓期执行的犯罪分子，人民法院根据犯罪情节等情况可以同时决定对其限制减刑。限制减刑这一规定是为了平抑“生刑过轻，死刑过重”这一刑罚执行的不平衡状况而制定的，通过这一规定使得在死刑缓期执行和死刑立即执行之间有一个缓冲，进而避免“生刑过轻，死刑过重”这两个极端，从而达到“宽”和“严”之间的动态平衡，实现宽严“相济”。

在《刑法修正案（八）》中正式确立了社区矫正制度，对于被判处管制、缓刑和依法进行假释的罪犯实行社区矫正。社区矫正是与监禁刑相对应的行刑方式，对于轻罪实行非监禁化的行刑方式有利于他们的重归社会和社会化，减少监禁刑罪犯由于长期与社会隔绝而逐渐“监狱化”的现象。“监狱化”是指罪犯逐渐适应罪犯社会的风俗习惯的过程。这样一方面不利于他们的社会化，另一方面有的罪犯还会因此而对社会产生报复心理，这些潜在的影响都会在他们重返社会之时带来诸多的诸如不能融入社会、自卑心理严重、消极自闭、报复社会等问题，增加社会的不和谐、不安定因素。因此，社区矫正对于那些轻罪或改造良好的罪犯从“宽”处理的行刑方式，对于宽严相济刑事政策的落实和和谐社会的构建具有重要作用。

新《刑事诉讼法》第208条规定了基层人民法院可以适用简易程序进行审判的条件，即：案件事实清楚、证据充分；被告人承认自己所犯罪行，对指控的犯

罪事实没有异议的；被告人对适用简易程序没有异议的。这与之前的简易程序适用的条件相比，就扩大了简易程序的适用范围，只要案件同时符合以上三个条件就可以适用简易程序，不再仅限于轻罪案件、告诉才处理的案件以及被害人有证据证明的轻微刑事案件。简易程序适用范围的扩大有利于减轻被告人的诉累，减轻被告人因诉讼带来的身体上和心理上的痛苦，这也是宽严相济刑事政策的题中之意。

新《刑事诉讼法》第 271 条规定了对未成年人的附条件不起诉制度，第 274 条规定了未成年犯罪记录封存制度。以上这两项制度都是宽严相济刑事政策下加强对未成年人保护的措施，未成年人是祖国的未来和希望，加强对他们的保护必将有利于国家的长久发展以及和谐社会的绵延持续。

新《刑事诉讼法》第 277 条规定了刑事和解制度，这项制度也就是龙宗智教授所提到的完善和解性司法和协商性司法的体现，有利于化解犯罪嫌疑人、被告人同被害人之间的矛盾，尽可能地弥补被破坏了的社会关系，修复双方之间的关系，回到和谐的状态。这一制度是宽严相济刑事政策的“宽、轻”的体现，无疑非常有利于犯罪嫌疑人、被告人同被害人之间这一“小社会”的和谐，进而促进我们所处的“大社会”的和谐。

从以上可以看出不管是我国的刑事实体法还是刑事程序法都在践行宽严相济刑事政策，都在朝着促进社会和谐的方向改进和发展。

（二）改进相关制度以促进宽严相济刑事政策得以更好地落实

宽严相济刑事政策的贯彻和落实贯穿于刑事立法、司法、执法的全过程，每一个环节都是至关重要不可偏废的。下面就针对几个具体方面谈一下自己的看法。

1. 重新设定监视居住的功能

长期以来我国的监视居住制度就没有自己独立的地位和适用的空间，仅仅是逮捕羁押和取保候审的替代措施。它一方面没有自己独立的适用对象；另一方面又因被贴上大量耗费警力、物力、财力的标签而不予适用或很少适用。虽然这次新《刑事诉讼法》第 72 条规定了监视居住的适用条件，但是由于长期以来形成的观念和司法实践中的这一制度的名存实亡，这就使得我们在适用这一制度的时候会存在一些心理上的抵触情绪和具体实践中的新生问题，因此就要求我们要更加重视这一制度的落实，从而尽可能地避免不必要的审前羁押，降低我国的审前羁押率，进而在侦查阶段更好地落实宽严相济的刑事政策，保护犯罪嫌疑人的合法利益。

2. 酌定不起诉的落实

我国刑事诉讼法的不起诉制度包括：法定不起诉、酌定不起诉、存疑不起诉。其中法定不起诉和存疑不起诉都是依照法律的规定不应起诉的情形，而酌定不起诉能否适用则掌握在检察机关的手中。由于现在侦查、起诉、审判三机关几乎存在着“无缝对接”的现状，即侦查机关移送审查起诉的案件，检察机关基本上都是要提起公诉的；检察机关提起公诉的案件，审判机关基本上都会做出有罪判决。因此，在司法实践中检察机关对《刑事诉讼法》第173条第2款的适用会非常谨慎，严格控制酌定不起诉的适用，从而导致适用率过低，这明显是与宽严相济刑事政策的“宽”背道而驰的。因此，在审查起诉阶段检察机关要在法律的范围内扩大酌定不起诉的适用率，以使宽严相济的刑事政策在这一阶段得以真正落实。

3. 完善罪犯入监的分类处遇制度

罪犯的分类处遇对于其刑满释放后的社会化具有重要意义，也是宽严相济刑事政策在刑罚执行阶段的要求。在国外，被定罪入狱的罪犯先要被送往专门的收押分类中心，经过检测评定之后，再决定将其送入的监狱和监区。比如，在德国，入监机构中设有特别委员会，委员会成员除包括一名法学家外，还有就业顾问、心理学家、社会学家、教育学家、社会工作者和普通监狱官员，该委员会负责对每一名罪犯进行个性诊断，根据对罪犯的调查结果将其安置在何种类型监狱内服刑。① 在日本，由法学、心理学、精神病学、医学等方面的专家组成的分类调查中心根据一定的调查标准对新入监的罪犯的犯罪特征、心理、精神状况、身体条件、家庭环境、悔罪态度等方面进行仔细的调查，并依据调查所得的资料确定分类的类别，将不同类型的罪犯分送到不同的监所，给予不同的处遇。而我国的现状一般是，罪犯入监后经过两至三个月的入监教育，由监狱内有关业务科室的干警负责，也有的监狱设置1至2名专门工作人员，对罪犯进行以询问、谈话为主的调查，在建立个人基本情况档案后即对其关押和处遇提出参考意见。与国外的做法相比，首先是调查的方式过于简单；其次就是调查的内容不够丰富；再者就是调查人员的资质条件相比之下有所欠缺。由于没有设置专门的罪犯分类调查机构，加之以上原因，就会使罪犯分类调查难以全面深入展开。因此，应当在现有制度的基础上完善我国的罪犯入监的分类处遇制度，以使罪犯在最适合自己的监狱和监区得以改造，从而使改造的效果更加明显，更加有利于其重返社会，增加他们回归社会之后的和谐因素。

4. 扩大减刑、假释的适用率，完善假释制度

根据有关学者对个别省的减刑、假释适用率的统计表明，某省的减刑率约为

---

① 张苏军著：《宽严相济刑事司法政策与刑罚执行方式改革研究》，中国检察出版社2011年版，第56页。

20%，假释率约为3%，这与国外的减刑、假释适用率相比相差较大。笔者认为，对于认真遵守监规，接受教育改造，确有悔罪表现等符合减刑、假释的罪犯都应当减刑、假释，这样不但不是对犯罪人的放纵，相反会取得良好的改造效果，因为这样可以使他们在“希望”中进行改造。《刑法》第81条第2款的规定是不恰当的，因为对罪犯进行假释的最主要的原因是其确有悔改表现、没有再犯罪的危险，对于第81条第2款规定的罪犯，不能因为其犯罪的次数和犯罪的性质，就否认其不会有悔改表现，一定会有再犯罪的危险，否认其改造的效果，进而不得对其予以假释。我认为这样的做法是将以上罪犯“一棒子打死”，不给他们任何的希望，即使他们改造得很好也不会有假释的可能性。这样一来反而会对其改造产生“副作用”，不利于他们积极认真地改造，同样也就会不利于他们重返社会，这与宽严相济的刑事政策也是相悖的。因此在构建和谐社会的背景下，在宽严相济刑事政策的指导下应当在法律的框架内扩大减刑、假释的适用率，并对假释制度进行完善，删除《刑法》第81条第2款的规定。

5. 逐步构建刑事被害人保护制度

刑事被害人作为犯罪人侵害的对象，作为受损害的一方，在犯罪人不能很好补偿的情况下，其权利救济就显得尤为重要，也关系到受到破坏的社会关系能否被最大限度弥补的问题。“案结”之后刑事被害人所受损害能否得到补偿，是刑事法治要解决的问题，同时也是构建和谐社会必须要解决的问题。作为受到创伤的刑事被害人，处于弱势地位，如果他们的问题得不到解决，必将会增添社会的不和谐因素。在国际上，对被害人的补偿主要有两种形式：一是由国家资金补偿（compensation）；二是犯罪者的补偿（restitution）。美国国会于1984年通过了《犯罪被害人法案》，最终确立了联邦补偿制度，由司法部所属的犯罪被害人办公室具体负责实施补偿计划。1998年，该法案要求各州提高被害人获得补偿的比例和加快获得补偿的速度。刑事被害人保护制度是建立在一定的经济基础之上的，它的建立需要以经济为支撑，以法律为保障，我们国家应逐步建立刑事被害人保护制度，借助多种社会工具，修复已被破坏的社会关系，最大限度地实现被告人同刑事被害人的和解，从而尽可能地消除其对社会带来的负面影响。这一制度的逐步建立正是宽严相济刑事政策精神的内在体现，对于促进社会的和谐具有重大意义。

和谐社会语境下刑事政策的完善

郭培培

一、和谐社会与刑事政策

（一）和谐社会与刑事政策的内在联系

刑事政策，作为一个国家防控犯罪的各种措施的总称，受一国政治、经济、社会、文化的影响很大。德国学者李斯特说“最好的社会政策乃是最好的刑事政策”。当前对刑事政策产生大局性影响的，就是中共中央提出的建设和谐社会的社会政策。当前，我国正处于社会转型期，之所以提出建设和谐社会的目标也正说明了我们的社会还有很多不和谐之处，还有许多的利益和矛盾需要协调。其中刑事犯罪高发和社会治安不稳定因素增加就是一个亟须解决的问题，这与胡锦涛总书记所提出的“民主法治、公平正义、诚信友爱、充满活力、安定有序、人与自然和谐相处的社会”是严重背离的，而刑事政策在打击犯罪、预防犯罪，维护社会秩序稳定方面要发挥自身特别独特的功能，因此需要在和谐社会政策的指导下对刑事政策进行完善，使其能适应社会发展，真正发挥其作用。

（二）和谐社会理念对刑事政策的理论的影响

对于目前对刑事政策的理论界定，笔者相对赞同陈兴良教授的观点，他指出刑事政策是国家基于预防、控制犯罪以保障自由、维持秩序、实现正义的目的而制定、实施的战略、策略、方针、准则、计划以及具体措施等的总称。①

当前我国刑事政策的主体是国家，具体来说，就是执政党以及政府等国家机关。执政党和政府等国家机关作为刑事政策的决策者，同时也是刑事政策的执行者，是完全意义上的刑事政策的主体。单一主体在刑事政策的制定和执行中都显露出明显弊端，多数人对刑事政策的内容是闻所未闻，对贯彻刑事政策的做法更是不理解，使刑事政策的成效较低。这就要求适应社会发展对刑事政策的主体进

作者简介：郭培培（1989—），女，河南洛阳人，西南政法大学法学院刑法专业硕士研究生。

① 陈兴良著：《中国刑事政策检讨——以“严打”刑事政策为视角》，中国检察出版社2004年版，第111页。

行扩充，比如我国当前逐渐发展完善的社区，也是契和和谐社会要求的做法。

刑事政策的目的是为了预防、控制犯罪以保障自由、保护秩序、实现正义。预防犯罪、控制犯罪是刑事政策的直接目的，保障自由、保护秩序、实现正义是刑事政策的根本目的。虽然之前笔者提到李斯特的“最好的社会政策是最好的刑事政策”，但是，并非以控制、预防犯罪为目的的社会政策，不能视为刑事政策。这是刑事政策与社会政策的基本分野。原则上，没有一个国家的刑事政策是纯粹防御型的或者纯粹进攻型的，刑事政策一般是防御与进攻的结合，只不过在不同的国情、时情下，防御与进攻的侧重会有所不同。自由、秩序、正义作为刑事政策的根本目的，这三者之间既有一致的地方也有矛盾和冲突的方面，当前和谐社会的构建就对三者的选择产生极大影响，这就需要执政党和国家机关在刑事政策决策和具体执行时慎重选择和分配。

二、和谐社会语境下的刑事政策的价值取向

2004 年这一年不仅有社会主义和谐社会的提出，同时我国新的宪法修正案通过，人权入宪，以人为本作为一项宪法原则在我国得以明确确立，这对于我国各项政策（包括刑事政策）的发展都具有深远意义。以人为本是科学发展观的价值取向，也是社会主义和谐社会的价值取向。在构建和谐社会的大背景下，刑事政策也应当以人为本，理解人、关心人、帮助人，满足和解决人的需要，尊重人性尊严，促进人的发展，注重人权保障，实现刑事政策的人文关怀。① 对人权保障的强调并不意味着对秩序价值的否定（日本的学者大谷实在探讨刑事政策的价值取向时特别注重的是秩序价值，他认为“刑事政策的终极目标是维持秩序”）。人权保障与秩序维护具有内在的统一性。和谐社会的构建强调人与人之间的和谐、人与社会之间的和谐、人与自然之间的和谐，这种和谐关系或者状态实质上都表现为一种秩序的和谐，无论是自然界还是人类社会，有秩序才有真正的和谐。从这一角度而言，无论是反映功利主义的秩序维护，还是体现人本主义的人权保障，都是我国刑事政策在价值取向上不可或缺的要素。具体而言，作为针对犯罪这一社会生活的不和谐因素的反应，刑事政策的制定和实施，一方面要不断完善对犯罪的预防和控制体系，维护良好稳定的社会秩序，以保障大多数人的安宁和幸福；另一方面，刑事政策措施和手段的选择及其运用，要以以人为本的理念为指导，加强刑事政策本身及其执行的人性化、人道化，注重对公民（特别是作为政策执行对象的犯罪嫌疑人、被告人）合法权利的保障。② 立足于我国

---

① 梁根林著：《刑事政策：立场与范畴》，法律出版社 2005 年版，第 115 页。

② 郭理蓉：《和谐社会的刑事政策与公民参与》，《北京师范大学学报》（社会科学版）2011 年第 1 期。

当前从政治国家的一元结构向政治国家和市民社会二元格局的社会结构转型的现实，在市民社会尚未完全建立、社会组织尚不发达、社会自治精神在刑事政策领域内的渗透尚较微弱的情况下，国家在刑事政策领域中仍将占据主导地位。因此，国家社会双本位的刑事政策模式不仅符合社会发展的客观趋势和现实国情，并且在价值取向上具有合理性，兼顾了秩序维护和人权保障的需要，契合和谐社会的要求，是我国当前刑事政策改革和发展的理性选择。

三、我国刑事政策的完善

（一）和谐社会语境下完善刑事政策要坚持的基本原则

1. 法治原则

法治原则是当代民主国家的基本宪政原则。在刑事政策领域，法治原则要求国家和社会对犯罪做出的一切公共反应，无论是以国家公权力运作为内容的国家正式反应，还是市民社会组织对犯罪做出的有组织的反应，无论是以国家刑罚权的运作为核心的刑罚反应，还是以其他国家公权力的运作为内容的非刑罚的正式反应，都必须受到法律的严格约束。而法治原则在刑事政策领域的核心要求是罪刑法定原则。罪刑法定要求严格规范和限制国家刑罚权，体现了国家权力的内敛性和收缩性、制约性，强调国家刑罚权发动的正当性、合理性，着眼点在于保护民权、限制国权。罪刑法定就其主旨和初衷强调安全和稳定，而刑事政策则追求灵活和高效，现在刑事政策更是功利刑、教育刑思想和社会防卫论的产物。刑事政策和罪刑法定因而可能存在某种紧张关系：出于刑事政策的考虑，有些具有严重社会危害性或者相当主观恶性的行为应当作为犯罪处理，追究其犯罪责任具有合目的性和实质合理性。但这样的行为可能未被法律所明确规定或者不在刑法文本含义范围之内，追究其刑事责任为罪刑法定原则所不容。解决刑事政策与罪刑法定的紧张的关键在于现代刑事政策的价值目标的择定：是单纯地追求预防犯罪的功利目标，还是同时包含功利性和合理性的追求。在罪刑法定支配下的刑事政策，使刑事政策对功利性的追求同时符合社会公正和合理的要求，可以最佳实现刑事政策的追求。而如果刑事政策不受罪刑法定这一体现国家与国民关系合理性的根本原则的制约，则必然蕴涵着破坏法治、侵犯人权的巨大危险，刑事政策对预防犯罪的功利目标的追求最终也会受到损害。因此，笔者认为，罪刑法定原则在现代刑事政策中毫无疑问应当成为规范和制约刑事政策实践的不可动摇的基石。[①]

---

① 梁根林著:《刑事政策：立场与范畴》，法律出版社 2005 年版，第 105 页。

2. 谦抑原则

谦抑原则是指对具有公共危害属性因而具有刑法干预必要性的行为，应当从刑法作为最后手段法、补充法、保障法、第二次法的属性出发，进行是否予以实际干预的考量。刑法的谦抑原则对刑事政策的制定和实施提出了如下要求：要分析刑罚资源投入的必要性、经济性、有效性，极力回避不必要、不经济、无效甚至有害的刑罚资源投入，特别是应当使刑罚成为其他法律制裁手段功能不足时的补充手段，并且应当是抗制不法行为的最后一道防线，能不用刑罚尽量不用刑罚，能少用刑罚尽量少用刑罚，刑罚的运用应当力求以最少的投入产生最佳的效益，同时尽力避免刑罚副作用。尽管我国刑事政策反犯罪斗争的实践事实上严重背离刑法谦抑原则，刑法万能主义与重刑主义在社会公众心理、刑事政策决策中与刑事司法行为中仍然属于主导性的刑法观念，但刑法谦抑原则的刑事政策思想已经获得刑事法学界的广泛认同。确立刑事政策的谦抑原则，首先要求我们清除我国传统法律文化中的刑法万能主义理论以及“治乱世用重典”的重刑主义余毒，科学地定位刑事法特别是刑罚在预防和控制犯罪体系中的功能和作用，确立刑法的补充性、不完整性、宽容性观念，使我们对刑法使命的认识摆脱理想主义，趋向理性化和现实化。确立刑事政策的谦抑原则，其次要求在确实需要刑法干预的情况下，刑事立法的选择必须符合比例原则。比例原则又具体蕴涵两个方面的含义：第一，要求刑法干预必须具有适当性。亦即所采取的刑法干预手段必须适合其所追求的目的，才能具有正当性。第二，要求刑法干预必须具有必要性。现代刑事政策视野中刑法干预必要性，应当结合刑法作为第二次法的属性，放在刑事政策控制系统中加以斟酌，说明在什么情况下、具有何种特性的行为，才有必要通过刑法立法犯罪化并以刑罚等刑事制裁手段予以干预。①

3. 人道原则

“刑事政策中的人道主义原则，作为刑事司法中的适当程序原则的保障、科学主义刑罚的合理化及刑事政策中的法治主义的指针，已经成为现代刑事政策的指导理念。”② 刑事政策的人道原则要求刑事政策展现其道德蕴涵和人文关怀，其核心则在于理解人（科学地把握人犯罪的原因、合理地确定犯罪人的刑事责任）、尊重人（尊重包括犯罪嫌疑人、被告人和罪犯在内的全体国民的人格、尊严、自由和权利）、关心人（在关心社会秩序的维护、社会基本价值体系的维系以及社会公众普遍福祉的促进的同时，关心被追究刑事责任的犯罪人的社会复归）。在现代民主法治国家，人道原则作为刑事政策的基本原则被特别关注，显

---

① 储槐植：《建立刑事一体化思想》，载《中外法学》1989 年第 1 期。

② ［日］大谷实著：《刑事政策学》，黎宏译，法律出版社 2000 年版，第 17 页。

然是基于两个特殊的理由：其一，刑事政策是以国家刑罚权的行使为核心的对犯罪的有组织的反应；犯罪人在刑罚权这样一种公权力行使过程中是否得到人道的对待，直接反映了公民个人相对于国家的法律地位。其二则是因为，在现代刑事政策学的理论视野中，犯罪并非具有完全自由意志的人随心所欲选择的结果，而是由犯罪人所处的生理、心理缺陷以及导致其犯罪的恶劣社会环境共同作用的结果，犯罪在一定程度上是被决定的。如果不关注犯罪人的个性、不尊重其人性尊严，把犯罪人当作单纯的惩罚和威慑的对象，就不可能达到预防再犯、防卫社会的目的。

4. 教育改善原则

要减少犯罪、防卫社会，除应惩罚过去的恶行外，还应在行刑时注意犯罪品行的完善、知识的增进、谋生技能的传授等，使犯罪人能够顺利适应社会生活。现代刑事政策实践的最终目的亦在于教育改善犯罪人，使其重新复归社会，而非对犯罪人加以报应性痛苦，使其赎罪。

（二）完善我国刑事政策的路径

近年来我国经济高速发展，社会结构分化整合频率加快，发达国家备受困扰的高犯罪率以及重大刑事案件多发的问题开始出现，惩治犯罪的刑事政策一度片面地强调从严、从重打击刑事犯罪。“严打”并没有使重大恶性犯罪明显减少，却使轻微犯罪人服刑后在回归社会的过程中引发的社会问题显著增多，新的社会矛盾增多，极大影响了社会稳定。[①] 2005 年在构建和谐社会的语境下我国正式提出了宽严相济的刑事政策，对刑事司法具有重要的指示性作用。笔者试从以下方面对完善我国的刑事政策提出建议：

首先，完善刑事政策自身的科学性。这主要从两方面入手，第一，在刑事政策的制定上，要确保民众的参与，提供社会公众参与刑事政策制定的各种渠道，这不仅能保证刑事政策制定的民主化，更能使民众对刑事政策有更切身的理解，进而扩大刑事政策的实施效果。第二，在刑事政策的内容上，刑事政策有两大作用，惩罚犯罪和预防犯罪，而目前的刑事政策更多的是侧重于惩罚，在预防这一层面有所缺失，这与和谐社会建设是相背离的，需要予以特别关注。

其次，实行刑事政策模式的规范化、统一化。在我国刑事政策的模式问题上，应该有两种情形。

第一种情形是刑事政策的功能模式。

在这个问题方面，我国的基本共识是：我国刑事政策模式应向国家和社会双

---

① 颜九红著：《为了弱者的正义——和谐社会构筑中刑事政策的价值取向》，中国检察出版社 2009 年版，第 198 页。

本位转型。如陈兴良教授认为，自改革开放以来，从前国家对社会的传统控制模式已被打破，我国正面临着社会转型，这种社会结构转换，在很大程度上就是从政治国家的一元社会结构向政治国家与市民社会二元分立的社会结构转变。在这一宏观背景基础上，我们可以看到政治刑法向市民刑法的功能性转换。严励教授将刑事政策模式分为三类：第一类是国家本位型刑事政策，它是国家至上理念在惩罚犯罪中的表现形式。第二类是国家社会双本位型刑事政策，其思想基础来自于“社会先于国家”这一基本理念，坚持保护社会与保障人权相统一。第三类是社会本位型刑事政策，其排斥了一切国家反应，以社会为本位，要在没有任何国家干预的情况下自主、自律。再如储槐植教授认为控制犯罪的正确办法就是要扭转犯罪控制不理想的局面，转变控制模式，将刑罚权和刑事司法权从国家手中分出一部分还给社会，并预言：“理想的犯罪控制模式应当是国家和社会双本位。这已逐渐成为当今世界的共识，21 世纪的刑法思想和刑法样态将以此为基点。”笔者认为，以上学者对刑事政策模式的分析主要是从其功能模式角度出发论及这个问题的，国家社会双本位模式也是符合当代刑事政策功能发展趋势要求的。

第二种情形是刑事政策的制定模式。

对于这个问题，笔者认为，刑事政策是涉及人的生命与自由等重要人权内容的策略问题，必须严肃、认真和慎重，这是刑事政策内容所要求的，也是保障人权不可动摇的屏障。所以，刑事政策应当是由国家层面的权力机关制定的一种国家政策，才具有人权保障性、权威性、约束力和强制力。如果采用刑事政策来源的多元化势必政出多门，不但不能强化刑事政策的功能反而会削弱，更为可怕的是人权保障可能会处于一种随意或者无序状态。①

最后，刑事政策应当向层次化、具体化和可操作性方向发展。我国刑事政策不可过于抽象，太过笼统，否则就只有象征性而不能产生实际效果。我国目前一些刑事政策就因为不具体，操作性低以致被贯彻实施的效率较低。在有宏观的刑事政策的前提下，应对相关领域有较为具体的指导，便于操作和落实。刑事政策在向层次化、具体化和可操作性方向发展的过程中要以罪刑法定原则为统领，以刑法谦抑和疑罪从无为准则，切实防止犯罪的扩大化倾向。

总之，和谐社会的构建需要符合 21 世纪要求的刑事政策体系，我们要改变观念，树立现实主义、讲究效益的刑事政策，方能使刑事政策为实现构建社会主义和谐社会的宏伟目标发挥应有作用。

---

① 孟昭伍、张仁秀：《论我国刑事政策的未来走向》，载《法治研究》2011 年第 5 期。

和谐社会与刑事政策的相关问题研究

黄 甜

构建社会主义和谐社会是党在新时期、新发展中提出的举措和方针，对我国法律的发展和变革具有重要的指导性意义。刑事政策亦是从政治层面上对作为国家意志体现的刑事法律具有导向的功能。因此，对于在构建社会主义和谐社会的大背景下贯彻和实施刑事政策，同时使刑事政策制定和执行与社会主义和谐社会的目标相适应，是值得思考和探讨的问题。

一、和谐社会的思想渊源及其内涵

（一）和谐社会的思想渊源

和谐社会自古以来就是全人类的共同理想和追求，有着十分深厚的思想渊源。无论是古代还是现代，中国还是西方，思想家、政治家、哲学家们都对什么是和谐社会、如何实现和谐社会进行了孜孜不倦的探索和研究。

在早期的中国，和谐的本质为“和而不同”。主要是指世界上的事物千差万别、各式各样，而“和”是这种有差别的、多样性的统一。对于和谐的内涵，不同的哲人也有千秋各异的理解。有人主张内心的平和，是一种“宁静致远，淡泊明志”；有人强调人与自然的和谐相处，正如“天地与我并生，而万物与我为一”；在人与人之间的关系上，最理想的是宽厚处世、人我协调，孟子便提出：“老吾老以及人之老，幼吾幼以及人之幼。”到了近代，民族矛盾的爆发和帝国主义的侵略，人民对于和谐又有了新的愿景，给“和谐”添注了更多的色彩。《天朝田亩制》就大声号召，要建立“有田同耕，有饭同食，有衣同穿，有钱同使，无处不均匀，无人不饱暖”的理想社会。康有为也疾呼要建立人人敬老，人人爱幼，无处不均匀，无人不饱暖的大同世界。

与此同时，西方的学者在对他们历史、文化和经验的反思的基础上，对“和谐”也有他们独树一帜的见解。最早提出和谐思想的毕达哥拉斯学派认为数的奇

作者简介：黄甜（1990—），女，广西梧州人，西南政法大学法学院刑法专业硕士研究生。

偶两个方面的对立统一就是和谐。柏拉图在他的著述《理想国》一篇中设计了一个和谐美好的社会。空想社会主义者如圣西门、傅立叶和欧文，在深刻批判资本主义本质和矛盾的基础上，提出了和谐社会理想，在他们看来社会主义社会就是“和谐与自由的社会”。

（二）和谐社会的基本内涵

自党的十六届六中全会以来，党中央所提出的建设社会主义和谐社会的构想是在对马克思主义理论的继承和发扬的基础上，对中国特色的社会主义本质属性的有益探索。

和谐社会作为人类社会共有的愿景，其含义是人与人之间的和谐，人与社会之间的和谐，人与自然之间的和谐，人与自身之间的和谐，民族与民族之间的和谐，国家与国家之间的和谐，国家与地区之间的和谐，地区与地区之间的和谐。与此同时，作为人类社会的最终发展目标，和谐社会也是政治、经济、文化、社会、生态文明齐头并进的社会。这种“五位一体”的社会发展目标，终将为全人类带来“和衷共济、天下一家”的美好图景。

二、刑事政策的定义

（一）刑事政策的发展历史

“刑事政策”这一概念所界定的内涵和外延，从古至今争论不断，没有形成固定意义上的通说。依照刑事政策观念之历史进程，刑事政策可以分为古典型刑事政策、现代型刑事政策、当代型刑事政策。①

在刑事政策一词被提出的早期，也就是古典刑事政策时期，刑事政策主要聚焦于“刑事惩罚”，刑事政策的意义也就是怎样用刑事立法圈定犯罪的范围，怎样用刑事司法去打击和惩罚犯罪。在现代刑事政策时期，法学家们的目光不再限定于犯罪人本身，而是认为犯罪不仅是因为犯罪人的自身因素，同时环境也对其行为造成一定的影响。正是基于对犯罪人本身因素和环境因素的双重评价上，他们寻求多样化的犯罪应对政策，而非局限于单一的犯罪惩罚。在当代型刑事政策时期，在吸收了政治学、社会学、心理学等多种学科的基础上，刑事政策已不是刑法的附属，而是一门独立的学科。这时的刑事政策可以大致概括为：由国家主导，国家和社会各方参与的，采取刑罚、非刑事惩罚措施等对策，直接目的在于预防犯罪、抑止、矫治犯罪，最终达到维护社会秩序的目的。

① 张远煌著：《刑事政策观之时代精神解析》，中国检察出版社 1998 年版，第 41 页。

（二）我国当前的刑事政策

目前我国的刑事政策为“宽严相济”。但不是一开始就是如此，而是我国根据社会变化的状况和执法经验的总结不断地进行调整的结果。我国的刑事政策经历了从最初的“镇压与宽大结合”的对敌斗争的政治策略演变为“惩办与宽大相结合”的预防和控制犯罪的刑事政策，并逐渐被“宽严相济”刑事政策取代的过程。

宽严相济的刑事政策可以概括为：该宽则宽，当严则严，宽严相济，罚当其罪。具体说来，宽严相济是在全面审查案件的基础上，从客观出发，根据行为人行为的社会危害性及其损害结果的大小，并考察行为人的主观恶性程度等方面，在刑事侦查、起诉和审判中，对犯罪嫌疑人、被告人的从严或者从宽的处理。

事实上，我国实行宽严相济的刑事政策既是历史教训的总结，又是现实环境的需求。

一方面，从历史经验来说，刑罚必须轻重有度，过轻或者过重都将引起社会的不和谐因素，影响社会的和谐，甚至会毁坏一个社会的根基。秦朝短命而亡便是教训。在《史记·陈涉世家》的记载中，陈胜、吴广等人在服兵役的路途上遇到大雨堵塞了道路，而不能及时报到，按照当时严酷的法律要判死刑。陈胜便产生了这样的念头：“今亡亦死，举大计亦死，等死，死国可乎?”（笔者译：现在逃跑也是死，起义也是死，同样是死，为国家而死可以吗?）刑罚过重、酷刑繁多，必导致民权虚置、民生艰难和国家统治的不稳。相反，刑罚归于宽松，相当于犯罪的成本降低，如果小于或者远小于犯罪所获得的收益，毫无疑问会使犯罪的数量激增，引起社会的动荡。

另一方面，从社会环境来说，在国际环境中，全球化的进程促使我国迅速涌入世界的潮流之中，世界上一些国家的人权保护等规制不可避免地对我国刑事法律的制定和修改产生一定的影响。与国际的接轨要求加强犯罪嫌疑人、被告人权利保护方面的内容，同时放宽刑罚的条件。这从我国的《刑法修正案（八）》删除了一些经济犯罪的死刑，还增加了社区矫正制度等即可以看出。与此同时，恐怖犯罪、毒品犯罪等犯罪的跨国化、组织化对全球地区稳定具有巨大的破坏，加强对这些犯罪的打击和惩罚便成了共识。中国作为一个大国也应当承担起自己的责任。从国内环境看，我国需要改善犯罪嫌疑人、被告人的权利状况，放松对一些社会危害性不大的犯罪的管制，从而节约司法资源。同时，对于犯罪手段残忍，社会危害性大的犯罪的打击要毫不手软，特别是有组织、有计划的黑社会组织犯罪、恐怖组织犯罪等的追究和处罚要严厉，才能有效打击和预防此方面的犯罪。只有软硬兼施，轻重有度的刑罚才能维持我国构建社会主义和谐社会的现状。

三、刑法、刑事政策与和谐社会

（一）刑法与刑事政策

刑事政策是非刑法的组成部分，是由党、国务院、地方党委以及各级人民政府制定的一种带有行政色彩的政治策略，通常以指令、报告、讲话等方式出现。刑法则是全国人大及其常委会经过严格的程序制定的由国家强制力保障实施的法律。与刑法相比较，首先，刑事政策在地位上比刑法要高，其具有指导刑法立法、司法、执法的功效；其次，刑法是运用精密的立法技术确立下来高度确定的法律，刑事政策则是较为抽象、模糊的；最后刑事政策的实施是通过刑法立法、司法、执法过程中贯彻其内涵来实现的，刑法则是由国家强制力保证实施。

（二）社会主义和谐社会与宽严相济刑事政策的联系

构建社会主义和谐社会与宽严相济刑事政策的联系表现为：

第一，社会主义和谐社会与宽严相济的刑事政策都是以以人为本为核心。构建社会主义和谐社会的过程中无论何种问题，都是以人为根本的出发点和落脚点，而宽严相济的刑事政策强调公权力的行使要保护好公民个人的合法权益，根据各个案的不同情况区别对待，该轻则轻，该重则重。

第二，构建社会主义和谐社会需要实行宽严相济的刑事政策。根据马克思主义矛盾的对立统一观点，矛盾无处不在，社会主义和谐社会中也不例外。然而在社会主义和谐社会里矛盾始终处于良性的、有序的状态。刑事政策作为一个化解矛盾的对策，也要合理、有效地控制立法、司法、执法三个方面产生的矛盾。宽严相济的刑事政策首先有利于化解社会矛盾，减少对抗。通过孤立、打击少数社会危害性大的犯罪，教育、感化、挽救大多数危害不大的犯罪，来化解社会矛盾。其次宽严相济的刑事政策通过有效地维护社会稳定、协调社会各方面的利益，达到缓解犯罪人与社会之间紧张的对立关系，融法、理、情于刑事司法活动中为一体，促进社会和谐。

第三，实行宽严相济的刑事政策要有社会主义和谐社会理念的支撑。法律作为服务于阶级统治的内容，要受政治观念的指引。应当认为，构建社会主义和谐社会的思想是社会发展的总方针，刑事政策这个局部的策略要服从构建社会主义和谐社会的总方针。首先，宽严相济的刑事政策的实行是符合我国现在的政治环境的。正是有社会主义和谐社会理念使法治理念深入人心，在社会各层形成了科学的法治思想，促使了宽严相济的刑事政策的正常运行。其次，社会主义和谐社会理念里面的公平正义、民主法治内容是宽严相济的刑事政策内容的核心和目标。如果离开了社会主义和谐社会基本理念的指导，刑事政策的制定、执行将失去其应有的灵魂。

四、与刑事政策相关的问题

"安顺谓和，协调为谐"①，在和谐社会中，矛盾依然无时不在、无处不在。要维持和谐的形态关键在于和谐社会中疏导矛盾、协调利益、化解冲突的矛盾处理机制完善且运作良好。而刑事法律作为矛盾处理机制的组成部分，具有解决更深层矛盾的意义——违反刑法的行为必然侵害了更深层次的社会关系。从上述所说可知，刑事政策具有精神性、抽象性的特点，如何用精神性、抽象性的刑事政策指导具体的刑事立法、执法、司法历程？刑事政策作为连接刑法和和谐社会的桥梁，该怎样制定和执行才能使刑法的立法、司法、执法更加符合和谐社会的意旨？有的学者提议在刑事政策中纳入恢复性司法和前科消灭制度，以下是这两个方面的论述。

（一）恢复性司法

恢复性司法是指某一特定犯罪的利害关系人，在中立的第三方的调解下，进行协商，以期促进利害关系人之间的沟通和交流，最后达成一个犯罪的处理方案，恢复或者尽力恢复被犯罪行为所侵犯的社会关系的对策。恢复性司法作为刑事政策中兴起的新举措，因其提供和平的方式处理犯罪问题并在一定程度上缓解了社会矛盾且符合我国宽严相济的刑事政策而被一些学者所提倡。

我国的《刑事诉讼法》第 277 条、第 278 条就规定在以下两种情况可达成刑事和解：第一，因民间纠纷引起，涉嫌侵犯公民人身权利、民主权利的犯罪或者侵犯财产的犯罪，可能判处三年有期徒刑以下刑罚的；第二，除渎职犯罪以外的可能判处七年有期徒刑以下刑罚的过失犯罪。以上两种情况中，犯罪嫌疑人、被告人取得被害人的谅解，被害人自愿和解的，双方当事人可以达成和解，并且犯罪嫌疑人、被告人可以获得从宽处罚。这不表示我国建立起了恢复性司法的制度。刑事和解中公安机关、人民检察院、人民法院虽然有权对和解的自愿性、合法性进行审查，但法律没有规定这些机构在其中充当主持调解的作用。并且，不同于恢复性司法的多种恢复方式，刑事和解主要还是围绕金钱赔偿方面展开。

恢复性司法在内涵上符合宽严相济的刑事政策之宽的要求，又有利于促进和谐社会的实现。第一，被害人可以通过积极参与协商，自我救济获得物质上和精神上的补偿。自愿的基础上的沟通和交流，不仅能使被害人更加信服法律的权威，还能尽量地使被害人与犯罪人之间的矛盾最小化。第二，恢复性司法会促使被告人主动承担责任。被告人为得到较轻的惩处，往往会主动积极地参与协商，

① 赵秉志：《和谐社会构建与宽严相济的刑事政策的贯彻》，载《吉林大学社会科学学报》2008 年第 1 期。

努力获取被害人谅解。可以说，恢复性司法可提高民事判决部分损害赔偿的执行率。第三，恢复性司法可以通过各利害关系人的参与，增加司法过程的透明度，使民众对司法审判有进一步了解，达到民主法治。

但是，恢复性司法并不是毫无破绽的。如果没有公正透明完善的程序制度保障，就会滋生司法腐败，出现以钱买刑的现象。因此，要解决恢复性司法可能存在的隐患，只有与和谐社会的要求相契合才能真正做到。

（二）前科消灭制度

为了使已被宣告有罪或者已被判决有罪的人在犯罪以后，能够尽快回归社会，避免犯罪印记对其的不利影响，前科消灭制度在刑事政策的学说中兴起。前科消灭意味着犯罪人可以申请销毁其犯罪的记录及其他资料。我国没有前科消灭制度。相反，刑法第100条规定：“依法受过刑事处罚的人，在入伍、就业的时候，应当如实向有关单位报告自己曾受过刑事处罚，不得隐瞒。”我国关于未成年人免除报告的义务，封存相关犯罪记录，因法条规定司法机关或者有关单位都有权进行查询，所以未成年人的前科消灭制度也不存在。前科报告制度的不合理之处在于，行为人已经为自己的犯罪付出应有的代价，前科报告制度却在此之上再增添惩罚——行为人毫无疑问会遭受社会的歧视和孤立，其后果是明显的，即阻断了犯罪人通往社会的桥梁。因此当前在一定的范围内开放前科消灭制度是有必要的，也是可行的，它可以给予犯罪人改过自新的机会，是对犯罪人的人道关怀，亦能防止其因难以回归社会而重新犯罪的问题。

结　语

宽严相济的刑事政策是实现和谐法治的理想图景的一步战略性部署。在构建社会主义和谐社会语境下的宽严相济刑事政策，只有在立法、司法、执法中融入和谐的灵魂和核心，才能在宽严相济刑事政策中实现公正与效益。唯有如此，安顺协调的社会愿景才会真正到来。

和谐社会与宽严相济刑事政策的贯彻落实

李 盼

和谐社会自古以来就是全人类的共同理想和追求，有十分深厚的思想渊源。在中国的古代和近代，许多思想家、政治家都对如何实现社会和谐进行了积极的探索。西方社会的思想家也对如何实现社会和谐进行了全面的探索，并提出了“和谐”这一概念。例如，孔子说“君子和而不同，小人同而不和”“礼之用，和为贵”“均无平，和无寡，安无倾”。2004 年 9 月 19 日，中国共产党第十六届中央委员会第四次全体会议上正式提出了“构建社会主义和谐社会”的概念。2005 年以来，中国共产党提出将“和谐社会”作为执政的战略任务，“和谐”的理念要成为建设“中国特色的社会主义”过程中的价值取向。“民主法治、公平正义、诚信友爱、充满活力、安定有序、人与自然和谐相处”是和谐社会的主要内容。中共中央举办的省部级主要领导干部提高构建社会主义和谐社会能力专题研讨班于 2005 年 2 月 20 日上午在中央党校开班，中共中央总书记、国家主席、中央军委主席胡锦涛在开班式上作了重要讲话。他指出，构建社会主义和谐社会是我们党从全面建设小康社会、开创中国特色社会主义事业新局面的全局出发提出的一项重大任务，适应了中国改革发展进入关键时期的客观要求，体现了广大人民群众的根本利益和共同愿望。要在推进社会主义物质文明、政治文明、精神文明发展的历史进程中，扎扎实实做好构建社会主义和谐社会的各项工作。

民主法治、公平正义，作为构建社会主义和谐社会的内容，是推动人与人之间、人与社会之间、人与自然之间和谐相处的重要保障。刑法作为与民法并列的基本法，是建设社会主义民主法治的一项重要内容，也是保障社会公平正义的重要举措。刑事政策研究对于刑法的研究、发展具有重要意义，同时，刑事政策体现着国家意志，是社会与法的结合点，是构建社会主义法治社会的具体措施之一。因此，有必要对社会主义和谐社会下的刑事政策作一探讨。

作者简介：李盼（1990—），男，四川南充人，西南政法大学法学院刑法专业硕士研究生。

一、和谐社会语境下的刑事政策

我国古代社会就已经有关于刑事政策的思想。“慎行”“轻刑”和“刑期于无刑”“重其重罪、轻其轻罪”“刑不可知则威不可测”都是古代法律思想家的经典叙述。新中国成立后，我国也根据特定的社会环境，制定了一些相应的刑事政策，如“惩办与宽大相结合”“坦白从宽，抗拒从严”“严打”等刑事政策。这些政策在当时的环境下，对抑制犯罪，维护社会治安起到了一定的效果。随着社会的发展，在构建社会主义和谐社会的历史大背景下，我们应该调整政策，制定出相应的刑事政策，与构建社会主义和谐社会相协调。

（一）刑事政策之内涵

作为理论概念的刑事政策，最早于1800年由被誉为“刑事政策之父”的德国学者费尔巴哈提出，其认为“刑事政策是国家据以与犯罪作斗争的惩罚措施的总和，是‘立法国家的智慧’”①。其后，不断有学者提出关于刑事政策概念的定义。笔者认为，刑事政策必须是由有立法权的国家机关制定，其目的是为了根据社会形势的变化，贯彻刑事立法中的包括刑事原则在内的刑事法。包括刑事立法、刑事司法和刑事执行。这就犹如市场经济秩序下的国家宏观调控。市场经济规律是刑事立法、司法的基础，而刑事政策就是国家用以调控这一“无形的手”的重要策略。当社会出现高犯罪率现象时，通过实行“严打”的刑事政策，控制犯罪；当社会和谐稳定的时候，采取较为宽松的刑事政策，以保障人民的合法权益。当然，不管是“严打”还是宽缓的刑事政策，都不能与刑事法的基本精神相违背，更不能为了贯彻刑事政策而枉法。

（二）社会主义和谐社会语境下的刑事政策

2006年10月11日中国共产党第十六届中央委员会第六次全体会议通过的《中共中央关于构建社会主义和谐社会若干重大问题的决定》提出了实施宽严相济的刑事司法政策。这是利用刑事司法促进社会和谐的重要举措。这就犹如治水，一味地堵是堵不住的，要想办法让洪水泄去。重典只能保一时之安定，却不是长治久安的根本保证。为了响应党中央的这一号召，2010年2月8日最高人民法院发布《关于贯彻宽严相济刑事政策的若干意见》，该意见要求各级法院在审判工作中要贯彻宽严相济的刑事政策。由此可以看出，我国在构建和谐社会阶段，实行的是宽严相济的刑事司法政策。虽然党中央和最高法院将“宽严相济”分别定义为“刑事司法政策”和“刑事政策”，但是由于最高法院发布的文件，

---

① 李永升、陈伟著：《和谐社会语境下的刑法观思考》，合肥工业大学出版社2009年版，第4-5页。

只能对全国的审判工作起到指导作用，因此，最高法院的“刑事政策”内涵和外延实际上要小于党中央的“刑事司法政策”。但事实上，“刑事政策”这一词的内涵外延应当是大于“刑事司法政策”的。刑事政策不仅应当体现在司法中，更应该体现在立法和执行中。对于“宽严相济”的刑事政策到底是一项基本国策，还是只是刑事司法中的一项具体政策，学者们之间存在较大的争议。笔者认为，宽严相济，不仅应当体现在司法中，更应该在立法和刑事执行中得到体现。因为在现行刑事法律中，还保留大量重刑主义的条款，例如死刑的规定过多，监禁刑的配置不合理，程序中控诉机关的权利过大，逮捕适用范围过大，等等。如果仅仅是在司法中贯彻宽严相济的刑事政策，那么很容易造成尴尬的局面。

（三）宽严相济刑事政策之理论基础

刑罚的目的到底是惩罚犯罪为主还是预防犯罪为主？这也是西方古典刑法学派和近代刑法学派争论的焦点。古典刑法学派的客观主义认为刑罚体现的是报应，是对犯罪行为的一种惩罚。近代刑法学派则认为，刑罚是基于社会责任而科处于犯罪人，其目的是预防他人再犯。同时，近代刑法学派更加关注行为人自身，而不是行为。其对犯罪人科处刑罚的依据是犯罪人的人身危险性，也可以叫作社会危险性。在我国构建和谐社会的大背景下，我们的刑法体系应该更加侧重于关注犯罪人的社会危险性。“宽”要针对那些社会危险性较低的犯罪人，“严”主要针对社会危险性较高的犯罪人。“济”仅仅针对那些社会危险性较高的人，当其社会危险性降低后，就要适用“宽”的政策。但是侧重于关注犯罪人的社会危险性，并不代表完全倾向于主观主义。主观主义中对于预备犯、未遂犯的处罚原则，在构建社会主义和谐社会中是不适用的。因此，宽严相济的刑事政策还是应当坚持主客观相一致的原则，兼采主观主义和客观主义之长，以免造成重刑主义。

二、宽严相济的刑事政策的贯彻实施

党的十六届六中全会审议通过的决定把“以人为本”作为构建社会主义和谐社会的最高原则。因此，贯彻宽严相济的刑事政策，必须坚持以人为本的思想理念。从历史上看，我国的重刑主义思想还很严重，对于罪犯更多的是重视刑罚，而非重视改造，这对和谐社会的构建相当不利。我们认为，应该在现行的刑事法律体系中，构建完善的改造机制，让犯罪人能够回归社会，成为一个对社会有益的人，从而更好地促进社会和谐。其主要措施有以下几个方面：

（一）扩大社区矫正适用范围

在20世纪末，世界各国刑法改革的动向之一，就是增加了一些新刑种，主要是各种非监禁刑措施。[①] 这其中，比较有参考价值的就是社会服务刑。社会服务刑是将犯罪人投放社会，为社会服务，以弥补自己所为的犯罪行为的刑罚。它的最大特点就是，犯罪人不需在特定的场所被完全剥夺自由，而是在社会中，有限制地剥夺自由，为社会服务。在我国，社区矫正具有此内涵。

社区矫正的适用范围主要是管制、有期徒刑缓期执行、假释和监外执行这四种。社区矫正的目的是通过有组织的社会化教育，让犯罪人能够更好地回归社会。这与和谐社会的以人为本的理念是相一致的。社区矫正是与监禁刑相对的刑罚执行方式，20 世纪七八十年代以来，各国都在不断进行刑罚制度的创新，尝试用最有益的方式处理犯罪和犯罪人，社区矫正就是这样一种刑罚方式的探索和实践。从国际社会的发展趋势来看，刑罚制度已经从以监禁刑为主的阶段进入了以非监禁刑为主的阶段。在世界上许多国家，适用社区矫正的人数大大超过监禁人数。国外社区矫正的方式主要包括缓刑、假释、社区服务、暂时释放、工作释放、学习释放、电子监控等。与国外的情况相比，中国现行刑罚体制中还没有充分发挥社区矫正的积极效果。笔者认为，要想发挥出社区矫正的积极效果，首先应当对我国社区矫正的适用范围做出调整。现有的社区矫正适用范围还相对较小，不能使社区矫正真正成为未来刑罚的主要方式。为了更好地将社区矫正适用于适格的犯罪人，从而更好地贯彻以人为本思想，促进社会和谐，有必要先对我国刑法分论的罪名作重罪轻罪之分。

轻罪和重罪的划分在西方发达国家已经很普遍，如 2002 年修订的《联邦德国刑法典》第 12 条规定，重罪是指最低刑为一年或者一年以上自由刑的违法行为；轻罪是指最高刑为一年以下有期徒刑或者科处罚金刑的违法行为。2002 年《奥地利联邦共和国刑法典》第 7 条规定，重罪是指应当科处终身刑、自由刑或者三年以上自由刑的故意行为；轻罪是指所有其他应受刑罚处罚的行为。[②] 笔者认为，对于轻重罪的划分，可以借鉴西方国家的经验。首先，对于过失犯罪，只要没有加重情节，都可以归类为轻罪。例如，在交通肇事罪中，如果只是交通肇事行为，那么就应当是轻罪；但是，如果有逃逸行为，就应当是重罪。因为行为人的主观恶性已经不同，主观恶性越大，改造难度越大，社会危险性也越大，投放社区对社会稳定可能会有不利因素。其次，对于故意犯罪，应该做出更细微的划分。我国刑法分则主要是关于故意犯罪的规定，因此，对于故意犯罪的轻重罪之划分，相对于过失犯罪要复杂一些。笔者将从暴力犯罪和非暴力犯罪两方面来

① 闫雨、黄华生：《和谐社会轻罪刑事政策的完善》，载《辽宁大学学报》（哲学社会科学版）2011 年第 1 期。

② 闫雨、黄华生：《和谐社会轻罪刑事政策的完善》，载《辽宁大学学报》（哲学社会科学版）2011 年第 1 期。

划分。

暴力犯罪应当根据犯罪人的暴力程度进行划分。对于严重的暴力犯罪，理所当然地应当归为重罪。何为严重的暴力犯罪？我们认为，最低刑为5年或者5年以上的暴力犯罪行为应当归为重罪。最高刑为5年或者5年以下的为轻罪。

非暴力犯罪主要体现为经济类犯罪，包括盗窃、侵占等侵犯公私财物的犯罪，但是不能包括抢劫。虽然抢劫是规定于侵犯财产罪一类，但是其暴力性是毋庸置疑的。我们认为，这类犯罪的划分应当以7年有期徒刑为界限。即7年或者7年以上有期徒刑为重罪，7年以下为轻罪。

根据上述划分，笔者认为，对于轻罪者，其社会危险性属于较低一类，应当适用较宽的刑事政策，所以对于此类犯罪人，应当考虑尽量适用社区矫正。对于重罪，则要分情况讨论。过失犯罪中的重罪者，根据其犯罪后的表现，可以适用社区矫正；故意犯罪中的重罪者，根据其在服刑过程中的表现，可以适用社区矫正。这是宽严相济中“济”的体现。对于严重暴力犯罪，由于其社会危害性较大，可以适当从严，体现宽严相济的“严”。

（二）放宽犯罪人的从业限制

在我国，已经颁布的有关职业资格的法律都有禁止有前科者终身或者在一定期限内从事该职业的规定。《法官法》《检察官法》和《警察法》分别规定“曾因犯罪受过刑事处罚的”不得担任法官或者检察官或者警察。《律师法》稍微宽松一点，“受过刑事处罚的”不得担任律师，但过失犯罪的除外。《教师法》规定：“受到剥夺政治权利或者故意犯罪受到有期徒刑以上刑事处罚的，不能取得教师资格；已经取得教师资格的，丧失教师资格。”《会计师法》规定“因受刑事处罚，自刑罚执行完毕之日起至申请注册之日止不满五年的”不予注册。《医师法》规定“因受刑事处罚，自刑罚执行完毕之日起至申请注册之日止不满二年的”不予注册。《会计师法》和《医师法》的禁止都是有期限的。最近通过的《公务员法》和《公证法》也排除了有前科者任职的可能。《公务员法》规定“曾因犯罪受过刑事处罚的”不得录用为公务员。《公证法》规定“因故意犯罪或者职务过失犯罪受过刑事处罚的”不得担任公证员。①

笔者认为，以上职业都是很专业的，可能犯罪人在犯罪之前一直研习的都是这一方面的知识，如果因为某些犯罪，而使自己丧失了从事自己所长的专业，不仅不利于该犯罪人自己的生存、发展，而且也是对社会资源的一种浪费，同时，对社会也会造成不稳定因素。因为这些人在重归社会之后，不能再以自己所长从事自己的职业，可能会让他们不能再找到合适的工作。这就很容易使他们为生活

① 陈云兰：《浅论对有前科者的从业禁止》，载《当代法学论坛》2006年第1期。

所迫，再次陷入违法犯罪的可能。预防犯罪是刑法的目的之一，如果因为服刑完毕的人员不能更好地回归社会，增加其社会危险性，无疑将会违背刑法设立之初的目的。因此，我们建议放宽这些从业的限制。例如，上述《法官法》《检察官法》和《律师法》的规定，前两部法律的从业限制高于后一部法律，但对于法律人来说，不能从事和法律相关的职业，无疑是让他们不能发挥出自己应有的价值，也很难再让他们另谋出路。对于这样的情况，我们认为对于因犯罪被剥夺政治权利的人不能从事法官检察官是理所当然。对过失的非职务类犯罪应该不剥夺该犯罪人继续担任法官检察官的权利。对于因职务犯罪的人被剥夺担任法官检察官权利的犯罪人，保留其担任律师的权利，但是可以先吊销其《法律职业资格证书》，并令其在五年之内不得再考取该职业资格证书。

此类的从业禁止规定还有很多，比如《证券法》规定"因违法行为或者违纪行为被开除的证券交易所、证券登记结算机构、证券公司的从业人员和被开除的国家机关工作人员，不得招聘为证券交易所的从业人员"。对于这类规定，我们应该做出思考，按具体的实际情况，朝着社会主义和谐社会的目标从宽规定。

结　语

如前所述，刑事政策犹如国家在刑事法领域的宏观调控手段。在当前构建社会主义和谐社会的主题之下，我们的刑事政策应该有助于促进建设民主法治、公平正义、诚信友爱、充满活力、安定有序、人与自然和谐相处的社会主义和谐社会。特别是对于人权的保障，我们不仅要惩罚犯罪，更重要的是要保障犯罪人的人权，体现出以人为本的思想。这就要求我们的司法工作人员必须以科学发展观为指导树立正确的刑法观，保障每一桩刑事案件都尽可能地做到公平公正。须知无论我们的政策、立法多么完善，如果不能被更好地执行，让犯罪人不能真正地服法，那他们将会成为阻碍和谐社会构建进程的重要因素。

和谐社会语境下刑事政策的思考

谢梦真

目前，我国正处于经济高速发展的时期，同时也是各种社会矛盾不断尖锐化的时期和刑事犯罪的高发期，也是社会治安和社会秩序的不稳定期。建立社会主义和谐社会概念的提出，正是一种协调矛盾和化解冲突的方法。和谐社会是当今中国的新课题。而刑事政策作为国家预防和控制犯罪、维护社会秩序、解决社会纠纷的原则和方针，也应符合和谐社会的内在要求。

一、我国刑事政策的发展

一般认为，刑事政策是指国家或社会为预防犯罪而制定的指导方针和行动方案。但也有许多学者认为，这种广义上的刑事政策包括所有针对犯罪的预防和镇压而提出的一切措施与方针，如政治决策、经济决策、法律决策、人口决策、教育决策和新闻决策等，这种定义过于模糊，与社会政策的界限难以区分，很容易导致国家和社会反犯罪斗争资源分配和使用上过于分散，以致无法期待确实的效果。[①] 因此，笔者比较赞同狭义的刑事政策概念，即刑事政策指直接以预防犯罪为主要目的而运用国家强制措施的方针。日本学者大谷实认为：刑事政策强调维护社会秩序，也即强调构成社会的个人和集团之间的调和、安定并促进社会的发展。[②] 因此，刑事政策的首要目的是维护社会秩序。

改革开放之前，由于受到阶级斗争为纲和国家至上观念的影响，法律沦落为阶级斗争和阶级专政的工具，强调国家至上，国家凌驾于法律之上，形成了一种政策至上的观念，国家颁布的政策高于法律，具有最高权威，导致新中国成立几十年来没有刑法典，刑事政策在一定程度上取代了刑事法律，处于绝对地位。随着时代的发展，建立社会主义法制的提出，特别是1979刑法的制定和实施，刑事政策逐步退出历史舞台。1997年刑法的修改，以罪刑法定为基本原则，我国

作者简介：谢梦真（1991—），女，江西吉安人，西南政法大学法学院刑法专业硕士研究生。

① 许福生编著：《刑事政策学讲义》，台湾国兴印刷厂2001年版，第8页。

② ［日］大谷实：《刑事政策学》，黎宏译，法律出版社2000年版，第4页。

刑事政策正在进行着积极的转变，从打击犯罪维护社会稳定到如今的保障人权、保护社会两个方面，且特别注重对人权的保障。尽管如此，我国的刑事政策仍然有许多问题需要我们去解决。

例如“严打政策”的实施，该政策是在我国社会快速转型期间出台的，旧体制的迅速瓦解，而新问题又层出不穷，为了解决所产生的社会矛盾，国家不得不颁布这个临时性的刑事政策，该政策明显有着应急性的特点。但刑事政策的这种应急性产生了另外一个特点，即不稳定性。这种灵活性、应变性的特征，朝令夕改，很难贯彻实施。虽然夸张了些，但刑事政策的这种不稳定性正是它的问题之一。更值得一提的是刑事政策在实施过程中效率的低下，如社会治安综合治理方针，本是一项符合国际刑事政策发展趋势的方针，但由于其边界不清，措施不给力，虽然其观念较新，但在实践中总是不尽如人意。特别是在执行过程中非常困难，且由于制度等各方面的原因，执法环境到目前为止仍然不是很完善，执法机关看领导脸色行事、听命于地方党政领导的现象还比较普遍，这使得地方保护主义对刑事政策的干扰成为可能。①

二、建立和谐社会是中国刑事政策的必然追求

和，相应也。谐，有配合得当的意思。连起来“和谐”就意味着配合得当的相应，而在法学语境中的“和谐”其实就是指法治所追求的各种价值之间所形成的协调有序的对立统一关系，而这种对立统一关系主要是通过法律对各种利益关系，尤其是国家权力与公民个人权利进行合理的协调而实现的。“和谐社会”一词，由19世纪空想社会主义学家傅立叶在《全世界和谐》一书中首先提出，他预言不合理不公正的旧制度将被新的“和谐制度”或称“和谐社会”所替代。② 但是，傅立叶并未构架出完整的和谐社会理论。何为“和谐社会”，理论界存在争议。有学者认为，和谐社会最基本的含义是指社会内部各群体之间的利益均衡；也有学者认为，和谐社会一方面是指人和自然的和谐发展，另一方面是指社会不同的利益群体之间的和谐发展，实现人和社会的良性循环发展，而政府在其中要起到重要作用；亦有学者认为，和谐社会是以私权为基础，充分调动和发挥公权、社会权力以及私权的积极作用，并充分发挥社会组织润滑剂作用的社会③。当前，构建和谐社会已经成为执政党社会建设理论的新课题，也是刑事政策的工作重心所在。社会是一个由多种因素所构成的共同体，是各因素相互作

① 刘仁文著：《刑事政策初步》，中国人民公安大学出版社2004年版，第231-236页。

② 詹荧：《从现行刑事政策的视角看和谐社会的构建》，载《理论月刊》2006年第3期。

③ 严颂：《论和谐社会与法治》，载《政治与法律》2005年第3期。

用、相互转化的有机联系。因此，我认为，所谓“和谐社会”就是一种各因素在共同体之中相互包容、协调运作且良性转化的状态，和谐社会并不是完全没有利益矛盾和价值冲突的社会，只是它能将矛盾和冲突良性地转化为发展动力。“和谐社会”这一概念的提出，顺乎民意，合乎社会发展的潮流，同时也为维护和保障其发展的刑事法治的改革和完善提出了新的视角和方向。①

构建和谐社会，法治是重要组成部分，法治的成不成功直接影响着社会的安定和国家的发展。刑事法治又是社会主义法治的重要基石之一，是构建和谐社会的基本保障。而刑事法治又是以刑事政策为基本方针的。因此，构建和谐社会是刑事政策的必然追求。要想构建和谐社会，则刑事政策的定位基点就是以人为本，以人之所以为人的本质的个体出发。“现代社会的和谐的前提就是充分地宽容，只有个人有了宽容和与人相处的态度，只有社会的制度安排可以容纳和保护个人的宽容，才能逐步建立这个社会的和谐状态。”② 笔者认为，刑事政策的和谐之处在于刑罚的人性化和轻缓化，要符合刑法的谦抑性精神。因此，在下文中主要想思考以下几个在和谐社会语境下的刑事政策，有关刑罚人性化和轻缓化的问题。

三、从刑罚人性化、轻缓化角度考察和谐社会语境下的刑事政策

（一）有关死刑存废问题

死刑是刑罚的一种，其以剥夺人的生命为内容，是最严厉的刑罚。在其产生之初，在统治阶级和普通民众眼中，死刑是一种天经地义具有很大存在价值的刑罚，但随着人类社会的发展和进步，死刑作为一种以剥夺人的生命为内容的刑罚，其存在是否有必要？最早在理论上对死刑存在的必要性提出质疑的是意大利刑法学家贝卡利亚，他在《论犯罪与刑罚》中，首次指出了死刑的非人性化和残酷性：“用死刑来向人们证明法律的严峻性是没有益处的。如果说，欲望和战争的要求纵容人们流血的话，那么，法律作为人们行为的约束者，看来不应该去扩大这种残暴的事例。随着人们用专门的研究和手段使越来越多的死亡合法化，这种事例就更加有害了。体现公共意志的法律憎恶并惩罚谋杀行为，而自己却在做这种事情；它阻止公民去做杀人犯，却安排一个公共的杀人者。我认为这是一种荒谬的现象。”③ 自贝卡利亚首次提出对死刑的质疑后，西方刑法学者对死刑存废之争展开了长达200多年激烈的讨论。

在中国，死刑的立法设置也是历来受到重视的，在十余年来中国对刑法的修

① 王俊平：《和谐社会视域下的现代刑事法治之构建》，载《河南大学学报》2009年第3期。

② 叶传星：《和谐社会构建中的法理念转换》，载《法制与社会发展》2006年第1期。

③ ［意］贝卡里亚：《论犯罪与刑罚》，黄风译，北京大学出版社2008年版，第69页。

改中，死刑一直是个颇受争议的问题。中华人民共和国成立以后，我党和国家提倡“绝不废除死刑，但要少杀”的刑事政策，这一理念在1979年刑法中得到了充分的体现。从刚颁布之初只有28个死刑罪名，到后阶段由于改革开放进程的日益推进，各种严重危害社会治安的犯罪和严重破坏经济秩序的犯罪日益增多，国家在80年代推出了“严打”的刑事政策，相应的死刑罪名也日益增多，特别是对经济犯罪和危害公共安全犯罪继续奉行从严的刑事政策方针，死刑的适用范围逐步扩大。后来，随着社会的不断进步，人权保障意识逐步地深入人心，《刑法修正案（八）》的修改正表明这一点。其将原有的68种死刑罪名减少为55种，且大多删除的是经济犯罪和财产性犯罪的死刑，这些犯罪之所以构成死刑，完全是由于数额的过分巨大，对这些犯罪适用死刑无异于是对人价值的贬低，有悖于死刑的刑罚等价观念，现如今大大减少这些死刑，体现了刑罚的人性化和轻缓化，同时也体现了我国对死刑在立法上的慎重。

从世界范围内对死刑的评价来看，减少、限制乃至废除死刑已成为主流趋势。在建立和谐社会的中国当前国情来看，废除死刑在短时间内是无法实现的，但严格限制和减少死刑的刑事政策是我国刑事立法和司法中都应高度重视的问题。最高人民法院收回死刑核准权无疑是我国限制死刑刑事政策的体现，为了达到最高人民法院限制死刑的目标，法官应当从思想上进行转变，确立轻缓化的刑事司法理念。在司法实务中，对于一些经济犯罪和财产性犯罪，尽可能地少适用死刑，对于一些罪行非常严重，需要判处死刑的犯罪分子，只要不是必须判处死刑立即执行的，就应当适用死缓。例如对一些非暴力性的犯罪应尽可能地不适用死刑，比如贪污罪等贪利型的犯罪无论数额多么巨大都不应当适用死刑。

（二）关于社区矫正和劳动教养制度

社区矫正是刑罚执行的一种方式，且是与监狱执行相对的行刑方式，即是一种非监禁刑罚的执行方式。具体来讲是指将符合社区矫正条件的罪犯置于社区内，由专门的国家机关在相关社会团体和民间组织以及社会志愿者的协助下，矫正其犯罪心理和行为恶习，并促进其顺利回归社会的非监禁刑罚执行活动。[①] 这种非监禁刑的刑罚执行制度，体现了刑罚执行的人性化和轻缓化，是刑罚执行史上由身体刑到监禁刑再到非监禁刑的重大历史性飞跃。社区矫正是一个外来词，是西方为了弥补监禁刑的不足所提出的一种对罪犯进行人格改造的非监禁刑。这种改造方式被联合国预防与控制犯罪组织予以了肯定和倡导。这种开放型注重改造效果的方式，与传统的刑罚执行模式相比，具有很大的优越性。我国采取社区矫正的时间较晚，社区矫正是《刑法修正案（八）》正式规定为刑罚执行的一种

---

① 李永升主编：《刑法总论》，法律出版社2011年版，第373页。

方式，从2003年才正式适用社区矫正这一概念，并把其作为一项制度在各个地区开始试行，10年来，社区矫正制度的实施获得了大部分学者和司法工作者的认同，他们普遍认为其适用更有利于建立和谐社会。但作为一种非监禁刑罚执行方法，在具体适用中还有些问题尚需统一协调和明确规定，如《刑法修正案（八)》未将剥夺政治权利规定为社区矫正对象，即为显例。与此同时矫正内容和方式也不规范，社区矫正的执行机关还不统一，都需要制定专门的法律来规范社区矫正。

劳动教养制度自实行几十年来，对预防犯罪和社会秩序的维护起到了不可磨灭的作用。但随着国家民主法治建设的不断推进，特别是随着公民人权意识的觉醒，劳动教养制度的弊端越来越明显，其受到的非议也越来越多。首先，劳动教养制度的性质非常模糊，有人认为，劳动教养制度是一种特殊的行政处罚措施，有人认为是介于治安管理处罚和刑事处罚之间的具有独立性的治安行政处罚措施，也有人认为是介于治安行政处罚和刑事处罚之间的具有保安性质的特殊制裁措施。其性质上的混淆必然会导致制度实施上的混乱。其次，劳动教养制度的收容条件具有随意性，不符合罪刑法定原则，也违背了刑罚人性化和轻缓化的精神。再者，劳动教养制度实体上违背了《行政处罚法》规定的行政处罚行为，程序上也没有相应的法条作支撑。最后，劳动教养制度的刑罚结果过于严厉。劳动教养制度作为适用于罪行轻微尚不够刑事处分的人的一种行政措施，其适用结果对公民人身自由限制和剥夺程度却往往严重超越刑罚的严厉程度。正因为存在如此多的弊端，在建设社会主义法治国家的今天，劳动教养的去留问题就值得大家关注。王利荣教授就认为，从劳动教养的对象来看，其对象大多数已被其他制度所调整，比如强制戒毒人员可由《禁毒法》调整，而《刑法修正案（八)》也将构成犯罪的标准降低，大大挤压了劳动教养制度生存的空间，因此废除劳动教养制度具有一定的可行性，不会导致天下大乱。且堵不如疏，一味地对一些轻微刑事案件采取劳动教养制度，预防犯罪的效果不是很明显，被劳动教养人再犯罪率一直都很高。现如今，由于劳动教养制度本身制度规定上的模糊性，任何行为只要公安机关认为有必要，都可用该制度对公民进行收容教养，这对公民的人权的侵害不是一个法治国家所应该出现的。所以，笔者认为，劳动教养制度与刑事法治、与人权保障存在较大的冲突，废除劳动教养制度是非常具有合理性的。

结　语

在以和谐作为主旋律的当代中国，实施有利于保障人权和维护秩序稳定的具有人性化、轻缓化的刑事政策，具有积极的作用。轻刑化的刑事政策，体现了以人为本和社会公平正义的理念，能够尽可能减少社会矛盾，对维护社会和谐稳定也具有重要意义。

和谐社会与刑事政策的若干问题思考

徐　浩

构建社会主义和谐社会是全面建成小康社会的重要目标，当前，我国正处于社会转型的关键时期，也是社会矛盾的多发期，社会治安不稳定因素在增加，同时，各种刑事犯罪高发，这些因素对构建和谐社会造成了很大的阻力，是迫切需要解决的问题。在刑事领域，刑事政策发挥着重要的指导作用。同时，刑事政策是否科学合理，也影响着惩罚和预防犯罪的整体效果。“刑事政策的首要的长期的使命是通过满足人身和财产安全需要以保障社会整体的和谐和延续。”①

一、和谐社会语境下刑事政策的功能和作用

和谐社会是以人为本的社会，在和谐社会中倡导的和谐理念，并不是没有矛盾，而是能够有效地减少和控制矛盾，形成一种和谐融洽的社会关系，努力消除不和谐因素，减少矛盾需要各个方面的努力，同时需要运用多种有效的方法和措施，具体到我国的刑事领域，作为公民权益最后的一道法律保护屏障，刑法和刑事政策在构建和谐社会的进程中发挥着重要的功能和作用，“刑法一直在为社会和谐发挥着机能：古代刑法为传统和谐社会发挥机能，现代刑法为现代和谐社会发挥机能。毫无疑问，在当下，刑法理所当然为构建社会主义和谐社会发挥机能”。② 胡锦涛总书记指出，我们要建设的社会主义和谐社会，应该是民主法治、公平正义、诚信友爱、充满活力、安定有序、人与自然和谐相处的社会。在构建社会主义和谐社会的进程中，我们需要充分利用社会政策作用，然而，最好的社会政策就是最好的刑事政策，刑事政策在惩罚犯罪、保障人权、维护公平正义、维护法治方面有着积极的作用。

第一，刑事政策对刑法惩罚犯罪、保障人权发挥着指导性的作用。在一个国

作者简介：徐浩（1989—），男，山东泰安人，西南政法大学法学院刑法专业硕士研究生。

① ［法］米海依尔·戴尔玛斯-马蒂著：《刑事政策的主要体系》，卢建平译，法律出版社2000年版，第26页。

② 张明楷：《警惕借构建和谐社会之名滥施刑罚》，载《法学》2005年第5期。

家和社会中，每个人的基本权利都应该得到国家的尊重和保障，在市民社会中，人人是自由平等的，每个公民都享有人的基本权利即人权，所以，对于犯罪人而言，同样享有基本的权利，刑事政策的职责是惩罚犯罪、保障人权，我们在看到刑罚的功能的同时，也应该认识到，这种保障人权的功能，同样也保障犯罪人的人权。李斯特指出，刑法不仅是自由公民的大宪章，同时也是犯罪人的大宪章，刑事政策在指导刑罚的过程中，要自觉地重视每个人的基本权利，不偏不倚，做到公平正义，这样，我们所倡导的和谐理念，我们所提倡的社会主义和谐社会，就能真正通过刑事政策在保障人权的作用中得以体现，同时，通过这种正确的刑事政策的指导，我们能有效地打击犯罪，更好地保障人权。

第二，刑事政策能够有效地维护社会的公平正义。当一个公民的人身或者财产安全受到侵害时，我们需要通过合理的手段使被害人得到补偿，同时也要使加害人受到应有的惩罚，这就是恢复性正义。作为预防和控制犯罪的刑事政策，当我们的立法机关和司法机关在打击犯罪时，通过刑事政策的正确指导，可以有效地打击犯罪，“其实质是恢复被犯罪行为所否定的社会价值”①。

第三，刑事政策能够有效地维护法治，并且积极推进法治化的进程。在法治社会中，刑事政策离不开法治，必然也要维护法治，在构建社会主义和谐社会的框架下，法治建设至关重要，只有在法治社会中，公民的合法权益才会得到有效的保障，法治社会是有序的社会，稳定的社会，为建设一个有序稳定的法治社会，刑事政策作为预防犯罪和控制犯罪的有效工具，在法治进程中发挥着积极的作用，刑事政策的有效贯彻实施能够有效地化解社会矛盾，解决和谐社会构建中的纠纷，从而起到维护社会稳定的作用，当前，我国已经进入全面建成小康社会的关键时期，各种犯罪行为的出现，既复杂又棘手，需要我们运用与和谐社会理念相契合的刑事政策进行预防犯罪和控制犯罪，从而使法治健康地发展。在和谐社会的推进中，我们要从消灭犯罪的理念向治理犯罪的理念转换，从一种抗性治理到一种和谐治理转换，从单一治理到多元治理转换，积极推进法治化进程。

但是，当前我国的刑事政策尚存在一些不足。刑事政策的功能和作用能否真正地得以实现，直接取决于刑事政策本身的科学性，然而，我国现行的刑事政策本身制定中就缺乏科学性，在执行中也存在一定的不合理性，难以真正有效地执行。因此，我们有必要反思当前我国的刑事政策，结合和谐社会的构建，对和谐社会语境下的刑事政策进行认真思考。

---

① 王牧：《犯罪学》，吉林大学出版社 1992 年版，第 381 页。

二、和谐社会语境下刑事政策的价值目标思考

宽严相济的刑事政策，就是指对于重大犯罪及危险犯罪，采取严格的刑事政策；对于不需要矫治的或者有矫治可能的犯罪，采取宽松的刑事政策，刑事政策上的宽与严是相辅相济的、紧密结合的，两者之间是具有内在联系的统一体。惩办与宽大相结合是我们党和国家的基本的刑事政策，刑事政策的完整体系主要包括两大部分，刑事惩罚政策和社会预防政策。作为宽严相济的这一基本的刑事政策，刑法是这一基本刑事政策的具体化和系统化。“罪与刑双方互相斗争，但又相互以对方为自身存在的前提。双方斗争的结果是有时候刑遏制罪，有时候又是罪与刑相抗衡。”① 宽严相济的刑事政策是对重罪予以严厉的打击，惩罚重罪，另一方面，对轻罪实施轻缓的刑事政策，我国的刑事政策，在和谐社会的语境下应首先定位于宽严相济，才能切实地惩罚犯罪，保障人权。

其次，和谐社会语境下的刑事政策的价值目标还要追求一种合理有效，要合理有效地实施刑事政策，才能发挥刑事政策的效率和公平，“合理而有效地组织对犯罪的反应”②。合理有效是和谐社会建设中的刑事政策的主旋律，刑事政策的制定和执行中要合乎法理，同时，要兼顾社会大众的文化情感，真正做到维护社会的公平正义，兼顾各方面的利益诉求，力求实现一种利益的均衡化。有效即指效率，在构建和谐社会的进程中，要积极发挥刑事政策的作用，通过刑事政策的指导，在打击犯罪中，我们追求以一种最合理、成本和代价最低的方式实现最大的犯罪预防的效果。通过这种合理有效的价值目标追求，我们的刑事政策在其制定和贯彻的过程中，才能真正地做到有的放矢，实现预防犯罪和控制犯罪的良好效果，从而维护我国的法治建设，为我国的和谐社会的构建减少犯罪和预防犯罪，消除不和谐的因素，从而实现一种安定有序的局面。

再次，刑事政策的价值目标还在于重建公众的司法信仰，即树立一种司法公信力，让社会大众信任刑事政策，并且积极参与进来。当前的社会，矛盾多发，各种不和谐的因素在消磨社会公众的价值和情感，长此以往，社会大众彼此之间形成的不信任，戴着隐形的假面具去与人交往和沟通，带来的是社会的不和谐和不稳定，同时，也会对刑事政策不信任和对司法公信力不信任，导致恶性循环。在构建社会主义和谐社会中，我们倡导诚信友爱、安定有序的和谐社会，但是，人与人之间的这种欺骗和不信任，以及个别人的违法甚至犯罪都在挑战着我国司法公信力的底线，因此，需要倡导一种和谐的公众的信任感，人与人，人与社

① 储槐植：《罪刑矛盾与刑法改革》，载《中国法学》1994 年第 5 期。

② 梁根林：《刑事政策：立场与范畴》，法律出版社 2005 年版，第 22 页。

会，以及公众对我国的刑事政策都要以一种健康的处理方式去对待，诚信和信任至关重要，希望在构建社会主义和谐社会中，我们的刑事政策能够积极地提倡一种诚信理念，公平地打击犯罪，有效地保障公民的合法权益，减少社会中的欺骗和伤害，积极倡导诚信友爱。人们根据刑事政策的价值目标来支配和规范自己的行为，为价值目标服务，并尽可能地去实现和谐社会的理念。可见，一种包含正确和实际有用的刑事政策对于指导个人行为和规范个人行为的重要性，所以，要积极倡导一种诚信的理念，让社会大众信任彼此，减少欺骗，增强信任和关爱，进一步增加公众对刑事政策的信心，提高司法公信力。

三、和谐社会语境下刑事政策要贯彻和谐社会理念

构建社会主义和谐社会，刑事法治要以构建社会和谐为己任，因此，能否利用好这个契机，把握好刑事法治的发展机遇，积极地将和谐社会的和谐理念与刑事政策的完善相结合，显得至关重要，同时，这也是刑事政策不可推脱的使命。

第一，和谐社会下刑事政策要积极贯彻以人为本的和谐理念。在和谐社会中，我们倡导的是真善美的和谐理念和价值目标，强调尊重人的尊严和保障人的基本权利，具体到刑事政策领域，在刑事政策的制定和实施中，我们要实现最大程度的民主性，以追求刑事政策的科学性。刑事政策的目标是要积极地贯彻和谐社会的理念，尊重人，关怀人，强调人的价值和尊严，努力实现我们所倡导的自由、平等、公正、法治的人文理念，以“维护社会秩序，也即强调构成社会的个人和集团间的调和，安定并促进社会的发展”① 为目的。

第二，刑事政策要实现由国家本位向国家与社会双本位转变。长期以来，由于受到阶级斗争的影响，我国的刑事政策，曾一度追求的是国家本位的模式，强调的是国家优先。但是，随着社会的发展，尤其是目前我国进入全面建成小康社会的关键时期，国家积极倡导构建社会主义和谐社会，这种国家本位的刑事政策模式已经不能适应和谐社会的发展，存在诸多弊端，过度强调国家本位导致的是报复性的正义，已经不能适应现代社会预防和控制犯罪的需要。而单纯地强调社会本位的话，则排除一切国家的反映，要求人们的自律和自主，要求没有国家的干预下，实现每个社会成员的和谐共存，这是人们追求的目标，在目前和谐社会的构建下，我们要强调的是恢复性正义的实现，因此，我们的刑事政策要实现由国家本位向国家和社会双本位的模式转变。

第三，刑事政策要发挥人权保障的功能，坚持罪刑法定原则。在和谐社会中，刑法具有惩罚犯罪的功能，同时，也具有保障人权的功能。在刑事领域，罪

① ［日］大谷实著：《刑事政策学》，黎宏译，法律出版社2000年版，第4页。

刑法定原则是该领域的人权宪章，是法治建设进程中的重要体现，构建社会主义和谐社会，要积极发挥刑法的人权保障功能，法无明文规定不为罪，法无明文规定不处罚，刑事政策的实施，要与和谐社会的和谐理念相契合，坚持罪刑法定，发挥保障人权的功能，这是和谐社会的应有之义，也是最基本的刑事政策。因此，合理地运用刑罚权，不得滥用并限制其权力的恣意，是推进民主法治健康发展的重要保障。

第四，要坚持预防为主的刑事政策。在和谐社会中，我国的刑事政策要从注重打击犯罪，向注重预防犯罪转换，摒弃重刑主义的倾向，更加关注犯罪的预防，消除不和谐因素，减少各种不和谐因素的发生。另外，在和谐社会语境下，要实现民主法治，公平正义，诚信友爱，充满活力，安定有序，人与自然和谐相处的社会，不仅仅是国家机关的事情，我们要强调社会的综合治理，充分发挥社会的功能，从法律、政治、文化、经济、社会的各个方面去消除不稳定因素，完善社会保障体系，营造一种和谐的社会氛围，注重对犯罪的预防，提高公民本身的素质，将犯罪遏制在萌芽的状态下。

第五，和谐社会下的刑事政策要选择一种和谐治理的理念。在和谐社会语境下，需要将对待犯罪的态度由传统的消灭犯罪、打击犯罪转向治理犯罪，而且是一种和谐治理，确立一种适度容忍犯罪的相对主义的刑事政策理念。传统的治理犯罪的理念是消灭犯罪和打击犯罪，即使具有治理犯罪的某些因素，也不是现代意义上的治理，在传统的治理犯罪中往往包含着很大因素的抗性治理，这种治理很大程度上带有一定的消极作用，会使犯罪人产生适应犯罪的抗性。然而，在和谐社会中，我们要注重对犯罪人的教化和改造，使之健康地回归社会，法律如果最终沦为一种无情的治理犯罪的工具，产生的社会效果是不会很有效的，而且，从社会的长远发展来看，采取和谐治理的理念，有益于提高社会公众的法治意识，从而依靠社会公众来创造和谐的社会。同时，在选择和谐治理的理念下，培养公民的法律信仰，将公民培养成规范意识的主体，让公民自觉地遵守法律，减少犯罪的发生。

第六，和谐社会下要不断完善我国的刑事政策的体系。当前，我国的刑事政策体系不是很完善，主要表现在社会预防的刑事政策，从和谐社会的长远目标来看，我们的刑事政策体系中一些很有必要的社会预防的政策还未制定，比如未成年人的前科消灭制度。同时，我们要追求的是在犯罪尚未发生之时，通过科学合理的预防刑事政策将犯罪发生的各种因素加以铲除，使犯罪不能发生。因此，我们要积极地探讨社会预防的刑事政策的构建。通过完善我国的刑事政策体系，从报应性的刑事政策过渡到恢复性的刑事政策，更加关注保障人权，尽最大努力去抑制犯罪的发生，同时，积极寻求惩罚犯罪的最佳措施，追求更高的价值——自由、正义、人权。

和谐社会语境下的刑事政策解读

周 剀

一、和谐社会语境下的宽严相济刑事政策的出台

党的十六届四中全会第一次鲜明地提出和阐述了“构建社会主义和谐社会”这个科学命题，并把它作为党执政能力建设的五项任务之一提到全党的面前。胡锦涛总书记高度概括了和谐社会的六个基本特征，即民主法治、公平正义、诚信友爱、充满活力、安定有序、人与自然和谐相处。和谐社会理念将民主法治和公平正义排在最前面，对我国的“法治”提出了更高的要求，对我国的刑事法领域也是极大的挑战。为了适应和谐社会的要求，2010年初，最高人民法院印发了《关于贯彻宽严相济刑事政策的若干意见》，表明我国的刑事基本政策迈向了新的方向。下面将对宽严相济刑事政策的出台做相关介绍。

（一）和谐社会语境下刑事政策的价值取向和选择模式

法国著名刑法学家马克·安塞尔强调：“刑事政策是由社会，实际上也就是由立法者和法官在认定法律所要惩罚的犯罪，保护（高尚公民）时所作的选择。”① 刑事政策模式的选择即如何有效地组织对违法犯罪行为的反应，其所要解决的主要问题是国家、社会如何组织对犯罪的反应才是科学、合理、有效的。作为一项社会公共政策，刑事政策的模式选择受到社会形态和结构的制约。法律经历了由“国家本位”到“个人本位”的转变后，法律不再单纯地被作为保护社会的工具，而是具有了保障人权的使命。

刑事政策的价值取向也决定着其模式选择。随着社会结构的转变、公民人权意识的增强以及社会组织在公共事务管理中参与程度的提高，公民作为社会主体的地位逐渐得到尊重。相应地，人权保障的要求在刑事政策的制定和实施过程中也日益受到重视。2004年我国新的宪法修正案通过，“人权”等内容入宪，“以人为本”作为一项宪法原则在我国得以明确确立，这对于我国各项政策（包括

作者简介：周剀（1989—），男，甘肃张掖人，西南政法大学法学院刑法专业硕士研究生。

① ［法］马克·安塞尔：《新刑法理论》，卢建平译，香港天地图书有限公司1988年版，第12页。

刑事政策）的发展都具有深远意义。以人为本是科学发展观的价值取向，也是社会主义和谐社会的价值取向。在构建和谐社会的大背景下，刑事政策也应当以人为本，“理解人、关心人、帮助人，满足和解决人的需要，尊重人性尊严，促进人的发展，注重人权保障，实现刑事政策的人文关怀”。对人权保障的强调并不意味着对秩序价值的否定。人权保障与秩序维护具有内在的统一性。和谐社会的构建强调人与人之间的和谐、人与社会之间的和谐、人与自然之间的和谐，这种和谐关系或者状态实质上都表现为一种秩序的和谐，无论是自然界还是人类社会，有秩序才有真正的和谐。

（二）我国和谐社会语境下的宽严相济刑事政策的出台

长期以来，我国的基本刑事政策是惩办与宽大相结合，我国 1979 年《刑法》第 1 条将惩办与宽大相结合刑事政策确认为刑法制定的依据。我国从 20 世纪 80 年代初期开始，进入了一个社会转型期，矛盾重重，贫富差距趋向扩大化，利益主体多元化，各种社会矛盾与冲突十分激烈，犯罪浪潮滚滚而来。为了维护社会稳定，我国进入了一个严打时期。

我们应当看到，我国目前的犯罪现象已经不同于几十年前的犯罪，犯罪的政治色彩逐渐淡化，更多犯罪都是对财产的过度追求与社会不能提供更多获得财产的合法途径之间的矛盾所引发的，还有些犯罪是由于邻里关系、合同纠纷、干群矛盾等各种社会因素所导致的。对于这些人，不能像过去那样简单地采用对敌斗争的方式和方法。在总结和反思多年严打的基础上，中央决策层开始提出“宽严相济”的刑事政策。2004 年中央政法工作会议首先提出“宽严相济”的刑事司法政策，2006 年中共中央十六届六中全会在《关于构建社会主义和谐社会若干重大问题的决定》中明确提出要“实施‘宽严相济’的刑事司法政策”。这一变化，多被解读为我国刑事司法政策出现了重大调整，由“严打”走向“宽严相济”。

二、和谐社会语境下的宽严相济刑事政策的解读

宽严相济的刑事政策，也就是既要有力地打击和威慑犯罪，又要尽可能减少犯罪，从而减少社会的对抗，变消极因素为积极因素，实现法律效果与社会效果的统一。因此，我们需要对宽严相济刑事政策中的三个关键字：“宽”“严”和“济”加以科学理解和界定。

第一，宽严相济之“宽”，是指宽大、轻缓之意。陈兴良教授指出其有两种情形：一是该轻而轻，二是该重而轻。[①] 对于较为轻微的犯罪，就应当处以较轻的刑罚。该重而轻是指对于较重的犯罪由于行为人具有坦白、自首、立功等其他

---

① 陈兴良著：《宽严相济刑事政策研究》，中国人民大学出版社 2006 年版，第 11 页。

的法定或酌定情节，应在判处较重刑罚的情况下判处较轻的刑罚。这对于改造罪犯具有意想不到的效果。

第二，宽严相济之“严”，是指严格、严厉和严肃，这与惩办与宽大相结合中的惩办相对应。储槐植教授曾说过“严而不厉”是在不同的含义上使用这个词的，严指刑事法网严密，刑事责任严格；厉指刑罚苛厉，刑法过重。[①] 但宽严相济中的“严”指判处刑罚该重而重。在此我们要严格区分宽和严的含义，做到该宽则宽，该严则严，既不要放纵犯罪，也不要扩大打击范围。

第三，宽严相济之“济”，是指救济、协调和结合之意。[②] 在实行宽严相济的政策中，我们要做到宽严适当，维持宽严之间的平衡，即适度原则。看似简单，在实践中执行起来就会遇到各种各样的情况，很难把握，所以有人说宽严相济的刑事政策是一门刑罚的艺术。

三、我国实施宽严相济的刑事政策时面临的问题

我国法治的状况与西方发达国家相比，起步较晚，基础薄弱，发展缓慢，与西方法治差距较大，因此在实行宽严相济的刑事政策会时会遇到许许多多的问题，可以说是举步维艰。面临的问题主要体现在以下几方面：

（一）死刑的存废问题

我国的刑罚体系存在诸多问题，其中主要的问题是死刑过重，妨碍了刑罚功能的正常发挥，这与当今提倡的建设和谐社会是不相适应的，也是与刑事领域宽严相济的刑事政策所相悖的。我国的刑法中规定死刑的罪名过多，尽管《刑法修正案（八）》废除了近年来较少适用或基本未适用过的 13 个经济性非暴力犯罪的死刑，使得死刑罪名总数由 68 个减少到 55 个，同时也增加了限制死刑的适用，但是目前我国仍然是世界上规定死刑个数最多的国家。从实际执行的情况来看，我国执行死刑的人数也是世界上执行死刑人数最多的国家。对于是否废除死刑也是见仁见智，但是笔者认为为了在“和谐社会”的语境下更好地贯彻落实宽严相济的刑事政策，应当废除死刑，使得刑罚更加人道与和谐，这也是以后我们刑罚改革的方向。

但是当下，我国还不具备废除死刑的条件，因为我国长期的重刑主义的传统思想还在起作用，并且我国的法治水平也还没有达到废除死刑的要求，还有就是公民的法律观念“杀人偿命”的思想还在起作用。从经验的角度来看，世界上人口总数超过一亿的国家，其刑法中都存在死刑的刑罚种类，我国作为世界上人

① 储槐植著：《刑事一体化与关系刑法论》，北京大学出版社 1997 年版，第 305 页。

② 陈兴良著：《宽严相济刑事政策研究》，中国人民大学出版社 2006 年版，第 13 页。

口最多的国家，目前存在死刑还有必要。

(二) 社区矫正的问题

虽然我国已引进社区矫正制度，但在现实中执行这一制度面临很大的挑战。一方面，我国公安机关业务异常繁忙，既没有精力（人力、物力、财力），更没有水平（相关的配套制度缺失）来完成非监禁刑的矫正工作。另一方面，我国城镇化发展虽然迅速，但发展程度远不如西方发达国家，特别是在广大农村地区难以实行。中国的现实状况决定了只有少数城市可以实行社区矫正制度。所以，我们要结合中国的国情，动员各方力量来弥补这一方面的不足。如建立专门的社区矫正管理机关并培养专职人员，招募志愿者等举措，切实收到社区矫正的效果。

(三) 立法、司法、执法中存在的问题

1. *立法层面*

目前我国法制尚不够完善，还存在不少与宽严相济刑事政策不相适应的规定。最好的例子就是死刑罪名过多，前面已有论述。另外，立法机关在立法中要以构建和谐社会和宽严相济的基本刑事政策为基础，立法要严谨、要严格贯彻刑法的谦抑性思想，合理地划定犯罪圈和刑罚圈，使得刑法的法律效果和社会效果完美统一起来。同时我国法律的修改比较频繁，这与法律的稳定性也是不相符的，也影响了法律的权威性，使法律在人们心目中的崇高形象大打折扣。

2. *司法层面*

最主要的体现就是法官的自由裁量权的行使，实践中由于缺乏有效的监督，很容易徇私枉法，滋生腐败。根据“司法最终”原则，司法作为维护社会公平，保障人权的最后一道防线，一定要严格规范司法活动！宽严相济刑事政策是体现我国人权的保障的一项政策，指引着我国刑事司法活动，如何更好地实行宽严相济的刑事政策，值得我们深思。例如，我们要转变司法观念，树立宽严相济的现代法治新理念；完善相关制度，加强司法监督；树立以人为本的核心理念，保障人权。

3. *执法层面*

现实中执法存在诸多的问题，如暴力执法、执法不公、刑讯逼供等现象屡见不鲜，这给我们敲响了警钟。一个个“亡者归来”的案例都在一次次地叩问着我们法律人的灵魂——冤假错案的问题究竟出在什么地方？难道必须要①付出生命的代价才能换来正义吗？……因此，贯彻宽严相济的刑事政策要考虑公正执法的问题，检察机关要强化法律监督，维护公平正义，建立人性化执法制度，执法要做到精细化、规范化和信息化，树立良好的执法形象。

---

① 王利民、张晓亮：《和谐社会下的宽严相济刑事政策》，载《理论研究》2012年第2期。

（四）公民参与制度缺失问题

公民的参与权是现代民主制度的基础与核心。民主制度的一个显著特征是广泛的社会参与和公民对于经济、政治与社会诸领域的活动决策的广泛影响。民主政治的实质就是保证个人自由的实现，使人民群众当家做主或自我做主。另一方面，民主也是一种过程或一种程序，从程序上说，所谓民主政治，也就是全体公民广泛分享参与决策的机会，就是对政府权力的制约和政府决策过程的控制。每个公民都有参与政治的机会和条件，国家鼓励而不是禁止公民的积极参与。现代社会的发展客观上要求社会对违法犯罪承担起责任，积极参与刑事政策的制定和实施，同时，随着现代社会经济、政治、文化的发展而日益觉醒的公民意识，也为公民个人和社会组织参与刑事政策的制定和实施提供了必要的条件，甚至在一定意义上，参与刑事政策已经逐渐成为现代公民和社会组织的一种自主自觉的呼声和要求。

刑法的目的是为了惩罚犯罪和保障人权，为了惩罚犯罪，就得打击犯罪，打击犯罪离不开公民的参与；要保障人权，当然要保障公民的人权，因此，刑法机制的有效运转离不开公民的参与，那么刑事政策的有效执行，当然也更离不开公民的参与。然而，我国刑事政策中的公民参与制度却缺失严重：

1. 刑事政策制定中公民参与缺乏

目前我国刑事政策中公民参与的范围较小，主要限于刑事政策实施过程中的参与，而在刑事政策制定过程中公民参与是明显缺乏的。政策制定程序一般包括政策议程、方案规划以及方案合法化等环节或阶段，每个阶段又包含多项功能活动环节，如方案规划具体包括问题分析、目标确立、方案设计、方案论证以及方案选择五个环节。① 刑事政策的制定也应如此。

政策制定是一个各方互动的民主政治过程，要求有社会公众、利益集团等的广泛参与。而我国目前刑事政策的制定过程封闭，信息不公开，民主化程度不高，作为社会生活主体的公民对于刑事政策制定过程缺乏必要的参与渠道。为了更好地控制犯罪，刑事政策的制定必须建立在犯罪学等经验科学的研究之上，要以必要的指标数据以及分析论证为依据。而我国刑事政策的制定往往是建立在对个体的犯罪的感知的基础之上，缺乏有关各方数据指标的整合分析，缺乏相关领域专家参与的政策分析与政策论证，专家的作用难以发挥。在现代社会，民主化是决策科学化的前提和保证。刑事政策制定过程中公民参与的缺乏，使得刑事政策的科学性大打折扣。

2. 刑事政策实施中公民参与的程度和质量均有待提高

谈及我国刑事政策实施中的公民参与，其出现的问题也很多，主要表现在以

① 陈振明：《公共政策分析》，中国人民大学出版社 2003 年版，第 182–190 页。

下两个方面：

（1）规范化不足、随意性较强。近年来随着国外“恢复性司法理念”的引入，刑事和解作为刑事司法中公民参与的一种形式，在我国各地司法实践中开始广泛尝试。但是，关于刑事和解的适用范围、程序等，在新的刑诉法中刚刚确立，有些具体制度还很缺乏规范性、统一性，这种状况也引发了社会上对于刑事和解的界限、合法性及其与司法公正的矛盾的质疑。还有就是“辩诉交易”制度，该制度是否应当引进到我国？如果引进，应当在多大程度上引进？引进后又如何来有效监督和规制，使其健康运行？该制度尽管在我国的法律中并没有明确过度，但是在我国的司法实践中已经尝试适用，如何通过公民参与对其进行监督，也是落实宽严相济的刑事政策面临的一大问题。

（2）民间力量的自发参与不足。尽管我国已经进行了数次普法运动，我国公民的法律意识也有所增强，但是在刑事领域，尤其是宽严相济的刑事政策施行的过程中，公民的参与还很不足，主要是自发性不足，参与面比较窄，参与的程度也比较低，参与的质量也不高。比如我国的“人民陪审员制度”，好多人民陪审员将“开庭”简单地当成“坐庭”，不能很好地发挥人民陪审员的作用，从而提高司法的民主性。

四、和谐社会语境下宽严相济刑事政策的出路

针对前面谈到的我国目前的刑事政策面临的种种问题，我们一定要理性看待分析，循序渐进地改善，最终使得我国的刑事政策更加完善。简言之，我认为主要应当从以下几个方面做起：

第一，刑事政策的理论研究和实践探索不能停止，并且要投入更加大的人力、物力、财力去改善。刑事政策的理论研究要不断吸收国内外先进的理念，并且结合我国的土壤进行创新；实践探索者要加大试点，做好统计工作，要不断地将相关信息反馈给理论研究者，以使其具体制度更加完善，更加合理。

第二，要加快立法进程，并且提高立法的民主性程度。立法工作者要总结理论研究成果和实践经验，适时地修正立法，同时通过专家论证、公民听证等多种方式，不断提高立法的民主性、科学性和合理性程度。

第三，要提高执法者素质，严格落实责任制度。要提高公民参与刑事司法的程度，使得司法活动在阳光下运行，做到有效监督，规范监督。通过健全错案追究机制，完善严格责任制度，使得相关的工作人员能够切实提升自身办案素质，提高办案质量。通过加强公民参与，一方面可以加强监督，提高办案质量，另一方面，也是对公民进行法制教育的机会，可以增强公民的法律意识，有利于法治的实现和和谐社会的构建！

和谐社会的构建与刑事政策的实施研究

张全印

一、刑事政策思想与构建和谐社会的关系

社会主义和谐社会是中国特色社会主义建设的伟大战略目标，安定有序的社会环境，是和谐社会最本质的特征，而犯罪是破坏安定有序社会环境的一个最为重要的原因。如何有效地打击犯罪，控制犯罪行为的发生，有什么样的刑事政策思想，采用什么样的刑事政策，会直接地影响和谐社会的建设。

因此，科学的刑事政策是维护良好社会环境最为有效的手段，刑事政策思想与社会主义和谐社会的构建有着密切的联系，对社会主义和谐社会的建设有着重要的意义，同时构建社会主义和谐社会也对刑事政策思想有着极为重要的影响。

（一）科学的刑事政策思想对构建和谐社会的意义

1. 是建设和谐社会的基础和前提

安定有序的社会环境是建设社会主义和谐社会的根本基石，没有一个良好稳定的社会环境，任何工作都无法开展，更谈不上社会主义和谐社会这个宏伟目标的实现。要想社会主义和谐社会建设的顺利进行，必须要有一个安定有序的社会环境。而安定有序的社会环境，必须要有一个科学的刑事政策来有效地控制和打击犯罪，化解社会矛盾纠纷、维护社会的公平和正义，从而为建设和谐社会奠定基础。所以，科学的刑事政策思想、合理的刑事政策是建设社会主义和谐社会的基础和前提，直接影响着和谐社会的建设，对建设和谐社会有着极为重要的影响，有利于和谐社会的建设。

2. 有利于保障人权、促进社会的文明和进步

在和谐社会中，人的权利和价值得到了更为充分的尊重和体现。“刑事政策思想与人们的权利息息相关，科学合理的刑事政策有利于尊重和保护人权，有利于犯罪的人改过自新，回归到社会，重新为社会服务，提升社会对人的尊重和保

作者简介：张全印（1991—），男，河南郸城人，西南政法大学法学院刑法专业硕士研究生。

护，促进社会的文明和进步，从而有利于社会主义和谐社会的建设。”①

3. 有利于和谐社会民主法治的实现

社会主义和谐社会是一个民主法治的社会，社会主义法治理念是刑事司法的指导理念。科学合理的刑事政策思想，正是社会主义法治理念的体现，体现了社会主义法治理念的依法治国、执法为民、公平正义、服务大局、党的领导的理念。

科学合理的刑事政策思想，不仅可以有效地打击和控制犯罪，更为重要的是在执法过程中转变了执法理念，以事实为根据，以法律为准绳。避免了司法擅断，促进了司法的文明，提高了人们的法律意识，有利于社会主义法治理念的贯彻，从而促进社会主义和谐社会民主法治的实现，加快社会主义和谐社会的建设。

4. 有利于实现刑罚的功能、获得良好的社会效果

犯罪不仅仅只是一种要接受法律制裁的现象，更是一种深刻的社会现象，它反映着深刻的社会问题。“对犯罪分子适用刑罚，不仅要惩罚犯罪和威慑犯罪，更要预防犯罪的发生。只有刑罚公正，犯罪的人才会信服地接受，社会才会认同司法的裁判，从而产生比较好的社会效果，不仅可以惩罚犯罪，还可以更好地实现刑罚的威慑功能，达到预防犯罪的目的。”② 但是如果刑罚不公正，或轻或重，都不能很好地实现刑罚惩罚犯罪和预防犯罪的功能，会造成极为恶劣的社会效果，不利于和谐社会的建设。

公正的刑罚取决于科学合理的刑事政策，而科学合理的刑事政策则取决于科学合理的刑事政策思想，刑事政策思想与建设社会主义和谐社会有着密切的联系，科学的刑事政策思想有利于公正的刑罚，从而更好地实现刑罚惩罚犯罪和预防犯罪的目的，取得良好的社会效果，化解社会的矛盾纠纷，促进社会和谐，从而有利于社会主义和谐社会的建设。

（二）和谐社会的建设对刑事政策思想的影响

1. 有助于刑事政策思想的科学化

和谐社会是民主法治、公平正义、诚信友爱、充满活力、安定有序、人与自然和谐相处的社会，是中国广大人民内心最深层次的一个追求，是中华民族五千年文明的精髓，是人类文明史上的一大进步。构建社会主义和谐社会必然大幅度地提升人们的素质，促进人类文明的发展。这种文明的进步，反映在刑事领域，一个很重要的方面，就是刑事政策越来越文明，越来越合理，更加重视人的价值，保护人的权利，从而促进刑事政策思想的进步，使其越来越科学，符合社会

---

① 莫洪宪：《改革开放以来我国刑事政策总体评估和启示》，载《东方法学》2008 年第 5 期。

② 田文昌著：《刑罚目的论》，中国政法大学出版社 1982 年版，第 22 页。

发展的潮流。因此，构建社会主义和谐社会对刑事政策思想有着极为重要的影响，有助于刑事政策思想的科学化发展。

2. 有助于和谐社会的长远建设

构建社会主义和谐社会，需要一个长期稳定的社会环境，长期稳定的社会环境，离不开科学合理刑事政策的保障。也就是说，要进行社会主义和谐社会建设就离不开稳定的社会环境，要有个稳定的社会环境就要有一个科学合理的刑事政策思想，有一个科学合理的刑事政策。所以，建设社会主义和谐社会的长期性，就决定了刑事政策思想长期存在的必然性。

二、我国刑事政策思想的演进

（一）“惩办与宽大”相结合的刑事政策思想

“惩办与宽大”相结合的刑事政策思想，是我国从抗日战争时期，为了建立抗日民族统一战线，而采用“镇压与宽大”相结合的政治斗争策略总结出来的，具有鲜明的政治斗争色彩。在1956年这种具有鲜明政治斗争色彩的策略，正式演进为“惩办与宽大”相结合的刑事政策，广泛地适用于各种违法犯罪活动中。在1979年刑法中，我国以基本法律的形式确定了这一基本的刑事政策，使它从一种思想正式上升成了一种基本的刑事政策，使其具有了法定性。其中，“坦白从宽，抗拒从严”是这一政策结合的核心，而且不管是从宽还是从严，都是要在刑法规定的范围内，而不能超越刑法规定的范围，任意地定罪处刑。

（二）“严打”的刑事政策思想

随着我国社会的发展和改革开放的深入，我国的经济体制改革也进入了一个新的时期，随之在经济领域出现了一系列的犯罪，严重扰乱了国家的经济秩序，威胁着国家的经济安全。同时，其他的严重犯罪行为也越发越烈，严重地扰乱了社会的治安秩序。因此，打击各种严重的经济犯罪和严重侵犯公民人身权利和社会权益的犯罪活动，成了我国刑事政策的重要内容，从此我国开始了一个严打的时期。“严打”的刑事政策，由此取代了“惩罚与宽大”相结合的刑事政策，不管是对刑事立法还是刑事司法都有着重要的影响。但是，“严打”的刑事政策虽然在一时可以打击犯罪，压抑人的恶性，但是却不能消除犯罪人的恶性、消除犯罪，短时间内可能会快速有效地打击犯罪，却不能长久适用。①

（三）“宽严相济”的刑事政策思想

随着我国社会的发展，“严打”的刑事政策已不能适应我国社会的需要。在总结我国长期的司法实践和理论探讨的基础上，我国现阶段提出了“宽严相济”

---

① 何秉松：《我国犯罪趋势、原因与刑事政策》，载《政法论坛》1989年第9期。

的刑事政策。这一刑事政策体现了公平正义、保障人权、以人为本的理念，更体现了刑法上的罪刑相适应以及罪刑法定的精神，是我国现阶段刑事政策的核心。2004 年 12 月 22 日，罗干同志在全国政法工作会议上的讲话中，正式地提出了“宽严相济”的刑事政策。

最高人民检察院在“宽严相济”刑事政策的若干意见中指出，“宽严相济”的刑事政策是检察机关正确执行国家法律的依据，是党和国家的重要刑事司法政策。根据犯罪分子的不同情况和社会治安的现状，应该实行区别对待，该严则严、该宽则宽，宽和严应该有机统一，宽严应该有度。“不管是宽还是严都应该在国家法律规定的范围以内，而不应该超过国家法律的规定，违反罪刑法定原则或者罪刑相适应原则，肆意加重或者减轻行为人的刑罚。”① 对于具有从严的情节，应该在国家法律规定的范围之内严厉打击，从严处罚，做到该严则严。对于主观恶性比较小，犯罪情节比较轻等具有从宽处罚的情节，则应当在国家法律规定的范围之内从宽处罚，做到当宽则宽。

我国的刑事政策思想主要就是经过了上述的三个阶段，伴随着我国社会的发展和进步，每个阶段的刑事政策思想都具有该阶段鲜明的时代特征，随着我国社会的发展而不断完善。在我国构建社会主义和谐社会的背景下，我们采取的是“宽严相济”的刑事政策思想，与我国现阶段的社会发展相适应，可以很好地化解社会矛盾纠纷，协调社会关系，从而极大地促进我国社会主义和谐社会的建设和发展。

三、对我国构建和谐社会过程中刑事政策思想的思考

在我国建设社会主义和谐社会的过程中，我们采用的是“宽严相济”的刑事政策思想，采用的是“宽严相济”的刑事政策，“宽严相济”的刑事政策可以很好地控制和预防犯罪的发生，保障社会主义和谐社会的建设。但是，我们也应该看到该刑事政策思想存在的一系列的局限性和片面性。

（一）体系不健全、结构不合理

在我国“宽严相济”刑事政策思想的指导下，我们采用的是“宽严相济”的刑事政策，但是该思想仅仅是一种宏观上的指导，没有形成一个系统的刑事政策思想，缺乏与其他政策思想的联系，体系上不健全，结构上配合也不紧密，不能很好地发挥“宽严相济”刑事政策思想的优势。

（二）刑法的理念反映不集中

“宽严相济”的刑事政策思想，没有集中地反映出刑法的“惩罚犯罪，保障

① 陈兴良：《解读宽严相济的刑事政策》，《法学杂志》2006 年第 1 期。

人权”等刑法的理念，没有集中地反映出现代社会民主政治的需求，没有集中地反映出刑法的罪刑法定原则。“宽严相济”的刑事政策思想，必须要坚持罪刑法定原则的指导，而不能超越刑法的理念，违反罪刑法定原则。刑事政策思想，是一个国家控制和预防犯罪的一个极为重要的部分，也是一个国家社会文明在刑事政策领域中的体现。所以，我国的刑事政策思想只有集中地体现出刑法的理念，才能更好地符合我国社会的发展，控制和预防犯罪，化解社会矛盾纠纷，保障社会主义和谐社会建设的顺利进行。

（三）仅为原则性的思想，缺乏相应的具体政策

“在‘宽严相济’刑事政策思想的指导下制定的刑事政策，大部分都是原则性的笼统规定，缺少对犯罪预防和犯罪矫正的具体政策，不能在符合罪刑法定原则的条件下，对现行法律进行变通和补充，缺少解决相应社会问题、改善社会环境的具体政策，从而容易使‘宽严相济’的刑事政策孤立和落空，不能很好地发挥其应有的功能，实现其预期的目的。”① 所以，要想充分发挥“宽严相济”刑事政策的作用，不能仅限于原则性的笼统规定，仅限于思想的层面，需要制定出具体的政策与其相适应，以更好地发挥“宽严相济”刑事政策的作用。

四、完善和谐社会中刑事政策思想的建议

（一）刑事政策思想必须坚持一定的原则

1. 坚持社会主义法治理念对刑事政策思想的指导

和谐社会是一个民主法治的社会，国家制定各项政策，开展各项工作，必须要符合法律的规定，而不能超越法律。社会主义法治理念是中国进行立法、执法、司法必须要坚持的基本理念，是我们开展各项法律工作的根本，也是我们制定刑事政策的根本。我国和谐社会中的刑事政策思想，必须要符合社会主义法治理念的要求，只有这样我们才能制定出科学合理的刑事政策，有效地控制和预防犯罪的发生，合理地化解社会矛盾纠纷，取得良好的社会效果，促进社会主义和谐社会的建设。我们不能脱离社会主义法治理念的指导，违背法律的规定，和法律相抵触，超越法律的规定，以言代法，以政策取代法律。

2. 坚持罪刑法定原则对刑事政策思想的指导

刑事政策思想直接影响社会的正义和人们的人身权益，必须要坚持罪刑法定原则，只有这样才能更好地保障人权，防止国家公权力的滥用，避免公权侵犯私权，保障国民的自由，保障社会的正义。所以，刑事政策思想必须要坚持罪刑法定原则的指导，而不能违反罪刑法定原则，随意侵犯国民的自由。

① 曾强：《构建和谐社会的刑事政策之我见》，载《公安研究》2007 年第 9 期。

（二）实现刑事政策思想的具体化

1. 实现刑事立法、刑事司法及执行措施的具体化

在我国现阶段刑事政策思想指导下，制定的刑事政策，过于原则化，缺乏实际操作的可行性。在司法实践中，只有具体的政策和法律才可以有效地适用，这就需要把“宽严相济”的刑事思想体现在具体的法律和政策中，从而有利于司法工作人员的适用，控制司法工作人员的自由裁量权，避免司法工作人员肆意妄为，侵犯公民的权利，保障公民的合法权利。要想落实“宽严相济”的刑事政策思想，必须要让其在刑事立法、刑事司法、刑事执法过程中具体化，只有这样才不至于使“宽严相济”刑事政策思想落空。

2. 实现刑罚执行的社会化

在社会主义和谐社会建设中，我们不能只重视刑罚执行的法律效果，更要重视刑罚执行的社会效果，化解社会矛盾、解决社会纠纷，只有这样才有利于社会主义和谐社会的建设，实现社会的和谐。刑罚执行的社会化，可以很好地化解社会矛盾，改造罪犯，使其适应社会，取得良好的社会效果。所以，我国现阶段的刑事政策思想，要突出刑罚执行的社会化，不仅要重视实行刑事政策的法律效果，更要重视实行刑事政策所取得的社会效果，从而有利于社会主义和谐社会的建设，以更好地实现社会和谐。

3. 建立犯罪预防机制

不仅要重视刑事政策对犯罪的惩罚打击作用，更要重视对犯罪的预防。加强对犯罪的预防，建立犯罪预防机制，实现与其他具体刑事政策的相互结合，不仅可以惩罚打击犯罪，还可以更好地预防犯罪，取得良好的法律和社会效果，落实我国的“宽严相济”的刑事政策思想。

4. 合理消除“宽严相济”刑事政策的负面效应

在适用“宽严相济”的刑事政策时，适用主体存在一个自由裁量权的问题，如何从宽、如何从严，以及宽到何种程度、严到何种程度，都有适用主体自由裁量，缺乏一个统一的适用标准。稍有不慎，就容易造成不公，产生不好的社会效果，影响社会和谐。因此，要制定一系列的程序标准，规范适用主体自由裁量权的适用，消除负面影响，保障社会和谐。

和谐社会语境下的刑事政策剖析

罗鹏菲

一、和谐社会理念的含义及其演进

(一)“和谐”的多重含义

关于“和谐”一词，可以从各个不同的角度进行理解。从美学范畴上讲，“和谐”可以定义为“将异质的对象用‘均衡’的方式调和在一起的结果”。从哲学角度而言，“和谐”是协调一致的统一，是对立统一的高层境界。从伦理学意义上讲，“和谐”则是指以人为主体的“社会和谐”，其本质是试图弥合能力与欲望之间落差的努力。从法律意义上讲，“和谐”是指在承认主体之间差异的基础上，借助理性和制度，通过权力的实现而构建的一种相互依存关系，是主体之间权利面前的不同而合。胡锦涛总书记提出的作为中国与世界未来社会理想图景的“和谐”则是“民主法治、公平正义、诚信友爱、充满活力、安定有序、人与自然和谐相处”。这为新的历史时期我们正确理解“和谐”的科学含义指明了方向。

(二)和谐社会理念的演进历程

古往今来，许多思想家都把社会和谐作为一种理想追求和美好模式。孔子曾提出“和为贵”的观点，其理想是建立“天下为公”的大同社会。柏拉图在其名著《理想国》中则主张“公正即和谐”。近代以来，西方思想家提出了自由、平等、博爱的思想，力求构建公平和法治的社会。马克思主义的诞生，为和谐社会理念提供了科学的内涵和实现的途径。历史唯物主义观点认为，人类社会是一个不断进步的、自然的历史过程，其发展的决定性力量是生产力和生产关系、经济基础和上层建筑的矛盾运动。社会进步的衡量尺度是生产力的发展、文化的发展，以及人的解放和全面发展的程度。胡锦涛总书记提出的社会主义和谐社会理念，是在继承的基础上对马克思主义理论的重要发展。

作者简介：罗鹏菲（1990—），女，湖南衡阳人，西南政法大学刑法专业硕士研究生。

二、刑事政策在构建和谐社会中的作用

刑事政策是国家和社会以打击犯罪、预防犯罪、维护稳定的社会秩序为目的而制定的行为规范和行为准则，是各种方略、策略、措施、办法的总称，它主要以刑事犯罪为对象；以打击、预防犯罪为基本手段；以“维护社会秩序，也即强调构成社会的个人和集团之间的调和、安定并促进社会的发展”为目的；“刑事政策首要的长期的使命是通过满足人身和财产安全需要以保障社会的整体和谐和延续”。①

构建社会主义和谐社会作为全面建成小康社会的重要目标，面临着各种难以想象的困难和异常艰巨的任务。其中，刑事犯罪高发和社会治安不稳定因素增加是一个十分复杂而又迫切需要解决的问题，而刑事政策在维护公平正义、维护社会稳定秩序、保障人权等方面具有独特的功能和作用。

第一，刑事政策是维护法治的重要手段。刑事政策产生于法治社会，又是以法治作为其底线。正如李斯特所说，罪刑法定是刑事政策不可逾越的障碍。任何逾越法治并试图否认法治的刑事政策都没有立足之地。如菲利试图以社会防卫法代替刑法，格拉玛提卡断然与“刑法”决裂，建议把刑法扔进历史的垃圾堆。用社会防卫法取代刑法的主张没有能够实现，其根本原因是忽视法治社会的基础。刑事政策既然不能离开法治，就必然要维护法治，在法治的框架内构建合理的对犯罪反应的体系和打击与预防犯罪的对策，维护社会秩序，为法治社会创造稳定的社会环境。法治社会是有序的社会，稳定的社会，如果盗匪横行、民不安生、社会动荡，法治就失去了其存在的社会基础。因而，良好的刑事政策对于稳定社会、维护法治是必不可少的重要手段。

第二，刑事政策在维护社会公正中具有积极作用。现代公正理念是建立在自由、平等、社会合作等理论依据之上，强调给每个人所得。而犯罪则是侵犯每个人的所得，作为预防和控制犯罪的刑事政策，“其实质是恢复被犯罪行为所否定的社会价值”，即把犯罪所扭曲的社会正义恢复过来，把犯罪侵犯的个人所得纠正过去，使失去了个人所得的被害者得到补偿，同时预防犯罪是超前性控制犯罪，具有防御性。通过超前性的防御可以控制和减少犯罪对个人所得的侵害，保护公民的人生和财产安全，维护公平和正义。②

第三，刑事政策在化解社会矛盾，减少乃至避免社会冲突，维护社会稳定方面发挥着重要作用。西方刑事政策就足以证明这一点。19 世纪刑事政策的再次

---

① ［德］冯·费尔巴哈著：《德国刑法教科书》，徐久生译，中国方正出版社 2010 年版，第 90 页。

② 李贵方：《刑法的道德使命》，载《法学》1993 年第 5 期。

繁荣主要是为了解决随着社会急剧的工业化、城市化而带来的犯罪率上升，资本主义社会矛盾的激化和社会的不稳定。第二次世界大战后，新社会防卫学派的应运而生，同样是为了解决罪犯激增，犯罪率增长，社会不稳定的问题。当前，我国正处于社会转型期，改革进入深水区和复杂发展期，这一时期又是风险高发期，各种社会矛盾和社会问题如处置不当极易引发社会的动乱。刑事政策对此不能无所作为，刑事政策应发挥其特有的功能。通过预防和控制犯罪，减少犯罪行为的发生，避免社会冲突，维护社会秩序。

三、和谐社会理念对刑事政策提出的时代要求

（一）刑事政策模式应从国家本位向国家和社会双本位转变

国家本位型刑事政策是以国家为出发点，以国民为对象的，国家不受任何外部标准的干预，也没有任何的限制。社会本位型刑事政策则排斥了一切国家反应，以社会为本位，呈现出自主、自律、权力和权威共享的特征，其目的是要在没有任何国家干预的情况下成功地保持在互相密切团结的人的共同体内部的凝聚力，以使共同体发展。这是人们向往和追求的理想模式类型。历史表明，刑事政策模式不是一成不变的，而是不断变化、发展和完善的。我国现行的刑事政策模式中，对违法犯罪反应仍是以国家本位、以国家权力特别是国家刑罚权的运作为核心的。这种刑事政策模式其实是报应性正义的体现，报应性正义指导下以国家为本位的刑事政策已经不能适应现代社会控制、预防犯罪的需要，也与构建社会主义和谐社会刑事政策所追求的恢复性正义目标不相契合。在中国构建社会主义和谐社会的进程中，刑事政策的模式选择应当实现由国家本位型向国家和社会双本位型转向。

（二）刑事政策应注重人文关怀

刑事政策承载着特定的价值观念和道德标准。和谐精神要求对人的基本权利的尊重为核心的价值观念和道德诉求占据主导地位，对个人的价值与尊严、生存与生活、命运与前途真情关切。这种关切就是人文关怀。人文关怀的核心是尊重人、关怀人，强调人的价值，主张以人为本，关怀人的生存状态和权益，追求真、善、美等崇高的价值理想。近代的刑事政策运动是在启蒙思想家的推动下兴起的，限制国家权力，保障公民权利是其合理内核。当代的人道主义刑事政策更是一种以人为中心和归宿，把人视为人，使人成为人，谋求人的解放和幸福生活的思潮，它正视人性，关注人生，主张非犯罪化和废除一切残酷的刑罚，实行刑罚个别化，教育和改造犯罪人使之复归社会。当今，人道主义的刑事政策是主流，刑事政策的自由、正义和人权的价值日益彰显，并成为校正刑事政策的准绳。

四、中国刑事政策的发展与现状

近年来，随着市场经济体制的逐步确立和市民社会的逐步生成，我国的刑事政策正在从国家本位型向国家、社会双本位型的刑事政策转换，与之相适应，刑事政策的主体、内容及价值都发生了重要变化。从主体而言，刑事政策制定和实施的主体虽然仍然是国家，但开始强调社区、民间团体乃至个人的责任。从内容而言，刑事政策的内容体系趋向完善，原先缺乏的对犯罪的社会预防，对犯罪人和被害人保护，罪犯回归社会的政策正在逐步确立，并进一步制度化、规范化。从价值取向而言，消灭犯罪的思想正在让位于预防犯罪的思想，由单纯地追求社会稳定正在向保障人权和保护社会两个维度过渡，并特别注重人权保障。应该肯定地说，改革开放以来，我国的刑事政策正在向法制化方向发展，正在向现代刑事政策转变，正在逐步与国际形势政策的发展趋势相一致。对于保护人权，维护社会稳定，促进社会发展发挥了积极的作用。但还是有很多不足，主要有以下几个方面。

其一，刑事政策执行中存在着片面性、盲目性和消极应付的现象。在我国刑事政策执行中尚存在着对刑事政策误读、执行中顾此失彼，或者为了追求某一目的而忽略手段的合法性和正当性等现象。同时不善于或者不敢于发挥积极性和主动性，消极应付的现象也时有发生和不同程度地存在。特别在执行中，由于体制和其他方面的原因，目前我们的执法环境还很不好，执法机关看领导脸色行事、听命于地方党政领导的现象还比较普遍，这使得地方保护主义对刑事政策的干扰成为可能。

其二，刑事政策本身还存在不稳定性。刑事政策较之刑事法律具有灵活性、应变性的特征，但刑事政策的灵活性和应变性也不是没有边界的，刑事政策也需要必要的稳定性、连续性，如果朝令夕改缺少连续性，就会使人无所遵从也难以贯彻执行。当前，我国正处于社会转型期，新问题层出不穷，又受到社会矛盾爆发、刑事犯罪高发的挑战，这些都对刑事政策的决策者形成巨大的压力，为应对上述挑战，出台的一些刑事政策就具有明显的应急性特点，这些应急性政策往往由于和其他政策不配套而难以保持稳定。

其三，刑事政策内容体系不完整。从刑事政策的完整体系看，主要应包括两个部分，其一是刑事惩罚政策；其二是社会预防政策。我国的社会预防政策稍显不足，一些必要的社会预防政策还没有制定。

五、在刑事领域贯彻和谐理念的若干建言

（一）应坚持罪刑法定原则对刑事政策的指导作用，发挥刑法的保障功能

刑罚是一种“必要的恶”，唯有国家能够发动刑罚权，而刑罚权如同双刃剑，用之不当则两受其害。刑法对国家刑罚权做出了明确合理的规定，极大地限

制了刑法恣意。[①] 这正是罪刑法定原则的要求。和谐社会理念倡导一种高度开明的民主法治文化，而罪刑法定原则是刑事领域的人权宪章，是民主法治在刑法中的集中体现。法无明文规定不为罪，法无明文规定不处罚。刑法的制定必须按照民主的程序，代表人民的意志，体现人们当家做主，这是民主的体现；已经制定的法律要得到严格遵守，定罪量刑必须依据国家最高权力机关制定的法律。在和谐社会，刑法除了惩罚犯罪，保护人民，维护社会稳定的功能外，还有保障公民人权的功能。正是人权保障的需要，才需将刑罚权置于刑法的约束之下。人权保障是构建和谐社会的应有之义，在同犯罪做斗争的过程中，必须坚持罪刑法定原则，绝不能超越法律滥施刑罚，这是最基本的刑事政策。

（二）应坚持谦抑主义的刑事政策原理

谦抑主义是刑法解释的原理，也是犯罪化即将什么样的行为认定为犯罪的刑事政策最重要课题之一。谦抑主义原理体现为刑法的补充性、不完整性和宽容性。刑法的补充性是指刑法所具有的、保护法益的最后手段的特性；刑法的不完整性是指刑法不介入市民生活的各个角落的特性；刑法的宽容性是指即使现实生活中已发生犯罪，但从维持社会秩序的角度来看，缺乏处罚的必要，因而不进行处罚的特性。在和谐社会，刑法的界限应该是内缩的，而不是外张的，刑罚是国家为保护法益与维持法秩序的任务时的最后手段，能够以其他手段达到维持社会共同生活秩序及保护社会与个人法益之目的时，就应放弃刑罚的手段。

（三）应采取宽严相济的刑事政策

在构建和谐社会的进程中，重刑化与轻刑化均非我国刑事政策的理性选择。前者虽然可能在短时间内实现犯罪率的下降和社会治安的好转，但不符合人权保护的世界潮流，弊端也是显而易见的：它破坏了罪刑之间内在的均衡关系，容易导致刑罚的过度膨胀。后者片面强调刑罚的感化和教育功能，针对当前大量恶性暴力犯罪，轻刑无法发挥其防控犯罪、保护社会的作用。宽严相济的刑罚政策则是最佳选择，它体现为刑罚的“轻轻”“重重”。

“轻轻”，符合刑事法和刑事政策发展的轻缓化潮流，在立法和司法实践中体现为非犯罪化、非刑罚化、非监禁化。非犯罪化表现为立法上缩小了法定犯罪圈，将一些原本就十分轻微的犯罪从刑法中剥离出去使之不构成犯罪，由其他民事行政手段予以处理；非刑罚化表现为司法中对犯罪人的量刑趋于轻缓，短期自由刑适用严格受限，量刑标准上也逐渐从传统的罪刑均衡原则发展为责任与预防相结合的量刑原则；非监禁化表现为行刑上限制监禁刑的实际使用，采取缓刑进行考验，尽量采取罚金刑等的替代措施。

---

① 李希慧、杜国强：《我国现行形事政策的反思及完善》，载《刑事法学》2003年第10期。

“重重”则是强调集中有限的刑罚资源严惩严重犯罪。其出发点在于通过加大严重犯罪付出的代价迫使犯罪人在利益冲突中放弃犯罪以达到控制和预防犯罪的目的，通过个别预防达到一般预防的目的。它的特点是对特定犯罪和特定犯罪人的特定情况在立法、司法、行刑上从重、从严打击，是有目标、有对象的重刑化。重刑主义的刑事政策在实践中具体表现为对严重的暴力犯罪、跨国犯罪、恐怖主义犯罪、黑社会犯罪等采取从重的刑事政策态度，在刑事诉讼程序上取消对当事人的某些权利保障，在行刑上则通用强化监禁的方式，在监禁上予以高度警备并有关于禁止缓刑和假释的规定。

（四）积极、主动、有序地推进刑事政策体系建设

刑事政策的研究已从禁区冲脱出来，从边缘走上主台，刑事政策研究者目标进一步明确。这里仅对刑事政策体系的构建提几点原则性建议。

第一，要坚持法制化原则。当代刑事政策运动发展趋势之一就是刑事政策的刑法化和刑法的刑事政策化。

第二，要坚持科学化原则。刑事政策是一项跨学科的决策，它在吸纳其他学科的研究成果之后，用科学的概念、方法将自己充实起来，形成了一个具有完整体系的学科，又指导刑法的改革和发展。科学性是其本质要求。作为一项决策，是否科学、民主，又涉及这项决策能否真正落实，不具备科学性就难以落实。因而，坚持科学性是刑事政策的根本要求。

第三，要坚持国际化原则。在经济全球化的今天，在改革开放的国情背景下，国际化是刑事政策研究和制定的基本立场和视角，当代刑事政策有许多共同性和互补性，我国刑事政策体系的构建必须要有国际化的视角，才能不断适应社会发展的需要。

和谐社会的构建对刑事政策的影响

黄小蓉

一、构建和谐社会及其对刑事政策的影响

构建和谐社会自古以来就是全人类的共同理想和追求，有着十分深厚的思想渊源。古今中外，许多思想家、政治家都对如何实现社会和谐进行了积极的探索。中国古代，人们对于和谐的本质就有了比较深刻的认识，提出其本质在于“和而不同”，主张要心和、人和、家和、国和、人与自然和谐。在中国近代，在腐朽落后的封建王朝统治下，黎民百姓生活在水深火热之中，更激发了有志之士对于和谐的极度渴求，包括太平天国运动中提出的平均分配土地，康有为倡导的大同世界以及孙中山先生的平均地权等，无不是人们对于和谐社会的积极追求。而现代，在中国共产党的领导下，构建和谐社会是党在新时期新任务下提出的新目标。中国共产党带领全国人民实现了中国的解放，有了人民的当家做主；党带领我们进行了伟大的改革开放，有了中国的繁荣富强；党带领我们建设法治国家，有了法律的一派欣欣向荣……总之，在中国共产党的领导下，团结全国各族人民完成了无数仁人志士未完成之事，开辟了前人未走之路，因此我们有理由相信，胡锦涛总书记提出的构建社会主义和谐社会也能取得辉煌的成果。下面让我们简单回顾一下我党提出构建和谐社会的历程：2002 年 11 月党的十六大报告提出“六个更加”，其中明确提出“社会更加和谐”的发展要求；2005 年 2 月胡锦涛总书记在中央党校的讲话中对社会主义和谐社会做出了明确的阐述；2006 年 10 月党的十六届六中全会通过了《关于构建社会主义和谐社会的若干重大问题的决定》，从中国特色社会主义事业总体布局和全面建成小康社会全局出发，科学回答了什么是和谐社会、为什么要建设和谐社会、建设什么样的和谐社会以及怎样建设和谐社会等一系列有全局性、根本性的问题。[①] 构建和谐社会的提出具有重大的历史以及现实的意义，它是我们党执政理念的反映，它是中国特色社

作者简介：黄小蓉（1990—），女，四川安岳人，西南政法大学法学院刑法专业硕士研究生。

① 参见李林：《依法治国与和谐社会建设》，中国法制出版社 2007 年版，第 2 页。

会主义道路以及中国特色社会主义理论体系的一部分，它是中国特色社会主义的本质属性。

（一）和谐社会的蕴涵

近年来，中国改革发展进入关键时期，空前的社会变革既给我国的发展进步带来巨大活力，也使统筹兼顾各方面利益的任务艰巨而繁重，影响社会和谐的问题需要进一步解决。在这个发展机遇期与矛盾凸显期相互交织的关键阶段，能不能妥善协调各方面的利益关系、正确处理各种社会矛盾，为改革发展创造更好的条件，大力促进社会和谐，已经成为对中国共产党执政能力的重大考验。鉴于此，中国共产党中央向全党全国发出号召：更加积极主动地正视矛盾、化解矛盾，最大限度地增加和谐因素，最大限度地减少不和谐因素，努力构建社会主义和谐社会。① 构建社会主义和谐社会的总要求是：民主法治、公平正义、诚信友爱、充满活力、安定有序、人与自然和谐相处。其中民主法治就是社会主义民主得到充分发扬，依法治国基本方略得到切实落实，各方面积极因素得到广泛调动；公平正义就是社会各方面利益关系得到妥善协调，人民内部矛盾和其他社会矛盾得到正确处理，社会公平和正义得到切实维护和实现；诚信友爱就是全社会互帮互助、诚实守信，全体人民平等友爱、融洽相处；充满活力就是能够使一切有利于社会进步的创造愿望得到尊重，创造活动得到支持，创造才能得到发挥，创造成果得到肯定；安定有序就是社会组织机制健全，社会管理完善，社会秩序良好，人民群众安居乐业，社会保持安定团结；人与自然和谐相处就是生产发展，生活富裕，生态良好。构建社会主义和谐社会必须坚持以人为本、坚持科学发展、坚持改革开放、坚持民主法治、坚持正确处理改革发展稳定的关系、坚持在党的领导下全社会共同建设的原则，其中，以人为本是社会主义和谐社会的本质属性。②

（二）构建和谐社会对刑事政策的影响

德国著名刑法学家弗兰茨·冯·李斯特认为："最好的社会政策也就是最好的刑事政策。"那么什么是刑事政策呢？有学者称："有多少个刑事政策的研究者大概就有多少种刑事政策的概念。"③ 由此可见对其定义是仁者见仁的。马克昌教授认为可以将其分为广义的刑事政策与狭义的刑事政策，我国的刑事政策是

---

① 参见张宿堂、孙承斌、邹声文：《构建社会主义和谐社会的纲领性文件》，http：//www. cycnet. com/cms/2006/2006youth/xw/sfyw/200610/t20061019_ 429701. htm.

② 参见胡锦涛总书记于 2007 年 10 月 15 日在中国共产党第十七次全国代表大会上所做报告：《高举中国特色社会主义伟大旗帜　为夺取全面建设小康社会新胜利而奋斗》。

③ 李永升、刘沛谞：《和谐社会语境中的宽严相济刑事政策研究》，载《山东警察学院学报》2006 年第 4 期。

指中国共产党和人民民主政权为了遏制和预防犯罪，根据我国的国情与形势制定的，与犯罪进行有效斗争的对策，这是从狭义的角度进行的定义。有论者从刑事一体化的角度界定刑事政策："国家基于特定刑事安全形势的要求，以符合刑事法治要求方式运行刑事实体法和刑事程序法预防与抗制犯罪，从而防卫社会的策略系统。"① 刑事政策是一个极为庞大的体系，就其分类来说，根据其作用领域不同可以分为刑事立法政策、刑事司法政策、刑事执行政策；根据其内容不同可以分为基本的刑事政策和具体的刑事政策，比如对未成年人教育、感化、挽救政策以及对少数民族"两少一宽"的政策就是具体的刑事政策；根据其制定的机关或者指导范围大小不同可以分为全国性刑事政策和地方性刑事政策；根据指导效力的时间不同可以分为长期的刑事政策与短期临时性的刑事政策，后者如"严打"。②

和谐社会的基本理念应该运用于社会的方方面面，包括刑事政策。理想的刑事政策应顺应和服务于和谐社会的构建，并且应以和谐社会理念为其终级价值。以和谐社会的理念作为刑事政策的终极价值，指明了刑事政策的方向、路线和途径，说明了刑事政策的最佳状态。③ 前面已经提及了我国目前刑事政策是一个庞大的体系，因此在探讨和谐社会语境下的刑事政策的时候要做到面面俱到难度是很大的，由于笔者水平有限，因此在本文就从刑事政策中拿出一个具体的刑事政策，来展开探讨其与和谐社会的关系。一方面，出于重要性以及典型性的考虑；另一方面，以人为本是社会主义和谐社会的本质属性，而以人为本的内涵在宽严相济刑事政策中又得到了最为全面的体现，因此我认为以宽严相济刑事政策为切入点具体地分析刑事政策与和谐社会的关系是比较恰当的。下面我就宽严相济刑事政策与和谐社会的关系进行具体的探讨，以期能够以点带面，使大家对于刑事政策与和谐社会的关系有更进一步的认识。

二、构建和谐社会对宽严相济刑事政策的影响

(一) 构建和谐社会决定了宽严相济刑事政策的提出

2006 年 10 月党的十六届六中全会通过了《关于构建社会主义和谐社会的若干重大问题的决定》，其正式提出了要实施宽严相济的刑事政策，因此可以这样说，宽严相济刑事政策就是构建和谐社会理念下的产物。但是宽严相济刑事政策

---

① 李永升、刘沛谞：《和谐社会语境中的宽严相济刑事政策研究》，载《山东警察学院学报》2006 年第 4 期。

② 参见马克昌：《宽严相济刑事政策刍议》，载《人民检察》2006 年第 10 期（上）。

③ 参见闫玉玲：《宽严相济刑事政策的内涵分析与实现路径》，中国政法大学硕士论文，2007 年 3 月，第 21-22 页。

并不是凭空而生的，其也有自己的“前世今生”，我们先简单回顾一下其提出的过程。刚开始宽与严是两个政策；到了新民主主义革命时期，我们党根据阶级斗争的需要，提出了对敌对阶级分子贯彻“镇压与宽大相结合的政策”；随着我国社会形势的变化，“镇压与宽大相结合的政策”就演变为针对包括反革命分子在内的一切犯罪分子的“惩办与宽大相结合的政策”。在1979年制定的刑法典和刑事诉讼法典都明确规定了该原则。宽严相济刑事政策的最先提出是在2004年的中央政法工作会议上，罗干同志指出：“正确运用宽严相济的刑事政策，对严重危害社会治安的犯罪活动严厉打击，绝不手软，同时要坚持惩办与宽大相结合，才能取得更好的法律和社会效果。”在2005年12月5日至6日召开的全国政法工作会议上，罗干同志再次专门提及宽严相济的刑事政策，并明确将之视为我国在维护社会治安的长期实践中形成的基本刑事政策。[①] 马克昌教授认为，宽严相济刑事政策是惩办与宽大刑事政策的继承与发展，它们的基本精神是一致的，即要区别对待、争取多数、打击少数。但是宽严相济刑事政策具有明显的进步性，最为明显的是表述更为科学，“惩办”与“宽大”并非矛盾关系，而“宽”与“严”则是一对矛盾。由此我们可以说，宽严相济刑事政策是在构建和谐社会的大背景下提出的。[②]

（二）构建和谐社会对宽严相济刑事政策具体内容的影响

构建和谐社会是一个不断化解矛盾的过程，是一项长期而艰巨的任务。社会主义和谐社会坚持以人为本的理念，旨在保障人权，使人的尊严得到有效的维护，人的价值得到充分的体现，人的潜能得到充分的发挥。司法是化解矛盾的最后屏障，而化解矛盾最好的办法已经不再是简单粗暴而且严重破坏法治的“严打”，人们必须要重新反思，寻求更为人道有效的方法解决社会中日益复杂化的矛盾，宽严相济刑事政策的内容就在和谐社会的理念下应运而生，而且“严打”在宽严相济的刑事政策下又有了新的含义。当然“严打”有其合理性，“‘严打’作为社会治安的特别‘治疗’措施，其主要作用不是‘威慑犯罪’，而是针对那些行政执法失败所积的‘顽症’集中辨证施治”[③]。只要将其纳入法治的轨道，其作用是不容忽视的。随着和谐社会理念的提出，“严打”应纳入宽严相济政策中“严”的部分，从而赋予其新的活力。首先必须要明确一点，宽严相济刑事政策的侧重点是“宽”而非“严”，因为我国一直以来就有重刑主义的思想，而对宽严相济政策侧重点的强调有利于我们在新时期树立正确的刑罚观念。马克昌

① 参见赵秉志：《和谐社会构建与宽严相济刑事政策的贯彻》，载《吉林大学社会科学学报》2008年第1期。

② 参见马克昌：《宽严相济刑事政策刍议》，载《人民检察》2006年第10期（上）。

③ 石经海：《量刑个别化的基本原理》，法律出版社2010年版，第196页。

教授认为宽严相济刑事政策的内容包括：该严则严，当宽则宽；宽以济严，严以济宽；宽严有度，宽严审时。另有学者认为“宽严相济”包含三个方面：宽、严、济，然后分别从三个方面解读该政策，这也有利于我们理解。① 一般来说，社会中的不和谐因素总是集中在小部分人身上，就犯罪而言，这部分人要么容易实施社会危害性大、情节特别恶劣的犯罪，要么就是经常实施犯罪，主观恶性以及人身危险性都极大，针对这类犯罪分子就应当从严惩处，对这类人的仁慈本身就是不和谐。相反，就一些罪行轻的，对社会危害不大，主观恶性以及人身危险性小的犯罪分子，就应当本着以人为本的理念，依法从宽惩处，使其能更好地回归社会。当然还必须得灵活地运用“宽”与“严”，做到宽以济严、严以济宽，宽严有度、宽严审时，这样才能够解决矛盾，增加社会和谐因素。

（三）构建和谐社会对宽严相济刑事政策理念的影响

在构建和谐社会理论的指导下，宽严相济刑事政策理念也转向了和谐理念，具体表现在以下几个方面。一是预防犯罪与打击犯罪的统一。在构建和谐社会理论提出之前，人们更注重的是对已经出现的犯罪行为进行严厉的打击，但是就防范犯罪行为于未然的预防措施重视不够。二是预防与报应的统一。这是就刑罚的目的而言，和谐社会的理念要求我们树立全面的刑罚目的观，刑罚不是仅仅追求对犯罪分子的惩罚，还要思考是否一定要用刑罚或者是怎样的惩罚才能够达到更好的社会预防的目的，现代刑罚的发展趋势是非犯罪化、轻刑化和非监禁化，我国也应该顺应该潮流才更有利于和谐社会的构建。三是保护个人利益与保护社会利益的统一。中国传统的思想上就是重视社会集体利益而忽视个人利益的，对于个人的权益的忽视是不符合人权保障的精神的，因此必须将两者有机地统一，相互促进与发展。②

三、贯彻宽严相济刑事政策促进社会和谐的实现

构建和谐社会的理念对于宽严相济刑事政策的提出、内容、理念等多方面都有影响，毋庸置疑，宽严相济的刑事政策对和谐社会的构建也发挥着重要的作用，我们必须要正确地贯彻实现宽严相济的刑事政策，这样才能不断化解社会矛盾，最大限度地减少不和谐因素。结合我国《刑法修正案（八）》以及新修订的《刑事诉讼法》的相关内容，我就和谐社会语境下宽严相济刑事政策的贯彻实现谈谈自己的看法。

---

① 参见李永升、陈伟：《和谐社会语境下的刑法观沉思》，合肥工业大学出版社 2009 年版，第 14 页。

② 参见闫玉玲：《宽严相济刑事政策的内涵分析与实现路径》，中国政法大学硕士论文，2007 年 3 月，第 22-23 页。

长期以来我国的刑法都面临着一个“生刑太轻，死刑太重”的尴尬局面，被判处死刑立即执行与被判处死刑缓期执行的结果可谓是天壤之别。即便是死缓，只要不犯大的错误争取减刑，一般在监狱待上十几年就会获得释放，由此导致了实践中过度地偏重于适用死刑来提高刑罚的威慑力的现象。一个国家死刑的高适用率本身就不正常，加上席卷全球的废除死刑潮流，人权保障的强烈呼吁以及我国构建和谐社会的提出，过度地依赖死刑面临着来自多方面的压力。由此，很多学者提出了“轻轻重重”的思想，而《刑法修正案（八）》在很大程度上吸收了该思想，力图改变“生刑太轻，死刑太重”的不和谐局面，许多内容都有利于宽严相济刑事政策的贯彻实施，力求促进社会的和谐因素。首先是刑罚结构的改变，由“厉而不严”到“严而不厉”①，主要是对“生刑”做出了一定的调整，包括死缓的限制减刑、延长数罪并罚的最高年限、提高假释减刑的最少服刑年限等，同时强调仍需严格限制死刑的适用。其次，规定社区矫正，这种非监禁型的刑罚执行方式重视发动社会的力量改造罪犯，不仅减轻了国家监狱的负担，还能促进罪犯顺利地回归社会，更有利于对罪行较轻的犯罪人进行矫正。有调查表明，社区矫正后的罪犯再犯率较监禁刑的罪犯再犯率低很多，这也说明了社区矫正的正确适用对于构建和谐社会的作用。当然《刑法修正案（八）》还规定了许多反映“宽”的刑事政策的内容，比如说对于年满 75 周岁的人犯罪，除手段特别残忍外不适用死刑，以及犯罪时未满 18 周岁，被判处 5 年以下有期徒刑的可以免除前科报告义务等，所有这些规定都贯彻了宽严相济的思想，在实践中的正确实施对和谐社会做出的贡献是有目共睹的。

新《刑事诉讼法》修订的许多内容也是很令人欣慰的，体现了和谐社会语境下宽严相济刑事政策的精神。首先，增加了附条件不起诉的规定。该法第 271 条规定：“对于未成年人涉嫌刑法分则第四章、第五章、第六章规定的犯罪，可能判处一年有期徒刑以下刑罚，符合起诉条件，但有悔罪表现的，人民检察院可以作出附条件不起诉的决定。”这就更有利于未成年人的保护，是该宽则宽的具体表现。其次，增加了刑事和解的特别程序。刑事和解是指在公诉案件中，犯罪嫌疑人、被告人真诚悔罪，通过向被害人赔偿损失、赔礼道歉等方式获得被害人的谅解，公、检、法机关依法对案件从宽处理的制度②。虽然现行规定的刑事和解适用的范围很有限，但在我国具体的国情下它一方面能够使被害人得到经济赔偿与精神抚慰，另一方面又能够促使犯罪嫌疑人、被告人积极认罪服法，减少对

① 参见储槐植、赵合理：《构建和谐社会与宽严相济刑事政策之实现》，载《法学杂志》2007 年第 1 期。

② 参见孙长永主编：《刑事诉讼法学》，法律出版社 2012 年版，第 361 页。

社会的对抗因素，有利于教育改造，这些都能够增加社会的和谐因素。最后，就刑事强制措施的修改。新的《刑事诉讼法》就强制措施这块做了比较大的修改，因为强制措施涉及公民基本的人身自由等权利，其一旦被滥用，对社会和谐是极大的破坏。之前的司法实践过度地依赖逮捕强制措施，使如取保候审、监视居住等措施形同虚设，为了正确地贯彻宽严相济的刑事政策，新法调整了强制措施的结构，努力扩大取保候审的适用范围，使监视居住成为逮捕的替代措施，进一步限制逮捕的适用。

虽然我国传统的重刑主义思想已经不符合宽严相济刑事政策，但其观念仍然根深蒂固，因此《刑法修正案（八）》与新《刑事诉讼法》在修改上主要体现了“宽”的刑事政策，当然这也是宽严相济刑事政策的侧重。因此在精神上是符合该政策的，同时很好地适用肯定对于和谐社会的构建有很大的帮助。

总而言之，在和谐社会语境下思考刑事政策的问题，就是要在制定与执行刑事政策时始终坚持社会和谐的理念，一切以有利于社会和谐为目标与宗旨的实现，只有这样才能够使刑事政策充满活力。和谐社会的构建是需要多方面的努力的，如果能够很好地掌握和运用刑事政策，对于增进社会和谐因素有非常重要的作用。和谐社会语境下的刑事政策更具有人性化的一面，而刑事政策在和谐社会构建过程中也写上了重要的一笔，因此司法人员在实践中既要将和谐社会的理念内化为自己的价值观念，又要灵活地掌握各种刑事政策，全面地审核思考案件，这样才能实现人类共同的理想。

和谐社会与刑事政策的契合研究

许璇璇

一、社会政策与刑事政策的关系

（一）社会政策与刑事政策的概念界定

1. 社会政策

近年来，随着民生问题逐渐进入全民关注的视野，各学者对社会政策的讨论也逐步升温。一般来说，社会政策，是通过国家立法和政府行政干预，解决社会问题，促进社会安全，改善社会环境，增进社会福利的一系列政策、行动准则和规定的总称。① 社会政策解决的是公民社会生活的问题，只要是通过国家立法与司法干预，为解决社会问题，让人们安居乐业的政策都是社会政策。② 纵观历史，社会政策发生了巨大的变化，从更多地强调国家对社会的控制与干预发展到现如今的更强调公民的福利，更侧重于自然与社会资源的优化配置，体现了公平正义的社会价值。而我们所畅谈的和谐社会的内涵也包括公平正义和安定有序，可见社会政策是社会主义和谐社会实现的重要因素，对和谐社会有促进作用。

2. 刑事政策

关于刑事政策，国内外学者各持己见，对刑事政策所做出的定义可谓不断翻新，仁者见仁，智者见智。

在国外，法国学者对刑事政策的研究成果最为显著。日本与德国学者在刑事政策这一领域也涉猎颇深。德国的耶塞克教授认为刑事政策所包含的范围稍广，包括随着社会关系变化着的制裁制度、刑事追诉、处罚的条件以及刑事程序等。日本的大谷实学者认为刑事政策是指国家以缓和犯罪以及被害人心理为手段，从而达到实现维护社会秩序的目的所制定的一系列的措施与对策。

在我国，著名刑法学家马克昌教授认为："我国的刑事政策是指中国共产党

作者简介：许璇璇（1990—），浙江金华人，西南政法大学法学院刑法专业硕士研究生。

① 郑杭生主编：《社会学概论新修（第三版）》，中国人民大学出版社2002年版，第420页。

② 陈捷：《有感于"最好的社会政策就是最好的刑事政策"》，载《商品与质量》2010年第8期。

和人民民主政权，为了预防犯罪，减少犯罪，以至于消灭犯罪，以马列主义、毛泽东思想为指导，根据我国的国情和一定时期的形势，而制定的与犯罪进行有效斗争的指导方针和对策。”① 从该定义可以看出，马克昌教授所做的界定是从我国的政治形势出发，而其他大部分学者对刑事政策的定义一般是从犯罪学出发的。无论刑事政策的定义侧重点多么不同，都只是刑事政策研究的出发点，并不是规范性的。总的说来，刑事政策是与犯罪有关，在一定意义上是指导与犯罪斗争的有效的措施。不论各国学者对刑事政策的定义下得多么五花八门，其实质即为预防与遏制犯罪服务，没有发生变化。

（二）刑事政策与社会政策关系界定

德国著名犯罪学家李斯特曾经说过：“最好的社会政策就是最好的刑事政策。”② 由此，我们就可以看出刑事政策与社会政策之间的紧密联系。

1. 社会政策和刑事政策的联系

社会政策和刑事政策之间具有共性，都是属于政策的范畴，都是对内政策，对预防犯罪有其自己的特点，都对法律的运行具有一定的指导作用。两者的概念存在着一定范围的重合，也就是说单从概念来看，两者即具有一定的联系，在其他方面，两者也有高度的相似性。从目的方面来说，社会政策与刑事政策都有维护社会稳定，保障社会快速发展的目的。从制定主体来看，两者都是由国家或者政府机关制定的。从价值来看，两者都与公平正义的价值观念有着直接的联系。从关系调和来看，两者对社会关系与社会矛盾都有一定的调和作用。犯罪是社会关系与社会矛盾不可调和的产物，社会政策与刑事政策正是为了抑制犯罪而产生的。既然要遏制犯罪，社会政策与刑事政策的实施当然需要得到国家武装力量的支持。

2. 社会政策和刑事政策的区别

社会政策与刑事政策虽然具有共性，但毕竟不是一回事，所以两者之间还是有很大的不同。（1）制定依据的不同。社会政策是依据公民生活中所产生的社会问题来制定的，而刑事政策则是根据一个国家的国内犯罪形势来制定的。犯罪产生的主要原因是社会问题。虽说这些社会问题需要依靠国家或政党制定的相关社会政策来解决，但是对犯罪并不具有针对性，很难很好地调整犯罪行为，遏制犯罪的发生。因此，就要制定刑事政策专门针对犯罪。（2）内容的不同。现今的社会政策是以公民福利为主，也包含了国家的控制权，例如社会保险，但并不着重于对社会生活的干预。凡是同社会成员的基本权利和社会福利息息相关的政

① 马克昌主编：《中国刑事政策学》，武汉大学出版社 1992 年版，第 12 页。

② 辛科：《社会政策与刑事政策比较》，载《政法论丛》2005 年第 1 期。

策，都纳入到了社会政策的视野之内。[①] 刑事政策定义很多，但众多的刑事政策都有一个共识，即有效地与犯罪做斗争。总的说来，刑事政策范围的界定比社会政策稍窄，一般主要针对犯罪。（3）实施手段的不同。一般来说，社会政策的实施是由国家机关或政党团体进行的，以行政为手段，大力调节社会关系和分配社会资源。其效果一般也是经由社会行政来反馈的。当然，在现今的法治社会中，社会政策也已经上升到法律的层面，有的社会政策更是写入了宪法。总的来说，社会政策实施手段以行政手段为主，法律手段为辅助。相较于社会政策而言，刑事政策的实施手段争议稍大，各学者主张的观点主要围绕着刑罚是否是刑事政策的唯一手段来展开讨论的。大部分的学者认为，刑罚不是刑事政策实施活动的唯一手段，它还可以经由其他非刑罚性质的手段实施，只不过是以刑罚手段为主，其他非刑罚性质的手段为辅。（4）侧重点不同。社会政策侧重于社会民生，对犯罪的遏制与预防并不是社会政策关注的焦点。社会政策对犯罪的预防主要通过社会政策的调整作用来实现，社会关系和矛盾的协调对减少犯罪的发生有着相当重要的作用。相比之下，刑事政策更利于阻止犯罪的进一步发展或者防止社会危害结果的加深。虽然社会政策与刑事政策都具有防范犯罪发生的功能，但是刑事政策却更侧重于打击与控制犯罪，而对犯罪防范稍微薄弱，就会导致犯罪发生时，更侧重于刑事政策对犯罪的严厉打击，而忽略了社会政策的调和作用。

二、和谐社会语境下刑事政策的选择

在我国，刑事政策从“惩办与宽大相结合”政策、“严打”政策转变为现今的“宽严相济”刑事政策，经历了一段曲折的历程。这一系列的变化主要与我国的社会形势有关。

（一）惩办与宽大相结合刑事政策

惩办与宽大相结合的前身为镇压与宽大政治策略，萌芽于国内战争时期，而后由镇压策略与宽大策略转型为镇压与宽大相结合的政治斗争策略，最终定型为惩办与宽大相结合的政策，但浓厚的政治斗争色彩还是被留存下来。刑事政策的转型主要是由于国内的社会矛盾和政治斗争形势发生了巨大的变化，之前的反革命反共分子已经被肃清，不再需要镇压，斗争的矛头转向了民众的犯罪。1979年，中共五届二中全会将“惩办与宽大相结合”政策写入了国家刑法，又被1997年刑法所废除。这一刑事政策的实质主要是要区别对待，分化瓦解，惩办少数敌对分子，改造大多数，具有浓厚的政治斗争色彩。

在当时的国内形势之下，惩办与宽大相结合政策曾经也收到了一定的效果，

---

① 辛科：《社会政策与刑事政策比较》，载《政法论丛》2005年第1期。

但是该政策毕竟是从镇压与宽大的政治斗争方略转化来的，将犯罪定位于人民民主专政的敌人，并没有脱离其政治色彩，对一般犯罪活动的打击力度较弱，致使该政策在犯罪出现一波又一波的高峰时没有起到遏制作用，最终被严打的刑事政策替代。

（二）严打刑事政策

从 1982 年起，中国基本上进入了“严打”时期，严打的刑事政策基本上取代了惩办与宽大相结合政策而成为我国的基本刑事政策。[①] 严打政策相对于宽松型的刑事政策而言，在反革命猖獗时期和犯罪高峰期都有着防止社会形势恶化，降低犯罪率的作用。从 1982 年到 2001 年为止，我国连续实施了三次全国范围内大规模的从重从快严厉打击刑事犯罪的斗争。这三次“严打”历时久，波及范围广，对我国刑事立法和刑事司法都影响深远。[②] 它为中国共产党巩固了政权，镇压了敌对分子，具有强烈的政治性、阶级专政性、军事性、全民性。因此，严打的刑事政策不再是临时性的刑事政策，而是一种长期性的刑事政策。虽然在严打时期严打的刑事政策几乎替代了惩办与宽大相结合的刑事政策，但其存在的依据还是在于惩办与宽大相结合刑事政策的惩办方面。

虽然严打在当时的确发挥了巨大作用，但是严打过分强调了打的方面而忽视了防的方面，使严打的后续效果丧失，无法全面和彻底地根治社会治安问题。严打过后，国家机关人员开始产生了懈怠心理，认为这一段时间内犯罪分子会消停了，对违法犯罪分子的打击力度减弱，致使严打的后续措施没有跟上。等严打的效力开始减弱后，犯罪数量开始有了反弹的趋势。如此来回反复，严打也逐渐失却了其应有的即时效力，最后形同虚设。

（三）宽严相济的刑事政策

2004 年，党的十六届四中全会第一次鲜明地提出和论述了“构建社会主义和谐社会”这个科学命题，之后社会主义和谐社会的内涵随着社会的发展与进步又不断地完善与深化。现今的社会主义和谐社会理论指导社会前进和努力的方向，要端正社会指向的矛盾箭头，通过各个社会利益与关系不断碰撞与协调来深入研究。总之，经过这些探索可以得知和谐社会是我国社会主义社会的必然选择，最适合我国的国情，并于各力量之间协调平衡，使我国社会平稳地向前发展。在这种国内政治形势下，严打事实上不能符合社会环境的大要求，这就需要新的刑事政策来取代严打，以符合社会主义社会初级阶段的要求。在和谐社会语

① 秦德良：《惩办与宽大相结合刑事政策的历史考察》，http：//wenku. baidu. com/view/5bec7cb765ce050876321390. html.

② 张亚平著：《宽严相济刑事政策方略研究》，中国检察出版社 2008 年版，第 37 页。

境下，宽严相济刑事政策就此走进了社会主义社会的舞台。

1. 宽严相济刑事政策的历史沿革

宽严相济刑事政策并不是凭空提出的，而是经历了长时间的历史演变而来的。封建社会的“重其重罪，轻其轻罪”思想以及儒家思想中的“德主刑辅”其实都包含了宽严相济的思想，一脉传承，直至现今。

宽严相济刑事政策是在构建和谐社会的大背景下提出的，是对之前实行的惩办与宽大相结合政策的继承与深化，不能绝对地说宽严相济是在新的社会形势下所提出的一种全新的刑事政策，否则就割断了不同时期刑事政策之间的相互承继的联系。但是宽严相济刑事政策又不能直接等于惩办与宽大相结合的刑事政策，毕竟，宽严相济是社会主义和谐社会所选择的一种刑事政策，新的时代赋予了它新的含义。在国际人权大环境下，宽严相济在适用过程中逐步显现出了其独特的实质内涵与时代意义。

2. 宽严相济刑事政策的内涵

宽严相济刑事政策主要从宽、严、济这三方面来解读。“宽”在汉语中有两种意思：（1）不严，宽大对待；（2）减轻。把宽放在宽严相济中来理解，可以有两层含义：一种是该轻则轻；另一种是该重则重。宽体现了刑罚的轻缓化以及刑事案件处理上的宽大，体现了刑事法治的谦抑与宽容。汉语中的“严”有严密、严厉之意，在宽严相济中，我们可以理解为：一是立法机关创设与建立严密的刑事法网；二是罪重刑重，即犯罪人犯罪罪重，他的判刑也应该重；三是罪轻刑重，即被告人虽然犯的罪行稍微轻，但因为其具有法定和酌定从重或加重情节，所判处的刑罚较原本罪行应判之刑更重，这体现了刑事入罪化。“相”是相互之意。“济”在汉语中有贯通、救助、补益的意思。总的来说，宽严相济刑事政策就是根据事实分清犯罪的轻重不同情况，区别对待，应该严就严，应该宽就宽，有宽有严，宽严适度。[①] 当然，宽严相济刑事政策制定的前提是能够有力地打击犯罪，体现法律的权威性，在此前提下，对犯罪人根据不同的犯罪情况区别对待，给予他们一定的公平正义，减少社会大众的抵触心理。

三、和谐社会与宽严相济刑事政策的契合

民主法治是和谐社会最重要的基本特征，这说明法治对于构建和谐社会具有相当重要的意义。一个国家的法治与社会秩序能够互相影响，互相制约，互相促进。刑事法治是法治不可或缺的、重要的组成系统。而刑事法律就是刑事法治的核心和外在体现，刑事政策又是政策的一种，拥有政策的相同性质。从政策和法

---

① 杨卫华：《宽严相济刑事政策之探讨》，载《人民论坛》2012 年第 2 期。

律的关系来看，刑事政策是刑事法治的魂灵，对刑事法治具有引导和调和功能；刑事法治是刑事政策制定和适用的保证和前提，对刑事政策的实施具有推动作用。由此，我们可以窥见刑事政策与和谐社会之间的内在联系。

我国刑事政策最新领域是宽严相济刑事政策，它是构建和谐社会的必然需求，同时也蕴含着公平正义与安定有序的社会价值，对构建社会主义和谐社会有着无比重要的影响。

(一) 和谐社会的构建为宽严相济刑事政策的提出奠定了基础

在刑事政策的发展与演变的过程中，宽严相济在目前这个社会形势之下是最适合我国国情的刑事政策，与和谐社会理念也是最为契合的。相较于其他两种刑事政策，它更能协调好社会关系与社会矛盾，也更能保障人权。但是宽严相济刑事政策的提出却离不开和谐社会。正是和谐社会理论内涵推进了宽严相济刑事政策的形成与提出，同时也为宽严相济刑事政策奠定了社会基础。和谐社会的构建是一个社会矛盾不断协调的过程，始终将社会矛盾控制在一个社会可以容忍的范围之内，并将超出这一容忍范围的社会矛盾逐步解决。此外，和谐社会理念也减少了犯罪的发生率，为司法宽缓化提供了理论依据，同时为宽严相济刑事政策营造了一个舒适的环境，为其实现减少了阻碍。

宽严相济刑事政策所追求的是“惩办与宽大相结合”刑事政策的转型，需要构建和谐社会，明确和谐社会具体工作方针，出台宽严相济刑事政策并不是偶然，而是社会发展以及国家法制约束手段逐步更新、改进的一个结果。① 正是和谐社会这种社会大环境推动了惩办与宽大相结合向宽严相济的政策转变，也为宽严相济刑事政策对严打政策进行反思做出了贡献。俗话说：“乱世用重典。”例如秦始皇时期与明朝，都历经了剧烈的朝代更替，社会发生了剧烈的动荡。如果不用严厉的刑罚和法律，民众就不会感受到威慑力，其犯罪思想就不会被扼杀在萌芽中。现今的社会正朝着和谐社会发展，刑事立法也不能太过严苛，宽严相济刑事政策就有用武之地了。

(二) 宽严相济刑事政策为和谐社会的建设与发展提供了推动力

和谐社会要求我们要实现和保障社会稳定，而这种稳定需要建立在人与人的和谐、人与社会的和谐、人与自身的和谐、人与自然之间的和谐以及世界和谐的基础之上。社会稳定是和谐社会发展与建构的必备因素，稳定的前提是各种社会利益关系之间能够进行良好协调。宽严相济刑事政策能够应对错综复杂的利益纠葛，捋顺各种利益之间的内在联系，并合理分配好各种利益关系，以此推动和谐社会的稳定发展。

---

① 桂志立：《宽严相济的刑事政策是构建和谐社会的需要》，载《法制与经济》2012 年第 10 期。

宽严相济刑事政策既有宽和的一面又有严厉的一面，着重强调宽严适度，并对犯罪分子区别对待，实现公平正义的社会价值。宽严相济刑事政策在宽和严的两方面都发挥着重大作用，即一方面运用各种手段解决犯罪分子的特殊量刑问题，体恤犯罪分子犯罪时的特殊情况，给予一定的怜悯之心，另一方面又要着重打击犯罪，对经济型犯罪和官员的职务型犯罪加大打击的力度，严惩危害公共安全和妨害社会管理秩序的犯罪。两方面双管齐下，有利于社会矛盾的解决与化解，能够对刑罚资源进行合理地分配，也能减少案件的上诉率，安抚被害人家属的同时也让犯罪分子毫无怨言地认罪服法。

据此，宽严相济刑事政策为和谐社会的发展扫除了障碍，使得社会主义和谐社会的建构能够更加顺畅，也让社会民主能够更早地进入“自由王国”。所谓的自由王国是指理想社会状态下一切人能够发挥自己的潜能，能无拘束地做自己想做的事情，也不用为社会资源的分配而烦扰，这种状态类似于马克思主义中的“自由人联合体”。建立自由王国的前提是社会主义和谐社会的发展与构建，而和谐社会得以实现的前提是建立和谐有序的社会法治。宽严相济刑事政策正是全面实现这种法治的重要环节。司法机关是贯彻宽严相济刑事政策的重要责任主体，宽严相济刑事政策的良好施行体现了司法机关司法活动的和谐。显而易见，社会和谐离不开司法活动的和谐。[①] 换句话说，宽严相济刑事政策为和谐社会提供了一定程度的司法保障，化解了和谐社会与司法机关司法活动之间的对立性，为形成安定有序的和谐社会提供了现实的可能性。

四、完善和谐社会与宽严相济刑事政策的不契合之处

（一）和谐社会与宽严相济刑事政策的背离之处

从目前看，犯罪起源于社会关系与社会矛盾的冲突，是社会不和谐、不稳定的重要因素。和谐社会讲求的是各个利益之间关系的调和与分配，一旦一个社会的关系协调不好，矛盾也得不到化解与缓和，犯罪就开始滋生并有增多的趋势，社会也得不到稳定发展。这种社会形势要求我们针对复杂的犯罪现象，采取灵活的刑事政策预防和控制犯罪，最大限度地增加和谐因素，最大限度地减少不和谐因素，和谐社会主张人与人之间的祥和、协调、宽容，这与宽严相济的刑事政策的内涵是一致的。[②] 但是这也是就目前存在的刑事政策而言，宽严相济是迄今为止最为适合和谐社会的刑事政策。社会在不断地发展与进步，目前的宽严相济的

① 郭盟：《析论构建和谐社会中的宽严相济刑事政策》，中国政法大学硕士论文，2007 年 3 月，第 21 页。

② 李永升、陈伟：《和谐社会语境下的刑法观沉思》，合肥工业大学出版社 2009 年版，第 21 页。

刑事政策与和谐社会理念并不能完全相适应，两者也存在一些不契合之处。

首先，我国没有形成一个配套健全的刑事政策体系，立法上对宽严相济刑事政策缺乏相应配套制度的支持。我国是法治社会，要想解决好社会问题就得依照法律法规进行，必须以法治人，而不是以人治人。法律具有权威性，能够引导人们应该做什么，不应该做什么；法律也具有公开可见性，为人所知，人们能够比对法律来衡量自己的行为。宽严相济是刑事政策中基本的表现形式，只限于原则性的规定，对国家所实施的具体的刑事政策具有总的统领与指导作用。但这种统领作用是看不见的，人们无法得知其存在，法官也无法知道什么样的具体刑事政策是宽严相济刑事政策的延伸。虽说刑法很多条款中其实都蕴含着宽严相济的思想，但是毕竟没有在刑法法条中清楚确定宽严相济刑事政策的地位。宽严相济的刑事政策在运行时缺乏清楚明确的法律规定，也无法明确和具体的刑事政策之间的联系，无法形成一个完整的刑事政策体系。和谐社会其实也是法治社会，本身也需要法律制度的支持。而现今的社会状况是宽严相济刑事政策只是一个总体刑事政策，法律也没有将这种总体性明确，导致和谐社会与宽严相济刑事政策之间脱轨了。

其次，宽严相济刑事政策内容太过片面，宽与严的标准也不好把握。宽严相济的刑事政策本身的内涵相对于社会政策而言，太过狭窄，仅仅着重于刑事政策步骤与对策，而忽视了价值观念，也没有集中反映社会政策所纳入的一些刑事理念，这与国际趋势不相符合。此外，在司法实践中，宽严相济刑事政策宽与严的度没有明确的界限，缺乏具体可操作性，容易造成法官对自由裁量权的滥用。法官在进行案件审判时也不能很好地把握宽严相济的两面，往往会掺杂个人的情感以及社会人情。宽往往会过宽，严往往会太过严苛，这并不利于案件公平公正地处理，对双方当事人有失偏颇，同时也不利于社会关系的协调，这与和谐社会理念背道而驰。

（二）改良和谐社会与宽严相济刑事政策的背离之处

1. 协调好刑事政策与刑事法律的关系

我国缺少完整的刑事政策体系，而宽严相济又未被法律所明确。要解决这个问题首先就需要在法律条文中明确宽严相济刑事政策的地位，使其法律化。在这个前提之下，宽严相济刑事政策才能更好更明确地协调好社会关系和化解社会矛盾，才能与和谐社会理念更融洽地相互作用，相互影响，相互渗透。毕竟，和谐社会理论是宽严相济刑事政策提出的国内政治与社会的大背景，而和谐社会的和谐因素并不是自然形成的，是依靠一系列规则与机制所保障的稳定性而达成的。这种稳定性是建立在法律的强制性和权威性的基础之上的，由此形成了以法律为后盾的法治社会。依法治国是构建社会主义法治国家的首要依据，中国共产党将依法治国上升到了治国基本方略的高度，就是以法治来促进和谐社会的发展。可见和谐社会是需要刑事政策法律化的。

然而，刑事政策毕竟是刑事政策，永远不可能直接等同于刑事法律。因此，立法者要把握好刑事政策法律化的度，要严格控制刑事政策法律化的范围，不能为图省事将刑事政策直接规定为法律。立法者只能循序渐进，根据法治与和谐的需求将部分刑事政策上升为法律，譬如宽严相济，但刑事政策法律化之后还是要遵循罪刑法定、罪刑相适应、法律面前人人平等的刑法三大原则，不能跳脱出这个界限而自立门户。当然，刑事法律也可以刑事政策化。为了推动和谐社会发展，为了让宽严相济刑事政策更加贴近“和谐”，国家各机关需要协调好刑事政策与刑事法律的关系，应将其放入日常工作的重点。

2. 丰富宽严相济刑事政策的实质内涵

宽严相济刑事政策相较于社会政策而言，存在很多缺陷，譬如缺乏积极主动性，实质内涵范围过窄，对犯罪的预防稍弱于对犯罪的打击与控制，等等。它更多地侧重于与犯罪做斗争的步骤与措施，其所包含的价值理念偏少，不能对社会上一些可能会引发犯罪的问题进行很好的解决与引导。此外，宽严相济刑事政策实质精神太过抽象，没有具体的实质内容，对司法机关的司法活动不能给予较大的帮助，反而会混乱司法官员的思维，混淆各种经验与知识适用的场合，甚至浪费司法资源。而且时代在进步，宽严相济刑事政策也更需要新的内容来为其增添活力与动力，因此，需要刑事政策制定与修正者根据和谐社会的一些要求，赋予宽严相济刑事政策更多的价值理论，具化宽与严的标准，便于司法活动的顺利进行。

和谐社会语境下的刑事政策探究

艾 黎

实现社会和谐，建设美好社会，始终是人类孜孜以求的一个社会理想。2006年10月，党的十六届六中全会专题研究构建社会主义和谐社会问题，通过了《中共中央关于构建社会主义和谐社会若干重大问题的决定》，标志着我国构建社会主义和谐社会的实践进入新的历史阶段。刑事政策以社会环境为生存土壤，社会环境的变化，必然导致特定刑事政策的制定、变更甚至废除。我们要构建的是怎样一种社会，这样的社会又需要什么样的刑事政策与之相配套，都是刑法学界、刑事政策学界乃至全社会应予思考和重视的问题。

一、和谐社会的缘起与含义

在我国古代，《礼记·礼运》中就已描绘过“大道之行也，天下为公，选贤与能，讲信修睦。故人不独亲其亲，不独子其子，使老有所终，壮有所用，幼有所长，矜、寡、孤、独、废、疾者皆有所养”这样一种理想社会。在西方文明中，古希腊朴素唯物主义哲学思想家那里也有和谐思想的相关论述。① 从柏拉图的“理想之国”到空想社会主义的“乌托邦”，② 和谐思想有悠长的历史渊源、深厚的群众基础，代表了人类对美好生活的向往和追求。

当前，我国正处在从传统农业社会向现代工业社会、从计划经济体制向社会主义市场经济体制转变的双重转型时期。伴随改革的深化和社会的发展，经济社会结构的变动更加剧烈，面临着更加复杂、突出的矛盾和问题：资源、能源紧缺，地区发展不平衡，贫富差距拉大，就业形势严峻，腐败现象层出不穷，环境污染严重，等等。从国际上看，世界格局处于向多极化过渡的重要时期，经济全球化虽然给我们这样的发展中国家带来了机遇，但同时意味着更多的风险和挑战，发展中国家在军事安全、经济安全、信息安全等方面面临着更加严峻的压

作者简介：艾黎（1990—），女，云南昭通人，西南政法大学法学院刑法专业硕士研究生。

① 周惠著：《论构建社会主义和谐社会》，社会科学文献出版社2007年版，第20页。

② 王伦光著：《和谐社会的价值追求研究》，人民出版社2011年版，第43页。

力。要抓住和用好重要战略机遇期，确保实现全面建成小康社会的宏伟目标，就必须正确应对国内国外面临的各种矛盾和问题，妥善协调各方面的利益关系，大力促进社会和谐。

在全面分析形势，深刻认识我国发展的阶段性特征的基础上，中国共产党第十六届六中全会形成并通过了《中共中央关于构建社会主义和谐社会若干重大问题的决定》。该决定指出，社会和谐是中国特色社会主义的本质属性。我们要构建的社会主义和谐社会，是在中国特色社会主义道路上，中国共产党领导全体人民共同建设、共同享有的和谐社会。2005 年 2 月 19 日，胡锦涛总书记在全国省部级主要领导干部提高构建社会主义和谐社会能力专题研讨班开班仪式上指出："我们所要建设的社会主义和谐社会，应该是民主法治、公平正义、诚信友爱、充满活力、安定有序、人与自然和谐相处的社会。"

二、刑事政策概念界定

国内、国外学者对刑事政策的概念提出了各种不同的看法，观诸学者之见解，为避免对刑事政策的过泛或过窄的理解，笔者认为，在对刑事政策进行界定时，需要注意两点：

第一，刑事政策是一种公共政策。公共政策，乃指社会公共权威以资源分配为内容、以解决社会问题为目标而制定的策略。理解公共政策，我们应当了解：公共政策的主体是社会公共权威。所谓社会公共权威，是指对国家和社会的治理拥有权力、负有责任的政治实体或个人。[①] 在我国，社会公共权威的拥有者除了政府以外，还应当包括中国共产党。再者，公共政策其效力具有普遍性但不具有强制性。是否具有强制性将公共政策与法律区别开来，公共政策具有明显的指引性、倡导性，社会公共权威能利用影响力来倡导民众为或不为某种行为，但不能强制民众为或不为一定行为。法律以国家强制力为后盾，通过强制性的法律制裁后果保障其实施，公共政策并无强大的国家强制力为后盾。刑事政策作为一种公共政策，满足上述一般公共政策的特点。

第二，刑事政策是一种特殊的公共政策。刑事政策因其适用领域的特殊性——刑事领域而具备有别于一般公共政策之特殊属性：首先，刑事政策之主体，将个人排除在外。刑事政策因其适用于刑事领域的特殊性，往往意味着对公民权利的干涉与限制，这就要求我们将刑事政策的主体限定在国家公共权力的范围内，杜绝民间力量对公民权利不当干涉的可能性，民间力量是刑事政策的参与者，而非刑事政策的主体。其次，刑事政策之主要目的，在于防治犯罪。对犯罪

① 侯宏林著：《刑事政策的价值分析》，中国政法大学出版社 2005 年版，第 49 页。

问题的控制与减少的需求催生了刑事政策，防制犯罪包括“犯罪之预防”与“犯罪之压制”两类。刑事政策企图通过事先采取有效措施防范犯罪于未然，达到一般预防与特殊预防的目的，以及通过对犯罪者采取惩罚与矫正的措施，制止其将来再犯罪，以达维护社会秩序之目的。最后，刑事政策的手段包括刑罚、非刑罚方法和其他以防治犯罪为目的的社会手段，其中刑罚是刑事政策手段的核心。当前学界、实务界已经取得共识，单靠刑罚想要达到防治犯罪的目的是远远不够的，还需要保安处分、保护处分等非刑罚方法对刑罚进行必要的补充。当然，刑事政策本身并不具有上述以惩罚或矫正为特征之措施，它的贯彻还需以法律规范为依托。

综上所述，笔者认为，所谓刑事政策，乃国家、执政党以防治犯罪为目的，运用刑罚、非刑罚方法和其他有关措施对犯罪现象进行综合治理的对策。

三、和谐社会语境下的刑事政策选择

如前所述，社会主义和谐社会是以民主法治、公平正义、诚信友爱、充满活力、安定有序、人与自然和谐相处为基本特征的社会。构建和谐社会，核心在于不断增进人与人之间的和谐，犯罪对和谐的人际关系进行破坏，是构建和谐社会过程中最不和谐的因素，需要刑事政策对其进行治理。刑事政策可以分为应然的刑事政策与实然的刑事政策，应然的刑事政策是应当如此的刑事政策，而实然的刑事政策是实际如此、现实应用的刑事政策。当前，我国实然层面的刑事政策为宽严相济的刑事政策，宽严相济之“宽”，是指对于犯罪施以宽松刑事政策，在刑事处理上侧重宽大、宽缓、宽容；“严”，是指对于犯罪施以严格刑事政策，在刑事处理上侧重严密、严厉、严肃；“济”，亦即协调运用宽松刑事政策与严格刑事政策，以实现二者的相互依存、相互配合、相互补充、相互协调、有机统一。概而言之，宽严相济刑事政策的内容可以归纳为：当宽则宽，该严则严，轻中有严，重中有宽，宽严有度，宽严适时，核心是区别对待。① 宽严相济是否为应然层面我国应当采取之刑事政策，需要参考和谐社会对刑事政策的要求，考量宽严相济的刑事政策与和谐社会的契合性。

（一）和谐社会语境下的刑事政策应当契合以人为本的价值诉求

以人为本是社会主义和谐社会的必然要求和价值取向，只有坚持以人为本，注意妥善协调各方面的利益关系，才能形成及时表达社会利益、有效平衡社会利益、科学调整社会利益的机制。和谐社会语境下的刑事政策，要发挥其在均衡社会利益、化解社会矛盾、维护社会稳定方面的作用，要求其契合以人为本的价值

① 赵秉志：《和谐社会构建与宽严相济刑事政策的贯彻》，载《吉林大学社会科学学报》2008 年第 1 期。

诉求。对于轻微犯刑事立法上予以除罪化，刑事司法上非刑罚化，刑事执行上施以社区内处遇而非机构内处遇，不论是立法上规定的对于未成年人、已满75周岁之人、孕妇、中止犯、又聋又哑或者盲人等犯罪人，予以从轻或者减轻，甚至免除处罚，还是刑事执行上的减刑、假释、社区矫正等措施，无不闪耀着宽严相济刑事政策中人权保障理念的光辉，其将构建和谐社会以人为本的价值诉求一以贯之，符合和谐社会语境下对刑事政策在价值契合方面的要求。

（二）和谐社会语境下的刑事政策应当符合世界刑事政策发展潮流

2007年10月，胡锦涛总书记在党的十七大报告中指出：中国主张，各国人民携手努力，推动建设持久和平、共同繁荣的和谐世界。为此，应该遵循联合国宪章宗旨和原则，恪守国际法和公认的国际关系准则，在国际关系中弘扬民主、和睦、协作、共赢精神。当今世界刑事政策的潮流与走向，是在社会防卫思想的影响下，向着宽松与严厉的刑事政策两维发展，即“轻轻重重”刑事政策。① “轻轻重重”刑事政策与我国的宽严相济刑事政策有相同的价值基础，在具体策略方面有共通之处，能够满足现代民主法治国家所追求的公正、人权、效率等价值。在改革开放的国情下，在经济全球化的背景下，在推动和谐世界建设的进程中，对刑事政策有国际化的要求，宽严相济刑事政策之提出作为对世界刑事法治潮流的回应，有利于赢得国际社会的认同，促进中外在刑事法治领域的沟通与交流，从而有助于推进外部国际关系的和谐②，促进和谐世界的实现。

（三）和谐社会语境下的刑事政策既应顺承我国法律文化，又应符合现实要求

我国有五千年的灿烂文明，法律文化即为其中璀璨的明珠。和谐社会语境下的刑事政策选择在考虑世界刑事政策发展潮流的同时，亦应重视与我国传统文化、现实土壤的互适性。一方面，宽严相济在我国法律文化上有深厚的历史渊源，早在先秦时代就有“刑罚世轻世重”“宽猛相济”的政策，经魏晋、隋唐至明清一直沿袭不衰。③ 另一方面，在宽严相济刑事政策提出之前，我国曾提出过镇压与宽大两个政策、镇压与宽大相结合、惩办与宽大相结合、“严打”的政策。镇压与宽大两个政策主要是在抗日战争时期，针对汉奸分子、坚决的反共分子以及反动派中的动摇分子和胁从分子，分别采取不同的政策。镇压与宽大相结合的政策，主要是在建国初期，为镇压反革命，对土匪、特务、恶霸及其他反革命分子，区分首恶、胁从与立功者，区别对待。惩办与宽大相结合的政策，主要是在改革开放之前及改革开放初期，对反革命分子和其他犯罪分子，有坦白、悔

---

① 杨春洗著：《刑事政策论》，北京大学出版社1994年版，第397页。

② 刘沛谞著：《宽严相济刑事政策系统论》，中国人民公安大学出版社2010年版，第66页。

③ 马克昌：《宽严相济刑事政策的演进》，载《法学家》2008年第5期。

过、立功表现的，一律给以宽大处理。“严打”政策，是伴随着20世纪80年代以来我国发动的三次严厉打击刑事犯罪的斗争而逐步确立的一项具体刑事政策。作为对“严打”政策的理性反思，确立了宽严相济刑事政策。“严打”作为特定历史时期一项具有应急色彩的政策，具有短时间内压制犯罪的效应，但是其效果并不持久，而且“严打”片面强调从重从快，不利于人权保护。在和谐社会语境下，强调对公民权利的保护，宽严相济刑事政策在犯罪者处遇上，亦认可犯罪人也是人，其合法权利亦应得到保护，更符合和谐社会对人权、稳定社会秩序的追求。

综上所述，宽严相济刑事政策符合和谐社会对刑事政策价值诉求上的一致性、与本国环境相适应、同世界刑事政策发展趋势相符的要求，是我国构建和谐社会进程中应当采取之刑事政策。

四、和谐社会语境下贯彻宽严相济刑事政策应注意的问题

基于我国特殊国情，在和谐社会语境下贯彻宽严相济刑事政策应注意以下几个方面的问题。

（一）宽严相济刑事政策的法律化

李斯特曾经说过，“刑法是刑事政策不可逾越的藩篱”。应当说，不仅是刑法，刑事诉讼法、监狱法等刑事法律规范都是刑事政策不可逾越的藩篱。笔者基于以下理由认为应将刑事政策法律化。首先，刑事政策作为一种比较抽象的策略，通过法律化得以具体化，增加了刑事政策的可操作性。其次，刑事政策的主要内容为对犯罪人的处遇，涉及公民基本权利的内容应该由法律予以明确规定，这是法治原则的要求。再次，法律具有国家强制性的属性，而刑事政策作为一种公共政策并无这一属性，通过将刑事政策法律化，以国家强制力保证实施，有助于刑事政策的落实，从而发挥其在控制犯罪、维护社会秩序方面的作用。最后，法律较刑事政策具有更强的明确性、稳定性，通过将一定的刑事政策上升为法律，固定下来，防止刑事政策因被任意解释而滥用，造成公民基本权利的损害。

宽严相济刑事政策作为我国现阶段应予贯彻之刑事政策，亦应通过刑法、刑事诉讼法、监狱法等法律将其具体化。正如学者所指出的，“如果离开了刑事法律规范的支持，宽严相济政策就可能沦为一句抽象的口号；同样的，如果离开刑事法律规范，直接用宽严相济政策指导现实的刑事法治，那么宽严相济政策就不具有合法性，从而背离了法治的基本精神。”① 和谐社会要求树立依法治国、公平正义等社会主义法治理念，为使宽严相济刑事政策具备合法性，发挥其在化解

① 刘沛谞著：《宽严相济刑事政策系统论》，中国人民公安大学出版社2010年版，第113页。

社会矛盾、减少社会发展中不和谐因素方面的积极作用，我们应当将宽严相济刑事政策法律化。

（二）树立刑罚谦抑理念，侧重贯彻宽松刑事政策

我国素来有重刑主义的法律文化传统，从“礼崩乐坏”的战国时期开始，法家的“严刑峻罚”思想就为统治者所倚重。[①] 自1983年开始，在全国范围内，根据“严打”政策开展的严厉打击严重危害社会治安的严重犯罪分子的斗争，依法从重从快严惩严重犯罪分子，也是重刑理念的体现。然而现代法治理念认为刑罚必须符合比例原则，同时有谦抑的要求。

宽松刑事政策的理论依据，正是刑罚谦抑思想。刑事政策其最重要的核心概念为“刑罚”这一要素，而“刑罚作为最严厉的法律制裁手段，使用时必须始终坚持刑罚最后手段性的原则和谦抑的思想，只有在最合理和最小限度下方可以为之，不能对一切不法行为都用刑罚加以制裁”[②]。这是因为犯罪在短期内是不可能被消灭的，一个社会应当对犯罪具有一定的容忍度，对于人类与生俱来的利己、报复、嫉妒等情感持包容态度，因此违反人性的刑事政策、刑罚亦不会长久。

宽严相济刑事政策包括宽松和严格刑事政策两个方面，对严重暴力犯罪、恐怖主义犯罪、有组织犯罪等往往伴随着重大法益侵害的犯罪而言，严格刑事政策有其存在的合理性。然而，如前所述，我国是一个具有重刑主义传统的国家，严格刑事政策之贯彻无必要再予以特别强调。和谐社会语境下应当侧重贯彻宽松刑事政策，营造温良、谦让、祥和的社会氛围，提高社会的和谐度。

（三）遵循人道主义原则，注重被害人权利保护

犯罪被害人，乃指因他人的犯罪行为（一般也包括尚不构成犯罪的违反刑事法律的行为），而受到伤害、损失或困苦的个人或者实体。[③] 一般而言，刑事政策以犯罪者处遇为主要内容，但与此同时，不应忽视对被害人权利的保护。

自1947年孟德逊首创被害者学一词以来，被害者学逐渐兴起，从初期被害者学注重探讨被害者在犯罪原因上所占的功能与地位，到发展出生活形态暴露、日常活动、等价团体、暴力循环等理论，刑事政策所关心亦从犯罪原因上的探究到被害人实质权利的保护方面。从刑事政策预防犯罪角度出发，防止被害人对犯罪人进行报复，以及被害人因犯罪侵害致生活窘迫所发之犯罪，被害人应当成为刑事政策考量与保护的对象。

---

① 刘晓梅：《中国构建社会主义和谐社会刑事政策的选择》，载《天津大学学报》（社会科学版）2006年第1期。

② ［日］森下忠著：《刑事政策大纲》，成文堂1993年版，第126页。

③ 许福生著：《刑事政策学》，中国民主法制出版社2006年版，第431页。

和谐社会是以人为本的社会，和谐社会语境下的宽严相济刑事政策亦应以人为本，遵循人道主义原则。具体到刑事领域，以人为本的人，不仅包括犯罪人、越轨行为人，还应包括被害人。被害人作为犯罪行为侵害之对象，为刑事司法领域中弱势群体，刑事政策应予以特殊保护。我国宽严相济刑事政策对被害人的关注还很有限，未来可期待发展被害人补偿制度，注重被害人在刑事诉讼上权益之保护。

结语

就当前我国实际情况来看，改革发展进入关键时期，经济体制深刻变革，社会结构深刻变动，在利益格局进行调整的过程中，各种矛盾和问题凸显，为抓住和利用好重要战略机遇期，实现全面建成小康社会的宏伟目标，中国共产党带领全国人民为构建社会主义和谐社会进行了不懈的努力。在和谐社会语境下，确立宽严相济刑事政策有必要性与合理性，贯彻宽严相济刑事政策，据以应对不断高涨的犯罪态势，有助于我们平衡国家与个人、个人与个人之间利益关系，化解矛盾，最大限度地增加和谐因素，最大限度地减少不和谐因素，从而全面推动和谐社会建设。

和谐社会语境下刑事政策的反思与选择

马小芳

一、和谐社会与刑事政策的含义

(一) 和谐社会的基本蕴含

"安顺谓和，协调为谐。社会和谐、天下大同——这是人类社会数千年的梦想与愿望。"① 迈入21世纪，我国的社会发展进入一个新的历史时期：利益关系多元化，社会矛盾复杂化。能否及时妥善处理协调各方利益、正确有效化解矛盾成为构建和谐社会的重要内容。

有鉴于此，2002年召开的中国共产党第十六次全国代表大会在阐述全面建设小康社会的目标时强调，要使经济更加发展、民主更加健全、科教更加进步、文化更加繁荣、社会更加和谐、人民生活更加殷实，从而提出了社会和谐的问题。2004年，中国共产党十六届四中全会明确将其具体化为"构建社会主义和谐社会"的科学命题，并提出了中国构建社会主义和谐社会的目标和任务。2006年10月党的十六届六中全会通过《关于构建社会主义和谐社会若干重大问题的决定》(以下简称《决定》)，该《决定》指出，我们要构建的社会主义和谐社会，是在有中国特色社会主义道路上，中国共产党领导全体人民共同建设、共同享有的和谐社会。民主法治、公平正义、诚信友爱、充满活力、安定有序、人与自然和谐相处，是构建社会主义和谐社会的总要求。

(二) 刑事政策的内涵

刑事政策的概念、研究范围，学者意见颇有不同，况且刑事政策之概念，亦会因时代变迁而改变其内涵，很难求得一致的见解。下面对比较具有代表性的观点做简要介绍。

作者简介：马小芳（1989—），女，河北保定人，西南政法大学法学院刑法专业硕士研究生。

① 赵秉志：《和谐社会构建与宽严相济刑事政策的贯彻》，http://d.g.wanfangdata.com.cn/Conference_7670346.aspx.

1. 德日学者之见解

德国日本学者对于刑事政策的定义大致上可以归纳为广义、狭义、最狭义的刑事政策三种：

（1）广义之刑事政策

广义刑事政策，是指“国家以预防及压制犯罪为目的所为一切手段或方法”。刑事政策不仅包括直接的以防治犯罪为目的的刑罚诸制度，也包括间接的与防治犯罪有关的各种社会政策，如李斯特提出的“最好的社会政策就是最好的刑事政策”。

（2）狭义之刑事政策

狭义之刑事政策，是指“国家以预防及压制犯罪为目的，以刑事法或刑事司法为手段，而提出的犯罪防治对策”。因此，刑事政策仅限于直接的，以防止犯罪为目的之国家强制措施，不包括各种有关犯罪的社会政策在内。

（3）最狭义之刑事政策

在狭义之刑事政策内涵中，将其范围限缩在“刑法的立法政策上”。专指限于刑法规范体系内的法律政策而言，以研讨如何发挥刑法防治犯罪的功能为主要范围。①

2. 国内学者之见解

我国学者对于这一问题是仁者见仁，智者见智，但都是以防治犯罪为目的的，只是主体和范围不同。例如，储槐植教授认为：“刑事政策是国家和社会依据犯罪态势对犯罪行为和犯罪人运用刑罚和诸多处遇手段以期有效地实现惩罚和预防犯罪目的的方略。”② 陈兴良教授认为：“刑事政策是刑事立法与刑事司法的指导，刑法理论的发展在很大程度上也取决于科学的刑事政策观的确立。刑事政策是一个体系，这个体系包含防范措施、惩罚性措施和矫正性措施这三个有机联系的内容，从而在实施中形成一个动态的过程。”③

3. 本文之见解

笔者认为，对于刑事政策的定义应避免两个极端——过于宽泛和过于狭隘。过于宽泛则容易导致刑事政策成为泛泛之谈，没有具体的内容与范围，不利于理论研究与实践把握；过于狭隘又可能造成刑事政策与某种具体的政策重合，丧失该定义的一般性和概括性。

---

① 刑事政策的广义、狭义、最狭义之分类及范围参照许福生著：《刑事政策学》，中国民主法制出版社 2006 年版，第 3-4 页。

② 储槐植：《刑事一体化与关系刑法论》，北京大学出版社 1997 年版，第 368 页。

③ 陈兴良：《中国刑事政策检讨——以“严打刑事政策为视角”》，中国检察出版社 2004 年版，第 118-155 页。

因此本文定义的刑事政策是指，政府结合民间力量，基于犯罪原因论上之认识，运用刑事权指导刑事立法、刑事司法与刑事执行等刑事法治的基本环节，以防治犯罪为直接目的之一切活动、方法、策略、措施的总和。

（三）刑事政策对和谐社会的影响

当前我国正处于转型时期，社会结构深刻变动，矛盾凸显，冲突尖锐，各种社会问题突出，这些都对构建和谐社会提出严峻考验，如何有效化解矛盾，消除冲突是和谐社会应该具备的能力之一。正如有的学者所指出的："和谐社会绝不是一个没有利益冲突的社会，相反，和谐社会是一个有能力解决和化解利益冲突，并由此实现利益大体均衡的社会。"而和谐社会的状态不是自然达成的，需要一系列制度与机制，定纷止争向来被认为是法律的应有之意，胡锦涛总书记在讲话中将民主法治置于和谐社会的首要地位，可见法治对和谐社会的重大意义。"刑事政策是刑事法治的灵魂与向导"①，刑事政策的类型模式的不同，其所指导的刑事法治采取的方法、策略、措施就不同，因此要明白用什么刑事政策来治理犯罪、引领刑事法治。可见刑事政策的选择对于和谐社会的构建具有重要意义。

二、和谐社会对刑事政策选择的要求

（一）由报应性正义过渡到恢复性正义

"以牙还牙，以眼还眼"的同态复仇是原始社会解决冲突的方式，具有野蛮性和无节制性。这种复仇所带来的损害是巨大的，为了减少损害，以命抵命终被经济的平等所代替——报应代替了复仇。复仇和报应都反映了人类所普遍认可的朴素正义。

"恢复性正义强调犯罪破坏了加害人、被害人与社会之间的正常利益关系。恢复正义的任务就是筹建加害人、被害人与社会三者之间的利益平衡。"② 恢复性正义不仅注重被害人的损失恢复，还强调犯罪人的恢复——重新融入社会，以及社会关系和社会安全感的恢复，避免了报应性正义可能导致的被害人和犯罪人之间产生新的冲突，彻底化解矛盾，缓和社会冲突，使社会关系恢复到犯罪前的和谐状态。这种理想的目标正是和谐社会中刑事政策所追求的目标。因此和谐社会下的刑事政策的价值目标应该由报应性正义过渡到恢复性正义。

（二）国家与社会双本位取代国家本位

当前我国的刑事政策模式是国家本位模式，即以国家为出发点，而以国民为对象，对待犯罪的反应是"为了惩罚而惩罚"。这种刑事政策模式是报应性正义

---

① 刘沛谞：《宽严相济刑事政策系统论》，中国人民公安大学出版社 2010 年版，第 31 页。

② 刘晓梅：《中国构建社会主义和谐社会刑事政策的选择》，载《天津大学学报》2006 年第 4 期。

的体现，与社会主义和谐社会中的刑事政策所要求的恢复性正义目标不符。

国家社会双本位的刑事政策模式，以保障人权和保护社会为价值取向，严格限制国家惩罚的对象，使国家和社会共同行使控制和预防犯罪的权力。其对待犯罪的反应是“预防犯罪，治理犯罪”，通过刑事和解、恢复性司法等手段，增加更多的出罪机制，使犯罪分子经惩罚、教育、改造后重新回到社会。因为在非死刑的刑罚下，犯罪人最终都将重新回到社会，报应性正义所指导的国家本位模式不能很好解决累犯、再犯等问题，不能适应和谐社会防治犯罪的要求。因此刑事政策需要由国家本位模式向国家与社会双本位模式转变。储槐植教授在20世纪90年代就曾预言：“理想的犯罪控制模式应当是国家和社会双本位……这已逐渐成为当今世界的共识，21世纪的刑法学思想和刑法样态将以此为基点。”

三、既往主要刑事政策之反思

（一）“惩办与宽大相结合”政策反思

惩办与宽大相结合的政策源于建国初期的镇压反革命斗争，1956年以后，镇压与宽大相结合的政治政策才正式转变成惩办与宽大相结合的刑事政策。1979年刑法第1条就开宗明义地将该政策作为刑法的制定根据。

不可否认这一政策在当时的历史时期发挥了积极的作用，体现了辩证地对待犯罪及犯罪人的思想。但是它具有局限性和时代性，已经不适合继续服务于当下的和谐社会。首先，惩办是一个中性词汇，不包括价值评价色彩，然而宽大却包含着宽和、轻缓处理的意思，两者不是一对相辅相成、互相补充的对应词汇，将两者在同一个维度上结合使用，并不能很好地反映国家对犯罪所采取的严厉与宽缓并行的刑事政策。其次，这一政策虽然被写进了1979年的刑法，但是仅过了几年就被轰轰烈烈的“严打”政策所取代，导致惩办与宽大相结合的刑事政策在实践中被架空。

（二）“严打”政策反思

“严打”政策，是伴随20世纪80年代以来我国发动的三次严厉打击刑事犯罪的斗争而逐步确立的一项具体刑事政策，“严打”就是“从重从快”打击刑事犯罪的刑事政策。

客观地评价，“‘严打’刑事政策最大限度地调动了司法资源，有力打击了刑事犯罪，为改革开放和现代化建设起到了保驾护航的作用”①。“严打”之后的一定时期内，全部刑事案件发案率和严重刑事案件发案率均出现一定程度的下降，对遏制犯罪起到了立竿见影的效果，但是不能期待通过“严打”来实现社

① 廖劲敏：《和谐语境下“严打”刑事政策的反思及完善》，载《法制与社会》2010年第10期。

会的长治久安。首先，“严打”被赋予了浓厚的政治色彩，被视为专政的重要手段，与现代国家提倡的依法治国背道而驰。其次，“严打”与人权保障原则相冲突。和谐社会是以人为本的社会，以人为本，就是以人的权利为本。“刑法的人权保障机能主要表现为对被告人和犯罪人的权利进行保护，而这些主要是通过对国家刑罚权的限制来实现的。然而‘从重从快’的‘严打’却不可避免地损害了犯罪人的个人权利，这显然与刑法的人权保障原则产生了冲突。”① 再次，“严打”的完整意蕴是“依法从重从快严厉打击”，但实践中却过分拔高了“严”字，导致“依法”的基本要求遭到不同程度的背离，出现了很多违反罪刑法定原则与程序法定精神的做法。

四、宽严相济刑事政策的选择

（一）宽严相济刑事政策的确立

2004 年 12 月 22 日，中共中央政治局常委、中共中央政法委书记罗干同志在中央政法工作会议上指出：“正确运用宽严相济的刑事政策，对严重危害社会治安的犯罪活动严厉打击，绝不手软，同时要坚持惩办与宽大相结合，才能取得更好的法律效果和社会效果。”在 2005 年 12 月 5 日至 6 日召开的全国政法工作会议上，罗干同志再次专门提及宽严相济的刑事政策，并明确将之视为我国在维护社会治安的长期实践中形成的基本刑事政策。随后，最高人民法院院长肖扬、最高人民检察院检察长贾春旺在 2006 年 3 月向十届全国人大四次会议做工作报告时，都不约而同地提出要对犯罪实行区别对待，贯彻和坚持宽严相济刑事政策。2006 年 10 月，中国共产党十六届六中全会通过的决定遂正式提出，要实施宽严相济的刑事司法政策，力图在严厉打击严重刑事犯罪、维护社会治安的前提下，积极贯彻“教育、感化、挽救”方针，尽可能化消极因素为积极因素，最大限度地减少社会对立面，促进社会和谐。至此，宽严相济的刑事政策正式取代惩办与宽大相结合的刑事政策。

（二）宽严相济刑事政策解读

1. 宽严相济的内涵

（1）宽严相济“宽”的内涵

宽严相济的“宽”，是指宽缓、轻缓之意。对于刑罚的宽缓，可以分为两种：一是该轻而轻，二是该重而轻。首先，所谓该轻而轻，不仅符合罪刑均衡的原则，也符合刑法公正的要求。② 对犯有较轻罪行的罪犯处以较轻的刑罚，使其

① 廖劲敏：《和谐语境下“严打”刑事政策的反思及完善》，载《法制与社会》2010 年第 10 期。

② 陈兴良著：《宽严相济刑事政策研究》，中国人民大学出版社 2007 年版，第 34 页。

改过自新，帮助其回归社会。“其次，该重而轻，指的是所犯罪行较重，但行为人具有坦白、自首或者立功等法定或者酌定情节的，法律上予以宽宥，在本应判处较重之刑的情况下判处较轻之刑。该重而轻，体现了刑法的教育功能，对于感化犯罪人和鼓励犯罪人悔过自新具有重要意义。”①

（2）宽严相济“严”的内涵

宽严相济的“严”是指严厉、严格之意。宽严相济中的“严”，首先包括严格的含义，即应当作为犯罪处理的一定要作为犯罪处理，应当受到刑罚处罚的一定要受到刑罚处理。② 另外，宽严相济中的严还包括严厉的含义，这里的严厉主要是指对严重的犯罪行为判处较重的刑罚，主张“当严则严”，罚当其罪的原则，而不是不该重而重，更不是指刑罚过重。

（3）宽严相济“济”的内涵

“‘济’是指救济、协调与结合之意。因此宽严相济刑事政策不仅仅指对犯罪应当有宽有严，而且在宽与严之间还应当具有一定的平衡，互相衔接，形成良性互动，以避免宽严皆误结果发生。换言之，宽严相济刑事政策的语境中，既不能宽大无边或严厉过苛，也不能时宽时严，宽严失当。在此，如何正确地把握宽和严的度以及如何使宽严形成互补，从而发挥刑罚最佳的预防犯罪的效果，确实是一门刑罚的艺术。”③ 宽严相济不仅体现了宽和严在哲学上的辩证关系：相辅相成、不可或缺，同时，也表明了宽与严之间的动态关系：以宽济严，以严济宽。

2. 宽严相济刑事政策的目的

不管学者对刑事政策概念的分歧有多大，但似乎所有的学者都一致认同这样一种观点：刑事政策是以研究犯罪原因为起点，以防治犯罪为终点的。宽严相济的刑事政策是刑事政策的一种形态，具有一般刑事政策所具有的目的，同时它又是在和谐社会的语境下提出的，因此宽严相济的目的为防治犯罪，保障人权，为我国建设和谐社会战略目标的顺利实现保驾护航。

3. 宽严相济刑事政策的定位

宽严相济刑事政策的定位问题，即基本刑事政策和司法政策的归属问题，是学者争论的热点问题。有的学者认为十六届六中全会的《关于构建社会主义和谐社会若干重大问题的决定》中明确使用了“刑事司法政策”的表述，我们应该遵循中央对于这一政策的定位，即宽严相济是一项刑事司法政策。也有学者主张

---

① 付颖：《宽严相济刑事政策研究》，中南民族大学硕士论文，2010年3月。

② 陈兴良著：《宽严相济刑事政策研究》，中国人民大学出版社2007年版，第35页。

③ 陈兴良：《宽严相济刑事政策研究》，载《法学杂志》2006年第1期。

"宽严相济刑事政策应该是我国现阶段惩治与预防犯罪的基本政策"①。还有一些学者采取折中的观点，认为宽严相济在当前只是一个刑事司法政策，但是，随着刑罚结构的改革，将来可能会使宽严相济上升为指导刑事立法、司法和执行的基本刑事政策。

笔者赞同第二种学术观点。不能因为中共中央提出了"要实施宽严相济的刑事司法政策"就认为宽严相济刑事政策只是我国的刑事司法政策，从而否定其基本刑事政策之地位。在刑事立法中的犯罪化、除罪化问题上我们应该坚持宽严相济；在刑事执行中缓刑、假释、社区矫正等的适用使刑罚趋向宽缓，而对累犯等限制减刑、假释则彰显了刑罚的严厉倾向，可见在刑事执行中我们同样需要宽严相济刑事政策的指导。因此宽严相济应该被理解为当前我国的基本刑事政策，不但应该在刑事司法中得到体现和贯彻，也应该在刑事立法和刑罚执行中得到体现和贯彻。

4. 贯穿宽严相济刑事政策的具体措施

(1) 刑事立法

首先，我国刑法总体还呈现出"严"的态势，我国是目前世界上死刑罪名保留最多的国家，法典中自由刑的罪名占大多数。未来刑法的修改动向应该顺应世界废除死刑的潮流，逐步减少死刑适用的罪名。

其次，"重视被害者，考量被害者的需求、对诉讼的期待、对加害者的态度及被害者的保护问题，倡导以'行为者与被害者的和解'或'损害回复'来解决刑事案件。以限制国家刑罚权的发动，通过纠纷的私人化，以图对行为者采取非刑罚倾向，使被害者获得损害回复利益，并且强化对社会的积极规范，期望达到行为者、被害者及社会的'法平和回复'，借以解决纠纷"②。

(2) 刑事司法

在刑事司法中，对于轻微犯罪及人身危险性不大的犯罪人尽量适用诉讼上的程序简易化、非刑事诉讼化和实体上的非刑罚化、执行上的非监禁化。短期自由刑经常遭到批评，即"威吓无功、教化无效、学好不足、学坏刚好"，因此对于轻微犯罪和悔罪态度好、人身危险性小的犯罪人尽量避免短期自由刑的适用，从而防止其和社会隔离，利于其复归社会。对于严重的、有组织的犯罪及人身危险性严重的犯罪人则考虑刑罚化、监禁化，以保护社会秩序。

(3) 刑事执行

随着人道刑事政策之高涨，以及犯罪的复杂化及犯罪态势的严峻，为减轻执法机关的过度负担，缓解监狱的过度拥挤，在刑事执行具体措施上我们应对犯罪人"区别对待"，具体问题具体分析，采用多样式处遇。对于轻微犯罪中的行为

---

① 黄京平：《和谐语境下的刑法学新思维》，载《法学家》2007年第1期。

② 许福生著：《刑事政策学》，中国民主法制出版社2006年版，第420-421页。

者、初犯、偶犯、过失犯等实施开放式处遇及社区处遇，以利其复归社会。而对于有组织的严重犯罪、累犯、恐怖主义犯罪等给予隔离和长期监禁。

（三）确立宽严相济刑事政策的必要性

1. 有助于不断化解社会矛盾，最大限度地减少不和谐因素

当前我国社会正处于转型期，经济飞速发展，社会问题日益复杂突出，犯罪现象也日益增多。“而宽严相济的刑事政策强调要根据社会形势和犯罪分子的不同情况，区别对待，当宽则宽，当严则严，这就有利于从源头上最大限度地减少不和谐因素，不断促进社会和谐。”①

2. 符合法律经济学的相关原理

法律资源的稀缺性要求我们对其进行合理配置，从而确保复杂的刑事法律机制在严峻的犯罪态势下正常运转，同时使刑事法律资源的效用最大化。宽严相济刑事政策符合了这一要求。国家与社会将刑罚规制的重点与中心限制在对严重危及社会的有组织犯罪、恐怖主义犯罪、暴力犯罪等严重的犯罪防止上，对于人身危害性较小的犯罪人和社会危害性较小的犯罪宜通过快捷程序分流，对于能通过非监禁刑或者轻度自由刑实现犯罪人刑事责任的，宜避免成本较高的中长期监禁刑，做到“好钢用在刀刃上”，以求刑事法律资源的最优配置和最佳效益。

3. 有利于实现保障人权和惩罚犯罪的平衡

惩罚犯罪与保障人权往往是此消彼长的关系。宽严相济的刑事政策要求对于社会危害性严重的犯罪以及主观恶性大、人身危险性大的犯罪人，运用严格的刑事政策；对于轻微的犯罪及人身危险性小，具有改善可能性的犯罪者则采取宽松的刑事政策。在犯罪日益复杂的当下，根据犯罪及犯罪人的不同情形而采取差别对待的方式，不仅有利于实现实体公平，而且有利于实现保障人权和惩罚犯罪的平衡，符合和谐社会以人为本的要求。

结　语

和谐社会不是没有矛盾的社会，而是拥有完善的机制能够快速有效化解矛盾的社会。犯罪是和谐社会中最不和谐的因素，建设和谐社会就是要把社会最不和谐的因素——犯罪因素的治理放在首位。刑事政策以探究犯罪原因为起点，以防治犯罪为目的，是刑事法治的灵魂与导向，因此我们要明白用什么刑事政策来治理犯罪现象。为应对和谐社会中复杂的犯罪现象，合理配置刑事法律资源，从而达到有效防控犯罪的目的，需要在刑事立法、司法、执行中全面贯彻宽严相济刑事政策。

---

① 赵秉志：《和谐社会构建与宽严相济刑事政策的贯彻》，http：//d. g. wanfangdata. com. cn/Conference_7670346. aspx.

和谐哲学语境下的刑事政策深层思考

周其玉

运用刑法规制犯罪之过程，其实就是以恶制恶之过程。因此，只有在不得已的情况下，我们才能动用刑法进行社会救济。我国学者指出，“刑法的谦抑性，是指刑法应依据一定的规则控制处罚范围与处罚程度，即凡是适用其他法律足以抑止某种违法行为、足以保护合法权益时，就不要将其规定为犯罪；凡是适用较轻的制裁方法足以抑止某种犯罪行为、足以保护合法权益时，就不要规定较重的制裁方法”①。刑法不同于其他部门法之典型特征正在于其谦抑本色。从这个意义上讲，我们可以将刑法规范视为其他规范之“兜底”。目前，在构建社会主义和谐社会的语境中，在宽严相济刑事政策的大力影响下，刑法谦抑性得到了充分展现。无论是理论上还是实务中，处理好三者之关系都是推进刑事法治化与促进社会和谐化之必要课题。

一、和谐哲学之宏观指引

和谐是中华民族之优秀性格。和谐哲学作为一种哲学体系起源于古代中华，然却授益于当代中国乃至世界②。从近现代之历史演进过程来看，和谐哲学是与斗争哲学相区别而存在的。易言之，和谐哲学在一定历史时期内曾受到了斗争哲学的压抑。在二者的较量中，和谐哲学因缺乏“刚性”而遭冷遇。然而，需要我们警醒的是，或许谬误可以在一定时期内成为人为之“真理”，可是其永远无法取代真理而存在。苏联解体之事实已经充分证明了斗争哲学不能适应社会发展之需要，终将退出历史舞台。那么，其后应该树立怎样的治国理政理念呢？回答当然是以和谐哲学取代之。

作者简介：周其玉（1990—），男，山东威海人，西南政法大学法学院刑法专业硕士研究生。

① 张明楷：《论刑法的谦抑性》，载《法商研究》1995年第4期。

② 2005年9月15日，联合国成立60周年首脑会议举行第二次全体会议，时任中国国家主席胡锦涛发表题为《努力建设持久和平、共同繁荣的和谐世界》的演讲，首次提出了“和谐世界”的理念。

（一）和谐哲学的基本内容

中国共产党十六届六中全会通过了《关于构建社会主义和谐社会若干重大问题的决定》，其中明确地提出以构建社会主义和谐社会为目标。社会主义和谐社会的基本内容可以表述为：民主法治、公平正义、诚信友爱、充满活力、安定有序、人与自然和谐相处。由此可见，我国已经实现了从社会建设的三位一体状态向包括社会建设在内的四位一体格局之成功转变。如果说之前的三位一体稍带有局限性的话，那么四位一体堪称全面展开。从整体意义上而言，社会包括了政治、经济、文化等方面，不以社会和谐为最终目标，即使具体领域能够建设成功也不能产生规模效应。正所谓“事物首先是可合的，其次才是可分的”。[①] 这里需要强调的是，和谐哲学不是“怎么都行”的另一种委婉的表达方式，其有着独特的精神实质，它是一种以和谐辩证法为载体的科学体系。不少人将和谐理解为中庸之道，即折中观点。我认为，此乃大谬也。和谐哲学与折中观点之区别主要体现在以下几个方面：

1. 科学性

和谐哲学中蕴含着丰富的辩证思想。它强调在人类社会发展过程中提炼促进社会发展之积极因素，并尽最大努力营造为该因素发挥作用之空间，从而实现渐进性演变。当这种量之积累达到一定程度时，就会恰当地实现质的飞跃。而折中观点没有体系性的辩证过程，只是简单地将多种概念杂糅于一体，致使原有事物之特质也会骤然暗淡下去。例如，欲用五彩漆刷墙，将不同颜色的涂料不成比例地混杂在一起，这样不仅没有制造出五彩漆，反而失去了单色漆的美感。

2. 体系性

和谐哲学是众多具体领域认识相对主义因子按照特定次序组合而成且相互关联的有机整体。它区别于折中观点和其他体系之本质就在于其特有之结构。而折中观点根本没有体系性可言。因此，在没有内在特质的情况下，它不能以物自体的形式存在。

3. 动态性

动是永恒的，静是动的特殊形式。和谐哲学是在社会利益激荡的条件下形成并发展的，又以谋求利益衡平为落脚点。其发挥作用之过程是对利益重新配置之过程。易言之，和谐作为一个过程而存在并展开，不是事物静止之征表。折中观点往往不以从根本上解决问题为目标，其初衷是暂时搁置争议，以求一时安稳之效。

结合上文论述，我们可以将和谐哲学之初步内涵界定为：所谓和谐哲学是指

① 王志华著：《和谐辩证法：物质运动总规律初探》，广东经济出版社2013年版，第72页。

以和谐辩证法为核心，人们关于社会格局、社会政策、资源配置、冲突解决体制机制之总的看法和根本观点，也可以理解为认识并分析现实社会的标准与价值取向。

（二）和谐哲学确立之必要性分析

在刑法视域内，如果将社会秩序处于良好状态定义为和谐的话，那么以犯罪之形式破坏社会秩序的行为则是不和谐的诱因。和谐哲学作为指导社会建设的重大思想体系，理应肩负起指导刑事政策以及刑事立法、司法、执行的历史重任。其对于构建社会主义和谐社会与设定"严而不厉"的刑事法网，具有重要意义。

首先，和谐哲学有利于维护刑法之谦抑本色。和谐意味着社会中各种利益得到了合理安排，各项需求得到了切实满足，社会机能处于良好运转之状态。从法治国的角度讲，其也意味着公法与私法之间达到了某种平衡，其应然的状态是：私法之效能得到了充分的发挥，而公法只扮演着"守门人"之角色。刑法作为解决整体的国家或社会与犯罪人个体之间矛盾的规范，以痛苦强制为特征，必然对人权造成一定的侵害。"即由于刑法的制裁措施最为严厉，其他法律的实施都需要刑法的保障，刑法便在法律体系中处于保障法的地位，只有当其他法律不足以抑止违法行为时，才能适用刑法，这就决定了必须适当控制刑法的处罚范围。又由于刑法所规定的刑罚方法在具有积极作用的同时具有消极作用，故必须适当控制刑法的处罚程度。"① 和谐，正是刑法谦抑性在社会之中强有力的表达。

其次，和谐哲学有利于促进刑事立法的协调。刑事立法的协调问题包括内在协调与外部协调两个方面。内在协调是指刑法规范内容之间的协调，包括总则规定与分则规定，法定刑与罪状、罪名等要素；外在协调是指刑法与其他相关规范之间的协调，如刑法与宪法、刑法与民法等。应当承认，刑法的内部协调问题是重中之重。从现行刑法规定上讲，我国法定刑配置过于宽泛，相互之间的衔接不够严密；存在重复立法的现象，如法条竞合关系大量存在；死刑配置过多等。由此形成了一种"厉而不严"的规范景象。解决上述问题的钥匙就是引入和谐理念，以合理配置犯罪认定尺度与刑罚阶梯。

再次，和谐哲学有利于推进刑事司法人性化。矛盾需要解决，但不一定选择极端的方式。犯罪往往是国家与孤立的个人之间矛盾的激化。倘若采用了过于极端的冲突解决方式，结局通常是两败俱伤。这种紧张关系，只有靠和谐理念才能有效缓解。伴随着人权意识的增强，刑事被告人已经摆脱了诉讼客体的地位。在新刑事诉讼法中，犯罪嫌疑人、被告人的各项诉讼权利得到了切实的维护。这些都预示着在和谐理念指导下的刑事司法发展的方向。

---

① 张明楷：《论刑法的谦抑性》，载《法商研究》1995 年第 4 期。

最后，和谐哲学有利于提升刑事执行的效果。刑罚的目的不是惩罚而是铭记，从而使犯罪人顺利回归社会。以监狱执行为例，当前减刑、假释领域问题尤为突出，正如媒体所言，出现了“假释别装假，减刑别都行”的混乱状况。可以说，在整个刑事司法活动中，监狱执行是评判刑法社会防卫效益的直接参照，其在终局意义上保证了法律不被虚置，人们的期待得以实现。倘若犯罪人通过一系列手段逃脱了惩罚，那么就很容易导致社会矛盾激化。和谐理念并不是要求监狱执法人员放松对犯罪人的改造，并不是为了满足犯罪人的自由而以牺牲司法权威为代价，而是要以改造、教育犯罪人，实现公平正义为价值取向。

二、刑事政策之微观调控

相对于作为价值基础的和谐哲学而言，刑事政策对刑事活动发挥着微观调节的作用，其作为一种决策理念或共同认知趋向，对刑事立法、司法、执行都具有重大的指导作用。

追溯刑事政策发展史可以清楚地发现，刑事政策在不同时期有着不同的表达形式。先秦时期，《周礼·秋官·大司寇》讲到“刑新国用轻典，刑平国用中典，刑乱国用重典”；春秋著名思想家孔子有言，“政宽则民慢，慢则纠之以猛；猛则民残，残者施之以宽。宽以济猛，猛以济宽，政是以和”；汉武帝时期，“罢黜百家，独尊儒术”，由此发展出“秋冬行刑”的刑事执行政策；明朝虽以刑罚严酷著称，但“猛烈之治，宽仁之诏，相辅而行”①；新中国成立后，由于当时反革命势力猖獗，刑事领域施行“镇压与宽大相结合”的刑事政策；随着社会主义制度顺利确立，我国开启了社会主义建设的进程，中央对刑事政策进行了些许调整，此时的表述为“惩办与宽大相结合”。与之前的表述相比，此种调整显示了国家对于刑事活动较为温和的态度，然而，精神实质却是一脉相承的。1983年在全国展开“严打”斗争，可是并未收到良好效果。因此，政法机关在总结经验教训的基础上提出了时下得到广泛认同的“宽严相济”刑事政策。马克昌教授对宽严相济刑事政策的提出背景有着深刻的揭示，他指出：“为了适应构建社会主义和谐社会的需要，因而提出宽严相济的刑事政策，以便最大限度地增加和谐因素，最大限度地减少不和谐因素……对‘严打’进行思考，经过思考，提出宽严相济的刑事政策，对犯罪分子包括严重犯罪分子，该宽则宽，当严

---

① 此处表达了和谐之理念，也是当代宽严相济刑事政策的重要历史渊源。《明史·刑法志》在评述朱元璋的刑事政策时说：盖太祖用重典以惩一时，而酌中制以垂后世。故猛烈之治，宽仁之诏，相辅而行，未尝偏废也。意思是“总括而论，明太祖用重典惩治犯罪乃一时权宜之计，而酌取适中的法制才为了给后代垂留典范，因此既用猛烈法制，又下宽仁诏书，相互辅助而行，未曾有所偏废”。参见马克昌：《宽严相济刑事政策的演进》，载《法学家》2008年第5期。

则严，宽以济严，严以济宽，区别对待，罚当其罪，以取得最佳的效果。"[①]

宽严相济刑事政策包括三个重要内容，即"宽""严""济"。具体而言，"宽"是指具有法定从宽处罚条件的一定要从宽处理，对于社会危害性与人身危险性较小的犯罪人要从宽处理；"严"是指具有法定从重处罚条件的要从严处理，对于社会危害性与人身危险性较大的犯罪人要从严处理，以实现有效再社会化之目的；"济"是就"宽"与"严"之间的关系而言的，是指宽严互动，二者和谐。当从宽处理时，也要严格按照罪刑法定原则、罪刑相适应原则的要求处罚，而不是由宽松滑向放纵。即使是在从严处理之时，也应当考虑相应的酌定处罚情节，对于不同的犯罪人予以区别对待，不能搞"一刀切""一风吹"。只有这样，才能形成宽严互补，宽中有严，严中有宽的"和而不同"的良好刑事法治状态。

另外，值得注意的是，刑事政策与刑法规范的关系问题。德国著名刑法学家李斯特认为，刑法是刑事政策不可逾越的藩篱。[②] 按照现代的科学刑事政策的要求，刑事政策是建立在犯罪现象科学认识基础之上的关于犯罪的处理与预防价值、策略与手段的总和。[③] 较之与犯罪做斗争的具体行为规范——实体法或程序法规范而言，刑事政策本质上是一种决策理论。其基本功能或主要价值不在于反犯罪活动的操作层面，而在于在组合型价值观念的指导下对全社会反犯罪活动的基本方向、基本路径、基本形式和主要手段进行规划和指导；在于对反犯罪活动的主要环节的资源配置（组织结构、权限、人、财、物等）进行调节。因此，对刑事政策而言，真正重要的不是作为刑事政策外在形式的某些原则、方针或具体措施，而是以这些原则方针或措施作为载体所直截了当地表达出来的国家与社会对付犯罪的意志倾向。这种以多种价值趋向为原型组合而成的意志倾向不仅赋予了刑事政策表现形式的相对抽象性和灵活性，而且也是刑事政策得以对反犯罪活动因时、因地、因人的不同或因情势变化进行宏观和微观两个层面的有效调节，使之在合目的性的轨道上持续运行的真正根据所在。舍此，就抽掉了刑事政策的实质内容。[④] 应当承认，以上论述是恰当的。首先，刑事政策是超刑法的国家政策层面上的内容，不能取代刑法规范的具体规定。蕴含在刑法规定中的犯罪构成是判断某种行为构成犯罪的唯一根据，不能以刑事政策取而代之。其次，我

---

① 马克昌：《宽严相济刑事政策的演进》，载《法学家》2008 年第 5 期。

② 黎宏：《论"刑法的刑事政策化"思想及其实现》，载《清华大学学报》（哲学社会科学版）2004 年第 5 期。

③ 王牧、赵宝成：《"刑事政策"应当是什么？——刑事政策概念解析》，载《中国刑事法杂志》2006 年第 2 期。

④ 张远煌：《论刑事政策的概念》，载赵秉志主编《刑事政策专题探讨》，中国人民公安大学出版社 2005 年版，第 30-40 页。

们已经公认刑事政策对于刑事立法、刑事司法、刑罚执行具有重要的指导意义，其反映了一定时期刑事活动规制的重点领域，是“围点打援”战略战术在刑法场域内的生动体现。最后，无论在什么情况下，刑事政策都不能使司法实践活动违背罪刑法定原则。倘若不能恪守作为刑法灵魂的罪刑法定，那么势必重蹈罪刑擅断之覆辙。这种局面是我们所不愿意看到的。

三、刑法谦抑本色之展现

前已述及，从和谐社会的基本要求与刑事政策的内在特质上讲，尽管刑法规范受二者指导，并在终局意义上呼应二者之要求，但刑法规范毕竟有自己独立之品格，而这种品格之浓缩就是其谦抑性。其实，从另一个角度讲，这也是和谐社会语境下，宽严相济刑事政策之要求下，刑法规范的应有之义。

和谐社会建设是一项宏大的系统性工程。社会生活包括政治领域、经济领域、文化领域和其他领域。在每一领域中，都存在着特有的行为规范。处于特定领域中的人们，应该按照特定规范调整自己的行为。如果将和谐社会喻为由四匹马拉动的马车，每一匹马象征着调整某一领域之规范的话，那么刑法就扮演着驾车人的角色。只有当拉车之马偏离了跑道从而威胁到了马车的整体安全时，刑法才能扬鞭矫正，即刑法应当基于谦让抑制的立场，在必要且合理的最小范围之内予以适用。① 如果以民事立法多元化与快速化来断定社会之繁荣与发展程度的话，那么刑法的稳定与谦抑就是从相反的角度佐证社会之和谐与稳定。

目前，宽严相济刑事政策以用刑宽缓为导向，体现了当代刑法尊重人权与保障社会和谐的发展趋势。刑法的刑事政策化问题日益成为我们关注的焦点。正如有的学者指出，在我国现行刑事立法中已经大量吸收了有关刑罚规定的研究成果的形势下，刑法的刑事政策化的主要任务，应当是在不违反刑法规定的前提下，通过解释，体现当代世界范围内所出现的刑法谦抑化和非犯罪化的刑事政策思想。具体来说，就是从是否值得用刑罚处罚的角度出发，确定犯罪构成要件，将一些形式上看起来符合犯罪构成的行为排除在刑法处罚范围之外，从而降低犯罪率，消除刑罚量和犯罪率同步增长的怪现象。② 总而言之，无论是和谐社会理念还是宽严相济形势政策，其出发点和落脚点都是刑法之谦抑性。和谐社会要求我们在矛盾没有激化之前将之解决；宽严相济指导我们在不放纵犯罪的前提下，首先考虑从宽甚至从无之情节。从 1983 年开始，我国先后进行了三次“严打”。这

---

① 游伟、谢锡美：《非犯罪化思想及其借鉴》，载《江苏警官学院学报》2003 年第 3 期。

② 黎宏：《论“刑法的刑事政策化”思想及其实现》，载《清华大学学报》（哲学社会科学版）2004 年第 5 期。

里的“严打”其意甚明，就是严厉打击犯罪。笔者认为，即使在惩办与宽大相结合的刑事政策存在之时，也不能认为“严打”是一种具体的刑事政策。它过分夸大了刑事政策之中惩办的成分，忽视了宽大的因素，不仅没有将上述刑事政策具体展开，反而从根本上否定了刑法之谦抑本性。可以说，其实质是以刑事政策之名，行滥用刑法之实。因此，我们必须汲取严打的教训，在整个刑事法领域中，牢固树立和谐理念，切实践行宽严相济的科学的刑事政策，恪守刑法谦抑性。唯此，才能达到预防犯罪与保障人权的协调统一。

四、社会和谐目标之达成

社会和谐不仅是社会建设之目标，也是人类幸福之状态，更是良法秩序之期待。和谐社会的根本标志是社会公平正义。公平正义是健康社会和公共社会的基本伦理准则。[①] 构建和谐社会的重心应当是建立全社会共同价值体系，通过规范众人认同的准则，或通过价值内化实现的行动者人格结构的塑造，产生一定的效力，进而形成社会性的共识。[②] 而刑法的任务是保护人类社会的共同生活秩序[③]，最终促进社会共识之形成。可是，这一切之基础都是良法之存在并现实地发挥作用。反观我国刑事法实践，对其中之些许不足不得不择要述及如下：

首先，法定刑幅度设置过宽，造成司法实践中过多依靠经验量刑。对于大多数犯罪人而言，其对案件定性的关心程度远远低于对定量的关心，对量刑轻重的关心远远高于对犯罪性质的确定。[④] 法定刑对于犯罪人的意义主要在于，通过法定刑之规定可以为其大致预测承担刑事责任之多少提供相对确定之依据。目前，多数学者认为我国法定刑幅度过宽，量刑时法官应该依据经验确定相应罪名的量刑基准，再根据量刑情节对该量刑基准进行调节。实际上，这种呼声已经得到了权威机关的认同。随着量刑规范化改革的深入进行，最高人民法院出台了《人民法院量刑指导意见（试行）》。在此文件中，具体规定了常发型罪行的量刑情节适用比例。我认为，这只是权宜之计。根据宽严相济的刑事政策的要求，要想从根本上规制法官的自由裁量权实现量刑均衡，就必须及时将实践经验纳入正式的立法文件之中，进一步充实罪刑法定。

其次，死刑设置不合理。基于当代中国之国情，笔者不主张绝对废除死刑，

---

① 马灵喜主编：《和谐社会与法治建设专题研究》，中国人民公安大学出版社2008年版，第4页。

② 赵秉志：《和谐社会构建与宽严相济刑事政策的贯彻》，载《吉林大学社会科学学报》2008年第1期。

③ 汉斯·海因里希·耶赛克著：《德国刑法教科书》，许久生译，中国法制出版社2001年版，第1页。

④ 朱建华：《量刑的理论与实践研究——量刑基准的确立》，载《河北法学》2006年第12期。

亦并不认为所有的犯罪都有设置死刑的可能性与必要性。例如，侵犯财产性犯罪[①]就没有设置死刑之必要，因为此类犯罪所侵害的法益具有可补偿性与可转化性。假如现在A犯有集资诈骗罪已经定罪，并且已经达到了适用死刑的数额要求，从犯罪人的角度而言，剥夺生命就意味着他永远失去了弥补自身错误的机会，对于A的生命权造成了不当的剥夺。从侵害法益的性质之角度而言，财产性法益不像杀人罪之中的生命法益具有不可补偿之特点。在判决时，A没有可供执行的财产，并不代表之后不会有财产。况且财产大多以种类物之方式出现，可以让其在以后的时日里还清所侵害之权益（债权），从而在刑法谦抑性之促使下由刑事法律关系转变为民事法律关系。从被害人的角度而言，剥夺A的生命就相当于使被害人丧失财产回复可能性。在这类案件中，被害人关注的并非A的生命，而是关注自己之切身利益。说得更极端一点，如果生命可以与金钱等价，那么人与物也就从本质上没有任何区别了。显然，这样的结论无法为世人接受。

再次，法条竞合现象突出，重复调整现象严重。法条竞合，本质上是静态的法律条文上的竞相符合，即在某行为只侵犯一个法益的情况下，对于该行为却有不同的法律条文进行规制。从立法的层面上讲，这种现象反映了立法者在一般与特殊关系之认识上出现了混乱。其根本原因是将客体（法益）过分细化。正如有学者指出："我国刑法分则对于犯罪的分类并不是十分准确，而且特别条款的设置过多，导致原本属于侵害同一法益的行为，可能成为侵害不同法益的行为。"[②] 这样的罪名、罪状设置存在重复评价的问题，同时可能在具体认定中导致定性失当，从而造成量刑上的失衡。

最后，减刑、假释、暂予监外执行弄虚作假现象严重。近来，媒体报道了两起令人匪夷所思的减刑、暂予监外执行弄虚作假的案例。一例是健力宝原董事长张海涉嫌假立功减刑案件；另一例是广东省江门市原副市长林崇中靠假体检鉴定暂予监外执行案。[③] 这暴露出在实际执行中，没有真正将宽严相济的刑事政策落实到位，出现了放纵犯罪的恶劣行径。这必将对刑法之权威造成损害，也无疑会给早已不为公众信赖的司法雪上加霜。我认为，此种情况出现的原因是多方面的。其一，立法层面上，对于减刑假释设置的监督措施不到位。其二，执行人员的公正素养问题，在很多情况下都表现为执行人员怠慢渎职。由此可以看出，加强和谐理念与宽严相济政策教育、学习非常必要。

综上所述，站在刑法谦抑之立场，谈论和谐社会与形势政策之间的相互关

---

① 这里的财产型犯罪，并不仅限于刑法分则第五章规定的侵犯财产罪，而包括为犯罪行为所侵害的客体中包含财产权的所有犯罪，如集资诈骗罪，并且排除在侵犯财产的过程中侵害人身权的情况。

② 张明楷著：《刑法学》（4版），法律出版社2011年版，第436页。

③ 参见网址：http://news.cntv.cn/2014/02/24/VIDE1393251669851209.shtml.

系，才能兼顾原则之坚定性与政策之灵活性。笔者认为，在作为整体的刑事活动中，立法是孕育良法的关键期，司法是良法贯彻的攻坚期，执行是保证良法效果并检验立法的考验期。刑事政策作为超规范的因素，在各个时期发挥的作用不可等量齐观。从良性刑法之制定上看，刑事政策经历了由国家政策转变为刑法具体规定的蜕变，并且在一定时期内与刑法并存；随着社会的发展，当刑事政策发生改变时，而刑法规定却没有变化，后来之政策就要在刑法辐射之范围内发挥指导作用，直到基于彻底变更法律之考虑将后来的某一政策作为立法之导向。这样的循环才能体现刑事政策与刑法规范之间的良性互动，才能不断使利益趋于和谐，完成构建社会主义和谐社会之伟大历史任务！

第二编

和谐社会语境下的犯罪论体系研究

和谐社会与犯罪论体系的“争”与“和”

徐祥全

一、和谐社会语境下犯罪论体系之“争”

和谐社会语境下的学术之争是良性的争论，是有益于学术健康发展的争论。可以说虽然我国关于犯罪构成理论的争论十分激烈，但大多数学者之间的争论都还是停留在有益于学术发展的基点上，为中国特色的社会主义犯罪理论之构建提供了有益思考。

随着学者们对犯罪论体系的研究日益深入，学术研究所积淀的成果日益深厚，学者们对有关犯罪论体系的一些问题达成了共识的同时，对许多问题的认识也存在分歧，毫无疑问，无论是分歧还是共识，都是犯罪论体系研究进一步深化和拓展的表现。不过，正如李立众博士所说：“包括本人在内，学界空论犯罪论体系重构之风，越演越烈。日本成蹊大学法学部的金光旭教授数次严厉地告诫我们：没有具体问题的支持，空泛地议论犯罪论体系是无益处的，必须围绕具体问题来进行犯罪论体系的重构。”张明楷教授也指出，关于犯罪论体系，在世界范围内都是不可能停止争论的问题，但可以肯定的是，中国四要件犯罪构成理论存在重大缺陷。德国、日本习惯于通过具体问题与案件论证何种体系妥当，但我国学者常常习惯于抽象地论证。或许将二者结合起来论证，是最合适的。在这里，涉及了犯罪论体系的“体系性思考”与“问题性思考”。在此方面，陈兴良教授引领了刑法学界之风骚，陈兴良教授先后撰写的《违法性理论——一个反思性检讨》《期待可能性理论的体系性地位》等论文即是“体系性思考”与“问题性思考”相结合的典范。

一个非常有趣的现象是，主张直接引进德日犯罪论体系的学者大多没有留学德日或者在德日进修的学术经历，比如陈兴良教授、周光权教授。有留学德日或者在德日进修的学术经历的刑法学者，反倒并不主张直接引进德日犯罪论体系，比如张明楷教授、黎宏教授、冯军教授、刘艳红教授等。笔者很早就注意到了此

作者简介：徐祥全（1987—），男，湖北神农架人，西南政法大学法学院刑法专业硕士研究生。

现象，但其中原因始终参悟不出。

值得一提的是，陈兴良教授在《本体刑法学》一书中，提出了“罪体—罪责”两分的犯罪论体系，在《规范刑法学》一书中进一步完善了这一体系，根据中国刑法学中的犯罪存在数量因素的特点，在犯罪论体系中增补了罪量要件，从而形成了“罪体—罪责—罪量”犯罪论体系（考虑了中国刑法既定性又定量的犯罪概念对构建犯罪论体系的制约）。张明楷教授也自创了“客观违法—主观有责”犯罪论体系，张明楷教授版犯罪论体系与德日犯罪论体系“形不似而神似”，只是比德日三阶层犯罪论体系少了构成要件该当性，同时它与“罪体—罪责—罪量”犯罪论体系也是“形不似而神似”。在我看来，客观违法要件就是罪体要件，主观有责要件就是罪责要件。在一定意义上可以说，“罪体—罪责—罪量”犯罪论体系、“客观违法—主观有责”犯罪论体系、德日三阶层犯罪论体系均是“形不似而神似”。然而，在“罪体—罪责—罪量”犯罪论体系中，正当行为的地位如何处理值得考虑（陈兴良教授认为，正当行为应该放在罪体要件里进行考察），在张明楷教授版犯罪论体系中，犯罪定量因素的地位如何处理值得考虑。①

周光权教授也自创了犯罪论体系，他把犯罪成立要件分为犯罪客观要件、主观要件、犯罪阻却事由三个阶层，根据这样的三阶层体系，对行为的定性，首先是通过客观要件展示行为客观上符合构成要件且违法的侧面，然后由主观要件展示责任的侧面，最后，再例外地考察是否存在足以排除犯罪的特殊情况，并认为，德日犯罪论体系，可以使刑法学达到相当精巧的程度，可充分满足体系的思考的需要，但是，对于问题的思考的帮助反而有限。于是创立了新三阶层犯罪论体系。

另外，王政勋教授也自创了“犯罪成立积极要件+犯罪成立消极要件”犯罪论体系，他认为，犯罪构成四要件属于犯罪成立积极要件，犯罪定量因素、正当行为、不具有期待可能性，这三者属于犯罪成立消极要件。在我看来，犯罪定量因素是从行为的严重程度角度来说的，正当行为是从行为的性质角度来说的，二者都是从社会危害性角度讲的，不具有期待可能性是从刑罚的必要性角度来说的，它们是从不同角度来说的，而且它们内部的关系如何，同样值得考虑。

可以说以上关于犯罪构成要件理论之争论都没有偏离和谐社会这一主线，是和谐社会语境下的健康而有益的争论，将对犯罪构成理论的发展起到极大的推动作用。

① 陈兴良著：《宽严相济刑事政策研究》，中国人民大学出版社2006年版，第8页。

二、和谐社会语境下犯罪论体系之“和”

和谐社会语境下犯罪论体系的争论并不是目的，只有将其和谐地融为一体才是我们的最终追求。近些年关于犯罪构成理论的争论大多数还是围绕着“和”这一主题而展开的。根据和谐社会的基本要求，关于犯罪构成理论之争的共性主要体现在以下几个方面：

（一）从犯罪构成理论与构成犯罪的事实之间关系的角度考察，各国犯罪构成理论体系中都包含了全部犯罪成立所必须具备的基本条件

人类社会的共性，决定了作为人类社会特有现象——犯罪的共性；由于人类思维规律的共性，决定了人们对处在大致相同的人类社会发展阶段的犯罪认识的共性。正是由于上述共性，世界各国现行刑法关于犯罪成立基本条件的规定就基本上是一致的。如大陆法系、英美法系的犯罪论体系，如果用我国“四要件”的犯罪构成理论来解读，也同样可以达成一致。

比如大陆法系的“三阶层”构成体系，同样可以分为四大要件。诸如构成要件的“符合性”，即相当于我国刑法中的“犯罪的客观要件”，“违法性”即相当于我国刑法中的“犯罪客体要件”，“有责性”即相当于我国刑法中的“犯罪主体要件”与“犯罪主观要件”。又如，英美法系的“双层次”构成体系，同样也可以分为四大要件。诸如犯罪的本体要件中的“犯罪意图”与“犯罪行为”，即相当于我国刑法中的“犯罪主观要件”与“犯罪客观要件”，犯罪的充足要件（即合法抗辩理由）中的未成年、精神病、醉酒、正当防卫、紧急避险、被害人同意等内容即相当于我国刑法中的“犯罪主体要件”和“犯罪客体要件”。因此，抛除其相异的因素，世界各国的犯罪论体系是完全可以找到其共通之处的。

（二）从犯罪构成理论与刑法相关规定之间的角度考察，现行犯罪构成理论都能对犯罪规范的内容进行大致合理的纯理论分析，并进行符合自身逻辑的论证

指导司法人员正确适用刑法规范，是刑法理论最基本的目的。这个目的，主要是通过帮助司法人员正确地分析理解刑法规范的内容而实现的。由于各国犯罪构成理论中都包含了犯罪成立所必需的全部条件，仅从理论的角度考察，这些理论都能起到帮助司法人员正确理解刑法规范的作用。

当然，我国刑法理论界通行的“四要件”体系同样也包含了刑法关于犯罪成立必须具备的全部条件，这个理论体系同样也能从逻辑上非常清楚、充分地说明符合该体系构成条件的行为构成犯罪的理由。但是，说明这一点，是任何一个具有中国刑法基本知识的人都可以完成的工作，本文就不赘述了。

（三）从现行犯罪构成理论内部结构的角度考察，各种犯罪构成理论体系中的基本范畴都包含了大致相同的内容

由于人们思维规律的一致性，面对各国刑法关于犯罪成立必要条件基本相同的规定，各国犯罪构成理论对这些条件也作了大致相同的归纳和分类。尽管在不同的理论体系中，这些分类有不同的名称，但在这些貌似不同的称谓下面，却包含着大致相同的基本内容。例如，在所谓“三阶层”理论中的“构成要件”，其最初的含义是构成犯罪行为的纯客观的事实，这显然是一个与“四要件”体系中的“犯罪客观方面”（或“犯罪构成客观要件”）的内容可以相互替代的范畴。

又如，所谓“三阶层”理论中的“违法性”，以行为在形式上与“法律的矛盾”或与“整体的法律秩序相对立”（无正当化理由），在实质上侵犯了合法利益为内容。这一概念，与我国刑法理论中的“犯罪客体”①，也没有任何实质上的差别。因为犯罪行为所侵犯的“整体的法秩序”，与“四要件”体系中的犯罪客体一样，显然也是一个为刑法所保护，并为所有犯罪行为侵犯的社会关系；而某一类犯罪侵犯的共同法益，或为某种犯罪侵犯的具体法益，显然也是与我国刑法理论中的犯罪“同类客体”和“直接客体”内涵完全相同的概念。

再如，在所谓“三阶层”理论中的“责任”要件或者“有责性”，在传统意义上包含责任前提和责任条件两大内容。前者以行为人的刑事责任能力和刑事责任年龄为内容，与我国刑法理论中的“一般自然人犯罪主体要件”具有完全相同的内容；后者以对犯罪行为的故意和过失为内容，与我国刑法理论中的“犯罪主观方面”要件具有基本相同的内涵。

（四）从犯罪构成理论与司法实践的关系角度考察，现行犯罪构成理论基本上都可以帮助司法人员正确理解刑法关于如何定罪的规定

由于现行的犯罪构成理论在事实层面都包括了犯罪成立必须具备的全部要素，在法律层面都完整概括了刑法关于犯罪成立必须具备的全部条件，在理论层面都能很好地从逻辑上说明犯罪成立的理由，所以，如果撇开这些理论体系人为设定的逻辑顺序，它们在实践中都能起到帮助司法人员分析理解相关刑法规定，指导司法人员正确认定案件性质的作用。因为，无论是坚持犯罪的成立必须符合“四要件”体系中的犯罪客体、犯罪客观方面、犯罪主体和犯罪主观方面，还是坚持犯罪的成立必须符合“三阶层”理论中的构成要件该当性、违法性和有责性，事实上都是在坚持认定犯罪必须以刑法关于犯罪主体（责任能力、责任年龄、特殊身份）、犯罪的主观方面（故意、过失、特殊目的或动机）和犯罪的客观方面（行为手段、对象、结果的性质等）等方面的规定，作为认定犯罪的

① 张明楷著：《刑法学》，法律出版社2012年版，第475页。

标准。

由此可见，和谐社会不反对争鸣，但和谐社会反对无价值的争论。《论语·子路》中孔子提出了一个十分重要的命题：和而不同。这话虽出自两千多年前，但却被古今中外许多人所认同。有的学者甚至认为这种观点是传统的也是现代的，是中国的也是世界的。它具有十分深刻的哲学、政治学、美学、伦理学意义。而我国关于犯罪构成理论的争论也应有所反思，对不同学说兼收并蓄，让犯罪构成理论之争真正回到和谐社会构建这一理性框架范围之内。

和谐社会语境下的犯罪构成理论的深层思考

邵博文

一、问题的提出

关于犯罪构成理论①研究在十余年可谓是“百花齐放、百家争鸣”，取得了相当富有独到见解和理论意义重大的成果②。纵观这十余年的学说争议和理论研究，梳理著述文章，大概可得出以下发展趋势，即由仅限于本国四要件理论以内的讨论到置于世界法系构成理论之内，分析评论各种犯罪构成理论、由形式定罪方式的争议到实质依法治国（罪刑法定）原则指导下分析犯罪构成理论的内核合理性、由单纯刑法本学科之间的研究到包括（法）哲学、心理学、社会学在内的多学科交叉研究、由单纯理论论证到实践检验进程，凡此种种，不一而足。然而，立足现有理论著述和学术观点，是否已经穷尽探讨可能性？已经得出的结论是否真像各自持有论者所言可“独当一面”？对于一些论者所提供之研究范式是否可直接“拿来主义”，以构建讨论犯罪构成理论的分析框架和步骤？笔者对于上述疑问均持有保留态度。而且，研究本国犯罪构成理论，必须坚持立足本国实际、开放眼界视角、结合司法实践、全面审慎而又兼容并蓄的研究态度，既不

作者简介：邵博文（1989—），河北邯郸人，西南政法大学法学院刑法专业硕士研究生。

① 此处所言“犯罪构成理论”是指某一行为成立犯罪所必须具备的要件总和。它与大陆法系（德日为代表）国家犯罪论体系中的构成要件该当性之“构成要件”不是同一概念。前者是构成犯罪的全部要件（要素）统称；后者意指刑罚法规规定的违法类型。正如有学者指出，“德日刑法理论并无犯罪构成的概念，我国刑法理论将成立犯罪所必须具备的条件称为‘犯罪构成’。不言而喻，我国的犯罪构成，就是犯罪成立条件。显而易见，犯罪构成应当是犯罪概念或者犯罪基本特征的具体化。”具体内容详见张明楷：《刑法学》（第四版），法律出版社 2011 年版，第 98 页以下及尾注。为叙述简便，笔者在行文中将我国理论称之为“四要件”，德日大陆法系理论称之为“三阶层”，英美法系理论称之为“双层次”等。

② 关于研究探讨“犯罪构成理论”的国家及省部级课题主要有：2011 年教育部人文社会科学研究青年基金项目：“罪量视野下的犯罪论体系诸问题之困境与出路”（11YJC820091）；2009 年教育部人文社会科学研究项目：“中国传统犯罪构成理论发展史纲”（09YJC820043）；2006 年司法部课题项目：“重构我国的犯罪构成理论：比较研究与路径选择”（06SFB3011）等，以及 2003 年在《环球法律评论》（秋季号）专题连载的一些文章，无论对理论评介价值还是实践指导意义都是不可小觑的。

满足现状，又不盲目重构；既不苛责过甚，又不囿于狭隘；既不片面激进，又不裹足不前。总之就是要实事求是地具体问题具体分析。因此笔者尝试将犯罪构成理论研究置于“和谐社会”这一语境下对以下两个问题进行讨论：（1）“四要件”与“社会危害性”问题[①]；（2）“主客观相统一”问题。既然是要在和谐社会语境下来讨论上述问题，则有必要将和谐社会相关理论予以简要揭示。

二、和谐社会的“和谐”本质和“社会”属性问题

关于“和谐社会”的提出背景、经过以及重大意义，相关著述颇多，笔者在此不提，只就其中“和谐”的本质和“社会”的属性予以揭示和阐明，以确定好分析研究“阵地”和抓住问题本质核心，进而进行“实事求是”的“具体问题具体分析”。

（一）和谐社会之“和谐”——“社会”基础上的“和谐”

“和谐”一词源远流长[②]，是中国传统文化的精神特质。简而言之，和谐就是万事万物的正常状态。“只有在正常状态情况下，事物才能保持自己、发展自己。因此和谐乃是物之为物的自然本性，和谐则生，不和谐则亡。万事万物若要保持自己、发展自己，都必须与内外环境达成尽可能充分的和谐，自然现象、社会现象和思维现象都不例外。”[③] 具体到犯罪构成理论中来，犯罪作为一种社会现象是对人类和谐秩序的破坏，研究犯罪何以构成“犯罪”的命题便是“现象学科”；而要真正把握某种现象则需要在其“形”之上抓住其本质，其中必然运用到人的主观“知”性，此即“思维学科”。故而研究犯罪及犯罪构成理论必须注重对于现象和本质的揭示和阐述（此即下文中关于“社会危害性”问题之论述）。

和谐作为一种状态，其逻辑内涵为相生相宜的情况，相应的其外延则是整体

---

① 因为根据我国传统理论，犯罪本质和基本特征之一即为“社会危害性”，进而认为“任何犯罪都具有自身质与量的规定性，是危害社会的质量的统一”。（具体内容请参见李永升主编：《刑法总论》，法律出版社 2011 年版，第 68–70 页。另可参阅马克昌主编：《犯罪通论》，武汉大学出版社 1991 年版，第 18 页；高铭暄主编：《中国刑法学》，中国人民大学出版社 1992 年版，第 67 页；何秉松主编：《刑法教科书》，中国法制出版社 1993 年版，第 67 页。）根据犯罪本质与构成理论的关系可以得出，认定犯罪的构成理论各要素（质与量）规定都是统摄包涵于该特征本质之下，此处所说“‘四要件’中的‘社会危害性’问题”便是在分析要件理论中具体讨论社会危害性。

② 《易经》讲“保合太和”，关注的是阴阳平衡；《论语》讲“和为贵”，关注的是人与人的和谐；《中庸》讲“致中和，天地位焉，万物育焉”，关注的是大化和谐；《荀子·天论》讲“万物各得其和以生，各得其养以成，不见其事而见其功”，从而使和谐被赋予哲学本体论的意义。详情参见易超：《和谐哲学原理》，重庆大学出版社 2007 年版，第 41 页。

③ 易超著：《和谐哲学原理》，重庆大学出版社 2007 年版，第 41–42 页。

性、规则性、均衡性、自洽性和开放性①。详言之，“整体性”即表现为某一事物各个要素之间形成一个彼此联系又相对独立的有机体（共相）。犯罪构成理论是诸要素体系化之后的一个理论有机体，其中各要素的定位、定性与作用意义必须要稳定与融洽，否则这个有机体从诞生之日便“濒临死亡”。此点突出反映在犯罪理论层面上之“主客观相统一”问题（具体分析见下文）。所谓“规则性”和“开放性”是分别从某一有机体内外两方面的品质要求和属性使然。换言之，有机体要相和谐就必须对内保持各要素之间有序的排列和规则的运行。而对外则要求各要素要各归各位，但不要偏执一端；要各行其是，但不要墨守僵化，一言以蔽之，在保证整体、规则性基础上要有开放性的品质，不断适应变化了的形势和状态。这点对于犯罪构成理论体系来说至关重要，因为仅仅将各要素对象化、体系化充其量只能为构筑“和谐”提供可能性，而要真正使之发挥作用并能持续发挥作用，必须要保证构筑的体系具有规则性和开放性的品质。质言之，就犯罪成立理论角度而言，开放性和规则性就是不要固步、僵化地圈定既定要素而不去考察是否还有必要引入新的要素或成分。

（二）和谐社会之“社会”——“和谐”意义上的“社会”

前文业已指出社会的机能要素和功能部分以及与作为社会基础上的和谐就是要使整个社会机能要素和功能部分恰当排列组合，以使和谐功能最大化。社会的机能要素主要包括（社会）人、社会行为、社会生活和社会关系，而功能部分主要是社会秩序和社会问题②。作为构成要件理论就必须认真对待机能要素，众所周知，社会（犯罪）行为是（犯罪）行为人在社会生活中实施的针对社会关系的一种（犯罪行为）作用力，进而社会将由此形成的（不安定的）社会秩序和生成的（严重的）社会问题反馈于（其他）社会人，社会人对之必须做出反应（评价）。而这种反应（评价）反映在制度层面就是法律评价和认定，由此形成犯罪构成理论。因此，研究讨论犯罪构成理论必须着眼于社会这一“土壤”，以追求至善的结果——和谐！

在此需要明确提出几个问题，即从社会自身来看是相对和谐的，其作为一种历史存在的存在者所表征的存在性又体现在哪些方面呢？这些方面的特质是否都

① 相生相宜主要包括两个方面，一是存在者与存在性相宜，二是此在与彼在相宜。具体关于“存在者与存在性”及“此在与彼在”的关系，可参阅易超：《和谐哲学原理》，重庆大学出版社 2007 年版，第 43-44 页。至于和谐的外延笔者根据行文需要只论述其整体性、规则性和开放性。关于均衡性主要是指系统要素间质能交换的对称平衡。自洽性则表现为系统与要素之间以及要素与要素之间既互相促进又彼此制约的性质。具体内容参见上书第 46-47 页。

② 机能要素主要是社会有机体正常作用的动力缘由；而功能部分则是在功能要素基础上形成的社会对于社会机能各要素的反馈。其实广义上的功能包含机能，这里为说明不同，将功能特指为除去机能的“功能”。

与和谐这一至善目标存有内在契合性（或言可获致性）？如果存有这种内在契合性，其又是如何可能的呢？

关于第一个问题，即社会作为一种历史存在的存在者所表征的存在性体现在以下六个方面，分别是群体性、功利性、共济性、组织性、扩张性和自发性。其中群体性是基础，功利性是目的，共济性是实现目的的手段，组织性是达成目的的保证，扩张性是不断超越目的的方式，而自发性中所包含的自然选择和自发适应的机制，则是群体性、功利性、共济性、组织性和扩张性的根据①。

第二个是关于和谐的契合性问题，如上所述，在群体性和组织性的基础上，只要恰当发挥功利性和扩张性、最大程度实现共济性，就可以充分挖掘各种自发性的机制和方法，以致“至善”——和谐！

最后一个问题也是本文需要讨论的一个重要问题。上述问题的回答只是理论应然层面可能性论说，具体现实实然层面的可行性论证有必要作进一步的分析。社会人在社会生活中通过交往互动形成一定的社会关系，为使社会发展就必须对形成的社会关系进行判断（好坏）和反应（维持和反对），这种判断和反映就形成一种“管理”模式。而社会管理诸手段中一种强有力的手段就是“法律控制”，即“法律作为一种社会治理或控制手段，乃是人类社会化过程中的一种反自然的选择”②。之所以是“反自然”的，根源在于社会的控制是在人为知性下进行的，而人是具有主观能动性的，因此所做出的评价和反应必然不会纯粹机械式地评价，反映出自然有序性和规整性。因此，“为了理解当下的法律，我满足于这样一幅图景，即在付出最小代价的条件下尽可能地满足人们的各种要求。我愿意把法律看成这样一种社会制度，即在通过政治组织的社会对人们行为进行安排而满足人们的需要或实现人们的要求的情形下，它能以付出最小代价为条件而尽可能地满足社会需求——即产生于文明社会生活中的要求、需要和期望——的社会制度”③。概言之，社会实践层面意义上和谐契合性必须依赖于法规规制的科学完善以及合社会性。

具体到法律制度中的犯罪构成理论的讨论当中，“社会危害性”概念是否科学，依据何在？犯罪本质是否可以通过现行通说“四要件”理论妥善地揭示出来？“主客观相统一”是认识论方法还是行为发展自然逻辑结果，以及在多大程

① 关于上述六个性质的具体含义的详细内容请参阅易超：《和谐哲学原理》，重庆大学出版社 2007 年版，第 164-167 页。

② ［美］E·博登海默：《法理学：法律哲学与法律方法》（重译本序），邓正来译，中国政法大学出版社 2004 年版，第 2 页。

③ Roscoe Pound: Social Control through Law (New Haven, 1942), P47. 转引自［美］E·博登海默著：《法理学：法律哲学与法律方法》（重译本序），邓正来译，中国政法大学出版社 2004 年版，第 153 页。

度上契合“合社会性”？

三、“四要件”与“社会危害性”问题

(一)“社会危害性”与“犯罪客体”批判

对于“四要件”的讨论是以质疑“犯罪客体”和“社会危害性”等概念和定位意义拉开序幕的①。争议到现在，可谓是“遍地开花”。总结起来存在“维持论”“改良论”和“重构论”② 三种论说，具体各种立、改、破的理由各言各理、自说自话。以下围绕“四要件”中的社会危害性问题进行叙述。其实无论是对“犯罪客体”的质疑还是对“社会危害性”的诟病，其问题核心是一样的：即犯罪的本体含义究竟为何？③ 犯罪行为的社会危害性说法肇始于苏俄刑法典第6条④，其规定：“目的在于反对苏维埃制度或者破坏工农政权在向共产主义过渡

---

① 如二十多年前，就有学者提出关于犯罪客体其实就是犯罪侵害的对象，这是每个犯罪之所以为“犯罪”所必需的，“没必要将其列入犯罪构成的共同要件”。（张文：《犯罪构成初探》，载《北京大学学报》1984年第5期，第50页。）再如对于“社会危害性”本身概念的内涵和外延早在《华东政法大学学报》1956年的张仙根前辈的《关于犯罪概念中社会危害性问题的商榷》一文与1957年的《关于犯罪概念中社会危害性问题的讨论》一文中被提出来了。

② “维持论”强有力的支持者和代表便是中国人民大学的高铭暄教授、北京师范大学赵秉志教授以及已故的武汉大学马克昌教授，具体可参见其著述或者《论四要件犯罪构成理论的合理性暨对中国刑法学体系的坚持》《中国犯罪构成理论的发展历程与未来走向》《对主张以三阶层犯罪成立体系取代我国通行犯罪构成理论者的回应》等文章。“改良论”的代表有中国政法大学的何秉松教授和华东政法大学的杨兴培教授，代表作为《新时代曙光下刑法理论体系的反思与重构：全球性的考察》和《犯罪构成原论》等著作。“重构论”的典型代表是清华大学的张明楷教授和周光权教授，代表作《刑法学》（第四版）和《刑法总论》（第二版）等。而“立、改、破”分别相对应于上述三种主张，

③ 关于社会危害性与犯罪客体的关系，我国刑法学界有学者作了初步的探讨。在他们看来，犯罪客体是我国刑法所保护而为犯罪行为所侵犯的社会关系。犯罪客体要件指的是行为构成某种犯罪所必须具备的侵犯某种社会关系的特征。那么在犯罪的基本特征中论述社会危害性，在犯罪构成理论体系中又论述犯罪客体及其要件，是否重复和多余？或者说，在我国刑法理论中，是否存在将社会危害性与犯罪可以及其要件画等号的矛盾？他们认为答案是否定的。具体理由参见高铭暄主编：《刑法专论》（上编），高等教育出版社2002年版，第123页。而笔者认为，两者实质是一致的，即犯罪客体就是社会危害性在构成要件体系中的另一种话语描述而已。后者不仅指导犯罪客体，对于“四要件”中的其他三个要件也有支配性的作用。上述论者也坦言“犯罪的社会危害性，是一个内涵十分广泛的范畴，它既体现着主观的内容，又具有客观属性。从司法的角度来看，行为的社会危害性及其程度，除了通过行为所侵犯的社会关系表现出来外，还通过行为的性质、方法、手段或者其他有关情节，行为是否造成结果，危害结果的大小，行为人本身的情况，行为人主观方面的情况等等表现出来”。具体内容参见马克昌主编：《犯罪通论》，武汉大学出版社1999年版，第21-23页。可见四要件的全部内容都受到社会危害性的根本性支配。正如下文所言，社会危害性的具体内涵为何？判断标准是何谓？这些问题不分析透彻，很难分清孰是孰非。

④ 早在20世纪40年代末，苏联刑法学家H·Д·杜尔曼诺夫就提出了这种观点。参见［苏联］A·A·皮昂特科夫斯基等：《苏联刑法科学史》，曹子丹等译，法律出版社1984年版，第22页。转引自陈兴良：《刑法哲学》（上），中国政法大学出版社2009年版，第184页。

时期所建立的法律秩序的一切作为或不作为，都认为是危害社会的行为。”而第16条规定：“某种危害社会的行为，如果是本法典没有直接规定的，它的刑事责任的根据和范围，可以比照本法典所规定的同这种犯罪最相类似的犯罪种类的条款来决定。”进而有学者指出“犯罪行为必须具有社会危害性。缺少它，行为就谈不上犯罪，反过来，如果行为具有社会危害性，那就可能认为是犯罪。由此可见，社会危害性是犯罪行为的基本特征”①。历经“文革”、改革开放到今天理论的发展与丰富，使得社会危害性“成为我国刑法学中的一个基础概念，也是刑法学研究的重点之一。犯罪论研究的目的之一，就是合理妥当地说明行为是否具备成立具体犯罪所必须的社会危害性”②，甚或认为“行为的严重社会危害性是犯罪的本质特征，即就是表明此一事物区别于彼一事物的根本特征”③。

然而，在我国刑法学界，尤其是犯罪理论研究过程中，“‘社会危害性’又是一个常为学者们所诟病的概念”④。例如，有学者感叹“传统的社会危害性理论……已经成为吞噬个体正当权利的无底黑洞，成为扼杀法治生命和真谛的刽子手”，并预言“只要社会危害性范畴在我国刑法领域内继续占据帝统地位，刑事法治就永远难见天日，夭折在摇篮里是早晚的事”⑤。前述说法固然有些夸张，但也确实一语道破了问题的严重性。

对社会危害性的诟病主要集中在：（1）其在批判对象上加入主观要素，是导致社会危害性“内涵含混、伦理色彩浓厚，外延模糊、缺乏可操作性”的主要原因⑥；（2）在评价某一行为社会危害性时，“我国刑法理论上普遍存在重视行为人的主观内容、轻视行为的法益侵害性的现象”⑦；（3）社会危害性“并不具有基本的规范质量，更不具有规范性。它只是对于犯罪的政治的或者社会定义的否定评价……在实践中对于国家法治起着反作用”⑧；（4）社会危害性“本身又是十分空泛的，不能提供自身的认定标准”，同时它也“不是一种注释刑法的概念，在理论刑法学中或许可以有它的一席之地。但在以实证方法建构的注释刑

---

① 张仙根：《关于犯罪概念中社会危害性问题的商榷》，载《华东政法大学学报》1956年第2期。

② 黎宏著：《刑法总论问题思考》，中国人民大学出版社2007年版，第73页。

③ 马克昌主编：《犯罪通论》，武汉大学出版社1999年版，第19页。

④ 关于对社会危害性概念的质疑与诟病，除尾注引用著述外，还可参见陈兴良：《当代中国刑法新境遇》，中国政法大学出版社2002年版，第234页；劳东燕：《社会危害性标准的背后》，载陈兴良主编《刑事法评论》（第7卷），中国政法大学出版社2000年版等。

⑤ 劳东燕：《社会危害性标准的背后》，载陈兴良主编《刑事法评论》（第7卷），中国政法大学出版社2000年版，第200页。转引自黎宏著：《刑法总论问题思考》，中国人民大学出版社2007年版，第73页。

⑥ 黎宏著：《刑法总论问题思考》，中国人民大学出版社2007年版，第73页。

⑦ 张明楷著：《刑法的基本立场》，中国法制出版社2002年版，第78页。

⑧ 李海东著：《刑法原理入门（犯罪论基础）》，法律出版社1998年版，第6页。

法学中，社会危害性这种前实证的概念容易造成理论上的混乱”[①]；（5）“如果将社会危害性视为一种实质判断，那么这种实质判断就是自外于犯罪构成的。如果社会危害性是犯罪构成判断的唯一结果，那么在犯罪构成之外就不需要社会危害性的判断”[②] 等方面。

与社会危害性密切关联的另一概念——“犯罪客体”可谓是“众矢之的”，相较前者其“有过之而无不及”。理论通说认为，所谓犯罪客体就是指“我国刑法所保护的而为犯罪行为所侵犯的社会主义社会关系；犯罪客体是犯罪构成的必要要件，没有一个犯罪是没有犯罪客体的。犯罪之所以有社会危害性，首先是有行为侵犯的犯罪客体所决定的。一个行为不侵犯任何客体，不侵犯任何社会关系，就意味着不危害社会，也就不构成犯罪”[③]。

而对于犯罪客体的争议主要表现在：（1）有学者认为通说的观点在论证上存在一定的缺陷，“其一，犯罪客体即刑法所保护而为犯罪行为所侵犯的合法权益，本身不具有作为犯罪构成要件的资格，这一点是无疑的。因为既然犯罪客体已经是犯罪行为所侵犯的社会关系，再把它说成是犯罪构成要件，不仅毫无实际意义，而且陷入概念循环的逻辑错误……其二，以‘没有一个犯罪是没有犯罪客体的’为由来确立‘犯罪客体就是犯罪构成要件’也是苍白无力的……否则，犯罪行为都造成一定的危害社会的后果，反过来便可以说这些后果都是犯罪的要件!”[④]（2）犯罪客体分为一般客体和直接客体，而犯罪一般客体“作为刑法所保护的社会关系整体揭示了一切犯罪的共同属性，进而认识犯罪的社会危害性。……但对于犯罪属性的揭示是犯罪概念的功能，而不能由构成要件来承担”。相应地，犯罪直接客体“作为某一种犯罪所具体侵害的社会关系，其作用在于认定某种具体犯罪的性质。……但是否具有这一作用是值得怀疑的。因为某一犯罪的性质是由该犯罪的构成要件决定的，而不是简单地取决于该犯罪所侵害的社会关系”[⑤]；（3）作为犯罪构成要件“必须具有具体性，而绝大部分犯罪的犯罪客体只是理论上的概括，作为‘社会关系’也是抽象的，因而不存在所谓的犯罪客体要件”[⑥]；（4）主张犯罪客体不是犯罪构成要件“不会给犯罪定性带来困难”，因为“一个犯罪行为侵犯了什么社会关系，是由犯罪客观要件、主体要件和主观要件综合决定的，而犯罪客体并不能决定犯罪性质。区分此罪与彼罪，关键在于分析犯罪主客观方面的特征。如果离开主客观方面的特征，仅凭犯罪对象去体现

① 陈兴良：《社会危害性理论——一个反思性检讨》，载《法学研究》2000 年第 1 期。
② 陈兴良：《社会危害性理论：进一步的批判性清理》，载《中国法学》2006 年第 4 期。
③ 高铭暄主编：《中国刑法学》，中国人民大学出版社 1989 年版，第 87-88 页。
④ 张文：《犯罪构成初探》，载《北京大学学报》（社会哲学版）1984 年第 5 期。
⑤ 陈兴良：《社会危害性理论——一个反思性检讨》，载《法学研究》2000 年第 1 期。
⑥ 唐世月：《犯罪客体不应作为犯罪构成要件》，载《法学杂志》1998 年第 6 期。

犯罪客体，从而认定犯罪性质，是会碰壁的”[①] 等。

概观上述争议[②]，可以不失偏颇地总结为一个问题：“四要件”中的“社会危害性”之宏观判断与具体各要件的微观判断之间关系及其固有矛盾如何调适？详言之，学者之所以诟病社会危害性，就是因为其宏观贯穿、指导全部构成要件在进行微观、部分性判断时的前提预设；而犯罪客体也只是其进行微观定性、定量分析所得之结论，单纯是对于社会危害性（有无及程度）的重复说明，并未有自己任何实质存在意义，二者同时存在具有逻辑上的矛盾和认识上的多余[③]。然而，即便以上种种分析也并不能当然得出必须剔除掉“社会危害性”概念的结论，笔者认为可以将其概念“简单化”，即不再赋予其事实和价值双层次评价内容，而只将其作为价值评价（事后“再生”价值的判断[④]）。即引入“违法”和“有责”两个概念以代替犯罪成立条件中的主观要素与客观要素，并将其并入社会危害性（即再生价值判断）之下，以便遵循先形式、类型判断后实质、个别判断，有步骤、分阶段地出入人罪，相比较平面“共时性”考察[⑤]，这种方式不仅简单可行，而且有利于准确合理认定犯罪。

（二）定义犯罪本质要素的分析

具体在和谐社会的语境下如何定义犯罪更为科学、合理呢？要明确回答这一问题确实非常困难，但是笔者还是尝试将定义犯罪本质的各要素进行一番理解和分析[⑥]，也许会有“柳暗花明又一村”的“意外收获”。

有学者认为犯罪本质是社会危害性与人身危险性的二元论观点[⑦]；有学者主张从形式和实质两分法来说明犯罪的本质[⑧]；还有学者尝试从行为论的角度基于

① 张明楷著：《犯罪论原理》，武汉大学出版社1991年版，第135-137页。

② 关于“社会危害性”和“犯罪客体”的争议及学说还有很多，此处只是列举较有代表性的观点，而且也是为了便于下文对于犯罪“本质内核”的揭示做铺垫。

③ 当然二者如果都被摒弃也存在问题，即犯罪实质为何？但是正如下文所分析，我们可以在剔除犯罪客体概念基础上，将社会危害性具体转化为法益侵害性；或者我们可以将社会危害性摒弃的前提下，将犯罪客体细化为保护客体和行为客体（侵害客体），以行为客体对于保护客体的侵犯性来揭示犯罪实质性。其实是受益于陈兴良教授的形式犯罪说和李斯特的客体二分说。但是也不完全等同于两位学者观点，具体阐述见下文“犯罪本质如何界定”。

④ 之所以这样说，正如上文所言，事实本身即蕴涵一定的价值，因此外在的、事后的再次进行价值层面的评价从某种意义上说应该是可以被视为“再生”的。

⑤ 其实，平面共时性考察是绝对不可能的，因为人们生活在时间当中，认识问题总有先后顺序差别，因此，再坚持共时性意义上的“主客观相统一”实为自欺欺人的诡辩。

⑥ 关于分析的学说观点主要限于主张改良或者重建我国“四要件”的学者之观点，关于传统刑法学者的“四要件”犯罪本质观点在此不提。

⑦ 陈兴良著：《刑法哲学》（上），中国政法大学出版社2009年版，第179-194页。

⑧ 林山田著：《刑法通论》（上册），北京大学出版社2012年版，第101-108页。

事实价值二分法来定义犯罪的本质[①]；等等。笔者认为，首先对于本质的认识需要先有感性认识，而后经由感性认识过渡到知性认识，从而形成某种"型"即我们通常所说的"本质"。其次，对于犯罪本质的理解和分析必须要结合犯罪构成理论进行，单纯形而上地讨论哲学意义上的犯罪本质，于构成要件理论完善意义不大，于实践指导收获也甚微。最后，构成要件的讨论和分析也必须构筑于"实在"基础上，否则就只能深陷理论循环论证窠臼而不能自拔。

基于上述要求，笔者站在日本学者宗冈嗣郎的存在主义立场来阐述定义犯罪的实质要素。这对于正处于传统的犯罪构成理论变革期的中国刑法界也有一定意义的启发。宗冈嗣郎认为作为犯罪本质的"法益侵害行为"，必须彰显出由法所保护的"价值"的侵害，即反价值性。而且他还认为"法益"并非是概念，而是事实性的存在，并认为"一直统治德日刑法的观念论思考方式，多是立足于主张事实与价值两分的新康德主义哲学的立场[②]。……持这种立场者只是在规范的世界中思考问题，并不承认存在即事实的优先意义"[③]。

如上文指出，社会和谐的前提和根本依赖就是对现实存在的不和谐的社会现象进行合理的调适和控制，以便和谐状态得以恢复、维持和继续。因此，讨论犯罪本质和构筑合理、科学的犯罪构成理论也应是和谐社会对于刑法学科（尤其是犯罪论）的题中应有之意。而犯罪本质的揭示也必须要立足于社会实在的讨论中。换言之，在面对价值侵害事态的时候，清楚地认识到其"反价值"性。"而且这是作为存在于前提事态最基底的根本源属性的'反价值'，而不是'窃取'或者'强取'的反价值是什么，或者'杀人'或者'伤害'的反价值是什么等这种概念知中的个别化概念的反价值的内容"。犯罪构成到底有什么意义？最容

---

① ［德］李斯特著：《德国刑法教科书》，施密特修订，徐久生译，何秉松校订，法律出版社 2006 年版，第 167-171 页。

② "世界被区分为'事实世界'与'价值世界'，两者有着各自不同的法则。如果以'存在与当为'或者'事实与价值'的观念二元论为基础的话，在法学领域，独特的'规范世界'就会作为因人而异的概念知产物被人为地创设出，而犯罪认定就是在这当中来进行的。如此一来，犯罪的认定就完全被封闭在概念知的领域，而不具有表象构造的直观的作用，就完全排除在了法律家的犯罪认定的逻辑之外。"具体参见［日］宗冈嗣郎：《犯罪论与法哲学》，陈劲阳、吴丽君译，华中科技大学出版社 2012 版，第 29 页。其实宗冈主张要以社会实在的角度来观察、分析犯罪本质和认定、判断犯罪构成，认为所谓的"价值"也是事实存在意义上的价值，而事实也并非纯粹"事实"，而是一种附着的"价值"的"存在事实"。因此，他在《犯罪论与法哲学》一书中明确指出德日犯罪论体系都是在观念论即事实价值二分法指导下的产物，因此不应盲目推崇德国刑法理论（犯罪论体系）。即"事实—价值"二分导致"主体—客体"二元认识论。笔者认为，相对区分只是在认定、判断事物属性、成分及地位、归属的权宜之计，两者绝不可能截然分离、对立。因为事实是有价值的存在，而价值也是事实性的"价值载体"。但对于其中的合理内核（如下文提倡的"分层次判断"以及"违法"和"有责"概念的引入）我们应该大胆借鉴。

③ ［日］宗冈嗣郎著：《犯罪论与法哲学》，陈劲阳、吴丽君译，华中科技大学出版社 2012 年版，第 26-27 页。

易想到的就是在于“提示犯罪认定结构”①。当前对于犯罪的认定，在引起法益侵害结果的刑事责任归属于特定行为人这点上，学界较为一致地认同：即“必须特定引起犯罪（法益侵害）结果的行为”和“必须特定此行为是‘谁的行为’”。由于前者是将某一侵害结果归属于行为，因此又称作“结果的归属”；后者由于是将引起特定结果的具体行为归责与某一行为人，故而谓之“行为的归属”。进而宗冈认为“由于首先有‘结果归属’的判断，然后有‘行为归属’的判断，所以犯罪认定过程，是从能客观认定的部分到包含主观判断的部分。这是不可逆的”。

首先，对于犯罪认定顺序要遵循从客观到主观的原则，不是像我国传统理论认为的那样，犯罪客体与犯罪客观方面就是客观观察的两个部分，而主体、主观方面就是主观判断的两个环节。因为主体中单纯的“人”的要素（故意、过失除外）与客观方面行为的附随情形（行为样态、法益侵害性等）是密不可分的，强行将其分别判断必然会造成重复评价。其次，也不意味着从客观到主观原则就得出先“客体”后“主观方面（主要是故意、过失、责任能力等，不包括期待可能性）”的逻辑结果，因为任何一个法益侵害（反价值）的行为，都是行为人在一定心态（故意、过失）和能力（包括身份地位）作用下实施的。故而强行分开也会存在重复评价问题。

上述话语的含义其实存有这样一条隐而不显的逻辑，即“事实（价值）—规范（构成要件）—违法有责类性（不法可归责性）”。至此，笔者有理由认为，对于犯罪本质，必须在准确理解犯罪构成理论的基础上加以把握，而对犯罪构成理论的理解是否准确，则必须依赖于存在主义意义上的事实、价值一体化考察和认识论意义上的客观—主观位阶性判断。这就引出另一个在刑法学界存在很大争议的问题——主客观相统一问题。

四、“主客观相统一”② 问题

在我国传统“四要件”理论中，并不存在上述“违法”“归责”等范畴，而是“以客观与主观两个概念构建起来的。刑法理论将客体与客观方面进一步提升为‘客观’，将主体与主观方面进一步提升为‘主观’，并将主客观相统一视为我国犯罪构成理论的特色”③。在笔者看来，构成要件的机能之一就是要“型”

---

① 当然，即使是对于犯罪认定，由于人们对犯罪为何物的认识不同，认定的方法也会存有差异。

② 主客观相统一原则是苏俄犯罪构成理论的特色之一，亦为我国刑法所继承。而苏俄刑法学家是基于对德国大陆法系的三阶层犯罪论体系的批判之上提出犯罪构成主观结构，意图与其所称的犯罪构成客观结构（其实他混淆了犯罪成立条件和客观的构成要件）相统一，二者共同作为认定犯罪所必不可少的要件要素。

③ 张明楷著：《犯罪构成体系与构成要件要素》，北京大学出版社 2010 年版，第 25 页。

构各种具体“犯罪”事实，但是事实的本身属性（因自然发展逻辑所呈现的样态）并不简单依赖于知性（纯思维认知）方式的“科学性”而被准确理解。简言之，就是事物的本身发展是“游离于”人类主观能动性之外。

同时又由于“四要件”理论是主客观要件的统一，“如同水在化学上由氢气与氧气组成一样，所以，实现认定客观还是人认定主观，就无所谓了”①。诚然，主客观要素按照科学的顺序排列是至关重要的，但是更为关键的是认定、判断某种行为是否为犯罪行为的理路必须遵循先客观后主观，绝不能出现“客观不足主观补充”“主客观相互‘辅助’”② 来认定犯罪。其实，正如有学者指出，主客观“无论是有机统一还是辩证统一，都是指主观要素和客观要素的结合，亦即同时存在。……各要素之间你中有我，我中有你，在逻辑上密不可分”③。我国学者周光权教授针对主客观相统一的问题在论述时使用了“令人困惑”④ 一词。之所以困惑，主要是由于刑法中的“主观与客观以及主观主义与客观主义具有多义性，并且含义并不确定，这就给理论分析带来了一定的困难”⑤。正如陈兴良教授所言：“从方法论上说，主客观相统一原则超越了刑法客观主义与主观主义，具有两者折中的意蕴”，进而认为“主客观相统一并不在于要不要统一而在于如何统一”⑥。

对上述观点笔者较为赞同，问题是主客观相统一如何可能？在此之前必须要搞清二者之间的关系，笔者认为从静态观察意义上二者是对应关系，而自动态判断角度而言则是层次（位阶）关系，我国以往学者论及该原则时往往忽视“两者之间是否具有依存性”⑦ 这个问题，在笔者看来，客观要件是可以独立于主观要件而“客观存在”的，而主观要件则必须而且只能以客观要件的存在为前提。

---

① 张明楷著：《犯罪构成体系与构成要件要素》，北京大学出版社 2010 年版，第 25 页。

② 例如，通说对于不能犯给予处罚的理由往往是行为人具有较强的主观恶性，客观上也实施了一定的行为，只是由于意志以外的原因没有发生危害结果，因而应当作为未遂犯处罚。从以上叙述中可以清楚发现主观恶性通过补强客观危害从而得出具有犯罪程度的社会危害性的结论。具体参见李邦友、张理恒、黄悦：《论犯罪构成视野中社会危害性的重构》，载《昆明理工大学学报》（社会科学版）2010 年第 10 卷第 5 期，第 37 页。

③ 齐文远、周详著：《刑法、刑事责任、刑事政策研究——哲学、社会学、法律文化的视角》，北京大学出版社 2004 年版，第 3-4 页。

④ 周光权著：《法治视野中的刑法客观主义》，清华大学出版社 2002 年版，第 5 页。

⑤ 我国台湾学者蔡墩铭曾经指出，在刑法理论上，对主观主义与客观主义的分析评价不一，大体上存在以下三种见解：其一，关于判断结果之妥当性；其二，关于判断内容之价值；其三，关于价值判断之对象。详细内容请参见蔡墩铭：《现代刑法思潮与刑事立法》，台北汉林出版社 1997 年版，第 31 页。另参见陈兴良：《主客观相统一原则：价值论与方法论的双重清理》，载《法学研究》2007 年第 5 期。

⑥ 陈兴良：《主客观相统一原则：价值论与方法论的双重清理》，载《法学研究》2007 年第 5 期。

⑦ 陈兴良：《主客观相统一原则：价值论与方法论的双重清理》，载《法学研究》2007 年第 5 期。

换言之，其不能脱离客观要件而独立存在。另一方面片面强调各个构成要件“同等”重要，并不能解决犯罪客观要件和主观要件的关系，因为那样只是一种“空洞的政治说教”①，易言之，其并不具有任何事实描述以提供认定标准，亦不具有规范内容以给予分析理路，因此，在明确二者之间关系之后，如何“充实、细化”该原则便显现出来。

如上文所言，笔者主张犯罪构成理论需要分层次认定，故可以将我国原有的（剔除社会危害性之后单纯的）主客观要件作为纯事实（当然包含部分价值评判）的形式考察，而后再进行社会危害性（再生价值的评判）的实质认定。前者突出形式、客观（主观外化也是某种意义上的客观）判断，属积极的入罪考量；后者凸显实质、价值（主观和刑罚目的）的评定，属出罪认定。正反相互结合，比主客观相统一更加清楚，也使得社会危害性内容规范化、清晰化，认定犯罪层次化、阶段化，有利于实现保障人权和保护法益双重目的。这在当下和谐社会的建设和和谐法规范的构筑，既确保合理性，又具有经济性（不用推倒重来）；既可保持既有理论的一脉相承，又能对其不断注入新活力以使之不断发展和完善。

① 陈兴良：《主客观相统一原则：价值论与方法论的双重清理》，载《法学研究》2007 年第 5 期。

和谐社会与犯罪构成理论的引进与创新

王勇庆

长期以来，犯罪构成（成立）理论都是刑法学界研究中的一个热点难点。德日三阶层理论的引入与发展促使犯罪构成理论得到理论界和实务界的更多关注，而放眼现实生活，和谐社会理论是具备永恒价值的基础理论，在构建和谐社会的今天，和谐的精神与和谐的理论理应得到弘扬，理应深挖其深层价值理念并适用到刑事司法活动中，以实现法律的适用能达到法律效果与社会效果的统一。

一、"和谐"词源之演进与和谐社会内涵之界定

千百年来，中国人都具备国泰民安这一最朴素的价值追求与憧憬，期盼政治和谐、社会和谐。"和谐"一词最早出现在著名古代文献《左传》中。人类在漫长的进化历程中，一直尝试着勾勒描绘出一种理想世界的蓝图，从和谐理念历史演进过程中我们在很多政治思想界名人著作中能得到他们的分析与见解。由外及内，从古至今，无论是古希腊柏拉图的"理想国"，英国人摩尔的"乌托邦"，还是中国孔子的"大同社会"和陶渊明的"桃花源"，皆提出了类似的社会状态，真实地述说出人们对和谐的追求。追根溯源之际，重新回到我们的生活视野之下，党中央国务院对"和谐社会"做出了全面细致但言简意赅的诠释，和谐社会基本内涵与追求为民主法治、公平正义、诚信友爱、充满活力、安定有序、人与自然和谐相处的社会。

回归到刑法，我们可知刑法作为一个非常重要的部门法，对于和谐社会中民主法治理念的传播、公平正义目标的实现起着巨大作用，刑事法治的规制对象直指以侵犯社会整体为对象的犯罪，并具备制裁对象的广泛性和惩治措施的严厉性两大特征，而犯罪构成理论是鉴别一个犯罪嫌疑人是否能入罪、该如何承担的评价标准。所以讲究和谐社会语境来思考犯罪构成理论，寻求法律效果与社会效果的统一，是值得考量的法律问题，同时也是个社会问题。

作者简介：王勇庆（1988—），男，江西吉安人，西南政法大学法学院刑法专业硕士研究生。

二、犯罪构成理论的引入与完善——以社会和谐大环境为保障

鉴于各大法系国家、地区在刑法文化传统、历史背景以及法律规定上的差异，导致在犯罪构成理论体系上差异颇大。我国犯罪构成理论的形成与完善过程是我国法治环境的最生动写照，和谐稳定的社会环境为刑法理论的复兴与繁荣提供了天然土壤，这也导致我国犯罪构成理论体系的发展演进过程体现了特殊的时代烙印。

（一）犯罪构成理论概念援引

我国的犯罪构成理论，主要移植苏联的刑法基础理论，立足于主观与客观相统一原则与立场，通说表述为“我国刑法所规定的，决定某一具体行为的社会危害性及其程度而为该行为构成犯罪所必需的一切客观要件和主观要件的统一体”①。采取了四要件即犯罪主体、犯罪主观要件、犯罪客体和犯罪客观要件耦合式的逻辑结构。

（二）我国犯罪构成理论产生时代背景

20世纪50年代我国法学家翻译出版苏联刑法学家特拉伊宁的著作《犯罪构成的一般学说》，是中国现行的犯罪构成理论确立的标志。以特拉伊宁犯罪构成学说为切入点，我国全面移植了苏联的犯罪构成理论即犯罪构成四要件以及四要件逻辑顺序等内容。1978年十一届三中全会的胜利召开以及1979年我国第一部刑法典的颁布，百废待兴的法学研究逐渐进入正轨，而作为刑法学基础理论的犯罪构成理论也重新受到学界关注，1982年高铭暄教授主编的法学试用教材《刑法学》出版，为研究犯罪构成理论提供了最基本构架，成为我国刑法学界所公认的比较科学、合理的刑法学理论体系。这从另一侧面反映了国家和谐稳定的大环境大局势对犯罪构成理论发展的积极作用，印证了著名学者卓泽渊教授在《构建和谐社会与法治社会》中所言，“和谐社会是‘元素互补’的社会，是各个社会元素之间结构互补以至功能互补的社会；和谐社会是‘彼此互动’的社会，是个体与个体的动态关系得到互补的社会；和谐社会是‘互相协调’的社会，是个体与个体，个体与整体很好地协调的社会”。

三、犯罪构成的逻辑顺序选择——以和谐司法活动为切入点

（一）犯罪构成要件逻辑顺序通说的确立

我国犯罪构成理论完全移植苏联刑法中的相关理论，因此犯罪构成要件逻辑顺序也是简单援引。中国人民大学法律系编著印行的《中华人民共和国刑法总则

① 高铭暄：《关于中国刑法学犯罪构成理论的思考》，载《法学》2010年第2期。

讲义（初稿）》中，开始采用犯罪客体→犯罪客观方面→犯罪主体→犯罪主观方面的顺序，这一逻辑顺序不仅为我国20世纪50年代刊印的教科书所采用，也同样为“文革”后的大多数刑法教科书所继承。该教材的面世，可以说完全奠定了此一排列顺序理论通说之地位。

（二）和谐语境下犯罪构成要件逻辑顺序探讨

犯罪构成要件的逻辑顺序的重新排列组合，是对通说四要件理论在刑事司法活动中公检法三机关人员法律思维逻辑培植，顺序的调整，一前一后变化，对于案件的定罪量刑，意味深远。见微知著，法律人逻辑思维的形成，司法公正与司法威信的确立以及和谐司法的实现，正得益于法律思维的演绎与可行性筛选。由此可见，犯罪构成要件逻辑顺序的探讨对于刑事司法领域意义匪浅。本文将列举理论界关于此类问题的学说观点，并进行评析，以获求适合刑事司法的逻辑办案思维。

1. 认定犯罪的顺序角度考量

逻辑顺序：犯罪客体→犯罪客观要件→犯罪主体→犯罪主观要件。

逻辑梳理：此为刑法理论通说观点。该观点认为认定犯罪的过程是：首先发现某种客体遭受到侵害的事实，如某人死亡，犯罪客体放在第一位考虑。然后查明某种客体遭受侵害是否因为人的行为所致，再查明是由于人的侵害行为（犯罪的客观方面）所造成，如果确定是他杀，就要查明谁是行为人及行为人的具体情况（犯罪主体），确定行为人是具备刑事责任能力的人后，还应当查明行为人实施侵害行为时是不是故意抑或过失（犯罪主观方面），只有确定行为人具有故意抑或过失，才能认定行为人构成犯罪。①

笔者评析：此逻辑顺序符合人们发现犯罪、认定犯罪的认识规律，易于理解，司法实践中也易于操作。

2. 犯罪行为的发生顺序角度考量

逻辑顺序：犯罪主体→犯罪主观要件→犯罪客观要件→犯罪客体。

逻辑梳理：主要代表人物为赵秉志教授。这种排列顺序的逻辑是：符合犯罪主体条件的人，在其犯罪心理态度的支配下，实施一定的犯罪行为，危害一定的客体即社会主义的某种社会关系。

笔者评析：此种顺序的逻辑是犯罪行为的主客观各要素在实际行为中发生作用的先后顺序，也是决定犯罪是否成立的逻辑顺序。

3. 不同诉讼阶段不同的逻辑顺序

侦查阶段：侦查机关认定犯罪事实的过程是犯罪客观要件→犯罪主体要件→

① 高铭暄、马克昌著：《刑法学》，中国法制出版社1999年版，第166页。

犯罪主观要件→排除犯罪性的行为。

侦查终结：侦查机关还原犯罪实际发生的顺序，即犯罪主体要件→犯罪主观要件→犯罪客观要件。这里不存在排除犯罪性的行为，因为通过认定犯罪事实的过程已经确认不存在排除犯罪性的行为。①

审查起诉阶段：检察机关审查顺序为主体要件→主观要件→客观要件→排除犯罪性的行为。

审理阶段：法院审判顺序为主体要件→主观要件→客观要件→排除犯罪性的行为。

逻辑梳理：这一观点是由夏勇教授提出的，这种排列顺序开始把侦查阶段的顺序、审查起诉阶段与审判阶段的与犯罪实际发生的顺序各归其位，意识到两种不同的顺序具备不同的作用。

笔者评析：此种区分并没有始终如一地贯彻到侦查、审查起诉和审判所有过程中。忽略无论是在审查起诉阶段还是在审判阶段，也都要首先对犯罪事实进行认定，在认定犯罪事实的前提下，才会确定该种犯罪事实构成什么性质、何种形态的犯罪。

在构建和谐社会的语境与背景下，犯罪构成理论在理论界与实务界的探讨，尤其侦查机关、检察机关、审判机关办案思维的转换，是法律共同体及全体法律人期盼出现的现象，对社会民众也大有裨益，尤其是涉案当事人，社会的公正体现在每一个具体的案件中，和谐社会的构建更是体现在方方面面，犯罪构成四要件逻辑顺序的排序体现着司法实务中司法人员的思维，直接影响着最后的定罪量刑，因此理应得到重视。

四、我国犯罪构成理论的未来走向——以和谐社会构建为目标

犯罪构成理论的体系构建是近些年来学界讨论的一个热点问题，诸多学者提出了自己的理论设想，虽然学界就此问题观点林立，但总体来说可以划归为以下几种方式和途径。

（一）犯罪构成理论的“完善”

应在充分肯定传统四要件构成理论合理性、实用性的基础上，吸收其他国家和地区犯罪成立理论模式的有利经验，以期能发展与完善我国四要件理论，简而言之，可分为以下途径。

1. 增减构成要件

即在传统四要件的基础上，通过对构成要件的增减来完善。20 世纪 80 年代

---

① 夏勇：《刑事诉讼对犯罪构成的要求》，载《法学》2005 年第 4 期。

先后形成了二要件说、三要件说、五要件说。[①] 目前依旧有学者采用二要件说，认为“犯罪构成是指在主观罪过支配下的客观行为构成某一犯罪时所应当具备的主客观要件的有机整体。在这个犯罪构成中只有两个必要的构成要件，即作为主观要件的主观罪过和作为客观要件的客观行为。主观要件是定罪的内在依据，客观要件是定罪的外在依据”。

2. 排列构成要件顺序

保留四大构成要件，但依据不同的逻辑顺序重新来排列，主要分为三种观点：

(1) 赵秉志教授认为应该改变通说理论“犯罪的客体要件→犯罪的客观要件→犯罪的主体要件→犯罪的主观要件”的排列顺序，按照犯罪在实际中的发生顺序来进行逻辑排列，即“犯罪的主体要件→犯罪的主观要件→犯罪的客观要件→犯罪的客体要件”的排列顺序。[②]

(2) 删除客体要件的基础上重新排列构成要件的顺序。肖中华教授主张，犯罪客体不是犯罪构成的必备要件，而且应当按照实际犯罪的发生顺序来重新排列构成要件，主张犯罪构成要件应该遵循犯罪的主体要件→犯罪的主观要件→犯罪的客观要件的逻辑顺序。[③]

(3) 在前两种观点的基础上进一步深化，认为完善传统犯罪构成理论的方式不在于构成要件的重新排序，而主张将正当化行为、正当化事由融入犯罪构成理论之中，从而构建二层次四要件犯罪构成理论。第一层次是三个要件，依次为犯罪客观要件、犯罪主体要件和犯罪主观要件，第二层次是犯罪客体一个要件，其中，正当化行为等作为排除犯罪客体的事由在此纳入犯罪构成要件之中，无此事由，犯罪即告成立。

（二）犯罪构成理论的“引进”

持这种观点的学者主张，对于大陆法系的犯罪论体系，大可不必多言，畏手畏脚，我们可以直接引进这套已经成熟的理论，主张在我国直接引入以德日为代表的大陆法系犯罪论体系，即“构成要件该当性→违法性→有责性”的三阶层递进体系，取代传统的四要件犯罪构成理论。

（三）犯罪构成理论的“创新”

1. 扬弃我国传统犯罪构成理论直接创新

陈兴良教授在自己理论的基础上提出了罪体、罪责与罪量的三位一体的体系。罪体是犯罪构成的客观要件，指刑法分则条文规定的、表现为客观外在事实

① 赵秉志著：《刑法争议问题研究》(上卷)，河南人民出版社 1996 年版，第 268 页。

② 赵秉志主编：《刑法学通论》，高等教育出版社 1993 年版，第 196 页。

③ 肖中华：《犯罪构成及其关系论》，载《中国人民大学学报》2000 年第 2 期。

的构成要件；罪责是犯罪构成的主观要件，指具有刑事责任能力的人在实施犯罪行为时的主观心理状态；罪量是在具备犯罪构成的本体要件的情况下，表明行为对法益侵害程度的数量要件。①

2. 依托英美法系犯罪构成理论间接创新

比较有代表性的观点认为，以英美法系犯罪构成模式为基础，结合我国犯罪构成理论的合理方面，通过经验与理性的融合，重新构建后的中国犯罪构成理论体系可以是由犯罪基础要件和犯罪充足要件两个层次构成。②

3. 依托大陆法系犯罪论体系的间接创新

这其中比较有代表性的主张是在效仿大陆法系三阶层理论的基础上，以罪状为中心展开犯罪构成理论，主张犯罪应该是该当法定罪状、违法、有责的行为，以罪状论、违法论和罪责论来进行理论体系的构建。③

4. 在吸收大陆法系和英美法系犯罪构成理论的基础上间接创新

认为应当完善传统犯罪构成理论中的犯罪主观方面与犯罪客观方面，修改为行为的主观方面和客观方面，作为犯罪构成理论体系中的第一层次要件，即事实要件；并将形式的违法性作为第二层次的违法性评价，并将正当防卫等纳入考量，形成违法阻却事由，将传统犯罪构成理论中犯罪主体要件重构为责任领域，作为第三层次的有责性评价，未成年以及精神错乱等阻却责任事由也放入其中。④

综上所述，在和谐社会语境之下，我国刑法学研究的环境出现了利好局面，作为部门法之一，自1997年刑法颁布以来，刑法后续颁布了八个修正案，刑事立法与刑事司法都出现了良好的发展态势，维护着社会的稳定，作为刑法理论的核心与基石，犯罪构成理论的研究与探讨也结果丰硕，这是一个互动的良性循环，和谐社会的大局势促进了犯罪构成理论的繁荣与发展，另一方面，犯罪构成理论的成熟与完善，作用于刑事立法与刑事司法，为和谐社会的构建起到了添砖加瓦的作用。

① 陈兴良著：《规范刑法学》，中国政法大学出版社2003年版，第188页。

② 田宏杰：《刑法中的正当化行为与犯罪构成关系的理性思考》，载《政法论坛》2003年第6期。

③ 阮齐林：《评特拉伊宁的犯罪构成论——兼论建构犯罪构成论体系的思路》，载陈兴良主编《刑事法评论》，中国政法大学出版社2003年版，第13卷。

④ 劳东燕：《罪刑法定视野中的犯罪构成》，载陈兴良主编《刑事法评论》，中国政法大学出版社2001年版，第10卷。

和谐社会与犯罪构成理论的反思与重构

张 壤

一、和谐社会价值与刑法价值的内在契合

（一）和谐社会的价值诉求

几千年来，和谐文化一直是中国传统文化的基本理念。《周易》就提出了“太和”的观念，其中就有普遍和谐的理念。古人认为，和谐的本质就是和而不同。在个性中相互独立，在不同中寻求统一。除了名家经典，中国人的和谐观念也体现在日常生活的方方面面，如“和为贵”“和气生财”“家和万事兴”等，都展示了和谐对于中国人民生活的重要影响。

和谐社会，是中国共产党2004年提出的一种社会发展战略目标，指的是一种和睦、融洽并且各阶层齐心协力的社会状态。2005年以来，中国共产党提出将“和谐社会”作为执政的战略任务，“和谐”的理念要成为建设“中国特色的社会主义”过程中的价值取向。“民主法治、公平正义、诚信友爱、充满活力、安定有序、人与自然和谐相处”是和谐社会的主要内容。我们现在要建立的和谐社会，它包含了人与自然的和谐，即社会系统与自然生态系统的协调发展与和谐共处；社会各阶层之间的和谐，即社会各阶层都能从社会发展中普遍受益，在公权与私权良性互动的基础上，全社会形成合理的价值共识，各阶层以价值共识为基础实现劳动合作和利益共享；人自身的和谐发展以及整个社会的安宁有序，这种稳定不是万马齐喑式的稳定，而是稳中有活，活而不乱。①

和谐社会要求是一个社会结构均衡、法制健全的社会。在和谐社会中，如何解决矛盾成为一个至关重要的问题。法律作为调节社会矛盾的主要手段，为人们设定相应的权利义务，使人们在决定自己的行为之前有明确清晰的依据，从而趋利避害，做出使自己利益得到最大化的决断。而在发生了矛盾冲突时，充分发挥

作者简介：张壤（1989—），女，四川绵阳人，西南政法大学法学院刑法专业硕士研究生。

① 宋茂荣、何莉：《和谐之美的刑法底蕴——论刑法观念的转变与和谐社会的关系》，载《和谐社会的构建与刑法改革》，中国检察出版社2006年版，第22页。

法律作为社会调节器的作用，对矛盾做出及时的解决。更为重要的是，依据法律所做出的判决才能让矛盾双方心悦诚服。只有在法律的规制下，社会才能有条不紊地运行，社会公正才能得到真正的彰显。

（二）和谐价值观的刑法体现

社会的和谐运转需要法律来调节矛盾和冲突，而作为规定犯罪与刑罚的刑法是化解社会矛盾的终极手段。其在和谐社会中的重要作用是不言而喻的，其所承载的和谐的价值理念也体现在刑法的方方面面。社会主义和谐社会倡导民主法治、公平正义、诚信友爱、充满活力、安宁有序、人与自然和谐相处，它为刑法观念的调整提供了契机，对公平正义的追求成为刑法的首要目标，并以此指导刑事立法和司法活动。刑法是一种社会控制手段、一种社会治理方法。① 国家的性质决定了刑法的本质，在建设中国特色社会主义的过程中，和谐社会的构建无疑为我国刑法的价值导向提供了更加有力的支持。刑法观念的转变，也为民主法治的进一步完善，公平正义的进一步彰显，社会不稳定因素的进一步消除，提供了有利的空间。

社会主义和谐社会是民主法治的社会，即人民民主得到充分的发挥，现代法治得到充分体现下的和谐，以区别于我国古代曾经出现的"人治"下的盛世。民主法治的基本特点是在法律许可的范围内为公民的自由发展提供最大的空间。刑法虽然规定的是对公民的禁止性行为，然而，刑法也为人们提供了基本的行为模式和规则，即法无明文规定不为罪。因此，按照法治的要求，必须表现为成文的、明示的刑法，且这种刑法是按照民主的程序，代表人民的意志，以人为本的"良法"。同时，刑法观念也必须是彰显公平正义的。由于我国社会主义市场经济的不断完善，必然会触动原有经济体制下形成的利益格局，引起既有利益格局的重新分化组合。在利益不断重组的过程中，多元化的利益主体之间难免产生相互冲突的利益诉求，利益失衡的矛盾往往更加突出，影响公平正义。在这种情形下，刑法作为调节社会关系的手段，其公正性是社会公正的最后一道防线，尤为重要。因此，不但要发挥刑法传统的"打击犯罪、保护人民"的功能，更要刑法公平正义地保护人权、维护公民合法利益的功能。

二、和谐社会对犯罪构成理论的要求

犯罪构成理论是刑法中最重要的概念，是整个刑法大厦的基石。它是判断行为是否为犯罪的唯一评价标准。它在刑法中不可磨灭的重要性，决定了在构建和谐社会的过程中，犯罪构成理论所体现的公平、正义、民主决定了刑法带给社会

① 陈兴良著:《刑法理念导读》，法律出版社 2003 年版，第 1 页。

的安宁和谐。然而，我们目前所坚持的四要件模式的犯罪构成理论，却没有办法合理地解释正当防卫、正当职务行为等合法行为，使犯罪构成理论的评判性功能减弱。普通民众会产生这样的质疑：犯罪构成是评价一个行为是否为犯罪的标准，只要符合犯罪构成就是刑法所认为的犯罪，那么为什么正当防卫不是犯罪？随着社会的发展，会不会有其他类似于正当防卫、紧急避险的情况发生？我们要基于什么样的标准去评判它是不是犯罪呢？这样的疑惑带给刑法的是民众的不信任，损害了刑法的公平正义，是与和谐社会所提倡的“和谐”相违背的。在和谐社会的诉求下，笔者旨在通过对比我国的犯罪构成理论与大陆法系的犯罪构成理论，寻找其中的不足之处并提出修改的建议。

(一) 我国的犯罪构成理论

我国的犯罪构成理论源自于苏联。比较有代表性的观点是，犯罪构成是我国刑法所规定的，决定某一行为成立犯罪所必需的一切客观要件和主观要件的有机统一体。[①] 犯罪构成是刑法所规定反映某一行为的社会危害性及其程度，而为该行为成立犯罪所必须具备的一切客观要件和主观要件的有机整体。虽然学者对犯罪构成所下的定义并不一致，但我国的犯罪过程包括：犯罪客体要件、犯罪客观要件、犯罪主体要件、犯罪主观要件，即犯罪是主客观要件的有机统一。在我国传统的四要件说占据着主导地位，四个要件在决定犯罪的问题上，是一个平面的关系，它们起到同等重要的作用，缺一不可。

这样的犯罪构成理论被称为“耦合式”的犯罪构成体系，即一个行为，只要同时符合或者齐备这四个方面的要件就成立犯罪，缺少任何一个方面的要件，犯罪便无存在之地，并且这四个方面的要件谁也不会独立在先、谁也不会独立在后，任何一个方面的要件都离不开其他三个要件。这犹如支起一座房屋的四堵墙，没有哪一堵，房屋都建立不起来。学界称为“围墙式”的构成体系，即一旦进入“围墙”之内的行为，就是犯罪行为。

(二) 我国犯罪构成理论的价值困境

“理论构建的基础在于价值取向，不同的价值取向决定不同的理论建构。我国现行犯罪构成理论脱胎于前苏联刑法理论，在引进之初具有基本相同的价值诉求，体现了阶级分析的基本方法论和打击犯罪导向的基本思想。”[②] 由于和谐社会理念的提出，“和谐”成为人们所倡导的最基本的价值观，随着公民权利意识的觉醒和法治共识的达成，这种以打击犯罪为导向的犯罪构成理论则有待于重构

① 马克昌主编：《犯罪通论》，武汉大学出版社 1999 年版，第 69 页。

② 高巍：《我国犯罪构成理论的价值维新与体系重构》，载《云南师范大学学报》（哲学社会科学版）2011 年第 1 期。

和革新，以期待契合尊重人权和建设社会主义法治国家的价值诉求。

我国犯罪构成理论的核心在于以社会危害性作为犯罪构成的根本性和实质性标准，运用实质标准和推理展开犯罪成立的论证。从这个角度出发，在理论建构上，犯罪客体则成为最根本和基础的要件，犯罪客观方面、犯罪主体、犯罪主观方面则涵摄了大量的实质性、规范性的要素，后三种要件均是对于犯罪客体的实质性阐释和说明。因此，实质推理和论证贯穿于我国犯罪构成理论的整个过程，在正当行为作为排除犯罪性事由的理论证明中，这种实质推理表现更为突出。正当行为齐备了犯罪客观方面、犯罪主体、犯罪主观方面三个要件，但不具备社会危害性，或者说对于刑法所保护的社会关系不具有实质的危害性，因此不构成犯罪。然而，这样的一种推理模式，让我们无法准确地界定怎样才是具有社会危害性的、对社会造成危害要达到何种程度才是刑法所规定的应受刑罚处罚的以及如何正确地评价严重社会危害性当中的“严重”。

这种运用实质推理的犯罪构成理论，基于对法律的信仰和信任，期望运用实质标准来解决形式推理无法顾及的特殊情况下的个案正义。然而，却忽视了我国正处在法治国家的建设进程中，并不利于对个人权利的尊重和刑法的安定。笔者认为现行的犯罪构成理论所带来的问题主要有如下方面：

1. 我国的犯罪构成与正当防卫等正当化事由存在严重冲突

依据我国的犯罪构成理论，只要同时符合四个构成要件，即认定为犯罪。正当防卫的概念是指，“为了使公共利益、本人或者他人的人身或其他权利免受正在进行的不法侵害，对不法侵害人以损害其某种利益的方式所实施的必要的防卫行为”①。从四要件来判断，犯罪客体是存在的，侵犯了他人的某种利益；客观方面实施了损害他人利益的行为；主体资格也满足；主观方面为故意，即明知自己是在侵害他人的利益并希望这种结果发生。因而，按照我国的犯罪构成理论，正当防卫不是犯罪行为。目前许多学者从目的方面来寻找原因，认为正当防卫是为了保护公共利益、本人或者他人的人身或其他权利免受不法侵害，因而不是犯罪。但这是不是犯了“目的正当决定手段正当”的错误呢？例如，一位老人杀死了自己作恶多端的儿子，这位老人的目的不也是为民除害，是正当的吗？

由此可以看出，正当防卫等正当化事由已与我国现行的犯罪构成理论存在严重的冲突。根据和谐社会的要求，以及人民普遍的道德观念，正当防卫是积极的被倡导的行为，当然不是犯罪，但现行的犯罪构成理论却无法解释为什么。这样一来，就出现了游离于犯罪构成之外的“超法规”行为，即形式上触犯了法条但实际上却为法秩序的整体精神所宽容的“犯罪”，难以找到“出罪”的突破

① 马克昌主编：《犯罪通论》，武汉大学出版社 1999 年版，第 709 页。

口，致使形式违法性与实质违法性之间的冲突，法理与情理的对抗在所难免①。然而，按照和谐社会的诉求，为了维护社会的公平正义，为了传承中国优秀的传统价值观念，仅仅规定正当防卫、紧急避险的例外是远远不够的。法律不能强人所难，毕竟法有限而情无穷。法定的犯罪构成体系应当在实现刑法一般公正的同时，也维护刑法的个别公正。

2. 犯罪构成理论与刑法基本功能及人权伦理的不协调性

我国刑法的基本功能不仅在于惩罚犯罪，保障功能也是其重要的一部分。随着和谐社会的提出，保障功能体现出越来越重要的角色。保障功能包括公民不受犯罪侵犯的功能和保障犯罪不受刑法规定以外不正当刑罚处罚的功能。作为一个和谐的社会，很重要的标准是公民在面对强大的公权力面前拥有自我保护的能力并且有不被强大的公权力侵害的权利，所以规范刑法的保障功能是和谐社会必然的价值诉求。确保保障功能得到实现的一个很重要的方面就是出罪机制的建立，然而我国目前的犯罪构成理论中，对出罪机制的规定却有很多不足，只在犯罪构成理论以外单独规定了正当防卫和紧急避险。对于国际上通认的期待可能性、正当职务行为以及被害人承诺等都没有做出明确的规定。在我国的犯罪构成理论中，只要四大要件齐备就可以得出有罪的结论，就像把一个人关在了围墙之中，可惜的是，这四面围墙没有留下门口可以供人出来。这样一来，犯罪构成就只能反映定罪的结论，突出刑法的社会保卫观念，由此在人权保障方面必然是不足的。

这显然就出现了法律和人情伦理的严重冲突，然而，法律与人情伦理的冲突是不可避免的，但我们绝对不能对此视而不见。“法律不能强人所难”，法律更不能失去了它所代表的公平正义，以及对人性中普遍存在的脆弱性的应有尊重和怜悯之心。例如：亲属容隐制度已经在中外存在了数千年，现行刑法却规定了包庇、窝藏罪，然而实事求是地说，人人都能做到大义灭亲吗？既然我们不能期待他们实施要求行为，为什么还要让他们承担责任呢？由此可以看出，期待可能性理论在我国犯罪构成中得不到体现，造成了法律与情理的冲突。

三、和谐社会语境下我国犯罪构成理论的重构

构建社会主义和谐社会，是我们坚定不移地走中国特色社会主义道路的主要目标。和谐社会所提出的公平正义，和谐的价值观也是引导我们社会和谐发展的主要价值体系。然而，刑法作为国家正义的最后把关者，在建设和谐社会

① 田宏杰：《刑法中的正当化行为与犯罪构成关系的理性思考》，载《政法论坛》2003 年第 6 期。

的进程中担负着尤为重要的作用。和谐社会要求下的刑法既是维护国家人民利益、惩罚犯罪的最好工具，同时也是保护人权的最重要的手段。犯罪构成理论，作为判断一个行为是罪与非罪最根本的依据，其所要代表的是公平和正义以及法律对人类的普遍的关怀，是要被百姓理解和接纳的体现社会和谐的犯罪构成理论。基于以上所提到的，目前我国的犯罪构成理论所面临的价值困境，笔者提出一点修改建议，旨在和谐社会的背景下更有利于犯罪构成的运用和完善。

我国的犯罪构成理论坚持四要件说，其中的很多内容与大陆法系所倡导的符合性、违法性、有责性是大同小异的，在坚持我国犯罪构成理论的基础上借鉴外来的优秀部分，完善其构成。就完善的途径而言，首先，主张犯罪构成理论将违法阻却事由纳入其中。有学者指出，在三阶层理论中，构成要件符合性之后讨论的是违法性，在违法性中又主要讨论违法阻却事由。在这个意义上，违法性的含义是实质的违法性。它从法律规范之外找到依据以处理违法的问题。而我国刑法犯罪构成体系中违法性仅仅指形式违法性，实质违法性的判断主要是靠犯罪构成之外的社会危害性这一概念来承担的，因此容易导致在犯罪构成之外寻找社会危害性，这种实质的判断容易导致不受规范的限制，而与罪刑法定原则相悖。笔者认为，大陆法系国家刑法理论中，行为符合构成要件即具有形式违法性，而我国刑法理论认为，行为符合犯罪构成要件即已构成犯罪，形式违法性与实质违法性在强调社会危害性和刑事违法性的统一时也得到了统一，致使难以将形式违法性与实质违法性分开。在这种情况下，犯罪客体就是承担着实质违法性的确定任务。正是把犯罪客体放置于犯罪构成中，才把形式违法性与实质违法性统一起来。所以，在犯罪构成中，犯罪客体的部分是有重要作用的并应当全新解释。

其次，我国的犯罪构成四要件的体现下，应将代表客观的违法要件与代表主观的责任要件区分开来。从根本上看，区分违法性要件与责任要件是实现犯罪构成理论根本任务的必要要求。评价一个行为是否成立犯罪，不能仅看其是否具有社会危害性，还必须考虑到是否应处以刑罚这一重大的利益侵害，即犯罪构成体系的根本任务不是仅在于说明什么是犯罪，还在于明确为什么可以对这样的行为处以刑罚，为决定是否评价为犯罪并处以刑罚提供具体的尺度。如果不区分违法与责任，没有明确区分违法阻却事由和责任阻却事由，笼统地称为犯罪阻却事由，在判定犯罪是否成立的结论上，不会有太多不同。但在司法实践中，却带来很多问题。例如，正当防卫杀人和 11 岁孩子杀人，都不构成犯罪，但他们并不是相同的。所以，区分违法阻却事由和责任阻却事由是意义重大的。

所以，本文认为，我国犯罪构成理论的完善应当在坚持犯罪客体、犯罪客观方面、犯罪主体、犯罪主观方面四个部分的基础上，借鉴大陆法系犯罪构成理论中的合理因素，对代表客观的违法要件与代表主观的责任要件进行区分，形成完整、系统的犯罪构成理论，达到真正的主客观相统一，为犯罪行为的认定和刑事责任的追究提供坚实的理论基础，为构建社会主义和谐社会提供强有力的法律支撑。

和谐社会的构建与犯罪构成理论的发展

刘丹丹

新世纪新阶段，国家处于日益复杂的国际社会环境和国内社会变革的大背景之中，面对机遇和挑战的双重压力，党中央以其敏锐的政治洞察力提出了“构建社会主义和谐社会”的伟大号召，并制定了系统、宏观的纲领性文件。① 构建社会主义和谐社会必然要求加强中国特色社会主义的现代法治建设，健全、理性、高效的社会主义法治是实现和谐社会构想的基石②，其中现代刑事法治建设对构建社会主义和谐社会具有独特的促进和保障作用。有学者指出，和谐社会是“元素互补、相互协调”的社会，针对有着纷繁复杂的利益关系交织冲突的社会，强调社会整体秩序的和谐。而现代刑事法治即是针对对社会整体秩序具有极大危害的犯罪问题的刑法规制，以国家强制力为后盾，作为维护社会整体和谐的最后屏障和最后防线，刑法存在更为严谨和苛刻的启动标准。犯罪构成理论在刑法理论研究中的基础和核心地位，决定了其不仅关系到我国刑法理论体系之根本，同时与我国社会现代刑事法治实践关系重大，进而对构建社会主义和谐社会有着非常特殊的理论和实践价值。

一、和谐社会与犯罪构成理论

（一）和谐社会的基本内涵

“和谐”，可谓渊源于中国古代的和合文化，安顺谓和，协调为谐。当代有学者研究认为所谓“和合”的和，指和谐、和平、祥和；合指结合、融合、合作。和合连起来，指在承认“不同”事物之矛盾、差异的前提下，把彼此不同的事物统一于一个相互依存的和合体中，并在不同事物和合的过程中，吸取各个事物的优长而克其短，使之达到最佳组合，由此促进新事物的产生，推动事物的

作者简介：刘丹丹（1990—），女，安徽淮北人，西南政法大学法学院刑法专业硕士研究生。

① 高维俭：《刑事政策的和谐化——议论我国和谐社会进程中的刑事政策改革思路》，载《河北法学》2007年第5期。

② 赵秉志：《现代刑事法治是和谐社会的基本保障》，载《中国特色社会主义研究》2006年第1期。

发展。[①] 据此，和谐本意之上有矛盾冲突的相互妥协容忍，不仅存在静态上的相互协调，同时存在动态中的交织融合。

中国现代语境下的社会主义和谐社会理论在2002年中国共产党第十六次全国代表大会首次明确提出，到2006年中国共产党十六届六中全会通过了《关于构建社会主义和谐社会若干重大问题的决定》（以下简称《决定》），和谐社会的理念正式从理论构想走向社会实践。《决定》指出，我们要构建的社会主义和谐社会，是按照民主法治、公平正义、诚信友爱、充满活力、安定有序、人与自然和谐相处的总要求，以解决人民群众最关心、最直接、最现实的利益问题为重点，着力发展社会事业、促进社会公平正义、建设和谐文化、完善社会管理、增强社会创造活力，走共同富裕道路，推动社会建设与经济建设、政治建设、文化建设协调发展。社会和谐是中国特色社会主义的本质属性，事实上，社会主义和谐社会的构建是一项关涉政治、经济、文化乃至社会生活诸多方面的系统工程。[②]

（二）和谐社会与犯罪构成理论的关系

和谐社会要求民主法治和公平正义，和谐社会的构建也离不开良好的社会治安和安定的社会秩序，社会主义法治建设成为和谐社会的题中之意。社会主义法治建设中最为重要的一环即是刑事法治建设。和谐社会所追求的公平、正义、自由、安全、秩序等核心价值理念，亦是社会主义法治建设的内在价值要求。

社会生活中，影响社会和谐的因素多种多样，涉及政治、经济、法律、文化道德等多个方面，然而可以说在和平时期，犯罪是影响社会和谐的最主要因素之一。构建社会主义和谐社会一定程度上是控制犯罪的有效措施，而有效的犯罪控制则是构建社会主义和谐社会的重要保障，加强犯罪控制和构建社会主义和谐社会是辩证统一的。[③] 随着社会的发展进步，社会矛盾日益突出、社会环境日趋复杂，诱发犯罪的因素普遍存在，各种新型犯罪的不断产生，如何在和谐社会的大环境中有效地控制犯罪，从犯罪本身的理论研究出发探寻犯罪发生的缘由不失为一条出路，其中涉及犯罪构成理论的部分就成为研究的基础和前提。

（三）和谐社会对犯罪构成理论的要求

《决定》指出构建社会主义和谐社会要求必须坚持民主法治，建设社会主义法治国家，树立社会主义法治理念，增强全社会法律意识，推进国家经济、政治、文化、社会生活法制化、规范化。构建社会主义和谐社会要求不断减少诱发和滋生犯罪的因素，要求最大限度地调动全社会的力量预防和控制犯罪，要求法治建设中始终坚持尊重和保障人权，要求将犯罪控制在人们和社会可承受的范围

① 《中华和合文化研究及其时代意义》，载《光明日报》1998年1月17日。

② 赵秉志：《和谐社会构建与宽严相济刑事政策的贯彻》，载《吉林大学社会科学学报》2008年第1期。

③ 张应立：《和谐社会的构建与犯罪控制研究》，载《山东警察学院学报》2008年第1期。

之内，要求创建良好的社会秩序提升社会整体的安全感，进而保障人们进行各项事业和建设。这是构建社会主义和谐社会对法治建设提出的要求和所要达到的目标。

刑事法治建设能为构建社会主义和谐社会发挥保驾护航的作用，一方面为和谐社会的构建创造安定团结的社会环境和社会秩序，另一方面可以更好地巩固和维系和谐社会构建的阶段性成果。在刑事法治建设的过程中，对犯罪问题的处理和把握成为其核心内容，犯罪问题涉及刑事政策、刑事立法、刑事司法和刑事执行的全部内容，但无论是理论研究还是司法实践，犯罪的刑法规制首先面临的就是犯罪成立问题，如何对行为进行犯罪构成的确证。和谐社会对犯罪构成理论的要求具体表现在犯罪构成理论能为和谐社会在控制犯罪问题上提供何种程度的支持，最基本的要求在于犯罪构成理论本身的研究成果能否在刑事法治建设，进而在和谐社会构建中起到应有之义。

二、和谐社会语境下的犯罪构成理论

（一）犯罪构成理论的概述

犯罪构成的概念最早可以追溯到13世纪，最初只是具有诉讼法意义，直到学者费尔巴哈等人采用后，才被赋予了实体法上的意义，而现代实质意义上的犯罪构成是进入20世纪后逐步建立并最终形成今天在世界范围内具有重要影响的大陆法系的犯罪构成三阶层的犯罪理论。其中，犯罪构成的符合性作为犯罪的形式要件，是与作为犯罪的实质要件的违法性并列，是各自独立的要件。此时犯罪构成不同于犯罪成立，犯罪构成仅是犯罪成立的一个要件，被包含于犯罪概念之中。构成要件的符合性是被认为与行为本身特征有关的主客观要件，与行为本身特征无关的要件则分属违法性或有责性要件中。

另一方面，苏联也形成了独具特色的犯罪构成理论，学者特拉伊宁创建了包括犯罪客体、犯罪客观方面、犯罪主体和犯罪主观方面在内的四要件的犯罪构成理论。刑事责任的唯一基础是构成任何犯罪都是一定的危害社会的行为的客观要件和主观要件的统一。此时犯罪构成独立于犯罪概念之外，但又以犯罪概念为基础存在。犯罪构成的全部要件即为犯罪成立的全部要件。

（二）犯罪构成理论的现状及其对构建社会主义和谐社会的影响

我国的犯罪构成理论是在借鉴苏联四要件犯罪构成理论的基础上建立和发展完善的。我国刑法中犯罪构成是指我国刑法所规定的、决定某一行为成立犯罪所必需的一切客观要件和主观要件的有机统一的整体（有机统一体）。[①] 原则上犯

① 马克昌主编：《犯罪通论》，武汉大学出版社2010年版，第70页。

罪是否成立只能以犯罪构成作为标准进行判断，同时作为实质性的犯罪构成，意味着某一行为一旦符合犯罪构成的全部要件，就成立犯罪，也因此行为人必须承担相应的刑事责任。关于具体的犯罪构成要件，理论上将其分为犯罪客体、犯罪客观方面、犯罪主体和犯罪主观方面四个要件。随着世界性的文化学术的交流越来越密切，国内更多的学者开始关注大陆法系的三阶层的犯罪论，也开始不断地反思四要件的犯罪构成理论体系，在构建社会主义和谐社会的大背景之下，国内的犯罪构成理论也面临着许多不和谐的因素，这也是在和谐社会语境下思考和探讨犯罪构成理论的必要所在。

犯罪构成理论对构建社会主义和谐社会的影响主要有以下几个方面：

第一，犯罪构成理论体系作为犯罪判断和证成的思维模式，可以说是整个刑法理论体系的基石，不管从理论视角或实践视角而言，犯罪构成理论都影响和制约着刑事立法和刑事司法，是刑事法治文明的支柱。法治文明作为一国发展繁荣的重要标志，对一国政治、经济、文化、社会、制度建设等具有十分重要的保障和促进作用，其中尤以现代刑事法治文明最为重要。在构建社会主义和谐社会的浪潮下，法治建设被赋予了更为重大的责任，和谐社会是法治建设的价值追求，法治的目的无非是实现社会和谐，依法治国不仅是和谐社会的建设目标，同时也是和谐社会构建的强有力的后盾和保障。

第二，和谐社会方方面面的建设事业需要安定团结的社会秩序，必然离不开对违法犯罪行为的法律控制，从立法、司法到执法的整个法治建设过程，刑法的出入罪问题也即犯罪构成的问题关乎法律控制的开口。刑事法律的目的和任务简言之就是惩罚犯罪和保障人权，惩罚犯罪首先必须做到认定犯罪的成立，而犯罪构成理论对坚持罪刑法定原则发挥具有十分重要的功能，犯罪构成理论指导司法实践中最为重要的犯罪成立问题。

三、和谐社会语境下犯罪构成理论的发展

（一）立足国内现行犯罪构成理论

分析大陆法系的“三阶层”犯罪论和国内的“四要件”犯罪构成理论，从犯罪构成理论与构成犯罪的事实之间的关系角度考察，犯罪构成理论体系中都包含了犯罪成立所必须具备的基本条件，事实上包含了犯罪行为的全部构成要素；从犯罪构成理论与刑法相关规定之间的角度考察，现行犯罪构成理论都能对犯罪规范的内容进行合理的理论分析，并进行符合自身逻辑的论证，在逻辑上能对刑法有关犯罪成立条件的规定进行系统的分类；从犯罪构成理论与司法实践的关系角度考察，现行犯罪构成理论基本上都可以帮助司法人员正确理解刑法关于如何

定罪的规定，在实践中指导司法人员正确进行司法活动。[①] 正是这些合理因素的存在，现有的犯罪构成理论才可能长期在不同国家的刑法理论中居于核心地位。犯罪构成是立法规定的，但却是由社会现状决定的，一定意义上说只有联系社会实践和社会总体价值判断，才能把握犯罪构成的现实生命律动。[②] 随着社会的发展变迁，源于西方的社会相当性理论、期待可能性理论、允许的危险和信赖原则等所反映的内容普遍存在于现代各国刑法中的问题，表明犯罪构成理论不断受到社会发展进步的限缩，即在不断适应社会形势的过程中实现自身完善的同时，更好地发挥其社会功效。

然而，国内学界针对"四要件"犯罪构成理论的批判，要求重构"四要件"犯罪构成理论的声音也是不绝于耳。学者的批判主要集中于以下几方面：

第一，国内"四要件"犯罪构成理论基本逻辑错误，罪与非罪的认定混乱。犯罪客体、犯罪客观方面、犯罪主体、犯罪主观方面在犯罪构成中的传统排序，造成了实质上的价值判断先于法律上的规范评价而存在。同时在司法实践中，按照这一排序认定某一行为时，是无法抛开主观方面而直接判断出行为的客观方面的。[③]

然而，犯罪构成理论是作为指导实践的理论而存在的，并非是明确的法律规定，因此必须坚持罪刑法定原则，在实践中毫无例外的适用。在司法实践中，犯罪构成的四个要件是统一的有机整体，并不是四个要件简单相加的总和，不是四个要件割裂开来并独立发挥作用的。所谓的排序问题可以说是学者以不同的视角对犯罪构成四要件的理解而已。

第二，国内"四要件"犯罪构成理论基本立场错误，是封闭的犯罪构成，不能体现控诉与辩护的统一。对比大陆法系的"三阶层"犯罪论而言得出的结论，犯罪构成理论的实践性应该是表现为根据刑法认定行为性质的过程而非依照刑事诉讼法查明事实真相的过程。[④]

然而，犯罪构成理论并非说是单独从刑法或刑事诉讼法的角度对成立犯罪发挥作用的，犯罪构成理论的实践性是一个动态连续的过程，应该说贯穿于立法、司法到执法的整个过程，学者会出现不同的理解，可以说是不同的出发点或视角会产生不一致甚至是对立的观点。

第三，国内"四要件"犯罪构成理论基本前提错误，即行为与犯罪的逻辑关系错误。承认犯罪是一种行为，则行为的外延必然大于犯罪的外延，而行为

① 陈忠林著：《刑法散得集Ⅱ》，重庆大学出版社 2012 年版，第 129-133 页。

② 许发民：《论社会发展进步与犯罪构成要件的敛缩》，载《政治与法律》2002 年第 5 期。

③ 陈忠林著：《刑法散得集Ⅱ》，重庆大学出版社 2012 年版，第 134-136 页。

④ 陈忠林著：《刑法散得集Ⅱ》，重庆大学出版社 2012 年版，第 136-138 页。

（或者说“危害行为”）却又是犯罪构成的一个单独的构成要素。①

学者这一批判意见看似无懈可击，这种逻辑上的问题是可以最终清明的，然而犯罪构成理论中所谓“犯罪”与“行为”是两个相互限缩的概念，行为是犯罪中最为基础的要素，其他的任何要素可以缺失，尽管有时不再成立犯罪但对犯罪有考察的必要，若行为一旦缺失，那么也就无所谓犯罪的问题了。

针对现行的犯罪构成理论而言，学者的批判意见是有其道理和值得深入思考的价值的，予以重视的同时我们也必须将这一理论的合理性加入。可以说自犯罪构成理论在国内刑法学界扎根生长以来，对其积极作用的肯定是必然的，在今天初步建成中国特色社会主义法律体系的大背景之下，犯罪构成理论形成了其本身特有的地位，尽管不断有缺漏不足的暴露，也实无须全盘推翻否定或者重构，犯罪构成理论必要的发展完善势在必行，这也是学者一种负责任的态度和颇有裨益的探索。

（二）借鉴西方尤其是大陆法系国家犯罪构成理论

对比大陆法系国家“三阶层”的犯罪论体系，构成要件符合性、违法性、有责性成为成立犯罪的全部要件，部分学者主张国内犯罪构成理论存在致命缺陷：一是没有构成要件的犯罪构成。构成要件作为一个具体的、特殊的、类型化的概念，体现的是一种类型化的思维方式，而许多学者在研究犯罪构成理论时，把构成要件等同于犯罪构成，把构成要件理论等同于犯罪成立条件的法律规定，构成要件的概念被泛化，其价值内容和方法论意义被阉割。二是没有出罪事由的犯罪构成。主要是针对正当防卫和紧急避险等排除犯罪性事由的行为，在国内犯罪构成理论中没有其地位，而只是单独予以考察和论述，排除犯罪性事由的行为或者说犯罪阻却事由本身逻辑上而言应该是犯罪成立的要件。三是没有归责的犯罪构成。在犯罪构成理论中关于犯罪主观方面强调的是行为人故意过失的心理状态，而没有涉及对它的评价，即进行法的谴责的问题，在犯罪构成理论之外形成了一种不同于“三阶层”犯罪论中有责性的刑事责任理论。四是没有阶层的犯罪构成。主张阶层即所谓位阶关系，大陆法系“三阶层”犯罪论体系的阶层式安排，体现了事实判断先于价值判断、客观判断先于主观判断、形式判断先于实质判断、定型判断先于个别判断的定罪思维方法。②

不可讳言，学者关于大陆法系“三阶层”犯罪论体系和国内“四要件”犯罪构成理论的比较分析的合理之处，诚然如上文中所分析犯罪构成理论的合理性也是不可忽视的。事实上，犯罪构成理论不但包括人们对犯罪的认识、理解和态度，也包括人们对犯罪的价值诉求、文化识别，还包括人们对犯罪的思维判断、

---

① 陈忠林著：《刑法散得集Ⅱ》，重庆大学出版社 2012 年版，第 138-143 页。

② 陈兴良：《犯罪构成论：从四要件到三阶层——一个学术史的考察》，载《中外法学》2010 年第 1 期。

哲理分析等。基于不同的价值观念、文化源流、意识形态等，国内现行的犯罪构成理论离不开中国传统法治文化和当今社会法治文化的共同孕育。在构建和谐世界和社会主义和谐社会的时代背景下，针对不断暴露问题的犯罪构成理论，在立足现行犯罪构成理论的基础上，借鉴西方，尤其是大陆法系的“三阶层”犯罪论体系的优势，互通有无，不自怨自艾，也不可夜郎自大，朝着不断自我完善的方向前进，不断夯实和谐社会建设的法治基础，努力为构建社会主义和谐社会排除更多的不和谐因素。

和谐社会与犯罪构成的内在价值探析

鲁照兴

一、和谐社会概说

和谐社会，自古以来就是全人类的共同理想和追求，有十分深厚的思想渊源。在中国古代的许多思想家、政治家，如孔子、孟子、墨子、老子，近代的有康有为、孙中山等，都对如何实现社会和谐进行了积极的探索。在西方社会的古代和近代思想家中，如赫拉克利特、柏拉图、黑格尔、卢梭、巴斯夏、马克思等，从不同的领域和角度也对如何实现社会和谐进行了全面的探索。

在中国，古人认为，和谐的本质就是和而不同。和而不同，首先是多样性的统一，认为“以他平他谓之和”；其次是动态的平衡，强调“和生万物”；最后是各得其所，倡导“乾道变化，各正性命”。总的来说，它包括心和、人和、家和、国和、人与自然和谐。

在西方，自古希腊开始，西方的思想家就对实现社会和谐的问题进行了积极的探索，在多个学科领域中提出了很多有价值的观点、方案。其中，哲学领域的毕达哥拉斯学派，认为世界是数构成的，数的奇偶两个方面的对立统一就是和谐；政治学视野的柏拉图，认为国家是社会分工的产物，要让人民各安其位，各尽职守，必须对他们进行教育，教育是实现社会和谐的重要途径；经济学视野中的法国经济学家巴斯夏在《和谐经济论》一书中提出“一切正当的利益彼此和谐”；等等。

通过以上简单的介绍，我们可知，无论是东方的世界，还是西方的社会，“和谐”都是全人类共同的社会理想和奋斗目标。其哲学内涵是对立统一，而不仅仅是同一。在马克思主义看来，人类社会在很长的历史时期内都是有矛盾和斗争的社会，我们需要在不同中求同，在张扬个性中求取共性。不同特性的事物共存、共赢才是和谐的本义。

2005 年 2 月，胡锦涛总书记在中央党校的讲话中，对社会主义和谐社会做出

作者简介：鲁照兴（1988—），男，山东菏泽人，西南政法大学法学院刑法专业硕士研究生。

了明确阐述，中共十六届六中全会又通过了《关于构建社会主义和谐社会若干重大问题的决定》。根据胡锦涛总书记的阐述，社会主义和谐社会的总要求是：民主法治、公平正义、诚信友爱、充满活力、安定有序、人与自然和谐相处。从一般理论上而言，社会主义和谐社会的基本内涵即：人与人之间的和谐；人与社会之间的和谐；人与自然之间的和谐；人与自身之间的和谐；民族与民族之间的和谐；国家与国家之间的和谐；国家与地区之间的和谐；地区与地区之间的和谐。

以上是对“和谐”的简单的解释，在当下构建和谐社会的滚滚洪流之下，任何人都不可能脱离该洪流，构建和谐社会是大势所趋，一切事物都离不开这个大的时代背景。法律这个被朗·L·富勒先生界定为“使人的行为受规则约束的事业”① 的东西，只是构建和谐社会中的一个侧面。当然，刑法作为国家法律体系中的霸主②，自然也不例外。犯罪构成理论作为刑法的基石性理论，更不可能例外。

解读刑法的视角有很多，有人从经济角度解读刑法，有人从社会学角度解读刑法，也有人从生态角度来解读刑法，当然也有人从政治学视角来解读这门“最精确的学问”③。犯罪构成理论，作为刑法中的基石性理论，在刑法学中的地位，毋庸置疑。笔者所要论述的这个主题“和谐社会语境下的犯罪构成”可以说是将和谐社会（政治视角）的精神贯穿于刑法最重要的一部分——犯罪构成理论之中。虽然当下国民（特别是年轻人，年轻的学生——作者加）似乎从过去较长时期的“政治挂帅”极端，走向了另一个极端“不谈政治”④。确实，我们承认是这样。但是，在和谐社会建设如火如荼的今天，我们不能不考虑这个时代大背景。既然刑法作为和谐社会构建的一个侧面，在犯罪构成中，要贯穿着和谐社会的精神还是非常有必要的。

正如上文我们所论述的，和谐社会的本质就是和而不同。在当下的中国，构建社会主义和谐社会的总要求是：民主法治、公平正义、诚信友爱、充满活力、安定有序、人与自然和谐相处。社会主义和谐社会的基本内涵：人与人之间的和谐，人们各尽所能，各得其所，和睦相处。在和谐社会语境下，主张多元化的犯罪构成理论，并不意味着对和谐社会的背反，对刑法发展理论的偏离，相反我认

---

① Lon L Fuller：The Morality of Law（2nd ed），New Heaven，Conn，1964，P106. 转引自哈罗德·J·伯尔曼著：《法律与革命——西方法律传统的形成（第一卷）》，贺卫方、高鸿钧、张志铭、夏勇译，法律出版社 2008 年版，第 4 页。

② 李永升主编：《刑法总论》，法律出版社 2011 年 8 月第 1 版，序言。

③ 克劳斯·罗克辛著：《德国刑法学总论》（第 1 卷），王世洲译，2005 年版，译者序。

④ 美国《时代》周刊在封面上曾载“忘记民主。中国二十多岁的年轻人忙着享受生活，无暇顾及政治”。此结论可能不能被完全认同，但反映了中国人的普遍状态。见《南方周末》2007 年 9 月 13 日。转引自刘树德著：《政治视域的刑法思考》，北京大学出版社 2007 年版，第 4 页。

为其正符合了和谐社会的本意，也符合了刑法理论发展的需要。因为犯罪现象复杂多变，纷繁复杂。可以说，没有任何一种犯罪构成理论能够应对强大的现实世界的复杂多变的犯罪现象。当犯罪构成理论在复杂的犯罪现实面前无能为力的时候，我们怎么办？其解决路径不外以下三种：发展现行理论，使之能够应对新出现的现实挑战；如果在现行理论之外，存在能够应对处理当下问题的理论，引进该理论；对新出现的问题无动于衷，置若罔闻。

二、犯罪构成理论聚讼

在当下的中国刑法学界，反思我国现行的犯罪构成理论，表明其存在的问题，寻求其完善的途径，已经成为刑法基础理论研究的时髦话题。在这种反思的思潮中，涌现了很多的观点。具体来说，有以下几种：

（一）我国传统的犯罪构成理论

我国的犯罪构成理论体系来源于苏联，是1949年之后直接“学习”苏联的产物。我国的犯罪构成理论发展到今天，正面临着严重的挑战[①]。所谓犯罪构成，就是指我国刑法所规定的，决定某一行为的社会危害性及其程度而为成立犯罪所必需的一切客观要件和主观要件的有机统一。[②] 传统的四要件构成理论体系由犯罪客体、犯罪客观方面、犯罪主体、犯罪主观方面四个部分有机构成，并且有一定的顺序，即从客观到主观。当下有一部分学者，对传统的四要件构成理论展开了激烈的批判，似乎四要件犯罪构成理论，在他们看来就是一文不值，就是我们一切罪恶、一切错案冤案的万恶之源。对之不批倒，誓不罢休。我认为这种观点有待商榷。四要件犯罪构成理论在绝大部分案件中得出的结果都是经得起检验的。我们不否认在一些个案中，四要件犯罪构成理论不能够做到很好地解释案件，没有最够的解释力。但是其积极的历史作用谁又能否认呢？

（二）英美模式

众所周知，英美法系中的犯罪构成理论体系，是在普通法发展过程中，法官在不断总结实体上的刑事判例以及诉讼程序上的经验基础上发展起来的。它有控有辩。行为人的行为要构成犯罪，换句话说就是行为要成立犯罪，需要两个大方面，四个小方面的要求。在第一个大方面（对罪行的要求）的前提下，首先，行为人必须有触犯刑律的行为，被称之为“犯行”。其次，行为人还必须有“犯意”。在第二个大方面（对程序的要求）前提下，首先是对辩护的要求，其具体是指行为人在实施某一行为的要求没有责任（如精神病，未成年）。其次是要有

---

① 高铭暄主编：《刑法学原理》（第1卷），中国人民大学出版社1993年版，第45页。

② 张明楷著：《刑法学》（第四版），法律出版社2011年版，第99页。

正当化事由（正当防卫）等来否认指控。英美模式，认为犯罪的本体要件是罪行，责任充足要件是抗辩事由[①]，我国学者一般称之为双层次模式。

（三）德日模式

德日的刑法学在当今世界上，其发达和精致是公认的。我国当下对四要件构成理论进行激烈批评的学者，无不是立足于德日刑法理论的犯罪构成理论来做出的。在德日的刑法学理论中还存在着多种分支理论。从发展阶段来看，其犯罪论也可以分为多种体系。德国学者罗克辛教授将之分为：古典犯罪论体系，新古典体系，目的行为理论体系，新古典与目的论结合体系以及功能性刑法体系[②]。其中犯罪成立理论是最主要的理论模型，也就是我们所说的三阶层犯罪论体系，主要是由构成要件的符合性、违法性与有责性三大部分组成。其中构成要件的符合性包括：客观要件（行为，结果），主观要件（故意，过失）；违法性包括：法定的违法阻却事由，例如正当防卫；有责性包括：具有责任能力，故意和过失以及期待可能性。德日模式又被称为三阶层模式。

（四）法国模式

关于法国犯罪构成理论体系，根据法国权威学者卡斯东·斯特法尼等人所著的《法国刑法总论精义》，其主要由构成要件和应负刑事责任两大块构成。其中构成要件包括：法律规定，事实要件，心理要件。应负刑事责任又包括两部分，应受惩罚性：具体是指犯罪的成立行为人必须具有罪过；可归责性：要求对这种罪过可以归结于犯罪人。[③] 法国是世界第一部近代刑法典的诞生地，其犯罪成立理论有着自己独特的特点。它不同于德日，没有德日刑法中的违法性要件。其将违法性要件融入法律规定部分之中，法国犯罪成立理论中的不负刑事责任和英美法中的辩护事由有某些类似，并且法国的犯罪成立理论并没有明显的阶层性。最后法国的犯罪学异常发达，在犯罪构成中常常提及犯罪学的问题，这是其他国家所没有的。

（五）意大利模式

我国刑法学界对意大利刑法也做了部分研究，并且也取得了一定的成就。根据我国近来对于意大利刑法理论的研究，意大利犯罪构成体系主要由典型事实、客观违法性与罪过三部分构成，有学者认为，意大利的犯罪构成理论是德国新古典体系传入意大利后的产物[④]。

---

① 储槐植著：《美国刑法》（第二版），北京大学出版社 1996 年版，第 3-4 页。

② ［德］罗克辛著：《德国刑法学》（总论），王世洲译，法律出版社 2005 年版，第 121 页以下。

③ ［法］卡斯东·斯特法尼等著：《法国刑法总路精义》，罗结珍译，中国政法大学出版社 1998 年版，第 337 页。

④ ［意］杜里奥·帕多瓦尼著：《意大利刑法学原理》，陈忠林译，法律出版社 1998 年版，第 96-97 页。

（六）价值取向及简要评价

如同我国台湾地区学者林东茂先生所言，犯罪构成，基本上是一个方法（手段），用以细致而且合理地说明什么条件下我们可以判断一个行为叫作犯罪。方法和手段可以被无穷地创用，犯罪构成理论模式会形成种种变形，并不足为奇①。既然犯罪成立理论是一种手段和方法，一种针对刑法有关犯罪成立规定的解释，那么，决定一种犯罪成立理论合理与否，就是刑法的规定以及理论构建者的价值追求与构建方法。其中理论构建者的价值追求功能更具有决定性意义。

我国的四要件犯罪论构成体系源自于苏联。众所周知，苏联作为世界上第一个社会主义国家，其犯罪构成理论从一开始就非常强调刑法的社会秩序维持机能。也就是说，在构建理论之初，苏联的犯罪构成理论并没有将罪刑法定主义作为其指导的原则，这是与当时的苏联所处的时代背景相联系的。我国在 1949 年之后移植苏联的犯罪构成理论体系，很大程度上可以说也是出于社会秩序的维持机能的需要来建构犯罪构成理论体系的，并且在共和国的历史上发挥的积极的作用也是有目共睹的。除此之外，虽然现在受到了一些批评，但是谁又能否认其在现实生活中发挥的作用呢？无论是德日模式，还是法国模式抑或者是意大利模式，我们在这里一并称为大陆法系模式。大陆法系国家的犯罪构成模式，从其诞生之日起，就被深深地和罪刑法定原则捆绑在了一起。以上所述，我们可以通过考察其犯罪构成理论的发展历史得出。然而，我们又知道，罪刑法定主义在被学者做了 200 多年的解释之后，其本质内涵被定义为：人权保障。因此，我们可以得出这些国家的犯罪论构成理论体系一直都是围绕着人权保障展开构建的。换言之，其犯罪论体系的建构是围绕着人权保障，其变动也是围绕着人权保障。英美模式，在重视实体的同时，还注重程序，这是其特色之所在。英美模式与其判例制度密切相关。并且其产生和其法官也密切相关，可以毫不夸张地说，其法官的功劳功不可没。正如有的学者言："学说在英国曾为人们所轻视，其程度甚于欧洲大陆，因为在英国比欧洲大陆更少受教授的影响，更多地受到法官的影响。"②英美模式之所以在普通法系国家流行长盛不衰，是有其内在的原因的，是由其文化特点所决定的。在我国英美模式并不合适，理由如下：首先，制定法是我国的唯一法律渊源，我国不承认判例法；其次我国的刑事诉讼模式，程序意识并没有达到英美法系当事人主义的那种水平；最后，我国的审判委员会制度，司法解释制度等许多司法制度的存在，会使英美模式在我国大打折扣。有位普通法的学者一句名言说得好："我们审视今天我们进行的法律变革之时就会发现，我们对于

---

① 林东茂：《刑法综览》，学林文化事业有限公司 2002 年版，第 41 页。

② ［法］勒内·达维德著：《当代主要法律体系》，漆竹生译，上海译文出版社 1984 年版，第 368 页。

普通法的借鉴至今仍停留在具体的规则层面，而这又非普通法的精髓；即使对于普通司法方面的借鉴，也只是片面的制度效仿，并未达到通过司法进行社会治理的层次。”①

三、犯罪构成理论和谐共存论视角

晚近以来，可以说对犯罪构成理论的研究是一种流行，对旧理论的批判更是一种时髦，一些新锐的学者指出了传统四要件构成理论的种种不是，似乎四要件构成理论体系才是万恶之首，它一文不值，应该被彻底地抛弃和否定，引进新理论才是大势所趋。笔者不认同这种观点，在构建社会主义和谐社会的背景下，笔者认为学者的批判精神是不能少的，因为在理论界并不存在不容置疑的权威。学术的繁荣需要相互之间的批判，只有相互的批判，我们才会发现自己的缺点，积极地加以改进，促使理论的发展，进而形成“百花齐放，百家争鸣”的局面，这也是和谐社会的应有之义。我认为我国的传统四要件构成理论体系和大陆法系国家的犯罪构成体系，无论是德日模式，还是法国模式抑或是意大利模式并不冲突，并不是相互排斥，你我水火不容。相反笔者恰恰认为，我国的四要件构成模式和大陆法系国家的犯罪构成模式具有相互补充的关系。因为，刑法理论上存在不同的犯罪构成理论：犯罪构成要素基本一致，但各要素之间的组合方式不一样，即体系化不一样，这导致认识思路和判断顺序存在差别。这主要是方法之争，绝大多数结论仍然一致。② 作为构建和谐社会的一个侧面，我认为在犯罪论构成体系领域，可以多种犯罪论构成体系并存，相互促进，共同繁荣，为解决实践问题，共同提供理论支撑。我再次重申，和谐并不意味着单一，而是意味着和而不同。犯罪构成理论体系也是一样，我们不论是一种理论还是多种多重理论，理论的目的，特别是犯罪构成理论的目的是为了公平正义地认定犯罪，进而实现刑法的正义和人权保障，进而实现和谐社会。只要能实现该目的，且手段方法程序正当，又有什么不可以的呢？有人也许会说，你们的这样做法是太过功利，是太过现实，笔者不否认这样的做法是有些功利，但是谁又能否认选择这种功利的态度比在理论面对现实的挑战无能为力时，理论者的遮羞布被撤掉之后的尴尬更可取呢？与其是理论在现实面前无能为力，还不如敞开胸襟，展开思维，抱着鲁迅先生的拿来主义，将一些理论搬进来，做好理论对实践的回应。

也许还有人会说，多种理论的引入，会引发司法实践的混乱，使司法者无所

---

① ［英］R. C. 范·卡内岗：《英国普通法的诞生》（译者序），李洪海译，中国政法大学出版社 2003 年版，第 21–22 页。

② 刘凤科著：《国家司法考试三校名师讲义》，中国政法大学出版社 2013 年版，第 25 页。

适从，不知该选择哪一种理论来认定犯罪。最简单的例子就是，司法者遇到一个案件，例如13岁的甲去盗窃，找来18岁的乙来给他望风，后来被发现，二人被抓获。按照传统的犯罪构成理论体系，甲不到年龄，不构成犯罪，因为甲不构成犯罪，所以二人不构成共同犯罪，因为乙没有实行行为，所以乙也不构成犯罪。而按照德日的阶层犯罪论体系，则甲乙构成共同犯罪，因为甲没有责任，对甲不处罚，对乙仍要处罚。这时司法者怎么办？因为理论体系的混乱，导致司法者无所适从，这是不符合和谐社会本义的。我认为其实不然，就拿上案来说，按照一般理性人的看法，对乙应该处罚，但是传统的犯罪构成体系无法解决这样的问题，而新的犯罪论体系却提供了一种全新的解决方案，使得司法者有了选择正义的余地，使得司法者能够思考到底哪一种方案更加合乎公平正义理性，这在我看来恰恰才是和谐社会的本质体现。如果在司法实践中没有这种参照，司法者只有一种传统的四要件构成理论体系来认定犯罪，像以上的案件不认定为犯罪，谁又能说这是符合公平正义理性的呢？谁又能说这是符合我们所要构建的和谐社会的呢？

其实，正如前面所描述的那样，各国有关犯罪构成理论体系很难说有什么本质之差异，理论差异主要源自于理论构建者之价值追求及其所用之构建方法各异而已。换言之，对于犯罪构成理论之比较和研究，与其研究犯罪构成理论之本身，还不如研究犯罪构成理论背后所蕴含的价值追求和价值理念，以及将之放在和谐社会之背景下来研究其适用问题。无论是依靠外国之犯罪构成理论为蓝本，强调改良本国之传统犯罪构成理论体系，还是将传统的犯罪构成理论体系推到，重新构建，都离不开对于一些价值的比较，都离不开对于和谐大环境的考察。价值追求之不同，时代背景之不同，也导致了犯罪构成理论体系的不同。换言之，因为价值追求之不同，时代背景之各异，犯罪构成理论体系存在差异，多元犯罪构成理论体系并存也就是顺理成章的了。

结 语

一个国家的人权保障，法治发展程度，很大程度上与一个国家的犯罪构成理论背后的价值追求有很大的关系，也和一个国家的学者胸怀胸襟有很大的关系。在和谐社会语境之下，我们有必要拿出那种“百花齐放，百家争鸣”的学术胸襟来。坚守固有的犯罪构成理论体系静止不变固然不行，但是推倒重来，似乎也不能解决问题。我们既不能让万马齐喑的局面笼罩刑法的论坛①，也不能全面西

---

① 高铭暄、赵秉志主编：《新中国刑法研究历程》，中国方正出版社1999年版，第120页。

化，使自己失去自己本来的特色，即“我们既不能夜郎自大，也不能妄自菲薄”①。和谐社会的一个要求就是多种样态能够和谐共存。犯罪构成理论体系作为和谐社会的一个侧面，也不例外。因此，主张多元犯罪构成理论并存似乎更适合我们的国情。传统犯罪论体系要保留，域外的犯罪论体系也要引进。因此，在立足于我们的实际的情况下，对犯罪构成理论加以改造，对域外的犯罪构成理论加以引进，让多重犯罪构成理论平等地共存。在理论上，研究者可以根据自己的兴趣，选择研究传统的犯罪构成理论或者是域外的犯罪构成理论体系；在实务中，适用者根据正义的原则来选择二者中的其中之一，以便更好地实现正义。只有在这样的竞争之中，我们的犯罪构成理论体系才会更加的繁荣，充满生机，和谐的内涵才能真正得以体现。

① 李永升教授在2012年9月19日2012级硕士生见面会上的讲话稿。

和谐社会与犯罪构成理论的正确走向

熊亚文

在构建和谐社会的背景下，包括犯罪构成理论在内的一切矛盾的解决，都应当体现和谐思想的内在要求。近年来，刑法学界关于犯罪构成理论构建的争论愈演愈烈，各种有关“改良”或“重构”我国犯罪构成理论的观点被相继提出。但纵观“五花八门”的理论观点，都给人一种大陆法系或英美法系犯罪构成理论优于我国传统的犯罪构成理论的妄自菲薄之感，总体上呈批判甚至否定我国现存的“四要件”犯罪构成理论的趋势。因此，在和谐社会语境下，我们有必要正视各犯罪构成理论之优劣，以匡正我国犯罪构成理论构建的研究走向。

一、三大法系犯罪构成理论的主要优势与缺陷

对我国犯罪构成理论的构建，既离不开对其自身优势和缺陷的认识，也离不开对大陆法系和英美法系犯罪构成理论优势和缺陷的认识。只有通过对“四要件”体系与大陆法系和英美法系犯罪构成理论优劣之比较，我们才能客观、充分地认识各个犯罪构成理论，这也是实现自身的完善和发展的基础和前提。

（一）域外法系犯罪构成理论的主要优势与缺陷

1. 大陆法系犯罪构成理论的主要优势与缺陷

在大陆法系犯罪构成理论中，构成要件符合性、违法性和有责性的“三阶层”体系为当前学界多数学者所主张。① 依据“三阶层”理论体系的观点，犯罪的成立需经过三个层次的判断，只有符合构成要件且具有违法性和有责性的行为，才是犯罪。该理论体系对行为的判断，大体是“由客观（外部）到主观（内部）、由抽象（一般）到具体（个别）、由定型到非定型的逐层次递进判断”②。因此，大陆法系的“三阶层”犯罪构成理论体系最为突出的优势在于，它是以一种“阶梯递进”的方式来判断犯罪成立，有利于克服刑法的恣意性。

作者简介：熊亚文（1990—），男，安徽宿松人，西南政法大学法学院刑法专业硕士研究生。

① 参见张明楷：《刑法学》，法律出版社2011年版，第97页。

② 张明楷：《刑法学》，法律出版社2011年版，第98页。

正因如此，大陆法系的“三阶层”犯罪构成理论体系为我国部分学者所大力推崇。然而，大陆法系的“三阶层”体系也有其固在的缺陷，如其内在蕴义一直处在不断流变之中，并不稳定，且就其操作的明快性而言，让人无所适从。[①]

2. 英美法系犯罪构成理论的主要优势与缺陷

在英美法系犯罪构成理论中，通行的是“双轨制”模式。“双轨制”模式包括两个方面：一是犯罪本体要件，包括犯罪行为和犯罪心态。二是责任充足要件，包括未成年、精神病、被迫行为、紧急避险和正当防卫等合法辩护事由。如果行为符合犯罪本体要件，行为人不能证明自己存在合法辩护事由，即排除合法正当性，这就具备了责任充足条件。[②] 与大陆法系“三阶层”体系不同，“双轨制”模式对犯罪本体要件和责任充足要件的判断是平行进行的。因此，其最大的优势在于，责任充足要件为刑事辩护提供了明确的方向和充分的时间和空间，有利于保障被告人的合法利益。但由于人为地将犯罪本体和责任分开，也就造成了控诉一方和辩护一方的严重对立，具有不利于控制和打击犯罪的固有缺陷。

（二）我国犯罪构成理论的主要优势与缺陷

众所周知，我国通行的犯罪构成理论是“四要件”体系，这是一种“平面、耦合”的犯罪构成体系。“四要件”体系包括四个方面的内容：犯罪客体、犯罪客观方面、犯罪主体、犯罪主观方面。判断某一行为是否构成犯罪，四个要件需同时进行，必须同时具备上述犯罪构成的四大要件才成立犯罪，缺失其中任何一个要件都不可能成立犯罪。有学者认为，相对于“三阶层”体系和“双轨制”模式，“四要件”犯罪构成体系具有比较合理性，这首先表现在它是一个相对稳定的理论体系，其次表现在这一理论符合诉讼规律，非常方便实用。[③] 因此，“四要件”理论体系的主要优势在于其蕴义的稳定性和操作的明快性，其对我国司法实践的指导作用明显强于前者。但是，该学者同时也指出，“四要件”体系确实也存在静态性有余而动态性不足、封闭性有余而开放性不足等不少问题。[④] 这也是对“四要件”理论体系持批判态度的大部分学者所持的基本观点。另有个别学者还认为，理论体系的设定应当遵循安全性、可操作性两个价值前提，如果依据这两个价值前提评价我国通论的“四要件”犯罪构成理论体系，该理论体系的一次性评价的体系设计使出罪通道不畅通，导致刑法运行安全方面的保障

---

① 参见高铭暄：《关于中国刑法学犯罪构成理论的思考》，载《法学》2010 年第 2 期。

② 参见于改之、郭献朝：《两大法系犯罪论体系的比较与借鉴》，载《法学论坛》2006 年第 1 期。

③ 参见高铭暄：《论四要件犯罪构成理论的合理性暨对中国刑法学体系的坚持》，载《中国法学》2009 年第 2 期。

④ 参见高铭暄：《论四要件犯罪构成理论的合理性暨对中国刑法学体系的坚持》，载《中国法学》2009 年第 2 期。

欠缺，而且将一个总体的犯罪评价对象即犯罪行为拆分为四个方面的理论体系思路，难于符合人的一般思维习惯，具有可操作性方面的问题。①

综上所述，无论是大陆法系所通行的“三阶层”体系，还是英美法系的“双轨制”犯罪构成理论模式，或者是我国现存的“四要件”体系，都存在各自的优势和固有的缺陷。对此，我们应当有客观、充分的认识。对我国犯罪构成理论的构建，必须建立在对三大法系犯罪构成理论充分认识的基础之上。特别是对待国外的犯罪构成理论，我们应当持辩证的看法，不能一味地妄自菲薄，对自己全盘否定，对别人全盘照搬。笔者认为，在构建和谐社会的背景下，包括犯罪构成理论在内的一切矛盾的解决，都应当体现和谐思想的内在要求。但是，纵观当前理论界对我国犯罪构成理论构建之观点，“西化”之趋势依旧相当明显，这与和谐思想的本质格格不入。

二、我国犯罪构成理论构建的现状及评判

基于我国“四要件”犯罪构成理论体系存在的平面化缺陷，加之大陆法系和英美法系的犯罪构成理论在阶梯层次上的立体性优势，我国理论界兴起了构建犯罪构成理论的热潮。总体来说，可分为“改良论”和“重构论”两种对立的观点。具体来说，又可以划归为“三大模式八种路径”②。

第一，坚持与完善传统模式。该模式可以分为三种路径：路径之一是增减构成要件的努力。即在传统四大构成要件的基础上，通过对构成要件的增减来完善传统的犯罪构成理论，先后形成了二要件说、三要件说、五要件说。③ 路径之二是排列构成要件顺序的努力。这种观点对传统的四大构成要件予以保留，但根据不同的逻辑顺序对犯罪构成四要件重新加以排列。路径之三是在前两者的基础上进一步深化，即在增减客体要件的基础上重新排列构成要件的顺序。

第二，直接引进模式。该观点主张直接引入大陆法系的三层次的犯罪构成体系。有学者对此做了两种准备与努力：一是在理论上对德日的三阶层犯罪论体系与我国的四要件犯罪构成理论做了比较细致的阐述与说明，④ 二是在自己主编的刑法学教科书中直接采用了这种三阶层的理论体系，并且在该教材的第二版中继

① 参见李洁：《中国通论犯罪构成理论体系评判》，载《法律科学》2008 年第 2 期。

② 参见李洁、王勇：《中国犯罪构成理论构建的理论体系与价值前提》，载《吉林大学社会科学学报》2008 年第 6 期。（随着研究的深入，新的观点被相继提出，有学者将其归纳为“四种模式十一种路径”。参见王勇、金圣春：《犯罪构成理论的当下图景与可能走向——21 世纪第一个十年犯罪构成理论研究的初步考察》，载《当代法学》2011 年第 5 期。）

③ 参见赵秉志：《刑法争议问题研究（上卷）》，河南人民出版社 1996 年版，第 173-194 页。

④ 参见陈兴良：《犯罪论体系：比较、阐述与讨论》，载陈兴良主编《刑事法评论：第 14 卷》，中国政法大学出版社 2004 年版，第 16-66 页。

续沿用了这一体系。

第三，创新模式。路径之一是直接创新模式。如陈兴良教授先是主张建构二位一体的犯罪构成体系，即由罪体与罪责构成的犯罪构成理论，后又进一步提出了罪体、罪责与罪量的三位一体的体系。路径之二是依托英美法系犯罪构成理论的间接创新模式。① 路径之三是依托大陆法系犯罪构成理论的间接创新模式。② 路径之四是试图在吸收大陆法系和英美法系犯罪构成理论优势的基础上的间接创新模式。③

统观理论界关于犯罪构成理构建论的“三大模式八种路径”的研究格局，我们可以发现，上述“三大模式”实际上表明了我国学界关于犯罪构成理论的两种立场：坚持与完善传统模式可以归为“改良论”的立场，直接引用模式与创新模式可以归为“重构论”的立场。④ 不过，仔细审视我国关于犯罪构成理论构建的若干理论，可以发现，无论哪种模式都是建立在大陆法系或者英美法系的犯罪构成理论优于我国传统犯罪构成理论的基础之上。如有学者认为我国的犯罪构成理论完全没有存在的正当性和合理性，必须要改而且要很大程度地改。⑤ 即便是维持并完善我国传统犯罪构成理论的学者，也在总体上倾向于认为大陆法系法律模式更有利于认定犯罪。⑥

笔者以为，如此过分推崇国外犯罪构成理论体系观点，具有其偏激的一面。尤其是其中持“重构论”立场的直接引用模式和创新模式，完全否定现存的四要件犯罪构成理论体系的价值。事实上，“大陆法系中的德日刑法学，虽曾在民

---

① 比较有代表性的观点是，以英美法系犯罪构成模式为基础，结合中国传统犯罪构成体系的合理要素，立足于经验与理性的融合与沟通，重构后的中国犯罪构成体系可由犯罪基础要件和犯罪充足要件两个层次构成。参见田宏杰：《刑法中的正当化行为与犯罪构成关系的理性思考》，载《政法论坛》2003年第6期。

② 比较有代表性的观点是，在借鉴大陆法系三要件理论的基础上，以罪状为中心展开犯罪构成理论，认为犯罪是该当法定罪状、违法、有责（有罪过）的行为，以罪状论、违法论和罪责论（主观罪过）来进行依法定罪。参见阮齐林：《评特拉伊宁的犯罪构成论——兼论建构犯罪构成论体系的思路》，载陈兴良主编《刑事法评论：第13卷》，中国政法大学出版社2003年版，第21页。

③ 比较有代表性的观点是，保留传统犯罪构成理论中的犯罪主观方面和犯罪客观方面，将之改成为行为的主观方面和行为的客观方面，以此作为犯罪构成体系中的第一层次要件，即事实要件；将形式的违法性作为第二层次的违法性评价，并将正当防卫等置于其中，成为违法阻却事由或合法辩护事由；将传统犯罪构成理论中的犯罪主体要件构建为责任领域，以此作为第三层次的有责性评价。参见劳东燕：《罪刑法定视野中的犯罪构成》，载陈兴良主编《刑事法评论：第10卷》，中国政法大学出版社2001年版，第37-38页。

④ 王勇、金圣春：《犯罪构成理论的当下图景与可能走向——21世纪第一个十年犯罪构成理论研究的初步考察》，载《当代法学》2011年第5期。

⑤ 参见王世洲：《犯罪论体系的整体性反思》，载陈兴良主编《刑事法评论：第14卷》，中国政法大学出版社2004年版，第94页。

⑥ 参见陈兴良：《刑法哲学》，中国政法大学出版社1992年版，第550页。

国时期得到过短期传播，但很快随着新中国的成立而销声匿迹，英美刑法学则更是根本未在中国铺开，两者均未在历史上产生重大影响。只有以四要件为核心的中国刑法学体系，随着法学教育的蓬勃发展，扎根开花，广为传播。在这样的现实面前，强行掐断已经生机勃勃的中国刑法学，再移植进一个完全没有生存土壤的德日犯罪论体系或其他什么体系，是否有舍本逐末之嫌?”[①] 如上所述，现存的任何一种犯罪构成理论体系，都有其存在的合理性，也有其不可避免的缺陷。如果深入到四要件犯罪构成理论内部进行研究可以看出，四要件犯罪构成理论具有逻辑严密、契合认识规律、符合犯罪本质特征等内在的合理性。可以说，四要件犯罪构成理论并不是毫无法理基础的特定政治条件下冲动的产物，而是经过了审慎思考、反复论辩形成的理论精华，其精致程度足可媲美世界上任何一种犯罪论体系。[②] 更为重要的是，四要件犯罪构成理论体系与其他犯罪认定理论相比，具有比较上的优势，更具相对合理性。四要件犯罪构成理论的合理性首先表现在它是一个相对稳定的理论体系，而三阶层犯罪论体系则变动不居，常使人产生无所适从之感；其次，这一理论符合诉讼规律，非常方便实用。同时，包括四要件理论体系在内的犯罪构成理论，都存在一定的缺陷。正如陈忠林教授所指出，“不同犯罪构成理论体系之间的相互批评、同一犯罪构成理论体系内不同观点的相互对立，都在随时提醒我们：无论是四要件还是三阶层的犯罪构成理论，都存在许多根本的缺陷”[③]。

总之，“中国刑法学犯罪构成理论体系和德日刑法学犯罪论体系分别植根于各自的法文化土壤，各有其特色和优势，很难说哪一种理论体系就是绝对真理或者具有绝对优势。相对而言，德日刑法学犯罪论体系的优势在于追求哲理的周密性和体系的严谨性，而中国刑法学犯罪构成理论的优势则在于蕴义的稳定性和操作的明快性”[④]。在发展我国犯罪构成理论的过程中，积极借鉴包括德日刑法学在内的域外先进刑法学术成果是必要且有益的；但同时我们应当将这一切建立在对中国刑法学的深刻理解和对中国刑事司法实务的现实把握的认识基础之上，建立在体系的思考和问题的思考互补的方法基础之上。

---

① 高铭暄：《论四要件犯罪构成理论的合理性暨对中国刑法学体系的坚持》，载《中国法学》2009年第2期。

② 参见阮齐林：《评特拉伊宁的犯罪构成论——兼论建构犯罪构成论体系的思路》，载陈兴良主编《刑事法评论：第13卷》，中国政法大学出版社2003年版，第21页。

③ 陈忠林：《现行犯罪构成理论共性比较》，载《现代法学》2010年第1期。

④ 高铭暄：《关于中国刑法学犯罪构成理论的思考》，载《法学》2010年第2期。

三、和谐社会语境下犯罪构成理论构建的正确走向

和谐社会自古以来就是全人类的共同理想和追求，有其十分深厚的思想渊源。和谐的本质，就是和而不同。和而不同，是多样性的统一，是动态的平衡，是各得其所。人类社会在很长的历史时期内，都不是没有矛盾的社会，而是在不同中求同，在张扬个性中求取共性。不同特性的事物共存共荣是和谐的本义。2004 年 9 月，中共十六届四中全会明确提出“不断提高构建社会主义和谐社会的能力”。这是我国执政党第一次把建设“和谐社会”放到与经济建设、政治建设和文化建设同样突出的位置，构建“和谐社会”成为执政党社会建设的新理念，也成为在转型社会整合社会各种矛盾的新思路。

在和谐社会的语境下，和而不同的和谐本质思想，为处理各种矛盾和冲突提供了新的思维方式，同时也提出了新的要求。就当前我国的犯罪构成理论体系之构建问题而言，和谐社会语境下的构建，质言之就是一种发展。基于和谐的本义——不同特性的事物共存共荣，现存的各种犯罪构成理论体系都应当在坚持自身特性的基础之上，吸取其他犯罪构成理论体系的先进之处，以实现自身的发展。和而不同是和谐的本质，这就决定了现存的不同犯罪构成理论之间，应当处于一种相互批判、相互借鉴、相互发展的关系之中，最终呈现一种共存共荣的和谐局面。力求彻底推翻某一种犯罪构成理论体系以实现各国家和地区的犯罪构成理论之统一的做法，是违背和谐社会发展规律的。诚然，我国现存的四要件犯罪构成理论体系确实存在一定的问题，但并不能因此否认四要件体系的存在价值。事实上，“以四要件犯罪构成理论为核心的新中国刑法学建立后，迄今已 50 余年，在这几十年的时间里，刑法学界对四要件犯罪构成理论提出根本性质疑的并不多见，学界存在的一些异议至多只是‘犯罪客体是否必要’‘四要件排列顺序如何’等技术性问题”①。从辩证思维的角度来看，这些技术性问题的存在，恰恰为我国四要件犯罪构成理论体系之完善提供了一个明确的方向。

笔者认为，我国现存的犯罪构成理论体系完全没有重构的必要，现存的四要件犯罪构成理论体系应当坚持，理论界对我国犯罪构成理论构建的研究，应当坚持“针对其存在的问题逐步进行完善”的方向前进。针对我国“四要件”犯罪构成体系存在“静态性有余，动态性不足”的问题，笔者主张通过完善的方式解决。有许多学者已经就如何完善做出了诸多努力，这些理论探讨对于完善我国现存的四要件犯罪构成理论体系具有一定的积极意义。但纵观各种完善路径，均

---

① 高铭暄：《论四要件犯罪构成理论的合理性暨对中国刑法学体系的坚持》，载《中国法学》2009 年第 2 期。

是在四要件犯罪构成理论体系之内探讨该体系之完善，具有不可避免的局限性。笔者以为，对犯罪成立之判断，离不开犯罪概念对四要件犯罪构成体系的指导作用。如果在利用犯罪构成理论体系判断犯罪成立的过程中，融入实质的犯罪概念，四要件犯罪构成体系存在的上述问题将得到进一步解决。

将犯罪概念融入对犯罪成立的判断之中，需要做以下准备：首先，犯罪构成的四要件要走向客观化和形式化。[①] 犯罪客体要件的形式化，是犯罪构成四要件体系的客观化和形式化的首要内容，犯罪客体要件不能表述为“我国刑法所保护的、为犯罪行为所侵犯的社会关系”，而应当表述为“我国刑法所保护的社会关系”。剥去了犯罪客体的实质内容，也即剥去了犯罪构成四要件体系的实质判断功能，使犯罪构成四要件体系的判断走向一种客观事实上的、形式上的判断。其次，犯罪概念要走向实质化。在四要件犯罪构成体系失去了实质性和价值性判断的基础上，犯罪概念的实质化便具有实质意义。犯罪概念的实质化是指，犯罪概念包含了犯罪成立的形式内容和实质内容，即既强调犯罪的反社会性，又强调犯罪的刑事规范违反性。社会危害性是犯罪的最本质特征，这一点将犯罪与正当行为相区别开来；刑事规范违反性是犯罪的基本特征，这一点将犯罪与一般的违法行为相区别开来。最后，犯罪概念包含的三大犯罪基本特征要走向立体化。犯罪概念所包含的犯罪的基本特征有：严重的社会危害性、刑事违法性、应受刑罚惩罚性。应受刑罚惩罚性并不是前两者的派生特征，事实上，它是犯罪的基本标志，是犯罪行为与其他违法行为的本质区别。立体化的犯罪概念的最大作用在于，它在犯罪成立过程中起到了价值判断的作用。

在四要件犯罪构成体系的客观化和形式化以及犯罪概念的实质化和立体化后，结合二者判断犯罪成立的基本模式便随之确立。在判断某一行为是否成立犯罪时，应当首先根据犯罪构成的四要件进行客观的、形式上的判断，如果符合犯罪构成的四要件，再利用犯罪概念进行实质性的价值判断。具体而言，严重的社会危害性将实际上不具有社会危害性，但表面上符合犯罪构成的四要件的行为排除在外，如正当防卫、紧急避险等正当化事由即是如此。刑事违法性将刑法没有规定为犯罪的、但实际上具有社会危害性的行为排除在外，这也是罪刑法定主义的根本要求。应受刑罚惩罚性将不值得科处刑罚的具有社会危害性和刑事违法性的行为排除在外，如根据《刑法》第 13 条“但书”规定，情节显著轻微危害不大的行为即是如此。这种结合犯罪构成四要件体系和犯罪概念共同判断犯罪成立

---

① 与此相反，有学者主张实质性的犯罪构成，认为犯罪构成是实质和形式相结合的犯罪构成，犯罪构成的四个方面囊括了德日刑法中的构成要件、违法和责任三个方面的全部内容。参见黎宏：《我国犯罪构成体系不必重构》，载《法学研究》2006 年第 1 期。

的基本模式，可以有效地克服“我国刑法学体系整体来说静态性有余，动态性不足”的缺陷，还可以对司法实践中存在的界于罪与非罪之间的犯罪成立判断难题之解决提供一种逆向的思维路径，即根据犯罪的应受刑罚惩罚性的基本特征来判断是否应当成立犯罪，较之其他完善方式具有一定的优势。当然，这种完善方式本身还需要进一步地论证和完善，尚待深入探讨。①

① 笔者在此仅提出了对改善我国四要件犯罪构成理论体系的一点设想，由于篇幅有限，无法深入展开论述。但笔者认为，这种结合犯罪概念判断犯罪成立的模式，有能力解决当前四要件犯罪构成理论体系固有的平面化缺陷，但还有待深入探讨。

和谐社会语境下的犯罪构成理论探索

陶卫畅

和谐，是对立事物之间在一定的条件下、具体、动态、相对、辩证的统一，是不同事物之间相同相成、相辅相成、相反相成、互助合作、互利互惠、互促互补、共同发展的关系，其哲学内涵是对立统一而不是同一。社会的和谐是指组成社会各要素之间对立统一的秩序或者说状态。和谐社会自古以来就是全人类的共同理想和追求，有十分深厚的思想渊源。在新的形势下，中共中央从战略高度提出了构建社会主义和谐社会的总体布局，其主要特征有以下六个方面：民主法治、公平正义、诚信友爱、充满活力、安定有序、人与自然和谐相处。在和谐社会理念的基础上，中央提出了社会主义和谐文化这一重大科学论断。

刑法理论作为社会文化的组成部分，理应顺应这一科学论断的要求。而犯罪构成理论是整个刑法理论体系的基石与核心，该理论本身的和谐无疑会很大程度上促进刑法理论的和谐。在我国，根据刑法学界之通说，所谓犯罪构成是指我国刑法所规定的，决定某种行为构成犯罪所必须具备的主观要件与客观要件的有机整体。作为认定犯罪的规格和标准，犯罪构成是由一系列的要件构成的。犯罪构成要件作为犯罪构成的基本单元，它是犯罪构成整体的各个有机组成部分。

目前，有关犯罪构成理论学界存在诸多争议，已经成为当下的一个热点问题。聚焦犯罪构成理论的争议，争议最为激烈的是关于犯罪构成理论的构建。学者们也是撰文立说，提出自己的理论设想，总的来说可以分为三种观点：一是坚持传统的四要件构成模式，并对之加以改进和完善，该观点认为，虽然传统观点尚需完善与改进，但总体上是科学合理的；① 二是直接引进模式，该观点主张直接引进大陆法系的三阶段的犯罪构成体系，并在有些学者所编著的教材中运用；② 三是对传统犯罪构成理论进行创新，如陈兴良教授主张建构罪体、罪责、

作者简介：陶卫畅（1990—），男，河南安阳人，西南政法大学法学院刑法专业硕士研究生。

① 赵秉志主编：《刑法争议问题研究（上卷）》，河南人民出版社 1996 年版，第 173–194 页。

② 陈兴良著：《刑法学》，复旦大学出版社 2003 年版。

罪量的三位一体的体系。[①] 其中，第一种观点与第二种观点交锋最为激烈，即坚持传统与破除传统，引进大陆法系特别是德日三阶段犯罪构成理论来重建中国犯罪构成体系。第二种观点持有者主要是近年来有留学德日背景的中青年刑法学者。下面就两种不同的犯罪构成体系做一下简单介绍。

我国刑法理论中的犯罪构成理论，主要是移植苏联的犯罪构成理论，首先由犯罪主体要件、犯罪主观要件、犯罪客观要件和犯罪客体要件四个方面要件组成，从组合结构上可以称为耦合式犯罪构成理论体系。在这种理论体系中，一个行为只要同时符合或具备这四个方面要件，就成立犯罪，缺少任何一个要件，便不能成立犯罪。四个要件之间存在相互依存关系，任何一个方面的要件，若离开其他三个方面要件或其中之一，都不可想象，任何一个构成要件的存在，都是假定其他要件存在的前提下才存在的，否则便失去了其存在的基础，这充分体现出要件的同时性与横向联系性。[②] 在德日刑法理论中，犯罪是构成要件该当性（构成要件符合性）、违法性、有责性的行为，即判断一个行为是否构成犯罪，应看该行为是否具有符合性、违法性和有责性，以此作为犯罪成立条件。具体来说，一个行为要成立犯罪，首先必须符合或该当刑法分则所规定的犯罪构成要件，这里的构成要件是一个类型轮廓的观念形象，大体是一种抽象的、定型的判断。只有符合这个轮廓的外形，才有必要作进一步为违法性的责任评价。其次，当一个行为符合某一犯罪的构成要件，既具有该当性后，便进入下一个阶段，进行违法性的审查。大陆法系刑法通说认为，构成要件是违法的类型，不仅是违法的认识根据，也是其实质根据，某个行为如果符合构成要件，一般就可以肯定违法，但例外是存在正当防卫、紧急避险等违法性阻却事由。违法性的评价，主要是对行为是否具有违法性阻却事由的判定。最后，对于构成要件该当、违法的行为，其是否犯罪，必须审查行为有无责任。责任因素包括责任能力、故意和过失，以及期待可能性等内容。如果没有责任阻却事由，行为最终就成立犯罪。所以，在大陆法系国家犯罪构成理论中，行为符合了刑法分则规定的构成要件，可以是非违法的；行为符合构成要件并具有违法性，也许是具有阻却责任事由，缺乏可归责性，不构成犯罪。正如我国学者所指出，我国犯罪构成四个方面的要件是“一存俱存，一无俱无”，[③] 而大陆法系犯罪论体系中各要件可以不依赖其他要件单独存在，发挥其独特的评价功能，明显地体现了三个犯罪成立要件之间的序列性并由此决定的纵向贯穿性。由此可以看出我国与大陆法系犯罪构成理论存在以下几

---

① 陈兴良著：《规范刑法学》，中国政法大学出版社 2003 年版。

② 赵秉志主编：《犯罪总论问题探索（第 2 卷）》，法律出版社 2002 年版，第 4 页。

③ 李洁：《三大法系犯罪构成论体系特征比较研究》，载陈兴良主编《刑事法评论》（第 2 卷），中国政法大学出版社 1998 年版，第 444 页。

个方面的差异。具体而言：

（一）犯罪构成所包含的要件不同

我国的犯罪构成要件包括犯罪客体、犯罪客观方面、犯罪主体和犯罪主观方面。犯罪客体是指刑法所保护的而为犯罪所侵犯的社会关系；犯罪客观方面是指刑法规定的、行为人实施犯罪行为的外在表现形式，主要包括危害行为、危害对象、危害结果以及行为与结果之间的因果关系。犯罪主体是具有刑事责任能力、实施危害社会的行为的自然人和单位，包括主体身份、刑事责任年龄、刑事责任能力的内容。犯罪的主观方面是行为人实施犯罪行为时的心理状态，包括故意、过失、犯罪目的、犯罪动机等方面的内容。而大陆法系的犯罪构成要件包括行为符合性、违法性、有责性三个方面。符合性是指行为事实是否符合刑法所规定的构成要素，包括主体、行为、客体、结果、因果关系、行为状况以及主观构成要素等方面；违法性是指行为在符合构成要素的情况下是否违反了刑法的规定，包括违法的实质与违法阻却事由两个方面。有责性是指行为符合构成要件且违法是否有责，包括责任能力、责任形式、阻却事由等方面。

（二）犯罪成立要件划分的出发点不同

我国的犯罪构成理论，是以唯物辩证法为指导，从实体角度将符合犯罪构成的行为整体分割成四个单元，四个要件在审查行为是否构成犯罪中起分析作用，当行为符合四个要件时，便可综合评价出犯罪的成立，在实践中有点类似于对号入座，故其评价是综合性的。在大陆法系国家，其犯罪构成理论不是在观念上首先将一个预定的“犯罪”分割成若干个单元，而是将行为视为一个整体，而整体行为是否具有某种性质（即构成要件符合性、违法性、有责性）。所以我国犯罪构成理论是将行为的不同部分划分为各个构成要件，而大陆法系国家犯罪构成理论是将行为整体的不同意义划分为不同的成立要件，[①] 从程序角度对行为做层层缩小的考察，可以形象地称之为“过滤网”：任何一个行为最终被确立犯罪，都要依次经过行为是否符合性法律定型的构成，符合之后行为是否违法，确认违法之后还要看行为人是否有责，是否有阻却事由，三道“工序”层层过滤，符合性是事实评价，违法性是违法评价，有责性是责任评价，用排除的方法排除犯罪。

（三）犯罪构成各要件之间的关联程度不同

我国犯罪构成四要件是一个有机联系、不可分割的统一整体。其中，任何一个要件都不能单独存在，必须以其他要件的存在为前提和基础，有学者称之为一

① 李洁：《三大法系犯罪构成论体系特征比较研究》，载陈兴良主编《刑事法评论》（第2卷），中国政法大学出版社1998年版，第444页。

存俱存，一损俱损。而大陆法系国家的犯罪构成要件是独立的，具体来说，行为具有符合性，并不说明行为具有违法性，行为符合且违法也不能说明行为有责，可能存在诸如正当防卫、紧急避险以及不具有期待可能性而免责，三个要件不像我国四要件那样存在着互为前提基础的高度关联性。

（四）与法律的规定的衔接不同

我国犯罪构成理论鲜明地体现了犯罪构成理论对法律规定的直接概括，体现了理论以法律规定的一致性。而大陆法系的犯罪构成理论高于法律对犯罪构成的规定，体现了理论的相对独立性。因为，刑法总则不可能直接规定“构成要件符合性”“违法性”“有责性”，法律程序也不存在这种层层过滤的三道工序，这仅仅是理论的高度概括，是理论本身逻辑使然。故大陆法系的犯罪构成理论对犯罪构成要件具有间接概括的特征。

（五）对犯罪成立的评价次数不同

我国犯罪构成是由一系列主客观要件构成的有机整体，这一特征导致我国犯罪构成是综合性的、一次性评价。由于四要件之间存在着高度紧密的联系，任何一个要件都不能单独进行评价，只有在全面的分析之后，才能综合评价，而行为一旦符合四个要件，犯罪即告成立，这一评价过程是一次性便可完成的。另外，由于违法性因素与责任性因素已为我国犯罪构成所包括，所以这一评价不仅是行为符合性的评价，同时也是刑事违法性与有责性的评价，这也体现犯罪与责任同在的原理。由此可见，我国犯罪构成对具体行为所做出的综合评价是集符合性、违法性与有责性于一体的。符合构成要件的行为也就是违法行为，而符合刑事违法条件的行为，也就是应当负刑事责任的行为。我国犯罪构成这种高度统一的特征，是我国刑法没有单独地将违法性与有责性作为犯罪成立的独立条件的根本原因。① 而大陆法系则并非如此。大陆法系犯罪构成理论所确立的犯罪构成要件具有相对独立性，对某一行为的评价要经历三个步骤，即构成要件符合性、违法性与有责性。这种层层过滤或递进的行为审查，也就决定了行为成立犯罪其评价过程必定是多次性的，但每次评价的角度不同，不同层次的评价有时又有所重复之处。

虽然两种不同的犯罪构成体系存在着诸多差异，但是二者仍存在着暗合之处。首先，在大陆法系德日犯罪构成符合性中，其要素包括主体、行为、客体、结果、因果关系、行为状况以及主观构成要素等方面。其中行为是构成要件要素的核心。由此可见，德日犯罪构成理论中构成要件要素在我国犯罪构成理论中都能找到对应的部分。行为与行为状况基本可以对应我国犯罪构成理论中的客观要

① 李永升著：《刑法的功能与价值》，中国检察出版社 2012 年版，第 176 页。

件。行为主体中的自然人、法人与身份问题基本上可以对应我国犯罪构成理论中主体要件，但是我国刑法中主体责任能力问题则为大陆法系中的有责性所包括；行为客体相当于我国刑法理论中的犯罪对象；至于构成要件的故意与过失在我国则属于主观方面的内容。其次，在违法性中，德日的违法性分为形式违法性与实质违法性。形式违法性主要通过构成要件符合性获得，实质的违法性判断实际上是对违法阻却事由的判断。在我国违法性不是犯罪成立的独立要件，但违法性在我国犯罪构成理论中仍然存在。我国是将形式违法性与实质违法性融合在一起，并将违法性寓于四要件之中，也就是说，具备了犯罪构成四要件就可以做出违法性判断。最后，德日犯罪构成理论中有责性包括责任能力、责任的故意与过失以及期待可能性。其中责任能力要素与我国犯罪构成理论中主体要件下的刑事责任年龄与刑事责任能力相对应。故意与过失可归于我国犯罪主观方面之中。期待可能性则在我国刑法理论中找不到完整的对应部分。但同违法性一样，期待可能性可以在我国犯罪构成理论中的主体要件与主观方面要件中找到影子。①

在刑法学界，主张重构我国犯罪构成体系，引进德日犯罪构成理论的学者对我国传统的犯罪构成理论展开了猛烈的批判，认为现有的犯罪构成体系"缺乏层次性，违反法律推理的一般原则""价值判断过于前置，不利于保障人权和实现法治""缺乏逻辑导向功能，在实践中使刑法功能的发挥受到影响"等。总的来说，主要有以下几个方面。

第一，罪与非罪的认定标准混乱，内容相互矛盾。我国刑法理论与实践均坚持犯罪构成是刑事责任产生的唯一根据，认为行为一旦满足犯罪构成要件，就毫无例外地成立犯罪，不允许具备犯罪构成要件而不成立犯罪的情形；反之，某一行为不构成犯罪也是由于不具备犯罪构成要件。然而，在我国的刑事司法实践中，对某一行为罪与非罪的评价过程中，除了运用犯罪构成之外，还存在着两个辅助性的标准，即正当防卫、紧急避险等违法阻却事由，这也决定着罪与非罪，后者作为排除犯罪标准从否定方面将行为排除犯罪圈，从而事实上分割了犯罪构成的罪与非罪的评价功能，使正当防卫与紧急避险等排除犯罪性行为与犯罪构成理论割裂，无法容纳其中，导致了罪与非罪认定标准的混乱。并认为这也是我国犯罪构成体系本身固有缺陷。

第二，认为犯罪客体不应该是犯罪构成的要件，将客体作为构成要件多余，并且会导致先入为主，应将其从犯罪构成中剔除。因为每个犯罪行为都有被侵犯的客体，即都会侵犯一定的社会关系，这是毫无例外的，但这完全可以用犯罪的

---

① 李洁、王勇著：《中国犯罪构成理论构建的理论体系与价值前提》，载《吉林大学社会科学学报》2008 年第 6 期。

概念或者特征加以解决，完全没有必要放置于犯罪构成这一评价犯罪的标准中，这样不仅重复而且显得多余。同时认为，将客体作为犯罪成立的首要要件，所为客体就是刑法所保护的而为犯罪行所侵害的社会关系，这就是实质的判断。此判断一旦完成，行为就被定性，被告人无法为自己辩护。这是过分强调国家权力的做法，它会导致一系列危险，不利于保障人权和实现法治。①

第三，我国的犯罪构成是封闭的犯罪构成，而不是开放的犯罪构成，不能体现控诉与辩护的统一，而德日的犯罪构成理论能与刑事诉讼程序更好地衔接，给犯罪嫌疑人留下更为广泛的辩护空间，从而更好地实现无罪推定。持这种观点的学者主要对比德日的犯罪判断过程而得出此结论，认为我国现有的封闭的犯罪构成体系留给被告人辩护的空间极为狭小，被告人难以平等地与国家进行对话与交涉、充分表达自己的意见。这势必导致诉讼活动在很大程度上称为权威单方主导的定罪流程，自由对话、中立判断等对抗制模式得以正常发挥所必需的先决条件得不到保证。因为，我国的犯罪构成是一次性评价，而在德日犯罪构成理论中，行为符合犯罪构成只是认定成立犯罪的一个层次，而不是唯一要件。犯罪构成符合性判断之后，还需进行其他层次的判断，这样会极大降低被告人风险。

以上学者的观点，不少是具有现实针对性的，有些不乏是真知灼见，很具有可取之处。但有些观点值得商榷，甚至是对我国犯罪构成理论了解不全面，以德日犯罪构成理论的某些优点刻意与我国犯罪构成理论存在的某些不足比较，并因此对我国犯罪构成理论全盘否定，全面引进德日犯罪构成体系。笔者认为，我国现有的犯罪构成体系整体上是合理的，不容否认的是，现有的犯罪构成理论存在一定问题，但并非不可克服的，完全可以通过改进加以消除。

其一，关于罪与非罪认定的标准。我国刑法中的犯罪构成是刑法所规定的、决定行为的社会危害性程度而为该行为成立犯罪所必需的主客观要件有机统一，包含了德日刑法中的构成要件符合性、违法性与有责性的全部内容。我国犯罪构成是形式要件与实质要件统一，行为符合犯罪构成就意味着该行为不仅形式上符合某种具体的犯罪类型，而且实质上也具有成立该罪所必要的相当性的社会危害程度。因此，正当防卫与紧急避险之所以不构成犯罪，首先是因为缺乏社会危害性，在犯罪构成的符合性上就可以排除，这样也就不可能出现在行为符合构成要件之后，又根据正当防卫、紧急避险的规定而加以排除。在目前的刑法教科书中，确实都是在论述犯罪构成理论之后，将排除犯罪性行为单独加以论述，这种编排容易造成这样一种印象：即犯罪构成理论无法评价或说容纳排除犯罪性行为，造成犯罪构成体系的凌乱，只能作为例外的辅助手段。其实，在理论上，行

① 周光权著：《犯罪构成理论与价值评判的关系》，载《环球法律评论》2003年秋季号，第298页。

为符合具体的犯罪构成的时候，实际上就意味着该行为不可能是正当防卫、紧急避险等排除犯罪性行为。换言之，在得出这种结论之前，已经进行了该行为不是正当防卫、紧急避险等排除犯罪性行为的判断。我国刑法学通说指出："我国刑法中的排除犯罪性行为并不符合或者具备犯罪构成的全部要件，只是在客观方面与某些犯罪相类似。"[①] 也有学者指出，排除犯罪性行为因为无犯罪的主观方面，因此从犯罪构成上讲，不可能成立犯罪。[②]

其二，关于犯罪客体。犯罪客体在我国犯罪构成中是必备要件，不能否认的是每个犯罪侵犯了一定社会关系，但如果将其剔除，可能无法对具体犯罪进行认定，从而使犯罪构成的犯罪个别化机能丧失。如盗窃正在使用中的电线或电缆，和盗窃已经废弃的电线或电缆，形式上完全一致，但在具体犯罪的认定上，结论会大不相同，一个构成盗窃，另一个构成破坏电力设施罪。之所以出现这种结局，就是客体起了关键作用。而且，德日刑法中也并不是不考虑犯罪客体，在违法性阶段，最重要的内容就是看行为是否侵害或威胁到了一定的法益，只是没有放在构成要件符合性阶段考虑而已。

其三，关于是否对被告人有利。坦诚地讲，我国四要件犯罪构成理论在防止有罪推定倾向的保险系数上不如德日犯罪构成理论那么大。在德日犯罪构成理论中，被告人可以就违法性事由与责任事由任何一个内容进行辩护。关于这一问题，有学者这样反驳，我国犯罪构成是实质与形式相结合的犯罪构成，四个要件囊括了符合性、违法性与有责性全部内容，行为人可以就四个要件任何一个进行辩护，从可以辩护的量上比较，我国犯罪构成理论中被告人辩护空间更大。[③] 笔者认为，该观点也不无道理。另外，被告人是否享有更大的权利，在多大程度上享有，这是由刑事程序法所规定的，与作为实体法的刑法关系不大。犯罪构成是关于犯罪成立的规格与标准，本身是一个被讨论的对象，不能决定被告人辩护范围大小。

同样，德日犯罪构成体系也并非鼓吹者所说的完美无缺，同样存在诸多问题。由于没有把主客观要件有机地统一，对行为进行三个层次的评价，不仅使要素的评价发生不必要的重复，而且使得构成要件、违法与有责三者内在联系难以在理论上取得一致的解释，且关于三要件的含义学说更是纷繁复杂。其次是现状与初衷背离。本来将构成要件内容仅限定为客观、中性、无色，目的是客观地限定犯罪成立范围，避免法官认定犯罪的主观随意性，但在确定符合性与违法性、

① 马克昌主编：《刑法学》，高等教育出版社2003年版，第120页。

② 马克昌主编：《犯罪通论》，武汉大学出版社2006年版，第744页。

③ 田宏杰著：《中国刑法现代化研究》，中国方正出版社2000年版，第361页。

有责性的某种关联之后，通过纯客观要素限定犯罪成立范围的理想便成为泡影。因为后者是实质与价值判断，如果说符合构成要件的行为原则上具有违法性与有责性的话，就意味着符合构成要件的判断不仅是一个事实判断，而且也是含有实质内容的价值判断。在历史上，这种“构成要件”理论发展范围越来越大，符合性称为第一要件，实际上包揽了绝大部分要素，反而失去了其分析犯罪成立要素的作用，未免显得整个理论头重脚轻。正如日本学者指出，符合性的判断承担了犯罪判断的大部分任务，而后两个阶段仅仅进行一些排除工作，完成了构成要件符合性的判断，犯罪行为甄别工作就完成了大半。①

笔者认为，我国现有的犯罪构成理论整体上具有合理性。在新中国成立后，特定的历史、政治背景下，移植苏联的犯罪构成理论具有历史必然性，但也并不是全盘照搬，而是在长期实践中经过吸收与改造，日渐形成了更符合中国司法实践的理论，且为司法实践所熟悉和掌握，盲目地推倒重建不可取。直接引进德日犯罪构成模式在有留学德日背景的中青年刑法学者中受到推崇，但在司法实践中却反应甚为冷淡。

当然，我国犯罪构成理论也并非完美无缺，存在的不足还需正视，这就需要对现有的犯罪构成理论进行完善，但并不能全盘否定，重新构建德日犯罪构成模式，因为对任何一个合理的事物的彻底否定，代之以新的事物，势必会引剧烈的动荡，这是有悖和谐社会的本旨的。这并不意味着故步自封，不图进取，只是对一个整体合理的事物的盲目否定，会远远超过社会的承受力，也会造成巨大的成本投入与资源浪费，起到的只是一种阻碍作用。和谐是全人类共同的社会理想和奋斗目标，人类社会不是没有矛盾的社会，在不同中求同，在张扬个性中求取共性，不同事物共存共荣才是和谐的本意，没有必要要求理论体系的完全一致，也不可能完全一致。因为不同的国家、地区的不同文化、传统，不同的思维方式、不同的司法框架，对相同的问题有不同的解释方法是自然的，这也正是形成对同一问题不同理论体系的原因。不管是选择新的体系还是改造原有体系，都不得不考虑以下问题：文化传统、现有体系合理程度、改造可能性、司法体制架构以及整个司法实践状况。

在和谐社会语境下，对我国现有犯罪构成体系的完善应按照两种路径，一是在现有犯罪构成理论内部之间完善，二是吸收引进德日犯罪构成理论中合理因素，从而使我国犯罪构成理论本身达到和谐，也使理论与司法实践达到和谐，当然，这需要理论界与实务界不懈的努力与探索。

---

① 黎宏著：《我国犯罪构成体系不必重构》，载《法学研究》2006 年第 1 期。

和谐社会语境下犯罪构成理论的多向思考

赵小勇

和谐，要求各要素内部、各要素之间以及各要素与要素组成的共同体之间达到平衡与良性互动，最终使部分与整体都能得到较好的发展。在和谐社会语境下探讨法学问题要始终注意贯彻协调统一的精神。具体到刑法学领域里的犯罪构成理论也是这样。

一、犯罪构成理论与政治的和谐

关于中国政治与法律的关系，有学者认为，其凝结在“政法”这一概念中①。在具有政治意义的公法关系领域，仍然需要遵守政治逻辑，而在那些不具有政治意义的私法关系领域，就遵守法律。② 对法学来说，这是一种无奈的现实。刑法学作为一门典型的公法学科，政治对其产生的影响随处可见、如影随形。高铭暄教授也认为，历史的经验告诉我们，国家的政治决策是国家顺应时代发展而做出的国家发展的宏观战略决策，它必然推动包括刑法在内的一系列方面的变革。③ 在法学家们所期待的政治与法律的良性互动关系远未建立之前，不考虑政治因素而提出的犯罪构成理论，至少是要遭遇立法和司法上的失败的。而立法和司法上的失败反过来又会把其起初看似具有的一点理论上的合理性给摧毁得荡然无存。然而，这并不意味着，我们的犯罪构成理论在政治背景下是完全消极被动的。当政治强势地作用于法学时，它也一定会受到来自法学的同样有力却相比要隐晦得多的反作用。

所以，我们的犯罪构成理论研究，一方面要考虑我国的政治法律现实，这是理论发生立法与司法影响力的前提条件。另一方面，要锲而不舍地用我们的理论逐步影响、引导我们的法律和司法走向合乎法治理想的方向。这种平和的、缓慢

作者简介：赵小勇（1989—），男，湖北十堰人，西南政法大学法学院刑法专业硕士研究生。

① 参见冯象：《政法笔记》，江苏人民出版社2004年版，前言第4页。
② 伍德志：《欲拒还迎：政治与法律关系的社会系统论分析》，载《法律科学》2012年第2期。
③ 高铭暄、孙晓：《论国家政治决策与刑法的变革》，载《法学杂志》2009年第1期。

的、逐步的并始终维持动态平衡的变化，蕴含的就是和谐精神。

具体来看，中国共产党在“十八大”上再次强调，“全面建成小康社会，加快推进社会主义现代化，实现中华民族伟大复兴，必须坚定不移走中国特色社会主义道路”，“我们一定要毫不动摇坚持、与时俱进发展中国特色社会主义，不断丰富中国特色社会主义的实践特色、理论特色、民族特色、时代特色”。① 这在政治层面上决定了当下的中国是一个强调“特色”，强调“中国特色”的中国。即使我们的民法、商法等私法规范强调“与国际接轨”，但这绝不意味着，执政者也必然会接受与政治联系密切的刑法规范走上这条道路。这样一来，全面引入的外国犯罪构成理论很可能也就无用武之地了。在此政治环境中，关于犯罪构成理论的研究，既要讲究创新（当然也包括在借鉴外国理论的基础上），又要讲究“实践特色、理论特色、民族特色、时代特色”。

然而，政治毕竟不是法学，政治家也毕竟不是法学家。在犯罪理论研究尊重政治现实的同时，研究者也必须时刻记得强调与坚持“法治”的共性。具有法治理想的刑法学家不可能为了追求所谓“特色”而提出一套与“法治”无所助益甚至背道而驰的犯罪构成理论。

二、犯罪构成理论与社会文化的和谐

在探讨犯罪构成与文化关系之前，必须先要明确此处所言文化的含义。什么是“文化”？《大英百科全书》共收集了166条有关文化的定义（其中162条为英文定义）②。这些文化定义都或多或少强调了文化的伦理道德性、风俗习惯性、习得性和遗传性。法学理论都属于社会文化的范畴。而犯罪构成理论又是法学理论的组成部分，故其属于社会文化无疑。所以，犯罪构成理论与社会文化的和谐关系，实质上是某部分文化与其他相关文化的和谐关系。这对于犯罪构成是一种外部的和谐，但对于社会文化来说是一种内部和谐，是社会文化子系统之间的和谐。又因为文化是人类的文化，所以，这同时也是人类自身认识与认识之间的和

① 参见胡锦涛总书记《在中国共产党第十八次全国代表大会上的报告》第二部分“夺取中国特色社会主义新胜利”。

② 参见郭莲：《文化的定义与综述》，载《中共中央党校学报》2002年第1期。典型的描述性定义：文化或文明，是一个复杂的整体，它包括知识、信仰、艺术、法律、伦理道德、风俗和作为社会成员的人通过学习而获得的任何其他能力和习惯。典型的历史性定义：文化是被民族学家和文化史学家用来表达在人类生活中任何通过社会遗传下来的东西，这些包括物质和精神两方面。典型的规范性定义：某个社会或部落所遵循的生活方式被称作文化，它包括所有标准化的社会传统行为。文化现象被认为是包含所有人类通过学习所获得的行为。文化是行为的传统习惯模式，这些行为模式构成了个人进入任何社会所应具备的已确定行为的重要部分。遗传性定义则认为，文化既包括物质产品，又包括非物质产品，它是指我们称之为人造的，并带有相对长久特性的一切事物。这些事物是从一代传给下一代，而不是每一代人自己获得的。

谐。最终，这又是人与人之间的和谐。

如前所述，文化具有习得性与遗传性。由此可知：第一，对人们来说，其文化观念的形成具有被动性。第二，一种文化形成后具有相对的稳定性。第三，一种文化的改变是一个缓慢的过程。第四，违反前三条规律，对文化发展进程进行强行干预，将造成个人自身、人与人之间各种思想与行为的冲突，并造成文化与文化之间的冲突。社会平衡将由此被打破，和谐氛围将遭到破坏。第五，人们继承和习得的文化往往具有整体性，各部分相辅相成。某部分文化脱离整体的发展，将破坏其与各部分文化之间的协调。

具体到犯罪构成理论，从外部和谐来看，犯罪构成理论只有符合上述五条规律，才有可能做到与社会其他文化之间的和谐，进而促进整体文化的和谐。

我国当下犯罪构成理论的通说是四要件说，由苏联引入我国①，此后便成为刑法教科书中的通说，影响一代又一代法学学子至今。该理论的经典性，使之成为中国法律人的一项文化传统。四要件犯罪构成理论不仅在我刑法理论研究者中居于通说地位，而且也得到了我国司法实务界的普遍认同。② 不管我们如何评价这一犯罪构成理论，也不管这一理论在客观上还存在哪些缺陷，它已经早在半个多世纪前就被引入到我国，并经过发展，形成一整套以之为核心的、整体上和谐的刑法学理论体系。这是一个无须争辩的事实。现在，只要我们对这一理论做出调整，就会引发从刑法学理论到司法实践理念的全方位的调整，只为达到新的整体协调和和谐。在这个过程中，无论是个体法律人还是法学共同体都将忍受来自内部的思想冲突。如果这一调整幅度过大，甚至是彻底的改弦易张，那么由此带给法学学术界和实务界的冲击将会更大。

但与此同时，我们也必须学会适应由于对传统犯罪构成理论进行适当调整所带来的不可避免的冲击。因为，不只是在其他相关文化的发展变化滞后于犯罪构成理论时才会带来动荡和冲突，当其他相关文化已经发展变化了而犯罪构成理论仍然无动于衷时同样会带来文化理论之间的不和谐。正如有学者在批判我国传统四要件犯罪构成理论时所指出的，我国的犯罪构成理论对促进刑法功能（保障人权和保护社会）的发挥作用不明显。③ 当今，人权意识在我国呈渐长之势，如果我们的传统犯罪构成理论不能做出相应调整以适应新时期公众人权保障的期待的话，这种滞后就会反过来阻碍人权保障事业的发展。

总之，犯罪构成理论要与社会文化形成外部和谐，就要注意理论自身与其他

① 陈兴良：《刑法知识论》，中国人民大学出版社 2007 年版，代序部分。

② 赵秉志、王志祥：《中国犯罪构成理论的发展历程与未来走向》，载《刑法论丛》2009 年第 3 期。

③ 参见宗建文：《论犯罪构成的结构与功能》，载《环球法律评论》2003 年第 3 期。

社会文化现象的协调性，贸然的超前和迟钝的滞后都会破坏犯罪构成理论与其所在的文化系统的其他部分之间的协调性，进而影响整体的和谐。这就要求我们在对现有的犯罪构成理论进行改造时要慎之又慎。

三、犯罪构成理论逻辑上的和谐

关于对犯罪构成理论本身优劣的评价标准，日本学者大塚仁指出："在这些错综的体系中，哪种立场是妥当的呢？必须根据其逻辑性和实用性对体系进行评价。犯罪论的体系应该是把握犯罪概念的无矛盾的逻辑，并且是在判断具体犯罪的成否上最合理的东西。"① 所以在考察某一犯罪构成理论内部是否和谐时，检验的项目之一就是看其在把握犯罪概念、认定犯罪的过程中有无逻辑上的矛盾。比如有学者在批判我国传统的犯罪构成四要件理论时，就指出其在逻辑上存在着事实与价值相混淆、犯罪构成平面化和规范判断缺失的矛盾。②

一种犯罪构成理论要怎样构建才能在把握犯罪概念、认定犯罪的过程中符合逻辑、从而在逻辑上是和谐的呢？

从刑法精神（或刑法立场）的角度看，这种犯罪构成理论必须贯彻刑法精神。刑法精神统摄着一切刑法问题，这当然也包括把握犯罪概念和认定犯罪的问题。以刑法精神为标准来衡量犯罪构成理论的合理性，就要求在犯罪构成理论中，凡不利于刑法精神实现的内容都应作为不合理部分予以修正、改造甚至是舍弃。根据有关学者研究，我国刑法的基本精神（立场）之一是"惩罚犯罪与保护人民相统一，保卫社会与保障公民人权和自由的和谐统一"③。因此，如果我们的犯罪构成理论在指导我们认定犯罪时，常常会把一些具有相当社会危害性可能需要刑法介入的行为给漏掉，或者，在认定犯罪过程中总是使公民的人权和自由面临威胁并使公民因此感到不安，那么这一理论就没能很好体现刑法精神。除非它从未想要做到这一点，否则像这种一方面试图体现现代法治精神，另一方面在实践运用中又不尽如人意的犯罪构成理论，是可推知其各构成部分在价值取舍标准上是存在逻辑矛盾的。

从犯罪构成理论包含的认定犯罪积极因素和消极因素看，犯罪构成理论必须同时包括认定犯罪的积极因素和消极因素，且两方面的因素具有理论上的相互可抗衡性。如果一种行为还仅仅是被当作疑似犯罪行为，我们就应该在罪与非罪间，尽最大可能地对该行为保持一种态度上的中立。可是如果我们用来认识分析

---

① ［日］大塚仁：《刑法概说（总论）》（第三版），冯军译，中国人民大学出版社2003年版，第107页。

② 参见陈兴良：《刑法知识论》，中国人民大学出版社2007年版，代序部分。

③ 赵宝成：《追问刑法精神》，载《政法论坛》2003年第4期。

这一行为的工具本身就是有所偏向的，那我们还能保证运用此工具得出的结果是公正无倚的吗？所以犯罪构成理论中既要有认定犯罪的积极因素，也要有认定犯罪的消极因素。当某一危害行为的受害人一方和公诉方在积极寻找行为入罪、入重罪的各种理由时，我们同时也要赋予嫌疑人一方同样有效的途径以寻找行为出罪、罪轻的各种可能性。对同一主体来说，在认定犯罪过程中，与认定犯罪有关的所有方面都必须同时接受积极因素和消极因素的双重检验。与此同时，为各方提供工具的犯罪构成理论还必须保证各方所持武器杀伤力相当。当然，以上都是理论上的分析。犯罪构成理论只负责为各种可能性（入罪或出罪等）的出现提供机会上和形式上的平等。在个案中，认定犯罪的积极因素和消极因素的不平衡，是不能否认促进此种平衡的犯罪构成理论设计的必要性的。何况，这种不平衡性也正是罪与非罪最终得以明断的重要依据。

所以，不管我们提出什么样的犯罪构成理论主张，要达到理论和逻辑上的和谐，就必须注重所提犯罪构成理论对刑法精神体现的完整性，并且要保证对出入罪给予重视程度的同等性。

四、犯罪构成理论立法上的和谐

正如有学者指出，“刑法根据预设的、虚拟的犯罪事实设置了一定的犯罪构成，这是一种法律规范”[①]。我们在讨论犯罪构成理论的和谐问题时，不仅应该，而且有必要在立法层面上展开。如果在立法过程中犯罪构成理论就已经出现不和谐的因素，那么在司法和理论上出现不和谐的犯罪构成理论就在情理之中了。但是，就如在犯罪构成概念上坚持理论说的人指出的一样，犯罪构成只是一种有助于“区分”的理论分析工具，其本体属性为一种理论形态。[②] 作为立法成果的刑法规范中，并没有直接规定犯罪构成。这能说明犯罪构成理论在立法上没有存在的空间吗？并不是这样。犯罪构成理论在立法上的存在是通过影响和指导立法者的思想，并最终通过法律条文蕴含的理论基础体现出来的。本文在立法层面上探讨犯罪构成理论，也正是在这一层意义上而言的。

那么，作为立法者指导思想之一的犯罪构成理论，具备怎样的品质才能保证司法实践中和理论上认定犯罪过程的科学性、合理性以及和谐性呢？

第一，立法上的犯罪构成理论，应淡化意识形态色彩，尽可能过滤掉政治思维和政治话语。尽管法律与政治有着千丝万缕的联系，但历史和司法实践已经多次告诉我们，如果法律任由政治思维和政治话语在法律环境中泛滥，将给法治事

---

① 杨兴培：《犯罪构成的中国春秋——兼论旧模式的终结和新模式的探索》，载《法学》2009年第9期。

② 参见冯亚东：《犯罪构成本体论》，载《中国法学》2007年第4期。

业带来不可避免的灾难。立法者在决定把哪些行为认定为犯罪时，当然会受到国家刑事政策的影响。但这并不是说国家刑事政策一定要在刑法规范中得到直接、直白的反映。立法者的职责之一便是以法律思维和法律语言把国家刑事政策反映在法律文本中。过去，立法者履行这一职责不彻底的表现之一便是给“犯罪客体”这一概念成为我国犯罪构成要件以可能性。通过“犯罪客体”进行价值评价与性质认定，以至于导致了政治至上、法律虚无现象的出现。法律的刚性标准轻而易举地让位于没有定数的人治权威，超越法律成为长期的时髦，从而形成政治专横的现象，法律成了政治的奴婢。①

第二，立法上的犯罪构成理论必须要超越单一的国家、社会本位和个人本位。人类历史发展到今天已经证明，一旦刑法受到国家本位、社会本位思想的不正常支配，那么法治原则、人道主义原则和司法公正等原则就会被随时抛弃。②与此同时，在理论上，如果个人本位在一国刑法中获得压倒优势，那么刑法维护社会整体秩序和利益的功能也将大打折扣。就我国立法上的传统犯罪构成理论而言，显然是受到了国家本位和社会本位的过多支配，而对个人的关注，尤其是对犯罪（嫌疑）人的个人关注不足。所以，立法者在决定将某一危害社会行为规定为犯罪并设立认定标准时，既要从国家、社会本位出发，考虑维护国家、社会的整体利益，又要从个人本位出发，考虑普通公民因此被错误追究刑事责任的可能性大小并赋予其摆脱此项不公的必要手段。

第三，立法上认定犯罪，应紧紧围绕犯罪概念进行。虽然我国刑法学界关于犯罪概念及犯罪本质本身的认识不一致③，但这并不影响立法依犯罪概念对犯罪进行认定。形式犯罪概念强调的刑事违法性和应受处罚性在立法认定犯罪时，都算不上十分重要的问题。因为，某一类行为的刑事违法性和应受处罚性正是立法本身赋予它们的，所以刑事违法性和应受处罚性不能反过来成为立法认定犯罪的标准。因此，立法在认定犯罪时只需要考虑犯罪实质概念中的“相当程度的社会危害性”就可以了。具体来说，步骤应该是这样的：当一类行为的社会危害性达到一定的危害程度（其他社会规范已无法有效遏制）后，立法者就决定在刑法中予以规制；做出这一决定后，立法者就仔细分析研究这类危害行为，以期在刑法条文中准确描述出这类行为（使该描述的范围尽可能与立法者想要规制的那类危害行为相一致，不致扩大，亦不致缩小）。当我们描述某种行为，以让别人能通过我们的描述准确分辨出我们试图描述出的那种行为时，除了从与这种行为有

---

① 杨兴培：《犯罪构成的中国春秋——兼论旧模式的终结和新模式的探索》，载《法学》2009年第9期。

② 杨兴培：《犯罪构成的中国春秋——兼论旧模式的终结和新模式的探索》，载《法学》2009年第9期。

③ 关于犯罪概念和犯罪本质的诸种学说可参见刘之雄：《犯罪概念多元论：一个虚幻的功能诉求——关于犯罪概念理论的系统反思》，载《法商研究》2008年第4期。

关的各种客观现象特征和与行为人有关的各种主观方面特征着手外，还能有更好的办法吗？似乎是没有的。这种方法至少是一种最容易想到的和最直接的做法。所以立法者认定完犯罪后，在法律文本中呈现他们的劳动成果时，就直观地变成一种通过文字进行的描述活动了。这也是立法上认定犯罪的最后一步。

五、犯罪构成理论者之间的和谐

学者们在论述犯罪构成这一问题时，都主动或被动地“站了队”，自以为正确地批判不同意见，支持自己的主张。张明楷教授曾经感慨道，“一位法律人士不可同时脚站两支队。我深深地体会到，任何一位法律人士对一个观点所做的任何论证，充其量只能得到原本赞成该观点的法律人士的认可，对于反对该观点的法律人士而言，一切论证都是多余的：不管持此观点的法律人士如何论证，持彼观点的法律人士的全部声音只有一个常见的字——不”，“事实上，大多数的所谓推理，在于为继续相信自己已经相信的信条而找寻理由……任何解释手段的运用只是将文本敲打成能为自己的目的服务的形状……自己的目的就是文本的目的”①。作为我国当代刑法学的旗帜性人物，张明楷教授这段论述应该是既道出了自己多年的学术论争体会，也道出了刑法学者之间存在的普遍现象，尽管张明楷教授本身就是犯罪构成“重构论”的主要倡导者。在犯罪构成这一问题上，不管是“重构论”者，还是“改良论”者乃至固守四要件传统者，照此逻辑争论下去，至少在短期内是难分胜负的。

我们这里讨论犯罪构成理论者之间的和谐，就是要使论者观点之间到达和而不同的相互和谐的状态，这不仅可能而且会有助于刑法学的发展。笔者衷心期待论者能够进行相互交流，进行批判与自我批判，以达到刑法学界在探讨刑法学问题、促进刑法学发展中的良性互动。

一方面，学者要对自己的犯罪构成理论主张负理论上的历史责任。虽然我们遵循的是“百花齐放、百家争鸣”的文艺方针，努力去营造宽松自由的学术氛围，鼓励学者们提出自己创新性的观点和见解。但对学者而言，这并不意味着其可以打着“学术自由”的旗号，贸然提出、推销自己的学术主张。一种学术思想，在其本身还未被相当数量学者接受，甚至是受到相当部分学者批判的情况下，怎么能够就以真理的面貌出现，使其被甚至是初学法律者当作真理来学习呢？这对未来刑法学的发展、对刑法学习者的进步、对刑事司法的发展，都是不负责任的。

另一方面，提出不同主张的犯罪构成理论的学者之间应该展开建设性的对

---

① 张明楷：《刑法学》（第四版），法律出版社 2011 年版，前言部分。

话，避免“自说自话”。这是一个提倡对话的时代，人与人之间即使有博弈，我们也提倡“非零和博弈”[①]。主张某种犯罪论体系的学者不能仅仅是站在自己的立场上，对其他主张进行批判，而是要主动去与持不同意见的学者进行交流沟通，站在对方的立场上、角度上去尝试理解他人的想法，在这个过程中相互比较、发现问题、交流碰撞，取得参与交流各方的共同进步。此即学界离真理更近了一步，为众生谋福利的可能性更大了一些。

① 非零和博弈是一种合作性的博弈，博弈中各方的收益或损失的总和不是零值，对局各方不再是完全对立的，一个局中人的所得并不一定意味着其他局中人要遭受同样数量的损失，博弈参与者之间不存在“你之得即我之失”这样一种简单的关系，参与者之间可能存在某种共同的利益。

关于犯罪构成理论如何和谐共存的思考

李 振

中共十六届四中全会把构建社会主义和谐社会的能力作为提高执政党执政能力的重要内容郑重提出，这是具有时代性、战略性的重大决策，之后又在世界上提出了和谐世界的主张。世界上具有代表性的犯罪构成理论有我国的四要件理论、英美法系的“双层次”理论、德日刑法的“三阶层”理论。在和谐社会语境下我们要正视四要件犯罪构成理论的固有缺陷，不能故步自封停滞不前，在互相借鉴中百花齐放，三种理论之间应安定有序、充满活力、和合共处。

一、德日三阶层犯罪构成理论

德日犯罪成立体系以其阶层式尤其是第二、三层次的递进式判断为特征，其定罪模式是一种构成要件论的定罪模式——只有顺次通过构成要件该当性、违法性、有责性三重判断的行为才能认定为犯罪行为，“只要是符合构成要件的行为，原则上就可以肯定具有违法性与责任，构成要件具有违法性和责任的机能。这一机能是构成要件的推定违法性、责任的机能（征表机能）”①。贝林格对构成要件进行系统论述，主张构成要件具备三个特征：其一，构成要件乃刑法所预设的犯罪行为的客观轮廓，与主观要素无关，在价值上是中性无色的；其二，构成要件与违法性亦无直接关系，构成要件该当的行为与违法性之间的关系，恰如一部分相交的两个圆周；其三，构成要件该当性与有责性相异。其思想深刻之处为将各色犯罪行为抽象概括为一定的行为类型，并在法理上予以阐述。贝林格早期的理论认为构成要件系客观的概念，其要素只限于记叙性要素和客观要素，由于其脱离违法性与责任来理解构成要件，因此认为构成要件的要素不是如违法性要素一般包含着价值的规范性要素，这或许与其期求犯罪类型的明确化有关。②

其观点面临的最大质疑为——既然构成要件与违法性没有关系，那么，该当

作者简介：李振（1989—），男，安徽阜阳人，西南政法大学法学院刑法专业硕士研究生。

① ［日］大谷实著：《刑法总论》，黎宏译，法律出版社2003年版，第84页。

② 参见陈兴良：《犯罪构成的体系性思考》，载《法治与社会发展》2000年第3期。

与违法性没有关系的构成要件的行为，何以成为违法性判断的对象？① 贝氏的回应为：在通常的构成要件中，刑罚法规没有明示要特别考虑违法性的要素，只要这种刑罚法规没有明文要求违法性，就认为符合构成要件的行为具有可罚性，因此，构成要件指示了违法性，符合构成要件的行为原则上就具有了违法性，即构成要件是违法性的“征表”。行为、违法、责任三者形成此阶段犯罪论的核心，也即行为构成要件说。

学者们认为此种模式具有以下优点：（1）在逻辑上具有递进性，有助于明确要件之间的逻辑关系；（2）具有层次性，能够厘清各种要件之间的界限；（3）具有高度的理性，能维护法律适用的安全性，有助于实现结果的正义性。任何理论都不是完美无缺的，德国学者反思三阶层理论时认为其存在以下不足：（1）忽略具体案件的正义性；（2）减少解决问题的可能性，阻断了对更好的犯罪认定方法的探索；（3）不能在刑事政策上确认为合法的体系性引导；（4）当人们努力把所有的生活形象清楚地安排在很少的主观性观点之下时，抽象概念的选择会忽视和歪曲法律材料的不同结构。② 同时，德日学者们在犯罪论体系的构建上，也尝试突破传统的唯体系论马首是瞻的倾向，考虑建立以解决问题为中心的犯罪论体系。更有甚者，有的日本学者就直接采用了和我国平面式的犯罪论体系一样的犯罪判断体系。这些可以说都是对德日传统犯罪成立理论反思的结果。③

二、英美法系双阶层的犯罪构成理论

我国学界通说认为，英美法系国家的犯罪论体系是双层次犯罪构成模式。犯罪成立除应具备犯罪本体要件（行为和心态）外，还必须具备责任充足要件（排除合法辩护事由）。在理论结构上，犯罪本体要件为第一层次，责任充足要件为第二层次。英美法系的这种双层次犯罪构成模式，被认为是与大陆法系的递进模式和中国的耦合模式并列的为当今最具代表性的三大犯罪构成模式。④ 还有学者认为，英美法系犯罪构成体现的是诉讼因素对犯罪构成模式的渗透。⑤ 恰恰是不属于成文法系的英美法系，以其独特的历史经历和独到的法律体验给我们呈现另外一种犯罪构成模式。在这里，犯罪构成虽仍然首先是实体上的一种规定，定罪的一种规格，与其他法系一样仍然拥有本体上的犯罪要件，但最根本也最重要的是，在实体之外英美法系的犯罪构成更多地吸收了诉讼或程序上的因素。

---

① 张明楷著：《外国刑法纲要》，清华大学出版社 1999 年版，第 75 页。

② 参见［德］克劳斯·罗克辛著：《德国刑法学总论》，王世洲译，法律出版社 2005 年版，第 128 页。

③ 参见黎宏著：《刑法总论问题思考》，中国人民大学出版社 2007 年版，第 60-61 页。

④ 参见陈兴良著：《本体刑法学》，商务印书馆 2001 年版，第 198 页。

⑤ 参见陈兴良主编：《犯罪论体系研究》，清华大学出版社 2005 年版，第 103-104 页。

笔者认为，英美法系犯罪构成表现为实体要件与程序要件相结合，属于混合式犯罪构成模式。考虑到程序要件的主导地位，亦可称为程序性犯罪构成。英美法系犯罪构成之程序性特色及其形成，有其特定的历史渊源，普通法的价值理念、司法体制以及独特的逻辑思维模式，是程序性犯罪构成形成不可或缺的因素。这种实体与程序相结合的犯罪构成理论为德日及刑法司法中重实体轻程序的我国提供了另一种思路。

三、我国的犯罪成立理论及其完善

清末民初，以翻译日本刑法为开端，中华传统的刑律之学向近代刑法学之转变始砥砺发轫。建国伊始，伴随苏联刑法理论的大量输入，中国刑法学由仿制德日到学步苏联，逐渐远离大陆法系刑法格局，而转型以犯罪构成四要件体系为特征的苏联模式。正是通过学习特拉伊宁的著作，中国刑法学才建立了作为刑法学核心的和基础的社会主义犯罪构成理论。1979 年中国第一部刑法典颁行，犯罪构成终由理论禁区破冰而出再获新生。中国刑法学人经过几十年的不懈努力，终于将苏式犯罪构成体系深植人心，成为一种判断、识别“犯罪”根深蒂固的思维模式。

纵观中国刑法学发展的历史脉搏，从苏联学者特拉伊宁的《犯罪构成的一般学说》于 1958 年在中国翻译出版至今，中国刑法学已经走过了 55 个年头。在各式刑法学教科书中，犯罪论部分当之无愧乃重中之重。几十年来我国刑法学者对源自苏联的犯罪构成四要件说逐步完善和调整，使之最终成为我国刑法学界居主导地位的通说性理论体系。

晚近，犯罪构成理论也即犯罪论体系逐渐成为学术界的兴奋点，相关理论蔚为壮观。平面耦合式的四要件理论近来受到许多学者的抨击，认为其有以下缺陷：（1）在犯罪构成外还有犯罪概念与正当防卫、紧急避险等违法阻却事由两个辅助性标准，与犯罪构成是判断某行为是否成立犯罪的唯一标准相矛盾，导致罪与非罪认定标准的混乱；（2）判断过程缺乏层次性，无法防止先判断主观要件之后才考虑客观要件，容易导致具有主观罪过的身体动静（还不是实行行为）在还没有侵害法益或对法益产生危险的情况下就认定为犯罪，人为地扩大了未遂犯的成立范围；在某些问题上无可避免地陷入主观主义的陷阱之中；（3）是封闭的犯罪构成，留给被告人合法辩护的空间非常狭小，不能体现控辩的统一。①

虽然四要件在我国刑法学界处于通说领导地位，但是关于犯罪构成的理论并

---

① 参见黎宏著：《刑法总论问题思考》，中国人民大学出版社 2007 年版，第 41-47 页；高铭暄：《对主张以三阶层犯罪成立体系取代我国通行犯罪构成理论者的回应》，载《刑法丛论》2009 年第 3 卷。

没有停止前进，对四要件说进行了批评改进甚至是推倒重建。由此学者们纷纷提出观点以应对四要件出现的问题，大抵观之，我们将论争大而化之归约为“重构论”与“完善论”。“重构论”又分二路，一脉主张以德、日三层次递进式犯罪论体系为借鉴模式，一脉主张在实体法意义上的犯罪构成模式中更多融入被告人辩护权等程序性因素——此也可以看作受英美法系“实体—程序”杂糅的犯罪成立模式之影响；“完善论”指出我国沿袭苏联的四要件平面体系基本合理，只需局部调整，并无推倒旧体系、建构新体系之当务必要。“完善论”内部亦有分歧：关注于要件的取舍、增删以及各要件的先后序列等各种理论旨趣，不一而足。在事关犯罪论的体系性问题上，显然，“重构论”与“完善论”之理论进路潜伏重大差异，二者对中国犯罪论的发展影响甚大，并非可以调和或者以“骑墙”般的态度予以折中。

高铭暄教授认为“重构论”存在以下问题：（1）重构论人为地强行切断了新中国刑法理论的历史延续；（2）有意无意漠视了四要件犯罪构成理论所具有的现实合理性；（3）对四要件犯罪构成理论的指责带有很大的曲解成分。况且三阶层理论并非完美无缺，也有其自身难以克服的弱点。更进一步说我国目前现实状况还不具有全面移植三阶层理论所要求的紧迫性、必要性和可行性。

唯物主义史观告诉我们，一切事物的真理性都不是绝对的。我国的四要件犯罪构成理论也不例外，也有许多不完善之处需要完善。[①] 通说认为应受刑罚处罚是犯罪特征中的第三个特征，张明楷教授理解其为：（1）危害社会的行为必须被法律类型化为构成要件，否则即使危害了社会也不应当受刑罚处罚；（2）危害社会的行为不是情节显著轻微危害不大的行为；（3）行为人有责任时才能受刑罚处罚。[②] 我国的犯罪构成就是犯罪成立条件，犯罪构成又是犯罪概念或者犯罪基本特征的具体展开，犯罪构成中应有分别体现犯罪特征的要件或者要素。但是我国四要件理论并没有这么做，而是认为当行为具备了犯罪构成的四个要件时，就既具有社会危害性与刑事违法性也具有应受刑罚处罚性，反之若缺少一个要件就三者都不具备。由此看来，犯罪的三个特征之间就没有区别，犯罪构成的各个要件不能分别起作用，只能综合起来发挥作用。[③]

笔者非常认同高铭暄教授的观点，尽管全面引入德日等大陆法系国家的犯罪论体系的呼声很高，诸多学者也已经开始学术上的实践，但是由于改良派的强大力量，在现阶段，“重构论”的工作除了从基本立场上阐述推翻传统理论、引入

---

① 高铭暄：《对主张以三阶层犯罪成立体系取代我国通行犯罪构成理论者的回应》，载《刑法丛论》2009年第3卷。

② 参见张明楷著：《刑法学》（第四版），法律出版社2011年版，第88-89页。

③ 参见张明楷著：《刑法学》（第四版），法律出版社2011年版，第98-99页。

德日犯罪论体系的必要性和意义以外，基本上仍然是在比较粗略的层面上给出一种框架性的介绍，虽然个别问题得到了深入的研究，但从整体上还没有全面地进入德日等大陆法系犯罪论体系的讨论语境。对我国的四要件理论完善即可而没必要进行重构。吸收三阶层及两层次理论中阶层性的优点，在四要件犯罪构成的基础上引入应受刑罚处罚性以完全、分别体现犯罪的三个特征，做到犯罪成立体系是真正对犯罪特征的展开，以构建起立体的犯罪成立体系。此立体、全面的犯罪成立理论可以解决批评者对四要件的抨击：（1）立体、整体化的犯罪成立理论将认定犯罪成立的标准统一化；（2）此立体的犯罪成立理论在判断犯罪成立时与三阶层一样具有了层次性，先进行四要件的构成符合性判断再逐步排除以缩小犯罪圈；（3）此犯罪成立理论具有相当的开放性，从犯罪构成到阻却事由再到空间效力及追诉时效等，为被告人合法辩护留下了充足的空间。

可能有人会认为如此构建使得犯罪论体系缺乏体系性。其实自二战以后，关于犯罪论德日刑法已从“体系性思考”向“问题性思考”转变，刑法理论探讨不应该是为了建立没有矛盾的犯罪论体系，而应该是为了解决具体问题。① 例如，日本前田雅英教授已经放弃了传统的构成要件符合性、违法性、有责性的层次论的犯罪成立体系，而是以构成要件为中心，首先考虑客观的构成要件，之后讨论正当防卫等客观的正当化事由，之后再讨论责任。② 笔者的完善正是适应了这种转变。加上四要件容易被法官掌握运用并在我国有相当的基础，德日三阶层理论也有其自身的缺点，若以三阶层为蓝本重建我国的犯罪论还欠全面考量。立体的犯罪成立体系完全可以在理论及实践中生存下去。

从世界范围的比较法的立场上评析，客观地讲，已有的三种主要犯罪成立模式，都是特定法律文化发展的产物，都有其优点，也均有其不足，很难说孰优孰劣。这或许就是和谐语境下的犯罪构成理论的相互独立又相互学习和谐共存的局面。

---

① 参见黎宏著：《日本刑法精义》，中国检察出版社 2004 年版，第 61 页。

② 参见［日］前田雅英：《刑法总论讲义》，东京大学出版社 1999 年版，目录部分。转引自黎宏：《刑法总论问题思考》，中国人民大学出版社 2007 年版，第 60-61 页。

第三编

和谐社会语境下的刑法改革研究

试论和谐社会与刑法改革的关系

——以刑罚的宽缓化为视角

任广慧

追求和谐是中华民族民族精神的重要组成部分，是中华民族的传统美德。“以和为贵”这是说人与人的交往过程之中追求人与人之间的和谐；“父慈子孝，兄友弟恭”这是在告诉我们在家庭生活中要追求个人与家庭成员之间的和谐，从而实现人与家庭的和谐；“闻鸡起舞”为我们描述了一幅人与自然和谐相处的动人画面；“夜不闭户，路不拾遗”则为我们构想了一个人与社会高度和谐的美好蓝图。经过中华上下五千年的历史抉择，追求和谐的理念已经内化为民族精神在每一个炎黄子孙的骨血之中。如今，建设和谐社会的号角之声响彻华夏大地，作为建设和谐社会中坚力量的中国特色社会主义法治建设自然要身先士卒，让建设和谐社会的理想之光，照亮我们前行之路。而刑法作为法制建设的重中之重，在追求和谐社会的浪潮之下，向着宽缓化的方向进行改革，是必然的选择。

一、刑罚宽缓化思想的提出及其定义

（一）刑罚宽缓化思想的提出

按照刑法学界现行的通说认为刑法代表的是作为整体的国家和作为个人的公民的最基本权利之间的关系，“刑法运用这一事实实质上就意味着：国家是在动用自己的全部强制性力量，来剥夺一个作为‘孤立的个人’的公民的最基本的权利”①。由于国家强制力与孤立的个人之间力量对比过于悬殊，以及刑罚手段的严酷性和不可挽回性，“慎刑”成为世界各法治国家的一致观点。刑罚宽缓化作为“慎刑”的手段应运而生。

（二）刑罚宽缓化的定义

所谓刑罚轻缓化，就是在刑事立法上建立轻刑化的刑罚结构，刑事司法上尽可能适用轻刑和非刑罚处理措施的刑罚改革趋势，它体现了刑罚由野蛮向文明、

作者简介：任广慧（1989—），女，黑龙江齐齐哈尔人，西南政法大学法学院刑法专业硕士研究生。

① 肖洪著：《论刑法的调整对象》，中国检察出版社2008年版，第5页。

由严酷向轻缓、由残酷向人道进化的一种趋势。由重刑结构向轻刑结构转变、实现刑罚轻缓化将是未来我国刑罚结构调整的必由之路。刑罚结构必须为罪刑均衡、刑法人道、刑法谦抑等刑事法的基本价值服务，过度配置重刑绝不应该成为我国刑罚结构设置的应有之道。

笔者认为，刑罚宽缓化有其历史和现实的理论根据及其合理性。我们应当进一步完善刑罚结构，使之向轻缓化的方向发展，以改变现行刑法典中严刑峻法的局面，体现中国刑法的谦抑精神和以人为本的价值取向。

二、从刑罚观的发展历史看刑罚宽缓化的合理性

西方著名哲学家赫拉克利特曾经说过："一个人不能两次踏进同一条河流。"以此说明事物不会是一成不变的而是发展变化的。刑罚观也是如此。刑罚观从古典学派的经典的报应刑主义的行为刑罚观，发展为后期的现代学派的预防主义的行为人刑罚观，再到现在的行为刑法与行为人刑罚相结合的强调人权保障的混合刑罚观，一直处于变动之中。刑罚观的变化不仅反映了人们对刑法的认识发生的转变，也映射了人们法治理念的深刻变革。

（一）刑罚观的历史发展进程

1. 古代报应主义的刑罚观

最初，对于刑罚的本质的认识源于血亲复仇的"以牙还牙，以眼还眼"的报应刑主义。基于此种立场，普遍形成了"治乱世，用重典"这样严刑峻法的刑罚观。历史事实告诉我们，这不仅曲解了刑罚的本质，造成了司法实践中的重刑倾向，更因为"刑不可知，则威不可测"造成了滥刑，劳苦大众苦不堪言。刑法并没有起到应有的作用。

2. 近代的预防主义刑罚观

伴随着法治环境的变化和发展，人们逐渐发现古典报应刑主义刑罚观存在缺陷，人们将视线从对行为的关注转向对行为人本身的关注，提出了以"一般预防""特殊预防"为主要内容的新型刑罚观。刑罚思想也相应发生了从行为刑法到行为人刑法的转变。古典报应刑主义语境下的"断头台上的表演"① 不再吸引人们的眼球，重刑主义受到质疑和动摇。

3. 当代以人权保障为目的的刑罚观

自20世纪50年代，人权的观念逐渐成为普世公认价值，"国家尊重和保护人权"也逐渐成为现代法治的基础和世界各国承担的基本任务。刑罚观发展为以

---

① ［法］米歇尔·福柯著：《规训与惩罚》，刘北城、杨远婴译，生活读书新知·三联书店出版2012年版，第9页。

行为刑罚为主，行为人刑罚为辅的混合刑罚观。在混合刑罚观的语境下，刑罚的目的不仅报应犯罪，一般预防与特殊预防，更是保障人权的重要手段。刑罚不再是为了压制公民的权利而存在，相反是保护公民权利的不可逾越的底线。

三、从现实需要看刑罚宽缓化的合理性

（一）以法经济学的视角看刑罚的宽缓化

1. 刑罚宽缓化的法经济学理论依据

法经济学以“个人理性”及相应的方法论的个人主义作为其研究方法和基础，以经济学的“效率”作为核心衡量标准，以“成本—收益”及财富最大化方法作为基本分析工具，来研究法律问题。自始至终贯穿法经济学的一条主线就是把效率作为法律的基本价值目标和评价标准，立法、执法和司法都要有利于社会资源的配置和社会财富的增值，尽量减少社会成本。而法经济学的集大成者波斯纳认为“认识其利益的理性最大化者”① 意味着人们会对激励做出反应，也就是说，如果环境发生变化，而一个人通过改变其行为就能增加他的满足，那他就会这样去做。

这意味着法律的设计也可以依此而得到灵感。因为：第一，由于人类的欲望无穷而资源有限，现在国家也都以照顾民众福祉为目的，法律相应的应该被设计为减少资源的浪费，追求效率以协调人民实现最大满足的工具。第二，人会依据追求自利的原则对“诱因”做出反应，相应地，在国家欲借助法律这一工具达成某项目标时，自然可依此加以设计。第三，追求最大化自利的人们在人际的往来中，在“法律真空”下会彼此自行协商，以达到双方都获得最大利益的结果，而符合效率的要求。也就是说，要充分相信主体的自主性和理性，除非万不得已刑法不应当介入相应社会关系的调整领域，否则便是对平衡的打破，不能实现法的最大利益。此时，法律不仅不能成为合法权益的保护者，相反会成为合法利益的破坏者、侵犯者。法经济学的基本原理要求刑法应当具有谦抑性，即要求法律应当守住底线。

2. 刑罚宽缓化的现实需要

现代社会刑事犯罪的严重性和日趋复杂化，使得有限的司法资源和繁重的司法任务之间的冲突日益凸现出来，如何有效地分配司法资源是关乎司法效率的重要问题。此时，司法实践不仅要求刑法能守住自己的底线，而且要适当降低底线。例如，在严格遵循国家公诉原则的基础上，对司法实践做出妥协和让步，容忍刑事和解制度的存在。司法实践中，轻微的刑事案件大量存在，这些案件的侦

---

① 李克著：《可计算的刑法——经济学方法论视野中的刑法效益》，吉林大学出版社2004年版，第72页。

查、起诉、审判难度并不因案件性质较轻而有所降低。在刑事和解中，经犯罪人和被害人双方同意，对案件事实的证明要求就会适当降低，司法机关就可以快速做出处理，避免了案件在侦查、起诉、审判、执行环节的进一步的司法资源支出，极大地节约了司法资源。另外，刑事和解还起着诉讼程序的繁简分流作用，对全面提高诉讼效率有着积极的作用。而且，刑事和解还能较好解决犯罪人和被害人之间的纠纷，达到定纷止争、平息诉讼的作用，可以有效避免因对判决不满引起的上诉、申诉行为。只有这样，才能是法律符合法经济学的根本价值，即公平与效率。

3. 笔者的观点

当深入思考时会发现，不但犯罪人是理性人，国家也应该是理性人。国家制定刑法、刑事政策也都有一个成本与收益的计算。国家刑罚的预防犯罪的目的是建立在预防犯罪的收益大于成本之上。预防犯罪的成本用贝卡里亚的话说包括制定明确和通俗的法律的立法成本，传播知识的成本，防止法律机构不腐败的成本，以及奖励美德的成本。而收益自然就是社会秩序稳定，公民权利有效保障。这里有一个“机会成本”的问题，所谓机会成本是对在选择中被舍弃的机会的最高评价。刑罚的机会成本就是，采用这种刑罚而不采用那种刑罚或者其他社会控制手段而丧失的最高的效果。刑法上应当主张刑罚的谦抑性，就是一个刑罚的机会成本和减少刑法浪费的问题，刑罚的设置和运行所消耗的人力、物力、财力应是最小的，简言之，即在刑罚收益不变的前提下使刑罚成本最小化①。贝卡里亚在论死刑篇里就曾为国家作了这样的计算：每一次以死刑为国家鉴戒都需要一次犯罪，可是有了终身苦役，只一次犯罪就为国家提供无数常存的鉴戒。“使守法成本大于违法成本，法律便是恶法。国家在制定一项法律、出台一项政策都应该经过成本与收益的权衡、比较，这才是一个精明国家的体现”②。由此可见，刑罚适当宽缓不仅是有益的而且是正当的。

（二）从法社会学的角度看刑罚的宽缓化

1. 刑罚宽缓化的法社会学理论依据

所谓法社会学，亦称社会法学，是将法律置于其社会背景之中，研究法律现象与其他社会现象的相互关系的一门社会学和法学之间的边缘学科。众所周知法社会学产生的社会背景是资本主义正由自由竞争阶段向垄断阶段发展，垄断组织和金融寡头逐渐控制了整个社会的生产和流通，主宰了整个国民经济，导致生产社会化与生产资料私有制之间矛盾的尖锐化。社会贫富差距拉大，经济危机、环

① 曲振涛著：《法经济学》，中国发展出版社 2005 年版，第 150 页。

② 曲振涛著：《法经济学》，中国发展出版社 2005 年版，第 150 页。

境污染，国家对经济放任自由的态度已经不能适应社会发展的需要。利用国家权力改变放任自由的经济政策，用法律干涉社会生活，尤其是经济生活，从而维护社会生活，改善社会关系，已成为当时各国关注的焦点，传统价值理念的改良和革新迫在眉睫。法社会学兴起的社会背景与我国改革开放进行市场经济体制发展的三十年的社会现状之间具有极大的相似性，笔者认为法社会学的观点对于解决中国现阶段的问题具有实在的参考价值。

法社会学突破了传统自然法理论与实证脱节的缺陷，基于当时的社会需求，将法关注的重点从强调个人利益转而关注公共和社会利益，旨在谋求个体利益与集体利益的妥协，从而提高了法律调整的合理性、准确性和有效性。也就是说，其更加注重经验、实证与伦理道德相结合。它将法律置于社会的视角中予以考察，法的社会性的一面得到了放大和关注，同时将法的社会时效性作为法律判断的规则和标准。

2. 刑罚宽缓化的现实需求

在探讨刑罚结构改革时，我们不否认1997年修正的刑法与1979年刑法相比在刑罚结构上有轻缓化的规定，如对死刑适用范围的限制、死缓到执行死刑的条件的严格、对大部分盗窃罪废除死刑、大幅度降低原流氓罪的法定刑、扩大罚金刑的适用范围等。但也不能回避我国目前刑罚结构存在的问题，它是以死刑、自由刑为中心的，从世界范围内来看属于一个重刑结构，甚至是一个超重的刑罚结构。事实上，重刑结构已经产生了负面效应，因为惯用重刑、推崇重刑的后果是犯罪非但没有被抑制，而且刑事发案率还逐年攀升（我国历次“严打”过后的收效甚微即是例证），某种程度上形成了犯罪与“严打”之间的非良性循环。更为严重的是，重刑还会让人们留下暴虐、残忍和非理性的印象，从而会对人们的心理增加压抑感，甚至在某些情境下发生恶性的宣泄，制造新的犯罪。正如孟德斯鸠所说：“一个公民的政治自由是一种心境的平安状态，这种心境的平安是从人人都认为本身是安全的这个看法产生的。”① 虽然1997年刑法颁行后接续出台的八个《刑法修正案》增减了一些具体犯罪的刑量，但基本上没有改变我国刑罚体系的结构。随着人类文明的发展、人权意识的增强和对刑罚人道性的认同，并且在世界各国刑罚轻缓化已逐渐成为主流的态势下，重刑结构显然是与其背道而驰的。英国学者边沁就曾指出：“刑罚的严厉程度应该只为实现其目标而绝对必需。所有超过于此的刑罚不仅是过分的恶，而且会制造大量的阻碍公正目标实现的坎坷。”②

---

① ［法］孟德斯鸠著：《论法的精神》，严复译，法律出版社2005年版，第78页。

② ［英］边沁著：《道德与立法原则导论》，时殷弘译，商务出版社2000年版，第137页。

3. 笔者的观点

笔者看来，法社会学的观点强调法律对社会关系进行调整的适度性。社会关系是一个复杂的概念，法律对社会关系的调整也不能采取一味地打压的手段，过于强硬的手段反而会引起反弹。从具有悠久历史的“中庸”思想中可知，凡事适度为上，“过犹不及”。同时，社会危害性是一个主观的判断标准，同一种行为，在不同的阶段被评价，会有不同的结果。不应当僵化社会危害性的判断标准。结合现代的“人权主义”观点以及“人道主义”思潮的发展趋势来看，严刑峻法早已经为大家所抛弃，刑罚宽缓化是必由之路。改革开放以来，刑事案件逐年上升，有“两会”代表调研我国刑事司法方面发现，改革开放以来随着我国经济体制改革和社会结构的变化，刑事案件逐年上升，尤其是近几年来已经达到每年数百万件。但是判处3年以下有期徒刑、管制、拘役、单处附加刑、缓刑和免予刑事处罚的犯罪人数占60%左右。大部分虽然是轻微案件，但其侦查、起诉的难度并不低，占据了办案人员大量的时间、精力，影响了对重大案件的处理，另外，案件数量过多，可能也导致了案件的拖延，当事人只能得到迟来的正义。由此可以得知，严刑峻法不仅不能很好地抑制犯罪甚至会有反效果。因此，刑罚的宽缓化不仅是有益的正当的，也是必要的。

结　语

综上所述，正如贝卡里亚所言，“只要刑罚的恶果大于犯罪带来的好处，刑罚就收到它的效果……除此之外的一切都是多余的，因而也就是蛮横的”①。刑罚的强度由它的最低刑和最高刑确定，最低刑要超过犯罪人的感觉阈限，即要让犯罪人感受刑罚的苦楚；最高刑又要不违背人道主义原则，符合人本主义。贝卡里亚的“尽量轻微”，体现了刑罚的边际威慑力理论。经济学的“边际”是在“增加的”或“额外的”这一意义上使用，例如饥饿时吃第一个包子的边际效用比吃第二个的大。所以，刑罚的惩罚力度并不是和犯罪率成正比，而是成U型，严酷的刑罚会造成这种局面：犯罪所面临的恶果越大，犯罪人也就越敢规避刑罚。为摆脱对一次罪行的刑罚，人们会犯下更多的犯罪。这时候刑罚的边际威慑力就变得很弱。

我国目前正处于经济体制深刻变革，社会结构深刻变动，利益格局深刻调整，思想观念深刻变化的特殊历史时期，在这一时期，传统的社会规范和社会控制方式不可避免地受到来自方方面面的挑战，以致我国的犯罪率有所攀升。以众所周知的盗窃罪为例，在全国范围内盗窃罪定罪数额的标准各地均有不同，可以

① ［意大利］贝卡里亚著：《论法罪与刑罚》，黄风译，法制出版社2005年版，第56页。

看出，社会危害性的评价必须与其所属的社会相适应，在不同的社会环境下，评价标准应当有所不同。现今中国的刑事犯罪总量在大幅增加，激增的犯罪与有限的司法资源冲突不断，在司法实践中造成了许多诸如案件迟迟不能得到公正的判决的情况发生。在最大程度上维护中国社会的公平正义是建设和谐社会的应有之意。面对这样的犯罪形势和社会现实，代表最为公平正义的司法机关，必须适应新形势，合理分配工作重心，方能最大限度实现公平正义，“抓大放小”成为必然选择。刑罚的宽缓化是中国法治建设必由之路。

试论和谐社会与刑法改革的关系

——以“弹性刑罚”制度的建构为视角

张永强

“和谐语境”是指不同事物之间所要达到的一种相互适应、相互协调、有机统一的存在和发展的状态。我们不仅在哲学领域中追求“和谐语境”下的抽象逻辑思辨，而且在现实层面的实用科学中也应该坚持“和谐语境”下的发展和创新。“和谐语境”下的抽象哲学思辨和具体实用科学创新都是马克思主义哲学话语中事物联系的普遍性和矛盾规律的体现，是人类认识世界和改造世界较高层次的发展状态，也是人类智慧的高级形式。刑法作为社会规范体系中的最后一道防线，是维持整个社会秩序良性运行的终极力量，这就要求刑法自身的发展程度应该始终与社会相协调，以便发挥刑法所具有的特殊社会防范功能。① 在科学技术快速发展的推动下，我国的工业化进程得到了快速的推进，整个社会的现代化水平也得到了突飞猛进式的提高，但是我国当下正处于社会转型的战略机遇期，各方矛盾都在集中化突显，所以，在“和谐语境”下思考和建构我国的发展思路尤为重要。本文将以“弹性刑罚”制度的建构为视角，探讨和谐社会与刑法改革的关系，以期为我国在“和谐语境”下推动刑法改革提供一定的参考。

一、和谐语境下刑法理论应有的假设：“对抗性”到“合作性”

理论和实践作为哲学理论中的一对基本范畴，是联系人类思维活动和实践活动的纽带，实践是理论的来源，理论是实践的升华，理论指导实践，理论在实践中得以检验和修正。实现实践向理论的跳跃，其必要的前提就是进行理论假设。理论假设的实践基础就是人类对现实事物本质、特征及其属性的科学把握，从而

作者简介：张永强（1988—），男，甘肃天水人，西南政法大学法学院刑法专业硕士研究生。

① 正如赵秉志教授而言，不管从适应社会发展的需要、适应刑事政策调整的需要，还是弥补刑法缺陷的需要层面讲，都是我国当下在“和谐社会”语境中推进刑法改革的必要性之所在。参见赵秉志：《中国刑法改革新思考——以〈刑法修正案（八）（草案）〉为主要视角》，载《北京师范大学学报》（社会科学版）2011 年第 1 期。

归纳出事物发展的规律，并在此基础上进行逻辑思维上的抽象概括和表达，最终形成模块化的理论体系。所以，每项理论所支撑的制度体系都有其与自身相对应的理论假设，当实践中这种理论得以建构的前提假设不复存在时，该种理论也就不再具有指导实践的价值和功能，否则会造成实践与理论之间的错位。

自贝卡里亚以来，古典刑事学派所提出的理论体系都是以司法上的“对抗性”为前提假设的。基于对“同态复仇”的恐惧和“社会契约论”的认同，古典刑事学派都承认国家对犯罪追诉权的垄断，认为只有经个人让渡权力而形成的国家才有权追究犯罪，对犯罪人进行定罪量刑，维护社会的稳定秩序。但由于“只要有权力存在就有被滥用的可能性”，垄断犯罪追诉权的国家同样可能滥用权力来侵犯公民的权利，尤其是犯罪嫌疑人的权利。为了避免让渡于国家的权力被滥用，刑事古典学派创造性地提出了“罪刑法定”原则，以此来限制国家的权力，将国家的刑事追诉权限制在法律的明文规定之中，达到国家刑事追诉权的行使与公民权益保护之间的平衡。不论是原始的国家刑事追诉权，还是“罪刑法定”原则下的国家刑事追诉权，都是将国家与犯罪划分在二元对立的立场中，国家依据其所拥有的暴力机器对犯罪进行追究，讲求追究的主动性和绝对性，而且整个追究过程充满了“对抗性”。因此，这种“对抗性”成了古典刑事法律理论得以建构的现实基础，将国家的刑事追诉权神圣化和绝对化，对犯罪的追究成了国家垄断和主导下的线形化模式，主要体现国家意志和国家利益，过分追求对犯罪的打击报复，“报应刑”主义成了主导思想。虽然其后的新派站在社会整体利益防卫的角度对古典刑事学派的这一思想提出了批判，并进行了一系列的修正，开始注重刑罚的教育功能和预防功能，但其依然没有触动整个刑事理论得以建构的“对抗性”基础。

在“和谐语境”下进行刑法改革，就必须从理论和实践这两个维度来把握，而“和谐语境”内涵的最高品质是“和谐”，从“对抗性”走向“合作性”，这就要求不仅在刑事理论层面建构“和谐”的理论体系，而且在刑事司法层面也必须坚持“和谐”话语，搭建“合作性”的犯罪追究和预防机制。在当代刑法改革的浪潮中，轻刑化已成公认的改革趋势，注重刑法对人权的保障，非罪化和非刑罚化的呼声不断增强，不仅关注案件当事人之间矛盾的化解，而且关注与案件相关的整体社会利益的平衡。正如有学者所言，“我国刑法改革的价值取向应当是淡化对刑罚威慑功能的崇尚、重视刑法导引功能的发挥”①。因此，在出于惩罚犯罪而在一定程度上发挥刑法的惩罚功能的同时，应更加注重刑法的社会关系修复功能，使得“和谐话语”下刑法理论和刑事实践的假设从“对抗性”走向“合作性”。

---

① 张智辉：《刑法改革的价值取向》，载《中国法学》2002年第6期。

二、“合作性”思维中“弹性刑罚”的体系建构

在“合作性”思维中思考刑罚的弹性，是“和谐话语”的内涵在刑罚研究领域的具体体现。在传统的梯形化刑罚中，追求的是刑罚与犯罪行为之间“点对点”的对应关系，更多的是将刑罚限制在一种刚性的机械化应用中，刑罚缺乏应有的伸缩弹性，一旦出现“点对点”模式下的例外情形，刑罚的适用就变得尤为棘手。因此，在当下刑法改革的进程中反思以往的刚性刑罚，在“和谐话语”下建构“弹性刑罚”体系是一种必然的选择。

（一）“弹性刑罚”得以建构的现实依据

“宽严相济”的刑事政策本身体现的是一种弹性思维。“宽严相济”的刑事政策是我国刑法一贯坚持的基本刑事政策，我国的刑事司法实践是在这一政策的指导下进行的。“宽严相济”的基本内涵就是在打击犯罪行为的过程中注意把握犯罪与刑罚的“度”，“当宽则宽、当严则严、宽严相济”。针对具体的犯罪行为，如何实现“宽”与“严”之间的跳跃和衔接，不仅要在司法实践的操作上进行专门的制度设计，而且必须在刑法理论上寻求依据。“宽严相济”本身所蕴含的就是一种具有伸缩性的弹性思维，要求根据具体的情况合理地划定犯罪圈和刑罚圈，而传统的刚性刑法设计明显不适合这一政策的内在要求。因此，基于我国打击犯罪的历史经验和时代要求，在刑法改革中坚持“刚性”向“柔性”的回归，建构“弹性刑罚”体系是一种必然的选择。

在“轻刑化”运动的趋势下，刑事司法实践更加注重社会整体利益的平衡，不再是单纯地强调“重刑主义”思想下对犯罪人进行严厉的报复。在刑事司法机制的运行过程中，各国已经出现了区别于传统刑事司法实践的模式，例如英美法系中的“辩诉交易”及“刑事和解”制度，这些制度的目的主要是化解社会矛盾和提高司法效率，维护社会得以运行的良性秩序。显然，“辩诉交易”和“刑事和解”等制度所需要配套的是一种伸缩自如的“弹性刑罚”，而传统的“刚性刑法”很难适应这种“合作性”司法的要求。

（二）“弹性刑罚”架构的理论逻辑

在传统的刑法理论中，强调国家对犯罪追究的绝对性，在国家与犯罪二元对立的框架下建构追究犯罪的司法机制，其目的是国家为了维护其自身权威性而动用暴力机器对犯罪进行打击。显然，传统的犯罪追究理念主要解决国家与犯罪之间的矛盾，而因犯罪遭受损失的被害人的诉求往往被忽略，被害人对犯罪进行追究以便弥补自身损失的权利无法得到救济，这也是我国当下为什么刑事案件判决以后被害人上访却比刑事被告人多的根本原因。所以，在传统的刑法理论中，追究犯罪成了单一的“国家行为”，其着眼点是国家与犯罪之间单项矛盾的化解，

而忽略了与刑事案件相关的其他矛盾，尤其是刑事被害人与犯罪嫌疑人之间的矛盾。同时，传统刑法理论也未能实现刑法所应具有的社会防范功能和社会关系修复功能，刑法理论成了一种“职权主义”主导下的工具化理论，缺乏自身独立的价值，不利于社会矛盾的有效化解。

“和谐话语”下的刑法改革，应当致力于刑法所具有的社会关系修复功能的实现，注重社会矛盾的整体化解和社会利益的整体协调，跳出传统刑法理论中以“国家主义”为主导的犯罪打击思维定式，重新寻求当代刑法理论应该坚持的前提假设。正如前文所述，从“对抗性”向“合作性”的转变，是“和谐语境”下刑法所应有的理论假设，因此，在“合作性”思维中所提倡的“恢复性司法”理论是当下刑法改革中必须加以研究的重要课题。“恢复性司法”主要的价值追求是恢复被犯罪行为侵害的社会关系，不仅包括传统刑法理论所关心的国家利益，而且包括其他与犯罪行为相关的社会利益，尤其是刑事被害人的生命或财产利益。从“对抗性司法”向“合作性司法”的转变，不仅是“和谐话语”下维护社会秩序、化解社会矛盾所必需的时代选择，也是“人本主义”刑法发展观的具体体现。在我国当下的刑法改革浪潮中，应当坚持“保障人权”的宪法原则，将“合作性”作为刑法理论建构的假设前提，着力建设我国“恢复性司法”理念指导下的犯罪预防和追究机制，结合我国刑事司法实践经验，批判性地引入英美法系中的“辩诉交易”和“刑事和解”等制度，以期实现社会矛盾的有效化解。

（三）“弹性刑罚”与罪刑法定的关系

罪刑法定原则是各国刑法都已确定的基本原则，其经典表述是“法无明文规定不为罪，法无明文规定不处罚”，显然，罪刑法定原则得以提出是古典刑事法学家们为了限制国家在追究犯罪过程中的恣意而进行的创造性制度设计，将国家的犯罪追诉权限制在体现公共意志的法律条文中，从而防止国家借助公权力所特有的强制性来侵犯个人利益的可能性。从整个刑法发展的历史脉络来考察，罪刑法定原则确实起到了限制国家权力恣意的作用，使人们从中世纪滥刑主义的悲惨境地中得以拯救，由国家意志控制的刑法转向了公众意志控制的刑法，刑法的不确定性带来的恐惧逐渐得以削减，刑法回归到了公众意志控制下的相对确定之中。从目前世界各国的刑法发展和司法实践来看，罪刑法定原则在刑事法学领域依然有其存在的价值，我国也不例外，罪刑法定原则依然是我国当下刑法中应当坚持的基本原则。但是，溯及罪刑法定的起源，其依然是以“对抗性”为根基的，国家与犯罪行为人处于二元对立的立场之中，以国家对犯罪的强制性追究为核心，排除了犯罪追究中的对话协商机制，显然无法为当下“和谐语境”下的“辩诉交易”“刑事和解”以及“非刑罚”化趋势等提供合理的理论依据和实践空间。

“弹性刑罚”所要解决的就是罪刑法定原则所存在的这种固有缺陷，为“辩诉交易”和“刑事和解”等对话协商机制中的定罪问题提供合理、合法的理论和现实参考依据，使得对犯罪的处罚从国家垄断的神圣神龛中回归到人们本性中所具有的善良本性之中。建构“和谐话语”下的“弹性刑罚”，在当下刑罚思维中很容易遭到“不确定刑”的质疑和与“罪刑法定”相违背的批判，这就需要我们厘清“弹性刑罚”与“罪刑法定”之间的关系。“弹性刑罚”并不是推翻罪刑法定的基本立场，恰恰是对罪刑法定原则之不足的弥补，当特殊情况下坚持罪刑法定的立场无法实现社会预期时，我们就需要“弹性刑罚”加以弥补。例如，在某故意伤害案件中，刚满20周岁的犯罪嫌疑人取得了被害人的谅解，并对被害人进行了积极的赔偿，而且犯罪嫌疑人确有良好的悔罪表现，犯罪嫌疑人的母亲患有严重疾病卧病在床，急需照顾，假若对犯罪嫌疑人适用的良性档次是3至5年有期徒刑，按照罪刑法定原则该犯罪嫌疑人最少应该被判处3年有期徒刑。但根据社会人的价值判断和利益取舍，认为3年的有期徒刑显然不利于社会关系的有效维持时，作为社会人而不是冰冷机器的法官很容易陷入罪刑法定与人性本善的两难困境之中。“弹性刑罚”所要达到的目的便是对罪刑法定失灵时的有效补充，即在刑罚设计时尽可能充分地考虑可能出现的量刑情节，保证刑罚在罪刑法定下所应有的弹性。此外，“弹性刑罚”并不是完全将刑罚置于不确定之中，“弹性刑罚”同样反对不确定刑，“弹性刑罚”所要追求的是赋予刑罚应有的伸缩弹性，使得各个量刑档次之间以及罚与不罚之间实现一种富有弹性的衔接。

三、和谐社会语境下刑法的柔性之美

“和谐话语”本身是对一种柔性之美的追求，讲求事物内部、外部以及内外部之间柔性交流的和谐之境。回顾刑法从孕育到成长、再到成熟的整个漫长历史，刑法都是以一副严厉的面孔出现，犹如一把寒光凌厉的长剑在罚与不罚、轻罚与重罚之间把持着刚性正义。这或许是“对抗话语”下刑法应有的本色，因为在传统刑法理论中国家与犯罪是二元对立的，按照传统的罪刑法定原则和罪刑相适应原则无法解释这些现象，这些现象甚至与这些传统原则是相违背的。所以，我们应该从“报应刑主义”向注重社会关系修复的“防范刑主义”转变，刑法的职责就是打击犯罪，这种对抗性天然排斥柔性之美。虽然对抗性司法仍然占据主流，但是出现了“辩诉交易”“刑事和解”“附条件不起诉”等一类的“合作性司法”实践，这些现象甚至与这些传统原则是相违背的。所以，我们应该从“报应刑主义”向注重社会关系修复的“防范刑主义”转变，顺应轻刑化趋势，弥补“阶梯刑罚”的不足，在合作性司法的大背景之下建构“弹性刑罚”

理论，以期寻求“和谐语境”下刑法的柔性之美。

建设“和谐社会”是我国在新时期对国内外局势进行科学分析后所做的整体部署和奋斗目标，刑法作为社会规范体系中的重要规范之一，在“和谐话语”下的改革进程中必须保持与“和谐社会”建设之间的统一性和协调性。推进“和谐话语”下我国刑法改革，必须从“对抗性”向“合作性”转变，以社会关系的修复和社会秩序的维持为出发点，建构当代“人本主义”理念下刑法的柔性之美。

试论和谐社会与刑法改革的关系

——以刑罚轻缓化的实现为视角

刘雅婷

刑罚的轻缓化是随着人类社会的发展，在经济、政治、文明充分发展到特定阶段产生的一种刑罚适用倾向，是制度文明向人文倾斜的产物，是人对于自身价值与法律价值的反思与关怀。然而，时至今日，我国的刑罚结构仍然呈现出重刑化的特征，死刑、自由刑占据主导地位，非监禁刑的种类与运用都相对较少，这不仅与我国以人为本、构建社会主义和谐社会的奋斗目标背道而驰，也不符合当今世界范围内以监禁刑和罚金刑为主的轻刑化刑罚发展趋势。当代中国正处于社会的转型时期，利益多元化、矛盾复杂化不可避免地引发了诸多社会问题，不和谐的犯罪问题自然也面临着新的挑战和要求。鉴于传统的严刑峻法已经难以切实有效地化解社会矛盾、促进社会公平正义的实现，再加之世界范围内英美等各国刑罚轻缓化已经取得的显著成效，因此，我国的刑罚改革也应当顺应时代的潮流，顺应和谐社会的主题，推行刑罚的轻缓化，这既是可行的也是必行的。

一、我国重刑化的刑罚结构

关于刑罚结构的类型，我国刑法学者储槐植教授曾经做过五种分类：“从过去到未来，刑罚结构可能有五种类型：死刑在诸刑罚中占主导地位；死刑和监禁共同在诸刑罚方法中为主导；监禁在诸刑罚方法中为主导；监禁和罚金共同在诸刑罚方法中为主导；监禁替代措施占主导地位。第一种已经成为历史，第五种尚未到来，中间三种在当今世界上存在。死刑和监禁占主导的可成为重型刑罚结构，监禁和罚金占主导的可成为轻型刑罚结构。监禁刑为主导的刑罚结构，法律上平均刑期在三年以上的归属重型类，称次重型；平均刑期在三年以下的归轻型类。”① 陈兴良教授在其《刑罚改革论纲》一书中论道：“我国目前的刑罚结构是以死刑、自由刑为中心的，从世界范围内看属于一个重型结构，甚至是一个超重

作者简介：刘雅婷（1987—），女，山西太原人，西南政法大学法学院刑法专业硕士研究生。

① 储槐植著：《刑事一体化》，法律出版社2004年版，第281页。

的刑罚结构。"[①] 之所以得出这样的结论，并不是对个别现象的推测，而是基于对我国刑法条文的仔细剖析与国际刑罚发展趋势的深刻认识。

从国内刑法条文来看，虽然《刑法修正案（八）》对刑罚结构做出了一些调整，但我国的刑罚结构仍然还是重型的结构，主要表现如下：其一，该修正案取消了13个经济性非暴力犯罪的死刑罪名，但我国目前仍然保留有55个犯罪的死刑罪名，死刑在我国刑罚结构中仍居于重要地位，而"死刑的存废与多寡是刑罚结构苛缓的导向标"。[②] 其二，自由刑多为监禁刑，并且刑期的设定上"3年以上有期徒刑"在刑罚结构中占了大部分，属于储槐植教授所论的次重型。其三，强调了对罚金刑的调整，设立了无限额罚金，但罚金刑在我国刑罚中并不具有主刑的地位，且实践中运用很少，不受重视。其四，针对未成年人做出了诸多从宽处罚的规定，如未成年人被判处5年以下有期徒刑的，将不再有前科报告义务，但我国的少年刑罚仍然处于报应主义阶段，不利于未成年人的社会化。

从国际刑罚的发展趋势来看，目前大多数西方国家的刑罚结构属于以监禁和罚金刑为主导的轻刑结构，其现实表现如下：其一，死刑的废除与限制。根据国际特赦组织的统计，2012年全世界已有140个国家废除及不使用死刑；仍维持死刑的只有58个国家（这58个国家中，只有21个国家在2011年有执行死刑）。换言之，全球已有超2/3的国家实际废除死刑。[③] 其二，自由刑行刑方式由完全封闭转向公开、半公开，推行行刑的社会化，比如社区服务令、社区矫正、监狱内的累进处遇制度等。其三，罚金刑的大量适用。1975年生效的《德国刑事诉讼法》规定了附条件撤诉制度，即如果犯罪人支付了所要求的款项，就可以撤销控诉，不留案件记录。根据此项规定，国家可以不经审判而适用罚金措施，大大节省了司法资源，到1994年，德国的罚金刑已经占到所判刑罚总数的78.31%，成为最经常使用的处罚措施。[④]

如此可见，我国的刑罚结构的确存在很大的问题，重刑化的结构不仅违背和谐社会"以人为本"的核心思想，也是我国刑事法治建设的巨大障碍，因此，我国急需改革现行的刑罚结构体系，建立符合时代特征的轻缓化的刑罚结构。

二、刑罚轻缓化的理论根据

法治不仅是和谐社会的重要标志，而且是规范、促进、实现、保障构建社会

---

① 陈兴良著：《刑罚改革论纲（第二卷）》，法律出版社2006年版，第34页。

② 曲伶俐：《我国刑罚结构的实然与应然》，载《东岳论丛》2006年第5期。

③ 维基百科：《死刑存废问题》，http://zh.wikipedia.org/wiki/%E5%BB%A2%E9%99%A4%E6%AD%BB%E5%88%91.

④ 吴宗宪等著：《非监禁刑研究》，中国人民公安大学出版社2003年版，第120-121页。

主义的重要途径，是消解社会不和谐因素以达至社会和谐的防火墙。[①] 犯罪作为一种严重破坏社会和谐的因素，也自然需要得到理性的刑罚待遇，于是乎，刑罚的结构也随着人类文明的不断进步而渐趋轻缓。因此，我国必须在和谐社会的时代背景下继续推行刑罚的轻缓化，这是在对犯罪必然性规律、刑罚的教育矫正机能、刑罚的经济性以及刑罚的发展趋势深入认识的基础上做出的理性选择。

（一）犯罪的必然性规律

犯罪是一种正常的社会现象，它的发生与存在并不是偶然的，反而是不可避免的，犯罪犹如政治、经济和法律等重大社会现象一样是一定历史条件下必然的、不以人的意志为转移的客观存在，这也决定了试图以残酷的重刑消灭犯罪的不现实性与不合理性。正如赵志华所言："犯罪的根源在于社会，犯罪具有不可避免性，犯罪人只是充当了犯罪的具体承担者，不应将犯罪的责任全部归责于犯罪人本人。既然犯罪是个人原因和社会原因综合作用的结果，在寻求犯罪对策时就不应仅仅局限于刑罚手段，不能仅仅将刑罚惩罚当作对犯罪的唯一反应，甚至不应当是主要反应"，"如果认为犯罪的发生是偶然事件，将犯罪简单地归咎于犯罪者个人，在犯罪对策上就不可避免地将刑罚视为防止犯罪的惟一药方，忽视采取其他犯罪预防措施。发现刑罚效果不佳时就加重处罚，结果导致重型主义"[②]。

（二）刑罚的教育矫正机能

随着人类文明的不断进步，人类对于刑罚的目的也有了更深的认识，不再局限于过去的惩罚犯罪、预防犯罪，一种新的刑论正在兴起即教育刑论。教育刑论认为，刑罚的本质在于使犯罪人成为社会人，使犯罪人恢复犯罪前的状态，科以刑罚不是因为犯罪人犯了罪，而是为了使犯罪人不再犯罪。[③] 教育刑侧重于刑罚的教育矫正机能，关注行为人的人格，将犯罪人视为病态的人，对其辅以教育改造，而不仅仅是强调刑罚的强制和威慑，体现了刑罚的人道性、轻缓化。据此，各国提出了很多宽和的刑罚替代措施，如罚金刑、缓刑、监禁刑替代措施、保安处分等，其深刻的哲学根据即体现着人道主义精神的轻缓宽和的刑罚有利于培养犯罪人对于法律的崇高的信仰，引导其成为一名懂法、守法的良好公民。

（三）轻缓化刑罚的经济性

邱兴隆教授曾经指出："刑罚是有限的，犯罪是无限的，以有限的刑罚对付无限的犯罪，是社会的一种无奈的选择。因此，宽容和节俭用刑是社会最明智的

---

① 冯殿美等著：《和谐语境中的刑罚轻缓化研究》，中国政法大学出版社 2011 年版，第 151 页。

② 赵志华著：《论刑罚轻缓化的实现途径》，人民法院出版社 2012 年版，第 50 页。

③ 张明楷著：《刑法的基本立场》，中国法制出版社 2002 年版，第 21 页。

选择。"[①] 所以，刑罚应当采取轻缓的方式：一方面刑罚投入量过剩必然会对社会成员的权益造成不该有的侵害，这显然是违反正义的；另一方面，轻缓化的刑罚结构能够节省司法资源，一定程度上有利于犯罪人积极改造、融入社会。反言之，刑事司法的运作，特别是重型化刑罚结构下的死刑、监禁刑的刑罚手段，需要大量的物质资源予以保证，与此相对的罪犯们什么也没有付出，社会要为其支付生活费，无形中也是一种巨大的社会负担，还不如让其在宽缓的刑罚中获得改造、学会信仰法律。

（四）轻缓化刑罚的趋势性

唯物辩证法认为，无论是自然界、人类社会还是人的思维都是在不断地运动、变化和发展的，事物的发展具有普遍性和客观性，发展的实质就是事物的前进、上升，是新事物代替旧事物。刑罚作为一种客观存在，也应当符合事物的发展规律，否则必然会遭到历史的淘汰。纵观整个世界刑罚的发展史，刑罚都呈现出了一种从野蛮到文明、从严苛到轻缓的进化发展的过程。从封建社会残酷的死刑、肉刑到17—18世纪自由刑的崛起，再到二战后废除死刑的高潮，自由刑的主导地位也开始动摇，可以看出当代世界刑罚的发展趋势整体是轻缓化的，具体表现为死刑的落没，自由刑的行刑方式由完全封闭走向公开、半公开，行刑社会化的兴起以及非监禁刑的盛行。因此，我国的刑罚也需要走符合刑罚发展趋势的轻缓化的道路。

三、和谐社会语境下我国刑罚结构轻缓化的实现途径

2011年2月25日通过的《刑法修正案（八）》彻底地贯彻了宽严相济的刑事政策，完善了我国的刑罚体系，不仅首次取消了13个经济性非暴力犯罪的死刑罪名，增设了社区矫正，配置了无限额罚金制，而且对徒刑较轻的未成年人免除了前科报告义务，诸如此类的规定均表明我国的刑罚结构正朝着轻缓化的方向发展。此后不久，我国又对刑事诉讼法进行了修正，新增了刑事和解制度，这些规定都是过去刑事法律中未明确做出规定的，对于促进和谐社会的建设和中国刑事法治的发展具有独特的意义。然而，我国的刑罚轻缓化尚处于初始阶段，刑罚结构仍是重刑化的，因此，不管是从促进社会和谐的角度出发，还是从建设中国刑事法治道路的角度出发，进一步推进刑罚的轻缓化都将是意义非凡的。

（一）实体法上的刑罚轻缓化建议

应当进一步削减死刑罪名，当务之急应废除贪污贿赂类犯罪及经济性犯罪的死刑罪名，理由如下：（1）我国"杀人偿命"的传统报应思想根深蒂固，

---

① 邱兴隆著：《刑法理性导论——刑罚的正当性原论》，中国政法大学出版社1998年版，第3页。

如果彻底地废除死刑，可能会引起民众的强烈不满，无法实现实体公正。鉴于死刑的存废与多寡是刑罚结构苛缓的导向标，当前的中国应当进一步削减死刑。(2) 对贪污贿赂类犯罪以及经济犯急需废除死刑的原因在于：第一，刑罚发展史已经表明依靠死刑来治理经济犯罪、贪腐犯罪从来都没有成功过，死刑并不能真正地威慑和遏制经济犯罪人，尤其是贪腐犯罪，并且经济犯罪通常并不会直接导致对被害人生命权益的侵犯，死刑的配置一定程度上有违罪行均衡原则。第二，对贪腐犯罪和经济犯罪设置死刑，为此类犯罪人逃亡国外设定了契机，不利于国际的司法协作，因为国际惯例是死刑犯不引渡，这极大地不利于被害人财产的追回，而绝大多数的被害人在死刑与财产回复二者中更多的是希望追回自己的财产。

应当借鉴西方国家自由刑的行刑模式，推广行刑社会化，改革传统的自由刑在执行方式上多将犯罪人禁闭在高墙铁网的监狱中的模式，具体如下：(1) 对所犯罪行较轻、人身危险性较小的罪犯（如被判处一年以下有期徒刑者），可建立半监禁、周末监禁等刑罚执行方式，即让犯罪人于周一至周五在监狱服刑，周末回家过正常人的生活，或者反之。当然在建立这样的刑罚执行方式时，也需要严格规范犯罪人在监狱外的行为操守，若违反行为操守或更甚者，即可收监执行剩余刑期。(2) 建立行刑累进处遇制度，从制度上鼓励犯罪人积极改造、早日回归社会。行刑的累进处遇制度是通过将判决宣告的刑期分成不同的阶段，然后根据罪犯的表现依次改善其警戒程度和处遇条件的制度，大体分为四个阶段：独居监禁、杂居监禁、半自由监禁、假释。这样的制度能够带给犯罪人实质的好处，将释放的权力交到了犯罪人手中，相信没有人能够抵御这样的诱惑。

应当调整我国现行的非监禁刑结构，尤其是要增设社区服务刑、将罚金刑易为主刑、引进少年保安处分制度，具体如下：(1) 增设社区服务刑为附加刑，既可以单独适用于未成年犯、初犯或者过失犯，又可以作为选择性的刑罚适用于管制犯、缓刑犯、单独适用罚金刑的犯人，以杜绝案犯“花钱了事”的心理，让犯罪人亲身参与社区劳动、公益劳动，能够实现刑罚的预防犯罪与教育矫正机能。(2) 将罚金刑上升为主刑，理由在于：第一，能在较大程度上缓和我国以自由刑和死刑为主导的重型化的刑罚结构；第二，符合世界刑罚的发展趋势。目前，“罚金刑的运用及其渐行扩大，此种扩张的趋势更由于自由刑无可避免的反社会化效果，将使得罚金刑成为未来的主要刑罚”①；第三，现行我国的主刑结构中没有财产刑，因而对于只需要给予严厉经济制裁或者只能适用财产刑的单位犯罪，只能适用作为附加刑的财产刑，会导致对单位犯罪的否定性评价不够，影

① 林山田著：《刑法学》，台湾商务印书馆1983年版，第300页。

响刑罚的适用效果。（3）建立以社区性保护处分为原则、拘禁性保护处分为例外的少年保护处分制度，作为少年刑罚的替代措施。“未成年人作为人类群体中的特殊群体，由于其本身的认识能力和辨认能力的不足而实施了危害社会的行为，固然不能姑息，但是应当突破传统的刑罚报应主义的观念，凸显刑罚的教育、保护功能，这正是现代少年刑法的价值诉求。”① 而在少年保护制度中，拘禁性的保护处分制度是以剥夺或者限制少年的人身自由为主要特征的，这种方式名为保护却已经丧失了保护的理念，回到了自由刑的状态，违背少年保护处分制度本身对于教育的倾斜理念，所以在实施过程中应当以社区性保护处分为原则、拘禁性保护处分为例外。

（二）程序法上的刑罚轻缓化建议

应当借鉴西方的恢复性司法制度，进一步扩大我国刑事和解制度的适用范围，同时应将刑事和解案件的被害人限定为自然人。事实上，我国已经开始了恢复性司法制度的立法，即 2012 年《刑事诉讼法》修正案中所规定的刑事和解制度，只是不同于西方的恢复性司法制度。西方国家的恢复性司法制度规定不论犯罪人的罪行轻重，只要被告人和被害人双方都同意和解，就可以在社区等主持下进行和解，相比之下我国刑事和解制度的和解情形却受到诸多限制，不利于纠纷的及时化解，因此我国《刑事诉讼法》第 277 条第 1 款中的可和解案件的范围应突破刑罚分则第四章、第五章规定的犯罪案件，同时应将和解案件的被害人限定为自然人。理由在于：一方面，一些具有类似法益侵害特征的犯罪不能纳入，如寻衅滋事罪、拒不支付劳动报酬罪等；另一方面，修正案规定的犯罪类型中有不少属于“没有特定受害人”的犯罪，出于法律规范严谨性的考虑，应当对其进行更为准确的界定。

应当完善附条件不起诉制度，突破新刑事诉讼法中所规定的案件适用特定对象。《刑事诉讼法》第 271 条规定了针对未成年人的附条件不起诉制度，是我国刑罚轻缓化在刑事诉讼领域的体现，然而其规定并不成熟，仅仅局限于特定的未成年人对象和刑法分则第四章、第五章、第六章的特定案件，具有不合理性。而关于附条件不起诉制度，德国《刑事诉讼法》第 153 条 A 款早有规定，经负责开始审理程序的法院和被质控人员同意，检察院可以对轻罪暂时不予提起公诉，同时要求被告人：做出一定的给付，弥补行为造成的损失；向某公益设施或者国库交付一笔款额；做出其他公益给付；承担一定数额的赡养费用。以这些要求，责令适当弥补追究责任的公共利益，并且责任程度与此相称为限。② 扩大附条件

① 吴宗宪著：《中国刑罚改革论》，北京师范大学出版社 2011 年版，第 742 页。

② 崔丽萍著：《附条件不起诉制度在我国建立的必要性分析》，载《新乡学院学报》2009 第 2 期。

不起诉制度的范围，有利于教育、感化和挽救罪行较轻的犯罪嫌疑人，实现特殊预防的刑罚目的，符合世界刑罚轻缓化的发展趋势，也利于化解社会矛盾、构建和谐社会。

刑罚轻缓化的理念来自于古老的法谚：刑罚与其严酷不如缓和。在新时期构建和谐社会的时代背景下，如何运用刑罚来促进社会和谐，一直有两种观点：一种观点认为只有严惩犯罪人，才能减少犯罪，达到社会和谐的目的；另一种观点则认为应当采用轻缓的刑罚治理犯罪，以达到社会的和谐。然而，犯罪作为社会不和谐的音符，是构建社会主义和谐社会的严重障碍，国家要追究犯罪人的刑事责任，要动用刑罚，惩罚手段即是不可或缺的“恶”，既然刑罚本质上也是一种恶，即需要对它进行一定的限制，以免过多地侵犯公民的合法权利。因此，采用轻缓的刑罚则必然是明智之举，这是在对犯罪必然性规律、刑罚的教育矫正机能、刑罚的经济性以及刑罚的发展趋势深入认识的基础上做出的理性选择。然而，刑罚的改革之路绝不是一蹴而就的，而是一个不断探索、不断变革的过程，所以，我国应当在和谐社会的时代背景下继续推行刑罚的轻缓化，从刑事实体法和刑事诉讼法两个方面不断地进行制度创新与变革，促进我国刑事法治道路的和谐发展。

试论和谐社会与刑法改革的关系

——树立人权保障的价值取向

陈　湘

和谐的思想自古有存，无论是中国孔孟的“仁政”，老庄的“无为”，还是外国古希腊先哲的“理想国”，空想社会主义者们的“和谐制度”，都是和谐思想的体现。然而这一切仅仅只是设想，没有成为现实，而和谐社会的应运而生，搭起了设想与现实之间的桥梁。和谐社会自提出以来，就与人权保障息息相关，人权保障是构建和谐社会的必备条件，只有人权得到了充分的保障，和谐社会才能够真正实现。人权的保障依赖于法律的支撑，否则人权就不具有实质意义，而刑法作为最为严酷的法律也最具有保障的力度，是保障人权极为重要的法典，因而刑法改革树立人权保障的价值取向对于构建和谐社会的作用不言而喻。

一、刑法领域存在的影响社会和谐的表现

社会和谐离不开法律的保障，法律为社会的和谐保驾护航。然而法律不仅仅能够维持社会的稳定，促进社会的繁荣，如果法律规定不当或是不完善，也会造成许多的问题，影响社会的和谐稳定。刑法对于社会和谐既有促进的一面，但也存在一些不安定的因素，造成社会的不稳定。刑法领域影响社会和谐的表现如下：

（一）刑法规定的死刑过多

死刑是对人生命的剥夺，死刑过多并不利于社会的稳定，容易造成社会的恐慌，不利于人们的正常交往。从现阶段的情况来看，虽然死刑难以废除，但可以适当减少死刑的数量，尤其是经济类犯罪的死刑，而那些暴力犯罪则考虑其社会危害性而予以适用。这可以缓和刑法领域对社会和谐的影响，不会造成人人自危的心理负担，也在一定程度上对犯罪分子起到威慑作用。

（二）违反罪刑法定的原则

罪刑法定是刑法的基本原则，它是对刑法适用的严格限制，其通常含义是法

作者简介：陈湘（1989—），女，湖南株洲人，西南政法大学法学院刑法专业硕士研究生。

无明文规定不为罪，法无明文规定不处罚，是刑法权威的威严体现。而现行刑法中存在违反罪刑法定原则的内容，不利于社会的稳定，人与社会的和谐，造成法与社会价值之间的冲突。由于刑法的罪刑法定原则没有得到很好的贯彻和维护，造成法的不可测性，法律的权威受到挑战，社会和谐受到威胁。

（三）刑法规定不完善

刑法规定的不完善，法律存在漏洞，导致某些投机行为逃脱法律的制裁不利于社会的发展，影响社会和谐。虽然法网恢恢疏而不漏，但那终究只是一种社会理想，法律的制定总会存在漏洞，社会上总有人会钻法律的漏洞，进行违法的活动，影响社会的和谐。

二、和谐社会构建进程中刑法改革之价值取向

和谐社会的构建有更民主化、更法治化的发展诉求，而刑法改革是为了构建和谐社会所必需的手段，完善刑法的有关内容对于和谐社会的构建至关重要。对于刑法改革的价值取向，必须紧紧围绕着和谐社会的核心展开，即都以保障人权为重中之重的发展目标。

建立和谐社会，就是要建立民主法治、公平正义、诚信友爱、充满活力、安定有序、人与自然和谐相处的社会。不论历史的、现代的、中国的、还是外国的，建立和谐社会就必须保障人的权利，就必须以人为本。和谐社会的构建强调人的主体地位，因为人是构建和谐社会的主体力量，而在构建和谐社会的进程中，需要依靠刑法对人权进行保障，如果刑法没有做到这一点，那么将极大地影响和谐社会的建立。因而刑法改革需要树立人权保障的价值取向，这与和谐社会的内在义理相契合。

和谐社会要求以人为本，因而和谐社会的构建需事事考虑人的发展需要，以实现人与社会的和谐共处为目标，而在法律范围内就要人人平等，人权至上。人作为社会主体，无论是在宪法还是其他法律都被赋予了平等的法律地位，即法律面前人人平等。体现在刑法层面就是适用刑法人人平等，在刑法的适用过程中必须牢牢坚守这个准则。适用刑法人人平等包括以下几个方面的内容。首先，立法平等，即制定刑法人人平等，人们享有平等的制定法律的权利，以立法者的姿态制定维护最广大人民根本利益的刑法；其次，适用刑法平等，即任何人都不得有超过法律的特权，凌驾于法律之上，人人平等适用，没有任何例外；最后，行刑平等，在执行刑法的时候，每个人都获得平等的待遇，公正执行刑罚。①

① 朱晓非：《论人权保障在构建和谐社会中的地位和作用》，http：//www. hlj2008428 ls. org/2008-4/28/454. htm.

目前我国刑法存在很大的弊端，对于人权保障上存在漏洞，因而现阶段我国刑法的改革，应当以有助于构建和谐社会和强化人权保障，有助于贯彻宽严相济的基本刑事政策为发展方向。犯罪是影响社会和谐的重大因素，因而刑法对于犯罪的规制极为重要，但是为防止刑法的严苛和暴力过度扩张，因而在刑法改革中树立人权保障的价值取向，将会使社会中人与人之间、人与社会之间的关系更加和谐。

三、关注对弱势群体人权保障的刑法保护以构建和谐社会

和谐社会是一个内部协调，人与人之间和平共处，共同谋求发展的社会。但是社会中必然存在不和谐的成分，为了构建人人和谐的和谐社会，这就要求全面关注人的发展，尤其是对社会中那些弱势群体的保护。刑法改革以保障人权为价值取向，关注弱势群体为方向，从而有利于和谐社会的构建。因为刑法是强度最大的法律，对于人们的行为最有威慑力，能最大力度地保护弱势群体的合法利益。现阶段社会中的弱势群体包括老年人、未成年人、精神病人等，刑法改革应注重对他们的保护，这也是保障人权的价值取向的体现，下面重点探讨未成年人和老年人的刑法保护问题。

（一）未成年人的刑法保护

未成年人是一个国家未来发展的保障，正所谓少年智则国智，少年强则国强，少年富则国富，少年独立则国独立，少年自由则国自由，少年进步则国进步。对于未成年人，法律应该为他们营造最好的成长环境，包括家庭环境，网络环境，社会环境。刑法保护是未成年人的各种保护中最基本最低限度的保护。但是，目前我国刑法对未成年人的保护力度还不够，在对未成年犯罪主体的保护方面，无论是在定罪过程中，还是在量刑、行刑过程中，都存在着不足之处。在对未成年被害人的保护方面，也存在着一些缺陷。因而刑法改革应注重这些方面的完善，使刑法对未成年人的保护更加完整和科学，构建更为完备的保护未成年人合法权益的法律体系。

第一，在未成年人的定罪过程中贯彻落实非犯罪化政策。对未成年人所犯之罪的定性应该充分考虑各种因素，尽量向非犯罪化进行处理，而现阶段有关法律的规定并非针对未成年人的特别规定，只能要求司法机关在实践过程中充分贯彻实施，不能有高于理论层面上的预期。诚然，我国现行刑法规定还存在许多不足，需要进一步完善，尤其在定罪方面，要尽力贯彻好对未成年人犯罪主体的非犯罪化政策，立法上应规定对未成年人从宽处理的原则，并予以明确界定。① 从

① 王学旭：《生理性弱势群体的刑法保护》，苏州大学硕士论文，2011 年 3 月，第 14 页。

各个方面完善相关的刑法规定，落实形势政策的要求，最大限度地维护未成年人的合法权益。

第二，对未成年人的犯罪在量刑过程中需减免处罚。未成年人犯罪的主观恶性通常没有那么重大，考虑到其心智和身体上的不成熟，其犯罪的可宽恕性强，因而在量刑过程中需考虑减免刑罚，以利于未成年人未来的生活改造。而且未成年人的可塑性强，经过改造教育恢复善良的本质的可能性也大，因而减免处罚是保障未成年犯罪人重返社会后的生活能力以及生活习性的重要手段。

第三，对未成年犯罪人在行刑过程中的从宽处理。刑法基本原则规定适用刑法人人平等原则，其含义包括立法平等、行刑平等等内容。而每个犯罪人的主观恶性、犯罪轻重、事实情节都有区别，根据不同的情况行刑的内容也不尽相同，但是法律要求的是无论什么人都应当负担法律所赋予的义务，不准有超越法律的力量存在，但是即使这样的平等也必须承认个体的差别，而且也应该是包容有差别的平等，而未成年人的区别对待就是有差别的平等的体现。由于未成年人犯罪的个体差异明显异于成年人犯罪，对未成年人给予区别对待，是司法公正的体现，也是适用刑法人人平等所容许的范围。然而我国刑法中对这种区别待遇的规定并不明确，应当进一步从立法层面明确未成年人应该放宽。

（二）老年人的刑法保护

随着社会的发展，人均寿命的提高，人口老龄化问题日渐显露出来，对于老年人身体素质下降，各方面的能力下降，刑法改革应注重更加人性化的考量，对于老年人的生存现状予以重视，打击遗弃老年人致其死亡的违法犯罪行为，以及虐待老年人，包括老年人犯罪从宽的刑事政策的贯彻问题等全面保障老年人的合法利益。

首先，老年人犯罪量刑上应当从宽。老年人各方面生理机能减退，对于老年人犯罪应当考虑他身体的变化，量刑过严不够人性化，不易于老年人权益的保护。其次，针对老年人被害人的保护，如家庭虐待老年人，遗弃老年人的行为，应当有所偏重，因为老年人随着身体素质的降低，受到迫害的可能性极高，而且容易被当作正常死亡来看待，死的悄无声息，这样不利于法律正义的实现。最后，应当明确老年人的年龄界限，进行科学合理的论证，究竟从宽的年龄起始日期从何时开始，使得刑法规定更加科学化。

我国现行的刑事政策强调对于老年人的保护，刑法的改革应结合刑事政策的宽宥原则对老年人进行合理的刑法保护，维护老年人的合法权益，有利于对和谐社会的构建，完善整个社会制度，保障各个年龄阶段的人权。

四、刑法改革轻刑化保障人权以维护社会稳定和谐

和谐社会要求社会的稳定，才能繁荣发展经济文化，实现社会的全面和谐，刑法过重不利于社会的稳定，容易造成人心不稳，社会不安定，因而刑法改革应当注意轻刑化，以维护社会的稳定和谐。轻刑化也是保障人权的要求，刑法是对人权的剥夺，是严酷的法律，轻刑化能够平衡法律对人权的限制和剥夺之间的冲突，有利于和谐社会的构建。

刑法改革的轻刑化是与人权观念息息相关的，为了平衡人权与刑罚之间的冲突，实现社会的稳定，因而在刑法的实践操作中必须注重轻刑化的刑事制定。根据罪刑相适应的原则，刑罚的轻重与犯罪的轻重是相符的，犯多大的罪受多大的刑罚，自古以来都是这个道理，刑罚与犯罪相适应，重罪重罚，轻罪情罚，无罪不罚，有罪必罚。在刑法的构建中要实现轻刑化的要求，首先在立法上必须严格遵守刑法的基本原则，而在具体的罪名与刑罚的规定上，必须要考虑人权保障的社会价值与社会相关情况的存在，结合客观的实际情况，进行充分的社会调查，以及立法论证，实现立法上合理的轻刑化趋势，不会造成畸重畸轻的立法问题。其次在司法实践上，对于轻刑化必须贯彻实行，司法工作人员不能脱离法律滥用职权，加重其刑，而法官在自由裁量权的把握上则更为严格，不能造成罚不当罚，或者处罚过重的情形，不能受民意的摆布，朝令夕改，应该有司法的权威和可靠性，使得轻刑化得到充分体现，这也是宽严相济的刑事政策的需要。最后，必须保证刑法的严密性，因为刑罚的轻重问题，也是一个与刑法的严密性密切相关的问题。只有在法网严密的制度设置中才可能实现轻刑化。① 刑法的严密性得到了保证，轻刑化的实现也就可想而知了。

轻刑化对于保障人权有着极为重大的意义，应当作为刑法改革的重点，因为刑法的轻重与人权有着极为密切的关系，刑法是对人权的限制和剥夺，因而轻刑化无疑有利于对人权的保障。而轻刑化应当着重抓好死刑制度的改革，对于死刑罪名需要进行大幅度削减，主要对暴力型且社会危害性极其重大的犯罪适用，而经济犯罪、非暴力犯罪等的死刑应当废止；其次是严重暴力犯罪、毒品犯罪等死刑适用“大户”罪名的死刑立法限制；再次是与限制、减少死刑相配套的刑罚制度的改革；最后是立法上分阶段逐步全面废止死刑。② 我国诸多学者主张死刑是对人权最严厉的损害，认为会造成不可调和的矛盾，不利于人权保障，死刑的

---

① 张智辉：《刑法改革的价值取向》，载《中国法学》2002 年第 6 期。

② 华挺：《刑法改革应以有助于构建和谐社会和强化人权保障为取向》，载《光明日报》2007 年 9 月 20 日第 3 版。

制定不当容易造成社会的恐慌。而轻刑化首当控制死刑，直到逐渐废除死刑。这对于和谐社会的构建十分重要，它决定了社会与人之间的和谐相处，规则与人权之间的和平共处，相得益彰。轻刑化的完善对于社会利益的维护作用是显著的，而且是操作性强的，既没有动摇法律的权威，又从实践层面上维护社会的稳定和谐。因而，刑法改革轻刑化，以人权保障为价值取向，是构建和谐社会的要求，是繁荣发展和谐社会、实现伟大民族复兴之路的阶梯。

结语

和谐社会和刑法改革之间密不可分，刑法改革与构建和谐社会的精神实质应当保持高度一致，尤其应当树立保障人权的价值取向，注重人的合法权益，充分维护好人的利益，建设和谐稳定的社会，促进社会的发展繁荣昌盛。法治的完善是和谐社会的要求，而刑法改革的方向应当向着法治化的道路发展，以保障人权为价值取向，实现全面和谐的社会建设。人权得到保障是和谐社会构建的有力武器，因为构建和谐社会的中坚力量将更加积极主动地完成和谐社会交给他们的任务，并且极大地有利于人与人之间的和谐，人与社会之间的和谐，因而刑法改革树立人权保障的价值取向意义非凡。

试论和谐社会与刑法改革的关系

——未成年人刑法制度改革初探

郭　佳

一、未成年人刑法制度改革是构建和谐社会的重要任务

党的十六大在提出全面建设小康社会的宏伟目标时，就把社会更加和谐作为其中的重要内容。建设社会主义和谐社会，必须协调好各方面的利益关系，维护和实现社会公平；要通过法制建设来不断提供社会和谐的法制保障。① 民主法治是和谐社会的首要特征，和谐社会应是一个法治文明、有序的法治社会。未成年人犯罪问题对和谐社会的构建来说是一个巨大的障碍和潜在的隐患，对未成年人刑法制度进行改革，使对未成年犯罪人的矫治取得良好效果，也正是当前构建和谐社会所积极追求的效果。未成年人犯罪问题得到缓解和疏导，也就是解决了社会机体达致和谐状态的一大障碍。因此，及时对未成年人刑法制度进行改革是构建和谐社会中的一项重要的任务。

二、未成年人犯罪问题是构建和谐社会的巨大障碍

近年来随着物质文明高速发展，未成年人犯罪问题也呈现出上升趋势。我国未成年人犯罪虽然只占刑事案件总量的10%左右，但由于未成年人自身的特殊性及未成年人犯罪的特殊性，未成年人犯罪不仅是构建和谐社会中的巨大障碍，也会在和谐社会建设的过程中埋下极大的隐患。

（一）未成年人自身的特殊性

1. 未成年人的生理特点

在刑法学视野中，未成年人是指已满14周岁未满18周岁的公民。处于此年龄阶段的未成年人正是发育速度最快的时候，精力充沛，体力较足，好动好睡，但与成年人相比，未成年人发育状况还未达到稳定状态，容易因为身体上的变化

作者简介：郭佳（1992—），女，江西南昌人，西南政法大学法学院刑法专业硕士研究生。

① 胡锦涛著：《论构建社会主义和谐社会》，中央文献出版社2013年版，第23页。

引发自我认识的变化和自我意识的觉醒，身体行为更具有冲动性和盲目性特征。

2. 未成年人的心理特点

未成年人与成年人在心理上也存在着很大的差异，未成年的心理体现了过渡年龄阶段的心理特征。正处于青春叛逆期的未成年人随着自我意识的不断发展，容易对父母和师长的教育产生逆反心理，在社会环境中又常常有盲目从众的心理，容易受到外界社会消极因素的影响。一方面他们政治倾向、思想意识、性格特征都还没有定型，具有很强的好奇心和求知欲，思维敏锐且感情丰富，可塑性很强，易于教育和矫治；另一方面他们缺乏社会阅历与社会经验，法律意识与法制观念亦较为淡薄，且缺乏自控能力以及识别是非荣辱的能力，① 很容易上当受骗或由于冲动而做出非理智的行为。

（二）未成年人犯罪的特点

近年来随着未成年人犯罪案件的数量呈现出不断上升的趋势，未成年人犯罪也呈现出几个明显的特点：

1. 犯罪原因多样化

在未成年人走上犯罪道路的过程中，往往是受到家庭、学校和社会三个方面的负面因素的影响。有调查研究显示，未成年犯罪人的家庭结构大多数都不甚完满，很多未成年犯罪人都来自于单亲家庭，或者父母一方或双方死亡。一般未成年人的家庭矛盾较大，家庭关系不融洽，父母的教养方式不当，都会导致未成年人形成不良心理特征和人格特征。在学校生活中，常常因为学校对学生的挫折缺乏正确的疏导和教育，导致未成年人产生厌学情绪，甚至形成对学校和社会的报复和抵触心理。另外，社会上的不良风气对未成年人的畸形发展又起着推波助澜的作用，尤其是在网络信息大爆炸的环境下，缺乏认知能力和自控能力的未成年人很容易受各种暴力、血腥和色情信息的不良影响，最终走上了违法犯罪的道路。近年来未成年人吸毒数量成倍增长，对于没有经济基础和日常收入的未成年人来说，毒瘾会诱发他们通过犯罪手段获得购买毒品的钱财。

2. 犯罪类型多元化

目前未成年人犯罪呈现出由单一的侵财类犯罪向多元化的犯罪类型发展的趋势，暴力性犯罪和侵财犯罪占了未成年人犯罪案件类型中的绝大多数，且暴力性犯罪等严重危害社会的犯罪类型所占的比例呈现出扩大的趋势。另外，未成年人共同犯罪的情况也越来越多，很多未成年犯罪人由于自身力量不够所以邀伙一起实施犯罪行为，使犯罪能够更顺利地进行，对社会的危害性尤为严重。

---

① 李永升：《关于未成年人犯罪刑罚适用的若干问题探讨》，载《中国犯罪学研究会第十四届学术研讨会论文集（下册）》，中国法学会犯罪研究会出版社2005年版，第486页。

3. 犯罪手段成人化

2013年5月份在广西发生了一起13岁女生因妒恨而杀害并肢解女同学的恶性事件，在社会上引起轩然大波，世人难以想象一个小学六年级的女学生会以如此残忍不堪的手段结束另一个年轻的生命。随着经济的发展和社会的现代化，现代的未成年人较旧时而言发育年龄提早，心智更加成熟，加之社会环境中各种现代媒体对暴力、血腥文化的商业宣传和大肆传播，极易诱导未成年人群体形成崇尚暴力的不良价值观念，而网络、电视和小说、漫画中关于犯罪细节的描写也会被未成年人在现实生活中进行效仿。

（三）未成年人犯罪问题对和谐社会的影响

未成年人犯罪是和谐社会发展进程中的巨大隐患，如果不及时预防和治理，就会演变为和谐社会构建中的一枚定时炸弹，随着时间的推移，它会对和谐社会的构建成果予以强有力的破坏。① 有学者研究发现，在成年累犯中，在其少年时期已经有违法犯罪者，较少年时期没有违法犯罪者多7倍。在成年累犯和常习犯中，早年发生过违法犯罪的人远比年龄大些以后才发生违法犯罪的人多。由此得知，未成年犯罪在社会的整体犯罪中居于前提的基础位置②，未成年人犯罪问题对和谐社会的危害之大由此可见一斑。在当前建设和谐社会成为我国各项工作新的重要主题的现实背景之下，如何推进未成年人犯罪刑法制度改革来预防和减少未成年人犯罪，已成为亟待解决的重要课题。

三、对未成年人刑事制度改革的若干构想

预防和减少未成年人犯罪是整个社会的共同责任，进一步完善未成年人刑事司法制度是构建和谐刑法的重要任务。我国《预防未成年人犯罪法》第44条第1款规定："对未成年人追究刑事责任，实行教育、感化、挽救方针，坚持教育为主、惩罚为辅的原则。"可见"教育、感化、挽救"方针，"教育为主、惩罚为辅"是专门为保护未成年人而制定的刑事政策，是和谐社会以人为本精神的体现，是刑法中宽严相济的刑事政策在未成年人刑法制度方面的具体细化，我们应当在这些具体政策的指导下完善当前的未成年人刑法制度，帮助未成年犯罪人顺利回归社会，走上人生的正轨，成为和谐社会的建设者、社会主义事业的继承者。具体而言，笔者认为当前对未成年人刑法制度进行改革主要应从三个方向出发，分别是非犯罪化、轻刑化、非监禁刑化。

---

① 王牧著：《犯罪学》，吉林大学出版社1992年版，第179页。

② 张秀玲：《和谐社会构建中的未成年人犯罪预防》，载《内蒙古农业大学学报》（社会科学版）2007年第4期。

（一）非犯罪化

非犯罪化作为现代法治国家刑法的发展趋势之一，意指将以前作为犯罪加以处罚的行为不再作为犯罪处罚，或对行为不再科处刑罚而改为行政处罚或其他制裁。在非犯罪化思潮影响之下，未成年人犯罪领域的非犯罪化趋势在我国已经有所体现，但仍存在很多不足有待完善。

1. 应细化未成年人出罪条件

我国《刑法》第 17 条规定："未成年人犯罪的，应当从轻或减轻处罚。"这是在总则上对未成年人在刑罚上与成年人做了一定区分，然而该条中却没有规定"免除处罚"，表明未成年人犯罪一般都应该受到刑罚处罚，因而在对待未成年人犯罪时，只能基于《刑法》第 13 条的"情节显著轻微，危害不大的"进行非犯罪化处理。笔者认为立法中应增设一条对未成年人出罪条件做出明确细化的规定，对于那些主观恶性较小、悔罪改错或取得被害人谅解的未成年人，即使可能在客观上造成了较严重的危害后果，如果可以明确推定出行为人人身危险性不大的，应该予以非犯罪化处理。另外，《刑法》第 17 条第 1、2 款规定的八大罪中，司法解释认为应该是八种罪行而非八种罪名，扩大了未成年人犯罪的范围，无疑是与我们倡导的定罪的非犯罪化原则背道而驰的。笔者认为对未成年人犯罪的处理中，保护目的应大于惩罚目的，因此应在司法解释中明确规定为八种罪名，以缩小打击犯罪，保护未成年人，契合宽严相济的立法精神。

2. 建立前科消灭制度

《刑法修正案（八）》中对未成年人免除其前科报告义务的规定，是我国立法上首次鲜明提出未成年人前科报告义务，有助于未成年人顺利融入社会环境，是未成年人刑法制度上的一大进步，但免除报告义务却不意味着其档案中犯罪记录的消除，也不能表明我国已经初步建立起未成年人前科消灭制度。未成年人前科消灭制度是指对曾被司法机关做出有罪判决的未成年人，在具备法定条件时，经由法定程序宣告其犯罪记录被彻底地消除的一项制度。它不仅要求免除未成年人报告前科的义务，更要求完全注销未成年人的犯罪记录，使未成年人成为在法律意义上没有犯过罪的人，并恢复其与一般公民同等的法律地位，享受一样的合法权益。即使被消灭前科的未成年人再次犯罪，也不能构成累犯，曾经被定罪量刑的事实亦不能作为量刑情节。当然，前科消灭制度并不意味着对所有的未成年犯罪人都能加以适用，在立法上确认申请消灭前科的主体资格应考虑人身危险性和主观恶性程度、再犯罪可能性、所犯罪行性质、是否初次犯罪等因素，对于严重犯罪、多次犯罪、无悔改的未成年犯罪人，应排除在前科消灭制度的申请主体范围之外。

（二）轻刑化

在当今世界轻刑化已成为刑法发展潮流的背景下，各国刑法中对于未成年人犯罪的处理，长期或终身的监禁刑以及死刑受到限制或逐渐被废止。我国《刑法》第 17 条第 3 款规定了对未成年人犯罪主体从轻减轻处罚原则，第 49 条规定“犯罪时不满 18 周岁的人不适用死刑”，都是轻刑化趋势的具体体现。在对未成年人刑事司法制度改革过程中，我们还应不断拓宽轻刑化的道路，并走得更深更远。

1. 对未成年人不得适用无期徒刑

虽然《刑法》中明确规定了对未成年人不适用死刑，但却没有规定对未成年人不得适用无期徒刑。司法机关在处理未成年人犯罪时，对依犯罪性质应判处死刑的会基于第 17 条第 3 款从轻减轻的原则对未成年人判处无期徒刑，并认为判处无期就是对未成年人从轻减轻的具体体现，这是不太妥当的。《刑法》第 17 条和第 49 条的关系并不是两者只能适用其一的对立关系，而是可以叠加适用的，在不适用死刑的基础上对未成年人从轻减轻处罚即意味着不能对未成年人适用无期徒刑，这是刑法现行规定的应有之义。未成年犯罪人虽然由于年幼时的冲动给社会造成了危害，但他们的人生还正处于起步阶段，如果被判处无期徒刑，则至少要忍受 13 年失去自由的生活，出狱之后他们极有可能会面临无家可归、无业可就的窘迫，身无一技之长的他们为了生存下去只能再次走上犯罪的道路，这不仅使他们失去了成为善良公民的机会，更可能衍生出许多新的社会问题。笔者认为，对待未成年人犯罪，惩罚永远都是第二位的目的，教育和矫治才是主要任务。因此，为适应轻刑化趋势，立法上应明确对未成年人不得适用无期徒刑，司法实践中也应减少对未成年人判罚长期监禁刑。

2. 加强少年法庭体系建设

美国学者富兰克林认为，用少年法院来处理少年犯罪案件，事实上已经成为所有发达国家的通例。没有哪一个主要的工业化民主国家将其非常年幼的违法犯罪者的案件审理并同于其刑事法院的正规操作当中。少年法院的创建是每一个先进法律体系中的少年犯罪政策的统一的大前提。[①] 1984 年 11 月，上海市长宁区人民法院建立了我国第一个专门审理未成年人刑事案件的合议庭。少年法庭可以根据未成年人自身的特点，依法采取与成年人不同的特殊的审判模式，对未成年人犯罪的案件，即使在犯罪性质和后果方面与成年人犯罪并无二致，也可以判处相对较轻的刑罚，并更多地适用非监禁刑。与此同时，少年法庭还能有针对性地对未成年人适用暂缓起诉、暂缓判决、暂缓行刑制度，在起诉、判决、行刑前设置一定考验期，在让其继续就业或就学的同时团结家庭与学校的积极力量共同对其进行考察帮教，能够更加有效地促进未成年犯罪人悔过自新，并助其顺利回归

① ［美］富兰克林·E. 齐姆林著：《美国少年司法》，高维俭译，中国人民公安大学出版社 2010 年版，第 181 页。

社会。少年法庭对未成年人犯罪案件进行特殊处遇，能贯彻落实未成年人刑法制度改革中的轻刑化要求，也是教育为主、惩罚为辅的未成年人刑事政策的体现。

（三）非监禁刑化

对未成年犯罪人大量采用灵活多变、方式多样的非监禁刑是世界各国刑法发展的主流趋势，而我国针对未成年人犯罪却没有规定与成年犯有所差别对待的非监禁刑刑罚方式，现行刑罚体系中非监禁刑刑罚方式比较单一，且在司法实践中的适用率不高，我国约有20%的少年犯没有被判处监禁刑①。由于未成年人身心发育尚不成熟，监禁对于未成年人来说造成的不良影响可能较成年人来说更为严重，未成年人往往因为被监禁时隔离社会环境而与社会生活脱节，服刑完毕后难以适应社会生活，在监禁过程中也更容易受到交叉感染，回归社会后再次进行犯罪。因此，笔者认为对未成年犯罪人应尽量减少适用监禁刑，多制定一些针对未成年人适用的非监禁刑制度。

1. 提高罚金刑的适用率，并引入社区服务令

相较于成年犯罪人来说，未成年犯罪人是更加容易矫正的，也是更加值得矫正的，因为未成年人的人生观和价值观还没有定型，要走的人生道路还很长。对于主观恶性不大、犯罪后果较小、社会危害性较轻的未成年人犯罪，可以尽量多地适用罚金刑并责令其监护人对其加以教育。由于绝大多数未成年人缺乏经济基础和收入来源，罚金刑可能演变成对未成年人监护人的惩罚，而难以对未成年犯罪人本身产生作用，所以笔者认为在适用罚金刑时可以适当引入社区服务令制度，在判罚罚金的同时判令未成年人进行无偿的社区服务，这样能够使未成年人意识到其应当为其所做出的错误行为付出相当的代价，从而以此为戒并改过自新，回到正确的人生道路上来。

2. 未成年人社区矫正制度

我国在《刑法修正案（八）》中增加了依法实行社区矫正的规定，确认了社区矫正制度的法律地位，是刑法的一大进步。社区矫正制度对于未成年人来说，最大的利处在于能够帮助他们健康顺利地回归主流社会。然而刑法中并未规定成年人和未成年人在适用社区矫正时的差别，目前只能对未成年犯罪人采用成年犯的矫正措施，这在实质上很可能起到与立法者的意愿相违背的作用。因此，笔者认为应当建立起一套区别于成年犯的未成年人社区矫正制度，根据未成年人的生理和心理特点细化具体矫正方式和矫正内容，同时在矫正过程中兼顾知识文化教育和劳动技能培训，使更多的未成年犯罪人由“监狱人”向“社会人”过渡，成为社会主义事业的建设者和接班人。

① 未成年人犯罪刑事政策课题组：《未成年人犯罪刑事政策研究》，《人民检察》2003年第2期。

结 语

少年智则国智，少年富则国富，少年强则国强，少年独立则国独立，少年自由则国自由，少年进步则国进步。随着当前未成年人刑事司法领域改革探索的不断深化，立法者需要在和谐社会理念以及宽严相济刑事政策的指导下，在有选择地借鉴外国成熟的未成年人刑法制度的同时，根据未成年人犯罪主体的自身特点、犯罪特征以及未成年人刑事司法实践的需要，不断修改完善现有的未成年人刑法制度，以促进未成年人的矫治与回归，最终实现创建和谐刑法和构建和谐社会的宏伟目标。

试论和谐社会与刑法改革的关系

——关于预备犯的立法探讨

牛 皓

胡锦涛总书记在中共十六届四中全会第三次全体会议上讲话中指出，建设社会主义和谐社会，必须调动一切积极因素，增强全社会的创造力；协调各方面的利益关系，维护和实现社会公平；营造良好的社会氛围，形成和谐相处的人际环境。① 营造良好的社会气氛离不开良性、稳健的社会主义法律体系。而调动一切积极因素，增强全社会的创造力，就必须最大限度地满足公民的行为自由，尽可能地限缩部门法中强制性规范的数目和内容。同时，国家机器应该保持克制和理性，不随便动用公权力特别是刑法资源。因为作为调整的社会关系领域最为广泛的刑法所依赖的解消犯罪人刑事责任的主要手段是刑罚，而刑罚冠以剥夺性痛苦为其内在品质，痛苦的发生通常是建立在对犯罪人的人格利益的损耗的基础之上的。因此，我们要在总结国内外相关的理论和实践经验中，不断地对刑法科学领域的规范基础和价值理念进行深刻、理性的反思和重塑，推动刑事立法和司法的发展，使刑法的社会防卫和保障人权的机能得到充分发挥，为构建和谐社会提供长效的行为规范指引机制。

一、欧美刑事法律对犯罪预备行为的反应

近现代西方法律文明的演进总是围绕大陆法系和英美法系两根主线展开。其中，德国、日本和英国、美国被认为是法律现代化进程中的集大成者，德国更是被称为“刑法帝国”。囿于此，本文仅对这四个国家的刑事法律的相关规定和理论进行梳理和总结。

（一）德、日刑法中的预备犯理论

日本刑法典第43条：“已经着手实行犯罪而未遂的，可以减轻刑罚，但是基

作者简介：牛皓（1988—），男，山东临沂人，西南政法大学法学院刑法专业硕士研究生。

① 胡锦涛著：《论构建社会主义和谐社会》，中央文献出版社2013年版，第23页。

于自己意志中止犯罪的，应该减轻或免除刑罚。”[①] 这是日本刑法总则中唯一的关于犯罪停止形态的裁判性规范，即“实行犯罪”是刑法介入个人生活的起点，犯罪预备行为一般不处罚。但是，日本刑法典分则又例外地规定了应该处罚的预备犯（第78条预谋和阴谋内乱罪，第88条预谋和阴谋外患罪，第93条私战预备和阴谋罪，第113条放火预备罪，第163条之4准备不正当制作支付用磁卡电磁记录罪，第178条准强制猥亵和准备强奸罪，第201条杀人预备罪，第208条之3准备凶器集合和聚集罪，第237条强盗预备罪等9项预备罪）。

同样，德国刑法典总则中关于犯罪停止形态的规定只有第22条：“行为人已直接着手实现构成要件，而未发生行为人所预期的结果的，是犯罪未遂。”[②] 由此推知，行为的“着手”是动用刑法的必要条件。与日本相比，德国刑法典坚持更严格的预备犯不可罚原则，在分则鲜见对于预备犯处罚的例外性规定。但是像德国刑法典分则第149条（准备伪造金钱罪）中的规定“为伪造金钱而进行准备的，处五年以下自由刑或金钱刑”的情况是极其少见的特例。

（二）英、美刑事立法对犯罪预备行为的规制

英国现在大多是以单行刑法的形式颁布刑事领域的法律规范，如《1981年犯罪未遂法》等。该法规定：“意图实施本条规定的犯罪，并且实施了超出犯罪预备阶段的行为的，构成未遂。”[③] 从形式立法上看，英国刑事责任追究从预备阶段之后的行为开始，预备阶段的准备行为不属于刑法的调整范围，不处罚犯罪预备行为也是英国刑法的基本原则。

美国是联邦国家，许多州保留刑事追究的权力有自己的刑法典，像《纽约州刑法典》《加利福尼亚州刑法典》等，而这些都是以1962年的《模范刑法典》为蓝本的。虽然，《模范刑法典》只是非官方的法学研究机构制定，但是却反映美国刑事法最新发展动向，对于犯罪预备的规定就应该从这部法律中寻找答案。《模范刑法典》的“未遂犯”条款中列举了以下行为：（1）等待、寻找或者跟踪预期的被害人；（2）诱使引诱或设法引诱被害人进入预先设计好的犯罪地；（3）勘察犯罪地点；（4）持有实施实质犯罪所用的物品，摒弃该物品专为非法目的的使用而设计，或者在具体情况下不能用于合法的目的；（5）在实施犯罪的场所或附近持有、收集或者制作供实施犯罪所用的物品；等等。[④] 其中，第（1）（2）（3）项都是为实行犯罪而做的创造条件活动，第（4）（5）项是为实现犯罪目的而进行着手前的准备行为。创造条件和准备行为都是预备阶段的行为

① 《日本刑法典》，张明楷译，法律出版社2006年版，第22页。
② 《德国刑法典》，徐久生、庄敬华译，中国方正出版社2004年版，第10页。
③ 《英国刑事制定法精要（1351—1997）》，谢望原主译，中国人民公安大学出版社2003年版，第33页。
④ 《美国模范刑法典及其评注》，刘仁文、王祎等译，法律出版社2005年版。

状态，而不是实行阶段的事实要素。所以，美国《模范刑法典》中关于“未遂犯”的规定已经严重超出于普通法系的未遂犯论了，它的未遂犯是刑罚扩张后的规范性概念，而不局限于障碍未遂和中止未遂，还包括“预备未遂”。

二、关于预备犯不同处罚原则的缘由

（一）预备犯一般不可罚

随着欧洲启蒙思想的兴起和传播，自由主义价值理念得到普遍认同和接受。资本主义民主国家应时代潮流纷纷推行一系列大刀阔斧的刑事司法改革。刑事立法和司法活动呈现出轻缓化、谦抑化的呼声和发展趋势，刑法的人权保障机能得到一再强调。同时，以贝卡利亚为代表的刑事古典学派法学家提出违法的客观性和道义责任的主观性理论，并以此学说为根基导出：行为人从着手实行犯罪以后才进入刑事责任的视界之内，刑事可罚性的讨论是以着手以后的行为为前提的。至于为实行犯罪而做的一些准备行为或创造条件活动，包括犯罪的决意都是超出刑法的规范评价范围之内的非构成事实。换句话说，犯罪实行行为是唯一符合犯罪构成客观要件的行为要素，更是刑事责任定性定量的起点和根据。德、日、英等西方国家在总则中之所以没有对犯罪预备行为做出禁止性规定，主要是受到刑事古典法学派的客观主义不法理论的影响。

（二）特别情况下处罚犯罪预备行为

德国和日本在刑法分则中例外地处罚极少数犯罪预备行为，一方面是因为这些犯罪中行为人的预备行为危险性程度大，随时有可能进一步转化为结果的危险，法益一旦受损就很难通过其他措施进行恢复和补救。例如，杀人预备行为的可期性结果是生命权被剥夺，若不对杀人的准备行为进行处罚，生命法益被置于危险的环境下，公民会经常性处于不安感之中。所以，基于保护重大法益的目的，刑法规范被前瞻性地运用到维护社会秩序稳定的工作之中。另一方面，虽然德、日刑法存在结果无价值和行为无价值论之争已久，结果无价值理论的以客观不法为基点坚持法益侵害实质违法观说，而行为无价值主义者提倡存在符合构成要件该当性的主观不法要素的规范违反说的实质不法理论。但是，当今的行为无价值主义者已经抛弃了伦理主义和道德主义的立场，就像山口厚承认的那样，违法论在违法阻却的场合，具有调节相互冲突的利益的机能，所以是否违法，不可能仅凭行为人单方面的认识来决定，还需要考虑行为对方的利益。[①] 可以认为，行为无价值论中的规范违反说是受保护法益这一刑法任务的限制的。即便行为人

① ［日］山口厚：《日本刑法中的行为无价值论和结果无价值论》，金光旭译，载《中外法学》，2008 年第 4 期。

主观上具有敌视法的故意也不能据此认定行为人有责，法益是否存在被侵害的紧迫性才是判断行为是否需要刑法进行引导的前提。所以，德、日刑法理论排除犯罪预备行为的一般可罚性，只有那些准备行为指向的重大法益侵害的表象为一般人所感知和无法进行合理说明时，犯罪的准备行为应该被例外地惩罚。

（三）限制性的一般处罚

美国的《模范刑法典》关于“犯罪预备行为”有限制的一般处罚原则的规定突破了传统的普通法系的刑法理论。因为，美国的犯罪率一直居高不下，社会对安全呼吁声愈发强烈，出于公共利益的考量《模范刑法典》强制公民对自由领地做出让步。支持者认为，这体现了刑法的预防机能，强化了其在社会防卫方面的主动性的，被认为是一种进步。

也有学者认为，《模范刑法典》未遂的标准是由刑法理论和刑事政策两个维度决定的，也就是说，未遂行为起点的认定受到刑罚目的和功能影响。理论上，如果刑罚的功能强调报应，注重有实害的既成事实，那就不会把未遂的起点提得太前。如果刑罚的目的在于预防、威慑，那就要把未遂的起点适当前移。政策上，刑事政策不仅直接影响量刑的宽严，而且影响犯罪构成和犯罪构成理论。如果刑事政策强调打击，突出不放纵罪犯，那就需要把未遂起点往前推移。如果刑事政策趋向轻缓，强调不冤枉无辜，那就严格控制未遂的标准。[①]

但是必须明确，《模范刑法典》只代表美国理论界的观点，许多州的刑法典仍然明确地将预备犯的可罚性排除在制定法之外。如《纽约州刑法典》的“接近完成该罪的行为”和《加利福尼亚州刑法典》的“在实行犯罪过程中”等，都采取实质的法益侵害说。

三、我国刑法立法的规定及相关问题

刑法第22条规定：“为了犯罪，准备工具，制造条件的，是犯罪预备。对于预备犯，可以比照既遂犯从轻、减轻处罚或者免除处罚。”刑法将犯罪预备纳入总则范围内予以调整，从逻辑上讲，既然总则规定预备犯都要处罚，就意味着刑法分则规定的所有犯罪的预备行为在理论上都是可罚的。

（一）预备犯可罚性的通说

一般观点认为，犯罪预备是为实现犯罪而进行的准备工具和制造条件的行为。犯罪预备虽尚未进行犯罪的实行行为，但是，从主观上来说，犯罪预备有了犯罪的企图和目的，从客观上来看，犯罪预备已经有了相应的刑法禁止行为，并对刑法客体和社会存在构成了现实的威胁，具有特定的犯罪构成。按照主客观统

---

① 储槐植、江溯著：《美国刑法》，北京大学出版社2012年版，第103页。

一原则，预备犯具有严重的社会危害性是应该承担刑事责任的。[①]

其实，预备犯的刑事可罚性作为刑法的一般原则，是苏联刑法时期创设的。但是，对于预备犯处罚的犯罪构成依据却自始存有争议。如苏联刑法学者特拉伊宁就认为，犯罪的成立必须以具有符合禁止性规范要求的全部情状，否则就不是犯罪缺乏承担刑事责任的根基。依照特拉伊宁的观点，犯罪预备是没有犯罪客体的而不应该科刑行为。有的学者批评指出，预备犯不是没有客体，只不过这种客体是表现为对社会关系的一种威胁而已。所以，预备犯虽不是完全具备刑法分则所规定的全部构成要件的犯罪形态，但却是一种完全具备修正的构成要件的未完成形态的犯罪。[②]

（二）预备犯一般可罚性的几点反思

随着比较刑法学的迅速发展和德日刑法理论的引入，以保障人权为价值的规范刑法学和以保护法益为任务的目的刑法学获得越来越多的拥护。预备犯的一般可罚原则的合理性是需要重新检视的。

1. 法益侵害的紧迫性是否存在

正如前文所言，当今的行为无价值论和结果无价值论都承认刑法以保护法益为目的。[③] 换言之，行为之所以被规范禁止，根本原因是行为具有造成侵害法益的现实性或紧迫危险性。具体到我国预备犯理论，许多犯罪预备行为在客观上并没有侵害法益或具有侵害法益的紧迫危险性，却可以被刑法当作犯罪行为进行评价甚至对行为人施以刑罚。例如，甲为勒死同村的乙而到邻居家借绳子，途中听说乙外出，无奈返回。按照我国的刑法规定，甲借绳子属于为实现杀乙目的的准备工具的行为，应该认定为犯罪。疑惑的是甲借绳子的行为具有剥夺他人生命的紧迫危险性吗？“借绳子”会威胁谁的法益？同样，为杀人而“买刀”是准备工具的行为，可是“买刀”需要刑法禁止吗，“买刀”会导致他人死亡吗？

反驳者会说，行为人的主观上具有杀人的企图并实施准备行为就应该科以刑罚。可是，“借绳子”和“买刀”既然都不是刑罚禁止的行为，又何必探讨行为人的主观态度呢？法律要惩罚的是行为而不是思想。行为不具有可罚性时就不成立犯罪，而没必要关心行为人的内心意思。否则会导致主观归罪，违背我国犯罪构成要件的主客观相统一的原则。

---

① 高铭暄、马克昌主编：《刑法学》，北京大学出版社、高等教育出版社 2010 年版，第 163 页；陈忠林主编：《刑法总论》，高等教育出版社 2007 年版，第 166 页；李永升主编：《刑法总论》，法律出版社 2011 年版，第 212 页。

② 马克昌主编：《犯罪通论》，武汉大学出版社 2010 年版，第 430-431 页。

③ 丁慧敏：《刑法目的观转变简史——以德国、日本刑法的去伦理化为视角》，载《环球法律评论》2011 年第 2 期。

2. 刑罚的正当性是否存在

行为应受刑罚处罚是成立犯罪的前提，而刑罚的正当性在于实现报应。并合主义认为，没有责任的行为不能处罚，刑罚的上限不能超出报应的需要。① 很难想象行为人要为“借绳子”和“买刀”的行为负刑事责任。没有责任就没有刑罚。因此，如果预备犯不存在责任就不应该忍受刑罚的法律后果。德国学者雅科布斯认为：“对行为人的危险性或行为动机的传染性考虑是着眼于未来的。”② 换句话说，任何预防犯罪必要的法律条文即便过早地划定承担责任的界限，也是不违反实质罪刑法定和刑法谦抑性的。但是，在以人为本的社会中，人只能作为目的而不是手段。此外，从刑罚并合主义角度讲，行为人的人身危险性程度可以成为量刑的调节依据，但不宜成为具体情节的定性根据。③

3. 现实中的两难局面

立法上，预备犯的一般可罚性，使得我国刑法的处罚范围扩大化。西方指责我国不注重人权保护，崇尚重刑主义，连预备犯都要处罚。这往往会成为制约我国与外国进行刑事法交流、加强国际合作的瓶颈。但是，刑法分则规定的许多犯罪刑罚很轻，这些犯罪的预备行为实际上是不可能处罚的，只有少量的严重犯罪的预备行为才启动刑罚权，通常仅限于杀人、抢劫、强奸等严重危及人身法益的暴力型犯罪。

司法实践中，由于证据发现难，预备犯的证明难度很大，所以很多预备犯没有进入刑法评价的范围之内。另一方面，在预备行为的实质违法性难以被判断的情况下，侦查机关不可避免地以行为人的主观恶性为认定犯罪的依据，最终导致刑讯逼供的危险增加。

四、对我国预备犯立法的若干思考

首先，对于危害国家安全的犯罪预备行为可以有限制地入罪，并由刑法分则条文对这些行为情状进行列举式或详尽描述，并以独立罪名规定，但是法定刑不宜过重。需要说明，笔者没有放弃预备犯不可罚原则，只是基于刑事政策的考量而做的选择。因为，国家是公民生存的单元，如果刑法对此类犯罪的预备行为放任不管，势必给国家安全造成重大隐患。而一旦结果现实化国家法秩序将不复存在，制裁此类行为的刑罚权基础也将消失，社会生活将陷入混乱甚至引起战争。人与人之间将重启原始的争斗和野蛮的厮杀。

---

① 张明楷著：《刑法学》，法律出版社2012年版，第457页。

② ［德］雅科布斯：《行为　责任　刑法——机能性描述》，冯军译，中国政法大学出版社1997年版，第5页。

③ 王利荣：《案外情节与人身危险性》，载《现代法学》2006年第4期。

其次，即便是类似于杀人、抢劫、强奸等严重危及人身法益的暴力型犯罪的预备行为，刑法也没必要投入刑罚资源。对于此类犯罪的预备行为，如果行为本身具有刑法分则的构成要件该当性，就按相关条文内容定性，例如，为射杀他人而购买枪支的行为，应该直接认定为买卖枪支罪而无须考虑其属于故意杀人罪的预备行为。可能有人会反驳，如果甲为杀乙而持刀紧随其后，后被乙发现，甲的行为不处罚吗？甲的跟踪行为是为了杀乙而制造条件，如果不追究甲的刑事责任，一般人无法接受也背离法感情。笔者认为，类似的行为都不能被认为是犯罪预备行为。行为属于预备还是着手，需要综合行为的全部事实情况。考虑到甲的“持刀”和“紧随乙”行为本身具有的危险性和侵害法益的现实紧迫性，此时，甲的行为已经超出犯罪预备阶段，应该认定为甲的行为已经开始着手。

总之，我国的刑法典不应该将处罚预备犯作为一般性原则，而应该废止刑法第22条之文本，在分则中除了将危害国家安全的犯罪预备单独成罪以外，其他的犯罪预备都不能入刑。此外，从立法语言的节俭性出发，为防止不必要的曲解或误读，注意性规范应该尽量减少使用，以避免人权保障目标价值的受损。①

---

① 李永升著：《刑法的功能与价值》，中国检察出版社2012年版，第19-20页。

试论和谐社会与刑法改革的关系

——以刑法的谦抑性为视角

吴志康

一、以社会生活的需要、经济和政治形势为基础的刑法改革轨迹

自古以来欧美大陆的刑法的制定、修改均源于社会生活的需要和经济、政治形势发展的推动，根据社会发展的需要确定相应的刑事改革，对刑法体制和刑法理念上的调整和完善，合理确定犯罪的范围和相应的刑罚措施，是长期以来各国刑事立法和司法实践孜孜不倦的追求和探索。奴隶社会和封建社会的刑法主要是以惩罚、报应、罪刑擅断为主要特征，遵循“以牙还牙，以眼还眼”的报应观，大力肯定刑罚的威慑功能，酷刑肉刑比比皆是。随着近代资本主义以自由、科学和重视人的理性为核心的启蒙运动的发展和传播，刑法在承继封建刑法的基础上逐渐走向了文明，开始主张限制刑罚权、确定保障人权的罪刑法定原则与罪刑均衡原则，主张刑罚的人道主义和报应性。

第二次世界大战后的现代社会中的各国经历过了腥风血雨的战争之后，更加认识到人权的重要性，这一时期刑法改革的方向开始强调行为人的个性特征和个人的犯罪倾向，坚决反对报应论和刑罚的威慑功能，倡导教育刑和目的刑论，主张限制自由刑，采取保安处分，扩大缓刑范围，将对青少年的惩处与对其他罪犯的惩罚区别开来，采取与犯罪相适应的惩罚措施。

二、我国构建社会主义和谐社会要求下的刑法改革理念思考

（一）和谐社会理念和刑法谦抑理念的一脉相承

就我国而言，我国目前处于社会主义初级阶段，政治、经济的高速发展凸显出了在社会管理生活中的种种问题，这表明我们与和谐社会的目标渐行渐远，在刑法方面表现为我们以重刑主义为中心的结构逐渐不适应社会调整，犯罪率的只升不降，累犯的增多都预示着我们必须在刑法理念和体制上做出改革。如果不进行改革，和谐社会的目标始终都会是镜中花水中月，我们努力想抓住，却渐行渐

作者简介：吴志康（1991—），男，河南安阳人，西南政法大学法学院刑法专业硕士研究生。

远。鉴于此，为了构建社会主义和谐社会，增强社会秩序和管理的有序化，我们在这里沿着构建社会主义和谐社会所必需的理念，并将此理念运用到刑法改革中去。

胡锦涛总书记曾经指出，实现社会和谐，建设美好社会，始终是人类孜孜以求的一个社会理想，也是包括中国共产党在内的马克思主义政党不懈追求的一个社会理想。根据马克思主义基本原理和中国社会主义建设的实践经验，根据新世纪新阶段中国经济社会发展的新要求和中国社会出现的新趋势新特点，我们所要建设的社会主义和谐社会，应该是民主法治、公平正义、诚信友爱、充满活力、安定有序、人与自然和谐相处的社会。从我们建设社会主义和谐社会的目标中所蕴含的理念可以看出，一切都在围绕着以人为本为核心，社会尊重每一个人的工作和利益。这种以人为本的理念反映到刑法上，体现为刑法谦抑，因为刑法的相对的严苛性，所以刑法应该作为社会抗制违法行为的最后一条防线，具体表现为能够运用其他法律手段调整的违法行为尽量不要用刑法手段调整，能够用较轻的刑法手段调整的犯罪行为尽量不用较重的刑法手段调整。[①]

（二）刑法谦抑理念的由来及其重要指导作用

从奴隶社会开始，报应刑就根植于人类的内心，“善有善报，恶有恶报”，“以眼还眼，以牙还牙”，刑法以刑罚的严酷为最明显的标志，大力肯定刑法的威慑功能。这种朴素的正义观看来正确，却有不可弥补的错误，犯罪人如何回归社会，仅仅靠威慑就可以达到人格复归的目的么？严酷的刑罚满足了被害人的心理创伤，但是如何扭转犯罪人的恶念？19 世纪的英国著名的刑法史学家詹姆斯·斯蒂芬曾说：“报复情感之于刑法与性欲之于婚姻有着同样重要的关系，对犯罪处于刑罚是普遍冲动的合法发泄方式。”[②] 这突出了报复性与刑罚的密切相关，甚至被认为是不可分割的。经过康德的道德报应主义、黑格尔的法律报应主义以及宾丁的规范报应主义的推动，报应刑作为一种刑罚方向被反复论证其正确性，他们主张犯罪是一种恶害，刑罚只不过是扭转社会犯罪这种恶害行为的救济方式和合理宣泄方式，在此基础上，刑罚的意义和本质被认为是报应犯罪行为的恶害，用刑罚给罪犯带来的痛苦来均衡犯罪行为和恶害的罪责，达到实现社会正义的目的。简而言之，报应刑是主张罪刑相报，有罪必罚，罚必当罪，只追求正义的恢复和满足人类的报复情感以及弥补被害人的创伤，从不考虑刑罚的功利目的特别是预防再犯的必要性。由此反映出来的，是犯罪率的不断上升和累犯的不断增多，罪犯经过严酷的刑罚之后依旧会踏上犯罪的道路，教育功能的缺失以及

---

① 梁根林：《非刑罚化——当代刑法改革的主题》，载《现代法学》2000 年第 6 期。

② Sanford H. Kadish：Encyclopedia of Crime and Justice，The Free Press，P518.

刑罚不考虑犯罪人个性的同类化，没有成功消除犯罪人的再犯可能性，进而对社会秩序和社会正义再次造成破坏，有违刑罚的目的，在一定意义上是不成功的刑罚。

不得不承认的现实情况是，无论刑罚对已然之罪的事后报应多么公正，都不可能改变犯罪行为已经发生这一事实，也不可能弥补犯罪所造成的恶害或者恢复到犯罪行为发生前的原状，因而着眼于犯罪恶害程度的刑罚报应总是被动的、消极的、徒劳的。德国当代著名刑法学家汉斯·海因里希·耶塞克曾经指出，通过对犯罪学的研究以及与此相联系的各种研究，现代刑事政策在怎样处理犯罪以及应该采取什么方法和手段来战胜犯罪方面，大致已经达成了以下三个共识：第一，立法者为了避免不必要地将某些行为规定为犯罪，同时也是为了在一般人的思想上维护刑罚的严肃性，必须将刑法所必须归罪的行为范围限制在维护公共秩序所必需的最低范围之内。第二，因为大部分人都是正常发展的，所以，对于有轻微甚至中等程度的犯罪行为的人，应当扩大在自由状态中进行考验的办法。犯罪暗数的研究不仅揭示了犯罪的普遍存在，而且发现，同导致人们陷入重罪的诱惑力相比，公民对法律的忠诚更强有力。只要人们对那些现实地威胁法律所保障的和平的严重犯罪还保有免疫力，就不应当认为公共安全受到了威胁。因此，对于有轻微甚至中等程度犯罪行为的人，应当扩大采取在自由状态中进行考验的办法。第三，应当使警察和司法机关的工作集中于较严重的犯罪，至于轻微的犯罪则委托给行政机关通过简易程度予以处理。① 耶塞克教授的这一席论述实际上勾勒出了当代世界性刑法改革运动的一大原则——刑罚谦抑，以及刑罚谦抑理念下的两大主题——非犯罪化和非刑罚化。具体而言，李斯特就提出了一些构想，比如对机会犯以惩戒为主要手段，对可能改善的情况犯应当进行矫正、治疗和感化，对不可能改善的情况则进行长期或终身隔离。

三、刑法谦抑性对社会主义和谐社会的推动作用

社会主义和谐社会一是个人自身的和谐，二是人与人之间的和谐，三是社会各系统、各阶层之间的和谐，四是个人、社会与自然之间的和谐，五是整个国家与外部世界的和谐。社会主义精神文明建设的重点，是思想道德体系和先进文化建设，这都与和谐分不开。在新的历史时期，承接和弘扬中国自古所崇尚的和为贵、和谐为美的和谐社会理想，建设各阶层人民和睦相处、和谐共治的和谐社会，正是社会主义精神文明建设所追求的目标。达到构建社会主义和谐社会的目标，就需要合理调解人与自身、人与人、人与社会、人与自然的矛盾，而刑法作

① ［德］汉斯·海因里希·耶塞克：《世界性刑法改革运动概要》，载《法学译从》1988 年第 2 期。

为调整社会矛盾的最后一道屏障，在理念上必须坚持刑法的谦抑性，注重犯罪人的回归社会，在弥补人类情感的伤害之后恢复人与人之间的和谐相处。在目的论的倡导下，各国刑法不同程度地规定了犯罪的非刑罚化处理的措施，从而大大限制了法定刑罚权的范围。这对于我国的刑法改革提供了很好的借鉴。

（一）非犯罪化是和谐社会理念下刑法体制调整的题中之意

通过犯罪化和非犯罪化的方式合理确定犯罪的范围是运用刑事法律手段对社会关系进行调整的重要手段。西方国家在法律范围上的调整比较多。如德国一方面通过犯罪化的方式把新出现的危害社会秩序的行为规定为犯罪，另一方面通过非犯罪化的方式将社会危害性消失或者减弱到不必要为刑法所调整的行为规定为非犯罪，从刑法中删除。1880 年颁布的《高利贷法》以及 1893 年对该法的补充和修改，增加和完善了高利贷有关的犯罪。1875 年 2 月 6 日的法律，则将未经国家有关机关而登记结婚排除在犯罪的范围之外。[①] 在日本表现为调整和改善与社会发展不适应的条文和方式。1882 年开始实施的“旧刑法”废除了长期以来的由身份决定犯罪的旧法律制度，从 1908 年开始适用的“新刑法”则将犯罪类型高度概括。如第 235 条一个条文就包括了原来诸多各自独立的盗窃罪的各种情形，用一个条文就规定了旧刑法用 7 个条文规定的杀人罪。[②] 英国、法国、德国分别于 20 世纪 60 年代、70 年代、90 年代对堕胎做出了不处罚的规定。英国 1961 年的《自杀法》对自杀行为不予处罚，荷兰也在 2002 年通过的《根据请求终止生命与协助自杀审查程序法》将“安乐死”合法化。我国 1997 年开始适用的“新刑法”也有此类的规定，删除了被理论界和人们诟病的三大口袋罪“流氓罪”“反革命罪”“投机倒把罪”，把具有社会危害性并应由刑法调整的范围规定为“妨害社会管理秩序罪”“破坏社会主义市场经济秩序罪”“危害国家安全罪”三个同类罪名，并由刑法体系的严密性和明确性出发细化成各个不同的罪名。

司法环节的非犯罪化主要通过微罪处分制度、起诉犹豫制度、宣告犹豫制度的实现。如《德国刑事诉讼法》第 153A 规定：“在法院和被告同意时，检察院可以对所有的轻罪，在命令和决定的安排下，有条件地取消起诉，只要这些安排对于排除公众对刑事追究的兴趣是适当的，并且所犯罪行轻微。”[③] 美国、英国、比利时、丹麦、瑞典、挪威、加拿大等国规定了宣告犹豫制度，即暂时不宣告其有罪，而在一定期限内交有关机关对行为人进行监督考验。如英国 1972 年《刑

---

① 张旭：《社会演进和刑法修改——以德国为视角的研究》，载《法制与社会发展》2003 年第 2 期。

② 高丽蓉：《近现代西方国家刑事政策的演变与刑法改革》，载《国家检察官学院学报》第 19 卷第 2 期。

③ 王世洲：《联邦德国刑法改革研究》，载《外国法译评》1997 年第 2 期。

事司法法》第22条规定，在被告人的同意下，法院在不超过6个月期限内，可以延期刑罚的宣告。在延缓宣告期间，法院要了解被告人对执行损害赔偿命令和工作单位与家庭的生活态度，重新进行处理。①

（二）非刑罚化是实现和谐社会的进取方式

1. 通过法律直接规定免刑制度和免除处罚的情节

德国刑法典第23条规定，“行为人由于重大认识错误，按其犯罪所侵犯的对象或所使用的手段的性质，不能完成犯罪的未遂行为，法院可以免除或酌情减轻处罚”②。法国刑法典第132-58条规定，“在轻罪方面，或者除132-63条及132-65条规定之场合外，在违警罪方面，法院在宣告被告有罪并在必要时作出没收有害物或危险物的判决后，得免除被告其他任何刑罚”。在我国刑法中，第201条逃税罪在经过《刑法修正案（七）》修改后规定，有第一款规定的逃税行为之后，经税务机关依法下达追缴通知后，补缴应纳税款，缴纳滞纳金，已受行政处罚的，不予追究刑事责任，但是在五年内因为逃避缴纳税款受过刑事处罚或者被税务机关给予二次以上行政处罚的除外。这是我国非刑罚化倾向的一个典型的规定，“不予追究刑事责任”是法定的处罚阻却事由，在构成犯罪的情况下积极补缴税款的情况不予刑事处罚。

2. 通过非刑事制裁措施对刑罚的适用范围进行实质限制

所谓非刑事制裁措施，是指对依法被确定有罪的罪犯不适用刑罚，而采用刑罚以外的不具有刑事制裁性质的手段予以处分。非刑事制裁措施一般适用于有免除刑罚情节的罪犯、罪行轻微的罪犯或有轻微罪行的未成年人，它本身不具有刑罚的性质，但又可以起到弥补刑罚功能局限的作用。

随着非刑罚化运动的发展，各国刑法都规定了许多非刑事制裁措施，作为替代刑罚的制裁措施。例如，德国《少年法院法》第27条规定，“虽经调查，但仍无把握确定少年的违法行为所表明的危险倾向程度，而判处其刑罚又属必要的，法官可先确定该少年的罪责，对少年刑罚予以缓科，并规定一定的考验期限”③。此外，运用“居民纠纷调解中心”“社区调解中心”“社区委员会计划”“城区法庭工程”等调解方式对边缘性案件加以处理也是非刑罚化的一种方式。在美国有一种适用范围很广泛的非刑罚化犯罪反应方式，就是缓刑监督，这种缓刑监督与大陆法系多数国家和美国少数州实行的缓刑制度有着实质的区别，前者

① 赵秉志、陈志军：《短期自由刑改革方式比较研究》，载《政法论坛》2003年第5期。

② 刘守芬、韩永初：《非犯罪化、非刑罚化之理性分析——报应性刑事政策视角的观察》，载《现代法学》2004年第3期。

③ 谢锡美、辛晓玲：《二十世纪下半叶西方国家刑法改革和少年刑事司法》，载《青少年犯罪问题》第2006年第4期。

是只做有罪宣告而不判处刑罚，而后者是判处刑罚之后的一种执行方式，之后的监督犯罪人表现是否良好则没有质的区别，都有一定的监督期限和监督机关。

3. *通过保安处分，增加刑法维护和谐社会的灵活性*

保安处分最初由德国刑法学者克莱因提出，他认为，维护公共安宁和幸福是一切刑事立法的唯一正当根据。因此，就有必要在刑罚之外另行根据行为人的犯罪危险性予以保安处分。保安处分指国家基于维护法社会秩序之必要及满足社会大众之保安需求，在行使刑罚权之外，对于特定的行为人，以矫治、感化、医疗、禁戒等手段所为之具有司法处分性质的保安措施。保安处分一般适用于无刑罚适应性的无责任能力人、限制责任能力人、具有特种危险性的犯罪人如习惯犯、常业犯和累犯等，在有的国家保安处分还适用于未曾犯罪但恶性重大者。

保安处分强化了处罚时的教育和改造功能，冲淡了刑罚的报复性观念。广义的保安处分可以分为对人的处分和对物处分两大类。对物的处分一般包括解散法人、封锁营业场所、没收违禁物品；对人的保安处分可以分为剥夺自由的处分和限制自由的处分两类。剥夺自由的处分具体可分为：（1）疗护处分，即对于无刑罚适应性的心神丧失人及限制责任能力的精神衰弱人所为的治疗与保护的处分。（2）强制禁戒处分，即强制吸食烟毒或使用麻醉药品及兴奋剂等成瘾者以及酗酒者所为的戒除处分。（3）强制治疗处分，即强制患有某种传染病之特定犯罪人接受医药治疗的处分。（4）感化教育处分，即对于未成年触犯刑法，或有触犯刑法之虞，或有影响社会治安之虞者，基于防患于未然与社会保安之需要所为的强制教育的矫治处分。（5）强制工作处分，即对于一切出于怠惰与游荡成性，厌恶从事正当工作而致犯罪者的一种劳动训练的处分。（6）保安监禁处分，指采取刑罚与保安处分二元制的国家刑法中对于习惯犯和常业犯所设的处分手段，其内容是对于已受长期刑罚执行而未能矫正的习惯犯与常业犯予以不定期的预防性监禁，是最严厉的保安处分手段。（7）收容于社会矫治机构，即成立专门的社会矫治机构，以特别的社会处遇与辅导以及精神医学的治疗方法对罪犯进行矫治和再社会化的工作。丹麦、荷兰和德国刑法有此规定。① 而限制自由的保安处分则主要有下列四种：（1）剥夺驾驶许可处分，即对于欠缺驾驶能力，显然不适宜驾驶机动车参与道路交通的犯罪人所为的一种驾驶许可的剥夺处分。（2）禁止执业处分，即对于滥用其职业或营业上的专业知识或特有关系而为故意犯罪或破坏其职业或营业上的义务者，禁止其在一定期间内或永久从事该项职业或营业的处分。（3）素行考管处分，即对于具有再犯危险的累犯，在其刑满

① ［美］理查德·霍金斯：《美国监狱制度——刑罚与正义》，中国人民公安大学出版社 1991 年版，第 351-367 页。

出狱后进入自由社会生活前的危险时期中的一种辅导、考核与管理的处分，以防止其在释放后的危险时期内再犯新罪。（4）保护管束处分，即对于有较轻社会危险性的犯罪人，委托其所在地的警察机构、自治团体、慈善团体、本人的亲属或其他适当人员予以保护或赦免后强制其离境或遣送回国的处分。①

四、和谐社会的理念指导下的刑法谦抑性是我国刑法改革的正确路径

和谐社会是民主法治、公平正义、诚信友爱、充满活力、安定有序、人与自然和谐相处的社会，在这一治国理念指导下的刑事政策改革，应该坚持刑法的谦抑性，转换刑法思维，革新刑事政策，调整社会对犯罪反应方式的结构。彻底扬弃报应性观念，张扬刑法的谦抑性，承认刑法的最后手段性。沿着这样的刑法改革的路径，我们才会最终做到人与自身、人与他人、人与社会、人与自然的和谐相处，达到社会主义和谐社会的应有目标。

① ［美］理查德·霍金斯：《美国监狱制度——刑罚与正义》，中国人民公安大学出版社 1991 年版，第 367-379 页。

试论和谐社会与刑法改革的关系

——以我国死刑制度的改革为视角

段寨娅

一、和谐社会溯源

和谐社会拥有十分深厚的思想渊源。不止我国古代和近代许多思想家、政治家对如何实现社会和谐进行了积极的探索，西方的学者也对此进行了一系列的探讨并提出了“和谐”这一概念。我党经过一番深入的探索之后，建设性地提出了构建社会主义和谐社会的时代构想。

（一）我国古代思想家的和谐思想

我国古代思想家，从春秋战国时期就开始对和的本质进行追索，指出了和与同的区别。孔子说：“君子和而不同，小人同而不和。”由此可见，古人将和谐的本质定义为和而不同。同时，古人还指出和谐的内涵是心和、人和、家和、国和以及人与自然和谐的有机统一。只有这些方面都达到了和谐的状态，社会才能和平安稳。

（二）西方思想家的和谐思想

在西方，最早提出和谐思想的哲学派别是毕达哥拉斯学派，该学派认为世界是数构成的，数的奇偶两个方面的对立统一就是和谐。黑格尔对此也做了深刻揭示：“和谐是从本质上见出的差异面的一种关系。”总而言之，西方学者将和谐当作全人类的共同社会理想和奋斗目标。他们认为哲学内涵是对立统一而不是同一，在人类社会的历史长河中，矛盾和斗争一直都存在，只是在不同中求同，在张扬个性中求取共性。不同特性的事物共存共荣是和谐的本义。

（三）社会主义和谐社会的总体要求

马克思在《1844 年经济学哲学手稿》中把共产主义社会称为“人与自然之间、人和人之间的矛盾的真正解决”。恩格斯在《政治经济学批判大纲》中把共产主义社会称作“人类同自然的和解以及人类自身的和谐”。我党在承袭我国古

作者简介：段寨娅（1989—），女，重庆市人，西南政法大学法学院刑法专业硕士研究生。

代和谐思想以及借鉴西方和谐理论的基础上，同时坚持社会主义的本质，经过一系列的探讨研究，创造性地提出构建社会主义和谐社会的宏伟目标。社会主义和谐社会的总要求是民主法治、公平正义、诚信友爱、充满活力、安定有序、人与自然和谐相处。构建社会主义和谐社会必须坚持的原则是以人为本、科学发展、改革开放、民主法治、正确处理改革发展稳定关系。构建社会主义和谐社会是一个不断化解矛盾的过程，是一项长期而艰巨的任务。

民主法治是构建和谐社会的一个基石。刑法作为我国实现法治的一块重要基石，必须充分吸收和谐社会的内涵，适应社会发展变化。刑法的目的在于预防犯罪和保护人民，其中预防犯罪分为特殊预防与一般预防，特殊预防是指通过对犯罪分子处以刑罚，阻止其再次实施犯罪；一般预防是指通过对犯罪分子处以刑罚，警示社会上的其他人，教育他们不要实施犯罪。和谐社会要求以人为本，因此，在和谐社会语境下，刑法在对犯罪分子处以刑罚的同时必须充分考虑犯罪分子的人权，使得特殊预防与一般预防的效果最大化，从而充分保护人民，促进社会和谐。

二、和谐社会语境下我国死刑制度的现实变化

随着和谐社会对刑法影响的不断深入，死刑作为我国最严厉的刑罚手段，各方面都发生了变化。

（一）从严打到宽严相济的刑事政策

我国从20世纪80年代初期开始，进入了一个社会转型期。在这个特别的社会时期内，充斥着各种各样的社会矛盾，使得社会冲突十分激烈，犯罪数量也大大提升。为了维护社会稳定，保护人民利益，我国开始进入一个严打时期。严打，即“依法从重从快严厉打击严重刑事活动”。在严打期内，司法机关并不严格依照法律规定定罪量刑，而一味地从重处罚，片面地追求“从快”，违反法定程序，刑讯逼供等严重侵害犯罪嫌疑人和被告人人权的恶性司法现象也屡见不鲜。随着和谐社会思想的提出和不断发展，同时在总结和反思多年严打实际的基础上，我党顺应新的历史情况，提出“宽严相济”的刑事政策。宽严相济之“宽”，是指宽大，轻缓之义。陈兴良教授指出其有两种情形：一是该轻而轻，二是该重而轻。[①] 宽严相济之“严”，是指严格、严厉和严肃，这与惩办与宽大相结合中的惩办相对应。宽严相济之“济”，是指救济、协调和结合之意。总而言之，对待犯罪当宽则宽，当严则严，二者取之平衡。宽严相济的刑事政策与我国“少杀、慎杀”的死刑政策相呼应，都体现了在和谐社会背景下我国关于死

① 陈兴良著：《宽严相济刑事政策研究》，中国人大学出版社2006年版，第8页。

刑态度的转变，对于我国死刑制度在立法和司法上都有重要的指导意义。

（二）在刑法立法上不断削减死刑

死刑，作为我国最为严厉的刑罚，直接影响着公民最基本的人权——生命权。既然生命权作为人类最基本的权利，那么就应当是人人平等地享有，不受剥夺。也因此国家作为公权力的代表剥夺罪犯生命权的行为一直备受争议，学者们的观点也大相径庭。例如贝卡里亚曾论述道："体现公共意志的法律憎恶并惩罚谋杀行为，而自己却在做这种事情；它阻止公民去做杀人犯，却安排一个公共的杀人者。我认为这是一种荒谬的现象。"① 他认为由统治者或者说是国家掌握死刑的刑罚权是不具正当性的。然而洛克却说："人人享有生命不被他人剥夺的权利，但是人人都因其剥夺他人的生命权而丧失其自身的生命权。"② 也就是说，洛克认为当一个人去剥夺了他人的生命权，他也失去了契约对他生命权的保护。不论如何，出于人权保护和倡导和谐社会的目的，各国对限制死刑的适用几乎都达成了一致意见。我国学者也一直主张削减死刑罪名，但是应当如何削减，学界众说纷纭。马克昌教授认为可以废除绝大部分贪利犯罪的死刑、废除大部分危害国家安全犯罪和军事犯罪的死刑以及废除并非"罪行极其严重"的普通刑事犯罪的死刑等。③ 也有学者认为死刑应当尽可能适用于生命犯罪，而非生命犯罪适用死刑比例不应过大。④ 总而言之，学者们大致都认为死刑应当适用于严重危害社会秩序、公共安全和国家安全的暴力型犯罪，对于经济型犯罪和非暴力型犯罪应当尽量避免死刑的适用。《中华人民共和国刑法修正案（八）》在构建社会主义和谐社会的基础上，在宽严相济的刑事政策的指导下，突破性地取消了13个非暴力型犯罪的死刑。至此，将我国刑法原来规定的68个死刑罪名减少为55个。此外，还增加规定："审判的时候已满七十五周岁的人，不适用死刑，但以特别残忍手段致人死亡的除外。"这一修正案旗帜鲜明地表明了我国立法上限制死刑适用的态度，体现了社会主义和谐社会以人为本的要求。

（三）在刑事司法实践中慎用死刑

我国从20世纪80年代初期开始，进入了一个严打时期。在这个时期，我国死刑适用率较高。例如，最高人民法院陆续将原本由其统一行使的一些犯罪的死刑核准权下放到省的高级人民法院。这一决定造成了一个现象，即死刑二审和死刑核准均由高级法院来行使。这是既不利于保证死刑案件质量也不利于统一死刑案件的量刑标准，常常会造成同罪异罚这种严重违背司法公平的现象。随着我国

① 贝卡里亚著：《论犯罪与刑罚》，北京大学出版社2010年版，第69页。

② ［英］洛克著：《政府论（下篇）》，商务印书馆1997年版，第17页。

③ 马克昌著：《刑罚通论》，武汉大学出版社1999年版，第120页。

④ 白建军著：《罪刑均衡实证研究》，法律出版社2004年版，第307页。

进入构建社会主义和谐社会时期，我们开始呼吁民主法治，强调以人为本。因此，我国逐渐奉行宽严相济的刑事政策和“少杀、慎杀”的死刑政策。这一系列的政策对于我国刑事立法和刑事司法都有着十分重要的指导意义。宽严相济、“少杀、慎杀”要求不论是刑事立法还是刑事司法都应当限制死刑的适用。与此同时，学界不断呼吁最高人民法院收回严打时期为了适应社会形势下放地方省高级人民法院的死刑核准权。终于，2007 年 1 月 1 日最高人民法院收回死刑核准权，这充分体现了我国司法上慎用死刑的态度。

三、和谐社会语境下我国死刑制度改革的前景

（一）死刑存废之争

伟大的刑法学家贝卡里亚在《论犯罪与刑罚》一书中，以社会契约论为基础，深刻论述了死刑存在的不必要和不正当性，首次提出了废除死刑的口号，使人类对犯罪与刑罚的认识发生了革命性的变化。人们对于死刑的存废问题已经争论了二百多年，通常都是围绕人的生命价值、死刑是否有威慑力、是否人道等各个方面进行评价，而且废除死刑已经逐渐占据了主流地位，被大多数国家选择。随着我国构建社会主义和谐社会的不断推进，人权保护日益上升到十分重要的地位，废除死刑的呼声也越来越高。

这不禁令人反思，在中国是否也应当废除死刑呢？何时废除？纵观各国的历史，我们可以发现废除死刑是一种必然的趋势，因为社会的发展决定了刑罚应当是由重到轻的历史必然。保留死刑与废除死刑之争，实际上是应当何时废除死刑之争，即是现在立即废除死刑，还是将来废除死刑。[①] 但是不是现在我国就应当废除死刑呢？废除死刑是否应当具备适合的社会条件？陈兴良教授指出：“死刑存废取决于两个因素，第一是死刑废除的物质基础，即在社会物质文明和社会物质生活水平较高的社会，犯罪所造成的危害与人所能创造的物质价值反差大，人们比较看重人的生命价值，因而死刑废除的物质条件才较为具备；第二是死刑废除的精神基础，随着人类社会精神文明的提高，朴素的报应观念逐渐失去市场，人们较为理智地看待犯罪，较轻的刑罚足以制止违法犯罪，因而，死刑废除的精神条件才较为具备。事实说明，凡是不具备这两方面条件的，死刑即使废除了，还会重新恢复。”[②] 现在的中国，人民整体的物质水平还处于尚不发达的阶段，贫苦阶层还很多，这一部分人对物质的欲望还很强烈，废除死刑所需的物质文明尚未实现；再者，人民的精神水平还处于一个不是太高的阶段。同态复仇、以牙

① 张明楷著：《刑法学》，法律出版社 2012 年版，第 475 页。

② 陈兴良著：《刑法的启蒙》，中国政法大学出版社 1998 年版，第 184 页。

还牙的古老思想的痕迹还在人们的心中，使得他们没办法接受“杀人偿命”这个在他们看来千古不变的真理受到扭曲。所以废除死刑的精神基础也没有达到。笔者认为针对中国当前的社会情况，死刑存在是有必要的。当然，保留死刑的同时，也不能随意滥用。我国现阶段的基本死刑政策是坚持少杀、防止错杀，即应当在严格限制的基础上适用死刑，明确废除死刑是我们不断追求的目标。同时，我们也应当认识到废除死刑是一个循序渐进的过程，应当找到适合我国国情以及具体社会情况的改革路径和步骤，使死刑逐步地在我国刑法上消失。

（二）死刑复核程序的现状及其完善

1. 死刑复核的启动方式

根据我国《刑事诉讼法》第236条之规定，我国现行法律规定死刑案件采取逐级报核的方式，并且由人民法院单方行使死刑复核程序的启动权。在这种制度设计下，被告人作为可能被执行死刑的主体却不享有启动死刑复核程序的权利。社会主义和谐社会倡导民主法治，以人为本，那么就应当赋予被告人死刑复核程序的启动权。这主要是为了保障程序启动的及时性。法律可以规定被告人提起死刑复核程序的期间，若被告人在规定的期间内不行使权利，则由下级人民法院将死刑案件报送上级人民法院强制审查。① 这使得被告人掌握了启动死刑复核程序的主动权，防止受到法院错判的被告人由于法院不及时启动复核程序纠正错误，而导致其受到长时间的错误羁押。这样做是贯彻了人权保障的要求，符合社会主义和谐社会的总体要求。

2. 死刑复核的主体

根据我国《刑事诉讼法》第238条之规定，在我国不管是死刑立即执行案件，还是死刑缓期执行的案件，复核的主体都是审判组织，且均由审判员组成，不能有陪审员。我国《刑事诉讼法》新增规定：“最高人民法院复核死刑案件，应当讯问被告人，辩护律师提出要求的，应当听取辩护律师意见。在复核死刑案件过程中，最高人民检察院可以向最高人民法院提出意见。最高人民法院应当将死刑复核结果通报最高人民检察院。”虽然这一规定使得被告人及其辩护人以及人民检察院参与死刑复核程序变得有法可依，但是，笔者认为，这远远不够。既然被告人及其辩护人以及人民检察院可以参与到死刑复核的程序之中，那么就应当让被害人及其诉讼代理人也参与到死刑复核的审理中去，以保证诉讼结构的完整，也是对社会主义和谐社会民主公平的贯彻。

3. 死刑复核的程序

我国的死刑复核程序采取书面审理的方式，与第二审程序一样也实行全面审

① 闫晓丽：《我国死刑复核程序的改革与完善》，载《法制与经济》2011年第296期。

中，柏拉图构建了自己的和谐社会，统治阶级、武士阶级以及劳动者阶级组成国家，这三个等级有各异的天赋，专司不同的职责。只要他们能够各守其德，各尽其责，各安本分，便能够实现自然的和谐，实现正义理想国。法国空想社会主义者傅立叶是西方近代史上最早提出“和谐社会”概念的人，马克思对其思想加以批判吸收，形成了自己的和谐社会模式即“自由人联合体”，他认为，代替那存在着阶级和对立的资产阶级旧社会的，将是这样一个联合体，在那里，每个人的自由发展是一切人的自由发展的条件。马克思所指的这样一个“人全面自由发展的社会”无疑指的是高级的和谐社会，而不是我们现阶段所指的符合我国国情的初级的和谐社会，那么中共中央所指的“和谐社会”是怎样的社会，又蕴涵着怎样的法理意义？

（二）我国当前的“和谐社会”的法理意义

在我国传统文化之中，“和谐”意味着协调、和睦，内含和衷共济、内和外顺之意。对于何为“和谐社会”，我国众多学者都给出了自己的观念。有的认为，和谐社会指社会内部的各群体之间利益均衡。有的认为，和谐社会包括两方面内容，一方面是指人和自然的和谐发展，另一方面是社会不同的利益群体之间的和谐发展。还有的认为，和谐社会是指社会结构包括城乡结构、区域结构、社会阶层结构、就业结构、代际结构、人和自然等层面的和谐。从这些定义可以看出，学者多从政治学、社会学角度来解释和谐社会，而这些关于和谐社会的定义显然不能够简单地套用于法学范畴。

虽然“和谐社会”来源于政治学命题，但我们完全可以将其转换为法学命题。“和谐”指的是事物所处的一种社会状态，或者说是一种价值目标，其内涵往往随事物和范畴的不同，而具有不同的本质和内容。与“和谐”相对应的法学范畴是“平衡”，和谐与和谐社会在法学和法治范畴上主要体现为公民个人自由与社会秩序的平衡、国家公权力与公民私权利的平衡，① 是法治追求的功能上的价值目标，但在追求和谐的同时不能忽视法的本质。法的本质是正义，值得注意的是，并非所有的社会和谐都符合社会正义，例如在强权专制统治之下也可能存在局部的、暂时的和平稳定，但此时实现的所谓的和谐绝对不符合正义。

二、当前我国的刑法改革的基本趋势

刑法改革是一个宏观层面的问题，涉及刑法理念、刑法立法、刑法司法方方面面的所有问题，但是刑法理念的转变过于抽象，不容易辨认，而刑法司法的转变又依赖于立法的改革，因此不妨透过刑法立法的改革来洞悉刑法理念的转变，

① 郭道晖：《对构建政治民主化和谐社会的法理思考》，载《河北法学》2007 年第 1 期。

预测司法改革的动向。《刑法修正案（八）》的适时颁布恰好为我们说明了我国当前刑法改革的方向。

由于《刑法修正案（八）》废除了13个经济性非暴力犯罪的死刑，规定了对于已满75周岁的老年人不适用死刑、可以从轻处罚，未成年人、怀孕妇女和老年人缓刑适用从宽，不少人对此欢欣鼓舞，认为这是我国刑法轻缓化的表征，认为新刑法的修订预示着我国刑法的发展已经逐步脱离过去的重刑主义思想，向国际靠拢，迈向刑法轻缓化的国际路线。其实不然，虽然在某种程度上新刑法的修改体现了我国刑法限制死刑、彰显人道的精神，但是透过现象看本质，我国的刑法修改在以下两方面的选择更能显示其改革的实际走向。

（一）增加罪名，扩张刑网

危险驾驶、恶意欠薪、非法买卖人体器官等危害行为的入罪无疑是《刑法修正案（八）》的一大亮点。这些新罪名的规定体现了刑法对于新生危害行为的应对，扩大了刑法的适用面。随着改革开放的深入，我国社会经济、科技不断发展，新型的危害行为层出不穷，而且呈现出形式多样、数量递增、手段先进的趋势，面对这些新生的危害行为，原有刑法束手无策，呈现明显的滞后状态。在这样的情况下，为了有效改变这种局面，化被动为主动，立法机关选择了最快捷也看似最有效的做法，修改刑法直接将这些严重危害行为规定为犯罪纳入刑法规范的范围。

（二）多设限制，加大刑量

尽管去重刑化的呼声在现代社会日益高亢，但是《刑法修正案（八）》的众多修改仍然体现了其重刑主义思想。例如，将死刑缓期两年执行的罪犯的减刑幅度由原有刑法中的无期徒刑或者15年以上20年以下有期徒刑限制为无期徒刑或者25年有期徒刑，并增设了限制减刑制度，即对被判处死刑缓期执行的累犯以及因故意杀人、强奸、抢劫、绑架、放火、爆炸、投放危险物质或者有组织的暴力性犯罪被判处死刑缓期执行的犯罪分子，人民法院根据犯罪情节等情况可以同时决定对其限制减刑，对于限制减刑的犯罪分子，缓期执行期满后依法减为无期徒刑的，实际执行不能少于25年，缓期执行期满后依法减为25年有期徒刑的，实际执行不能少于20年；对于缓刑的适用对象，《刑法修正案（八）》也在原有规定的基础上，加入了对于犯罪集团首要分子的限制；扩大了特殊累犯的范围，鉴于累犯在我国刑法中应当从重处罚、不得假释、不得缓刑的规定，扩大累犯的范围，等于是进一步剥夺一部分犯罪分子的假释与缓刑的机会。

新增的罪名使得我国的刑网更加严密，扩大了刑法的调控面，显示刑法调控之广；多设的种种限制使得犯罪分子承受的刑罚结果更加严厉，加大了刑法的调控力度，显示刑法调控之厉。[①] 我国刑法的改革并未如乐观者所见那样日益轻缓，向国际靠拢，《刑法修正案（八）》体现的刑法改革的路线仍然没有摆脱我国传统的重刑主义思想，仍然从社会本位出发，对社会防卫过剩、个人自由保护不足，并不符合构建社会主义法治国家的内在要求，不能体现和谐社会的内在价值。

三、和谐社会与刑法改革的关系

赵秉志教授曾经指出："现阶段我国刑法的改革，应当以有助于构建和谐社会和强化人权保障，有助于贯彻宽严相济的基本刑事政策为发展方向；凡有悖于、有碍于这个发展方向的，均应予以纠正或者摒弃。"[②] 不可否认，和谐社会与刑法改革之间存在着千丝万缕的关联，可以说，和谐社会的理念为刑法改革指明了方向，而与国际接轨的刑法改革又是实现和谐社会的基础。

（一）和谐社会需要迈向刑罚轻缓化的刑法改革

刑罚轻缓化指的是国家在刑事立法或刑事审判过程中，对于符合刑法分则所规定的犯罪构成的行为，动用较轻刑罚就能达到刑罚的最佳效果的，就绝不动用较重的刑罚。刑罚轻缓化要求国家在运用刑罚规制社会生活时，应当控制刑罚的适用范围和严酷程度，并力求以最小的刑罚成本达到最大的社会效果，少用或不用刑罚获得最大的社会效益，以求有效地预防和控制犯罪。

中共中央的文件指出社会和谐是中国特色社会主义的本质属性，是国家富强、民族振兴、人民幸福的重要保证。社会公平正义是和谐社会追求的价值目标，更是刑法追求的价值目标，但法律制度是社会公平正义的保证。因此，应当加紧建设对保障社会公平正义具有重大作用的法律制度，保障人民在政治、经济、文化、社会等方面的权利与利益，引导公民依法行使权利、履行义务。作为法律制度重要组成部分之一的刑罚制度对保障人权、维护社会稳定、保障经济发展至关重要，应当更具合理性，更加人性化。身为社会不和谐的音符，犯罪是构建和谐社会的严重障碍，国家发动刑罚追究犯罪人的刑事责任，但是刑罚的目的不是消除业已造成的危害，更不是为了摧残折磨一个感知者。对于绝大多数罪犯而言，刑罚的目的是为了改造罪犯，使之重新回归社会，因而只要刑罚的幅度已经能够达到惩罚的目的，就应该尽量轻缓。《刑法修正案（八）》的相关修改增加了不少罪犯实际将被执行的刑罚，在全球刑罚轻缓化的现在，这一做法显然与

---

① 邢馨宇、邱兴隆：《刑法的修改：轨迹、应然与实然——兼及对刑法修正案（八）的评价》，载《法学研究》2011 年第 2 期。

② 华挺：《刑法改革应以有助于构建和谐社会和强化人权保障为趋向》，载《光明日报》2007 年 9 月 20 日第 3 版。

国际不符，值得商榷。

（二）和谐社会需要树立“非犯罪化”理念的刑法改革

传统的非犯罪化指的是取消某种罪名，排除某种行为应受刑法规制的性质，例如渎神罪、弑君罪和侵犯王族罪这些带有宗教性质或者君主制度的罪名。当前西方国家的非犯罪化的类型多是“无被害人的犯罪”，指的是专为保护宗教或道德，而同个人生活利益无关的犯罪。① 此处笔者所指的“非犯罪化”只是借用该词的字面含义，即缩小刑法的管辖圈，将一些不必要动用刑罚惩罚的行为排除在刑法规定之外，以充分体现刑法的谦抑性。

作为“后盾法”“保护法”，刑法被称为社会利益的最后一道防线，这就注定了刑法只有到了必需的地步才能发动。刑法的谦抑性原则又称为必要性原则，指的是立法者应当力求以最小的支出少用甚至不用刑罚来获取最大的社会效益——有效地预防和控制犯罪。换言之，只要适用其他法律足以抑制某种违法行为以保护合法权益，就不应当将其规定为犯罪，只要适用较轻的制裁方法足以抑制某种犯罪行为以保护合法权益，就不应当适用较重的制裁方法。边沁曾经说过“温和的法律能使一个民族的生活方式具有人性；政府的精神会在公民中间得到尊重”，这句话可以奉为刑法谦抑性的法哲学依据。刑法谦抑性包含三个方面的内涵，即刑法的补充性、刑法的宽容性、刑法的经济性，要求严格限制刑法干预范围，能不作犯罪处理的违法行为尽量不作犯罪处理，能不用刑法干预的领域尽量不适用刑法。然而，从我国目前刑法修改来看，刑法谦抑性显然没有得到很好的贯彻。不断扩大的刑法适用范围，刑法对于市民社会生活的不断侵蚀，不仅反映了立法机关在适用刑法上的随意性，更反映了我国民众在思想上对刑法适用的依赖性，学者动不动呼吁将某种行为纳入刑法管辖，用刑法约束某种行为，这样的呼吁虽然在一定程度上预示着法治理念的深入人心，但更多地带给我们的是深思。我们的国家有如此多样的部门法，每每发生事端，大家首先考虑的不是用轻于刑法的专辖某一领域的其他部门法来遏制此类行为，而是直接呼吁刑法的发动，直接倡议立法机关修改刑法将行为纳入刑法领域，这不能不说是我国法治倡导的畸形发展，法治并不意味着对所有的违法行为均处以最严厉的惩处，直接由道德层面的约束一下子跨越到刑法层面，这与刑法的谦抑性原则相悖，与法治理念不符，更不符合和谐社会的建设。

（三）和谐社会需要体现刑罚个别化的刑法改革

公平正义是和谐社会追求的价值目标，更是我们刑法所追求的价值目标。美

① 刘守芬、韩永初：《非犯罪化、非刑罚化之理性分析——报应刑刑事政策视角的观察》，载《现代法学》2004 年第 3 期。

国政治哲学家罗尔斯指出正义有两个原则，“第一个原则为平等自由原则，即每个人对与所有人所拥有的最广泛平等的基本自由体系相容的类似自由体系都应有一种平等的权利；第二个原则即差别待遇和机会的公正平等原则，即社会的和经济的不平等应这样安排，使他们：（1）在与正义的储存原则一致的情况下，适合于最少受惠者的最大利益；（2）依系于在机会公平平等的条件下职务和地位向所有人开放”①。

对于正义的实现，我们应当首先明确这样一个事实，公平正义并不是绝对的，世上没有绝对的公平正义，我们能够实现的往往是普遍意义上的正义，即大多数人认为这样做能实现正义。在刑事司法实践乃至刑事立法中，我们往往陷入这样一个误区，过于集中注意力于受害人正义的实现，而忽视了犯罪人的正义，即忽视犯罪人个体，而一味靠拢大多数人的认定——犯罪人都是罪大恶极，丝毫不值得同情与怜悯，在司法实践中，对犯罪人就应该严格按照法律的规定处理，无须探求犯罪人背后的特殊情况，可能存在的难言之隐；在立法上过多地采取“一刀切”的规定，仅考虑犯罪人所属种群的情形，不考虑犯罪人个人的特殊情形，例如对累犯一律不能缓刑假释的规定。如果我们重视了犯罪人的公平正义，在制度设计和法律价值上，我们就不能仅仅追求形式意义上的抽象公正，还应该追求在具体案件中对具体犯罪人的实质的公正。而刑罚个别化符合这样的要求，能让犯罪人从判决中得到应有的正义，从刑罚对犯罪人的作用上来实现刑罚的正义价值，在人们关注惩罚的效果的同时，使人们注意犯罪人自身的特殊情况。

结　语

赵秉志教授曾经指出：“刑法改革是时代的要求，是建设社会主义法治国家的需要。我国刑法改革的宗旨，是为了实现刑事法治的科学化和现代化，以维护和促进社会的发展进步。”② 正确把握刑法改革与和谐社会的关系，有助于把握刑法改革的正确方向，更好更快地构建和谐社会，早日实现建设社会主义法治国家的目标。

---

① ［美］约翰·罗尔斯著：《正义论》，何怀宏等译，中国社会科学出版社1988年版，第56页。

② 聂滩：《赵秉志：刑法改革是时代的要求》，载《检察风云》2011年第6期。

试论和谐社会与刑法改革的关系

——以量刑规范化改革为视角

王建秀

和谐社会是在新的社会背景之下提出的一个重大议题，是现代化建设环节中必须坚持的一个宏观指导思想和原则。刑事司法改革作为上层建筑的重要组成部分，毋庸置疑必须以有助于构建和谐社会为宗旨，唯有如此，刑法改革才能符合最广大人民的利益，实现社会效果和法律效果的双丰收。在刑事司法改革的过程中，我们一直重视定罪方面的完善，却对量刑方面的工作给予的关注不够。其实，在笔者看来，与定罪相比，量刑基于其本身的独特性，更能够影响到和谐社会的实现程度。因此，笔者旨在在和谐社会的语境之下探讨量刑规范化改革的相关问题。

一、量刑过程中存在不和谐的原因分析

民主法治、公平正义、诚信友爱、充满活力、安定有序、人与自然和谐相处是社会主义和谐社会的基本特征。在构建和谐社会的过程中需要制度的保障，在法治社会的今天，无法治不足以实现和谐。随着各国刑法的改革，刑事立法方面的"罪刑法定原则"得到了严格的贯彻，在司法方面，定罪方面的经验积累也比较丰富。一般而言，对行为人的定罪，只要坚持实体和程序的公正，很少出现很大的偏差。但是，相比之下的量刑改革就相差很多，出现了很多量刑失衡和量刑不一致的现象，背离了和谐社会的旨趣。具体地说，量刑之所以会影响到社会和谐，主要有以下几方面的原因：

（一）对量刑没有统一规范的标准和相关机制的限制

"无规矩不成方圆"，在我国的刑法规范中很少涉及量刑的具体规定，即使是相关规定也比较笼统，如1997年《刑法》第61条规定："对于犯罪分子决定处罚的时候，应当根据犯罪的事实、犯罪的性质、情节和对于社会的危害程度，依照本法的有关规定判处。"从本条规定中可以看出，量刑的时候所要考虑的因

作者简介：王建秀（1988—），女，山东日照人，西南政法大学法学院刑法专业硕士研究生。

素刑法并没有给出正面和明确的答案，一切还需要结合具体的案情分析判断，这就会出现很多不确定的因素，影响到量刑的一致性。例如本条中的“社会的危害程度”就是一个很难把握的范畴，达到何种程度才应该被考虑在内，对危害程度的判断标准等都是很难有章可循的。尽管我国最高法院在倡导量刑规范化改革的过程中相继颁布了《人民法院量刑指导意见（试行）》和《人民法院量刑程序指导意见（试行）》，但都处于试行阶段，相关规定有很多需要完善的地方，司法实践中传统的“估堆量刑”的方法依旧未被规范做法取代，改革效果并不明显，不利于和谐社会民主法治的实现。

（二）量刑不公的表现易成为舆论评价的对象

首先，随着相关法律知识的普及，公众一般对社会上发生的犯罪行为的定罪能够形成自己的判断，有时候甚至能够准确地判断出罪名，并且将自己的关注点落实在法院的最终量刑之上。如果法院的量刑失之偏颇，必将引起社会舆论的不满和批评，影响司法判决的权威性，不利于社会秩序的维持，当然也就不利于社会和谐。

其次，对于最终要承担刑事责任的犯罪人而言，不公正的量刑导致的畸轻畸重，很难对其产生教育的功能。量刑畸轻，很难达到预防的效果；量刑畸重，甚至会产生相反的刑罚效果，引发犯罪人的仇恨与报复心理，给社会安全埋下隐患，长此以往，社会公平正义的价值遭到了践踏，社会和谐的目标也将难以实现。

最后，如果在比较的过程中发现量刑的不公正，受害人及其家属很容易失去对司法的信任，从而借助自己的力量进行报复，国家公权力成为引发新一轮犯罪的重要因素，和谐社会的民主法治、公平正义、安定有序等都会成为一纸空言。

（三）诸多因素影响到法官的量刑活动

和谐社会允许在量刑活动中存在合理限度的不一致，这是从辩证唯物主义的角度思考得出的必然结论。但是，在法官的量刑活动中，诸多影响因素的存在，使得法官的量刑很难顺从本意。例如国家政策的影响，特定地域的经济文化影响，法官个人素质的影响等方面。法官的量刑活动更多的是一种价值上的判断，现行量刑方法主要还是法官个人经验的累积，有的学者认为，这种现象“致使不同的社会政治、经济、文化背景下的刑罚裁量活动呈现出不同的面貌，司法因人而生动；同时，这也致使古老的刑罚裁量机制至今未能在法律规范和法官经验的基础上发育出一套完整系统、超时空存在的、具有逻辑自洽性的司法规则体系”①。可见，因人而异的司法裁量必然成为和谐社会公平正义的一大威胁。

① 王利荣著：《量刑说理机制》，中国人民公安大学出版社2012年版，第15页。

二、量刑规范化改革中注意处理好几对关系

基于以上分析，量刑公正与否对和谐社会的建设影响颇大，量刑规范化改革有其实行的必要性和紧迫性。笔者认为，在具体论及量刑规范化改革的措施之前，我们应该重点处理好几对关系，从整体上明确改革的方向。

（一）处理好定罪情节与量刑情节的关系

定罪与量刑是刑事司法审判活动中最为重要的环节，在考虑犯罪的构成要件的因素时，定罪情节是需要进行评价的因素，有的学者认为，此时的定罪情节已经进入司法的领域得到一次评价。因此，在随后的量刑过程中，基于不得重复评价的原则性要求，不能再次把定罪情节考虑到量刑中去。但是，对此笔者并不能认同。何为禁止重复评价？“禁止重复评价是指对案件的同一事实涉及不同量刑情节的，不能对该事实进行刑罚上的重复评价，以免过度加重或减轻被告人的刑罚。”① 首先，不能截然划分定罪情节与量刑情节，人为割断两者之间的联系是与定罪量刑的原则相违背的，也背离了逻辑的基本起点，是不科学的。其次，定罪阶段和量刑阶段是不同的两个阶段，只要保证相关情节在两个阶段里的单一性，即只要保证一个情节不至于重复在定罪阶段或者重复于量刑阶段即可，由此可见，这样的保证是与禁止重复评价相一致的。最后，从现实意义上讲，如果截然区分定罪情节与量刑情节，对于那些所谓的情节极少的犯罪就很难保证全面地进行定罪和量刑工作。因此，和谐强调两者的有机统一，定罪情节和量刑情节不能截然分立。

（二）处理好自由裁量权与公正的关系

为了反对中世纪的罪刑擅断，刑事古典主义学派提出了绝对的罪刑法定主义，反对法官的自由裁量权。但是随着社会的进步和刑事法治的发展，法官的自由裁量权得到了承认，是罪刑相适应原则和刑罚个别化原则相互调和统一的结果。在目前的司法实践中，在“重定罪，轻量刑”观念影响下，许多法官对自由裁量权的重视度不高。要正确处理裁量权与公正的关系，在合理的限度内行使自由裁量权，即不操之过度，又不弃若敝屣，使得自由裁量的结果符合公正性的要求。

（三）处理好法律与舆论的关系

法律在社会中运行，不可避免地受到社会舆论的影响。但是在刑罚的裁量过程中，要处理好法律与舆论的关系，在定罪的过程中，严格依照法律的规定，不能受到任何法外因素的影响。在量刑的过程中，对于那些能够确定犯罪法定刑幅

① 丁寿兴编：《量刑探索与实践》，法律出版社2011年版，第9页。

度和应当型量刑的情节，要避免其受到舆论的影响。但是，在对于特殊人群的量刑过程中，例如对于未成年人犯罪，可以综合考虑各种可能影响量刑的情节，社会舆论的相关考量也可以包含在内。

三、和谐社会视野下的量刑实体规范化改革

在《人民法院量刑指导意见（试行）》中规定了量刑实体方面的主要内容，其中包括量刑的指导原则、基本方法、常见量刑情节的适用、常见犯罪的量刑和附则五个方面的内容。在宏观结构的建设上，这无疑是比较完善的。但是就具体内容而言，却处于量刑理论的初始探讨阶段。在和谐社会的视野下，量刑实体方面的改革可以以和谐理念为中心，围绕建设和谐社会，从量刑理念、量刑公正和量刑一致三个方面实现。

（一）量刑理念

近年来，量刑之所以得到越来越多的关注，主要原因是它的不确定性很大，在量刑过程中很容易受到其他因素的左右。因此，量刑中的首要理念就是公平正义的问题。公平正义一直是法律的主流价值之一，在量刑工作中也要坚持公平正义的理念，思想上的重视必将引起实践中的努力践行。为了实现公平正义的信仰，法官会倾向于积极寻求可行的量刑方法，积累自身的办案经验，加强相互之间的交流，不仅自身素质得到提高，而且还会为我国的量刑规范化改革提供丰富的素材。

另外，量刑主要解决的是被告人的刑事责任问题，虽然量刑也涉及对受害人的抚慰和对社会公众的教育和预防，但是相比之下，对被告人的影响要更大一些。在刑事诉讼中，被告人的权利极易受到公权力的侵袭，因此，坚持人本主义的理念是和谐社会对量刑工作的又一要求。在人本主义理念的指导之下，重视综合全案情节，不偏私不枉法，在合理限度内实行法官的自由裁量权，这必将产生积极的量刑效果和正面的引导作用。

（二）量刑公正

怎样实现量刑公正呢？从实体上讲，就是指在一个案件中，最终的刑罚裁量不畸轻畸重，公正公平。实现这一目标要着眼于量刑方法的适用。

笔者认为，现行的量刑方法可操作性不强，在司法实践中很难适用。而且，量刑是一种价值判断活动，无法精确地计量，因此许多学者提倡的“电脑量刑”“数字化量刑”等方法是不可取的，这种试图批量化定量性确定量刑的方法，是与量刑的自身特点不相符的。

关于量刑的方法，并不是法条规定得越详细，操作性越强，两者并不是成正比的。相反，法律制定不宜过细，否则会因其僵硬性得不到执行。笔者认为，关

于量刑方法，首先需要规范量刑的步骤，在此之后，可以采取概括性和列举性并行的立法方式，将量刑情节中的应当型情节加以汇总，其他的直接归于司法自由裁量的范畴即可。

（三）量刑一致

上文指出要将应当型情节之外的量刑情节归于司法自由裁量的范畴，因此，规范自由裁量权，保证量刑一致就显得至关重要。

影响量刑一致性实现的主要因素有审案法官的素质、情感、学识、社会舆论的影响、特定地域的经济文化等方面。这些因素都是很难避免的，因此，就出现了相似的两个案件在不同的地方得到完全不同的量刑结果的现象，即量刑不一致的现象。究其本质，主要是法官自由裁量权的问题。“只有制订出方便法官操作而不是束缚法官手脚，引导个案量刑而不是偏离个案平衡，适合基层审判实践而不是背离司法现状，凝聚经验智慧而不是排斥内心确信的方案，才是成功的方案。”①

笔者认为，要允许合理限度内法官自由裁量权的存在，但是不能过度强调自由裁量，要结合法律的规定，只有法律没有具体的规制时，才能启动法官自由裁量权。同时，法官有必要将自己的裁量结果置于公众的监督之下。对于重大疑难的案件，有必要的可以经过审判委员会的集体裁量，这样做的主要原因是运用集体的智慧和注意力保证裁量在合理的范围之内。

四、和谐社会视野下的量刑程序规范化改革

现代刑事法理论承认程序的独立价值，正当的程序有助于实体正义的实现。因此在量刑规范化改革中要坚持实体与程序并重。在和谐社会视野下，我们主要关注以下三个方面的改革。

（一）量刑程序的独立性

在我国的司法实践中，定罪与量刑程序是统一的，不存在分离的问题，由此导致了实践中“重定罪、轻量刑”的倾向。然而在英美法系国家采用的是陪审团制度，实现了定罪与量刑程序的分离。但是，我国实行的是四要件的犯罪构成，很难将定罪与量刑完全分离。笔者认为，在量刑规范化改革还处于起步阶段的时候，不宜采用激进的改革措施，而要循序渐进，将量刑程序相对独立出来，即“相对独立”的量刑程序。“之所以被称为相对独立的量刑程序，是因为量刑已经具有了专门和定罪隔离的调查、辩论空间，但又并非完全与定罪相脱离，不

---

① 丁寿兴编：《量刑探索与实践》，法律出版社2011年版，第15页。

是在解决完定罪后再开始量刑，而是仍然在同一庭审过程中存在。”[①] 从反面来讲，实现完全独立的量刑程序主要有以下几点不利影响：其一，量刑程序的完全独立在我国近期的司法实践中是没有可能的，这需要一系列与之配套的制度设计，从根本上引起刑事诉讼的变动。其二，量刑程序的完全独立需要大量的经费，还需要在程序中单独培养量刑法官。最后，与传统做法大相径庭的实践贸然实行，司法系统的人员和公众将很难接受。

（二）庭审中引入量刑辩论

量刑程序独立的必然结果之一就是在法庭辩论的过程中允许量刑辩论。之前的审判中当事人之间主要是围绕定罪情节展开辩论，提供相关证据。量刑辩论也应当发挥同样重要的作用，允许当事人提供能够影响最终量刑结果的相关证据。法官在辩论的过程中要充分发挥好引导者的角色，当出现与案件无关的辩论或者法律禁止的证据时，要及时制止。

在量刑辩论之后，审判人员根据具体情况最终决定适用的刑罚，在判决书中要进行量刑理由的说明，量刑理由既要以理服人又要能够经得起群众的检验。与学界的倡导不同的是，在司法实践中，大多数司法工作人员是反对量刑说理的，认为量刑理由越多可予以反驳的观点也就越多，因此量刑说理是一个反法治的命题。笔者认为，量刑说理在国外的实践成效卓越，并没有因量刑说理语言上的漏洞对司法权威产生不利影响，反而得到了公众的理解和赞同。“阳光是最好的防腐剂”，量刑说理亦然。重点是要使量刑说理得到规范，在这个方面，应当借助于司法解释，由法院系统内部进行规范，可以对量刑说理书的结构和内容提出要求，规定量刑说理的公开时间和异议时间等。

（三）关注未成年人量刑程序的特殊性

未成年人是刑法中的异类特殊群体，对未成年人罪犯要坚持“教育、感化、挽救”的方针，贯彻“教育为主，惩罚为辅”的政策，因此，未成年人量刑程序必须要单独考虑，有其很大的特殊性。

首先，在未成年人量刑程序中，要重视社会调查报告的运用。在量刑的过程中，相关机构和人员需要调查未成年人的家庭情况、性格特点、在学校的表现、社会经历等方面的内容，以此作为法庭量刑时的参考。另外，针对未成年人建立量刑情节档案，将本次量刑情节进行记录，便于以后的查询和量刑工作。最后，充分重视各方的参与，在量刑程序中，除了公检法三方之外，要求监护人、学校代表或者其他可能对量刑情节提供情况的人员参与，但在实行中要注意征求未成年人和其监护人的同意。

---

① 赵志梅著：《量刑程序规范化改革研究》，知识产权出版社 2011 年版，第 94 页。

之所以要关注未成年人案件中量刑的特殊性，是因为在实践中，一方面，未成年人犯罪一般都具有单一性的特点，主要体现在打架斗殴、盗窃等犯罪中，犯罪情节相对较轻，体现的人身危险性较低。另一方面，未成年人可塑性较大，未成年时期的犯罪情况将对未来的学习、生活和工作产生极大的影响。因此，除对极少数实施特别严重犯罪的未成年人外，对其他犯罪的未成年人，要坚持以教育为主，帮助其回归社会。

五、量刑规范化改革并不排斥量刑个别化

量刑统一化和量刑个别化是一对矛盾，既对立又统一，在和谐社会主义理念之下，量刑个别化是量刑规范化的题中应有之意。量刑个别化的存在可以使得量刑规范的工作充满活力，实现量刑均衡并且有助于实现实质公正。从根本上可以认为，量刑个别化的基础是和谐理念。“所谓量刑个别化，是指在定罪基础上，把相关法律规范与具体犯罪的各种事实相结合，并在一定刑事政策、量刑原则的指导下，依一定方法形成与反映犯罪的社会危害性和犯罪人的人身危险性等方面事实相适应的量刑结果的刑事裁量活动。”①

（一）从和谐社会的角度看量刑个别化存在的合理性

量刑个别化的讨论由来已久，其存在的合理性是毋庸置疑的，但是很少有人从和谐社会的角度对量刑个别化存在的合理性进行分析。和谐社会理念可以解释很多问题，在此也不例外。首先，和谐社会要求公平正义，正如前文笔者所提到的，正义不仅包括形式的正义也包括实质的正义，追求实质正义是现代刑法的理论追求。量刑规范化理应包括量刑统一化和量刑个别化两个方面，基于多方面的考虑得出的同案异判的结果并不是违背和谐理念的表现，而是追求实质正义的结果。“‘同案异判’与‘量刑不均’是根本不同的两个问题。对于前者，虽然非理性的‘同案异判’确属‘量刑不均’而应摒弃，但理性的‘同案异判’不仅不是‘量刑不均’，反而体现了量刑的实质公正。”② 其次，和谐社会要求遵循事物发展的规律。在量刑过程中，当出现相似的案件时，审判组织、当事人、相关情节等不可能完全一致，这是量刑规律的具体体现，因此，量刑个别化必然会存在。最后，和谐社会要求具体问题具体分析，在刑罚裁量活动中，要具体分析不同地区的经济发展情况，不同时期的刑事政策影响，各地区的风俗政策等因素，在综合考量的基础上进行量刑规范化活动的展开。

（二）如何在和谐理念的指导下实现量刑个别化

量刑个别化的实现有一个量的问题，处理得不好，就有可能转化为量刑失衡

① 石经海著：《量刑个别化的基本原理》，法律出版社2010年版，第50页。

② 石经海：《“量刑规范化”解读》，载《现代法学》2009年第3期。

的现象，因此需要对量刑个别化的活动进行判断。从一般经验上来讲，如果最终的裁量结果使得一般人认为有违量刑公正的理念，就不是量刑个别化的问题。但这种判断是经验性的和主观性的，在实践中很难把握。在和谐社会理念的指导下，需要把宏观的理念层面上的东西转化为具体可行的标准。对于量刑个别化问题来讲，如何实现量刑个别化需要借鉴量刑规范化的相关机制限制，从实体和程序两个方面进行。笔者认为，需要在量刑规范化的制度建设上分流出量刑个别化的内容，使其既遵循量刑规范化的相关制度，又不失自己的相关特色内容，但这并不是将量刑个别化对立于量刑规范化制度，例如，在裁量活动中没有必要单独考虑量刑个别化问题，只要进行量刑规范化判断即可，只有在极为特殊的情况下，当在前一阶段的判断下仍不能满足量刑公正的要求时，再进行量刑个别化的判断。

总而言之，在和谐社会的视野下研究量刑规范化改革，要坚持民主、法治、公平、正义、人本等基本的价值理念，要从思想上摒弃偏重量刑的观点，在实践中坚持实体与程序并重。在量刑规范化的发展过程中，坚持量刑统一化和量刑个别化的统一，实现实体正义的要求。量刑规范化改革不可能一蹴而就，要在理论和实践的结合过程中，不断总结经验，发现矛盾解决矛盾，实现变革，这是和谐社会对量刑规范化改革最基本的启示。

和谐社会与刑法改革问题探究

汪铁柱

党的十六届四中全会通过的《关于构建社会主义和谐社会若干重大问题的决定》，第一次鲜明地提出和阐述了“构建社会主义和谐社会”这个科学命题，并把它作为加强党的执政能力建设的五项任务之一提到全党面前。社会主义和谐社会这一科学命题的提出对于我国各项事业的发展有着举足轻重的作用，社会主义伟大事业都应该以实现和谐社会为目的，并且有赖于和谐社会的构建。在社会主义法制建设这一块，刑法的改革尤为重要的，我们知道刑法是一把双刃剑，“用之得当，个人与社会两受其益；用之不当，个人与社会两受其害。因此，对于刑法之可能的扩张和滥用，必须保持足够的警惕”①。刑法之中多余的或者过时的决定了刑法的改革必不可免。为了正确地引导刑法的改革，促进刑法与社会的和谐发展，必然有赖于和谐社会的价值指引。因此，在法制建设这一块，和谐社会应该为刑法的改革指明方向，而刑法的改革也应当以有助于构建社会主义和谐社会为发展方向。

一、和谐社会的概念与特征

2004 年 9 月 19 日，党的第十六届中央委员会第四次全体会议上正式提出了“构建社会主义和谐社会”的概念。随后，在我国，“和谐社会”便常作为这一概念的缩略语。2005 年以来，党提出将“和谐社会”作为执政的战略任务，“和谐”的理念要成为建设“中国特色的社会主义”过程中的价值取向。“民主法治、公平正义、诚信友爱、充满活力、安定有序、人与自然和谐相处”是和谐社会的主要内容。

作为和谐社会的主要内容及特征，民主法治，就是社会主义民主得到充分发扬，依法治国的基本方略得到切实落实，各方面积极因素得到广泛调动；公平正义，就是社会各方面的利益关系得到妥善协调，人民内部矛盾和其他社会矛盾得

作者简介：汪铁柱（1989—），男，重庆铜梁人，西南政法大学法学院刑法专业硕士研究生。

① 陈兴良著：《刑法的价值构造》，中国人民大学出版社 1998 年版，第 10 页。

到正确处理，社会公平和正义得到切实维护和实现；诚信友爱，就是全社会互帮互助、诚实守信，全体人民平等友爱、融洽相处；充满活力，就是能够使一切有利于社会进步的创造愿望得到尊重，创造活动得到支持，创造才能得到发挥，创造成果得到肯定；安定有序，就是社会组织机制健全，社会管理完善，社会秩序良好，人民群众安居乐业，社会保持安定团结；人与自然和谐相处，就是生产发展，生活富裕，生态良好。

以上这些基本特征是相互联系、相互作用的，构建社会主义和谐社会，必须坚持以邓小平理论和“三个代表”重要思想为指导，坚持社会主义的基本制度，坚持走中国特色社会主义道路；树立和落实科学发展观，促进社会主义物质文明、政治文明、精神文明建设与和谐社会建设全面发展；以人为本，在经济发展的基础上不断满足人民群众日益增长的物质文化需要，促进人的全面发展；尊重人民群众的创造精神，通过深化改革、创新体制，调动一切积极因素，激发全社会的创造活力；注重社会公平，正确反映和兼顾不同方面群众的利益，正确处理人民内部矛盾和其他社会矛盾，妥善协调各方面的利益关系；正确处理改革发展稳定的关系，使它们相互协调相互促进，确保社会政治稳定。社会主义和谐社会，不是无差别的社会，构建社会主义和谐社会既是目标又是过程，需要经过长期奋斗、不懈努力才能逐步实现。

综上所述，和谐社会包含了以人为本、保障人权、深化改革等一系列的内容。在社会主义法制建设这一块，刑法的改革必须要以有助于构建和谐社会为发展方向。

二、刑法改革已取得的进步

纵观我国刑法的发展也即刑法的改革之路，在“和谐社会”这一概念提出之前已经体现出很多和谐之处，在“和谐社会”提出之后更是每一步都有助于和谐社会的构建。以下简述我国刑法改革在构建和谐社会方面所取得的进步。

我国新刑法自从1997年修订以及一系列的修正案实施以来取得了重大的改革和多方面的进步。首先是确立了三大刑法基本原则，为人权保障打下基础，也有利于和谐社会的构建。以“法律明文规定为犯罪的，依照法律定罪处罚；法律没有明文规定为犯罪的，不得定罪处罚”为内涵的罪刑法定原则表明我国刑法由过去偏重对社会整体利益的保护向保护社会整体利益与保障个人权利并重的价值取向转变，体现了和谐社会的民主法治思想；刑法人人平等原则中，任何犯罪人都应当平等地承担刑事义务，也应当平等地享有权利，不允许任何人因为地位、财产等的不同而受到不同的刑事处罚，不允许任何人有超越法律的特权；罪刑相适应原则中罪刑相称、罚当其罪表明了适用刑法必须公正，同时被害人的权利也得到合理的保护，都体现了和谐社会中公平正义的思想。

其次，刑法改革加强了对特殊人群的保护，体现了和谐社会中的友爱精神。新刑法以及修正案中加强了对于未成年人的保护，例如规定对于未成年人在任何情形下都不得使用死刑，并且加强了对向未成年人犯罪的惩治，如教唆未成年人犯罪的应当从重处罚；也体现在对于妇女的特殊保护上，现行刑法规定“审判时怀孕的妇女不得适用死刑”，体现了对妇女的尊重，也保护胎儿；还有《刑法修正案（八）》中对于年老者的保护，对于已满 75 岁人，除手段特别残忍致人死亡的以外，不得适用死刑，体现了刑法的人道主义。

最后，刑法改革展示了刑罚更加人道化。刑法在改革发展中保留了并且更加重视较轻的刑罚种类“管制”[①]；刑法限制并且一步步减少死刑，特别是在《刑法修正案（八）》中，废除了 13 个经济性非暴力犯罪的死刑，更加和谐的刑法有利于和谐社会的构建。

综上所述，目前我国刑法改革的方向正在沿着一条正确的方向前进，保障人权，到处体现着和谐社会的思想。

三、刑法改革应继续朝着有利于和谐社会构建的方向发展

尽管我国现行刑法在社会主义法制建设的道路上甚至是在构建社会主义和谐社会的道路上取得了长足的进步，但是现行刑法仍有诸多不完善之处，刑法的改革之路必将持续下去。社会主义事业都应当以有助于构建和谐社会为发展方向，刑法的改革也不例外，为此刑法的改革应当做好以下几个方面的内容。

（一）重构刑法典的分则体系

目前我国刑法典分则的体系结构是按照罪名由重到轻的顺序排列，也即先是危害国家安全罪，其次是危害公共安全罪，再是破坏社会主义市场经济秩序罪以及侵害公民人身权利的犯罪。但是这样的方法是有一定的缺陷的，既不符合国际形势，也不符合我国和谐社会构建的要求。

随着社会的发展，国际法越来越体现重视公民权益，强调人权保障的重要性。二战过后，不少国家开始调整刑法典分则罪名体系的排列[②]，例如法国、俄罗斯等国的刑法分则体系均把侵犯公民人身权利方面的犯罪至于首要位置，这种做法也体现了国际法的一般规则。同时我国的和谐社会也是以人为本，社会主义法治理念也要求执法为民，这都体现了新世纪我国对于人权、人民权利的重视态度。

① 邓文莉：《人权保障是当代中国刑法的鲜明主题》，载《光明日报》2006 年第 12 期。

② 鲁蒙娜：《从人权保障角度试析我国刑法制度的完善》，载《黑河学刊》2011 年第 2 期。

因此，重构刑法典分则的体系应当把侵犯公民权利的犯罪一章提前，即在总纲之后就应该是侵害公民基本权利的犯罪。这样就可以使刑法典体系结构趋于合理并且科学，顺应国际潮流并且有利于和谐社会的构建。

（二）死刑的存废与限制

要谈刑法的改革，死刑的存废必将是一个绕不开的圈子。长久以来，不仅仅是在刑法改革之际死刑的存废才得以讨论，就算是在风轻云淡的平时，学界、司法界、实务界都会有关于死刑存废的激烈争论。虽然有过无数次的讨论，但是在社会主义和谐社会的构建中，刑法中死刑制度的完善仍然是有很大的必要的。下面结合我国的实际情况对死刑进行简要的探讨。

我国目前的关于死刑的现状是，刑法中有 55 个关于死刑的罪名，这在世界上也是排在前列的。但是这却是不符合时代的发展趋势的，首先是死刑的作用是有限的，死刑可以作为预防和控制犯罪的手段，但却不是唯一的手段，死刑罪名过多容易导致重刑主义；其次，就如贝卡里亚所说，死刑是无法挽回的，死刑一旦执行就不可能回头，一旦出现冤假错案，死去的人的正当权利就永远无法伸张；最后，在以保障人权为重要内容的世界发展趋势下，许多国家都已经在法律或者事实上废除了死刑。

我国在死刑改革的道路上不可谓没有取得应有进步，比如《刑法修正案(八)》就废除了 13 个罪名的死刑，但是这个进步是非常小的，因为这几个废除的死刑，都是一些司法实践中极少甚至几乎不用的死刑，因此并没有实质性的进步。而在一些应当做出改变的地方并没有废除死刑，而这正是我国死刑改革的前进方向。

总之，结合我国的实际情况，从立法上完全废除死刑是不现实的，但是，进一步减少死刑和严格控制死刑的适用是合理的。我们认为，应当首先废除经济犯罪的死刑设置，并且对某些非极为严重的非暴力犯罪也应当废除死刑的配置①。为了有利于和谐社会及和谐世界的构建，死刑的限制是我国刑法改革的科学发展方向。

（三）树立轻刑化的指导思想

长久以来，我国在法定刑的指导思想上都是偏向重刑化的。但是这对于我国刑法的改革是不利的，也不符合历史的发展趋势，刑法改革应当转向轻刑化。

“重刑化”观点认为，要抑制犯罪就必须增加死刑，提高重刑在刑法中的比例，只有这样才能与犯罪做斗争。身处当下，虽然已听不见重刑化的声音，但是在刑法之中仍然有重刑思想的体现。比如在刑法的修正过程之中，有对“强令他

---

① 林俊辉：《论我国刑法改革的价值取向》，载《福建警察学院学报》2012 年第 1 期。

人违章冒险作业，因而发生重大伤亡事故或者造成其他严重后果”的直接责任人员，其法定最高刑从原来的7年有期徒刑提高到15年；在《刑法修正案（八）》中也有体现，以前的数罪并罚最高不超过20年有期徒刑，而现在却可能达到25年。不能不说，重刑思想在我国仍然是广泛存在的。

但是，随着时间的推移，重刑并不能有效地减少犯罪的发生。而伴随着民主、人权、和谐的诞生与发展，“轻刑化”越来越展示其科学与合理性。首先，轻刑化是历史发展的必然趋势，中外刑法的发展史表明刑法的由重向轻是历史规律；其次，轻刑化符合和谐、人权的要求，和谐社会希望营造轻松画面，而不是人们对于重刑的恐惧，因而轻刑就符合这种要求；最后刑法的轻缓能体现刑法的科学性，刑法的科学性并不在于刑法的严苛而在于不可避免与及时有效。

总而言之，我国刑法改革应当注重改变重刑之结构，而体现刑法的轻缓性。这是新世纪为实现人权保障与构建和谐社会应当做出的努力。

（四）非犯罪化方向上的努力

所谓的非犯罪化，是指立法机关或者司法机关对于一些社会危害性不大的行为，原本由法律规定为犯罪的行为从法律之中剔除，使其正当化或者行政违法化。非犯罪化是随着时代的发展应运而生的，我国刑法的改革也应该朝着这个方面做出努力。

非犯罪化源自于18世纪的欧洲，主要是为了对抗当时刑法的严酷与擅断。非犯罪化在我国刑法改革的进程之中也有体现，比如以前的反革命罪名，随着时代的发展已然没有存在的必要因而将其去犯罪化，改名为危害国家安全罪。

但是我国的刑法在非犯罪化这方面做得还不够好，刑法之中还有诸多缺陷。比如刑法规定的聚众淫乱罪，这是没有被害人的犯罪，即使公安机关花费再多的人力物力也不可能消灭这类行为，因此如果交给行政机关处罚或者管理可能更为有效；又比如涉及亲属间的某些犯罪应当非犯罪化，例如亲属相盗的行为在许多国家都不作为犯罪处理，可以交给行政机关处理①。还有诸多其他领域的犯罪也可以非犯罪化，这是随着时间发展的必然结果。

非犯罪化体现了刑法的谦抑性，即刑法在必要及合理的最小限度内适用。在和谐社会中，为了充分满足人们的自由发展需要，刑法不应过多地干涉。因此，在将来我国的刑法改革之路上，应当注重非犯罪化方向上的努力。

（五）刑法分则具体罪名的完善

刑法的改革必然伴随着分则中具体罪名的变化与调整。刑法典作为成文法的一部分，始终避免不了法律滞后性的特点。社会生活总是千变万化的，有新的社

---

① 游伟：《非犯罪化思想的现实背景和理论基础》，载《犯罪研究》2002年第3期。

会矛盾激起，也有新的利益需要法律保护，而刑法没有做出这方面的规定。因此刑法分则的罪名与条文也应当与时俱进。

举一个简单的例子，目前我国刑法并没有关于婚内强奸的规定，而这在社会生活中却是经常发生的。对于这类的案件法院有判无罪的也有判有罪的，标准不一。在学界也产生了广泛的讨论，多数学者都赞同在“特殊期间”内的婚内强奸为犯罪，“特殊期间”即婚姻的不正常存续期间，比如长期分居或者起诉离婚期间。笔者也赞成这种观点，即对这种情况下的婚内强奸规定为犯罪，并且配置合适的法定刑。诸如此类的情况在其他地方也会存在，所以刑法的改革应当加强完善。

在和谐社会语境下，人们有更多的利益需要保护。因此，刑法的改革应当注意刑法分则中具体罪名的完善。

结　语

如前所述，社会是发展的，刑法的改革也是必然的。而在当前我国全面建设社会主义和谐社会的大前提之下，刑法的改革应当以有助于构建和谐社会为发展方向，只有这样刑法的改革才是科学与合理的。

第四编

和谐社会语境下的公共安全研究

和谐社会语境下的公共安全研究

——以危险驾驶行为入罪为视角

陈　伟

公共安全问题严重威胁着社会的稳定，对我们的和谐社会的构建造成了很大的威胁。要解决我们当前所面临的日趋严重的公共安全问题，完善相关法律法规制度具有重要的意义。我们的刑法作为维护社会秩序、惩罚犯罪、保障人权的国家基本法律之一，解决公共安全问题，尤其是社会治安形势日益严峻的问题，其肩负着很大的责任。社会治安形势问题与我国刑法中的危害公共安全罪一章有着密不可分的联系。

一、社会治安问题对构建和谐社会的威胁

（一）社会治安问题扰乱社会秩序，威胁着社会的稳定

随着我们经济、科技的日益发展，机动车的数量已达到了前所未有的高度，而我国每年因为交通事故死亡的人数以及财产方面的损失数额都是惊人的。在我国，每5分钟就有一人丧生车轮，每1分钟就有一人因为交通事故而伤残，相当于每天坠毁一架满载客人的波音777-200型飞机。① 而因为醉酒和飙车等危险驾驶行为造成的恶性交通事故也是连连发生，这些交通事故的发生使得我们的社会秩序在道路安全这一方面受到了巨大的威胁和冲击。人身、财产方面的损失还只是表面上的，更深一层的损失在于我们整个社会各个方面的矛盾的激化。第一，由于大量交通事故的出现，使得本来贫富差距不断扩大的我国，经济上的弱者对于经济上的相对强者的反面心理更加恶化，造成了更多反社会化现象的发生；第二，交通事故的偶然性以及其突发性给被害者家属的情感上以及生活上造成了不可估量的伤害，他们的情绪以及精神伤害如何去抚慰也成了一个很大的问题；第三，近年来对于交通事故的处理使得人民大众与国家政府之间的矛盾也日益增

作者简介：陈伟（1990—），女，江苏淮安人，西南政法大学法学院刑法专业硕士研究生。

① 戴华艳：《关于我国刑法增设危险驾驶罪的思考》，载《法制与社会》2012年第1期。

多，我们会看到越来越多的民众站在某个法院、某个检察院、某地方人民政府的大门外请命。这些问题没有一个不威胁着我们社会的稳定，和谐社会所要实现的人民安居乐业的场景照着这样的发展势头是遥遥无期的。社会治安问题在我们当前这个社会主义初级阶段依然很突出，构建和谐社会还需要我们重视和不断合理解决这些问题。

（二）社会治安问题严重侵害着人民的人身利益和财产利益，违背了和谐社会的“以人为本”的内涵

社会主义和谐社会是一个以人为本的社会。以人为本就是要推进人的全面发展，真正把人放在社会主体地位，实现好、维护好、发展好人民群众的利益，真正做到“权为民所用、情为民所系、利为民所谋”。刑法作为惩罚犯罪和保障人权的基本法律之一，当然要坚持以人为本，在惩罚犯罪分子保障普遍大众的合法权益的同时，亦要保障犯罪人的合法权益。

“危险驾驶”行为的频繁发生造成了越来越多的受害人及其家属的生命利益、健康利益和财产利益的损害。从成都孙伟铭案、佛山黎景全案、南京张明宝案这些恶性不同的危险驾驶的案例来看，他们所带来的社会危害性是不等的。这些案件的发生都会有人受伤、有人送命，而给车辆以及道路造成的损害亦是不计其数的。财产利益尚可计算，而人身利益是无法计算的，这些危害社会治安的危险驾驶行为严重腐蚀着受害人个人以及其家属的健康和精神利益。

“危险驾驶”行为的频发至其后来的解决也在某种程度上损害了危险驾驶行为人本人的利益。上述的那些案件中各地法院给出了不同定罪及量刑，行为人在面对拥有武装装置的强大的国家机器面前，其力量以及地位显得极其的微小。即使没有事先的约定，没有事先的统一规定，但是我们的司法工作人员依然可以通过各种方法为了弥补法律存在的漏洞而选择置行为人利益于次要的地位，在我们的《刑法修正案（八）》出台之前，他们这些人就成了“身先士卒者”。

（三）社会治安问题的不合理解决造成了舆论哗然，国家的民主法治进程受到了威胁

由于“危险驾驶”行为造成的交通事故越来越频繁，而我们的法律对于该种行为并没有明确的规定，导致我们的司法机关在对该种行为进行定罪处罚的时候没有统一的标准可以依据。例如胡斌飙车肇事被认定为交通肇事罪，且被判处三年有期徒刑，而同样是醉酒驾车肇事的孙伟铭，却被认定为以危险方法危害公共安全罪，二审最终判为无期徒刑。这种现象以及结局的出现严重威胁着我们的民主法治进程。

对“危险驾驶”行为的不同认定处罚使得罪刑法定、刑法面前人人平等的

原则受到冲击。罪刑法定的原则是“法无明文规定不为罪，法无明文规定不处罚”，① 其要求司法工作人员在给行为人定罪处刑的时候要做到罪之法定和刑之法定。而在处理同样是危险驾驶行为的醉酒和飙车的行为时，我们的法院却给出了不同的定罪量刑结果，而且两者之间刑罚相差甚远，这明显违背了我们的罪之法定和刑之法定。刑法面前人人平等原则的基本要求包括：定罪平等，即任何人犯罪都应定罪；量刑平等，即犯罪在同等情况下判处同等的刑罚；行刑平等，犯罪享有相同待遇；对无罪者保护平等；对受害者保护的平等。对危险驾驶不同的定罪处罚显然不符合刑法面前人人平等的基本要求，其结果出来的时候，即使是没有任何法律背景知识的普通民众都会对此有所怀疑。

“危险驾驶”行为没有统一标准造成的后果使得人们对于自己的行为失去可预期性，造成了国民的不安和恐慌，大大影响着我们的民主和法治。我们的刑法具有规范、保障和谕示三项基本的机能，其中规范的机能就是指给国民的行为设定一个警戒线，告诉人们什么该为，什么不该为；同时使人们认识到刑法的不可侵犯性。而对于危险驾驶行为的不同处理让我们的国民没有了一个行为规范和行为准则，人们不知道自己的行为造成的后果会是什么，这些均由之后的司法工作者去任意地解释适用法律，国家的可信度荡然无存，人们的安全感随之丧失，国家的民主和法治自然也就不存在了，这是多么令人心痛和恐惧的事情。

二、完善维护公共安全的法律法规对构建和谐社会的重要性

民主法治建设在构建社会主义和谐社会的进程中占据着重要地位，“依法治国”是我们必须坚持的治国理念，该理念贯穿着和谐社会建设的方方面面。在维护社会秩序、保持社会稳定这一方面，法律法规发挥着不可替代的作用，完善维护公共安全的法律法规对于构建和谐社会的重要性主要体现在以下几个方面。

(一) 反映广大民众的要求，顺应民意，体现和谐社会的以人为本

《刑法修正案（八）》新增了第133条之一：“在道路上驾驶机动车追逐竞驶，情节恶劣的，或者在道路上醉酒驾驶机动车的，处拘役，并处罚金。有前款行为，同时构成其他犯罪的，依照处罚较重的规定定罪处罚。”最高人民法院将本条罪名抽象为危险驾驶罪，“醉驾”“飙车”这两种违反交通安全管理法规的行为遂得以确立为犯罪，从行政处罚领域进入到刑法控制领域。②

将危险驾驶入罪是顺应民意的选择。危险驾驶行为的定罪量刑在此之前一直是舆论的焦点，社会各界对该问题给予了广泛的关注。究其缘由，自然是著名的

---

① 李永升主编：《刑法总论》，法律出版社2011年版，第28页。

② 曲新久：《危险驾驶罪的构成要件及其问题》，载《河北学刊》2012年第1期。

张明宝案给了我们立法者警醒，特别是之后学者们、司法实践工作者们以及网民们对于该案件的定性和量刑的不同意见和看法。从危险驾驶这一结果来看，代表着人民大众的意思的立法者们选择了将该种行为定性为区别于交通肇事罪和以危险方法危害公共安全罪的全新的罪名，这反映了我们人民需要的是国家给自己一部既具有稳定性又能够随着时代发展不断将新内容融入的法律。

将危险驾驶入罪体现了和谐社会“以人为本”的精神。危险驾驶行为在入罪之前已经频繁发生，给人们带来的伤害是各方面的。直接间接的被害人的生命健康利益以及财产、精神利益受到不同程度上的伤害，肇事者们在面对自己的错误付出代价的时候也因为没有一个统一的准则可依，他们的公平平等对待受到了大多数学者们的质疑。而在这过程中给整个社会的人民大众造成的疑惑和恐慌是难以预测和考量的。因此，将危险驾驶入罪有助于维护各方利益的同时，抚慰人们受伤的心灵，给社会增加更多的和谐因素，从而更好地体现以人为本的精神。

（二）严厉打击扰乱社会治安的违法犯罪行为，发挥和谐社会国家机器的规范和控制作用，给和谐社会建设提供和平稳定的社会环境

危险驾驶行为在入罪之后使得那些基于侥幸心理醉酒驾驶以及基于炫耀等心理飙车给社会带来危害的行为受到了应有的制裁和打击，刑法的评价和惩罚功能在此得到了发挥。在和谐社会的构建过程中，解决社会治安问题，发挥其规范和控制作用，是国家这一具有武装的机器的重要任务，而我们作为一个法治国家，文明地运用法律法规去规制违法犯罪行为是必需的。

危险驾驶行为的入罪是要给我们的和谐社会建设提供一个相对稳定、和谐的社会环境。从《刑法修正案（八）》正式施行以来，我们可以看见危险驾驶的入罪在道路安全方面是发挥着重要作用的，醉驾人数明显减少了。同时，因为危险驾驶行为被定罪量刑有了统一的标准之后，我们的学者和网民的舆论自然少了许多。此时，我们的和谐社会建设的和谐因素又在此层面上得到了增加，一个相对稳定的社会环境是有期可待的。

（三）给国民一个行为准则，给司法工作人员提供一个定罪量刑的统一标准，体现和谐社会的“依法治国”理念

危险驾驶行为入罪之后，国民有了一个统一的行为准则，体现了“依法治国”理念。刑法第133条的规定对危险驾驶罪的行为方式以及处理结果有了明确的规定，这样一来，我们的国民对于自己的行为有了可预期性，自己的行为有了统一的准则，不会在一头雾水的情况下被抓去蹲监狱，提高了国家政府的可信度，民众的惊慌和疑虑也由此得到了缓解和解决。

危险驾驶行为入罪之后，司法工作人员在对危险驾驶行为定罪量刑的时候有法可依，体现了罪刑法定的原则。前述的那些个案件有定交通肇事罪处3年有期

徒刑的，也有定以危险方法危害公共安全罪处以无期徒刑的，我们的司法工作人员在做出这些判决时都是基于各方面的考量的，也有可能这并不是他们的自由心证，但是基于没有统一的法律标准，对于外界的质疑法官们无法释怀。而入罪之后，法官们尽可依照刑法第133条定罪处罚，坚持罪刑法定原则。

三、完善维护公共安全的法律法规的更多措施

（一）吸取危险驾驶之前未及时入罪的教训，时刻关注社会发展动态，制定顺应民意的法律法规

张明楷教授认为，在当今社会，社会生活的复杂化和犯罪的高科技化，使得许多犯罪行为一旦得逞，便会造成不可估量的侵害结果，所以，不能等待造成侵害结果后再处罚，而必须对法益进行提前保护。[①] 当前，社会发展的速度，特别是我们中国这样的国家的发展速度是新中国成立以来前所未有的，在经济、科技等迅猛发展的同时，我们的政治和法律等这些社会制度方面的建设一定要跟上时代发展的步伐。生产力和生产关系、经济基础和上层建筑这两对矛盾体之间的矛盾需要我们不断地去调和去解决，这样我们的和谐社会的进程才能更进一步地去推进。具体来说：

我们必须吸取危险驾驶罪的教训，法律法规的制定与实行最好走在时代前列，不要等到出现问题以及问题严重时我们才用各种事后措施去补救，这样的后果就是危害已经造成，对于前面的受害者我们只能说抱歉，而已经丧失了的民众的心是很难再收回来的。

在出现问题时，不要盲目、僵硬地遵守罪刑法定原则，这样带来的结果可能是对刑法面前人人平等原则以及罪刑均衡原则的违背。在危险驾驶入罪之前对于那些个危险驾驶行为的定罪量刑，让我们的司法工作人员、学者和人民大众都对我们的法律制度产生了质疑，我们的罪刑法定是相对意义上的罪刑法定，[②] 并不是以前的绝对的罪刑法定。

（二）在必要时，最好制定一部能够统领和维护公共安全的单行法的统一紧急状态法[③]

如今，我们的法律体系中已有一整套维护公共安全的法律法规，如社会安全方面的《国防法》《集会游行示威法》《戒严法》和《消防法》；自然灾害方面的《防震减灾法》《防洪法》；事故灾难方面的《海商法》《民用航空法》《安全

---

① 张明楷：《危险驾驶罪的刑事责任》，载《吉林大学社会科学学报》2009年第6期。

② 李永升主编：《刑法总论》，法律出版社2011年版，第33页。

③ 刘助仁：《保障公共安全是构建和谐社会的一项战略任务》，载《国际技术经济研究》2006年第1期。

生产法》《核电厂事故应急管理条例》；公共卫生方面的《传染病防治法》《突发公共卫生事件应急条例》等法律法规。但是，我们面对例如危险驾驶这些事前无具体法律对其明确规制的问题的时候，为了防止权力滥用、防止社会各界随意地干预司法，我们有必要制定一部具有广泛实用价值的紧急状态法，在此法律中，我们要对政府的紧急管理和介入权进行规制，对于没有明确依据的事件如何处理给以明确的方式方法等。

和谐社会的构建需要各界人士的共同努力，我们作为法律人要时刻心系影响和谐社会社会环境的公共安全问题，吸取未及时将危险驾驶入罪的教训，借鉴将其入罪的经验，不论是在司法一线工作的司法实践者们，还是在背后默默给以智力支持的学者们，都要为和谐社会的建设增加更多的和谐因素。

和谐社会语境下的公共安全研究

——以我国安全事故类个罪立法为视角

杜小凤

在我国，每年全国总有多起重大安全事故发生，2013 年 1 月至 6 月期间就已发生多起，如 3·29 吉林八宝煤矿瓦斯爆炸事故、6·3 吉林德惠火灾致 119 人遇难等。众多重大安全事故中，尤以矿难发生率最高，为此，最高人民法院、最高人民检察院于 2007 年还施行了《关于办理危害矿山生产安全刑事案件具体应用法律若干问题的解释》（以下简称为《解释》），但至今仍收效甚微。因此，笔者在分析我国安全事故类个罪立法现状的基础上，借鉴日本的监督过失理论以完善我国安全事故中过失责任的立法体系。

一、我国现行安全事故类个罪立法与司法介绍

我国现行刑法对安全事故类犯罪主要规定于危害公共安全罪与渎职罪两章中，而渎职罪的适用主体为身份犯，主要为具有国家工作人员身份的犯罪人员。而危害公共安全罪一章中较为频繁涉及的罪名主要有：重大责任事故罪、重大劳动安全事故罪、工程重大安全事故罪、教育设施重大安全事故罪及消防责任事故罪等，其中许多罪名在 2006 年《刑法修正案（六）》中增加。

我国安全责任事故类犯罪的主观心态为过失；而在法定刑方面，安全责任事故类犯罪与渎职罪中的玩忽职守罪衔接，两类罪名法定刑幅度一致，如有一般情节处 3 年以下有期徒刑，而情节特别恶劣处 3 年以上 7 年以下有期徒刑，这为两类罪名在司法实践的衔接提供了立法根据。而安全责任事故类犯罪的犯罪主体，除了重大责任事故罪没有限制其范围外，其他上述各个罪名都指出了犯罪主体的范围，即直接负责的主管人员和其他直接责任人员或者只规定直接责任人员。这使得在司法实务中，安全事故类犯罪的，经常是具有国家工作人员身份的犯罪主体依玩忽职守罪等渎职类罪名定罪，而非国家工作人员直接责任人依具体的安全事故类个罪定罪。但直接责任人员如何界定有赖于司法解释与实务操作。

作者简介：杜小凤（1989—），广东湛江人，西南政法大学法学院刑法专业硕士研究生。

如黑龙江省龙煤矿业集团股份有限公司鹤岗分公司新兴煤矿“11.21”特别重大煤（岩）与瓦斯突出爆炸事故一案，国务院安委会办公室于2010年12月14日发布了处理通报，包括新兴煤矿二开拓区副区长等人，以及新兴煤矿与鹤岗分公司的主要负责人（包括副矿长、矿长、副经理、总经理等人）以涉嫌重大责任事故罪被逮捕，而黑龙江煤矿安全监察局鹤滨监察分局的局长、副局长、主任科员、监控中心值机员四名人员以涉嫌玩忽职守罪被提起公诉或逮捕。根据通报，直接原因为爆破作业诱发煤（岩）与瓦斯突出和卸载巷电机车架线并线夹接头产生电火花引起瓦斯爆炸，而间接原因是新兴煤矿及其上级单位鹤岗分公司、龙煤股份公司拒不执行政府有关部门多次下达的停产指令等。由此可见，后述的主要负责人主要为导致事故的间接原因承担责任。

二、构建和谐社会对完善安全事故刑事责任的要求

2004年9月党的十六届四中全会中，和谐社会作为衡量党执政能力的一个指标首次被提出。胡锦涛总书记在中央党校举办的和谐社会相关专题研讨班上，全面阐述了构建社会主义和谐社会的内涵，并将民主政治、公平正义、诚信友爱、充满活力、安定有序、人与自然和谐相处归结为和谐社会的六大特征。可见，人与自然和谐相处在构建和谐社会的建设中处于根基地位。

虽然现代社会科技经济快速发展，但我国许多地区的发展模式却是以消耗大量的自然资源与存在大量的生产隐患为代价。近年来，环境问题与生产安全问题日益成为社会公众关注的焦点。国务院总理李克强于2013年6月5日主持召开的国务院常务会议上，研究部署了进一步加强安全生产工作。会议强调，安全生产是经济持续健康发展的基本前提，是促进经济转型升级的重要抓手。过去我国经济主要追求发展的速度，但在提出可持续发展的科学发展观后，更强调经济“以人为本”的发展模式，要求经济发展兼顾人与自然的和谐发展，既重视经济发展的速度，也注重经济发展过程中的个人生命安全与自然资源环境的保护。这是执政理念的一大进步。

而和谐社会的核心理念，如以人为本、可持续发展、和谐发展的科学理念，并不是孤立的、单一性质的概念，并不局限于政治领域，而是贯穿社会发展各方面的，包括法治建设。法治的发展，为以人为本的可持续经济发展模式提供了责任约束，使重视安全生产不停留在表面。因此，2007年两高颁布的《关于办理危害矿山生产安全刑事案件具体应用法律若干问题的解释》（以下简称《解释》）扩大了安全事故责任主体的范围，一定程度上合理地加强了处于高位的管理者与监督者的法律责任，也反映了以人为本的发展理念。

三、监督过失理论介绍

(一) 监督过失理论渊源

监督过失理论衍生于过失理论，因此，谈及监督过失理论前，值得一提的是德日刑法中过失理论的发展。一般而言，过失是对注意义务的违反，即对结果预见义务与结果回避义务的违反，而过去旧过失理论以结果预见义务为核心，其主要内容为预见可能性，即行为人应当预见到结果发生的可能性而没有预见到；新过失论则以结果回避义务为核心，即在可能使结果不发生的情况下而没有避免，并在司法实务中把结果的预见可能性和结果的回避可能性均视为过失重要的判断标准。而于20世纪中叶的日本开始讨论的监督过失理论，是以社会工业迅速发展、公共安全事故频发为背景，并因“森永奶粉中毒案件”同时孕育了新新过失论，该理论亦称为“危惧感说”。新新过失论不考虑结果预见可能性，过失的回避义务源于对现状或环境存有的危惧感。新新过失论存在不合理扩大了过失处罚范围之嫌，偏向于主观主义的立场，其无视结果预见可能性，因此，日本学者山口厚认为该理论“属于立足于行为无价值一元论的过失犯论”，“不要求结果预见可能性这一点违反了责任主义”。① 而现今无论实务界抑或理论界也少有采纳新新过失论界定监督过失。

对于监督过失界定，日本学者也有不同观点。日本学者山中敬一提出，监督过失是指“具有防止他人实行危险行为的监督地位的人，就其监督义务所存在的监督责任”；而管理过失是指“对于危险的设备、物、动物等的管理上所存在的过失责任”。②

此外，西田典之教授认为，监督过失是指在现场作业的人员因失误而引发事故之时，本应为不出现这种错误而加以指导、训练、监督，并且，如果履行此监督义务本可以避免结果发生或损失结果的扩大；而管理过失是指在具有失误的预见可能性的场合，违反了为了将此事故的发生防止于未然的义务，或即使发生了结果，却没有履行为了防止受害程度的扩大而准备物资设备与确定人员这种安全体制的义务。

作为行为无价值论的支持者大塚仁教授，把过失归到构成要件符合性，并在业务过失的过失竞合中分析监督过失与管理过失，并且提出限制信赖原则在这一领域的适用，但大塚仁教授并未就监督过失与管理过失的责任要素提出更多的见解。

---

① ［日］山口厚著：《刑法总论》，付立庆译，中国人民大学出版社2011年版，第95页。

② ［日］山中敬一著：《刑法总论Ⅰ》，成文堂2004年版，第369页。

而山口厚教授在坚持新过失论基础上区分监督过失与管理过失两类过失责任。他认为监督过失是"间接防止型"，关键在于监督者因对直接行为人的过失行为违反结果预见义务与结果违反义务而应承担间接的责任。但问题在于如何确定监督者对直接行为人的过失行为具有预见可能性，对此，山口厚教授提出征兆说，即必须存在能够预见到直接行为人有实施过失行为的征兆，否则，通过信赖原则①排除预见可能性。而对于管理过失，山口厚教授认为其是"直接介入型"，管理者因对管理之物、人及场所由于防灾体制整体上的懈怠导致结果发生而应承担直接的责任，而问题在于如何确定管理者具有这种结果的预见可能性。山口厚教授认为管理者对于结果发生的具体条件应当具有预见可能性，并且肯定了这种预见可能性通常比较低。

监督过失理论的发展反映了立法在经济发展过程中的价值倾斜。随着经济的发展，人们认识到工业生产本身即对社会环境与个人存在一定的危险，而为了经济与社会的发展，便需要容忍即使存在一定程度危险但仍是社会核心发展力量的工业生产的存在，这便是"被允许的危险"的原理。而监督过失主要调整的是监督者与被监督者的上下位关系，要求监督者对被监督者的直接引起结果的行为负责，则需要审慎考虑监督者在此情况下承担责任的条件以防违背法律公平正义的要义，因此这便需要信赖原则作为监督者的责任抗辩事由，从而实现责任主体的平等对抗。

（二）我国监督过失理论发展

我国理论界21世纪后才开始更多地关注监督过失，但对监督过失的讨论并没有真正展开，这与我国改革开放后工业发展水平相关。我国大部分的刑法教材对于监督过失与管理过失只是简单介绍其概念，并且概念都是引用日本学者的定义，并没有就此有更多的展开，而大部分的学术论文主要还是介绍日本过失论的发展。近年来开始有学者讨论监督过失与管理过失的责任要件，并开始讨论信赖原则与被允许的危险在监督过失领域的应用问题。

而我国理论通说，对监督过失的分类可总结为两类，一类为把监督过失分为狭义的监督过失与管理过失，另一类为在业务过失中提出监督过失与管理过失概念，两者均是对日本过失理论中的监督过失与管理过失赋予一个上位概念。其中，对于管理过失的概念，我国学者并没有争议，但对于监督过失的理解则众说纷纭。

首先，监督过失的理论根据各有不同，有学者认为应当以新过失论理解，而有学者提出应从新新过失论角度理解，但如上一部分所述，新新过失论因其只是

① 信赖原则即监督者存在着足以信赖被监督者不会做出不适合行为的场合。

个案中的特别运用，且理论本身所立足的危惧感原理与客观主义立场的责任原理不符，因此并不拥有较多拥护者。

其次，对于监督过失的中间介入行为，许多学者提出排除被监督者的故意行为，认为监督者对被监督者有意而为的行为无法也不必预见。但也有学者认为不应作限定，从而提出“狭义监督过失，是指对危害结果发生而言，监督者没有或没有完全履行监督义务，使处于监督者监督支配之下的被监督者的行为直接引起结果的发生的应负刑事责任的情形”。[①] 笔者认为，既然工业生产本身即具有一定程度的危险，则不应对监督者实行过分严格的责任，且客观而言，个人难以对他人有意而为的行为进行事前防范，成功预防他人故意的违法行为的盖然性很低，因此笔者认为监督过失应当是一种过失竞合，监督者对被监督者的过失行为负有注意义务。

四、安全事故类个罪与监督过失理论的结合

（一）监督过失理论在我国现行立法的体现

我国传统刑法立法并没有采纳监督过失理论，自 2007 年两高施行《解释》时起融入了监督过失理论。依照《解释》第 1 条的规定，重大责任事故罪的犯罪主体包括“对矿山生产、作业负有组织、指挥或者管理职责的负责人、管理人员、实际控制人、投资人等人员，以及直接从事矿山生产、作业的人员”；依照《解释》第 3 条规定，重大劳动安全事故罪的“直接负责的主管人员和其他直接责任人员”是指“对矿山安全生产措施或者安全生产条件不符合国家规定负有直接责任的矿山生产经营单位负责人、管理人员、实际控制人、投资人，以及对安全生产设施或者安全生产条件负有管理、维护职责的电工、瓦斯检查工等人员”。此外，依照 2011 年 12 月 30 日最高人民法院《关于进一步加强危害生产安全刑事案件审判工作的意见》第 12 点表明，非矿山生产安全事故中，“直接负责的主管人员和其他直接责任人员”参照《矿山生产安全解释》的相关规定。

《解释》较之过去立法，明确把监督者也囊括为责任主体，的确反映了监督过失的概念，并有利于加大安全事故中的责任。然而，狭义的监督过失是监督者对直接行为人的过失行为承担间接的过失责任，监督者对危害后果本身并没有直接责任，而刑法条文却规定了责任主体为直接责任人员，因此《解释》实质上扩大了立法的责任主体。直接负责的主管人员和其他直接责任人员不能与监督过失责任主体等同。

此外，根据现行法律条文的规定，犯罪主体承担刑事责任是因为其行为违反

---

① 韩玉胜、沈玉忠：《监督过失略论》，载《法学论坛》2007 年第 1 期。

生产安全相关法律规定而造成严重的危害后果，但狭义的监督过失中，监督者并不必定违反生产安全规定，这使得我国司法实务中，直接导致安全事故发生的人员承担直接的危害公共安全刑事责任，而管理者多数在存在管理过失的情况下承担刑事责任，且对监督者、管理者与被监督者的刑罚责任没有加以区分。

（二）应当在安全事故类犯罪中适用并完善监督过失理论体系

监督者承担责任的原理在于，监督者选任被监督者从事具有一定危险的作业时，对被监督者的执业能力具有认真筛选的附随义务，若其认真履行了该义务，则其有足够理由相信被监督者能顺利完成工作从而避免事故发生，若其对被监督者的过失行为客观判断具有预见可能性与结果回避可能性，而没有履行其预见义务与结果回避义务，则其应当为过失行为负责。

我国现行的法律采纳了监督过失的责任主体，但在对监督过失缺乏较为完整理论讨论的现实环境下，立法给予了监督者高度的责任，却没有给予监督者应有的抗辩。尽管信赖原则有可能为监督者与管理者规避责任创造了便利，但信赖原则也从侧面鼓励监督者与管理者更好地履行其义务。因此，我国现行法律体系吸收了监督过失责任主体理论后，应当更谨慎地判断监督者和管理者承担责任的条件，并合理地借鉴被允许的危险与信赖原则，从而合理分配监督者与被监督者的刑罚责任。

和谐社会语境下的公共安全研究

——以刑法追求的社会公正为视角

史丰丽

2007年1月4日，湖南省祁阳县八宝镇乐佳幼儿园一辆校车在护送学生回家时，坠入大江水库引水渠，当场造成7人死亡、1人失踪。2009年6月4日，重庆万州区分水镇新石小学门口，接送学生的面包车锈迹斑斑，一车竟塞了13名学生。当日，万州、璧山均出现校车翻覆事故，导致2名学生死亡，20多名学生受伤。2011年11月16日，甘肃省庆阳市正宁县榆林子镇一大翻斗运煤货车与当地幼儿园接送车迎面相撞，造成20人遇难，其中18名幼儿。2011年12月12日，江苏省徐州市丰县首羡镇中心小学一辆载有29名学生的校车，因躲避一辆三轮车，发生侧翻滑入路边泥潭，事故造成15名学生死亡。2012年4月9日，广东省阳春市一辆校车与一辆货车相撞，校车一共载有17名学生，车祸导致3名学生死亡，14名学生不同程度受伤。12月24日上午9时左右，江西贵溪滨江乡洪塘村合盘石童家村小组发生一起幼儿园班车侧翻坠入水塘事故，该7座面包车上载有17人，致11名儿童死亡。记者现场采访了解到，校车司机就是幼儿园园长。以上案件的责任人都是以危险方法危害公共安全罪刑事拘留。而之前因为醉酒驾车造成的危害结果频发，《最高人民法院关于醉酒驾车犯罪法律适用问题的意见》指出，行为人明知酒后驾车违法、醉酒驾车会危害公共安全，却无视法律醉酒驾车，特别是在肇事后继续驾车冲撞，造成重大伤亡，说明行为人主观上对持续发生的危害结果持放任态度，具有危害公共安全的故意。对此类醉酒驾车造成重大伤亡的，应依法以以危险方法危害公共安全罪定罪。根据刑法第115条第1款的规定，醉酒驾车，放任危害结果发生，造成重大伤亡事故，构成以危险方法危害公共安全罪的，应处以10年以上有期徒刑、无期徒刑或者死刑。

以上无论是校车事件，还是酒后驾车导致重大伤亡事故，我们单纯从法律角度出发认为应该定交通肇事罪，但是在司法实践中并没有适用与刑法完全贴合的交通肇事罪，而是适用以危险方法危害公共安全罪。为什么在司法实践中如此适

作者简介：史丰丽（1990—），女，河南洛阳人，西南政法大学法学院刑法专业硕士研究生。

用，是否违反了罪刑法定原则？关于这个问题我们先来了解一下我国目前和谐社会建设中的法治建设的具体规定，以便于我们更好地理解司法实践中应对校车事件、酒后驾车导致重大伤亡事件的理论依据。

一、社会主义和谐社会的基本内容

构建社会主义和谐社会，把提高构建社会主义和谐社会的能力作为加强党的执政能力建设的重要内容，是党的十六大和十六届三中、四中全会提出的重大任务。党的十六大报告把社会更加和谐作为我们党要为之奋斗的一个重要目标明确提出来，这在我们党历次代表大会的报告中是第一次。党的十六届四中全会，进一步提出了构建社会主义和谐社会的任务，把和谐社会建设摆在重要位置，并明确了构建社会主义和谐社会的主要内容。2005 年 2 月 19 日，胡锦涛总书记又以“提高构建社会主义和谐社会能力”为题在省部级主要领导干部专题研讨班上作了专门讲话，最近的“十一五”规划又将“推进社会主义和谐社会建设”作为一个大的专题提出，2006 年 10 月初召开的十六届六中全会又将“构建社会主义和谐社会”作为会议的主题，可见这个问题很重要。社会主义和谐社会实际上是指以人为主体的社会和谐发展状态，它包括人与自然之间、人与人之间、社会结构之间的和谐三个方面的基本内涵。从马克思主义的观念来看社会的和谐包含稳定、协调，它是社会稳定和协调的理想状态，既体现公平又促进效率。它是公平和效率的统一，既包含社会发展的动力机制又包含社会发展的平衡机制。它是社会动力机制和平衡机制的统一，既是一种价值目标又是一种不断推进的现实的社会历史过程，它是价值目标和社会历史过程的统一。胡锦涛总书记曾经指出：“根据马克思主义基本原理和我国社会主义建设的实践经验，根据新世纪新阶段我国经济社会发展的新要求和我国社会出现的新趋势新特点，我们所要建设的社会主义和谐社会应该是民主法治、公平正义、诚信友爱、充满活力、安定有序、人与自然和谐相处的社会。”根据胡锦涛总书记讲话精神，对和谐社会的基本内容可以作如下解读：

（一）和谐社会是民主法治的社会

民主法治首先要保证人民当家做主。这就意味着要尊重人民群众的独立人格和民主权利，在民主得到充分发扬的基础上使社会各方面积极因素得到广泛调动。同时这种民主要与法治相结合。

（二）和谐社会是公平正义的社会

社会公平和正义是人类追求美好社会的永恒主题。在我国社会剧烈的变化过程中，原有的社会经济格局正在发生变化和分化，加上“黄金发展期”“矛盾凸显期”高度重合使我国的利益关系和社会矛盾呈现出多元交织、错综复杂的局面。

（三）和谐社会是诚信友爱的社会

诚信是中国最基本的道德规范之一。现代信用制度是社会主义市场经济体制大厦的重要支柱。强调诚信友爱就是全社会诚实守信。全体人民平等友爱、融洽相处，做到这一点，就须以道德作支撑，以法律作保障，以和谐的产权关系作制度基础。

（四）和谐社会是充满活力的社会

首先，发展先进生产力。这是社会最活跃最革命的因素。其次，推进市场化改革，为社会充满活力提供制度支撑。当前我国社会活力的释放还不够充分，应特别强调“四个尊重”，即尊重劳动、尊重知识、尊重人才、尊重创造，大力营造鼓励人们干事业、支持人们干成事业的社会氛围，使社会活力竞相迸发。

（五）和谐社会是安定有序的社会

安定有序，就是社会组织机制健全，社会管理完善，社会秩序良好，人民群众安居乐业，社会保持安定团结。

（六）和谐社会是人与自然和谐相处的社会

人与自然和谐相处，就是生产发展，生活富裕，生态良好。在我国目前情况下，就是要全面建成环境友好型社会。

二、司法实践中具体罪名适用的依据

上文我们仅仅依据和谐法治理论来解决司法实践中罪名具体适用问题是不全面的，接下来我们就需要了解一下交通肇事罪与以危险方法危害公共安全罪之间的差异，以及司法工作人员如何结合和谐社会理论知识来解释这种具体罪名的适用是否合法有效，符合民意需要。交通肇事罪，是指违反道路交通管理法规，发生重大交通事故，致人重伤、死亡或者使公私财产遭受重大损失，依法被追究刑事责任的犯罪行为。所谓发生重大事故是指违反交通运输管理法规，因而发生重大事故，致人重伤、死亡或者使公私财产遭受重大损失的，处3年以下有期徒刑或者拘役。此处所谓“发生重大事故”，根据2000年11月10日最高人民法院《关于审理交通肇事刑事案件具体应用法律若干问题的解释》（以下简称《解释》）第2条第1款规定，是指具有以下情形之一的：（1）死亡1人或者重伤3人以上，负事故全部或者主要责任的；（2）死亡3人以上，负事故同等责任的；（3）造成公共财产或者他人财产直接损失，负事故全部或者主要责任，无能力赔偿数额在30万元以上的。根据《解释》第2条第2款规定：交通肇事致1人以上重伤，负事故全部或者主要责任，并具有下列情形之一的，以交通肇事罪定罪处罚：（1）酒后、吸食毒品后驾驶机动车辆的；（2）无驾驶资格驾驶机动车辆的；（3）明知是安全装置不全或者安全机件失灵的机动车辆而驾驶的；（4）明知是无牌证或者已报废的机动车辆而驾驶的。以危险方法危害公共安全罪是指故意以放火、决水、爆炸以及投放危险物质以外的并与之相当的危险方法，足以危害公共安全的行为。该罪的其他危险方法包括两层含义：第一，其他危险方法是指放火、决水、爆炸以及投放危险物质以外的危险方法；第二，其他危险方法是指与放火、决水、爆炸以及投放危险物质的危险性相当且足以危害公共安全的方法。

（一）交通肇事罪与以危险方法危害公共安全罪一样属于危害公共安全的犯罪

也就是说为了社会安定有序，当交通肇事罪无法满足安定有序的需要时，我们可以使用同属于危害公共安全的犯罪即以危险方法危害公共安全来更好地满足民意和保障社会安定有序。

（二）以危险方法危害公共安全罪中“公共”的理解

作为危害公共安全罪的保护法益的公共安全中的“公共”，是指不特定或者多数人。因为危害公共安全罪，是以危害公众的生命、健康等为内容的犯罪，故应注重行为对“公众”利益的侵犯；刑法规定危害公共安全罪的目的，是将生命、身体等个人法益抽象为社会利益作为保护对象的，故应当重视其社会性。“公众”与“社会性”要求重视量的“多数”。换言之，“多数”是“公共”概念的核心。“少数”的情形应当排除在外。但是，如果是“不特定的”，则意味着随时有向“多数”发展的现实可能性，会使社会多数成员遭受危险和侵害。因此，不特定或者多数人的生命、健康等安全，就是“公共”安全①。从这个概念来看，无论是校车事故还是醉酒驾驶造成重大事故都是危害了不特定多数人的利益，我们无法预测校车事故和醉酒驾驶到底危害性有多大范围，但我们依据刑罚的预防功能必须尽可能地减小危害多数人利益的行为。

（三）从罪名评价与威慑功能来考察

司法机关一方面为了民意需要而判处更重刑罚来有效地遏制此类事件的再次发生，另一方面将被告人的行为认定为以危险方法危害公共安全罪的司法机关（包括部分民众）认为，（过失）以危险方法危害公共安全罪重于其他法定刑相同的犯罪。这便是所谓的罪名评价功能与罪名威慑功能的观点。认为罪名具有评价功能与威慑功能的观点由来已久，例如，早在20世纪80年代就有学者指出：“罪名不仅揭示着犯罪的内容，而且还代表了一种评价，即国家对某种行为给予的政治上和法律上的否定评价。”“罪名也具有一定的威慑力。首先，罪名是国

① 张明楷：《刑法学》，法律出版社2011年版，第601-602页。

家根据法律对一行为作出的否定评价，具有极大的权威性和严肃性，因此不可能不对被定以罪名的人在心理上产生威慑的效应；其次，罪名和丑行是画等号的，一旦被定以罪名，也就意味着干了不光彩的事，就有可能影响人的一生一世，为此人们一般是不愿意被戴上罪名的帽子的，这也是罪名具有威慑力的一个根据；再则，罪名总是和惩罚联系在一起的，罪名是惩罚的前提和理由，惩罚是罪名的必然后果，因此两者是密不可分的，不能将两者割裂开，只认为惩罚才具有威慑力，而否认罪名也具有威慑力。”①

（四）交通肇事罪的刑罚和以危险方法危害公共安全罪的刑罚比较

以危险方法危害公共安全尚未造成严重后果的，处3年以上10年以下有期徒刑。造成严重后果的，处10年以上有期徒刑、无期徒刑或者死刑。过失犯前款罪的，处3年以上7年以下有期徒刑；情节较轻的，处3年以下有期徒刑或者拘役。交通肇事罪是一种过失危害公共安全的犯罪，处3年以下有期徒刑或者拘役。交通运输肇事后逃逸或者有其他特别恶劣情节的，处3年以上7年以下有期徒刑。因逃逸致人死亡的，处7年以上有期徒刑（判到15年的占少数）。由此可见，在刑罚上以危险方法危害公共安全罪能够更好地制裁犯罪，威慑他人。无论是在刑罚的轻重上考虑还是说罪名的惩罚性，归根结底都是为了更好地维护社会安定有序，更好地建设法治社会，从而符合中国社会主义和谐社会的建设。

（五）以危险方法危害公共安全罪定罪处罚符合和谐社会各个内容的要求

根据我们前面所讲的和谐社会的主要内容是民主法治、公平正义、诚信友爱、充满活力、安定有序、人与自然和谐相处。首要的就是民主法治建设，如何做到民主法治，就是社会主义民主得到充分发扬，依法治国基本方略得到切实落实，各方面积极因素得到广泛调动。对于酒后驾驶、校车事件的频繁发生以及后果的严重性，广大人民群众要求对这类案件从重从严处理，要求法律尽最大可能遏制此类事件的再次发生，可以说用以危险方法危害公共安全罪来处罚此类事件正是在民众民主情况下的选择。社会公平体现的是人们之间一种平等的社会关系，包括生存公平、产权公平和发展公平。追求社会的公平与公正一直是社会主义的一个基本目标和核心价值，每个人都享有公平的生命权，在生命权被损害的情况下需要法律给予一个合理的符合大众设想的法律后果，因此适用以危险方法危害公共安全定罪是以维护社会公平为目的的。善于体察民情、民事，关注民生、民意，坚持权为民所用，情为民所系，利为民所谋，努力做深入、扎实、耐心的工作，就能够把人民内部矛盾认识好、解决好，就能够维护好改革、发展和

① 王勇：《论罪名》，载《中国法学》1988年第3期；陈兴良：《刑法各论的一般原理》，内蒙古大学出版社1992年版，第104-105页；刘艳红：《罪名研究》，中国方正出版社2000年版，第27-29页。

稳定的大局，就能够使社会安定有序。随着我国人口增多、机动车急剧增加和司机的成分复杂化，醉酒驾车的社会危害性与日俱增，民众对于醉酒驾车反映强烈，在刑法相应条款未作修改的情况下，司法实践及时改变法律适用方向，由原来经常适用的“交通肇事罪”转向“以危险方法危害公共安全罪”，就是及时顺应了民意，满足了社会发展的新需求，也符合司法规律。因此对于校车事件、酒后驾驶造成重大危害结果的以以危险方法危害公共安全罪论处正是民意所归，是为了维护改革发展稳定的大局。

结　语

把校车事件和酒后驾驶造成重大后果的行为以以危险方法危害公共安全罪论处，虽然没有严格地依据罪刑法定原则，但是实质上正是为了更好地实现罪刑法定原则，更好地维护社会的和谐与稳定，既符合国家的政策方针又维护了法律的权威性，更好地发挥了法律惩罚犯罪、保障人权的目的。也可以说当我们在适用法律时会出现明显不符合民意的结果或者适用法律时明显出现不恰当结果时，我们就需要从现在时代背景即和谐社会环境下来考虑我们适用的法律是否真正做到民主法治，是否真正有利于社会安定有序。相信在司法实践中以和谐社会的理论为支撑，结合法律知识，肯定能够更好地实现中国特色的法治社会建设。

和谐社会语境下的公共安全研究

——以刑法学中的公共安全为视角

刘昱雯

社会作为一个复杂多元的组织系统，乃多种元素、环节的统一。和谐并非自然达成的社会状态，构建和谐的进程本身就是一个疏导和解决矛盾、纠纷的过程。党的十六届五中全会通过的《中共中央关于制定国民经济和社会发展第十一个五年计划的建议》从贯彻落实“以人为本”的科学发展观和构建社会主义和谐社会的客观要求出发，把公共安全纳入经济社会发展的总体布局，进一步明确了公共安全对于维护社会稳定的地位和作用。

一、和谐社会与公共安全的内在关系

（一）和谐社会的内涵

和谐社会就是人与人、人与社会、人与自身、人与自然之间和谐统一与协调发展的社会，就是生产力和生产关系、经济基础和上层建筑之间和谐统一与协调发展的社会，其基本特征就是：民主法治、公平正义、诚信友爱、充满活力、安定有序、人与自然和谐相处。

（二）公共安全与和谐社会的内在联系

公共安全与建设和谐社会是互为依存、相辅相成的关系。和谐社会最基本的体现是民众享受最大程度的公共安全，良好的公共安全是建设和谐社会的首要条件、必然途径和基本内容。只有更好地维护公共安全，才能达到建设和谐社会的根本目的。公共安全旨在保障国民安全和社会稳定，是“以人为本”的直接体现。坚持以人为本建设和谐社会，就要着力解决关系人民群众切实利益的突出问题，妥善应对和处置社会公共安全事件，努力为群众安居乐业和全面建设小康社会创造一个和谐稳定的社会环境。

作者简介：刘昱雯（1991—），女，江西九江人，西南政法大学法学院刑法专业硕士研究生。

二、对公共安全的理解

公共安全属于人类社会发展到一定阶段，社会组织化进一步严密，安全保障进一步系统化的产物。

现代公共安全指的是多数人的生命、健康、财产安全，包括公共安全案件和公共安全事件（危机）。公共安全案件是指一般性的侵财、谋杀等犯罪行为构成的安全个案。所谓公共安全事件，根据我国政府定义，主要是指以自然灾害、事故灾难、公共卫生事件、社会安全事件（含群体性事件、暴力恐怖事件等）四类为主的构成严重安全危害并导致系列连锁反应或发生次生、衍生问题等在较大范围和较长时间内造成不良影响的重大事件。

公共安全事件由多种原因、多种因素、多种条件构成，而且这些原因、因素和条件往往相互联系、相互影响、甚至相互转化。如群体性事件往往牵涉多方利益，多重矛盾交织在一起；恐怖事件与国家的政治、经济、外交、文化、宗教甚至核心价值观等诸多因素密切相关。随着人类文明的发展和社会自身的发展，公共安全事件以其危害的范围更广、人员更多、毁伤更大和影响更为广泛，越来越受到公众的关注。

三、刑法学中的公共安全

（一）公共安全的概念

我国刑法学界的通说认为，公共安全是指不特定多数人生命、健康、重大公私财物以及公共生产、生活的安全。但实际上，“不特定多数人”的表述并不明确，如依其字面分析，应指不特定的多数人，这样就意味着否定了特定的多数人与不特定的少数人的生命、健康与重大财产安全属于公共安全。这与人们对公共安全的通常理解相悖，也不利于对司法实践的指导。因此，“公共”二字，只应理解为不特定或者多数人。[①] 在刑法学上，涉及危害公共安全的犯罪主要有：危害公共安全罪，生产、销售伪劣商品罪，危害公共卫生罪，破坏环境资源保护罪。下文将着重探讨危害公共安全罪中的难点问题。

（二）危害公共安全罪

危害公共安全罪，在国外又被称为公共危险罪。故意危害公共安全的犯罪可以分为以危险方法危害公共安全的犯罪，破坏公用工具、设施危害公共安全的犯罪，暴力危及交通安全的犯罪以及枪支、弹药、爆炸物、危险物质犯罪四种类型。

---

① 黄京平著：《危害公共卫生犯罪比较研究》，法律出版社2004年版，第2页。

这类犯罪的行为本身具有在一定条件下产生不特定的严重后果的可能性和危险性。但这并不是说，实施这类犯罪的人，在其主观上不可能有特定的侵犯对象和目标。实际危害后果的不可预料和难以控制，是这类行为本身所固有的客观本质属性，是不受犯罪分子意志支配的。

1. *以危险方法危害公共安全的犯罪*

该类犯罪有五个罪名：放火罪、爆炸罪、决水罪、投放危险物质罪及以危险方法危害公共安全罪。

（1）放火罪的既未遂标准

国外理论上存在独立燃烧说、效用丧失说、重要部分开始燃烧说及毁弃说的争论。[①] 国内理论通说持“独立燃烧说”立场，认为“只要放火的行为将目的物点燃后，已经达到脱离引燃媒介也能够独立燃烧的程度，即使没有造成实际的危害结果，也应视为放火罪既遂。反之，为未遂。如放火行为尚未实行完毕（如正要点火时被捉获），或者虽然当时已经点燃，但过后即熄灭，则应视为放火罪未遂”[②]。

笔者认为，由于我国刑法总则规定有犯罪预备的处罚原则，而放火罪属于严重犯罪，因而放火罪的预备原则上应当论罪；在我国讨论放火罪的未完成形态意义在于量刑，不是罪与非罪的区分；区分预备与着手的标准在于是否着手实行的认定，未着手实行的，只能成立预备犯或预备阶段的中止，已经着手实行的，只能成立既遂、未遂或者实行阶段的中止；而放火罪在刑法理论中通常被认为是具体危险犯，放火罪着手实行与否的判断，也应根据是否形成现实性、紧迫性的具体公共危险进行判断。

（2）自焚的性质认定

放火罪侵犯的行为对象一般是公共财产、他人所有的私有财产或者他人的生命、健康安全。但是对于故意焚烧自己的财物或以自焚形式危害公共安全的，则应以放火罪论处。

（3）投放危险物质的未完成形态问题

此罪不同于放火罪、爆炸罪的地方在于行为人完成投毒行为后，只等被害人食用，而不需要另外实施一定的行为，因此，从理论上讲，只要行为人将危险物质投放于被害人支配的场所，就已经形成了紧迫性危险，属于投放危险物质罪的着手。

---

① ［日］田西典之著：《刑法各论》（第四版补正版），成文堂2009年版，第275页。

② 高铭暄、马克昌主编：《刑法学》（第四版），北京大学出版社、高等教育出版社2010年版，第378页。

2. 破坏公用工具、设施危害公共安全的犯罪

这类罪的罪名涉及破坏交通工具罪、破坏交通设施罪、破坏电力设备罪、破坏易燃易爆设备罪以及破坏广播电视设施、公用电信设施罪。

（1）交通工具是否包含私人交通工具

有学者认为，破坏交通工具罪中的交通工具不仅应当是“正在使用中的”，而且必须是“公众”使用的交通工具，私人交通工具不是本罪所指的交通工具。[①] 对此，笔者持否定意见。因为破坏交通工具行为对公共安全的危害不仅限于对交通运输工具上的人员和承载的财物的危害，还包括对其他运行的交通工具和行人的安全的损害。破坏私人交通工具的行为不仅会给特定人员的生命、健康和重大财产安全造成损害，同样也会给其他运行的交通运输工具和行人安全造成损害，从而危及公共安全。因此，对这类行为当然应认定为破坏交通工具罪。

（2）火车、汽车、电车、船只、航空器的具体范围

有学者认为，拖拉机、轨道车、飞艇、热力飞行器，以及港口用的起重机、公路用的养路筑路机、厂矿用的索道车、旅游景区的高空缆车等，它们载人或载物，一旦遭到破坏，也会危及公共安全，影响国家交通部门的管理活动，对它们进行破坏，也应认定为破坏交通工具罪。另有学者认为，构成本罪行为对象的交通工具必须是法定的交通工具，即刑法明文规定的火车、汽车、电车、船只、航空器。破坏拖拉机等交通运输工具的，根据罪刑法定原则，不能以破坏交通工具罪论处。破坏火车、汽车、电车、船只、航空器以外的交通运输工具，足以使其发生倾覆、毁坏危险，危害公共安全的，应认定为以危险方法危害公共安全罪。[②]

笔者赞同后一种观点。对刑法用语解释不能与日常生活用语相脱离，否则有损国民对法律秩序的预期利益，不利于规范意识的养成。拖拉机、索道车、起重机等交通运输工具，从公民的日常生活用语来看，很难与火车、汽车、电车、船只、航空器等交通工具等同。因此，破坏此类法律规定以外的交通工具的行为，不宜认定为破坏交通工具罪。如果其破坏行为不足以使这类交通运输工具发生倾覆、毁坏的危险，根据具体情形，应认定为故意毁坏财物罪等罪；如果其破坏行为足以使这类交通运输工具发生倾覆、毁坏的危险，从而危及公共安全，则可以认定为以危险方法危害公共安全罪。

3. 暴力危及交通安全的犯罪

此类罪名包括劫持航空器罪，劫持船只、汽车罪与暴力危及飞行安全罪。

关于劫持航空器犯罪的既未遂标准问题，在国际刑法理论中，存在着手说、

---

① 林亚刚著：《危害公共安全罪新论》，武汉大学出版社 2001 年版，第 153 页。

② 林亚刚著：《危害公共安全罪新论》，武汉大学出版社 2001 年版，第 151 页。

目的说、离境说和控制说四种学说。[①] 国内通说主张控制说，认为行为人控制了航空器或者控制了航空器的航行，成立本罪的既遂。[②] 但另有学者认为，"本罪既遂的认定，应当以其是否实施了劫持行为为标准，但是所谓实施了劫持行为并不意味着劫持行为已经完成甚至成功。因此，只要行为人开始实行劫持行为，虽然其行为并未完成，或者虽然劫持但实际未能控制航空器，或者未能造成任何严重后果的，均仍得以认定构成既遂"[③]。笔者虽然赞成控制说，但同时认为，从立法论上讲，为鼓励行为人及时消除飞行危险、避免实害的发生，行为人控制航空器后经劝说主动放弃劫持行为，使航空器恢复正常飞行状态的，可以通过立法规定对行为人减轻或者免除处罚。正如我国刑法理论通说认为绑架罪行为人控制人质即为绑架罪的既遂，为鼓励行为人及时释放人质，应当参照国外立法例，规定主动释放人质的减轻或者免除处罚。

就暴力危及飞行安全罪而言，罪状表述中"危及飞行安全"是对行为性质或程度的要求，暴力行为不危及飞行安全的，不是成立犯罪未遂的问题，而是根本不成立该罪。

4. 枪支、弹药、爆炸物、危险物质罪

《刑法》第125至130条均为关于枪支、弹药、爆炸物、危险物质罪的犯罪。从理论上讲，就制造类犯罪而言，成立未遂的前提是行为人的制造方法可能制造出所欲制造的物品，若制造方法错误，根本不可能制造出所欲制造的物品，不是既未遂的问题，而是属于不能犯，不应作为犯罪处理。就买卖犯罪而言，应当是物物或者钱物的交换成功方成立犯罪既遂，仅达成交易协议，尚未进行实物交换的，不能成立犯罪既遂。就运输犯罪而言，理论上通常认为不需要到达目的地才成立犯罪既遂，只要处于开动的状态，就成立既遂。就邮寄行为而言，只要将物品交给邮局或者快递公司即为既遂。储存、持有、私藏犯罪均属于刑法理论上的继续犯，持续一定的时间即成立犯罪既遂。值得讨论的是，持有不能击发的枪支成立不能犯还是未遂犯。理论上有学者指出，误将假枪假弹药当作真枪真弹药而持有的，也可以成立非法持有枪支、弹药罪的未遂。[④] 笔者认为，储存、持有、私藏枪支罪属于刑法理论上的抽象危险犯，若枪支不具有杀伤力或者击发力，非法控制这种枪支连抽象性危险都没有，应属于不能犯，不成立犯罪。

---

① 郝秀辉：《中国航空刑法问题研究评述——中国航空法学30年研究综述（二）》，载《北京航空航天大学学报》2010年第3期。

② 周光权著：《刑法各论》，中国人民大学出版社2008年版，第187页。

③ 陈兴良主编：《刑法学》（第二版），复旦大学出版社2009年版，第440页。

④ 杨忠民：《非法持有枪支、弹药罪的适用问题探讨》，载《中国人民公安大学学报》2004年第3期。

（三）生产、销售伪劣商品罪

食品、药品等商品的生产、销售关系到每一个人的生命与健康安全，因此，生产、销售伪劣商品罪虽然被置于社会主义市场经济秩序罪一章中，但其中有几个罪名属于威胁不特定或者多数人生命与健康的危害公共安全犯罪，如生产、销售假药罪，生产、销售不符合安全标准的食品罪，生产、销售有毒有害食品罪，生产、销售不符合卫生标准的化妆品罪。

刑法理论通说认为，生产、销售伪劣商品罪一节的9个罪名全部属于选择性罪名，也就是说只是生产而未销售的也能单独成立生产某某商品的犯罪。[①] 通说存在疑问。首先，若认为全部属于所谓选择性罪名，则仅生产而未销售的，应该单独成立生产伪劣产品等罪的既遂，而不是未遂。其次，从生产、销售伪劣产品罪，生产、销售劣药罪，生产、销售不符合安全标准的产品罪，生产销售伪劣农药、兽药、化肥、种子罪与生产、销售不符合卫生标准的化妆品罪五个罪名的罪状表述看，应当不难得出“销售金额5万元以上”“对人体健康造成严重危害”“造成严重后果”“使生产遭受较大损失”均是犯罪成立的条件，不是犯罪既遂的条件，因而属于刑罚理论上的实害犯。

笔者认为，生产、销售伪劣商品罪一节中，只有生产、销售假药罪，生产、销售不符合安全标准的食品罪，生产、销售有毒、有害食品罪以及生产、销售不符合标准的医用器材罪才属于典型的选择性罪名。一是，“足以严重危害人体健康”以及“足以造成严重食物中毒事故或者其他严重食源性疾病”是对所生产的不符合安全标准的食品、不符合标准的医用器材罪的商品属性的要求，并非如部分学者所声称的这些犯罪属于具体危险犯[②]，而需要在具体个案中对行为进行是否形成现实性、紧迫性危险的判断。二是，生产、销售有毒、有害食品罪属于抽象危险犯（有的称之为行为犯）[③]，理论上几乎没有争议。《刑法修正案（八）》删除了生产、销售假药罪原属于罪状中“足以严重危害人体健康”的规定，因而成了典型的抽象危险犯。既然属于抽象危险犯，则只要完成了生产假药或有毒、有害食品的行为，就应该构成生产假药罪或生产有毒、有害食品罪的既遂。三是，将上述4个罪名理解为真正意义上的选择性罪名，认为完成了生产行为，且产品具有相关属性，就已构成生产假药罪等罪的既遂，这显然有利于严厉打击这类犯罪行为，充分保障人民群众的食品、药品安全。

---

① 高铭暄、马克昌主编：《刑法学》（第四版），北京大学出版社、高等教育出版社2010年版，第412页。

② 张明楷著：《刑法学》（第三版），法律出版社2007年版，第554页。

③ 陈兴良主编：《刑法学》（第二版），复旦大学出版社2009年版，第475页。

（四）危害公共卫生罪

公共卫生与人的生命健康权利息息相关，自古以来就受到社会公众的关注与国家统治阶级的重视。危害公共卫生罪，是指违反国家公共卫生管理秩序，严重危及或损害不特定或者多数人的生命安全、身体健康，依法应当承担刑事责任的行为。我国刑法中共规定了妨害传染病防治罪、非法组织卖血罪、医疗事故罪等11个罪名。

在国外刑法中，多数将危害公共健康罪（即危害公共卫生罪）规定为危害公共安全的犯罪之一。即指以污染饮用水、传播病菌、制作或者贩卖有毒有害食品、制作或者贩卖麻醉或有害药品等各种方法危害公共卫生或者公共健康的行为。奥地利、意大利、瑞士、西班牙等许多国家均在刑法中规定了该种犯罪。

（五）破坏环境资源保护罪

破坏环境资源保护罪，是指个人或单位故意违反环境保护法律，污染或破坏环境资源，造成或可能造成公、私财产重大损失或人身伤亡的严重后果，触犯刑法并应受刑罚处罚的行为。此类罪包括污染环境罪、非法处置进口的固体废物罪、擅自进口固体废物罪，非法捕捞水产品罪，非法狩猎罪，非法占用农地罪，非法采矿罪等15个罪名。

保护环境资源最终都是为了保护人类的生命与健康。该类罪通常并不直接侵害人类的生命与健康，而是通过破坏环境资源而间接侵害法益。然而，尽管如此，由于对环境的破坏直接危及人类的生存，所以，坚持以人为本的科学理念，是我们必须长期坚持的方略。

和谐社会语境下的公共安全研究

——兼谈和谐社会与公共安全的内在联系

罗晟桐

经过改革开放三十多年的时间，我国社会发生了翻天覆地的变化，但是目前仍然处于社会转型期，出现了大量的新型社会问题，社会的公共安全也面临着全新的挑战。十六届四中全会后，构建社会主义和谐社会成为我国的治国理念。这就意味着在今后的各项工作中，务必以和谐社会为指导思想。对于新形势下的社会公共安全，也应以和谐社会理念为指导，以刑法和相关原则为规范，进行有针对性的研究和治理。公共安全作为社会安全的一个重要领域，与民众的人身和财产安全息息相关。因此，公共安全也是我国刑法重点保护的对象。公共安全在我国刑法分则所保护的犯罪客体中，地位仅次于国家安全，危害公共安全罪的法律规范为公共安全提供了重要的法律保障。但是公共安全涉及范围太广，新形势下的公共安全又出现了深刻的变化，所以很有必要对公共安全的各项内容进行进一步的分析。

一、公共安全的内涵

公共安全作为一种被我国刑法所保护的客体，在刑法中被多个法条予以详细规定。但是公共安全的定义在我国的刑法中却并没有提及，这也是公共安全研究领域争论最大的一个问题。关于公共安全的定义，在我国刑法理论界大致有四种观点。第一种观点认为，公共安全是指不特定的多人生命、健康、重大公私财产，以及公共生产、生活的安全①。根据这种观点，公共安全包含两大类，即不特定多数人的生命、健康和重大公私财产安全，以及公共生产和生活的安全。第二种观点认为，公共安全是不特定多数人的生命、健康、财产安全，重大公共财产安全和其他公共利益的安全②。根据这种观点，公共安全包括三个方面：不特

作者简介：罗晟桐（1989—），男，贵州铜仁人，西南政法大学法学院刑法专业硕士研究生。

① 高铭暄：《中国刑法学》，中国人民大学出版社1989年版，第369页。

② 高铭暄、马克昌：《刑法学》，中国法制出版社1999年版，第609页。

定多数人的生命、健康和财产安全、重大公共财产安全和其他公共利益安全。第三种观点认为，公共安全是不特定或者多数人的生命、健康或者公私财产安全[①]。根据这种观点，公共安全可分为两类：不特定人的生命、健康或者公私财产安全；多数人的生命、健康和公私财产安全。第四种观点认为，公共安全就是指不特定的人身与财产安全[②]。根据这种观点，公共安全包括：不特定少数人的人身与财产安全；不特定多数人的人身与财产安全。通过对上述观点进行比较，笔者认为我国理论界对公共安全的定义都略显狭窄，不符合我国刑法规定的危害公共安全犯罪的实际，不足以包含司法实践中针对公共安全的犯罪客体。

笔者认为，如果将我国刑法中公共安全的定义进行如下界定可能更为科学：公共安全是指不特定或者多数人的生命、健康、财产安全，重大公私财产安全，重大生产安全，公共生活安宁与重大利益安全。换言之，公共安全应当包括以下几个方面：（1）不特定人的生命、健康、财产安全；（2）多数人的生命、健康、财产安全；（3）重大公私财产安全；（4）重大生产安全；（5）重大生活安全；（6）重大公共利益安全。下面将就这几个方面进行详细的论述。

（一）不特定或者多数人的生命、健康、财产安全

我国刑法分则第二章所规定的犯罪，大多都是威胁不特定或多数人的生命、健康、财产安全的。只是有些犯罪是直接地侵犯不特定或者多数人的生命、健康、财产安全，有些犯罪是间接地侵犯了不特定或者多数人的生命、健康、财产安全，或者说是有些犯罪对不特定或者多数人的生命、健康、财产安全造成了威胁或者安全隐患[③]。如放火罪、决水罪、爆炸罪、投放危险物质罪、以危险方法危害公共安全罪、失火罪、过失决水罪、过失爆炸罪、过失投放危险物质罪、过失以危险方法危害公共安全罪、破坏交通工具罪、破坏交通设施罪、破坏易燃易爆设备罪、过失损坏交通工具罪、过失损坏交通设施罪、过失损坏易燃易爆设备罪、劫持航空器罪、劫持船只汽车罪、暴力危及飞行安全罪、交通肇事罪等犯罪，都是有可能间接地或直接地侵犯了不特定或者多数人的生命、健康、财产安全。

（二）重大公私财产安全

如果某一种侵犯重大公私财产的行为构成危害公共安全罪，那就意味着行为人的行为已经具有了公共安全危险性。行为人的危害行为造成了严重的公私财产损失，并随时有可能转变为更为严重的损失，并且伴随着将损害不特定或多数人

① 张明楷：《刑法学》（第四版），法律出版社 2011 年版，第 611 页。

② 刘志伟：《危害公共安全犯罪疑难问题司法对策》，吉林人民出版社 2000 年版，第 127 页。

③ 张明楷著：《刑法学》（第四版），法律出版社 2011 年版，第 611 页。

生命、健康、财产安全的可能性。这时行为人的行为就具有了公共危险性。例如，采取放火、爆炸、决水的方式侵害不特定和多数人的重大公私财产时，行为人的行为应该构成危害公共安全罪。

(三) 重大生产责任安全

刑法将重大生产责任安全相关的犯罪规定为危害公共安全犯罪，是我国刑法所独有的。重大生产责任安全犯罪通常是对大型的生产秩序造成损害，通常也表现为对生命和财产的损害，如工地、矿山等地所发生的安全生产事故。重大生产责任安全是行为人违反安全生产的相关规定所产生的损害，不会直接对不特定或多数人的财产造成损害，多数情况下是国家和少数私人的财产遭受损害。侵犯重大生产责任安全的罪名有：重大飞行事故罪、铁路运营安全事故罪、重大劳动安全事故罪、危险物品肇事罪、重大责任事故罪、工程重大安全事故罪、教育设施重大安全事故罪、消防责任事故罪等犯罪。

(四) 公共生活安宁

在我国刑法第二章中，规定了非法制造、运输、储存、邮寄枪支、弹药、爆炸物罪，违规制造、销售枪支罪，盗窃、抢夺枪支弹药、爆炸物罪，抢劫枪支、弹药、爆炸物罪，非法出租、出借枪支罪，丢失枪支不报罪等。这些犯罪所侵犯的并不是不特定或多数人的生命、健康、财产安全，因为这些行为并不会直接侵犯不特定或多数人的生命、健康、财产安全。鉴于枪支、弹药、爆炸物等物品的特殊属性，当这些物品在社会上被人非法制造、运输、邮寄或储存时，就容易引发以枪支、弹药和危险物品为工具的相关犯罪①。所以笔者认为，上述犯罪所侵犯的是公共生活安宁。所谓公共生活的安宁，指的是社会公众对自己所生活的外在环境的一种心理状态。这种行为的危害性并不会直接地体现在生命或财产上，更多的是通过一种危险的潜在可能性表现出来。

(五) 重大公共利益安全

所谓公共利益，即指广大人民所能享受到的利益。这是一个非常抽象的概念，也是全体社会成员应当遵守的公共秩序，通常被认为是伴随着现代民主国家一起出现的。国家通过各种公共服务机构、公共福利机构保证公共利益的实现。我国刑法规定的破坏电力设备罪、过失破坏电力设备罪、破坏广播电视设施、公用电信设施罪等犯罪，其所侵犯的客体并不是不特定或多数人的生命、健康和财产安全，也不是公共生活安宁，而是社会的重大公共利益安全。比如，破坏广播电视设施、公用电信设施的行为并没有直接造成不特定或多数人的生命伤亡，也没有造成重大生产责任安全。实际上，这种行为是对国家为实现其公共利益而设

① 曲新久：《论刑法中的公共安全》，载《人民检察》2010 年第 9 期。

置的设备的破坏，其实质是损害国家的重大公共利益[①]。所以我国刑法把这种行为规定为犯罪。

上述对公共安全内容的分析，主要是通过我国刑法分则中对危害公共安全罪所规定的犯罪主要客体和次要客体进行分类，然后进行学理上的分析所得。这种分类主要是为了便于对危害公共安全罪的理解。但在实践中，很多行为所侵害的内容都不会是单一的，有可能某一行为在侵害不特定或多数人生命、健康、财产安全时，还会侵害到重大公私财产安全、重大生产责任安全、公共生活安宁或重大公共利益安全。

二、和谐社会与公共安全的关系

和谐社会是当下中国非常重要的治国理念，其基本内涵是民主法治、公平正义、诚信友爱、充满活力、安定有序、人与自然和谐相处。其目的是要达到人与人的和谐、人与社会的和谐、人与自身的和谐、人与自然的和谐及世界和谐。和谐社会既然作为一种治国理念，就必然对我国的各项事业起着指导作用。公共安全作为刑法所保护的客体，同样应当受到和谐社会的指导。刑法中的公共安全与和谐的关系具体如下：

（一）和谐社会对维护公共安全具有指导作用

如前所述，和谐社会理念具有非常丰富的内涵，但是其最终的目标只有一个，就是和谐。中国目前正处于社会转型期，各项社会矛盾较为突出，社会不稳定的因素增多，数量也呈现出上升的趋势，这些都严重威胁着我国的公共安全。大量的实际案例表明，在社会矛盾突出的时期，容易发生侵犯社会公共安全的刑事案件。

根据新派刑法学者的理论，犯罪行为所导致的危害结果并非是完全由犯罪分子这个因素决定的，与犯罪分子所处的社会环境也有十分紧密的关系[②]。即犯罪行为是由犯罪分子和社会环境双重作用的结果。犯罪的产生通常与社会的贫穷、疾病流行、福利条件差、低就业率、道德失范、教育水平低下有很大的联系。据此可知，所有犯罪，包括危害公共安全罪的发生受社会条件的影响很大。因此，在防治危害公共安全罪的时候，我们不仅应该严格按照刑法的规定对犯罪分子准确定罪量刑，还应该从社会政策的角度对犯罪进行治理。具体而言，应该在和谐社会理念的指导下，制定出各项社会政策。努力提高低收入人群收入，完善各项福利政策。加大对医疗卫生教育事业的投入，使低收入人群能够享受到较好的医

---

① 邵维国：《论我国刑法中公共安全的内涵及其认定标准》，载《中国青年政治学院学报》2002 年第 6 期。

② 张明楷：《刑法的基本立场》，中国法制出版社 2003 年版，第 43 页。

疗教育卫生条件。从法律和社会多管齐下，完善各项社会制度和政策，以期把社会的边缘群体挽回到正常的生活状态，避免他们在不良社会环境中坠入犯罪的深渊。

（二）刑法对和谐社会具有保障作用

刑法作为我国法律体系中重要的部门法，具有十分独特的属性。包括调整内容的独特性，即刑法所调整的内容主要涉及的是犯罪和刑事责任；调整范围的广泛性，刑法的调整范围非常广泛，即其他部门法所调整的社会关系，刑法都要调整；制裁方法的严厉性，刑法是国家法律体系中保护社会关系的最后一道防线，它是以追究刑事责任的方式来对付犯罪的；保护手段的终极性，刑法由于其调整和保护的社会关系具有广泛性的特征，它已经超越了特定的部门法所规定的范围，因此，在其他部门法对某种违法行为不能依法予以处置时，刑法就成为他们的后盾。

基于刑法的以上特性，笔者以为，刑法可以对和谐社会进行有效的保护。和谐社会的各项内涵都可以通过刑法来进行保护，从而达到社会和谐的目的。例如，刑法中规定的关于侵犯公民民主权利的犯罪，侵犯社会公平的犯罪，危害国家安全的犯罪，危害公共安全的犯罪，侵犯民生权益的犯罪，侵犯环境利益的犯罪等，都是对和谐社会民主法治、公平正义、诚信友爱、充满活力、安定有序、人与自然和谐相处等内涵的有效保护。在司法实践中，刑法对破坏社会和谐的行为予以打击，通常表现为严格按照法律的规定，对破坏和谐社会的犯罪予以定罪量刑。通过对违法犯罪行为的规制和调整，保障社会和谐稳定的这一目标能够顺利地实现。

三、和谐社会对保护公共安全的价值演进

（一）认识“人”，实现尊重生命价值

有效避免危害公共安全行为的发生，很大程度上取决于两个方面，一是经济社会的协调发展；二是防范和治理的优化①。前者无疑是避免危害公共安全行为发生的基础，后者则是社会公共安全得以保障的基础。和谐社会要求人人和谐，这是我们党对社会主义现代化建设指导思想的发展，在用危害公共安全罪保护人的生命、财产权的时候，给予保护的不仅包括不特定或多数人的生命、健康权，其中还包括特定和不特定的少数人的生命、健康，真正体现立法者的本意，重视人的生命、健康的安全。同样，这也是刑法对公共安全保护的最大价值的体现。

① 游伟：《公共安全视域下的刑法对策思考》，载《法治论丛》2008 年第 5 期。

（二）维护公共安全，充分体现刑罚的价值

我国刑事立法为社会公共安全提供了有力的法律保障。而摆在司法部门面前的任务是，按照有法可依、有法必依、执法必严、违法必究的基本要求，充分发挥维护公共安全的刑罚效应。在全社会广泛、系统阐明运用法律武器维护公共安全人人有责、利国利民，从而使刑法规范最广泛、最有效地对公共安全发生积极影响。危害公共安全罪侵犯的共同客体是公共安全，它是普通刑事犯罪中危险性、破坏性最大的一类犯罪。只要违反刑法的规定，构成犯罪，就应当对其行为追究刑事责任。惩罚犯罪，保障社会公共安全，维护社会秩序，为国家建设和人民安康提供可靠保障。

（三）强化刑法责任，提高民众信赖的价值

强化刑法责任，对刑法规定的危害公共安全罪而言，主要是执行法律。当前，我国正处于全面进行经济建设的新时期，我国的经济迅速发展。同时，近几年来，危害公共安全的案件频频发生，其发案率逐年上升，给国家和人民的生命和财产带来了巨大损失。这对我国的社会秩序和市场经济建设造成了极大的损害。因此，司法机关必须履行法律职能，遏制危害公共安全行为，为和谐社会的建设提供强大的司法保障。

和谐社会语境下的公共安全研究

——浅析以危险方法危害公共安全罪

张 婷

在查阅大量的相关文献后，笔者发现各国法律中并没有以危险方法危害公共安全罪的规定，但是各国都有危害公共安全的各类犯罪的规定，该罪是在我国刑法分则第二章危害公共安全罪中加以规定的，因此，为了更好地研究这一类犯罪，应当首先对危害公共安全罪的共有特征进行具体的界定。

一、“和而不同”的各国刑法中的公共安全犯罪概况

从世界各国的刑法来看，它们都有公共安全类犯罪的规定，只是其特点各不相同。这就是“和而不同”的体现。

（一）各国该类罪的体例编排不同

有些国家，如德国、法国、加拿大等国家是将危害公共安全犯罪规定在各章节中，而多数国家及我国是将这类犯罪集中规定。

（二）该类罪名的繁简不同

例如德国刑法中，纵火罪包括三种罪名：“纵火”“情节特别严重的纵火”“重大纵火”。而我国刑法仅规定了放火罪，没有按情节、结果的轻重再进行设立罪名。

（三）各国公共安全犯罪包括的犯罪行为不同

这是由于各国对公共安全概念理解不同导致的。意大利将销售有毒食品罪也归入公共安全犯罪中，而我国则将其规定在第三章的破坏社会主义市场经济秩序罪中。当然，我国将此罪规定在第三章也有一定的问题，这里不赘述。

各国虽然规定不同，但对于公共安全犯罪的打击都是比较严厉的。尽管有些国家对于某些犯罪的刑罚处罚并不重，但是规定细致，做到罪刑法定，不让任何公共犯罪游离在刑法之外，也是对公众的一种保护。无论哪个国家，都是秉持了以人为本的和谐社会的本质，保护公民的合法权益。

作者简介：张婷（1989—），女，新疆阿勒泰人，西南政法大学法学院刑法专业硕士研究生。

二、我国刑法中“公共安全”的认定

各国理论中，对于公共安全的认定也有不同观点。大陆法系国家的危害公共安全是指危害公共安宁或公共危险。[①] 我国通说观点从“公共安全是不特定多数人的生命、健康和重大的公私财产安全”，逐渐转向“公共安全是不特定或者多数人的生命、身体或者财产安全”。这也是借鉴了大陆法系理论。其中当然还有不同的学者对其有不同见解。主要包括以下几个方面的争议：

（一）公共安全是否包括公私财产安全

有的学者认为公共安全不可能仅单纯涉及财产安全，即财产与生命、健康一并被侵犯才能被界定为侵犯了公共安全。这种观点有不妥的地方。侵犯了公众的财产，公民内心的不安定感会增加，而这时的犯罪行为并不一定是侵犯到了公民的生命健康，但其所带来的负面影响并不会亚于对生命健康权的侵犯。如果损害到的是公众的重大财产，把其界定为危害公共安全是有积极意义的。有的学者认为，将生命、健康与财产价值等同本身就不合理。[②] 这两者的利益价值是不可进行等价比较的。但是，“安全”该如何界定？在和谐社会语境下，安全即是人、机具和环境三者的平衡和谐状态。“无危为安，无损为全”之中当然包括人的财产。张明楷教授提出：“如果将财产纳入公共安全，则向不特定多数人进行集资诈骗，根据公共安全的定义，应当以危险方法危害公共安全罪定罪，但这让人难以接受。”[③] 但是，这里不将此种情况认定为以危险方法危害公共安全罪，是因为其方法手段不是与爆炸、放火等暴力手段相当的，因此如此理解是片面的。所以，应当将公私财产安全纳入公共安全中。

（二）公共安全是否还包括其他构成要素

有学者提出，对于破坏广播电视设施的行为也认定为是危害公共安全的犯罪，则公共安全应包括公众生活的平稳和安宁。[④] 但是，我们不能因为其很少有危害到公民的人身、财产安全就认定其侵犯的不是公共安全，“应将刑法规范运用于事实判断，而不是为了适应现实而改变规范”[⑤]。若将生活的平稳、安宁纳入公共安全，则就混淆了公共安全和公共秩序，这样对于在司法实践中认定两类犯罪又会增加难度。所以，公共安全仅包括生命、健康和公私财产安全。

---

① 甘雨沛、何鹏著：《外国刑法学》（下册），北京大学出版社 1984 年版，第 839 页。

② 李洁：《刑法中财产损失与人员伤亡后果并列与分别规定之利弊分析》，载《政法论坛》2002 年第 6 期。

③ 张明楷著：《刑法学》（第四版），法律出版社 2011 年版，第 603 页。

④ 张明楷著：《刑法学》（第四版），法律出版社 2011 年版，第 604 页。

⑤ 曲新久：《论刑法中的“公共安全”》，载《人民检察》2010 年第 9 期。

（三）“不特定”概念的认定

有很多学者对不特定概念提出了自己的观点，争议主要是在行为人事前是否对行为后的实际的危害结果有预料和控制。而是否预料到和控制危害结果对于成立该类犯罪是没有区别的。例如，某人能预料到在闹市区实施爆炸会造成近千人死亡和他无法预料到人数和危害结果在闹市区实施爆炸都成立爆炸罪。

有学者提出，“不特定是危险状态或危害后果有随时转化或扩大的现实可能性。并且其判断标准是以行为人所认识到的在实施行为时客观存在的以及一般人所认识到的为基础，立足于一般人的事前判断”①。这种不特定的认定有其优点，但也存在一定问题。首先，立足于一般人判断是何种标准？是普通的一般人还是科学的一般人？当然这两种人的判断标准是不一样的。若按此标准，在司法实践中，进行这种判断就是法官，法官的水平的高低，以及与民众的水平的差别，必定会导致某种程度上的同案不同判，此时的司法公正从何体现？其次，现实可能性只能从客观行为来判断。如果行为人拿刀冲向人群，但其内心只想捅 2 人，这种情况下是否有扩大的可能性？在实践认定中，针对其行为，会认定为有扩大可能性，但其实不然。所以，不应用扩大可能性来界定不特定。不特定应从行为人方面出发，即不特定则是指行为人内心无法准确确定对象和结果危害程度。例如：行为人冲进人群想杀害 4 人，随机地杀害，这即为不特定。因为在场的每个公民都有可能成为被杀害对象的危险。

（四）“多数人”概念的认定

有的学者认为多数人应当是难以用具体数字表述，这种观点的模糊性太强。有的认为“多数人”同“不特定”的概念是相同的。这种理解也是不妥当的。不特定可以指对象的不特定而不一定指的是多数人。多数人应当还是为 3 人以上较为妥当。首先，我国刑法中的多数都为 3 人以上的定义，将其认定为 3 人以上有利于体系逻辑上的完整性。其次，这里的多数人应当包括固定人群中的 3 人以上。例如甲为了报复乙，想杀害乙全家，则以爆炸或者放火的方式杀害了乙家 6 口人，此种应当也认定为多数人的范围，应当也构成危害公共安全类犯罪。即使是固定人群，也是社会成员的组成部分，应当将其归为公共安全的范围。

三、以危险方法危害公共安全罪中“危险方法”的认定

司法实践中界定“危险方法”现状是比较混乱的。原因就在于司法工作人员仅考虑了结果的公共危险性，而不对其他的行为性质进行判断。这样使得法律有规定的其他罪也因为危害了公共安全，而以“口袋罪”被定罪处罚。这种司

---

① 何洋：《试论刑法中“公共安全”的涵义》，载《河北法学》2012 年第 3 期。

法上犯罪化的趋势，是对罪刑法定的一种挑战。现代社会的迅速发展，生产的高科技使得风险社会中的危险定义越来越模糊。因此，应当通过立法或司法界定“危险方法”，并不是刑法愈模糊愈好，只有真正地保障了罪刑法定的原则的适用，才是和谐社会法治的真正建立。

对于危险方法，学界的通说是与放火、爆炸、投放危险物质危险性相当的手段。这种相当性的判断是无法做到正确界定的。偷盗井盖、“碰瓷”的行为曾一度被定为以危险方法危害公共安全罪。这是政策和司法人员认识错误共同造成的。这种行为可能更多的会造成交通的不畅通，但仅仅危害的是交通秩序。根据判案法官所说，由于偷井盖行为的发生率增高，“碰瓷”性质恶劣，为了更好地预防犯罪，加大处罚力度将其作为危害公共安全的犯罪。但这是不科学也是缺乏刑法理论依据的。因此，这样的定性定罪是不可取的。

应当以可以造成他人重伤、死亡性质的手段作为危险方法的认定依据。这里是指按照该方法的实施，没有外界原因的阻碍，即可达到致人重伤死亡的后果。这种方法即是与爆炸、放火等行为的危险性相当。现实生活中的闯入人群乱刺杀、极速飙车、私拉电网等行为，则可认定为“危险方法”。

四、认定以危险方法危害公共安全罪的相关问题

（一）认定具体危险犯的基本概念

我国通说认为以危险方法危害公共安全罪是具体危险犯，所以认定具体危险犯的概念就会对认定本罪有积极的作用。认定具体危险犯，如果不规定具体的认定标准，此罪的认定也很有可能因此出现不符合罪刑法定原则的情况，不符合我国以人为本和依法治国的和谐社会治国理念。在司法实践中，以出现了危害结果后才认定为具体危险犯的成立，即成立以危险方法危害公共安全罪。有的学者提出，“具体危险犯是以一般的社会生活经验为根据，认定行为具有发生危害结果的可能性”①，但是如此界定，具体危险犯依旧会出现由法官的个人经验断定其危险程度的情况。“对受威胁的法益存在高度危急”或者一种“几乎发生的事故”② 这个归纳就比先前的盖然性具有了更高的标准。有学者提出了两角度认定标准：“一是从行为上考察具体危险性，二是在客观上没有造成危险性，主观上认识行为补充客观行为可以成立具体危险犯。”③ 我认为该观点认定以危险方法危害公共安全罪有可取之处。就客观行为而言，如果正常发展，肯定能造成危害

---

① 张明楷：《危险犯初探》，载马俊驹《清华法律评论》，清华大学出版社 1998 年版，第 131 页。

② ［德］克劳斯·罗克辛著：《德国刑法学总论》，王世洲译，法律出版社 2005 年版，第 276 页。

③ 高艳东：《谨慎判定“以危险方法危害公共安全罪”的危险相当性》，载《中国刑事法杂志》2006 年第 5 期。

结果。当然，针对以危险方法危害公共安全罪来说，在第一方面也仍需考虑行为人主观，即发生危害结果是被行为人所认识也在意志上希望、放任的。另外，需要补充的是在以上两个标准的基础上发生的危险，应当为“几乎要发生事故”的危险。这样才能成立具体危险犯，才符合以危险方法危害公共安全罪按具体危险犯概念定罪的理念。

（二）与其他罪的竞合问题

我国目前司法实践中最典型认定为以危险方法危害公共安全罪的行为即为酒后驾车造成严重后果（死亡、重伤或重大财产损失）。最高人民法院《关于醉酒驾车犯罪案件法律使用问题新闻发布稿》中提到，“行为人明知饮酒驾车违法、醉酒驾车会危害公共安全……特别是在肇事后继续驾车冲撞，造成重大伤亡，说明行为人主观上对持续发生的危害结果持放任态度，具有危害公共安全的故意”。对于上述的认定存在一定不妥。首先司法实践中，如何界定行为人何种情况下是明知？只要是醉酒驾车即为明知会危害公共安全有欠妥当。很多行为人醉酒驾车造成危害结果都是出于过于自信的过失。对于普通的公民来说，无法获知公共安全的具体定义，更无法从其后来的行为推知其明知会危害公共安全。其次，在一些案件中，行为人肇事后想要冲出人群是由于酒精作用加之内心害怕，但对于会造成他人重伤死亡的结果是持否定态度的。这种情况下仍旧将其认定为具有危害公共安全的故意是不合适的。有学者提出以放火、爆炸等危险方法杀人的，应当定故意杀人罪。因为定故意杀人罪的量刑并不一定比危害公共安全犯罪轻。

按照上述的观点，可能存在潜在疑问认为，其行为既构成交通肇事罪又构成以危险方法危害公共安全罪，两者想象竞合从一重仍定后罪。但这里又会出现这样的问题，行为人应当对想象竞合中侵犯的两罪的客体有认识并有意志，无论是故意或者过失。直接故意的情况下，认定为以危险方法危害公共安全罪没有争议。若行为人为间接故意或为过失，都是发生了危害结果，界定非易事。对于具体危险犯罪来说，无论是间接故意还是直接故意，都应当对其危险性有所认识，那么醉酒后的认识肯定会减弱正常状态中应有的认识。对于没有运用发生危害结果具有较高盖然性的危险手段实行的行为，不宜将其认定为危害公共安全犯罪。若对于以危险方法危害公共安全罪认识有过失认识的，则应当以过失以危险方法危害公共安全罪与其他罪想象竞合。所以，不宜将任何有重大危害结果的行为都认定为以危险方法危害公共安全罪。司法工作人员应当结合犯罪人主观过错、客观事实反映的综合方面认定犯罪。

（三）危险控制原则在以危险方法危害公共安全罪中的应用

风险社会的体现就是现代科技的进步，导致危害社会的行为形式增加。在社会相当性中已无法容忍这些危害行为，因此，将他们作为刑法处罚，加以防范以免造成无以挽回的危害结果。刑法对于危险犯进行处罚，就是对危险进行控制，不让其发生更大的损害结果的一种提前防范。一个人不能阻止事情的发生，就是对事态不能有效控制。未能控制事态，使其发生了危险就是对行为人进行归责的基础。危险控制也是在一定范围内，不能仅仅考虑保护国家利益、公共利益，而且也要考虑到犯罪人的合法权益，以期待犯罪人可能做出的行为为限度。这也是体现以人为本的和谐社会治国理念。另外，考虑的标准应当是在一般情况下的普通人的行为可能性以及在特殊情况下犯罪人个人的行为可能性。当然，认定该罪时，不能盲目扩大危险控制的范围，要符合风险社会中风险控制和管理的要求。

和谐社会语境下的公共安全研究

——以危险驾驶罪为视角

田 丹

一、公共安全在构建和谐社会中的重要性

和谐社会是一个安定有序、充满活力的社会，因而良好的秩序对于和谐社会的构建具有举足轻重的作用。如果一个社会连最基本的秩序都没有，人们生活在一个连基本安全都不能得到保障的社会中，这个社会还会是一个充满活力的社会吗？因而公共安全是和谐社会的构建的基础，公共安全在和谐社会中的重要性主要体现在以下几个方面：

（一）人民基本权利保障方面

作为国家的成员和主人，公民享有保障自身发展的最基本的权利，只有在这些权利得到最大程度的保障时，人们才能正常生活，人的价值才会得到体现，才能与国际社会一直所强调的人权理念相契合。作为人最基本的权利，首要的是人身权，如果连最基本的生命和身体健康都得不到保障，又怎么能去谈其他权利的保障？因而公共安全的保障是公民最基本权利得以保障的基础。

（二）促进社会发展方面

人民群众是一切创造性工作的主体，他们是改革创新、构建和谐社会的重要力量。离开了广大人民群众来谈和谐发展都是不实际的。只有围绕人民，以人民为中心开展的工作，才会调动人民的积极性，才能充分发挥其创造力，长久地发展下去。脱离了群众就注定失败。要想最大化地发挥人民的创造力，促进社会发展就必然要给他们提供一个有序、有保障的环境，使得他们最大限度地发挥创造力，进而实现社会的高速发展。

（三）维护社会秩序方面

任何事物的顺利发展都需要良好的秩序作为保障，如果一个社会是杂乱无章的，整个体系将会呈现出一种混乱的局面。一个缺少安全感的社会，会使得居住

作者简介：田丹（1990—），女，重庆开县人，西南政法大学法学院刑法专业硕士研究生。

在其中的人随时随地处于惶恐之中，总觉得周遭又会有不好的事情发生，这样的社会将无法正常运转。和谐社会的构建就是为了防止无秩序状态的存在，因而要加强公共安全的维护，方能构建一个人与人正常相处的和谐社会。

二、危险驾驶罪的探讨与反思

随着近几年我国机动车的购买量持续增长，驾驶人员的自我约束却没有增加，反而出现了一种对于公共安全的漠视，酒后驾驶、飙车等屡见不鲜，以至于交通事故频发，使得公共安全受到了极大的威胁。对于诸多最新出现的危害公共安全的交通违法行为，我国有关方面的法律法规就显得有点力不从心。因此危险驾驶入刑对于公共安全的保障已然是大势所趋。

（一）危险驾驶罪之“危险”的理论探讨

针对“危险”一词，在学术界存在两种解读结果，一种就是行为危险，一种就是作为结果的危险。就前者而言，就是指一种行为的实施具有导致某种危害结果的可能性，它是对于行为的性质的一种判断。对于后者，Hirsch 认为危险指法益陷在险境之中的一种客观状态。[①] 正是由于存在上述的两种界定，所以也就存在抽象危险犯和具体危险犯的分类。德国学者克劳斯·洛克辛认为，“具体危险犯要求，在具体案件中，对于一种通过有关的行为构成加以保护的对象，出现了一种真正的危险。抽象危险犯是一种典型的危险举止行为被作为犯罪而处于刑罚之下，不需要在具体案件中出现一种结果。”[②] 就本罪的相关规定而言，此处的“危险”应该被冠以“行为危险”，因为本罪并没有明确表示要造成一种具体的危险状态，因而可以借以立法的目标确定其为抽象的危险，即“行为危险”。

（二）危险驾驶罪的认定

《刑法修正案（八）》第 133 条第 1 款规定：“在道路上驾驶机动车追逐竞驶，情节恶劣的，或者在道路上醉酒驾驶机动车的，处拘役，并处罚金。”就本款可以看出危险驾驶罪的基本犯罪构成，本文将通过主观和客观两个方面进行进一步的界定和分析。

1. 危险驾驶罪的主观认定

就危险驾驶罪的主观罪过而言，有的学者认为是故意，有的学者认为可以是故意，也可能是过失。[③] 笔者认为危险驾驶罪主观方面既可能是故意也可能是过失。

---

① 蔡惠芳：《从危险理论论不能安全驾驶罪》，台北国立台湾大学博士论文，2000 年，第 17-19 页。

② 克劳斯·洛克辛著：《德国刑法学总论（第 1 卷）》，王世洲译，法律出版社 2005 年版，第 275-278 页。

③ 石儒磊：《浅析危险驾驶罪的主观罪过形式》，载《法制与社会》2010 年第 11 期（下）。

间接故意是指行为人明知自己的行为可能会发生危害社会的结果仍然采取放任这种危害结果发生的主观心理状态。其重点在于行为人对于危害结果发生的一种放任态度。在危险驾驶中，行为人明知到自己的醉酒驾驶行为和追逐竞驶行为是违反交通管理法规的，但仍然采取放任危害结果发生的心态实施了上述两种行为。在这种情况下，危险驾驶罪的主观罪过是间接故意毋庸置疑。比如说醉酒驾驶，行为人并不直接追求危害结果的发生，但是他并没有选择酒后不驾驶或者是找代驾行为，此时对于公共安全采取的是一种听之任之的态度。因为行为人虽然不直接追求结果的发生，但是也没有采取任何有效的措施来防止结果的发生，随后结果的发生也没有超出他的主观想法，所以应该是间接故意。

过失包括两种，一种是疏忽大意的过失，一种是过于自信的过失，在这里仅就过于自信的过失进行讨论。过于自信的过失是指行为人已经预见到自己的行为可能发生危害社会的结果，但轻信能够避免结果的发生以至于发生这种结果的心理态度。在危险驾驶中，行为人明知自己的醉酒驾驶行为和追逐竞驶的行为可能会发生危害结果，但是出于对不利因素的过低评价或者是对于有利因素的过高评价使得危害结果的发生变成了事实。比如说追逐竞驶，行为人明知自己的行为具有危险性，但是可能出于对自己开车技术的过高评价或者是对于晚上路上行人稀少的过高评价，轻信能够避免结果的发生，以致发生这种结果。由于行为人只是对于刺激的追求并没有放任或者希望的心态，而是客观上存在轻信的理由使得行为人自信能够避免危害结果的发生与行为人的主观想法也是相悖的，所以此时行为人的主观罪过应当界定为是过于自信的过失。

2. 危险驾驶罪的客观标准

首先，就客体而言，危险驾驶罪的客体是危险驾驶行为所侵犯的公共安全这一社会关系。其次，就客观行为而言，构成危险驾驶罪的客观行为是危险驾驶行为，根据《刑法修正案（八）》的相关规定，主要是醉酒驾驶的行为和追逐竞驶的行为，笔者仅就危险驾驶罪的两种客观行为进行认定。

首先，对于醉酒驾驶行为的认定。醉酒驾驶是指驾驶人员在饮用超过一定标准酒精含量物品后驾驶机动车的行为。我国对于醉酒的认定主要是依靠对人体血液中的酒精含量的测量来进行的。只要车辆驾驶人员在血液中的酒精含量大于或等于80mg/100ml的情况下驾驶机动车就被视为醉酒驾驶。因为个体差异的不同，每个人的酒量可能不同，由此而产生的每个人在醉酒状态的意识也不完全相同，然而这都不能作为排除醉酒的可能性，血液酒精含量是目前判定醉酒驾驶的唯一标准。

其次，对于追逐竞驶行为的认定。由于危险驾驶罪的“危险”应理解为“行为危险”，考虑到追逐竞驶行为的危险性，所以只要存在在道路上进行追逐竞驶的行为也应当认定为危险驾驶罪。对于这里的道路，笔者认为应该做广义的理解，而不应该仅仅限于公共的交通道路。因为近几年来，在一些小区的道路和学校的道路上也频繁出现追逐竞驶的行为，所以出于对于公共安全的全面保护，此处的道路应该包括学校道路、小区道路、乡间道路等。

（三）危险驾驶罪与相关犯罪的关系

自危险驾驶行为入刑以后就被规定在了危害公共安全罪里面，就与同属于危害公共安全罪里面的交通肇事罪和以危险方法危害公共安全罪有所联系，笔者将就这三者之间的关系进行一定程度的解析。

1. 危险驾驶罪与交通肇事罪的关系

交通肇事罪属于过失性犯罪，虽然驾驶员违反交通管理法规的行为是故意实施的，但是对于结果的发生是属于过失的，它不被认定为复合罪过或者是结果加重犯，而是直接界定为过失性犯罪。危险驾驶罪的主观罪过方面则既可能是故意，也存在过失的可能。当行为人以间接故意为主观罪过的危险驾驶行为造成了他人死亡的，应当认定为交通肇事罪，此时行为人的行为是故意的，对于结果的发生是过失，成立结果加重犯。考虑到危险驾驶行为的危险性，使得危险驾驶成了行为犯，而交通肇事罪则是典型的过失犯，因结果的发生才构成犯罪。

2. 危险驾驶罪与以危险方法危害公共安全罪的关系

以危险方法危害公共安全罪是属于具体的危险犯，而危险驾驶罪则是属于抽象的危险犯。当该危险驾驶行为对公共安全已经造成具体危险的情况下，可以考虑以以危险方法危害公共安全罪进行定罪处罚，但当该危险驾驶行为对于公共安全仅形成了抽象危险时，即该危险还不具体存在时，就应当考虑危险驾驶罪了。以危险方法危害公共安全罪是故意犯罪，如果某危险驾驶行为是在故意的主观罪过下实施的，且该危险驾驶行为的效果已经与放火、决水等行为相当时，才能以以危险方法危害公共安全罪进行定罪，反之则应考虑危险驾驶罪。由于以危险方法危害公共安全罪的法定刑较高，当危险驾驶罪与以危险方法危害公共安全罪竞合时，应当结合具体的情况进行定罪。

（四）危险驾驶罪的反思

随着危险驾驶罪的产生，它对于日渐严重的醉酒驾驶行为和追逐竞驶行为进行了很好的规制，使得我国对于交通道路安全保护的法律体系得以完善。但是作为一个新出台的罪名，危险驾驶罪仍然有很多值得反思的地方。

1. “追逐竞驶”入罪需有“情节恶劣”才能入罪

《中华人民共和国刑法修正案（八）》在对危险驾驶罪进行规定的时候，针对“追逐竞驶”行为较“醉酒驾驶”行为增加了情节恶劣的这一条件限制。笔者觉得“情节恶劣”这一条件限制抬高了“追逐竞驶”行为入罪的门槛，这样既没有与“醉酒驾驶”行为形成契合，而且也不利于对“追逐竞驶”行为的规制，实现不了本罪设立的目标。“情节恶劣”用词的模糊性同时也增加了相关部分的举证难度。

2. 危险驾驶罪涵盖的行为过窄

危险驾驶罪所规定的客观行为只包括醉酒驾驶和追逐竞驶两种行为，然而道路上的危险行为不止这两种，比如说疲劳驾驶、嗑药后驾驶等，它们在危害性上并不比“醉酒驾驶”和“追逐竞驶”低，所以危险驾驶罪客观行为的过于具体和局限，使得该罪名不能适应日益变化社会中所出现的新的形势和新的危害行为。

3. 危险驾驶罪的刑罚过低

将“醉酒驾驶”行为和“追逐竞驶”行为规定为犯罪不仅仅是因为该行为的社会危害性大，对于公共安全形成了很大程度的威胁，还因为该行为人主观上对于他人生命健康和公共安全的漠视，出于否认该行为的正当性和惩治该行为人的目的，才增设了危险驾驶罪。如果该罪的刑罚配置过低，根本达不到惩治犯罪人的目的，不符合罪责刑相适应原则。从被害人的角度来讲，不能弥补被害人的损失，也不能平息被害人的怒气。

三、危险驾驶的入刑与公共安全保护的关系

所谓公共安全，是指“不特定多数人的生命、健康和重大公私财产安全”①。只有处于一个安全的社会环境之中，人们才能安居乐业。良好的公共安全是实施其他行为的基础，所以确保公共安全是一项艰巨而长期的工作。对于那些危害公共安全的行为，应该予以最严厉的方式进行坚决的打击。而刑法之所以存在，是因为其他法律已不足以规制该行为且该行为会给社会带来严重的伤害和危险，故才将该行为规定为犯罪纳入刑法之中进行规制。而之所以将危险驾驶行为纳入刑法框架内，随着交通的发达和机动车的普及，在给公民带来便利的同时也带来了一些潜在的安全隐患，如各种违规的驾驶行为给公共安全造成了极大的威胁和伤害。因此将危险驾驶行为纳入刑法是为了更大程度地对公共安全进行保护，避免日益严重的“醉酒驾驶”和“追逐竞驶”行为给公共安全带来不必要的风险，此时的危险应该做广义的理解，也即是“没有社会利益而且被社会所非难的行为，可以被评价为有危险”。②

① 高铭暄主编：《新编中国刑法学》，中国人民大学出版社 1998 年版，第 510 页。
② 林东茂著：《一个知识论上的刑法学思考》，中国人民大学出版社 2009 年版，第 41 页。

四、结　语

危险驾驶行为是当前社会背景下所存在的对于公共安全有威胁的最严重的安全隐患，已经符合纳入刑法规制的标准。将“醉酒驾驶”行为规定为罪可以规制我国目前的不正确的酒文化趋向，灌输“饮酒不开车，开车不饮酒”的新理念；将“追逐竞驶”行为规定为罪可以加强驾驶人员对于生命健康以及财产安全的最大程度的重视。综上所述，从严打击危险驾驶行为对于遏制严重的交通事故、形成文明驾驶的良好氛围具有重要作用。当然在对危险驾驶行为进行刑法上的规制的同时，也应当强化驾驶人员的公共安全意识和文明开车意识，采取多种方法综合治理，使得道路安全得到最大化保障。

和谐社会语境下的公共安全研究

——以醉驾入刑为视角

付瑞娟

中国素有饮酒的传统，且拥有丰富的酒文化，饮酒作为宴请亲友、接待领导、招待朋友的必备礼仪本无可厚非，但一经与驾驶机动车结合，就有了“酒驾”这一对公众生命、健康和财产具有高度危险的行为，每年因醉酒驾驶发生交通事故而死伤的人不在少数。2009 年四川省高级人民法院和广东省高级人民法院分别对作为醉酒驾驶机动车肇事案件的典型代表的成都孙伟铭案和广东黎景全案做出了终审判决。最高人民法院在这两起案件二审终审判决之后发布了《关于醉酒驾车犯罪法律适用问题的意见》，对于醉酒驾车犯罪法律适用问题做出统一规定，并对两起案件的终审判决予以肯定。这两起案件经过媒体的报道，在社会上引起广泛关注和热烈讨论。面对高发、多发的醉酒驾车犯罪态势，醉酒驾驶应否运用刑法予以规制在学界形成截然对立的两种观点，肯定论者和否定论者都基于自己的立场提出了自己的观点并进行了说明，所谓仁者见仁智者见智，《刑法修正案（八）》最终还是将危险驾驶行为纳入了刑法规制的范围。既然醉酒驾驶行为已经入罪，再对醉酒驾驶行为应否入罪这一问题继续争论没有多大意义，重要的是如何为用刑法规制醉酒驾驶行为提供正当性基础，且将重点放在对该罪的具体适用上。

一、醉驾入刑的根据

（一）醉驾入刑的现实根据

针对我国醉驾高发、多发的态势，出于惩治与预防的目的，需要刑法介入。有关资料显示，自 2003 年以来，我国年均查出超速行驶案件 1900 万起、酒后驾驶案件 100 万起，这些行为尤其是醉酒驾驶等危险驾驶行为对交通安全造成了严重危害。据公安机关统计，2009 年 1 月到 8 月，全国共发生酒驾肇事案件 3206 起，共造成 1302 人死亡。其中酒后驾驶肇事 2162 起，造成 893 人死亡；醉酒驾

作者简介：付瑞娟（1989—），女，内蒙古包头人，西南政法大学法学院刑法专业硕士研究生。

车肇事1044起，造成409人死亡。[①] 我国危险驾驶事件总体形势比较严峻，特别是危险驾驶导致多人死伤的案件频发，对公共安全构成严重威胁，将醉酒驾驶犯罪化既是惩治和预防危险驾驶行为的需要，也是民众的普遍要求。

（二）严密危险驾驶行为刑事法网的需要

在危险驾驶行为入罪之前，针对危险驾驶肇事案件多以交通肇事罪定罪处罚。但是交通肇事罪是故意犯罪，且要求发生重大事故，致人重伤、死亡或者使公私财产遭受重大损失的实害结果。危险驾驶行为本身就具有致不特定多数人生命、健康、重大财产损失的高度危险，需要提前予以规制，若等到事故发生后再介入，这种行为导致的严重危害往往无法补救。且按照之前的习惯性做法，对于危险驾驶肇事案件，对行为人宣告适用缓刑。这在一定程度上降低了醉酒驾车犯罪的成本，难以起到惩治和预防的效果。若一律用以危险方法危害公共安全罪对醉酒驾驶导致多人死伤的犯罪行为予以定罪处罚，虽然能够起到惩治和预防犯罪的效果，但是以危险方法危害公共安全罪是指故意使用放火、决水、爆炸、投放危险物质以外的危险方法危害公共安全的行为。这里的“危险方法”应当是与放火、决水、爆炸、投放危险物质危险性、危害性程度相当的方法，而危险驾驶行为却不一定能达到与放火、决水、爆炸、投放危险物质的危险性、危害性相当的程度，所以将危险驾驶行为解释为以危险方法危害公共安全罪中的“危险方法”，一律用以危险方法危害公共安全罪予以处罚难免有些牵强。此外，交通肇事罪和以危险方法危害公共安全罪的法定刑设置上相差悬殊，对危险驾驶致人重伤、死亡或者是公私财产遭受重大损失的情况，以交通肇事罪论可能仅处以三年以下有期徒刑或者拘役，而以以危险方法危害公共安全罪论处则可能处十年以上有期徒刑、无期徒刑甚至死刑。对于客观上相同的行为，仅因为主观罪过上的差异而处以相差如此悬殊的刑罚，恐怕会有不公正之嫌，最起码对于普通民众来说是这样。所以为了有效地遏制危险驾驶行为，严密有关危险驾驶犯罪的刑事法网，有必要在刑法中对危险驾驶行为予以规定。

（三）醉驾入刑的责任根据

醉酒有生理性醉酒和病理性醉酒之分。病理性醉酒因属于精神病的一种而一般不纳入刑法评价的范畴，基于原因自由行为理论，即行为人由于故意或者过失自己陷入限制刑事责任能力或者无刑事责任能力状态，在这种状态下实施了符合刑法构成要件的行为。生理性醉酒状态下，行为人实施了符合刑法构成要件的行为，因为是由于自己的原因使自己陷于醉酒状态，应该对其所实施的行为负责。刑法第18条第4款也规定：醉酒的人犯罪应当负刑事责任。所以，对于醉酒驾

---

① 最高人民法院：《醉酒驾车犯罪案件将统一裁判标准》，载《成都商报》2009年9月9日。

驶的行为人进行刑罚处罚不存在责任方面的障碍。

(四) 宽严相济刑事政策的体现

当宽则宽、该严则严的宽严相济的刑事政策是和谐社会语境下指导我国刑事立法、司法和刑事执行的总的方针政策。宽严相济的刑事政策要求根据社会形势的变化及时对犯罪圈做出调整。将当前高发、多发的具有危害公共安全的高度危险的醉酒驾驶行为纳入犯罪圈，体现了宽严相济刑事政策“严”的方面。

虽然否定论者认为对于“醉酒驾驶”行为增设新罪没有必要且可能会导致传统的罪行评价模式趋于混乱[①]（如危险驾驶入罪会产生诸如导致危险驾驶类型行为之间的处罚不公平、相关行政法虚置、与民族文化习惯冲突、普通公务员因醉驾被开除公职承担的责任过重等负面影响[②]），但是这些问题都能通过完善现行法律规定，将危险驾驶的行为类型扩大到吸毒后驾驶、无证驾驶、驾驶不具备安全性能的车辆等与醉驾类似的危险行为。每一项制度都有它的弊端，这是在所难免的，我们不能忽视醉酒驾驶行为入罪以后所显现的正面的社会效应。据公安部交管局统计，2011 年 5 月 1 日至 5 月 15 日，全国共查处醉酒驾驶 2038 起，较去年同期下降 35%，日均查处 136 起，较去年全年日均查处数下降 43%，全国因醉酒驾驶发生交通事故死亡人数和受伤人数同比下降 37.8% 和 11.1%。由此可见，醉驾入刑以后，不仅醉驾和因为醉酒驾驶发生交通事故死亡人数与受伤人数大幅下降，而且饮酒后驾车的人数也大大减少，随着醉驾入刑案件的不断宣判，醉驾入刑不仅产生了显著的法律效果，其预防和教育等社会效应也在不断显现。[③]

二、醉酒驾驶行为的认定及需要注意的问题

根据刑法第 133 条之一的规定，危险驾驶罪是指在道路上驾驶机动车追逐竞驶，情节恶劣的，或者在道路上醉酒驾驶机动车的行为。对于该罪，需要注意以下问题：

(一) 关于犯罪主体

根据法条的规定，该罪的犯罪主体是直接驾驶机动车的人，而不包括其他从事交通运输的人员，且是否具有合法的驾驶资格不影响犯罪的构成。

---

① 于志刚：《危险驾驶行为的罪刑评价——以“醉酒驾驶”交通肇事行为为视角》，载《法学》2009 年第 9 期。

② 周详：《民生法治观下“危险驾驶”刑事立法的风险评估》，载《法学》2011 年第 2 期。

③ 卢建平：《一个刑法学者关于醉驾入刑的理性审视》，载赵秉志主编《醉驾入刑专家谈》，法律出版社 2011 年版，第 170 页。

（二）关于犯罪的主观方面

构成该罪需要行为人具有追逐竞驶的故意或者认识到自己是在醉酒状态下驾驶机动车，但是对于醉酒的状态的认识不需要十分具体（不需要认识到血液中的酒精含量），只要有大体上的认识即可。一般来说只要行为人知道自己喝了一定的酒，事实上又达到了醉酒状态，并驾驶机动车的，就可以认定其具有醉酒驾驶的故意。认为自己只是酒后驾驶而不是醉酒驾驶的辩解，不能排除故意的成立。即使行为人没有主动饮酒，如饮料中被他人掺入酒精，但驾驶机动车之前或者之时意识到自己已经饮酒的，也应当认定具有醉酒驾驶的故意。①

（三）关于犯罪客体

该罪侵害的犯罪客体是道路交通安全，涵盖道路上和周边的他人生命健康及财产安全，完全没有侵害、威胁道路交通安全的行为不构成本罪。

（四）关于犯罪的客观方面

该罪在客观方面表现为行为人在道路上驾驶机动车追逐竞驶，且情节恶劣或者在道路上醉酒驾驶机动车。要注意：

1. 行为人必须是在道路上驾驶机动车

一方面行为人驾驶地点是在道路上，能够涵盖铁路、水路、航线，关键在于如何解释“道路”一词。另一方面，行为人驾驶的必须是机动车，而不是非机动车，也不包括火车、船舶和航空器在内。不过，以后对于该罪的完善应该考虑将对象扩大至火车、船舶、航空器，因为醉酒驾驶此类交通工具的危险性丝毫不亚于危险驾驶机动车，只是由于危险驾驶机动车较为普遍，所以预先将醉酒驾驶机动车的行为规定为犯罪。但从长远考虑，有必要将醉酒驾驶火车、船舶和航空器的行为纳入危险驾驶罪的范畴。

2. 就醉酒驾驶而言，需要行为人在驾驶机动车的时候达到醉酒状态

根据 2011 年修订的《车辆驾驶人员血液、呼气酒精含量阈值与检验》的规定，对于醉酒的检验，我们目前采用的是血液检验和呼气检验。血液检验的程序较为严格，因而更加准确且有说服力。根据该文件的规定，饮酒后驾车是指车辆驾驶人员的血液酒精含量≥20mg/100ml，<80mg/100ml；醉酒后驾车是指车辆驾驶人员血液酒精含量≥80mg/100ml。所以当行为人酒后驾车时，血液中的酒精含量≥80mg/100ml，就属于醉酒驾驶，但是否一律以本罪论还需要看具体犯罪情节。

3. 醉酒驾驶不应该一律入罪

关于醉驾入罪的争议一直此起彼伏，讨论在张军于 2011 年 5 月 10 日在全国

---

① 张明楷：《危险驾驶罪及其与相关犯罪的关系》，载赵秉志主编《醉驾入刑专家谈》，法律出版社 2011 年版，第 137 页。

审判工作会议上发表“醉驾不能一律入刑”的讲话之后达到高峰。随后公安部表示公安部门对经核实属于醉酒驾驶机动车的一律刑事立案。最高人民检察院新闻发言人白泉民在接受媒体采访时说，对于公安机关移送至检察机关的醉驾案件，经检查机关查明，案件的醉驾事实清楚，证据确凿充分，会一律按照法律程序办理，该批捕的批捕，该起诉的起诉。对于醉驾情节轻微的案件，会按照《刑法修正案（八）》及相关法律上的条款起诉，不会存在选择性。由此司法部门在醉驾是否一律入刑的表述上的不同，使得争议更趋深化。① 虽然刑法第133条之一没有对醉酒驾驶机动车的行为进行情节限制，但是从整体上研析法条，从刑法总则指导刑法分则、刑法分则受刑法总则的约束的角度来分析，刑法第133条之一作为刑法分则的一部分当然受刑法总则第13条但书的约束。根据刑法第13条但书的规定，情节显著轻微危害不大的行为不认为是犯罪。所以对于醉酒驾驶机动车的行为，如果情节显著轻微危害不大，就不应该作为犯罪处理，醉驾不得一律入罪。

（五）关于危险驾驶罪的处罚

根据133条之一的规定，对于在道路上驾驶机动车追逐竞驶，情节恶劣的，或者醉酒驾驶机动车的行为，处拘役并处罚金。因此，危险驾驶罪成了我国刑法体系中法定刑最轻的罪名。有上述行为同时构成其他犯罪的，依照处罚较重的规定定罪处罚。所以要危险驾驶的行为同时符合交通肇事罪或者是以危险方法危害公共安全罪的犯罪构成，仍有构成交通肇事罪或者以危险方法危害公共安全罪的可能。

（六）关于与行政法的衔接

《刑法修正案（八）》通过之后，全国人大常委会对《道路交通安全法》也进行了修正。修正之后的《道路交通安全法》对醉酒驾驶机动车和饮酒后驾驶机动车的处罚做了调整。第91条规定，饮酒后驾驶机动车的，处暂扣六个月机动车驾驶证，并处一千元以上二千元以下罚款。因饮酒后驾驶机动车被处罚，再次饮酒后驾驶机动车的，处十日以下拘留，并处一千元以上二千元以下罚款，吊销机动车驾驶证。醉酒驾驶机动车的，由公安机关交通管理部门约束至酒醒，吊销机动车驾驶证，依法追究刑事责任；五年内不得重新取得机动车驾驶证。《道路交通安全法》还对饮酒后和醉酒驾驶营运机动车做出了特别规定。对于醉酒驾驶情节显著轻微不构成犯罪或者是醉酒驾驶情节轻微不需要判处刑罚或者免于刑事处罚的行为人，可以根据该条的规定给予行政处罚。对于醉酒驾驶机动车的，

① 赵秉志、赵远：《危险驾驶罪研析与思考》，载赵秉志主编《醉驾入刑专家谈》，法律出版社2011年版，第159页。

虽然可以吊销机动车驾驶证，但根据举轻以明重的理论，可以对醉酒驾驶机动车的行为人给予饮酒后驾驶机动车的行为人对应的行政处罚。

三、醉驾入刑的发展完善

醉驾入刑是我国刑法适应当前社会发展的需要，加强对醉驾的惩治和防范的体现，是现行刑法框架下的酌情选择。但是从长远看，醉驾入刑还有发展和完善的空间。

（一）对象方面：应扩大至火车、船舶、航空器

因为醉酒驾驶火车、船舶、航空器的危险性丝毫不亚于危险驾驶机动车，只是由于危险驾驶机动车较为普遍，所以预先将醉酒驾驶机动车的行为规定为犯罪。但从长远考虑，有必要将醉酒驾驶火车、船舶和航空器的行为纳入危险驾驶罪的范畴。

（二）行为类型方面：应该增加与醉驾类似的危险驾驶行为

吸毒后驾驶、无证驾驶、驾驶不具备安全性能的机动车、高速公路或单行道逆向行驶、单行道超速等行为的危险性并不低于醉酒驾驶和追逐竞驶，为了全面有效地遏制和预防危险驾驶行为，保障道路交通安全，有必要增加危险驾驶的行为类型。

（三）在情节方面：应该增加对醉酒驾驶的情节限制

虽然根据刑法第 13 条但书的规定，对醉酒驾驶行为不应一律入罪，但从立法科学的角度看，应当在 133 条之一中明确醉酒驾驶行为的情节限制。尽管《刑法修正案（八）》草案审议的过程中参考过学者提出的对醉酒增加“情节严重”的限制条件的建议，但最终通过的《刑法修正案（八）》并没有采纳这一建议，相关部门对此给出的解释是醉酒驾车的标准是明确的，与一般酒后驾车的区分界限清晰，且已执行多年，实践中并没有发生大的问题。如果增加规定“情节严重”等限制条件，具体执行中难以把握，也不利于预防和惩治这类犯罪。[①] 虽然醉酒驾车的标准明确，但现行适用的是没有考虑个人差异的形式标准；虽然实践中没有发生大的问题，但是过去只是适用该标准对行为人给予行政处罚，现在涉及是否构成犯罪的问题，事关行为人的人身权利和财产权利，是否能够因为该标准执行多年而拒绝做出改变呢？增加“情节严重”等限制性条件完全可以通过最高人民法院出台司法解释的方式对其具体内容加以明确，并不会造成实践中难以把握的局面，况且我们刑法中的很多罪名都规定了“情节严重”等条件，为

① 黄太云：《“危险驾驶入刑”解读》，载赵秉志主编《醉驾入刑专家谈》，法律出版社 2011 年版，第 144 页。

何单对醉酒驾驶加以情节限制就会导致难以把握的情况呢？这不仅让人难以信服，而且有“严打”之嫌。

结 语

醉驾入罪是有效遏制醉酒驾驶行为、保障公共安全、构建和谐社会的现实需要。醉驾虽已入罪，但是对于醉酒驾驶行为的认定和司法适用仍有许多需要注意的问题，社会各界关于醉驾的争论远未结束，我们仍需为危险驾驶罪的完善继续努力。

第五编

和谐社会语境下的群体性事件研究

和谐社会与群体性事件的防范和应对机制

赵晓艳

一、群体性事件概述

（一）群体性事件的概念

群体性事件在国内外没有统一的称谓，西方社会学著作一般称为“集群行为”，我国台湾学者则称为“群众事件”。关于群体性事件的概念，目前也尚无统一的认识，一般认为群体性事件主要是指群体性治安事件，即某些利益要求相同或相近的社会阶层，在其利益受到损害或不能得到满足时，采取非法集会、游行、示威、静坐和群体上访等方式对抗党政机关的违反国家法律、法规、规章、扰乱社会秩序、危害公共安全、侵犯公民人身安全和公私财产安全的群体性行为。科学地界定群体性事件，有利于划清政治性事件与非政治性事件的界限，明确不同群体性事件的本质特征。虽然，当前国内外敌对势力、民族分裂分子在幕后煽动和操纵政治性群体性事件依然存在，但多数情况是人民内部矛盾尖锐化的表现，其在根本利益上是一致的。认识不到这一点，混淆政治性与非政治性群体性事件，容易重蹈过去阶级斗争扩大化的覆辙。误将非政治性群体性事件当作政治性群体性事件来对待，将使群众的合法权益受到不应有的损害，严重阻碍我国社会主义法制建设进程。随着市场经济体制的全面建立，社会转型所附带的一系列问题，必将触及更深层次的社会矛盾。新旧经济体制的交替和碰撞导致了社会矛盾，而这正是群体性事件广生的社会基础。

（二）我国群体性事件现状

据有关部门统计，当前中国社会群体性突发事件基本可以分为：农民维权约占 35%，工人维权 30%，市民维权 15%，社会纠纷 10%，社会骚乱 5%，有组织犯罪 5%。其中社会泄愤事件是近来新出现的社会群体性事件的形式。当前我国社会群体性事件呈递增趋势。主要有以下特征：

作者简介：赵晓艳（1989—），女，山东临沂人，西南政法大学法学院刑法专业硕士研究生。

1. 主体的多元性

群体性事件的主体主要由失业工人、失地农民、农民工、拆迁居民、离退休干部、底层知识分子、退伍复员军人等构成。

（1）农民土地维权。2004 年后，土地问题成了农村的焦点。“群体性事件”往往直接起源于群众利益被侵害。政府对转让土地乐此不疲，而农民显然难以接受如此低的补偿，于是酿成群体性事件，比较典型的是河北“定州村民遇袭”事件。

（2）工人维权。近年来，工人因维权而发生的群体性事件有逐年上升趋势。在国企改制中有些企业不依法，不合规，导致国企改制带来很多遗留问题，集中表现在职工解除劳动关系补偿，下岗职工安置，拖欠工资、集资款，养老、医疗、失业保险等切身利益问题。

（3）拆迁居民维权。近年来，在城市化发展中，拆迁引发的社会冲突增加，特别是《物权法》出台后，拆迁面临的处境更复杂，因拆迁引发的群体性事件时有发生。

（4）社会不满分子。任何一个社会都存在不满分子、异己分子、愤世嫉俗者。当他们遇到合适的环境、时机时，往往会跑出来向社会和政府表达不满，发泄其心中的愤恨情绪。

（5）敌对分子。从内部来讲，既有国家的敌人，也存在执政党的反对势力，还存在社会的反叛者。从外部来讲，还有各种敌对国家、敌对集团、敌对分子，有些敌对势力就会采取各种手段趁机挑动，制造各种事端，策动骚乱甚至暴乱，以实现其企图。西藏“3·14”事件的主体就是由西藏分裂集团和外国反华敌对势力所组成。

2. 行为方式多样化

（1）集体上访；

（2）集会抗议；

（3）静坐示威；

（4）围堵公共场所；

（5）阻断交通；

（6）殴打攻击无辜群众；

（7）打砸抢烧公共设施；

（8）袭击警察与执法人员。

二、群体性事件的成因

群体性事件作为一种社会现象，是客观事物矛盾和外部条件相互作用的结果。它的存在和发展，既有历史和社会矛盾内在变化的本质因素，有其必然性的一面，又有现实社会外在的诱发因素，有其偶然性的一面，其成因是多方面的。在我国现阶段，群体性事件呈现出高发态势，并不是随意发生的，而是基于现实的经济、政治、文化土壤，也是基于现实社会的矛盾冲突。

（一）法律法规的不完善和缺失是引发群体性事件的深层原因

改革开放三十多年来，在社会主义计划经济向社会主义市场经济转型的过程中，我国的所有制格局发生了重大变化，社会阶层进行了新的整合，分配方式出现了多元化，这些变革极易导致社会各阶层之间的不平衡，引起社会利益冲突和公众情绪的不稳定。但由于我国的法律制度建设明显落后于社会、经济、文化的发展变化，造成了新出现的许多矛盾和问题，无法在法律框架内找到相关的解决依据，损害了公民的权利，这是引发群体性事件的深层原因。另外，征用土地补偿的法律规定不完善，严重损害了农民的利益。随着农村城市化进程的推进，农村土地被大量征用后，出现了大量不仅失地和失业者，成为影响社会稳定的重大隐患。现行的补偿标准缺乏依据，得到的补偿与市场价有很大差距，没有确立科学合理的完全补偿原则，频频引发群体性事件。体现为行政权力干预过强，介入过深，不仅存在强制拆迁，还存在着暴力拆迁等现象。以上种种原因导致了城市拆迁改造引发的群体性事件居高不下，甚至形成拆倒就闹的局面。

（二）社会分配不公

当前，我国居民收入在不同人群之间的分配差距日益扩大，2004 年我国衡量个体间收入差距的基尼系数为 0.6，超过了国际公认的警戒线 0.4，而根据国际标准，基尼系数在 0.4 以上就表示分配的不均。收入分配差距作为市场经济的必然产物，如果适度，则有利于促进竞争，提高效率，但过大的差距则会带来诸如贫困、社会中低收入者得不到发展与改善自已处境的机会等一系列后果，甚至会引发社会动荡，妨碍整个经济社会的稳定发展，“我们当前遇到的许多矛盾，都是收入分配差距过大的直接结果”，改革的过程是对利益格局进行再调整的过程，由于市场经济发达程度不够，生产力水平相对落后，分配体制和机制的不完善，使利益分配不公的现象将在一定时间内长期存在，不但导致收入差距拉大，还同时伴生各种利益摩擦和冲突。

（三）部分国家工作人员贪赃枉法，暴力执法

我们党和政府一直都在与腐败现象做斗争，但现实情况并不容乐观，因贪污贿赂而落马的官员不在少数。部分领导干部在工作中大搞权钱交易，甚至买官卖官，大捞不义之财，无视群众的疾苦困难。各种腐败现象破坏了整个社会公正和公平秩序，导致人民群众对社会的公正性产生怀疑继而不满，使领导干部们所代表的政府脱离群众，失去民心。当前我国正处于社会转型的关键而困难的时期，城镇、农村

居民都面临着很多困难，但当他们有了困难和问题找到政府时，一些政府工作人员却对群众的冷暖疾苦漠不关心，对群众反映的问题不闻不问，有时用简单的几句话就将群众打发了，有时不但不做必要的疏导、说服工作，反而对群众态度粗暴、恶劣，引起群众积怨不满。而且行政执法部门的部分执法人员在行政执法过程中存在有法不依、执法不公、滥用职权等腐败行为，以及在行政管理中养成的不良作风，严重侵害了群众的利益，挫伤了人民群众的感情，日积月累，受伤害的群众面会越扩越大，矛盾也会越积越深，逐步发展为群体性事件。

（四）利益诉求渠道不畅通

理性化的沟通渠道是现代社会的特征之一，也是现实社会稳定的主要制度之一。一般来说，较畅通的理性化沟通渠道与较高程度的政治稳定之间有着深刻的内在联系，畅通而广泛的社会沟通渠道有利于政府官员广泛听取群众意见和建议，正确把握民意，做出符合大多数人利益的科学决策，有效消除或减弱政府行为与公民之间的矛盾，避免因不当政策而引起的社会不满。在利益主体已经多元化的今天，利益表达的问题，特别是弱势群体的利益表达问题，已经是一个无法回避的问题。建立起相应的利益表达机制，是构建和谐社会的重要环节。但弱势群体在社会中处于弱势地位的现状，决定了他们很难表达出自己的利益诉求，“在涉及他们利益的时候，往往要靠政府和大众媒体来为他们说话”。由于我国个别基层组织管理协调能力不高，干群关系弱化，官僚作风存在，信访工作没有真正落到实处，渠道不畅，群众反映的问题在一些正常渠道没有得到及时解决，使一些人民内部矛盾逐步转化为影响社会稳定的社会矛盾。

三、和谐社会语境下群体性事件防范和应对机制

为了维护社会稳定，促进社会进步，各级政府和公安机关要以社会和谐为目标，认真总结借鉴世界各国应对群体性事件的经验，制定正确的方针、政策、战略和原则，创新群体性事件的防范和应对机制，妥善防范和应对群体性事件。

（一）坚持以人为本，切实维护群众合法权益

群体性事件发生的直接原因一般都与群众切身利益有关。现实中，一些地方在经济发展过程中，存在政府与民夺利的问题，严重损害了群众的利益，而受害群体权益通过正当渠道难以得到维护，很多纠纷长期得不到解决，群众积压的不满情绪得不到有序的释放，最终就会形成一股势力强大的洪流来冲击社会，形成危害性很大的群体性突发事件。当前最主要的就是在农民征地、城市房屋拆迁、企业改制重组、移民安置补偿、农民工讨要工资等方面存在当事人利益严重受损害的现象，公安部2004年统计显示，劳资关系、农村征地、城市拆迁、企业改制重组、移民安置补偿等问题，是酿成群体性事件的直接原因。据统计，当前中

国社会群体性突发事件中，农民维权约占35%，工人维权30%，市民维权15%，这三者占了群体性事件总量的80%，是群体性事件的高发区，必须引起高度重视。各级领导干部在开展各项工作时，必须首先坚持以人为本，树立正确的群众观，真心实意为人民谋利益，切不可牺牲群众利益。

（二）制定科学的应对群体性事件的公共政策

社会利益追求、社会矛盾、社会冲突是社会发展过程中客观存在的。每个人、每个群体、每个阶层都有其利益追求，而在各自追求自身利益最大化过程中，可能会因为种种原因发生矛盾，当矛盾达到不可调和时就可能发生冲突。在整个社会利益链条中，群体性冲突是最具有变数的一环。为了妥善处理群体性事件，执政者就要从各个环节入手，正确看待每个社会成员、每个群体依法维护自身权益的正当性和合理性，鼓励各个阶层追求利益的合法化、合理化、人性化，科学制定出合理的社会政策，寻求社会利益分配的公平公正，保持社会利益的平衡性。为此，应该建立社会矛盾发现机制，健全矛盾排查体系，及时化解各种矛盾。只要发现了新矛盾，就应该及时制定与之相适应的公共政策，采取措施予以解决，防止社会矛盾的不断累积，防止矛盾尖锐化而引发社会冲突。

（三）创建利益表达新机制

在和谐社会建设环境下，人民群众的利益追求是多方面、多层次、多样化的。人民群众不仅在政治权利、经济利益、社会利益、文化教育权利、宗教信仰自由等方面，而且在日常社会生活方面，都在不断追求宪法和法律所规定的权利。要通过创建多样化的利益表达机制，让人民群众依法拥有合法的利益表达机会、合法的利益表达平台、合法的利益表达维护手段，使那些深感不平的人们能够通过这些机制将不满情绪发泄出来，这样不仅可以舒缓精神压力，还可以把自己的利益诉求反映出来，争取获得支持，从而极大地减少不满者直接到街头发泄不满情绪，减少街头暴力冲突的发生。在信息化时代，鼓励群众利用网络作为表达利益追求的渠道和平台，是值得推广的新模式。

（四）建立利益冲突平衡新机制

和谐社会要靠全社会共同建设，而和谐社会建设的根本出发点是要解决好不同群体、不同阶层、不同集团、不同组织的利益平衡问题。社会冲突因利益追求和社会矛盾而起，解决社会冲突就应该从协调利益关系入手。要建立起利益平衡的社会管理新机制，争取使各个不同阶层的利益追求都能够找到平衡点，只有这样，才能更好地维护不同阶层的利益，进而维护社会稳定。在处理由经济利益引发的群体性事件过程中，党政部门和执法机关特别要注意防止利益集团（包括一些国资控股的大型公司）假借政府强力之手，牟取不义之利，要注意保护弱势群体的利益，缩小贫富差距。

和谐社会语境下的群体性事件研究

——谈群体性事件的含义、类型及其处罚

李 丽

改革开放以来是中国经济体制迅速转型、经济快速发展的三十多年。在转型和发展的过程中，由于社会利益的多元化，一些发展过程中累积的社会矛盾进一步凸显，群体性事件呈现多发、高发态势，极大地冲击了社会的基本秩序，同时对于经济发展的整体环境也造成了很大的负面影响。因此，群体性事件的妥善处置已经成为法学理论所面临的新课题，同时也是对各级党政机关执政能力的考验。本文将从群体性事件的概念及类型研究着手，通过对其特点与类型的把握，分析刑法理论所应进行的调整与应对，在理论与实践相结合的基础上对此问题进行初步的探讨。

一、群体性事件界定及其类型研究

（一）群体性事件界定

群体性事件由于其政治上的敏感性，中国的社会科学家多将其视为研究的雷区而不敢涉及，少有的研究基本上还停留在现象的认识阶段，大都将其概念化为社会不稳定因素和表现，有的甚至将起因、诉求、指向、表现各不相同的事件做简单化的政治解读，界定为“社会敌意事件”。

“群体性事件”并不是一个严格意义的学术概念，它作为一个“政治术语”最初出现在官方的一些文件之中，但并没有给出一个明确的定义。群体性事件这一概念在20世纪50年代后期被称之为“群众性闹事”，20世纪80年代初至80年代后期被称为“治安事件”，20世纪80年代末90年代初开始被称为“突发事件”。[①] 20世纪90年代中期以来，公安机关称其为“紧急治安群体性事件”。近年来我国官方和许多报纸杂志发表的文章称之为“群体性事件”。2000年4月5日公安部颁发的《公安机关处置群体性治安事件规定》把“群体性治安事件”

作者简介：李丽（1989—），女，河南南阳人，西南政法大学法学院刑法专业硕士研究生。

① 中国社科院著：《社会发展蓝皮书》，社会科学文献出版社2004年版，第35页。

定义为“聚众共同实施的违反国家法律、法规、规章，扰乱社会秩序，危害公共安全，侵犯公民人身安全和公私财产安全的行为”。这应是官方公开文件中较为正式的表达。根据这个定义，有学者认为，“群体性事件”是指聚众共同实施违反国家法律、法规、规章，扰乱社会，危害公共安全，侵犯公民人身权利和损害公私财产安全的社会事件。[①] 然而，有学者认为这些定义“在中国的语境里一味强调群体性事件的危害性、违法性特征，甚至认为这种事件同一般的‘群体利益的表达行为’有本质的区别，在经验上和学理上是经不起推敲的”。[②] 因此，希望赋予这一概念更大的包容性。

（二）群体性事件的主要类型及特征

群体性事件可划分为四类：基于权力指向的事件、基于利益表达的事件、基于情绪宣泄的事件、基于理念声张的事件。

其一，基于权力指向的事件。这些事件虽然并不一定直接、鲜明地指向政权，但其根本目标却在于挑战政权。虽然这种群体性事件多发生在少数民族地区，但是应将其与民族群体性事件清晰分辨开来。不少民族群体性事件确实具有较强的暴力性、破坏性和激烈性，但从本质上看仍然是人民群众在根本利益一致基础上的矛盾。

其二，基于利益表达的事件。顾名思义，“基于利益表达的群体性事件”由具体的经济利益引发，目的在于维护、争取和实现自身利益，如云南“孟连事件”和甘肃“陇南事件”。[③] 这主要是因具体的经济利益受损而起，目前这类事件占所有群体性事件的80%以上。其特征是：由特定群体实施，有明确利益诉求，表现出一定的组织性，行为方式相对温和，诉求对象比较明确，化解相对容易。对于政府而言，化解这类事件相对来说是最简易的，因此多被政府称作“用人民币来解决的事件”。

其三，基于情绪宣泄的事件。近些年来，发生了多起没有具体利益诉求、重在发泄不满的群体性事件，如重庆“万州事件”、安徽“池州事件”、湖北“石首事件”和贵州“瓮安事件”等。这种“基于不满宣泄的群体性事件”正越来越引起社会的关注。这些事件主要是由偶然事件引起，参与者直接的利益关联度不大，对于这些事件来说，“参与者与事件的直接诱因或导火索并无利害关系，甚至与当事人素不相识，属于无利益相关方。他们参与实施群体性事件，从表面上看是对处于弱势地位当事人的同情、对政府或警方处置方式的不满，但从深层

---

① 林维业、刘汉民著：《公安机关应对群体性事件实务和策略》，中国人民公安出版社2008年版，第1页。

② 王国勒：《社会网络视野下的集体行动》，中国人民大学博士论文，2008年，第5页。

③ 宋常青：《直击陇南事件》，《瞭望》新闻周刊2008年第47期。

次分析却源自对当地施政偏差所造成的问题和矛盾，以及社会分配不公、官员腐败堕落、环境污染加重等现象的不满”。由于没有明确的指向，再加上不良情绪的宣泄，极易使参与者的行为失控，进而形成暴力事件，因而化解也比较困难。

其四，基于理念声张的事件。参与者的行动目标既不是为了维护和实现自身的经济利益，也不是发泄不满情绪，而主要是为了追求某种理念或者公益事业或者某些权利尤其是政治权利，行动带有较强的主动性。进入新世纪以来，在一些农村地区围绕村委会选举因村民自治权引发的群体性事件呈多发态势。2002 年在浙江省永康市古山镇前黄村发生的“选举风波”就是一个典型案例。[①]“基于价值追求的群体性事件”往往由特定群体实施，带有较强的组织性，诉求对象为执政者或权力机关。就化解难度而言，对那些有法律明确规定、在广大区域内已经落实、只是在特定范围内没有执行的“权利诉求”化解起来较为容易，相关部门认真执行法律规定就可以了；但对于那些追求法律之外权利和对执政方式提出异议的群体性事件，由于其价值追求涉及法律修订和政策调整，真正化解起来难度很大。就目前状况来看，主要以农民维护村民自治权的形式展现出来。但是，随着经济社会的发展和人们权利意识的觉醒，此类群体性事件必将呈现出日渐增多的态势。

和谐社会的总体要求是民主法治、公平正义、诚信友爱、充满活力、安定有序、人与自然和谐相处。然而，群体性事件严重破坏正常的社会秩序，与和谐社会安定有序的要求背道而驰，已经成为影响构建和谐社会的突出问题。不得不承认，由于对和谐社会机械僵化的解读，实践中出现一种现象：动辄将事情提升到政治高度，予以严惩。刑法作为维护社会公正的最后一道防线，明确刑法对群体性事件的基本立场及处罚是必要而有实际意义的。

二、群体性事件的刑法基本立场及处罚

“刑事政策是刑法的灵魂与核心，刑法是刑事政策的条文化与定型化。”[②] 根据这一定义，群体性事件作为民众诉求的一种极端表达方式，不能一味进行打击与压制，而应代之以规范的法律渠道进行处理。群体性事件大多为“官员”不作为以及与民争利等原因引发，是社会“弱势群体”与“精英管理者”的对抗，故在适用《刑法》上应慎之又慎，在司法实践过程中应当避免“一刀切”的做法，即不能简单粗暴地将群体性事件理解为恐怖活动或者暴乱，一味强调打击，当然，对一些借群体性事件之名，行自己非法目的之实者也不能抱着息事宁人的态度，一味妥协。在群体性事件的刑罚适用原则上，应当在保护具有合理诉求的

① 熊伟、杨志敏、李正超：《浙江前黄村选举风波》，《中国改革》（农村版）2002 年第 7 期。

② 陈兴良：《刑事政策视野中的刑罚结构的调整》，《法学研究》1998 年第 6 期。

民众利益的同时，积极体现与发挥“刑罚刚性”，有力惩治群体性事件中的恶性犯罪行为。

在能够动用其他救济手段保护法益的时候就不要动用刑罚手段，在刑罚适用的严厉程度上，能够用较轻的手段调整违法行为的时候就不要用较重的手段。

对此类利益诉求人发动刑罚则会使得民众质疑刑罚乃至国家公权力的公正性，而这会进一步滋生群体性事件的土壤。目前许多群体性事件大致都存在类似的发展逻辑：地方政府对于群众的意见或要求采取“堵、塞、压”的态度，对群众反映的问题不做实质性处理，这种政府不作为的结果使得政府公信力受到质疑，群众也不再选择合法途径反映问题，而是抱着“大闹大解决、小闹小解决、不闹不解决”的心态，以极端手段将矛盾激化以图受到更高级别政府领导的关注，进而引发群体性事件。

刑罚的确可以在短时间内对犯罪趋势进行一定程度的遏制，但是从长期来看，由于群体性事件中大部分仍然是人民内部矛盾的一种极端反应，其不断发生是有其社会、经济发展的必然性的，如果对所有涉案人员都强调刑罚的严厉适用，就可能会削弱刑罚效益，并且在很多场合可能会进一步激化社会矛盾。因此，在群体性事件的处置过程中，应当严格控制刑罚的发动范围，而以矛盾的疏导为处置的基本着力点。

（一）坚持宽严相济的刑事政策，适当严惩群体事件中的少数黑恶势力

在群体性暴力事件中，应根据组织者、参与者等行为人的分工不同、作用不同、介入群体性暴力事件的程度、情节，包括起因、所起的作用大小、次数、后果等，区分主犯、从犯、胁从犯、教唆犯，区分初犯、偶犯和再犯、累犯，结合事件所造成的实际损失、不良影响的大小，确定其刑事责任的有无及大小，实现法、理、情的协调。此外，对一些人身危险性、主观恶性不大、有合理诉求的行为，以及被害人有过错的情形，例如妨害公务罪中，警察、官员等非“依法执行公务”、粗暴执法引起冲突、激发行为人的激愤情绪、实施激情犯罪的，应当从宽处理或不作为刑事案件处理。

“群体是刺激因素的奴隶，传染的现象，也对群体的特点起着决定的作用，同时还决定着它所接受的倾向。”① 群体性事件演化进入暴力阶段，很大程度上是少数黑恶势力针对集体无意识的群体予以暴力煽动的结果。对于此类事件中的少数黑恶势力，像西藏拉萨的“3·14”事件和新疆乌鲁木齐的“7·5”事件中利用人民内部矛盾，蛊惑群众，散布谣言，蓄意破坏国家稳定，企图颠覆国家政

---

① ［法］古斯塔夫·勒庞：《乌合之众——大众心理研究》，冯利克译，中央编译出版社2004年版，第67页。

权的宗教极端势力、国际恐怖主义及境内外的民族分裂势力，应当坚决运用刑罚手段予以惩治。从刑法规范引导价值的层面来看，严惩此部分人还可以有效防止群体性事件的暴力传染与暴力示范效果，使得群体性事件的潜在发动人群意识到群体性事件的法律后果，从而间接干预抑制这些潜在发动者的心理，从而减少恶性群体性事件的发生可能。

（二）群体性事件处理机制必然要求从严治腐

重建政府的公信力其中的一个重要手段就是秉承依法治吏、从严治吏的原则，对于因公职人员的失范行为或者犯罪行为而引发群体性事件的，可以视为情节严重或者行为特别恶劣，进而追究相关人员的刑事责任。

从总体上说，处理群体性事件要高度重视，诚信相待，灵活处理。

我们必须明确认识到，群体性事件与和谐社会格格不入。群体性事件的发生，舆论关注，社会关注，上级领导也关注，影响社会的安定稳定。群体性事件多了，不仅影响到一个地方构建社会主义和谐社会的大政方针的落实，而且本身也是一种不和谐的症状。可以说，不能有效地、及时地、妥善地处置群体性事件，构建社会主义和谐社会就无从谈起。

处置群体性事件必须坚持和谐的原则、和谐的方法。构建和谐社会，不仅是一个目标、一个方向，而且也是一个过程，是一种实实在在的具体实践。不能说群体性事件影响和谐，就采取压服的办法，靠暴力的手段，那样只能导致更大的不和谐。所以，做工作要尽最大努力增加和谐因素，尽最大努力减少不和谐因素。

妥善处理好一起群体性事件，就是做好一批群众工作，就是增进社会和谐。妥善处理好一起群体性事件，做到当事人满意，社会满意，就是一种公平正义的实现。如果一起群体性事件的处置能够带动、促进同类问题的系统解决，则社会矛盾必然大大减少。

处置群体性事件要特别强调政策指导。在政策与法律的运用上，应该体现作为执政党应有的高姿态和自信心。要有执政为民的爱民心，充分的政策灵活性和大度的宽容心，才能有一个好的立场和出发点。如果过多地在群体性事件本身的行为细节上计较，就很容易引致政府同群众的对立。

结语

群体性事件在一定时期内将仍是我国政府所必须面对的社会主要问题之一。刑罚特有的威慑与规范效果必然使其成为群体性事件重要的处理机制之一。但是我们必须清楚地意识到，要从根本上处置群体性事件，仅仅依赖于刑罚手段是绝对不够的，最好的刑事政策就是最好的社会政策。此外，我们还应当反思与完善现有的经济政策、分配制度与法律保障措施，从根本上消除至少是减少群体性事件的发生风险。

和谐社会与群体性事件的解决机制

叶　潇

一、群体性事件概述

（一）群体性事件的定义

在国外，社会群体以集会、游行、示威、罢工等合法形式表达合理诉求的现象被称为“集合行为”“集群行为”，而当这类行为中群体违法或者犯罪则另叫“骚乱”或“骚乱事件”。与国外客观定义群体性事件的态度不同，我国官方对群体性事件的认知则不断在变换：20 世纪 50 年代至 70 年代，群体性事件被描述为“群众闹事”“聚众闹事”；80 年代，改称“治安事件”“群众性治安事件”；90 年代，新称作“突发事件”“治安紧急事件”；本世纪初至今，称为“群体性事件”。在 2004 年 11 月中共中央办公厅和国务院办公厅转发的《关于积极预防和妥善处理群体性事件的工作意见》中，官方首次以“由人民内部矛盾引发、群众认为自身权益受到侵害，通过非法聚集、围堵等方式，向有关机关或单位表达意愿、提出要求等事件及其酝酿、形成过程中的串联、聚集等活动”定义群体性事件，[①] 不可否认，此次定义清晰地指出了我国群体性事件的特殊诱因及爆发目的，较之之前更为客观、科学，但依旧未正视群体性事件中合法、合理的部分。

（二）和谐社会中群体性事件的特殊性

在当前我国致力于构建“民主法治、公平正义、诚信友爱、充满活力、安定有序、人与自然和谐相处”的和谐社会的大背景下，首先需要明确的是，群体事件是由于人民内部矛盾而引发的，在定性上要准确，不能将群体性事件认为是反社会反政府的行为。群体性事件由于其参与人数的不特定性、涉及利益广泛性及影响深远性等特征，如若得不到正确及时的解决，极有可能导致更大规模的群体性事件乃至骚乱，势必影响和谐社会的构建。

作者简介：叶潇：（1991—），女，四川成都人，西南政法大学法学院刑法专业硕士研究生。

① 郭锐、宋丽红：《大众传媒与群体性事件处理：作用及功能》，载《长江论坛》2010 年第 1 期。

在和谐社会中群体性事件具有其新的特点。第一，在改革不断深化，利益格局不断调整的情况下，产生一些人民内部矛盾难以避免。无论是政府还是公众都应正确看待群体性事件的爆发。第二，由人民内部矛盾引发的群体性事件，总的来说属于人民内部矛盾性质，但一些群众要求的合理性又同反映形式的违法性交织在一起，甚至出现违法犯罪现象、被不法分子别有用心地利用。① 因此在解决群体性事件的过程中，要谨慎区别对待，既要保障群众的合法诉求得到公正处理，也要对违法行为及不法分子严惩不贷。

反观以往我国曾发生的群体性事件不难看出，其之所以会爆发的原因不外乎利益冲突、政府不作为或乱作为、群众维权心理失衡及相关法律措施不完善这几个主要原因。随着构建和谐社会的步伐不断迈进，公众的和谐思想意识也日益提高，其爆发原因也日益多元。主要表现在公众越来越多地为了社会公共利益而组织或参与群体性活动，诸如云南昆明反化工厂静坐活动、四川什邡反化工厂游行示威活动、反日游行等。越来越多的群体性事件是为了维护社会公众利益，这不仅反映了公众思想意识的提高，也决定了针对和谐社会构建过程中群体性事件的解决方式必然不同于以往为了个人利益或者小部分人利益而发生的群体性事件的解决方式。

由人民内部矛盾引发的群体性事件，已经成为当前影响社会稳定的一个突出问题。胡锦涛总书记曾指出，在深化改革、加快发展的过程中，正确处理人民内部矛盾和群体性事件，对于保持社会稳定、为全面建设小康社会创造良好的社会环境具有十分重要的意义。②

二、和谐社会语境下群体性事件解决机制的现状及存在问题

（一）和谐社会语境下群体性事件解决机制的现状

严格来讲，我国目前并未将群体性事件这一本身也属于法律纠纷类型（群体性纠纷）的行为纳入法律的解决范围。所以，我国现在使用的群体性事件解决机制更多的是行政手段。③ 笔者根据对近十年较有代表性的群体性事件的处理过程及结果的阅查，总结如下：

第一，无法可依，政府被动应急。

我国到目前为止尚没有一部专门的群体性事件应急法，没有严肃、系统的群体性事件应急教育，更没有"只要是地方一把手就可以完全控制某次突发群体性事

① 胡锦涛著：《论构建社会主义和谐社会》，中央文献出版社 2013 年版，第 25 页。

② 胡锦涛著：《论构建社会主义和谐社会》，中央文献出版社 2013 年版，第 31 页。

③ 程伟：《对当前我国群体性事件频发原因的再认识》，载《社科纵横》2011 年第 2 期。

件”这一绝对命题，所以不管是出于地方政绩的考虑还是直接领导人前程的担忧，政府都宁愿首先静观其变，再讨论甚至报备应急方案，绝不会及时且主动地提出谈判建议。从某些角度来讲，政府的被动应急也是一种紧急状况下的无奈之举，但这难免会进一步刺激“盛怒”下的参与民众，因为他们激烈表达自身诉求的行为未能直接实现他们的目的——要求政府与之协商、谈判，甚至直接妥协。

第二，无法可限，过分依靠并滥用警力。

无法可限的“限”，是限制。一方面，不管我国的群体性事件未来会发展成何种性质，至少目前看还是危及社会长治久安的一种行为，我国公安机关有权力也有责任协助政府平息群体性事件，但在各地处置群体性事件的实践中，政府习惯性让公安机关一直站在最前面与民众对峙甚至抗衡，即便制定了应急方案也不会主动让公安机关退出某次群体性事件的处理，过分依靠警力；另一方面，我国公安机关行使着维护社会治安和刑事侦查的双重职能，在行使不同的职能时拥有不同的权限，法律对公安机关司职刑事侦查时的职责权限有较为明确的规定，但在执行维护社会治安这一本身比刑事侦查要复杂得多的职责时，国家法律并无太多细节规定，尤其是面对群体性事件这一掺杂政治敏感性的危及社会治安的问题时，公安机关基本处于“平息为主，手段随意”的“自由发挥”状态，因而一些群体事件处理中被曝利用警察身体和工具的明显优势强势平息自然也就不足为奇。①

第三，无法可循，擅作结论。

由于没有法律从发生原因或表现类型上对群体性事件作过直接的厘定，因而不少地方发生群体性事件后，领导人为及时给社会和上级一个交代，通常都会在未作深入调查或调查结果尚未出来之前给事件扣上一顶“受境外势力、不法分子煽动、利用”的帽子，继而混淆公众对群体性事件的关注重点，直接将群体性事件界定为“政治行为”，刻意掩盖或不经意忽视背后的事实真相。

第四，无法可督，隐性处理。

我国虽也有“政务公开”之说，但行政的东西本就可左可右，即便政府不执行也难以有实质性的惩罚措施，尤其是在现今我国将构建和谐社会作为首要目标，所以地方政府本着“维稳压倒一切”的目标促使多数地方“低调”处理群体性事件，甚至直接对外封口，即便对发生地民众最后也不大可能公布调查结果，更别谈处理结果。

（二）和谐语境下群体性事件解决机制存在的问题

一个成熟的法治国家，一切的纠纷都应该诉诸系统的法律解决机制，在构建和谐社会的大背景下也不例外。固然和谐社会强调人民内部、公众与政府的和

---

① 杨海坤：《群体性事件有效化解的法治途径》，载《政治与法律》2011 第 11 期。

谐，但这绝不代表可以用超出法律或违背法律的方式达成另一方或者双方满意的结果。法律，尤其是刑法，在构建社会主义和谐社会的过程中仍然肩负着解决社会纠纷、维护社会秩序的重任。

然而，从近十年的国内处理群体性事件的实践操作来看，不管是成功处理还是失败收尾的群体性事件基本都没有法律手段的身影。具体说来，主要表现在三个方面。

第一，协商机制缺失导致难以化解。

从群体性事件的有效化解说起，诚如中国人民大学毛寿龙教授所言，“群体性事件发生的根本性原因在于个人无法找到协商机制和利益维护机制”。① 所以，当这个群体维护自身合法权利的决心与乏善可陈的官民沟通机制相碰撞时，他们只能相互联合并通过“人治”特征明显的非正常手段——发起群体性事件博取政府的重视和大众媒体的注意，以换取问题解决的可能性。

第二，缺乏法定处置程序导致处置情况迥异。

从我国群体性事件的处置实践来看，由于不具备一般性的群体性事件法定处理程序，事件发生地的领导应急能力会直接关系到某次群体性事件的有效解决甚至再发生率之高低。这样粗糙的因果链条给不同地方、不同诱因、不同规模、不同性质的群体性事件的解决情况增添了未知性和不确定性，造成不同地方政府截然不同的应对态度和处理手段，在处理过程中往往会出现滥用警力导致矛盾升级的情况。

第三，没有法定监督导致不了了之。

在我国，并没有专门的法律规范群体性事件的解决，自然也没有专门的机构监督群体性事件的处置。大部分群体性事件背后都有深刻的“官民矛盾”且其发生会影响当地政府的政绩考核，所以“压一压”“遮一遮”几乎成了官员们应对群体性事件的共识，利用行政力量干预媒体监督自然不在话下。这样的结果就是行政部门越发随意地解决群体性事件，表面平息了民众的愤怒实则为民众下次更大的爆发“注射能量”。

三、和谐社会语境下完善群体性事件解决机制的构想

群体性事件的存在是我国选择多元化发展道路无法回避的问题，所以我们应该寻找的答案不是如何消除群体性事件（事实上也不可能），而是利用完备的法律制度体系对之予以积极的引导和规制。与此同时，我们也应紧紧把握现今和谐社会之大背景，重视和谐思想对公众和执法人员的引导作用以及对有效预防群体

---

① 陈晓红：《群体性纠纷的审理现状及应对方法》，载《法律适用》2010 第 8 期。

性事件的积极作用。

（一）构建我国群体性事件法律解决机制

1. 修改、完善《集会游行示威法》

利益的矛盾和冲突，和其他的矛盾相比，有个特点，就是它还是一个最理性的东西，是能谈的，是可以用讨价还价、协商、合议这样的方式来解决的。[①] 所以，构建一个切实可行的利益协商机制在我国群体性事件的化解、解决甚至重建上至关重要，这需要立法部门以保护和引导的态度重新修改《集会游行示威法》，减少权力限制条款，降低使用门槛，增强其操作性。

2. 出台群体性事件应急法

没有群体性事件应急法的直接后果就是各地政府解决群体性事件时凭感觉、讲经验，完全忽略整个处置过程的程序性，无法形成科学的处置体系，即便成功解决也难逃运气成分，对其他地方的“经验教育”缺乏说服力。

3. 建立责任追究法律制度

责任追究是针对群体性事件平息之后，政府不当处置和参与者多余行为造成严重后果而言的。对政府官员的追责应该跳出内部追责进入法律问责，制定包括问责标准、问责程序、问责范围、问责主体在内的，全国统一、结合实际的问责法律法规。[②] 而从参与者的角度来讲，不管是出于什么原因参与集体请愿都应该遵循法律规定，履行相应义务，但目前能处罚违法参与者行为的只有《刑法》《治安处罚法》《集会游行示威法》中较为宽泛的规定，笔者认为应从参与者构成刑事犯罪的具体标准、违反《治安处罚法》的具体处置措施、符合“聚众请愿”具体形式等方面详细入法阐述，不冤枉守法的请愿者也不姑息违法的参与者。

（二）注重并贯彻和谐思想的积极作用

关于这一问题，主要表现在和谐社会对群体性事件的预防作用以及在处理具体群体性事件中和谐思想对公众及执法者的引导作用。

1. 继续全面推进社会主义和谐社会的构建

刑法学家李斯特说过“最好的社会政策就是最好的刑事政策”，[③] 纵观过往群体性事件之起因，无外乎公众个人利益或公共利益受侵害，得不到及时有效合理的保护与补偿。试想，如公众所处的是一个政治、经济、文化和谐发展的社会，不必再担心食品安全、环境污染、老无所依、个案不公等问题，又怎会触发

---

① 来晓红：《预防与处置群体性事件的法律原则》，载《中共银川市委党校学报》2011 第 12 期。

② 陈月生著：《群体突发事件与舆情》，天津社会科学院出版社，第 255 页。

③ 许福生著：《刑事政策学》，中国民主法制出版社 2006 年版，第 315 页。

群体性事件？基于此，政府应不断制定、完善并切实贯彻各类社会政策，结合民间力量努力构建和谐社会，从而有效预防群体性事件及其他违法犯罪行为的发生。

2. 贯彻和谐思想之引导作用

妥善处理涉法上访信访制度丰富了我国的多元化纠纷解决机制。实践来看，大部分群体性事件的前置步骤都是上访，普通民众尤其弱势群体对这一救济途径期望颇高，但随着上访率与地方政绩挂钩，依靠上访争取合法权益的收效甚微甚至因此受到二次侵权——这样的结果无疑会加剧民众与政府的矛盾，引发群体性上访甚至其他恶性群体性事件，[①] 因而妥善处理涉法上访既是有效解决民众诉求的方式更有可能是有效避免群体性事件的关键所在。

在爆发群体性事件后，有关机关应转变“稳定高于一切”的单一理念，以和谐思想为指导，合理有效地对其进行引导解决。群体性事件的爆发必然在一定程度上破坏社会秩序，影响社会和谐与稳定，但具体而言，应健全完善行政复议制度与行政复议不作为问责制度，尽可能降低行政乱作为率和不作为率，最大范围保护行政相对人的合法权益。引导调解结案，建立与公众的对话平台，了解公众的真正需求，从根本上解决问题，而非一时性、暂时性地平息事件。

3. 切实解决关系群众切身利益的问题

这就要求各级党政机关、社会团体要深入群众，关心群众，聆听群众的真实诉求，要坚持依法办事，坚持按政策办事，坚决维护群众的合法利益，坚决维护社会稳定。对法律和政策有明文规定的，要督促有关方面及时有效地采取相关措施；对群众的合理要求，要尊重并维护，因条件不具备短时间内无法解决的问题，要深入细致地做好说服教育工作，要理解群众的冲动行为、不理智情绪，不能主要依靠武装镇压来解决。

结　语

立足我国当前全面建设和谐社会的背景，结合当前我国法律体制对群体性事件的解决机制，我们必须在推动社会发展的过程中协调好各方面的利益，维护和实现社会公平，加强社会建设和管理，切实维护社会稳定，这是预防群体性事件爆发的有效前置措施。在群体性事件爆发后，要正确对待，坚持解决实际问题和做好思想政治工作相结合，同时针对当前的突出问题，区别不同情况，抓紧建立健全相关的法律法规，把解决群众切身利益的工作纳入制度化法制化的轨道，这是正确处理人民内部矛盾的根本途径。

---

① 孙立平：《“不稳定幻像”与维稳怪圈》，载《人民论坛》2010 第 7 期。

和谐社会与群体性事件的刑罚处置

蒋琴琴

构建社会主义和谐社会是中共十六届六中全会通过《中共中央关于构建社会主义和谐社会若干重大问题的决定》而正式确立的，构建社会主义和谐社会是一个不断化解矛盾的过程，是一项长期而艰巨的任务。而群体性事件是一种具有一定的历史因素同时混杂着中国经济、政治体制改革过程中体现出来的新特征的不利于稳定的社会事件。和谐社会的建设要求必须处理好各种影响社会和谐稳定的因素，在"以人为本"的理念之下用各种合法合理的治理社会的手段达到建设和谐社会的目的。群体性事件的处置不仅需要完整的国家处理机制，还需要国家完善与民生相关的社会保障措施，以此来杜绝群体性事件的发生。如何使用刑罚对群体性事件发生以后落实相关人员的刑罚处置，是本文对作为群体性事件国家处理中刑法处置的一种解读，希望在"以人为本"的理念之下正确地适用刑罚，实现刑法的保护机制与保障机制。

一、和谐社会中群体性事件的概述

（一）群体性事件的概念与发生原因

群体性事件的概念众说纷纭、争论不一。中共中央《关于积极预防和妥善处置群体性事件的工作意见》中将其定义为：人民内部矛盾引发的、群众认为自身利益受到侵害，通过非法聚集、围堵等方式，向有关机关或者单位表达意愿，提出要求的群体上访等群体性事件及其酝酿、形成过程中的串联、聚集等活动。公安部在《公安机关处置群体性事件规定》中第2条提到：群体性治安事件是指聚众共同实施的违反国家法律、法规、规章，扰乱社会秩序，危害公共安全，侵犯公民人身安全和公私财产安全的行为。有学者把群体性事件分为广义和狭义，广义的群体性事件，是指公开自发聚集向政府有关部门表达意愿和要求，或大规模地聚众械斗的行为。狭义的群众性事件是指公开、自发、聚众、共同实施的违反国家法律、法规、规章，扰乱社会秩序，危害公共安全，侵犯人身安全和公私财

作者简介：蒋琴琴（1989—），女，四川成都人，西南政法大学法学院刑法专业硕士研究生。

产安全的行为。[①] 以上是从不同的角度对群体性事件概念的界定，都具有一定的合理性，但是上述概念的范围都太过狭窄，即使是杨和德教授所称的广义的群体性事件，其由于把群体性事件的目的限定在向政府有关部门表达意愿和要求上而把没有此种目的的行为排除在了群体性事件的范围之外，因此对于合理界定群体性事件并运用适当的手段进行处置不太理想。为此，笔者下文的写作中提到的群体性事件是在最广义上的适用，即包括不向政府有关部门提出要求和向政府有关部门提出要求，不违法和违法以及造成损害和没有造成损害的活动。

在司法实践中，导致群体性事件发生的原因有很多，主要原因是改革开放以来随着经济体制的改革，群众的利益缺失、贫富差距的拉大、人们的民主意识和价值观念的多元复杂加之封闭的权力运行体系以及腐败现象的大量滋生，使得民众和干部之间的关系极度紧张，又由于缺乏畅通的利益表达机制以及权利的救济渠道等，使得群众采取过激的行为释放羁押的情绪。构建社会主义和谐社会主要通过实现人与人的和谐，人与社会的和谐，人与自然的和谐，以及人的自身和谐来实现社会的和谐，缓解矛盾、维护社会的稳定、促进生活和睦。而群体性事件是中国改革转型时期出现的不可避免的社会现象，如美国亨廷顿博士说道："一个处于社会急剧变动、社会体制转轨的现代化之中的社会往往充满着各种社会冲突和动荡。"[②] 既然不能避免就只有采用适当的方法预防和处理。

（二）和谐社会语境下群体性事件的定性

市场经济转型的现代化建设中的群体性事件具有一定的历史性，在世界各国的不同时期都不可避免会发生，但是现代的群体性事件因为所处的社会背景以及社会的建设的目标任务的不同而具有自己独特的性质。

首先，群体性事件在文义上是一个中性的词汇。群体性事件名词的确定有一个长久的历程，由早期的群众闹事到治安事件、群众性治安事件再到后来的突发事件、治安突发事件、群众性治安事件，到 2004 年中共中央和国务院办公厅转发《关于积极预防和妥善处置群体性事件的工作意见》中称为"群体性事件"后，社会各方人士都同意称其群体性事件。群体性事件是对一种社会现象的概括，是主体为群体的一种行为的定义，是群体这一中性词汇（中性与褒义、贬义属于同一分类）的行为的客观界定，故说群体性事件是中性词语。

其次，群体性事件具有政治属性和法律属性。由人民内部矛盾引发的群体性事件，已经成为当前影响社会稳定的一个突出问题。[③] 虽然现在的群体性事件呈现出暴力性的倾向，但是在和谐社会中还只是属于民众间或者民众与国家权力机

① 杨和德主编：《群体性事件研究》，中国人民公安大学出版社 2002 年版，第 2 页。

② 塞缪尔·P·亨廷顿：《社会变化中的政治秩序》，王冠华等译，三联出版社 1989 年版。

③ 胡锦涛著：《论构建社会主义和谐社会》，中央文献出版社 2013 年版，第 15 页。

关之间的问题，是在根本利益一致情况下的内部问题，而非敌对的外部问题。群体性事件的表现形式主要有聚会、游行、示威、聚众冲击国家机关、围堵交通要道等，对社会秩序造成冲击。当群体性事件带有暴力性或者是其他具有严重危害公共安全、侵犯公民人身权利、财产权利或者是严重扰乱社会秩序性时，如果构成犯罪的应该依法追究当事人的刑事责任，但是需要把握好尺度。群体性事件一般会危害公共安全和扰乱公共秩序，没有必要把所有群体性事件的参加人都认定为构成犯罪，具有刑事责任。和谐社会的建构要求所实施的措施能够取得最大程度的最好的效益。频繁地适用刑法会激化社会矛盾，刑法的使用对于解决群体性事件并不是最好的方法。所以说只有在群体性事件造成人员伤亡或者是公私财产的重大损害抑或是造成其他同等的法律后果时才可适用刑法，否则适用其他法律法规进行调整。

最后，群体性事件的社会属性。构建社会主义和谐社会是当今我国的重大的战略任务，和谐社会是一个动态平衡的社会形态。群体性事件作为一种社会波动，对社会既有正面价值，又有负面价值。正面价值即对社会发展起到推动的作用，负面的价值即造成社会秩序混乱、财产损失以及信任危机等社会问题。群体性事件是当前中国社会转型中具有重大影响的一种社会冲突，需要正确地处理、引导，为和谐社会建设提供正面的作用。

二、和谐社会语境下群体性事件的刑罚处置

群体性事件的处置方式包括事先的防范机制、现场处理机制以及事后的善后机制，这三种方式对于解决群体性事件缺一不可，任何一环节的疏漏都可能造成整个群体性事件的处置失当，不利于社会稳定，造成更大的矛盾，引起剧烈的社会动荡。下面拟以事后处理机制中的刑法的处理方式对群体性事件的相关人员的刑事责任作一简要的分析。

（一）有关“群众”的刑罚

群体性事件中民众可能定的罪名有以危险方法危害公共安全罪、故意杀人罪、故意伤害罪、聚众哄抢罪、聚众扰乱社会秩序罪、聚众冲击国家机关罪、聚众扰乱公共场所秩序和交通秩序罪、聚众斗殴罪。主要可由群众中的三类人员构成，首要分子、负责人和直接责任人员以及犯罪行为的直接实施者。对于具体人员的定罪一定要慎重，秉着刑法的谦抑性原则，在罪刑法定的原则内对当事人适用与其罪刑相适应的刑罚，解决好社会的矛盾，起到保护法益与保障权益的刑法功能。

（二）首要分子的刑罚

根据《刑法》第97条规定：“本法所称首要分子，是指在犯罪集团或者聚

众犯罪中起组织、策划、指挥作用的犯罪分子。"[①] 对于已经不能够用治安管理处罚法规制的群体性事件在适用刑法调整时，首要分子指的是在聚众犯罪中起组织、策划、指挥作用的犯罪分子。群体性事件中首要分子的认定范围不能够过宽，根据案情具体分析在事件中是否存在组织、策划以及指挥的行为，如果存在，是否符合犯罪的条件，是否有必要给予处罚，综合认定是否有必要用刑罚来处罚群体性事件的违法行为。不能过于扩大解释首要分子的范围以免扩大打击的广度，这样既加重社会的不满情绪，又违背罪刑相适应的原则，增加我国监狱系统的负担。群体性事件由首要分子构成犯罪的主要形式是聚众性的扰乱社会秩序的行为、冲击国家机关行为、扰乱公共场所秩序或交通秩序行为，以及聚众哄抢的行为。除去聚众斗殴罪不需要情节严重或者是造成严重损失之外，构成其他罪名都需要一些限制的条件，这就是说只有在聚众犯罪造成一定的后果之时才可以动用刑罚处罚相关的人员，如果没有达到刑罚的入罪条件，那么就只能动用其他社会资源对此种行为进行规制调整。只有充分动用一切可用的社会资源对群体性事件进行处理才能够有一个公平正义、充满活力的社会。

当已经认定群体性事件中的某人或者某些人是首要分子，此时如果遇到该首要分子除了实施组织、策划、指挥聚众犯罪行为外还实施了其他犯罪行为，比如在围堵公共交通道路时，严重破坏公路的表面，并弄坏公共交通公路旁的护栏、植被等设施的，那么在作为聚众扰乱公共秩序、交通秩序罪的首要分子构成此罪的情况下，此时如果又符合破坏交通设施罪的构成要件，是否需要对首要分子进行数罪并罚？笔者认为，不需要。因为行为人实施的破坏交通设施的行为属于聚众扰乱交通秩序的一部分，只有具有一定的法律后果才能认定构成聚众扰乱公共秩序、交通秩序罪，所以说在认定此罪之时已经对破坏交通设施的行为进行了评价，如果再次对破坏交通设施的行为评价就是对一个行为进行重复评价，不符合刑法的原则。但是，需要注意的是，如果在破坏交通设施的过程中实施了故意杀人、故意伤害的行为还是需要数罪并罚。如果是在聚众过程中实施了过失犯罪，是否需要数罪并罚，笔者暂且认为不需要。

（三）群体性事件中实施其他犯罪行为的刑罚

在群体性事件中，不是聚众犯罪的首要分子，或聚众行为的情节不是很严重，没有造成严重的损失，那么就不会因为聚众行为而构成犯罪。此时体现的是刑法的补充性以及适用的合理性，群体性事件是和谐社会中的一种社会冲突，引发此现象的因素多种多样，很大程度上是制度设计的不合理以及国家管理机关的行为不适当等国家因素，在民众感到利益不均、社会不公而解决无门时导致的一

① 李立众著：《刑法一本通》，法律出版社 2009 年版，第 61 页。

种后果，如果不分情况而一概将此种群体性事件的参与人的行为认定为犯罪行为，虽然可以达到抑制这种事件发生的概率的效果，但是如果民众的激愤、压抑的情绪得不到有效的释放就会导致更大的事端，这不仅与建设和谐社会的任务不相符，而且也不符合以人为本的理念。群众利益无小事，和谐社会的建设，要从解决人民群众最关心、最直接、最现实的利益入手，为群众办好事、实事。这也是以人为本的必然要求，也是坚持胡锦涛总书记所提出的发展为了人民、发展依靠人民、发展成果由人民共享的必然要求。

（四）有关“官员”的刑罚

群体性事件的爆发、升级大多数涉及的是有关机关的作为不合法、严重不合理以及不作为现象。群体性事件发生往往事先都会向行政机关、公检法机关以及上访部门等国家机关机构寻求解决的办法，当然这不排除小部分的突发性的无任何征兆的群体性事件，但是这毕竟是少数。面对群体性事件，有关部门应做到：对上级部门下达的信息，如群众上访、越级上访、电话、书信的投诉等资料进行录入，及时排查不安定因素；对基层上传的线索，如村民反映的纠纷苗头、村干部贪污腐败等行为，则要综合分析，排查原因，及时化解在萌芽状态，化解在基层。① 国家机关公信力的建立非一朝一夕的事情，是旷日持久、融入日常工作的每一件事情。当国家机关工作人员在群体性事件的萌芽阶段或者是爆发阶段有违法作为或者是违法不作为的情况，如群体性事件情况不严重，没有造成重大损失，那么只需要给予其党纪处分或者是行政处分即可，但是如果这种行为致使公共财产、国家和人民利益遭受重大损失的，且符合刑法规定的，要严格依照刑法对其进行处罚。刑法第八章和第九章除第398条故意泄露国家秘密罪、过失泄露国家秘密罪之外都由国家工作人员作为犯罪主体。具体在群体性事件中由官员构成犯罪的主要是滥用职权罪和玩忽职守罪。在罪刑法定原则、罪刑相适应原则和罪责自负原则之下，对于负责人和直接责任人员追求其刑事责任。如果其还存在其他的犯罪行为，那么依照数罪并罚的原则进行处罚。我国刑法第21条规定：“为了使国家、公共利益、本人或者他人的人身……第一款中关于避免本人危险的规定，不适用于职务上、业务上富有特定责任的人。”即国家工作人员的滥用职权和玩忽职守的行为不能够引用紧急避险减轻或者是免除责任。和谐社会的建设是一项巨大的工程，要处理好各种社会矛盾、冲突，解决人民群众最关心、最直接、最现实的利益问题，国家机关工作人员负有重大的历史使命与责任，承担着更大的社会的建设责任，如果违背了国家、公众的重托就应该承担相应的法律

① 梁甲晖：《政府应对突发性群体事件的对策》，载林维业、胡关禄主编《新时期群体性事件研究》，中国人民公安大学出版社2006年版，第161页。

责任。

结 语

构建社会主义和谐社会是人民群众自己的事业，必须尊重人民群众的主体地位和首创精神，国家及国家工作人员在工作时需要努力保障人民权益，加强综合协调，国家在制定具体的政策时要考虑各方面的利益，保障政策的科学性与可行性，政府部门执行职能时要依法合理，及时解答当事人疑惑，说明行为的理由，并逐步建立完善政府信息公开系统。群体性事件是社会转型时期、和谐社会建设中的一种社会现象，需要正面积极地引导，为和谐社会的建设贡献力量。刑法是社会管理的一种方式，手段严厉，是对人们权利最大的限制与剥夺，和谐社会强调的是人与人的和谐、人与社会的和谐、人与自然的和谐、人与自身的和谐，刑法具有不和谐的表象，破坏了人与人以及人与社会的和谐。但是作为建设和谐社会手段之一的刑法是必要和必需的，实质上是对破坏和谐稳定者的必要的惩处，具有建设和谐社会的实质内涵。群体性事件的事后处理是非常必要的，对于是否适用刑法需要谨慎对待，群体性事件毕竟只是人民内部的矛盾，是和谐社会建设中出现的不和谐因素，群体性事件需要积极的预防和妥善的处置，最大限度地减少其对社会稳定的冲击。

和谐社会与群体性事件的处理方法

滕文欢

群众是真正的英雄，是我们党的力量源泉和胜利之本。党和人民事业能不能顺利发展，关键在我们党能不能始终保持同人民群众的血肉联系，能不能充分调动人民群众的积极性、主动性、创造性。①在深化改革、加快发展的过程中，正确处理人民内部矛盾和群体性事件，对于保持社会稳定、为全面建设小康社会创造良好的社会环境具有十分重要的意义。②近年来发生的贵州瓮安事件③、汉源事件④、大连厦门 px 项目事件等一系列事件引起了社会的极大关注，解决好群体性事件成为维护社会稳定的急迫要求。

一、群体性事件概述

我国对群体性事件的认识经历了“聚众闹事”“群众闹事”“突发性事件”“群众性治安事件”“群体性事件”的过程。2000 年公安部《公安机关处置群体性治安事件规定》将人民群众的这种行为称为“群体性治安事件”，该规定第 2 条规定群体性治安事件“是指聚众共同实施违反国家法律、法规、规章，扰乱社会秩序，危害公共安全，侵犯公民人身安全和公私财产安全的行为”。2004 年“中国转型期群体性突发事件对策研究”的报告中提出群体性事件这一提法，随后在中共中央办公厅、国务院办公厅转发中央处理信访问题及群体性事件联席会

作者简介：滕文欢（1990—），江苏徐州人，西南政法大学法学院刑法专业硕士研究生。

① 胡锦涛著：《论构建社会主义和谐社会》，中央文献出版社 2013 年版，第 206 页。

② 胡锦涛著：《论构建社会主义和谐社会》，中央文献出版社 2013 年版，第 15 页。

③ 2008 年 6 月 28 日下午 4 时左右，瓮安县公安局发生打砸抢，群众将停放在大楼前的车辆全部砸烂、烧毁，并将汽油倒在公安大楼一楼点火焚烧；抢走、烧毁办公室资料以及电脑若干，并打伤数十名公安干警，一名公安干警被打成重伤，然后将公安大楼 1 楼和 2 楼全部砸烂。事出于被害人家属认为公安局不作为。

④ 2004 年 10 月发生在四川省汉源县的移民群体事件，此次冲突的原因在于兴建大坝后的强制搬迁安置措施问题丛生。2004 年 10 月 29 日四川省委领导电视讲话称“是一起有计划、有组织、有目的的打砸抢事件”，引发更大规模聚集。11 月 10 日中央定性为“一起不明真相的移民大规模聚集事件”，责令四川省“提高移民补偿标准，改换移民安置地”，事件迅速得到解决。

议《关于积极预防和妥善处置群体性事件的工作意见》中使用群体性事件这一概念，十六届六中全会《中共中央关于构建社会主义和谐社会若干重大问题的决定》中也沿用这一提法，自此一直称群体性事件。

关于群体性事件的定义，目前学术界和实践中没有统一说明。一般情况下，群体性事件是指具有某种共同利益的群体为了达到某种诉求和目的，所进行的没有合法依据的大规模活动，如通过集会、游行、示威、罢工、罢课、请愿、上访、占领交通路线或公共场所等形式对社会秩序产生负面影响的事件。

（一）群体性事件的特点

其一，群体性事件数量逐年增多、规模越来越大。安徽池州事件、四川达州事件、广东河源群体性事件、贵州瓮安群体性事件、湖北石首群体性事件、黑龙江富锦长春岭群体性事件、安徽马鞍山事件、广东潮安县“古巷事件”、重庆万盛群众聚集事件等每年不断涌现，并且数量有上升趋势。2013 年由社科院社会学研究所副所长陈光金撰写的《2012—2013 年中国社会形势分析与预测》报告指出，2012 年，国际经济社会环境中的不稳定、不确定因素仍然突出，中国在就业、劳动关系、收入分配、社会管理等方面，仍然面临各种问题和挑战。报告说，中国社会现阶段正处于矛盾多发期，近年来每年因各种社会矛盾而发生的群体性事件多达数万起，甚至十余万起，今年情况也不乐观。据中国全国总工会统计，今年 1 月至 8 月，全国共发生 120 多起围绕工资纠纷、规模在百人以上的集体停工事件，发生在 19 个省、规模在 30 人以上的有 270 多起。①

其二，群体性事件的参与主体趋于多元化。群体性事件参与主体由农民、职工扩大到转业军人、教师、退休干部、个体经营户以及一些通过政治参与借题发挥、发泄不满的人。在初期农民由于知识水平不高法律意识不强，在反映的问题得不到解决并且没有其他有效救济途径时往往采取集体上访围堵机关等方法，然而由于“集体行动”影响大，能够引起有关机关和社会媒体的注意，解决问题更直接，社会上的一些“知识分子”也采取这种方式，群体性事件参与主体趋于多元化。

其三，群体性事件的组织化倾向越加明显。计划周密、行动统一、进退有序、组织严格，有幕后组织者、领导者，往往有黑社会性质组织的介入，并且有跨行业跨地区、串联协调的趋势。群体性事件早期往往发生在同一村庄、同一单位内，有着共同利益要求的农民、工人自发地组织在一起，事前没有详细的计划，人员之间也没有领导骨干的等级划分，事情的发生往往是大家情绪激动一时

① 参见《2013 年蓝皮书：群体性事件每年十万余起》，http：//blog. sina. com. cn/s/blog_ 813e1a320101c1x5. html.

决定的。从近几年的事件来看，从瓮安事件开始，群体性事件的行动开始向着有组织有计划发展，其中不明真相的群众有被利用的可能。

其四，群体性事件的行为方式激烈、暴力化、恶性化趋势增多。初期的行为方式比较温和，往往是静坐方式、集体散步、消极罢工等，现在毁坏设施、殴打有关人员、打砸抢暴力化方式逐渐增多。

（二）群体性事件的原因

在司法实践中，导致群体性事件爆发的原因除了群众心态外，主要是社会客观原因。首先，群众“大闹大解决、小闹小解决、不闹不解决”的观念使在解决有关问题时手段过于激烈，部分群体以及下岗职工、失地农民等弱势群体，心态比较脆弱、多变，容易产生不满、敌视以及对抗情绪。心理承受力较差，如果遇到不公平对待，往往表现比较激烈。仇富心理、从众心理等这些不理性的心态也是群体性事件逐年增加的原因。其次，社会转型时期的利益不均衡，贫富差距拉大。在我国社会主义市场经济已经充分发展的情况下，东西部、城市农村经济发展不平衡，贫富差距拉大。尤其在城镇化过程中征地、拆迁等问题上，有关单位的措施不当更加激化了这种矛盾，失地农民、下岗职工、残疾人等弱势群体的利益没有人关注、得不到保障等问题，是诱发群体性事件的主要原因。再次，处置社会矛盾纠纷手段简单化。事件之所以动辄闹大，造成恶劣的影响，跟政府方面的处置不当有密切关系。相互扯皮、问题长期得不到解决。信访制度基本上起不了任何作用，群众去反映问题往往就得到“我们会向有关部门反映的”“我们会尽快解决的”处理结果，群众的问题迟迟得不到解决。缺乏其他解决问题的途径也是不得不进行群体性活动的原因。

（三）群体性事件对构建和谐社会的影响

严重影响正常的社会秩序，破坏社会稳定。大量人群聚集会造成交通等社会秩序混乱，大量的哥罢工影响出租车运营，大量老师罢课影响正常的教学进度，大量群众围堵政府机关影响工作人员办公，打砸抢事件更是造成财产的损失、人员的伤亡，无论是何种形式的群体性事件都严重影响正常的社会秩序。由人民内部矛盾引发的群体性事件已经成为当前影响社会稳定的一个突出问题，构建和谐社会必须妥善解决好群体性事件，将群体性事件的数量减少到最低，直至零发生。

削弱党和政府的权威。构建社会主义和谐社会关键在党，必须发挥党的领导核心作用，以党的执政能力建设和先进性建设推动和谐社会建设，为构建社会主义和谐社会提供坚强有力的政治保证。群体性事件的频繁发生反映了人民群众对政府有关机关的极度不满，对有关机关的不信任，削弱了党和政府的威信。

制造社会不安全感，影响人与人之间的和谐。群体性事件的频繁爆发使公民接触到更多的社会负面信息，使社会中充满了恐惧和不安，人人自危，摧毁人与人之间的信任，影响人际关系的和谐。

冲击法治建设的理念，阻碍依法治国进程的发展。群体性事件的发生使得长时间得不到解决的问题迅速解决，一发生群体性事件政府部门就开始有所作为，以前通过司法诉讼也不能解决的问题用这种非理性办法却可以迅速解决。这严重冲击了群众的法治理念，不利于法治社会的建设。

二、群体性事件的处理方法

（一）不给予处罚

对社会生活影响不大性质不严重的群体性事件如“广州散步”事件，有关部门在“个案解决”之后一般不会追究参与人员的法律责任。因为事出有因并且没有造成严重社会干扰，在事后积极解决群众反映的问题，事情自然就解决了，进行批评教育就足以达到维持社会和谐的效果。

（二）行政处罚

对存在轻微武力冲突的群体性事件中，公安机关根据《公安机关处置群体性治安事件规定》可以采取强制措施将动手打架、强行驱散仍不离去的人员强行带离现场或者拘留。事情解决后，根据其行为当时的危害性、事后的态度等依法给予行政处罚。

（三）刑法处罚

对于严重的打砸抢、造成较大人员伤亡、财产损失依法构成犯罪的，对有关人员依法追究刑事责任。我国刑法关于群体性事件可能涉嫌的罪名包括聚众性罪名和非聚众性罪名两类。其中聚众性罪名可能涉嫌聚众哄抢罪、聚众打砸抢、聚众扰乱社会秩序罪、聚众冲击国家机关罪、聚众扰乱公共场所秩序和交通秩序罪、聚众斗殴罪、聚众冲击军事禁区罪、聚众扰乱军事管理区秩序罪。非聚众性罪名可能涉嫌放火罪、妨害公务罪、抢劫罪、故意伤害罪、故意杀人罪、故意毁坏财物罪、煽动暴力抗拒法律实施罪等。当然，刑事处罚也不是针对所有参与暴力群体性事件的人员而是要按照群体性事件中犯罪的参与程度区分参与主体，依照刑法的规定依法定罪处罚。

1. 群体性事件中犯罪主体的类型化分析

以群体性事件中犯罪的参与程度可以将参与主体划分为首要分子、积极参加者、一般参加者。

（1）首要分子根据《刑法》第97条规定是指在犯罪集团或者聚众犯罪中起组织、策划、指挥作用的犯罪分子。所谓组织者是指为首纠集他人实施聚众犯罪，包括发起、会合、集合、召集、串联他人的人员等。所谓策划者是指为聚众犯罪出谋划策，拟定犯罪方案，制订犯罪计划，选择犯罪方法，确定犯罪目标的人员等。所谓指挥者是指在实施聚众犯罪中发号施令，指使、命令他人实施犯罪活动，包括煽动、指使、行动带头或带动的人员等（如贵州瓮安成绍田案件）。对于放火打砸抢事件，首要分子应对其组织、策划、指挥的所有犯罪结果承担刑事责任。

（2）积极参加者。其他积极参加者中的“积极”，是一个带有心理评价的词语，因此，这里的“积极”，强调的应该是行为人对聚众犯罪活动须持一种热心的态度。在判定行为人是否为积极参加者时，首先应看行为人对参与的聚众犯罪活动是自己主动要求参加的，还是经他人邀请或要求而参加的，其次看行为人是否积极实施犯罪行为。

（3）一般参加者。一般参加者是指在群体性事件聚众犯罪中，随大流者，随声附和者，其主观心态并不积极，主要起壮声威的作用，实质上是一般的参加者，其作用与其他大陆法系国家和地区刑法理论所谓“在场助势者”相仿。

在依法构成犯罪的群体性事件中要根据刑法的规定，确定是所有参加者均构成犯罪还是只有首要分子、积极参加者构罪，依照刑法规定构成转化犯的依照转化的罪名定罪处罚。聚众性罪名与非聚众性罪名之间可能存在想象竞合、牵连、吸收等逻辑关系，需要合理认定罪数问题。

2. 群体性事件中主体的主观罪过

群体性事件的参与者对“法”的认识和一般犯罪人对法的认识有一定差异，群体眼中的法显然不是国家法而是他们心中的“自然法”“习惯法”或“村落法”。“村民聚众放火杀人是无法无天的犯罪，但是这却合乎他们自己的‘传统习惯’。”[①] 按照村民们心中法的定义来看，这正是合于“法”的行动，只是这种“法”不是国家的“法”而已。一般的非暴力群体性事件中群众是没有违法性认识的，反倒认为这是他们维护自己权益的权利，在打砸抢等暴力群体性事件中参与打砸抢的人员往往是认识到“自己的行为可能违反法律”，尤其是那些借机煽风点火另有图谋的组织领导人员。根据我国当前刑法理论的通说认为故意并不包括对违法性的认识，不知法律不免责，要求有违法性认识，会使得处罚落空。但是在特殊时期或特定情况下某行为被刑法所禁止，行为人确实不知道法律已经禁止实施该行为的，就不能讲他是故意违反法律，而且此时他也往往同时缺乏对行为及其结果的社会危害性的认识，这种情况下难以认定行为人具有犯罪故意。[②] 根据刑法理论，群体性事件中群众对自己行为的违法性认识缺乏并不影响对其行

① 朱晓阳著：《罪过与惩罚：小村故事（1931—1997 年）》，天津古籍出版社 2002 年版，第 2 页。

② 王作富主编：《刑法学》（第 2 版），中国人民大学出版社 2004 年，第 88 页。

为的认定，对于产生严重社会危害性的暴力事件等非和平方式事件，对其中符合犯罪构成的人员依法追究刑事责任。但是考虑到这种为维护合法利益的动机以及有关管理部门不作为等政府过错可以适当从轻或减轻处罚。

3. 群体性事件中犯罪的刑罚裁量

首先，由于群体性事件事出有因，往往是在政府有关机关推脱迟迟不予解决且群众没有其他救济办法的情况下发生的，并且参与人数多“法不责众”，在处理群体性事件时要坚持宽严相济的刑事政策，对那些造成社会影响不大，群众及时疏散的，应当批评教育即可，无须动用刑法或行政处罚，否则有可能带来又一次群众不满，影响社会安定团结。其次，要坚持区别对待的处罚原则。对群体性事件要区分有合理诉求的和无合理诉求的。对有合理诉求的，要以教育为主，积极解决群众反映的问题，安抚群众的情绪并且有关机关也要自我反省，注重解决人民最关心最直接最现实的利益问题。再次，坚持轻轻重重的两极化政策。轻其轻者、重其重者。所谓“轻轻”就是对轻微犯罪的处理比以往更轻，做非犯罪化处理，即轻者更轻；所谓“重重”就是对严重犯罪的处理比以往更重，即重者更重。对那些有合理诉求，手段方法不激烈的可以非犯罪化，对那些没有合理诉求，借机插手群体性事件的敌对分子、实施打砸抢的违法犯罪分子，要选择适当时机，依法严厉打击，切实维护法律的尊严。①

群体性事件属于人民内部矛盾，由于涉及的人员数量巨大因此必须慎重处理，一旦处理不当可能会引起更大的社会动荡，影响国家机关形象和社会和谐稳定。处理群体性事件必须坚持与群众对话的原则，倾听群众的诉求，理解群众的处境。对事出有因的群体性事件要给予理解与宽容，不能动不动就给予“闹事者”处罚，刑罚处罚必须坚持“不得已”原则，必须有充分证据证明群体性事件的组织者策划者等首要分子、积极参加者具有犯罪故意，其行为符合刑法有关犯罪的构成要件，才能给予刑罚处罚，否则，不能随意动用刑罚处罚。

三、和谐社会语境下解决群体性事件的方法

发展社会经济，合理分配社会资源，最大限度保障社会公平。妥善处理社会各阶层的利益关系，要坚持和完善按劳分配为主体、多种分配方式并存的分配制度，坚持各种生产要素按贡献参与分配，在经济发展的基础上，更加注重社会公平，合理调节国民收入分配格局，扩大转移支付，强化税收调节，打破经营垄断，创造机会平等，逐步缓解地区之间和部分社会成员收入分配扩大的趋势，使全体人民朝着共同富裕的方向稳步前进。尤其要保障社会弱势群体的社会保障，

① 胡锦涛著：《论构建社会主义和谐社会》，中央文献出版社 2013 年版，第 18 页。

完善社会保险、社会救助、最低生活保障等，将可能诱发群体性事件的社会问题妥善解决。

完善信访制度等利益表达机制，加强人民调节、司法调解和法律调解工作。群体性事件的爆发往往是利益受损失的群众没有办法时的选择，我们需要进一步加强法制宣传和教育，引导群众通过正当渠道反映和解决问题，同时也要教育各级干部依法履行职责，认真解决本地区、本部门、本单位群众反映的问题。当前我国信访部门的责任仅在于接受并且受理信访人的来信和来访，并没有权利直接处理具体问题，在此意义上，信访制度实质上是一种补充性救济制度，而群众又寄希望于信访部门可以解决问题，这就造成了群众希望落空的局面，从而丧失对政府的信任，并进而可能采取不理性的做法。要完善这一制度除了要求各级干部转变观念，高度重视信访工作，尽力尽快解决群众反映的问题之外，还要求信访制度与司法制度相衔接。对于通过信访没能解决的问题依法通过司法诉讼程序解决。

发挥新闻媒体及时、有效、调节和化解作用并规范新闻媒体的报道行为。一方面，新闻媒体作为现代社会重要的监督媒介，因其传播速度快、传播范围广在传达群众利益诉求方面发挥着重要作用，新闻媒体的报道会引起有关领导的注意从而及时解决问题。然而新闻媒体对群众利益的传达往往是在事件发生后才做出的，当然，这和地方的封锁消息、压制打击等有关。新闻媒体在社会矛盾激化前及时、真实地报道，可以及早引起社会关注，监督有关机关尽快解决问题，有利于及时化解矛盾。另一方面，如果新闻媒体片面报道、过分夸大则可能误导大众，激化社会矛盾，增强大众的不安全感，更加不利于社会的和谐。因此新闻媒体必须及时准确地报道，保障公民的知情权，同时积极促进群体性事件的妥善解决。

结　语

胡锦涛总书记在《加强和改进新形势下群众工作》一文中指出：“始终站在人民立场上而不是站在个人、少数人立场上说话办事，始终代表最广大人民根本利益而不是代表某一个人、某一部分人利益，是决定人心向背、事业成败的关键。”[①] 因此，妥善解决好群体性事件是构建和谐社会的必然要求，坚持以人为本、着力解决群众反映强烈的问题是维护社会和谐的重要内容。只要我们牢记胡锦涛总书记的讲话精神，就一定能够正确地处理好各个方面的社会问题、社会矛盾与社会冲突，从而切实维护好最广大人民的根本利益，就一定能开创和谐社会人人有责、和谐社会人人共享的生动局面。

① 胡锦涛著：《论构建社会主义和谐社会》，中央文献出版社 2013 年版，第 209 页。

和谐社会语境下的群体性事件研究

——以城市群体性事件为视角

唐明望

一、城市群体性事件概念与特点

深刻认识新形势下城市群体性事件的概念与特点，有助于把握城市群体性事件的具体脉络，从源头上认清城市群体性事件的具体情况，并结合和谐社会这样一个角度来剖析城市群体性事件。

（一）城市群体性事件的概念

关于城市群体性事件的概念，目前学术界对此没有达成一致的观点，更未形成被大众普遍接受的定义，从社会学、行政管理学、组织行为学、法学等学科角度分析对此较有代表性的定义有以下几种：第一种定义主要从社会学的角度对群体性事件下了定义，如学者徐乃龙指出，城市群体性事件指由社会原因而引起的，有众多人参加的，并且严重破坏正常社会秩序，必须及时采取紧急措施予以处置的重大社会事件①。第二种定义主要从社会管理学角度来下定义，中国行政管理课题组认为城市群体性事件是由于人民内部矛盾和纠纷引起的，部分公众参与的对社会秩序和社会基本价值产生严重威胁的事件，如围攻党政机关、集体上访等行为对政府管理和社会秩序造成影响。② 第三种定义主要从组织行为学角度来下定义，如邱志勇等人认为城市群体性事件是指一定的群众基于某种目的，形成一定的组织，在特定的环境下实施的危害社会治安秩序，造成公私财务损失重大社会影响的事件。③ 第四种从法学的角度来下定义，如杨和德认为，城市群体性事件是指公开、自发、聚集、共同实施的违反国家法律、法规、规章，扰乱社

作者简介：唐明望（1990—），男，重庆合川人，西南政法大学法学院刑法专业硕士研究生。

① 徐乃龙主编：《群体性事件的预防和处理》，中国人民公安大学出版社 2008 年版，第 37 页。

② 中国行政管理学会课题组：《中国转型期群体性突发事件对策研究》，北京学苑出版社 2003 年版，第 32 页。

③ 邱志勇等著：《群体性涉访事件处置研究》，群众出版社 2006 年版，第 6 页。

会秩序，危害公共安全，侵犯公民人身安全和财产安全的行为。[①] 这些定义都很好地从个学科的角度分析了城市群体性事件的定义，从事件的发生原因、参加主体、表现形式及影响来进行界定。根据以上的论述和参考各位学者的研究，笔者认为，城市群体性事件是指在城市化进程中，在相对的时间和空间内由于各群体利益诉求点的不同而引发的事件，并伴随着一定程度上的破坏性，如集体游行、聚众闹事等，从而对城市的公共秩序和公共安全造成很大影响的事件。

（二）城市群体性事件的特点

我国当前正处在社会转型期，社会各个阶层之间的利益呈现复杂化倾向，社会阶层分化非常快，并且社会控制步骤也逐渐变弱，社会矛盾在交织冲突中出现，容易诱发城市性群体性事件。我国城市群体性事件的特点，主要包含以下几个方面：

1. 不具备政治性意图

我国自从改革开放之后，整个社会利益也出现了新格局，社会上新阶层开始逐渐形成，各个阶层利益之间的矛盾，引发城市群体事件的发生。在一般情况下，社会大众为了维护本身的合理诉求，但是又找不到合适的渠道来解决问题的情况下，引发城市群体性事件。从对城市群体性事件的分析中可以得出，虽然某些社会群体性矛盾已经转变为城市群体性事件，并且表现也更为激烈，导致了负面影响，但是城市群体性事件的当事人要求也多数是合情合理的，其主要是为了能实现自身的合理诉求，并不包含政治性企图。城市群体性事件属于社会矛盾发展变化的结果与表现方式。[②] 一般情况来看，人民内部矛盾是和人民利益一致基础上的矛盾。主要是将社会大众所要解决的实际问题或者是矛盾能够在特定程度上解决或者是缓解，事件就可以得到平息。[③] 当然，也不排除在特殊条件或者是环境下的转变为政治性问题，变成对抗性的矛盾。所以，对城市群体性突发事件需要妥善处理，防止被国内外的敌对分子利用，进而转变成政治矛盾，产生严重的后果。

2. 巨大的危害性

我国城市群体性事件危害性主要表现在以下几个方面：一是，破坏正常的生产秩序，肆意破坏整个社会的稳定与发展，让广大人民群众的生命与财产安全受到威胁。二是，城市群体性事件能带来大的经济损失。城市群体性事件很有可能导致在建工程项目停工、投资环境遭到破坏，示威游行、罢工罢市等对

---

① 杨和德著：《群体性事件研究》，中国人民公安大学出版社2002年版，第2页。

② 章春明、刘华：《城市群体性事件产生的症结及思考》，载《云南警官学院学报》2004年第1期。

③ 黄建纲著：《群体心态》，浙江大学出版社2004年版，第508页。

当地经济发展的影响非常严重。三是，易产生示范效应。城市中的单独群体性事件在发生后，政府对显现出来的问题给予某种程度解决，并采取合理的行为，对维系社会稳定、缓解矛盾等有非常重要的作用。但这样的效果，也会让某些人产生某种错觉，产生凡事只要闹大就能快速解决的错误理念，便不断策划并组织城市群体性事件，期望通过这一方式来实现自身利益。四是，城市群体性事件的发生严重影响着党与政府在广大人民群众中的良好形象，是创建和谐社会的主要障碍。

3. 明显的群体性

城市群体性事件的发生需要一定数量个体参加，这些个体在一定的条件下聚集到一起形成群体，并且群体的形式一般是开展趋利性的活动。从城市群体性事件的发生规模来看，群体性事件的参加人数少则几百人，多的话可以达到上万人。从这一群体内成员之间的关系来看，各个成员之间的关系或许是松散、或许是紧密。群体内成员具有相同的愿望、利益、心理与目标，是群体能形成的重要基础，城市群体性事件的参加者，因为价值追求或者是利益追求方面遭到侵害，心理上容易产生某种被剥夺感，希望通过群体行为来有效改善自身处境。群体内的成员在心理上比较容易接近，情感方面也容易沟通，具备相同的诉求与意愿，当群体内的成员在遇到某一诱因时，其往往会一起聚集起来，采取聚众行动，来实现自身的利益诉求。

4. 矛盾的复杂性

我国当前正处在社会发展的特殊时期，所以当前正面临或者是将要关涉不同方面并易导致城市群体性事件的问题。这样城市群体性事件因素便具备多变性、多层次性与复杂性，所以新时期诱发城市群体性事件往往具有内容复杂、形式多变等特点。比如，从内容上来说，有经济的、宗教的、民事的等，类型比较多；而从形式上来说，游行示威、公共场所打砸抢烧、集体上访等。因为导致矛盾的因素是较为复杂的，群体的诉求的基本内容也存在多样性，如果个体的矛盾不能在短时间内得到解决的话，就有转变成群体矛盾的可能，最后让城市群体性事件呈现出复杂性。需要特别指出的是，假如城市群体性事件被国内与国外的敌对势力利用的话，就会将事态进一步闹大，变成骚乱，甚至转变成为国际性的问题。所以，应该非常关注城市群体事件矛盾的复杂性，并且针对具体的城市群体性事件，采取有针对性的措施，使城市群体性事件能够得到恰当的处理。

二、城市群体性事件有效防控对构建和谐社会的意义

和谐，指的是事物配合适当。社会，是由特定经济基础与上层建筑形成的整

体。和谐社会是社会内的各要素间相互协调、依存与发展的状态。和谐社会内部的各个成员相互之间关系协调、融洽，人们之间和睦共处、互相尊重。和谐社会是系统的、全面的和谐，具体来讲，在强调人和人之间的和谐的同时，还能达到人和自然之间的和谐；在社会各个内部阶层之间的和谐、各个利益集团间的和谐之外，还能获得外部世界和谐发展；既能培养微观社会组织的内部和谐发展，又能推动宏观社会的和谐发展；在大力促进社会政治、经济与文化等各个子系统之间的内部和谐之时，还能达成各个子系统间的和谐，使其能够共同发展。和谐社会的目标系统包括政治和谐、经济和谐、区域和谐、文化和谐等相关内容。按照中共十六大报告的相关阐释与思想，社会主义和谐社会是创建于社会主义市场经济上的新型社会。社会主义和谐社会是人民共同富裕、生产力发展、所有有利于社会进步发展的愿望都能获得尊重、才能得以充分发挥；社会各个方面的利益能得到有机协调，整个社会形成团结友爱的好风尚，整个社会的法治建设与监督机制能得以加强，人民的诚信意识与法律意识得到加强；人民各得其所、各尽其能而又能和谐相处、平等友爱。① 和谐社会也就是“民主法治、公平正义、诚信友爱、充满活力、安定有序、人与自然和谐相处的社会”。

正确认清并把握好城市群体性事件的防控规律，做到防患于未然，有助于构建社会主义和谐社会这个大前提，能更好地巩固党的执政地位和社会主义制度，同时有利于维护社会的稳定，对早日实现构建社会主义和谐社会的目标，具有重要的现实意义。

（一）城市群体性事件的有效防控是构建和谐社会的根本前提

构建社会主义和谐社会需要处理好城市群体性事件。首先，城市群体性事件的有效防控，是构建社会主义和谐社会的题中之意，是构建和谐社会的重要内容。构建社会主义和谐社会的过程从本质上来讲，是有效调和并解决各类矛盾的一个过程，是逐渐消除不利于和谐的因素，进而逐渐达成和谐的一个过程。当前我国各个方面的改革已经开始进入攻坚时期，人民内部矛盾与其余社会矛盾也呈现出了多发的趋势，城市群体性事件问题也逐渐显现，大量的实践表明，科学处理城市群体性事件利于维护社会稳定与社会团结，维护整个社会的公平与社会正义，利于理清群众之间的情绪与沟通党群之间的关系，进一步消除社会上存在的不和谐因素。其次，科学处理城市群体性事件能够大力推动社会主义和谐社会建设。通过大力发展社会主义生产力来加强和谐社会建设的物质基础，不断发展社会主义的民主政治来强化和谐社会建设的政治性保障，通过积极发展社会主义先进文化来巩固和谐社会建设精神支持，与此同时，构建和谐社会能够为社会的政

① 张晓兰：《社会主义和谐社会内涵和目标的解读》，载《延安教育学院学报》2006 年第 1 期。

治文明、物质文明与精神文明建设创造有利社会条件。群体性事件得以正确地处理，有利于社会主义的政治文明、物质文明、精神文明等协调发展。

（二）城市群体性事件的有效防控是巩固党执政地位的基本要求

城市群体性事件的发生，和当前的干群之间的关系不和谐有紧密的关系。我党作为执政党，其制定的政策在具体执行的过程中由于某些因素的原因势必会在某种程度上损害某些群众的相关利益，从而产生城市群体性事件，进一步引发党群矛盾。这一矛盾是当前城市群体性事件产生、发展与变化的关键所在。温家宝总理曾经指出，某些地方所出现的损害广大人民群众利益的问题，以及城市群体性的事件，大多数是和政府部门、相关工作人员的不根据法律来办事、不根据政策来办事有很大的关系。例如 2009 年 6 月 17 日发生的湖北石首事件，类似此类事件中所爆发的矛盾、冲突与利益上的诉求，一般是由于党群间关系不和谐表现出来的。城市群体性事件的爆发，影响我党的形象，甚至某些事件会危及我党的执政地位，正确认识并处理好城市群体性事件是巩固我党执政地位的基本需求。

（三）城市群体性事件的有效防控是巩固社会主义制度的保证

人类向往的理想社会是和谐社会，是中国共产党不断追求的社会目标。我党领导并带领广大人民群众开展革命与建设，其目的是为了创建社会主义的和谐社会，让社会大众过上安定和谐的幸福生活。新中国成立之后，社会主义制度不断完善，为党与国家实现建设和谐社会的目标，提供了政治前提与制度保障，奠定好的政治基础。在进入到 21 世纪后，我国当前面临未来改革发展的机遇期，社会整体上来看是和谐的，但随着改革开放的持续深入，新的社会矛盾不断滋生，城市群体性事件正是社会矛盾的体现。假如不能切实认清并处理好当前的城市群体性事件，就会对我国的城市化发展产生影响甚至会动摇我国的社会主义制度，我国几十年的发展也充分证明了这一点。当城市社会发展中存在人民矛盾的时候，并且矛盾在可能激化的情况下，就容易出现城市群体性事件，形成城市群体性事件的可能性就会明显增加。

（四）城市群体性事件的有效防控是维系社会稳定的条件

维系整个社会的稳定，保持党与全国各族人民之间的团结，是当前各项事业能够顺利进行的前提，是不断推动改革开放与现代化建设的重要条件。只有保持城市社会稳定，才能实现奋斗目标，在保证城市社会稳定的前提下，才能确保改革开放的成果进一步推广。改革开放三十几年的经验表明，稳定压倒一切，这是基本经验。但是，最近几年的某些城市群体性事件，干扰了我国各个部门的正常工作秩序，打乱了广大人民群众的正常生活稳定与好的生活环境，破坏社会安定团结秩序，影响我国经济的持续、健康、稳定的发展。例如 2008 年孟连“7·19 事件”，已经严重威胁到当地城市社会稳定，打乱了正常社会秩序，所以，应正确认识并处理好城市群体性事件，确保社会的和谐稳定。

三、和谐社会视域下城市群体性事件防控策略

城市群体性事件成为当前城市发展过程中面临的重大问题之一。处理好城市群体性事件关键是要有良好的防控策略，这是构建和谐社会的根本出发点。因此，对城市群体性事件我们首先要建立前期预防策略，防止城市群体性事件的爆发，并通过社会预警系统、多元利益表达机制等尽量减少事件的发生。对已经发生的城市群体性事件，必须坚持处理事件的正确理念和原则，使矛盾得到妥善解决，以保持社会的稳定与和谐。构建社会主义和谐社会就是一个不断化解社会矛盾、实现社会公平正义的持续过程。因此，构建和谐社会就应正视城市群体性事件的存在，坚持一切从实际出发，努力构建一整套行之有效的城市群体性事件协调机制，整合各方面利益关系，以化解城市群体性事件，促进社会和谐发展。

（一）预防防范原则

处置城市群体性事件的最基本的原则是做好预防防范工作。我们必须要以和谐社会的基本要求来做好预防防范工作，应从构建和谐社会的角度出发，立足预防防范职能，在合法的范围内与社会其他部门协调配合，共同开展城市群体性事件的预防工作，为构建和谐社会提供良好的条件。每一城市群体性事件的出现虽然有突发性，但是往往有前兆，也就是说城市群体性事件的发生都有一个相对复杂的准备过程。因此，需要做好情报信息方面的收集工作，掌握并了解当前社会的基本动态，这样才能及时准确地对事件采取防范性的措施。对于地方的党委与政府机关来讲，需要提出具有针对性的并能有效缓解或者是解决矛盾的基本工作方案，对实际出现的问题加以有机协调，进而能够快速地控制好局面，解决存在的具体问题，将城市群体性事件控制在最初状态。

（二）依法行政原则

始终坚持依法行政原则是城市群体性事件得以科学处置的核心原则。现代社会，行政必须受法律的约束，这是法治国家的必然要求。同样，处置城市群体性事件也需要依法行政。依法行政原则主要包含两个方面：一方面，强化广大人民群众的法制观念意识。要善于通过多种方式来大力加强法律宣传力度，加强按照法律来行使其权利与履行基本义务的自觉性，积极引导广大人民群众使用合理的渠道来表达利益诉求，通过合法途径来维系其自身的合法权益。另一方面，强化当地官员的法观念，具有宪政意识与依法办事的意识。让当地官员能够灵活使用法律知识来对社会方面的问题进行分析，使用法律手段来解决存在的问题，并不只是习惯去乱用手中的权力来解决实际存在的问题，切实尊重广大人民群众的合

法权益，并做到依法行政。另外，在城市群体性事件处理的过程中，要始终坚持维系法律的尊严与权威。针对那些不听劝阻，企图要闹事的，并且导致重大社会影响的，需要果断进行处置。对那些乘虚而入的敌对分子，更应该按照法律来进行严惩，进而做到孤立他们，以便团结大多数人。

（三）疏导教育原则

疏导教育原则即疏通、引导和教育相结合的原则，疏导原则在城市群体性事件发生过程中居主导地位。疏导原则的功能有教育引导、心理咨询、冲突缓和。现在城市群体性事件发生的取向与选择不同程度地受到当地社会环境的影响，所以我们的疏导教育原则要采用灵活多样的方式开展。针对当前我国发生的城市群体性事件的大量调研发现，大量的城市群体性事件的发生是由于复杂原因让社会大众的权益遭到了侵害，或者是广大人民群众的基本权益得不到满足，再加上其缺少必要的权益倾诉的渠道，在这样的特殊情况下才会让群体采取非正常的行为，导致城市群体性事件的发生。在绝大多数的情况下，群体的要求是合乎情理的。因为导致广大人民群众的权益受到侵害的原因是转型时期复杂的社会现象，比如贫富差距、政府办事力度、政府工作作风等多个方面的原因，所以，应该对所有参加城市群体性事件的人们始终坚持疏导教育的原则，尽最大努力使相应的事件能够妥善地处理。在具体情况下，当面对各个不同群体的利益的相关诉求时，也需要坚持疏导教育的方式。对整个城市群体性事件的参与主体看其是否合理与合法，并且组织相关部门对事件的基本情况尽快调查清楚，并采取具体的措施，来解决当前存在的问题；如果在短时间内解决不了的话，需要向这一群体及时解释清楚原因，说明实情，进而能够做到最大限度地安抚这一群体的情绪。对群众的所有要求中超出法律规定的范围的，也需要合情、合法、合理地去解释清楚，但是绝对不能进行随意解释，在没有了解情况的前提下盲目承诺。尤其是在面对一些明显的无理要求时，应该对其中所涉及的关系弄清楚，让其明确在事态闹大之后应承担的严重法律后果，并且采取一切办法让群体能够在短时间内冷静下来，避免将事件闹大。

结　论

我国处于城市化的发展期，同时城市正处在社会转型期，社会流动速度提升、各阶层利益格局出现变化、经济结构开始大规模调整，在社会转型期内势必会出现部分利益群体之间发生摩擦与冲突的现象，这些摩擦与冲突是不可避免的，但对这些摩擦与冲突处置不合理的话，势必会爆发城市群体性事件，对城市发展与稳定带来负面效应，进而影响我国社会主义和谐社会的构建。当前我国城市群体性事件的原因分为国企改制等直接原因和贫富差距加大等间接原因，在对城市群体性事件的原因进行分析的基础上，通过研究分析提出了和谐社会视域下我国城市群体性事件防控策略，即建立城市群体性事件的前期预防策略、城市群体性事件的中期化解策略以及城市群体性事件的后期处置策略。切实提升城市群体性事件的治理能力，对于构建具有民主法治、公平正义、诚信友爱、充满活力、安定有序、人与自然和谐相处的社会主义和谐社会无疑具有重要意义，同时更加有利于巩固社会主义制度和巩固执政地位，同时为构建社会主义和谐社会提供了城市社会稳定这样良好的大前提，从而推动和谐社会建设不断向前发展。

和谐社会与群体性事件的处置机制

赵龙凯

随着改革开放的不断深入，我国经济和各项事业不断取得突破发展。与此同时，我国也进入了一个新的社会结构全面分化和深刻变动转型期，各类矛盾并存，错综复杂，比如最为突出的就是频发的群体性事件。在构建和谐社会的过程中，在其他部门法不能有效保障人民群众人身和财产等权利的状况下，如何正确认识和分析群体事件中的刑事法律问题，并有效地运用刑法来规制群体性事件十分必要。

一、认识群体性事件

尽管对于群体性事件的定义在国内还没有一个共识，但现今主流观点是，群体性事件是指个人或者某些利益要求相同或相近的群众或个别团体、个别组织，在其利益受到损害或不能得到满足时，在一定的社会背景下聚集起具有一定规模的群体，最终采取集会、游行、集体上访、集体罢课、罢工、罢市等激烈方式要求解决问题，并造成甚至引发某种治安后果的非法集体活动，给人民群众造成重大损失，给社会稳定带来极其恶劣影响的事件。群体性事件具有以下特征：

第一，主体多元化、有一定的渐进性但呈现出无组织性、从众性强。从近些年来频发的群体性事件来看，其涉及各行各业，人员也比较复杂，这些人员大多由于自身利益得不到满足而逐渐地酝酿、发展和爆发。但这些人员往往缺乏引导，尽管部分可能受某些利益集团的挑唆，大部分人还是受他人的影响而加入群体性事件行列，具有一定的从众性，社会心理学家罗伯特·帕克认为，“集群行为是在公共和集体冲动的影响下发生的个人行为，换句话说，那是社会互动的结果”①。

第二，具有非政治性，易出现非理性泄愤现象，对社会危害性较大。多数群体性事件并不具有反对社会政治制度的目的，往往是由于自身利益得不到满足而

作者简介：赵龙凯（1989—），男，河南许昌人，西南政法大学法学院刑法专业硕士研究生。

① 罗伯特·帕克著：《社会学导论》，1921年（英文）版，第865页。

发生、发展。虽然不具有政治目的，但群体性事件往往激烈程度较强，且多数伴随着违法行为，造成的后果也越来越严重。危害到人民群众的身体、生命财产，乃至国家的政治安定和民族团结。

第三，传播具有快速性、开放性，易受人鼓动。信息技术的快速发展，群体性事件的传播方式更加多元化，尤其是网络技术的应用和推广且成为信息发布的重要载体和阵地，对事件发生和发展起到非常重要的作用。这样可能会导致这类群体被一些不法分子所利用，进而演变成群体性事件。

二、群体性事件发展过程中所涉及的刑事法律问题

从前述群体性事件的特点可以看出，群体性事件事态的形成、发展以至最终爆发，均有可能涉及相关的刑事法律问题。

（一）在群体性事件的酝酿阶段，这个阶段就涉及群体性事件的形成原因问题

基层官员贪污腐败、官僚作风盛行而激起民愤，是产生群体事件的深层次原因。部分官员在工作岗位上不为人民群众做实事、做好事，贪污腐败，有法不依，执法不公，被一定的利益集团所驱动，忽视群众的利益诉求，导致群众对其深恶痛绝，进而影响政府公信力；一些官员对群众利益诉求不是采取有效的方式去化解而是采取滥用职权等方式去压制，导致群众的利益诉求得不到有效的疏导。这里面包含着一些国家机关工作人员贪污腐败及滥用职权、玩忽职守的渎职问题。“群体性事件的背后总是有着实质的利益冲突，尤其是有权者和无权者的利益冲突。”① 我们在强调对具有合理诉求的民众发扬刑事政策“柔性”功能的同时，也应当着力重塑公正中立的政府形象，以在更长远的未来减少群体性事件发生的可能。因此只有建立有效的公职人员责任追究制度，坚决打击严重损害政府形象的贪污腐败和滥用职权、玩忽职守的渎职行为，才能使民众重拾对于政府公信的期待，进而从根本上铲除群体性事件的滋生土壤。“在以暴制暴或者同归于尽之类的恐怖行径的阴影时隐时现之际，对于维护社会秩序的稳定与祥和而言，全面的预防政策比威慑手段更重要、更有效。”② 重建政府的公信力其中的一个重要手段就是秉承依法治吏、从严治吏的原则，对于因公职人员的失范行为或者犯罪行为而引发群体性事件的，可以视为情节严重或者行为特别恶劣，进而追究相关人员的刑事责任。

出现的一些暴力性事件也有一部分是少数黑恶势力针对集体无意识的群体予

---

① 徐贲：《群体性事件和暴力问题》，载《二十一世纪》2007 年第 8 期。

② 季卫东著：《法制的转轨》，浙江大学出版社 2009 年版，第 199 页。

以暴力煽动的结果。群体性事件的形成以致最后爆发，很大程度上也是少数黑恶势力煽动民众的结果，这部分黑恶势力往往也是群体性事件造成严重人员、财产损害的主要参与力量。对于这些黑恶势力应当根据其所参与实施的行为，符合刑法犯罪构成要件的，应认定为犯罪，坚决运用刑罚予以严惩，增加其参与群体性事件的成本，预防其再犯的可能性。

（二）在发展以至于最终爆发阶段的相关刑事法律问题，这个阶段所涉及的主要是在群体性事件中出现的一些聚众与非聚众犯罪问题

1. 群体性事件中的聚众犯罪问题

我国刑法对于群体性事件的聚众犯罪规定了两类不同的罪名，也即聚众打、砸、抢构成的犯罪和刑法第290、291条规定的相关罪名。

（1）对于聚众打、砸、抢行为，我国《刑法》第289条是这样规定的，聚众打、砸、抢，致人伤残、死亡的，分别以故意伤害罪、故意杀人罪定罪处罚，此外，在此过程中，毁坏或者抢走公私财物的，除判令退赔外，对首要分子还要按照抢劫罪来进行处罚。首先，在这个规定中，对造成伤残、死亡的具体应当由谁来承担责任，是实行行为者还是首要分子，抑或是两者均承担责任，其并未明确规定。张明楷教授认为，群体性事件中的“首要分子”，若未参加聚众打、砸、抢，则无须对此负责，否则，将有悖于主观责任原则和个人责任原则，并可能导致部分积极寻求合法利益的群众承受不能承受之痛，为他人的犯罪行为负责①。根据张明楷教授的观点进而去推理，我们可以进一步得出结论，如果聚众犯罪的首要分子直接参与该打、砸、抢行为的应当对此负责，应以转化犯的处置方式，按故意伤害罪、故意杀人罪来处罚；而如果聚众打、砸、抢的首要分子并未直接参与，而是由首要分子以外的其他参加者实施的，那么对于首要分子就以一般的聚众犯罪去追究责任，对行为实施者就以故意伤害罪、故意杀人罪论处。只有这样，我们才能有效地从群体性事件中去甄别普通民众和黑恶势力，防止一般有合理诉求的民众，即使是群体性事件的组织者，因为黑恶势力的暴力行为而承担本不应承担的责任。其次，聚众打、砸、抢行为，只要出现伤害与死亡的结果，均应直接按转化犯来处理，不论对于此行为是出于故意还是过失，这样的规定也充分体现了刑法保障人权、惩治犯罪的作用。

（2）《刑法》第290条和第291条关于群体性聚众犯罪的规定，这里的罪名主要涉及聚众扰乱社会秩序罪、聚众冲击国家机关罪和聚众扰乱公共场所秩序、交通秩序罪。这些罪名里隐含的主体大多是因为合理诉求得不到满足，进而以制造群体性事件来实现诉求表达的普通群众。对于这样一类群体性事件，我们不能

① 张明楷：《犯罪集团首要分子的刑事责任》，载《法学》2004年第3期。

采取一刀切的方式、方法，一味地按聚众犯罪来进行处理，因为其主体并非真心想要去实施犯罪，而是希望通过这样一种方式去达到自己利益诉求的目的，我们应本着刑法谦抑性的基本原则，严格法律的界限，防止打击面过宽，而造成对这些民众的二次伤害，避免不必要的伤害。由于聚众犯罪往往对应的是有期徒刑、拘役或者管制等刑罚，一旦受到惩处将对个人造成难以抹去的污点，因此应当慎重处理。在适用《刑法》第290条、291条对群体性事件进行惩治之时，必须要严格把握“情节严重”的规定，对于情节不甚严重的，应当由检察机关做出不起诉的决定，同时可以按照我国《信访条例》《集会游行示威法》《治安管理处罚法》的规定处以行政处罚，以在限制刑罚处罚范围的同时有效保证法律的秩序与权威①。

2. 群体性事件中的非聚众犯罪问题

群体性事件中还可能涉及《刑法》第277条规定的妨害公务罪和《刑法》第296条规定的非法集会、游行、示威罪等相关罪名，这些属于非聚众犯罪的问题。对于这类群体性事件中所发生的妨害公务行为和非法集会、游行、示威行为，要注意预防而不应当不加区别盲目定罪。这些行为应该严格按照犯罪所需要的要件去处理。比如，在妨害公务罪中，只有在行为人以暴力、威胁方法阻碍国家机关工作人员依法执行职务，故意阻碍国家安全机关、公安机关依法执行国家安全工作任务，或者是虽然未使用暴力、威胁方法，但是造成严重后果的，才构成妨害公务罪；在非法集会、游行、示威罪中，只有在行为人未依照法律规定申请或者申请未获许可，或者未按照主管机关许可的起止时间、地点、路线进行，又拒不服从解散命令，严重破坏社会秩序的，才可能触犯非法集会、游行、示威罪。

三、对群体性事件结束后相关事件的处理所面临的刑法问题

（一）群体性事件中涉及的罪与非罪问题

近些年来出现在不同地区的群体性事件，均一定程度地出现了危害公共安全、扰乱社会秩序、侵犯公民人身权利、损害公私财产等违法犯罪现象。因此，在其他部门法律不能有效保障人权、保护法益、维护社会规范的情况下，如何正确认识和分析群体事件中的刑事法律问题，并有效地运用刑法来处理群体性事件中涉及犯罪的问题十分重要。但在认定和处理群体性事件所涉及的犯罪中，应当正确区分哪些构成犯罪、哪些仅仅属于治安处罚范围或者哪些仅仅属于一般民事案件。我国《刑法》第13条明确了犯罪的概念，因此如果群体性事件中出现了

---

① 蔡一军：《群体性事件的刑法立场与处置对策》，载《行政与法》2012年第1期。

符合刑法规定、应受刑法处罚的行为，就应当受到刑罚处罚。与此同时，第13条“但书”中，也明确了如果“情节显著轻微、危害不大的，不认为是犯罪”的规定，因此，如何去把握这个度也十分重要。

（二）群体性事件中涉及的此罪与彼罪的问题

张明楷教授在其所著的《刑法学》中把“聚众”定义为“既包括首要分子纠集多人于一定地点，而成为可以从事共同扰乱行为的一群人的情形，也包括首要分子利用已经聚集的多人从事共同扰乱行为的情形”。[①] 因此群体性事件在认定犯罪的过程中，由于罪名的相似性，可能会涉及各种罪名的区别，比如，聚众“打砸抢”犯罪和《刑法》第290条、291条所规定的聚众扰乱社会秩序罪、聚众冲击国家机关罪和聚众扰乱公共场所秩序、交通秩序罪等情形在认定过程中的甄别。

（三）处理群体性事件过程中应坚持的基本原则

在前文所述的群体性事件发展过程中所可能涉及的一些罪名中，在相关犯罪处理上已经具体地说明了应坚持的立场，但在整个群体性事件的处理上，我们也应当秉持刑法中的一些基本原则，从而更好地构建社会主义和谐社会。

1. 保障人权原则

我国《刑法》第2条明确规定刑法要保障财产权利、人身权利、民主权利和其他权利，由此可以看出保障人权是刑法的一项重要任务。因此，我们在对群体性事件中涉及的相关犯罪进行认定和处罚过程中，一定要重视对人权的保障，不能因为行为发生在群体性事件中而忽视人权保障。在对群体性事件的行为人定罪量刑过程中如果忽视对其人权的保障，将可能会对行为人造成二次伤害，加深其对社会不公的认知，这将是不可取的。

2. 刑法谦抑性原则

刑罚谦抑原则就是指在刑罚的适用范围上，由于刑法是保障社会法益的最后一道防线，在能够动用其他救济手段保护法益的时候就不要动用刑罚手段；在刑罚适用的严厉程度上，能够用较轻的手段调整违法行为的时候就不要用较重的手段。总之，刑罚谦抑就是要求运用较小的刑罚成本获取最大的刑罚效益——即预防或控制犯罪的发生。从刑罚成本来看，由于群体性事件中涉案人员的广泛性特征，刑罚往往并非是最经济的群体性事件处置手段，更何况除去刑罚手段，群体性事件发生后往往还涉及行政处罚、纪律处分的手段，整体成本也已相对较高。此时，如再强化刑罚适用的严厉程度显然是背离刑罚成本最小化原则的。在刑罚裁量时，应该结合犯罪人的行为特点与造成的社会危害性，考虑对其刑罚的各方

---

① 张明楷著：《刑法学》（第四版），法律出版社2011年版，第930页。

面效果而予以适当的刑罚，做到罪当其罚。

3. 增强处置群体性事件中的犯罪的“刑罚刚性”原则

刑法作为防卫社会的最后一道防线，一种最基本的行为规范，应当发挥其更高的社会规范引导价值。比如前边所说的国家机关工作人员的贪污腐败和滥用职权、玩忽职守的渎职行为，还有一些教唆群体性事件的黑恶势力，应当坚决予以刑法惩处。这些行为作为引发群体性事件的诱因，如果不加以严厉惩治，那么群体性事件就会不间断地产生，导致恶性循环。对于群体性事件中的少数黑恶势力以及严重破坏公共秩序的个人，应当通过刑罚手段增加其参与群体性事件的成本，并通过先例的树立与媒体的宣传，发挥示范性与警示性作用，使得群体性事件的潜在发动人群意识到群体性事件的法律后果，从而间接干预这些潜在发动者的心理模式和期望判定，并改变其行为方式，从而减少恶性群体性事件的发生可能。

在构建社会主义和谐社会的过程中，应当重视群体性事件中的犯罪问题，作为群体性事件处置机制的一个重要环节，刑罚的作用不容忽视，其威慑与规范效果始终是防卫社会安全的主要工具之一。运用刑法的理论去对其进行研究，解决其中存在的一些问题是十分必要的。

和谐社会语境下的群体性事件研究

——群体性事件演变升级的逻辑分析

秦亚亚

胡锦涛总书记在第二十次全国公安会议上的讲话中指出："由人民内部矛盾引发的群体性事件，已成为当前影响社会稳定的一个突出问题。在深化改革、加快发展的过程中，正确处理人民内部矛盾和群体性事件，对于保持社会稳定、为全面建设小康社会创造良好的社会环境具有重要的意义。"① 近年来，全国各地群体性事件频发，如贵州瓮安事件、云南孟连事件、湖北石首事件、安徽池州事件、四川大竹事件、甘肃陇南事件等，对社会和谐造成了严重影响。因此，探讨研究应对群体性事件的行之有效的措施，有利于我国社会主义和谐社会的构建。

一、群体性事件分阶段分析

群体性事件——由于潜在的社会矛盾被诱发，发展、演化并升级，最终失控造成一定后果的社会事件，都遵循一定的逻辑发展顺序，在不同阶段表现出不同的形式。首先，群体性事件可以拆分为初始原因行为和后续结果行为。初始原因行为一般属于合法行为，如符合法律规定的上访，经过公安机关批准的游行、示威活动，群众通过法定渠道表达合理诉求的行为；后续结果行为是由于当事人通过法定渠道难以表达自己的诉求，维护自己的合法权利，从而在非理性情绪的支配下而实施的过激行为。后续结果行为或者出于有心人的故意利用，或者出于法不责众的从众心理，可能导致严重人身财产损失，触及刑事犯罪，影响社会稳定。其次，进一步分析，初始原因行为又是由于社会变革过程中积累的社会矛盾由于偶然的事件而诱发，从而形成群体性事件的雏形。该阶段，由于处于雏形阶段，事件的规模、涉及面、参与人数、影响范围都比较小，尚处于可控制状态。如果政府部门处置不及时、处理不到位，不能够合理地调处解决纠纷，那么事件就会恶化导致群体性的聚集，一旦群体性事件达到失控的程度必然会导致严重的

作者简介：秦亚亚（1990—），男，河南焦作人，西南政法大学法学院刑法专业硕士研究生。

① 胡锦涛著：《论构建社会主义和谐社会》，中央文献出版社2013年版，第15页。

后果，此即构成了后续结果行为。因此，群体性事件从产生发展到不可控的状态，一般都需要经过以下各阶段："社会矛盾积累→偶然的诱因事件→群体性聚集→失控导致严重后果"。下面我们就各个阶段做具体分析。

（一）第一阶段：社会矛盾积累

群体性事件作为由人民内部矛盾引发的事件，其产生有着深刻的、复杂的社会原因。社会转型引发的矛盾是聚集事件产生的根源：在社会转型期，社会整体结构、社会资源结构、社会区域结构、社会组织结构及社会身份结构都在发生着重大转变。社会结构的变化导致利益分化、权利的不均衡，社会矛盾日积月累为日后群体性事件的爆发埋下了隐患。

1. 权利通过合法渠道难以获得救济

有学者根据群体性事件的目的、特征和行动指向，将近十年来我国发生的群体性事件分为五种类型：维权型、泄愤型、社会骚乱型、社会纠纷型和有组织犯罪型，并主要对维权型群体性事件和泄愤型群体事件特征进行了分析。① 维权事件，是中国目前群体性事件的主要类型，该类事件约占目前全国群体性突发事件的80%以上。②

首先，维权事件主要是经济利益之争，处理得当并不会触动社会稳定的根基。维权事件主要集中于农民因土地纠纷而引起对基层政府的不满、市民对于城镇房屋拆迁补偿不满而引起的纠纷以及企业改制、拖欠工资、社会保险、破产安置等引起的纠纷。其次，维权事件的产生大多是被动性的。维权事件的当事人大都是处于社会弱势地位的工人、农民或市民，他们的合法利益由于政府、企事业单位的行为而受损，起初维权者一般都会以现行的法律和法规作为其行为框架和底线，行为相对克制，希望通过合法、正常的途径解决问题。相对于主动引起骚乱的社会事件而言，该类事件具有很明显的被动性和被决定性。

2. 对社会不公的愤恨

现代化进程中，生产力的发展在改变人们的生活方式和生产方式、促进人们生活富裕的同时也增加了社会不稳定的因素，造成社会结构性矛盾——如贫富差距扩大、权力失衡、利益分配不合理等。这些社会矛盾使一部分人内心产生不公平感，随着时间的推移，社会不公平感积累越深，迫切需要适当的时机借以发泄。"三仇"心理——仇富、仇官、仇警，作为社会矛盾心理积蓄的负面产物，在群体性事件中起到了推波助澜的作用。在构建社会主义和谐社会进程中，一方

---

① 参见于建嵘：《当前我国群体性事件的主要类型及其特征》，载《中国政法大学学报》2009年第6期。

② 于建嵘：《中国的社会泄愤事件与管治困境》，载《当代世界与社会主义》2008年第1期。

面法治建设不断完善，公民的法律意识普遍提高，对公平、公正、公开的社会主义法治要求进一步提升，另一方面由于社会结构性矛盾引起的社会不公现象无法即时得到全面彻底的解决，从而形成尖锐的矛盾。该矛盾长期得不到解决，社会公众的愤恨情绪与日俱增，最终借助偶然的诱因事件发泄愤恨，从而导致声势浩大的社会群体性事件。

3. 社会腐败现象

从一定程度上来讲，社会腐败现象也是社会不公现象的一种，但是由于社会腐败现象在群体性事件中具有双重属性，有必要单独说明。社会腐败一方面可以作为群体性事件产生的原因，即由社会腐败现象产生公众对社会不公的愤恨，另一方面社会腐败也可能是初始的原因行为发生后，政府机关在执法行为中的腐败行为。该行为更容易加剧公众的仇恨心理。腐败的本质是一种权钱交易，社会公众中现存的“三仇”心理很大程度上是由于社会腐败造成的。此外，群体性事件的当事人也希望通过合理的途径解决问题，但如果司法者作为社会正义的最后一道防线，也失去了自已廉洁高尚的品质，与社会腐败为伍，那么群体性事件的发生就不可避免。

4. 同质挫折感

群体性事件中的同质挫折感，是指社会公众对某种目的达到或实现的干扰和阻碍的一种心理状态及其反应。目前，我国社会结构正发生着巨大的变化，社会流动性增加，社会结构重新整合，但是与其相配套的制度措施、公共服务设施还尚未完善。在这种社会转型期的交替碰撞中，许多人感觉无法适从，从而直接使个体与所处的社会环境无法协调，甚至产生恐惧。这种不确定性容易使人产生一种较为模糊的挫折感，这种模糊的挫折感伴随着时间的变化而逐渐积累发展成为相对确定和明晰的挫折感，在社会没有提供合理、畅通的消解渠道的情况下，会被发展成为一般信念，甚至使之系统化，从而成为群体性事件发生的伏笔。①

(二) 第二阶段：偶然的诱因事件

偶然的诱因事件在群体性事件中起到导火索的作用。当可能导致群体性事件的矛盾积累到一定程度，需要一个偶然的事件将矛盾激发，该事件可能是依法执行职务的行为，也可能是违法违规行为，哪怕是偶然的一个行为都能引起声势浩大的群体性事件。在一般情况下，群体是容易被暗示的，不假思索的，不负责任的，而这些暗示往往是非常琐碎的、非常偶然的，有时候表现为一句话、一个动作，与个体所具有的挫折感没有必然联系，但往往由于个体已处于某种群体之中

---

① 参见康均心、马力：《群体性事件：一个犯罪学应该关注的前沿问题》，载《法学评论》2002 年第 2 期。

或者处于某种情境之中，个体会通过回忆、联想、预测等手段来将琐碎的暗示与自己的挫折经历进行对比分析，赋予想象，论证评估，在得到肯定结论时，被理性控制的挫折感会被唤醒，并进行整合，成为诉诸行动的理由。[①] 如贵州瓮安事件的起因是死者家属对公安机关的尸体检验结论和不予立案的决定不服，不接受县工作组的处理意见；云南孟连事件因公安机关对犯罪嫌疑人的强制传唤使冲突爆发、激化并升级。[②]

（三）第三阶段：社会公众的群体性聚集

群体性事件从初始诱因事件发展到声势浩大的群体性事件需要经过公众不断聚集、人数不断增加、影响不断扩大、行为不断升级、后果不断严重的过程。群体性事件最明显的特征是人数由少到多、规模由可控发展到不可控，很少有群体性事件一开始就聚集了大规模的社会公众。如安徽池州事件中，由于群众对肇事事件处理的不满意，群众逐渐聚集到派出所附近并在不法分子的煽动下展开了打砸烧行为[③]；四川大竹事件中，由于公安机关对当事人的死亡原因迟迟不下结论，案件久拖不破，群众逐渐失去了耐心，逐渐聚集在莱仕德商务酒店周边，进而发展为群体性事件。[④]

（四）第四阶段：失控导致严重后果

社会公众聚集到一定规模后，事件往往由可控的社会冲突，发展为不可控的打砸抢烧事件，公众也由最初的自制和理智逐步走向失控和狂热，事件的性质也会由一般的社会冲突发展为普通治安案件并最终可能发展为严重的群体性犯罪事件。首先，该阶段的特征之一是“事件的失控”——无论从人数规模，还是行为性质，或者影响范围，都已经超出了政府机关单个部门、独自能够处理的限度，事件的妥善处理必须要提升层次级别。其次，该阶段特征之二在于犯罪行为一般出现在该阶段。由于社会公众的愤恨情绪被激发到剧烈的程度，社会公众很容易在社会仇恨心理和情绪感染下实施打砸烧等危害行为，可能触及刑法中的聚众性犯罪、故意伤害罪、故意杀人罪、妨害公务罪和非法集会游行示威罪等罪名。

---

① 参见康均心、马力：《群体性事件：一个犯罪学应该关注的前沿问题》，载《法学评论》2002 年第 2 期。

② 参见百度百科：《云南孟连事件》，http：//baike. baidu. com/view/2107303. htm.

③ 参见新浪网：《安徽发生群体性事件普通案件引发打砸抢烧》，http：//news. sina. com. cn/c/2005-06-27/16337058817. shtml.

④ 参见新浪网：《四川大竹群体性事件追踪：传言为澄清　公众走向失控》，http：//news. sina. com. cn/c/l/2007-02-04/094812224361. shtml.

二、刑法规制群体性事件的困境

（一）群体性事件处理的法律化

群体性事件是由人民内部矛盾引发、群众认为自身利益受到侵害，通过各种形式向有关机关和单位表达意愿、提出要求的社会事件。群体性事件中由于采取非法聚集、游行、示威、围堵等形式，其人数之多、范围之大、影响之广，不利于社会稳定。但是究其根底，“这些事件只是一种民众表达利益诉求或情绪的方式，不是针对政权的政治性活动，虽然会对社会治理结构带来一定的影响，但不会带来政治结构的重大变化，不会影响到中国政治统治的完整性，也不会从根本上影响政府管治的有效性，其本质仍为法律事件权益受到侵害”①。因此，不能将群体性事件作为政治事件来处理，其本质仍然是法律事件，必须运用法律手段解决，坚决杜绝地方政府以维稳的名义，将群体性事件政治化。运用政治化的手段处理群体性事件不仅不能够使矛盾得以解决，反而会加剧矛盾，使社会公众产生更加强烈的被剥夺感、更加仇恨社会，埋下更深的危机隐患。

运用法律手段处理群体性事件可以保证社会公众对处理结果的接受。在政治高于法律的社会背景下，政治化的处理往往会借稳定社会、巩固政权的言辞侵犯个体利益，个体利益无法获得保障。相反，在法律高于政治的社会背景下，法律拥有最高的权威，将个人利益视为与国家利益相对等保护的权利。因此，在这种情况下，无论法律做出何种裁决，社会公众都会接受。

（二）刑法规制的有限性

目前，学界关于群体性事件的应对措施可以分为两种：一是刑事方面措施，刑法对群体性事件的回应，应当坚持刑法的谦抑性，准确解决群体性暴力事件中罪与非罪、此罪与彼罪的问题；坚持宽严相济的刑事政策，对群体性暴力事件的组织者、参与者的定罪、量刑应充分体现罪刑相适应的原则；尽可能将刑事和解纳入群体性事件的案件处理，争取群体性暴力事件的法律效果、社会效果、政治效果的统一。② 二是社会层面措施，主要包括：减少社会仇恨，减少“三仇”——仇官、仇富、仇警，努力实现“三公”——公平、公正、公开；提升基层组织的信任度和权威度；从诱因上杜绝引起群体性事件的社会不公平现

---

① 于建嵘：《当前我国群体性事件的主要类型及其特征》，载《中国政法大学学报》2009 年第 6 期。

② 参见王文华：《群体性暴力事件与仇恨犯罪：刑法与刑事政策的回应》，载《甘肃政法学院学报》2011 年第 7 期。

象;[①] 建立有效的社会保障体系，完善公共服务设施。[②]

不难发现刑事措施在群体性事件中仅能够起到很有限的作用，在很大程度上，群体性事件的最终解决依靠的不是刑事措施，而是社会层面的措施。正如有学者提出，“刑法本不是因解决群体性事件而存在的。这只是解决了群体性事件造成的危害行为问题，而并没有真正解决群体性事件，或者说是在处理这些行为时附带性地解决了群体性事件，但并不是从根本上且专门针对群体性事件解决的”[③]。在构建和谐社会的背景下，我们更加应该谨慎运用刑法来解决问题，运用和谐社会的制度化建设化不仅能够有效地化解矛盾还可以推动社会和谐。

三、群体性事件分阶段应对措施

由于刑事措施在处理群体性事件中作用的有限性，因此必须将刑事措施与社会管理措施、行政措施相结合，在对群体性事件产生发展的阶段分析基础上，区别不同阶段采取不同的应对措施，将群体性事件解决于形成发展过程中，将会取得良好的治理效果。

(一) 第一阶段社会管理措施

第一阶段属于社会矛盾的积累阶段，该阶段矛盾能否妥善消除关系到群体性事件能否从根本上解决，相对于第二、三、四阶段将要采取的行政措施和刑事措施而言，该阶段的社会管理措施更具根本性、实质性。社会主义和谐社会并不是没有矛盾的社会，构建社会主义和谐社会的过程，就是在妥善处理各种矛盾中不断前进的过程，就是不断消除不和谐因素、不断增加和谐因素的过程。要深刻分析现阶段人民内部矛盾产生的原因特别是深层次原因，注重从源头上减少人民内部矛盾的发生。[④] 具体讲主要有：第一，基层政府部门在处理案件时做到公开、透明，使社会公众能够及时获得案件处理的实时信息。第二，增强基层政府部门的工作实效，提升基层政府部门的信任度和权威度，避免社会公众对政府部门产生信任危机。第三，加快社会保障体系建设，增强社会公共服务职能，完善公共服务措施，避免社会不同阶层间产生严重的脱节、分化。第四，畅通民主渠道，完善民意表达机制，注重从源头上减少人民内部矛盾的发生，加强矛盾纠纷排查工作，健全涉及矛盾纠纷调处机制，引导群众以理性合法的形式表达自己的利益

---

① 参见康均心、马力:《群体性事件：一个犯罪学应该关注的前沿问题》，载《法学评论》2002 年第 2 期。

② 参见刘红亮、王雁:《社会公平与和谐社会构建——群体性事件的政治社会学剖析》，载《湖北经济学院学报》（人文社会科学版）2007 年第 5 期。

③ 高永明:《群体性事件刑法规制的限度研究》，载《扬州大学学报》（人文社会科学版）2011 年第 5 期。

④ 胡锦涛著:《论构建社会主义和谐社会》，中央文献出版社 2013 年版，第 63 页。

要求，依法及时合理地处理群众反映的问题。[①] 第五，与党风廉政建设相结合，继续推进反腐倡廉工作开展，社会腐败最容易诱发社会公众的仇恨心理。虽然腐败在短时间内不可能完全消除，但是必须要通过程序性制约措施、严厉的制裁措施处理涉及群体性事件中的腐败行为，因为群体性事件关系到社会稳定，远远超出了个人利益。

（二）第二、三阶段行政措施

第二、三阶段属于群体性事件发展阶段，如果纠纷、矛盾能够在该阶段解决，那么将会避免引发后续的严重人身财产损害和社会动荡。偶然诱因事件和群体性的聚集都需要基层行政部门及时、妥善地采取措施——坚持依法行政、文明执法，及时准确地做好信息公开工作，解决人民群众最关心、最直接、最现实的利益问题。如甘肃陇南群体性事件，起因于政府信息的不公开，社会公众难以获得准确的搬迁信息，最终被少数别有用心的人所利用，从而酿成群体性事件。[②] 2005年胡锦涛总书记在省部级主要领导干部提高构建社会主义和谐社会能力专题研讨班上的讲话指出："要全面推进依法行政，坚持严格执法、公正执法、文明执法，建设法治政府，建立有权必有责、用权受监督、违法要追究的监督机制。"具体来讲主要有：第一，行政机关要本着对人民负责、服务于人民的理念，改进自身工作作风，树立"亲民、近民、为民"的政府形象，使广大群众从心理上信任政府机关。第二，通过实际案件的处理、社会矛盾纠纷的调处，树立政府权威性，避免社会公众对政府产生"信任危机"。第三，依职权或者依申请做好信息公开工作。及时、准确地公开与当事人或社会公众有关的政府信息不仅是社会公众知情权的要求，而且可以提高社会公众参政议政水平，避免由于信息不对称造成的"官民冲突"。第四，加强反腐倡廉，减少社会腐败现象。认真解决好社会腐败问题，可以减少社会仇恨，缓解社会"三仇"心理，避免因社会仇恨心理引起的同质挫折感而加剧群体性事件。

（三）第四阶段刑事司法措施

第四阶段是群体性事件升级到最严重程度的阶段，该阶段中聚集起来的社会公众由于情绪感染而产生强烈的心理冲动，潜在的反规范意识压制了一般的规范意识，由理智变成狂热，或者出于法不责众，或者由于少数不法分子的故意煽动，社会公众相互之间进行行为的模仿，实施一定犯罪行为。刑法在群体性事件的处理中具有最后手段性，能够运用其他措施解决的，尽量避免运用刑罚处罚，这是刑法谦抑性的要求。但是也不能过分强调谦抑而将刑法束之高阁，对于群体

---

① 胡锦涛著：《论构建社会主义和谐社会》，中央文献出版社2013年版，第82页。

② 参见新浪网：《甘肃陇南群体性事件始末：市政府酝酿搬迁引发》，http：//news. sina. com. cn/c/2008-11-27/034916732305. shtml.

性事件中符合犯罪构成的行为，应当在罪刑法定原则的指导下定罪量刑。

群体性事件中可能触及的犯罪可以分为两种类型：聚众性犯罪和非聚众性犯罪，聚众性犯罪包括聚众扰乱社会秩序罪，聚众冲击国家机关罪，聚众扰乱公共场所秩序、交通秩序罪，非法集会、游行、示威罪等；非聚众性犯罪包括故意伤害罪、故意杀人罪、抢劫罪、故意毁坏财物罪、妨害公务罪等。同时，在犯罪化处理的过程中需要遵循一定的原则：第一，准确认定犯罪的特殊形态，区分共同犯罪和普通犯罪，共同犯罪中根据犯罪人在犯罪中作用的不同分清主犯、从犯，根据不同的罪责确定不同的罪刑。第二，突出犯罪主观方面对定罪量刑的作用。群体性事件中的犯罪主体的主观恶性往往没有一般犯罪故意的主观恶性深，其犯罪意图是在情绪感染和行为模仿下产生的，从一定意义上说，这类犯罪主体由于情绪感染造成的心理冲动降低了其意志能力。第三，在犯罪化处理过程中更要强调刑法的谦抑性，注重对犯罪人人权的保障。群体性事件中的犯罪人的人身危险性较普通的故意犯罪人来说一般比较小，并且其犯罪行为的产生从根本上来说是自身利益得不到满足，其犯罪行为具有被引起性。因此，对这类犯罪人进行轻刑化处理既达到了对犯罪的惩罚又有利于犯罪人的再社会化。

和谐社会语境下的群体性事件研究

——以农民工群体性事件为视角

佘杰新

"群体性事件，是指有一定人数参加的、通过没有法定依据的行为对社会秩序产生一定影响的事件。"① 农民工群体性事件一般是因为农民工群体在劳动中的报酬、休假等权利受到用人单位的损害，进而导致群体事件的爆发。"现代性孕育着稳定，而现代性过程则滋生着动乱。"② 和谐社会是我国孜孜不倦的追求目标，农民工群体性事件的频繁发生对社会稳定发出了警示的信号。在法治视野内，具体到刑法领域，需要我们从农民工群体性事件的引发源即用人单位及群体性事件的发动者即农民工双重角度切入，探讨刑法采取何种态度予以规制，方可更好地达到法律效果和社会效果的统一。农民工群体性事件的处理并非简单的法律适用即可到达社会的公平正义，剖析其发生的社会背景，了解农民工采取过激行为的原因，并在定罪量刑上予以考量是极为重要的。

一、农民工群体性事件发生的社会背景

首先，现实社会环境的不公平使农民工群体心理产生了危机感、落差感和无奈感。在城乡二元经济结构下，一大批农民工怀着对都市的情愫进城务工。然而，文化差别、经济差距、户口制度、保障机制等因素使得农民工无法真正融入城市，农民工群体难以在城市中找到归属感。农民工特别是新生代农民工与土地的紧密性已经越来越弱，他们没有务农的经历，许多人也因为征收、征用等原因失去了土地，一旦其失去应有的工作，并不能像以前的农民工一样可以回到农村从事他们原来的工作。农民工群体背井离乡奋斗、挣扎于大城市之中，比起生活

作者简介：佘杰新（1990—），男，广东揭阳人，西南政法大学法学院刑法专业硕士研究生。

① 于建嵘：《当前我国群体性事件的主要类型及其基本特征》，载《中国政法大学学报》2009 第 6 期。

② ［美］塞缪尔·亨廷顿：《变化社会中的政治秩序》，王冠华、刘为等译，三联书店 1989 年版，第 38 页。

在农村的农民更具危机感。文化素质较低的农民工大多从事辛苦且报酬低的工作，看着穿梭于大都市的“上层人物”，心理难免产生相对的剥夺感，对社会富者和官员产生了一种抵触的心理。“当人们感知到他们当前享受的生活水准与他们认为应当享受的生活水准的不一致时，人们就开始变得不满和具有反抗精神。”①

其次，用人单位的苛刻和违法行为是导致农民工群体集体抗争的导火线。事实上，国家一直努力采取有效措施和政策对现有体制进行完善，不断缓解和释放农民工群体的相对剥夺感，让农民工感受到国家和政府对他们的重视和关心，因此，目前较少出现农民工群体集结起来抗争社会不公正的现象。真正触发农民工集合抗争的导火线是用人单位为了谋取利益，损害了劳动者的权益，忽略劳动者的情感需求。令农民工失望的是，用人单位使用着他们廉价的劳动力创造财富，却没有给予他们应有的生存和安全环境，反而出现了克扣工资、拖欠工资、延长工时、苛刻员工、福利甚少、环境恶劣等人情冷暖的现象。随着社会的发展，农民工特别是新生代农民工的维权意识不断提高，这个具有相似背景、相同诉求的共同体学会团结起来维护自身的利益，并逐步对社会和用人单位提出了更高的利益要求或者更好的生存环境。

最后，维权道路重重阻碍是农民工群体性事件发生的助推器。在权益受到用人单位损害时，农民工一般先与用人单位相关负责人员进行协商，用情感来博取老板的同情。农民工并非就是非理性的代表。当协商失效的时候，虽然部分农民工会直接采取伤害自己、单位或者单位负责人员的方式进行维权，但是越来越多的农民工学会通过媒体、政府部门、工会、劳动仲裁机构或者法院等合法途径表达自己的利益诉求。“民众在具体的利益表达中表现出一些非理智的行为，如‘自救式犯罪维权’，但是，从总体而言，他们仍希望在现有的体制框架内维护和实现自身的利益。”② 众所周知，现有的诉求表达途径并不那么畅通，文化水平和法律知识欠缺的农民工的维权之路常常比其他人更为艰辛。当利益无法得到有效修复的时候，单位内部的农民工群体，或者利益受损害的农民工老乡们便会互相集结起来，采取到公共场所、政府机构或者相关机构等地方进行非法集会、游行、示威，或者与单位负责人发生正面冲突，拘禁老板或者打砸财物等违法行为表达内心的不满和仇恨。

二、刑法规制农民工群体性事件的必要性

① Rupert Brown：《群体过程》，胡鑫、庆小飞译，中国轻工业出版社2007年版，第155页。

② 于建嵘：《抗争性政治：中国政治社会学基本问题》，人民出版社2011年版，第10页。

（一）构建和谐社会需要刑法规制农民工群体性事件

和谐社会是一个安定有序的社会，因而国家需要妥善解决存在的冲突和矛盾。农民工群体事件的频繁发生不仅显示社会的不公正、体制的不完善，而且显示了用人单位与农民工、农民工与公权力之间存在诸多的矛盾。“在深化改革、加快发展的过程中，正确处理人民内部矛盾和群体性事件，对于保持社会稳定、为全面建设小康社会创造良好的社会环境具有十分重要的意义。”① 农民工群体性事件频繁发生引起社会的广泛关注。和谐社会的构建需要国家积极采取各种措施应对农民工群体性事件的发生，使得农民工群体能够在陌生的城市中找到落脚点，与城市人和谐共处、诚信友爱。减少农民工群体性事件的发生，需要社会环境、社会体制、法律制度方方面面的配合。和谐社会是依法治国的社会，并不能总是简单使用政治性手段草率处理问题，法律包括刑事法律适当干预群体性事件是必要的。农民工群体性事件的频繁爆发虽然在一定程度体现了农民工维权意识的觉醒，然而这对于构建安定有序的和谐社会必然是一大障碍。刑法作为保障法，以其特有的强制力，承担起和谐社会安定有序目标实现的重任。在农民工群体性事件发生之后，对其中严重破坏社会秩序的行为人予以惩罚和教育，对严重侵害农民工群体的单位相关人员予以打击和教育，有利于警示人们，从而减少农民工群体性事件的发生。

（二）刑法规制农民工违法犯罪行为对于构建和谐社会的意义

在农民工群体性事件中，地方权力机构为了避免事件的进一步扩大，影响其政绩，往往采取息事宁人的做法，对群体性事件中已经构成违法犯罪的行为人不作任何处置。这种做法往往会给社会释放一种信号，即群体性事件中公权力不敢轻易介入，以致群体性事件的频繁发生。近几年，许多地方出现抵制所在城市和单位损害外来务工人员利益的同乡会。在外打工的农民群体感受到所在城市给自己生存带来的压力、歧视和不平等充斥在他们的周围，便结合起来组成同乡会。有些同乡会的规模已经非常大，一旦群体性事件发生，政府没有足够的应对能力和应对机制，便会造成严重的危害。行为人采取的打砸财物、侵害他人等犯罪行为给社会和谐造成了严重损害，刑法对其中部分主观恶性较大的犯罪人予以规制也是理所应当的。2011 年，广东潮州市潮安县古巷镇农民工因“讨薪”而引发的群体性事件即为最好的例证。据南方日报报道：“熊某因讨薪被砍伤，同乡约200 多人到潮安县古巷镇镇政府门口聚集要求严惩凶手，期间有 17 辆汽车受损、1 辆汽车被焚毁、18 人受伤。”② 可见，农民工群体性事件不再简简单单是过去

① 胡锦涛著：《论构建社会主义和谐社会》，中央文献出版社 2013 年版，第 15 页。

② 《讨薪被砍伤，聚众要说法》，载《南方日报》2011 年 6 月 8 日。

单位内部为数不多的人员采取的违法抗争行为，有可能引发社会巨大的动荡，并对所在区域的安全和生活安宁造成较为持久的影响。刑事法律如果在农民工群体性事件面前依然“遮遮掩掩”，不敢正视事件，不仅会严重损害受害人的权益，而且会影响依法治国的治国理念的实现。“顾忌一种可能的局面，而迟延对犯罪人的处罚，是对法律权威的践踏。更严重的后果是这种做法导致反向激励，会让公众产生一种错觉：群体性事件更容易达到目的，且更不宜受到刑罚惩罚，无疑会对群体性事件的发生产生诱导作用。”①

（三）刑法规制侵害农民工的违法犯罪行为对于构建和谐社会的意义

和谐社会的构建要求我们关注底层弱势群体的利益诉求，平衡弱势群体和强势群体之间的力量，实现社会的公平正义。“黑砖窑”“开胸验肺”等事件的频繁曝光说明了我国部分农民工的工作环境不容乐观，不仅劳动报酬权受到损害，甚至连身体健康权都受到损害。从单位及相关人员的行为看来，侵犯法益的程度已经严重到值得刑法予以规制。否则，长期下来，不仅严重扰乱社会主义秩序的健康发展，也会使农民工群体对国家和社会产生不信任，进而导致群体性事件的发生。当农民工群体的基本生存和就业问题受到威胁时，过激的群体性事件的爆发也就在所难免。刑法适当干预畸形的劳资关系，切断用人单位这一导火线，是以人为本和谐社会的应然要求。“刑法的目的是保护法益，当某种侵害法益的行为在数量、样态、危害结果上发生了质的变化时，必然要求刑事立法对此作出反应，保护该法益的刑法规范也应当随之变化。”② 刑法关注侵犯农民工的民生问题，纠正强势群体的不公平、不道义的严重侵权行为，将有利于社会朝着更加和谐、友爱进步，减少社会一些动荡和不安定因素存在。

三、以人为本理念要求刑法善待农民工群体

（一）以人为本理念对刑法规制农民工违法犯罪行为的影响

和谐社会以人为本的理念要求刑法不能沦为惩罚犯罪人的工具，刑罚的适用应该考虑如何更好地促使行为人回归社会。“罪责弥补、预防、行为人的重新社会化、赎罪和对已实施不法的报应，都将作为适当的刑事惩罚的各个方面来表示。”③ 在农民工群体性事件处理上，刑事法官应该重视农民工这一特殊群体犯罪的原因和目的，使得定罪和量刑更具合理性。上文已经提及，劳动保护的法律制度不完善、劳动者维权的渠道不通顺、农民工法律意识淡薄等因素引发了农民

---

① 王凤涛：《群体性事件的刑法因应》，载《中北大学学报》（社会科学版）2009 年第 5 期。

② 严励、刘志明：《我国劳动权刑法保护研究》，载《山西大学学报》（哲学社会科学版）2002 年第 3 期。

③ ［德］克劳斯·罗克辛著：《德国刑法学总论》，王世洲译，法律出版社 2005 年版，第 45 页。

工群体性事件频繁发生。“他们掌握的话语资源极其有限或者为零，处于相对与绝对被剥夺的弱势地位，一旦校正正义机制失灵，其具体生存的社会经济生态恶化，甚至到了连生存底线也难以维持的地步，那么，通过街头政治诉诸公开集体行动，便往往成为他们表达诉愿的唯一有效手段。”① 农民工群体性事件的发生，要求国家检讨社会结构和法律制度等存在的不足，而不能仅仅归责和责罚农民工群体的不理性行为。农民工群体采取的群体抗争行为有其无奈之处，社会现实使得农民工需要去抗争保护自己的权益，使其在城市中更好地生存下去。农民工群体维护自身利益采取的群体抗争行为总是能够博得社会的同情和理解，也从侧面间接地显示其对社会危害性程度和社会造成的不良影响并没有其他恶性群体性事件那么大。因此，刑法应该保持谦抑性，对农民工予以适当的宽待。

（二）刑法宽待农民工群体违法犯罪行为的具体落实

刑事法官的任务在于消弭矛盾和冲突，而不是引发更大的冲突。刑事法官面对这一特殊群体，如果无法把握刑罚的度，则不仅判决结果无法被当事人所接受，也会引发社会对刑法的正当性的质疑。刑事法官要准确把握国家宽严相济刑事政策和有关群体性事件的党中央指导文件，对于人民内部矛盾的群体性事件予以从宽处罚；尽量适用从轻减轻的量刑情节，适用缓刑和非刑罚处罚措施；严格把握农民工群体性事件中行为的主观心态，把主观恶性不大的行为人排除在犯罪之外；严格区分首要分子、积极参加者与一般参加者，以更好地把危害行为较小的行为排除于犯罪之外。此外，刑事法官还可以积极引导当事人进行刑事和解，对于悔罪态度良好，积极赔偿的行为人，适当予以从宽处罚。“自称为一种能够消除所有犯罪因素的简便并且有效救治措施的刑罚，只不过是一种徒有虚名的万灵药。”② 在群体性事件中，刑事法官对于本为事件受害人的行为人应当秉持人文关怀理念，尽量实现非犯罪化和非刑罚化。

四、关注民生理念要求刑法不断完善保护农民工权益

（一）关注民生理念对刑法规制侵犯农民工权益的行为的影响

党中央提出了关注民生的理念，要求国家公权力关注人民群众最密切、最直接、最现实的生活问题。民生理念催生了民生刑法。民生刑法要求刑法关注严重危害人民基本生存和生活的问题。农民工的劳动和就业环境是关系农民工生存和发展极为迫切的问题，民生刑法应该对此予以回应。从历次刑法修正案看，立法

---

① 许章润：《多元社会利益的正当性与表达的合法化》，载《清华大学学报》（哲学社会科学版）2008 年第 4 期。

② ［意］菲利：《犯罪社会学》，中国人民公安大学出版社 1990 年版，第 68 页。

者增设了诸如雇用童工从事危重劳动罪、拒不支付劳动报酬罪，严密了诸如强迫劳动罪、重大安全事故罪，从而加强了对劳动者的保护。应该说，对严重侵害农民工权益的行为予以刑法规制，是对民生理念的落实，是对保障人权理念的落实。刑法立法者的眼光要关注现实生活中的民生问题，不断了解现实生活中出现的严重侵害农民工生存和发展的问题，并予以回应。当然，关注民生理念在于适度而非过度对弱者的权益保护予以倾斜。在社会主义初级阶段，用人单位和劳动者之间仍然存在一定的冲突是难以避免的，刑法也不能过度干预劳资关系，否则将不利于市场经济秩序的发展。市场经济秩序包括用人单位和劳动者之间的关系更多需要依靠社会道德的提升来完善。

（二）刑法规制侵犯农民工权益的行为的具体落实

近几年来，以姜涛博士为代表的学者提出了劳动刑法的理念，为推进对劳动领域严重侵害劳动者权益行为规制提供了新的视野和思路。“劳动刑法制度研究的首要任务就是要求确立‘倾斜保护’的理念，从而进而建构一种以促进人与社会的全面发展为主旨的全新刑法理论话语系统。”① 现行立法对于劳动者权益的保护仍然存在诸多问题。刑法有关保护劳动者权益的规定仍然不够全面。对于诸如用人单位造成员工严重的职业病等行为，刑法仍然为空白。而有关拒不支付劳动报酬罪的入刑门槛极高，导致了刑事司法实践的适用率非常低；有关侵犯劳动者权益的罪名处罚力度不够，并不对单位予以双罚制。未来立法者需要不断完善和修改刑法，积极应对实践存在的诸多侵犯劳动者权益的行为。就目前而言，司法机关应该重视和关注用人单位的严重侵权行为，及时处置违法犯罪的用人单位和相关负责人，防止大规模的群体性事件的爆发。

姜涛博士还提出：“刑法要为劳动者联合起来以‘合力’与雇佣者的权力之间形成一种纳什均衡开辟一条完整的刑法通道，这是从刑法规范角度为劳动者团结起来与雇佣者可以运用的‘力的法则’提供一个抗衡的框架，矫正原子化的劳动者与雇佣者在天平两端那种自然不平的失衡状况，目的在于有效实现劳动者的社会保护。”② 应该说，目前我国对于集会、游行、示威等宪法权利规定了较为严格的限制，对于罢工权利则持否定态度，这致使农民工群体的维权行为极易触犯刑法。随着人权理念的推进，我国宪法和相关法律应该释放更多的空间和自由给民众。只有从宪法的高度还权于民，使得行为人拥有更多表达权利，才是真正的解决之道。当然，目前刑法应该宽待农民工群体的抗争维权行为，以免打击农民工群体的维权积极性，这便考验着刑事法官的能力和经验。

---

① 姜涛：《劳动法治视域下劳动刑法制度创生的法理求证》，载《法制与社会发展》2011 年第 2 期。

② 姜涛：《民生保护政策视域下的劳动刑法图景》，载《江淮论坛》2012 年第 1 期。

结 语

“对防止犯罪来说，改变社会制度和政治制度比采取某种刑罚，意义要大得多。”① 农民工群体性事件的解决归根到底需要国家对社会制度、社会环境、诉求渠道等的不断优化。然而，我们也不能因此否认群体性事件中法律制裁包括刑法制裁的意义。农民工群体性事件的频繁发生具有深刻的社会背景，事件的处理需要刑法的干预与规制。作为弱势群体的农民工采取犯罪手段进行维权的行为，刑法要谨慎适用，予以宽缓处罚；面对损害农民工权益的犯罪人，刑法则应该积极规制，予以及时应对，从而使判决结果实现法律效果和社会效果相统一，减少农民工群体性事件的发生，促进和谐社会的构建。

① 列宁：《列宁全集》（第4卷），人民出版社1972年版，第1360页。

第六编

和谐社会语境下的民生问题研究

和谐社会语境下的民生问题研究

潘升东

对于什么是“民生”，学术界并未达成共识。持“狭义说”的学者认为，民生是人民群众基本的物质和精神需求的满足。持“广义说”的学者认为，对民生要综合看待，从不同的角度看民生往往会得出不同的结论。从经济学的角度看，民生反映在收入、就业、消费等方面，体现为人民群众最关心、最直接、最现实的利益问题。从社会学的角度看，民生则关系到社会各阶层如何和谐相处，社会能否实现公平正义和长治久安，以及社会制度是否具有先进性。从政治学的角度看，民生则直接体现为执政能力、执政水平是否到位和执政地位是否稳固，是对治国理政水平的检验。持“动态说”的学者认为，民生的内涵和外延随着社会的发展而扩展，当前的民生指最广大人民的福祉，是人民群众对于经济社会发展成果的客观享受和主观体验。持“相对说”的学者认为，民生不仅是历史演进的，而且在同一阶段不同的社会和区域，民生状况也存在差异，发达国家经济基础雄厚，社会建设水平高，其民生保障水平自然更高。因此这种观点是从具体的社会和时代要求标准来确立民生的概念的，具有相对性。综合以上的观点来看，无论“广义说”“相对说”，还是“动态说”，相互之间其实并不矛盾，都是从各个角度对于民生问题给出了界定，互有补充和包容，因而都有可取之处，然而笔者认为和谐社会蕴含的理念就是科学发展观，而科学发展观的首要任务就是发展，核心就是以人为本，基本要求是全面协调可持续，根本方法是统筹兼顾。

“以人为本”其实质就是一切发展都是为了人，突出人的主体地位，标志人作为社会的主体的概念应该是与人密切相关的生活状态及主观感受即指民生。因此，民生问题所包含的内容不仅指人的现实生活（包括物质生活和精神生活）客观状态，同时亦指人对于这种生活状态的主观感受和理智评价，其中蕴含着不仅是现实中的民生，还应该包括人们对于现实生活的期待。因此，刑法上的民生问题也应该体现出上述两个方面的要求。但同时基于刑法严厉性及谦抑性考虑，刑法上的民生问题也不能涉及面过宽，而是应该对于民众的生活价值取向和刑法

作者简介：潘升东，（1978—），男，安徽六安人，西南政法大学法学院刑法专业硕士研究生。

的社会价值的考量做出理智的选择和取舍，确立刑法上的民生的保护问题应该符合以下两个标准：第一，刑法上的民生法益应该是关乎整个社会中人民群众的人身和重大的财产安全的涉及民生内容的根本性问题；第二，刑法上的民生问题应该反映出社会民众对于重大的社会普遍敏感的问题的基本态度，满足人民群众对于民生的期待价值的保护。

胡锦涛总书记曾在中央经济工作会议上指出，食品药品质量安全和生产安全事关人民群众生命、事关国家声誉，必须高度重视并切实抓好。要完善法律法规，建立最严格的食品药品和安全生产标准，明确相关责任主体职责，合理界定行为主体、监管主体、相关领导的责任，建立权责利相对应的法律追究惩治体系。要严厉打击各种违法违规生产经营行为，完善和强化行政问责，有效防范和坚决遏制重特大安全事故，确保人民群众生命财产安全。[①] 我国刑法目前只应当将民生内容中最为重要的方面列为刑法的保护范围，比如食品安全、药品安全、人身安全、环境保护、道路交通安全和财产安全，因为这些法益都关系到广大人民群众的重大的切身利益，这些利益安全是否得到保证，是解决民生问题的基本要求，因而需要刑法给予充分的保障。而民生概念“动态说”观点不仅说明民生是发展的，是最广大人民群众的福祉，而且重在强调民生的主体的客观享受和主观体验，这里蕴含着刑法上的民生问题也应该是发展的，随着社会发展、民生保护的司法实践的丰富和人们对于民生保护期望值的提高，刑法的民生问题研究也应该逐步完善。另外民生既然是最广大人民群众的福祉，那么民生所代表的利益也应该是刑法所保护的重大法益，而这些重大法益不仅关系到人民群众生命财产安全，而且还关乎人的基本生存和社会的可持续发展，而在现代工业社会时代，这些重大的民生法益正在面临着越来越大的危险，民生风险问题正在成为社会越来越关注的重点，刑法作为社会的保护法理应将其作为自己首要任务。

我国刑法的犯罪概念包含着直接民生犯罪也包括间接的民生犯罪内容，比如，“一切危害国家主权、领土完整和安全，分裂国家、颠覆人民民主专政的政权和推翻社会主义制度，破坏社会秩序和经济秩序，侵犯国有财产或者劳动集体所有的财产”的犯罪基本上是对于民生的间接侵害，而“侵犯公民的私人所有的财产，侵犯公民的人身权利、民主权利和其他权利”，这些犯罪可以划归到对于民生直接侵害的范围。由此我们可以得出这样的结论：我国的刑法学中以犯罪概念为中心的刑法规制应该界定为以刑法的民生保护为中心。这一点我们可以从我国刑法分则所列举的十大类犯罪得到证明，比如分则中的危害国家安全罪、危害公共安全罪、破坏社会主义市场经济秩序罪、危害国防利益罪、贪污贿赂罪、

① 胡锦涛著：《论构建社会主义和谐社会》，中央文献出版社 2013 年版，第 170-172 页。

渎职罪和军人违反职责罪基本上属于对民生的间接犯罪，而侵犯公民的人身权利和民主权利罪、侵犯财产罪、妨害社会管理秩序罪（除第一节扰乱公共秩序罪外）基本上应属于对于民生的直接的犯罪。这就说明民生问题在我国刑法中居于中心地位，研究刑法的民生保护是真正体现了刑法社会最终保障法的真谛之所在，因而可以这样描述刑法与民生的关系，即刑法对于民生的最终保障意义和民生对于刑法的实体内容的中心建构的作用。

和谐社会的民生问题追求的理想样态是，民生问题的妥善解决和可持续的发展并最终实现社会的整体和谐，虽然这是就社会学意义上所说，但最终的民生问题的解决和可持续的发展仍然需要刑法的最终保障，因而刑法的民生问题的研究对于民生问题来说具有最终和全局的决定性意义。同时民生固有的社会性内容决定了它会随着社会的发展、时代的变迁以及由此决定的人们对于民生的价值取向和具体期待的发展而发展，由此决定了刑法的成文法内容和刑法的民生问题的研究也会不断地变化和深入，而我国目前正处于社会的转型期，各种民生类犯罪不断地出现，各种价值观呈多元化呈现，这样就决定了我国刑法目前需要适应民生的发展的趋势不断修订，我国自从 1979 年颁布刑法以来相继出台了八个修正案，尤其是《刑法修正案（八）》突出了对民生的刑法保护。《刑法修正案（八）》对刑法分则中直接或间接涉及民生的罪名条文进行了修正，重在保护民众生活的基本安全需要：（1）针对道路交通安全增设了危险驾驶罪；（2）针对药品市场安全，降低了生产、销售假药罪的入罪标准，将其由具体危险犯改为抽象危险犯，处罚由结果加重扩大到情节加重；（3）针对食品市场安全，修改了生产、销售不符合卫生标准的食品罪和生产、销售有毒、有害食品罪，将食品由过去的符合“卫生标准”修改为现在的符合“安全标准”，突出了“安全”这一更为基本的民生内容，删除了原先的起点刑——拘役和单处罚金，从而提高了最低刑，也将结果加重扩大为情节加重；（4）针对公民人身安全增设了组织他人出卖人体器官的犯罪，通过增加规定主体、对象、手段、行为的种类，扩大了故意伤害罪、故意杀人罪、侮辱尸体罪、强迫职工劳动罪、组织卖淫罪、强制卖淫罪的范围，有些罪的起点刑还被适当提高；（5）针对公民的财产安全扩大了盗窃罪、敲诈勒索罪的行为种类，降低了这些罪的入罪门槛，增设了拒不支付劳动报酬罪；（6）针对生存环境安全降低了重大环境污染事故罪的构成要件标准，从而扩大了处罚的范围。其中《刑法修正案（八）》中的药品安全领域犯罪、环境安全领域犯罪及食品安全领域犯罪是民众最为敏感最现实的民生类犯罪，引起了广泛争议。

关于药品安全犯罪的立法与司法，有论者认为，从条文沿革情况看，刑法正逐步降低生产、销售假药罪的入罪门槛。1997 年刑法删除了“以营利为目的”

的限制条件，《刑法修正案（八）》删除了“足以严重危害人体健康”的抽象危险状态，规定生产、销售假药行为可直接入罪，从危险犯向行为犯的转变，体现出我国刑法关注保护民生权利的价值理念。也有论者从《刑法修正案（八）》的立法原意出发，认为不宜对生产、销售假药罪罚金刑数额的上限做出限定。还有论者结合热门的“毒胶囊”事件，认为毒胶囊在本质上可归属于伪劣产品，胶囊生产企业可构成生产、销售伪劣产品罪；而胶囊生产企业向药品生产企业提供有毒空心胶囊的行为，在本质上是药品生产企业制售假药的帮助行为，所以，在特定情形下，胶囊生产企业可构成药品生产企业生产、销售假药罪的共犯。

关于环境刑法的理念，有论者认为在可持续发展的语境下，全社会应牢固坚持生态文明的科学发展观，重新审视人与自然的关系，环境犯罪应摒弃传统的人本主义法律观，倡导生态本位主义的立法理念。也有论者认为，传统的人类中心主义与自然中心主义的伦理观已经越来越不适应我国环境刑法的发展，现代人类中心主义环境伦理观应成为当代环境刑法的伦理支撑。关于环境犯罪的保护法益，有论者认为，环境犯罪所侵害的法益应是独立的环境法益，即每个人的环境权，包括全体社会成员所享有的在适宜的环境中生活和工作、合理利用环境资源、实现人类社会可持续发展三项权利，个人法益和生态法益都应该排除在环境犯罪的法益之外。也有论者认为，刑法应当以生态安全为法益来设立环境犯罪，环境犯罪应该以生态利益作为其保护的必要要件，而将人的人身利益和财产利益作为选择要件予以保护。还有论者认为，在人与自然相和谐的立法理念下，应确立环境法益为环境犯罪的保护法益，而不是外延更广的生态法益。

针对食品安全的刑法保护问题，2011 年全国刑法学年会重点研讨了刑事司法和立法完善等问题。关于食品安全犯罪的司法适用，有论者探讨了食品安全犯罪的“足以造成严重食物中毒事故或者其他严重食源性疾病”内涵，认为应以客观存在的事实而非行为人的主观认识为判定基础，采用事前判断和事后判断有机结合的“瞻前顾后”的判断方法，并以科学法则为标准；同时还应注意生产、销售不符合安全标准的食品行为的属性、实行程度以及该行为所可能导致的实害结果发生的实在可能性。也有论者讨论了食品与药品的区别标准问题，认为是否“以治疗为目的”是区分食品和药品的唯一标准。实践中常见的空心胶囊不符合“以治疗为目的”，应认定为食品。还有论者认为，只有超标准的有害细菌或者其他污染物，才能足以造成严重食物中毒事故或者其他食源性疾病，但对婴幼儿的主食食品应有所例外。关于食品安全犯罪的刑法完善，有论者认为，改进中国食品安全的刑事立法，应当注意法益保护与人权保障的平衡，从“厉而不严”走向“严而不厉”，同时反思立法技术并注重司法解释，实行真正的附属刑法与刑法典相结合的立法模式。有论者认为，我国关于食品安全犯罪的法网还不够严密，不能完全适应我国预防和打击食品安全犯罪的需求。也有论者认为，立足于食品犯罪的实际以及遏制食品犯罪刑事政策的需要，我国应加强刑法与《食品安全法》的衔接，将其规定于“危害公共安全罪”一章，并将非法存储、持有有毒、有害的非食品原料、食品添加剂和食品的行为纳入刑法的规制范围，增设生产、销售有毒害的非食品原料和食品添加剂的行为为专门的犯罪。

虽然刑法学界对于《刑法修正案（八）》中的这些优先、从严的取向及修改方案仍存在不少争议，但笔者认为对于刑法的民生法益的保护来说其具有进步之处：一方面它顺应了时代的需要，以犯罪化和相对较重的刑罚措施加强了对重大民生事项的保护；另一方面，它又废除了13个非暴力经济犯罪罪名的死刑，限制对老年罪犯适用死刑，新增了社区矫正行刑措施等。我国从新中国成立以来，一直强调国家利益高于一切，改革开放以来又强调以经济建设为中心，而一直未重视民生的保护，现在《刑法修正案（八）》将民生刑法保护提到了立法层面，可谓具有重大的意义，虽然呈现刑罚的严厉态势，某些方面还比较粗糙，但毕竟是在刑法上进行了民生保护的立法尝试。如何适应建设和谐社会的民生保护需要，更进一步完善我国刑法的民生保护，笔者认为应该强调以下几个方面：

首先，今后我国刑法应将民生类犯罪作为其规制的首要对象，这是由民生问题在我国刑法中的地位以及刑法目的决定的。具体而言：（1）民生类犯罪应成为今后刑法立法的主要推动力，积极且有意识地研究危害民生的现象，将其中的严重危害行为适时犯罪化。这是顺应工业社会市场经济时代人们对于安全的需要。（2）优先重视保护民生中最基本的部分——民众的基本生存和生活状态以及民众的基本发展机会、基本发展能力和基本权益。要特别重视对危害基本民生内容的行为的犯罪化。（3）正确合理地界定刑法的“工业社会”的民生风险。

其次，无论刑事立法或刑事司法都要做到既要保护社会大众的民生利益，又要保护犯罪人的正当合法的民生权益；既要从刑法与宪法及其他部门法等实体法内容上完善及运作上的协调方面全面保护民生，又要重视刑事司法实践中的程序法运作的完善。具体而言：（1）应全面细致地研究危害民生现象的状况，包括行为的方式和手段，行为主体、对象、目的和结果等，为将危害民生行为犯罪化提供系统的依据，以免刑事立法遗漏。（2）注意刑法与相关部门法在民生类犯罪规制中的协调，尽可能设置相应的刑法规范，以保障部门法中民生规范的有效实施，实现刑法与其他部门法的对接。（3）对于宪法规定或者确认的各项基本公民权利，对于没有得到部门法细化调整的民生权利事项，尤其是基本民生事项，刑法也应当针对民生风险做出适当的应对。（4）应当全面发挥刑法与刑事诉讼法在民生犯罪中的协调运作功能，因为随着《刑法修正案（八）》的颁布，民生类犯罪罪名增多和自由刑期相对拉长以及部分犯罪的门槛降低，导致存在有滥用刑罚危害人权的风险，因此需要从刑事程序法的正当程序上予以规制，这样《刑事诉讼法》在刑事司法实际运作中成为能否实现刑法目的的关键。

最后，民生刑法应该遵守刑法经济和谦抑原则的要求，要达到这一要求应该从以下两个方面着手：第一，应从实体法上严格控制民生类犯罪的入罪范围。(1) 把危害基本民生法益行为界定为符合具有严重社会危害性的标准，将其入罪。因为没有这些事项的内容就没有民生，危害了这些内容就动摇了民生的底线。当某种行为危害了民生的基本内容，刑法就不能再予以容忍，而应当将其犯罪化。(2) 重视司法实践中各种危害民生的行为的发生频率，如果某种危害民生的违法行为经常出现，那么可以在认定标准不变或者基本不变的情况下直接将该种危害民生的违法行为上升为犯罪。第二，应从刑事程序法上严格控制认罪范围。讲证据，讲法律，讲人权，这是正当程序的基本要求，尤其在应对民生类犯罪时强调正当程序更具有现实意义，因为民生类犯罪现在在刑事司法实践中比较常见，波及面及对社会心理的影响也很大，如果片面强调民生类犯罪的打击，而忽视正当程序要求，就会造成刑罚滥用，冤假错案也会在实践中频发，这是对法治权威的严重侵犯，最终也会使人们对法律失去信心。

总之，民生刑法应该以“民主法治、公平正义、诚信友爱、充满活力、安定有序、人与自然和谐相处”作为刑事立法和司法实践检验标准。在民生刑法立法完备的基础上，力求做到所立的法既符合民意和民主，又符合社会的公平正义的基本价值追求，通过民生刑法的司法实践，最终对社会风气的改善和中华民族优秀传统道德的继承和发扬起到重大的促进作用。

和谐社会语境下的食品安全问题研究

——兼谈食品安全视野下的被害人救济

车　冲

一、和谐社会中的食品安全

构建社会主义和谐社会，是我们党从中国特色社会主义事业总体布局和全面建设小康社会全局出发提出的重大战略任务，反映了建设富强民主文明和谐的社会主义现代化国家的内在要求，体现了全党全国各族人民的共同愿望。①

我国正处于经济社会转型的关键时期，面临的挑战前所未有，面临的机遇前所未有。在食品安全领域的问题也是机遇与挑战并存，这是实施农业标准化的机遇，同时也是对于食品安全保障机制的挑战。保障食品安全是构建和谐社会理论中的重大课题，是构建和谐社会的重要任务。古人云：“民以食为天。”食品安全在古代就倍受统治者重视，在社会主义建设的新阶段，如何保障食品安全更是关乎和谐社会中社会建设和民生建设的重要任务。胡锦涛总书记在中共十六届六中全会第二次全体会议上的讲话《切实做好构建社会主义和谐社会的各项工作，把中国特色社会主义伟大事业推向前进》中提到“突出重点，着力解决好人民群众最关心、最直接、最现实的利益问题”。在现阶段，食品安全问题频发，食品的安全关乎人民群众的切身利益，是人民群众最关心、最直接、最现实的问题。和谐社会的内涵包含对于社会稳定的要求和社会内部矛盾的解决。食品安全问题在一定程度上就是社会稳定的维持和内部矛盾解决的关键。

二、刑法视野下的食品安全

在刑法学科中对于食品安全的关注便是对于食品安全问题的预防与相关刑罚问题，食品安全犯罪是指在食品的生产、销售过程中发生的犯罪活动，是针对食

作者简介：车冲（1990—），男，山东泰安人，西南政法大学法学院刑法专业硕士研究生。

① 胡锦涛著：《论构建社会主义和谐社会》，中央文献出版社2013年版，第120页。

品的生产和销售的一系列犯罪行为的总称。[①] 在刑法中，跟食品安全有关的罪名主要是刑法第143条的生产、销售不符合安全标准的食品罪和刑法第144条的生产、销售有毒、有害食品罪。

（一）对食品安全进行刑法保护的理论基础

1. 刑法规范食品犯罪的必要性

第一，食品安全问题涉及千家万户的安全问题，在和谐社会的构建中，食品安全问题是人民群众最关心、最直接、最现实的利益问题。在食品安全的案件中，广大的人民群众往往是食品安全案件中的受害者，在现有的机制下，其本身的权利往往得不到有效的维护。这样的后果严重影响我们国家对于和谐社会的构建，因为食品安全问题不能有效地解决，不仅关系到党的执政能力的建设，更多的是关系到人民内部非对抗性矛盾的合理化解与否的问题。在和谐社会的构建中，党中央对于党员和政府的执政能力提出了新的要求，转变政府的职能，更好地为人民服务是我们党对于党员和政府官员的新的要求，在政府的活动中，食品监管是其职能范围之内的事务。

第二，近年来频发的食品案件，不仅仅严重危害我国人民的生命财产安全，而且还在一定程度上通过出口的途径，给一些国外的人民造成了损失。我国食品安全案件的频发，间接地影响我国食品在国际上的形象，进而国外的一些国家对我国的食品安全问题大肆渲染，严重地影响我国在世界上的形象。在国际社会，很多国家都对食品安全问题进行了规制。联合国世界卫生组织、联合国粮农组织在《保障食品的安全和质量——强化国家食品控制体系指南》（2003年）的报告中指出，制定有关食品安全的强制性法律和法规是现代食品控制体系的基本组成部分。[②] 尽管对于纠纷的处理有着多种方式，如民事制裁、行政制裁，但是由于这些手段的处理或者处罚并不能有效地解决食品安全问题，无法应对日益严重的食品安全形势，所以对于食品安全问题的刑法介入，有着现实的必要性。

2. 刑法规范食品犯罪的有效性

刑法的介入，意味着犯罪行为必将承受刑罚的制裁，承担刑事责任。在刑罚的体系中有自由刑、财产刑。对于不安全食品的制造者进行必要的刑法制裁是有效的，对于犯罪分子进行自由刑的处罚，会让其在一定时间内丧失人身自由，这不仅使他自己难以从事不符合食品安全标准的食品的生产、销售活动，而且还会有一般预防的作用，即通过刑罚的制裁，让社会上其他意欲从事此行为的人考虑行为的后果，从而放弃实施犯罪行为。另外可以运用财产刑，剥夺犯罪分子实施犯罪行为的资本，从而达到特殊预防的目的。

---

① 杜菊、刘红：《食品安全刑事保护研究》，法律出版社2012年版，第12页。

② 杜菊、刘红：《食品安全刑事保护研究》，法律出版社2012年版，第33页。

3. 刑法规范食品犯罪的谦抑性

刑法作为一门保护重大法益即保护社会关系的实体法，其定位就意味着对于食品安全的保护有着“谦抑”性，即并不是对于食品安全问题一律适用刑法的制裁。刑法的谦抑性，也就是刑法的谦抑主义，是指“刑法的发动不应以所有的违法行为为对象，刑法只有在不得已的情况下才能加以适用的原则”①。所谓“谦抑”，即谦让、抑制，它意味着国家刑罚权的发动要自我控制。② 在这种理论之下，我国的刑法对于食品安全的问题也并不是一有食品安全的违法行为就会动用刑法，从刑法规定的犯罪就可以看出，我国刑法只是对于一部分食品问题进行规制，就是前面讲到的第 143、144 条。对于其他不值得动用刑罚的违法行为规定在《中华人民共和国食品安全法》之中。在刑法规定中当然还含有一些跟食品安全犯罪有关联的犯罪，主要是《刑法修正案（八）》修改规定的第 408 条之一“食品监管渎职罪”。此罪是对于食品安全负有监督管理职责的国家机关工作人员，滥用职权或者玩忽职守，导致发生重大食品安全事故或者造成其他严重后果的行为。③ 这都是关于刑法规制食品安全犯罪的谦抑性的表现。在这种主义的指导下，才能做到公正合理地处理食品安全问题，让构成犯罪的承担刑事责任，而一般的违法行为则用其他方式来解决，这不仅可以做到有效及时地惩处犯罪，而且不会任意地扩大打击的范围。这是与和谐社会的构建相一致的，解决了人民群众最关心最直接的利益问题，正确处理了人民内部非对抗性的矛盾，有力地维护了社会的稳定，保证了人民群众的安居乐业。

（二）对食品安全进行刑法保护的立法模式

在我国，刑法具有单一的刑法典，并且还存在一定数量的单行刑法，总体上的趋势是刑法典为主的法典模式，在法律体系中，是不允许其他的法律规定有关刑事犯罪和处罚的。只有刑法可以规定，刑法的概念不仅仅体现在刑法典上，还体现在存在于其他法律中的附属刑法，即在某些法律中出现的“触犯刑法的，依法追究刑事责任”“构成犯罪的依法追究刑事责任”。在我国还有很多行政法规、地方性法规对于食品安全的问题进行了规定，比如《中华人民共和国食品安全法实施条例》和《山东省食品安全地方标准管理实施细则》。这些虽然是一些关于食品安全的规定，但都没有关于食品安全犯罪的规定，抑或者只是一些刑法的附属条款，在我国，这些都是属于刑法的。所以我国的立法模式是立法为主，附属刑法为辅的食品安全立法模式。

---

① ［日］川端博：《刑法总论讲义》，成文堂 2006 年第 2 版，第 60-61 页。
② 陈家林：《外国刑法通论》，中国人民公安大学出版社 2009 年版，第 91 页。
③ 张明楷：《刑法学》（第四版），法律出版社 2011 年版，第 1113 页。

国外的立法模式则多种多样。不仅有法典的立法模式，还有单行刑法的立法模式。在挪威有《挪威刑法典》的关于食品安全的犯罪规定。在德国有《德国食品和日用品法》，根据其第51条的规定，对故意犯罪应当处罚3年以下监禁或者罚金。但是，在发生危害大量群众的健康，造成他人死亡危险、严重身体伤害或者健康损害，或者在严重的自私自利情况下为自己或者他人牟取大量财产利益的，处6个月以上5年以下监禁。对于过失犯罪应当处1年以下监禁或者罚金。[①]

三、食品安全视野下的被害人救济

（一）食品安全犯罪对被害人的伤害

在食品安全犯罪中，被害人是在食用不安全食品的情况下遭受损害，这种损害往往不仅仅是身体的损害，比如食用工业酒精兑的假酒造成的失明，还有精神的损害。前者，被害人会投入金钱，在被害人是收入比较低的人群的情况下，可能会因为食品安全犯罪返贫。因为支出大而返贫的人群往往会不断地通过上访或者其他途径表达自己的诉求。我国的现有机制之下，被害人的救济机制还不是很完善，往往使被害人的诉求得不到满足或者表达。在积累到一定的量之后，会产生积聚效应，特别是在一些情节严重、涉及面广的案件中，受害人多，从而引起媒体的广泛报道，而网络的舆论往往会被人利用，加大了社会的不稳定因素。群体性事件往往就是在这样的一些事件之下引起的。有的学者认为“贫穷是引发犯罪的根本原因”[②]。Huges，Cohen 和 Land 等学者认为社会给贫穷者较多的压力、较少的社会控制以及较少的监控。[③] 在被害人受到伤害的情况下，媒体的报道，使被害人身份信息被披露，在一定程度上给被害人带来生活的困扰。而且在众人的关注下，伤害不断被提起，极不利于被害人精神损害的恢复。

在我国的刑事诉讼的结构中，公诉机关承揽了大部分责任，是刑事诉讼的主要参加者之一，被害人的地位是附属的，甚至在诉讼中是处于被遗忘的角落。被害人的财产损失难以得到及时的赔偿。因为食品安全案件往往涉及面广、受害人多、损坏大。在事件发生后，赔偿义务企业往往难以支付高额的赔偿金，个人涉案者更是难以赔偿。

（二）对于被害人的救济措施的和谐社会理论基础

在和谐社会的理论中，公平正义是和谐社会的重要理念，所谓公平，即人的权利得到保护，权利得到救济，无救济则无权利，如果人的权利得不到救济那么

---

① 王世洲：《德国经济犯罪与经济刑法研究》，北京大学出版社1999年版，第376-379页。

② 陈鹏洲：《转型中国：农村弱势群体犯罪问题透析》，浙江大学出版社2010年版，第124页。

③ 陈鹏洲：《转型中国：农村弱势群体犯罪问题透析》，浙江大学出版社2010年版，第124页。

也就丧失了公平和正义。维护和实现社会公平和正义，涉及最广大人民的根本利益，是我们党坚持立党为公、执政为民的必然要求，也是我们社会主义制度的本质要求。只有切实维护和实现社会公平和正义，人们的心情才能舒畅，各方面的社会关系才能协调，人民的积极性、主动性、创造性才能充分发挥出来。[①] 被害人的权利在和谐社会的理论之下理应得到救济。

（三）被害人的救济措施

1. 被害人赔偿基金的设置

针对当前我国的制度设计缺陷，对于被害人的财产和精神损害都要进行赔偿，但是在涉及数额较大的情况下被害人的财产损害往往得不到赔偿。那么就应该由政府对这一过程进行干预，这不是政府对于民事关系的干预，而是国家对于自己的责任的履行。政府在公民的生活中扮演着重要的角色，和谐社会的构建少不了政府的主导，在食品安全犯罪的情况下，政府是有着合理的干预必要性的。我国还没有建立起针对被害人的刑事赔偿基金，这种基金的存在就是为了救济一些没有得到权利救济的被害人。在具体的实践中，国家可以用基金专款对被害人进行财产补偿，及时地维护被害人的权利，尽量让损失降到最低，这种制度不是空穴来风，是来自于交通法或者民法上的借鉴。在交通事故的赔偿中，由于存在交通强制保险的制度，往往是由保险公司进行赔付，保险公司进行“代偿”以后，保险公司就取得了对于侵害人的追偿请求权。这种制度设计把风险转嫁给了保险公司，这是一种考虑被害人利益的合理化处置。对于刑事的食品安全犯罪中，公诉机关代表国家对侵害人进行追究活动。同样的这是国家的责任，在被害人往往是弱势群体的情况下，国家理应支持被害人，而这种活动的风险也理应由国家承担，这样国家的食品安全赔偿基金的设置也就有了理论根基与合理性。

2. 被害人的司法援助

被害人在案件进入到刑事程序以后，受到公检法机关与律师的援助是必要的。由于食品安全犯罪的受害者往往是经济上处于劣势的贫困民众，而在诉讼中他们又处于边缘地位，对于案件的进展得不到及时的反馈。司法援助可以让被害人及时地了解案件的进展，帮助被害人与对方当事人就赔偿问题进行协调和谈判。在刑事诉讼审判中，进行援助的律师也可以对被害人在法庭上的举止进行指导，使被害人的行动更有利于案件庭审的进行，同时也是让被害人参与案件的审判，了解案件的处理情况，以求在潜意识中感受正义，这样被害人就会在案件得到公正审理之后成为和谐社会的维护者，避免了因为信息交流不畅导致的不稳定影响。

---

① 胡锦涛著：《论构建社会主义和谐社会》，中央文献出版社 2013 年版，第 59 页。

结 语

对于食品安全案件的刑法上的处理，不仅仅在立法定罪上与构建和谐社会的理念一致，更重要的是和谐社会的理念对于食品安全案件的刑法规范的必要性和救济的一致性。刑法中的食品安全犯罪的处理全过程都有着和谐社会的因子。在一定程度上讲，和谐社会的因子合理地融入了刑法的食品安全犯罪的规范中，与刑法中食品专业性的坚持和和谐社会的理论是相融洽的，是对和谐社会理念的贯彻。

和谐社会与食品安全的解决机制

陈姝彤

古人云："民以食为天。"在我们的现实生活中，每个人都追求有一个和谐、稳定的生活环境和生活条件，这是建设社会主义和谐社会的内在要求，食品问题关系到我们基本的生命安全，所以，食品安全问题是我们构建社会主义和谐社会道路上必须解决好的基本问题。

一、当今食品安全问题初探与研究

近年来，关于食品安全的问题层出不穷，从茶叶中的农药和铅，火腿肠中的敌敌畏，腌咸菜的工业盐，肉制品里的苏丹红，到三聚氰胺事件的重击、瘦肉精事件的炸雷、上海染色馒头的喧闹、茅台酒的塑化剂事件，再到近期曝出农夫山泉矿泉水的水质问题，每一次的大曝光都让消费者触目惊心。虽然大家知道我们每天吃的东西多多少少是不干净的，但是当得知那些黑心商贩令人发指的所作所为，我们不禁要问一句：是什么促成了这样的局面？小食品加工作坊暂且不说，有没有执照都得画上问号，即便是正规的厂家生产的食品也未必就让人放心。你可以随便拿起一袋薯片，或是一瓶果汁饮料，看看配料表，你会发现添加剂多不胜数。在这几十种添加剂中，没人敢保证哪一种是对人体无害的，而那些食品企业中的专家，为了利益，也会昧着良心把不该放的东西加到我们的食品当中。因此，食品生产经营者是食品安全的第一责任人，决定食品质量的关键因素不是生产技术，也不是管理设备，关键在于食品生产经营者的职业操守和道德水准。三鹿奶粉的生产者不知道三聚氰胺可导致肾衰竭吗？当然知道，但是为了增加其婴幼儿奶粉中的蛋白质，他们居然对刚出生的婴儿伸出了罪恶的手！这些生产者连婴儿都不放过，可谓丧尽天良。在当今生产方式多样化、食品贸易不断繁荣、价值观念改变的大背景下，通过教育扶持、道德约束的手段已难以有效改变食品安全问题。

二、和谐社会对食品问题提出的要求

在经历过这些事件之后，中国人对于食品安全的态度早已变得麻木和无奈，

作者简介：陈姝彤（1991—），女，河南驻马店人，西南政法大学法学院刑法专业硕士研究生。

食品安全问题已然成为国人心中挥之不去的梦魇。当面对这一件件丧失道德和法制基准的食品安全事故的时候，我们应该全面反省在食品安全方面的不足。相比在经济和科技领域建立起来的世界瞩目的成就和光辉文明，食品安全方面的落后和差距是巨大的。

人类的生存，社会的进步，文明的延续，无不以食品为物质基础，而安全、卫生、营养的食品又是人们健康的根本保证。食品对于我们日常的生活而言，是头等大事，其重要性不必多说。随着我们物质生活和精神生活的改善，社会文明的进步，吃饭问题已经不再是我们担忧的问题。而出乎我们意料的是，食品的安全问题却成了困扰着百姓和社会的重要问题。

胡锦涛总书记在十六大报告中指出："实现社会和谐，建设美好社会，始终是人类孜孜以求的一个社会理想，也是包括中国共产党在内的马克思主义政党不懈追求的一个社会理想。"是啊，人人都追求有一个和谐、稳定的生活环境和生活条件，但由于食品问题关系到我们基本的生命安全，所以，食品安全问题是我们构建社会主义和谐社会道路上必须解决好的基本问题。人民生活、健康没有保证，谈经济、谈和谐都是没有意义的。

三、引发食品安全问题的原因

在笔者看来，引发食品安全问题的原因多种多样，但是其根本原因还是在于制度的不完善和社会责任的缺失，而后者更是影响巨大。制度是客观上的，是和一个国家经济、社会发展阶段息息相关的，短期是无法改变的；而社会责任则是主观上的，屡屡发生的食品安全问题反映的是社会道德的沦丧。

众所周知，食品是具有多重品质特性的，既是经验品，又是信用品。对于经验品，消费者在购买前缺乏足够的信息，但在购买后能认识到产品的质量特性，或通过长期购买所形成的经验能做出判断。而对于食品的信用特性，消费者在食用后的长时间内都无法进行判断，企业是否提供健康安全的食品，完全依靠企业的社会责任感。因此，食品业属于道德度极高的行业，食品安全是食品企业对利益相关者的道德承诺。如果企业为追求自身利益而忽视食品安全，就必定发生食品安全问题。虽然一些食品企业会严格遵循道德承诺，但对整个社会来说，不可能确保所有食品企业都能遵循。一旦这种"承诺"发生"意外"，就会导致食品企业出现道德风险，生产不安全的食品。

但是为什么有些食品企业能严格信守道德承诺，而有些企业却没有？这和企业自身的价值判断有关，如果企业赋予社会责任更多的固有价值，那么，食品安全就是企业必须考虑的问题。反之，则相反。也就是说，如果一个企业没有正确认识自身所处的位置，没有良好的社会责任感，就必然会有一些专家和生产经营者为了谋取利益而昧着良心把不该放的东西加到食品当中。据此可知，食品生产者是食品安全的第一责任人，决定食品质量的关键因素不是生产技术，也不是管理设备，关键在于食品生产经营者的职业操守和道德水准。

另外，在国内，缺少一个完善的针对食品安全问题的法律体系，缺少一个对公众负责的统一的国家监管机构。虽然我国有国家质检总局这样一个食品安全的检验监督机关，但从实际效果来看却并不理想。首先，我国的监管不够专业。食品安全监管需要一个专业性很强的机构，而我们国家质检总局专业人士很少，省级以下质监部门更是如此，食品安全检验常常是走过场。第二，地方化严重。食品安全监管机构应该是国家机构，对全体人民的生命健康负责。在很多地方，地方质检局和地方大企业都属于地方政府，地方质检局很可能在地方政府的干预下睁一只眼闭一只眼，不可能有效监管。第三，政务信息不够透明。我国的食品安全监管部门虽然也在逐步开放，但总体思路上不是对公众负责，而是有点像国家商检部门，用冷战思维专门针对外国产品，这点在国家质检总局局长的讲话中能够体现出来。第四，社会大环境不理想。这里的社会大环境是指作为商家社会责任心不强，整个社会缺乏诚信，缺乏道德，官员腐败严重，而且具有漫长的文化传统。第五，公民社会监管无力，主要表现为缺少惩罚性赔偿制度。任何国家食品安全不可能只靠政府监管，来自民间社会的监督很重要。但是，来自民间社会的监督需要激励机制，惩罚性赔偿制度就是重要的激励机制，同时也是对不良企业的重要制约机制。但我们国家非常缺乏惩罚性赔偿制度，限制了公民社会监督的力量，导致普通消费者缺少监督动力，也使得无法调动一些公益诉讼人士的积极性，更是在无形中放纵了企业的不负责任。

四、解决食品安全问题的路径与方法

笔者认为食品质量的根本好转，有赖于政府部门的有效监管，虽然，很多部门在食品监督方面做了大量的工作，但食品安全问题不仅没有好转反而愈演愈烈。目前食品安全监管的法律有《食品安全法》《产品质量法》等很多部法律法规，但监管职能分属于农业、环保、卫生、技监、检验检疫等很多部门，造成既有监督越位和监督重复，又有监管缺位和监管空白。这样将监管职能赋予多个部门的做法必定会导致各部门互相推卸责任，玩忽职守，进而导致消费者的权益无法维护，消费者利益受损害时无法申诉。

当然笔者绝不怀疑国家对食品安全问题的重视程度。国家食物与营养咨询协会常务副主任梅方权说："食品安全的战略对策已成为国家发展的一个核心政策目标。国家发改委已列出专项研究国家食品安全发展规划和计划以及相关重大项目；计划用 8 到 10 年的时间，基本实现主要食品生产和消费无公害；国家质量监督检验检疫总局制定了一系列相关政策法规，通过全国质检系统，对国内食物生产、流通、消费以及进口食物加强质量监管；国家食品药物监督管理局正在制定《食物安全法》、《食物安全“十一五”规划》等。”笔者相信大多数人看完这样的承诺和规划是不会持有什么乐观的态度的。首先，规划时间跨度太大。8 到 10 年，食品问题是亟待解决的问题，在这 8 到 10 年间，不知道又会有多少个这样的规划出台，到时候谁还会在乎这个规划实施得怎么样。其次，态度不端正。“基本实现主要食品生产和消费无公害”这句话放直白一点，就是说百姓再等个十年八年，就可以保证你碗里的菜大体上没有毒。要知道，食品问题是含糊不得的大事！

职权部门要解决食品的安全问题，不在于出台多少法规，制定多少规划。要知道，软件花样再多，难以解决死机问题。要从根本解决食品安全问题，需要政府建立一个统一、权威、高效的食品安全监管机构，建立责、权、利相统一的食品安全管理体制，根除职责分工不明、缺乏统一协调的问题，让违法者无漏洞可钻。赋予唯一的管理机构较大的权利，采用透明化管理，以杜绝腐败现象的发生。立法机构（这里单独指全国人大）要不断完善法律，保证各种食品安全行为都有法可依。一句话，就是做到一个部门，一个法。

舆论的力量不可忽视。近些年频频曝光的食品安全事件，很大程度都是媒体舆论的功劳，食品安全问题一直存在，正是因为近些年舆论力度的增强，才使公众更加关心食品安全问题。作为普通消费者，要懂得利用舆论的武器，捍卫自己的合法权利。

当然，作为消费活动的主体，我们也必须时刻注意自己的消费行为。对于大街小巷的不法经营，至少不能去消费。这不只是一种自我保护，而且是一种对他人、对社会负责的态度。我们可以建立合理的消费习惯，比如选择知名品牌、口碑好的商店进行消费，买东西时注意日期、配料、包装，经常关注新闻，提高鉴别优劣产品的知识。

针对我国生产者社会责任感不强和制度上的缺失的问题，笔者提出以下几点建议：

首先，食品生产是由各个环节共同作用的结果，在食品安全控制体系中，食品链源头、食品加工、食品流通、消费、监管等任何一个环节出现问题，都可能造成食品安全危机，并会沿着供应链逐步扩散，形成更大范围的风险。因而每个环节的生产者不仅要做到履行各自的供应链契约，还应从社会角度界定自身的责任范围。主导企业应该做好合理的规划与分配，以契约的方式规范食品供应链成员中各自的企业社会责任范围，以免使利益相关者的权益受损，对其他企业不负责任的行为或者不作为实施制裁。

强化对食品安全检测监督结果的定期公开制度。对于不同区域的食品安全检测结果，灵活选择适用区域和人群，通过公开的渠道向大众公布。

在各部门综合协调监管的基础上推进监管的专业化。2010 年，我国成立了国务院食品安全委员会，初步建立了由国务院、地方政府、食品行业协会、社会团体、基层群众组织、新闻媒体等组成的复合型、立体型监管体系。

强化执法检查，提倡制度刚性化。对于执法部门的监督在国内外都是一个难点问题。为保证食品在生产、加工、流通环节的安全，应逐步建立食品追踪识别标志制度，对食品安全的自检、抽检记录都有据可查。

其次，建立健全保障食品安全的行业自律机制是关键。食品生产经营企业的信用自律对保证食品安全也是尤为重要的。所以，我们必须加快食品安全信用体系建设，建立食品流通企业行业信用标准，建立健全食品生产、经营企业质量档案和食品安全监管信用档案，强化食品加工企业、食品市场经营者第一责任人意识，实施上市销售食品安全责任制，推动食品市场建立经营者和商品“黑名单”“黄牌警告”制度。制定和完善行业行为规范和道德规范。加强对经营者的法制和诚信教育，督促企业提高诚信意识、质量意识和守法经营的自觉性，从而建立健全保障食品安全的行业自律机制，更好地对消费者负责。

再次，建立健全食品安全标准和检验检测体系也是杜绝食品安全问题的关键。全面建立与食品安全有关的产品和卫生标准，构建食品安全标准体系，在全社会进行公示。不仅使执法部门之间标准一致，信息共享，执法有章可循，而且增强全社会公民的防范监督意识。同时，充分发挥农业、质检、卫生、商务等部门检测机构的作用，完善检验检测体系，严格资质审核，逐步面向社会，实现资源共享。不搞重复建设，实现检测信息共享，避免不必要的重复检测，从而保证上市销售食品的卫生质量符合健康标准的要求。

最后，还要建立一个统一、权威、高效的食品安全监管机构，逐步实现责、权、利相统一的现代食品安全控制体系。当前食品安全执法主体面临着两大难题：一是执法监督体系尚未完全理顺，职责分工不明；二是各部门在食品安全体制建设，检验、监测体系建设，风险控制体系建设中，缺乏统一协调和统筹规划。针对这一现象，我们认为要从管理源头做起，尽早成立一个部门或者一个机构专门行使食品安全监管职能，统一组织、协调、管理与食品安全有关各部门的工作，逐步建立现代食品安全控制体系，通过实施科学的协调一致的监测、监控、执法、科研、教育计划，就可以对食品从生产、加工、包装、储运、销售和进出口等多个环节进行严格的监管。

食品安全问题是构建社会主义和谐社会重要的一环，只要政府、社会以及消费者个人共同努力，堵塞好生产、流通、分配、消费等各个环节存在的漏洞，笔者相信这个问题一定会迎刃而解。

和谐社会语境下的食品安全问题研究

——兼谈和谐社会与食品安全的立法完善

杨 晓

社会主义和谐社会是人类孜孜以求的一种美好的社会，在中外历史上都产生过不少有关社会和谐的思想。中国炎黄文化之所以能五千年一脉传承，就在于其和谐的特性，和谐是炎黄文化的精髓[①]。在新世纪新阶段，我们党从中国特色社会主义事业总体布局和全面建设小康社会全局出发提出了一项重大的战略任务，即构建社会主义和谐社会。中共十六大报告第一次将“社会更加和谐”作为重要目标提出，中共十六届四中全会进一步提出构建社会主义和谐社会的任务。

一、食品安全与和谐理念概述

“和谐”的理念要成为建设“中国特色社会主义”过程中的价值取向，反映了我们党对执政规律、执政能力、执政方略、执政方式的新认识。这是按照以人为本的执政理念，着力解决人民群众最关心、最直接、最现实的利益问题。近几年来，苏丹红鸭蛋、孔雀绿鱼虾、三聚氰胺奶粉、甲醛奶糖、带花黄瓜、爆炸西瓜、地沟油、染色花椒、墨汁石蜡红薯粉、瘦肉精、假牛肉（用牛肉膏让猪肉变牛肉）、河南南阳毒韭菜、青岛福尔马林浸泡小银鱼、染色馒头、沈阳毒豆芽、宜昌毒生姜、合肥染色蛋糕、北京多家影院爆米花桶含荧光增白剂、海南的毒豇豆、陕西榆林学生奶中毒、广东中山查获1325公斤“墨汁粉条”、重庆一公司购26吨三聚氰胺奶粉生产雪糕、广州市场现“染色紫菜”、漂白大米、面粉增白剂、下水道小龙虾、双氧水凤爪、避孕药养黄鳝、激素染色草莓、大肠杆菌超标青团、农药残留含敌敌畏、麻辣海带丝用苯甲酸防腐、毒竹笋焦亚硫酸钠超标至少144倍……这些令我们难以置信的食品安全事件，频发不止！我们不禁感慨：吃啥都是吃毒！食品安全作为公共安全的重要组成部分、重大的公共卫生和经济问题，直接关系着广大人民群众的身体健康、社会安定和我国食品行业的发展，

作者简介：杨晓（1988—），女，河北保定人，西南政法大学法学院刑法专业硕士研究生。

① 易超著：《和谐哲学原理》，重庆大学出版社2007年版，第50页。

因此，在构建社会主义和谐社会的大框架下，食品安全是一个极其值得重视的问题。俗话说“民以食为天”，不解决好人民群众的食品安全问题，很难说我们的社会是一个和谐的社会。

构建社会主义和谐社会，要解决好人民群众的食品安全问题。和谐社会是一个内涵极为丰富的概念，它要求建立一个“民主法治、公平正义、诚信友爱、充满活力、安定有序、人与自然和谐相处的社会”。而食品安全也同样是一个综合性的概念，具有社会学、政治学、经济学和法律上的考量。和谐社会是民主法治的社会，食品安全问题具体到法律层面来看，主要是刑法中规定的对触犯食品安全法律法规构成犯罪的制裁。这次《刑法修正案（八）》对食品安全犯罪的修改可以看出，当前在构建社会主义和谐社会中，我国是极其重视食品安全问题的。具体修改如下：最低刑提高，罚金无上限。修改前的刑法规定，在生产、销售的食品中掺入有毒、有害的非食品原料的，或者销售明知掺有有毒、有害的非食品原料的食品的，处5年以下有期徒刑或者拘役，并处或者单处销售金额50%以上两倍以下罚金。修正后的刑法，删除了“五年以下有期徒刑或者拘役”中的“拘役”，这意味着食品安全犯罪最低刑罚将变为有期徒刑；对于罚金，只提出“并处罚金”，没有规定具体数额，这也为从经济上加大处罚力度提供了操作空间。《刑法修正案（八）》还规定，对人体健康造成严重危害或者有其他严重情节的，处5年以上10年以下有期徒刑，并处罚金；致人死亡或者有其他特别严重情节的，处10年以上有期徒刑、无期徒刑或者死刑。另外增加了食品监管渎职犯罪，在《刑法》第408条后增加一条，作为第408条之一：“负有食品安全监督管理职责的国家机关工作人员，滥用职权或者玩忽职守，导致发生重大食品安全事故或者造成其他严重后果的，处5年以下有期徒刑或者拘役；造成特别严重后果的，处5年以上10年以下有期徒刑。”①

二、刑法分则中对食品安全犯罪的规定

刑法分则按照犯罪侵犯的同类客体不同将犯罪划分为十章，其中食品安全犯罪主要规定在破坏社会主义市场经济秩序这一章，所以，以立法者的角度来看，违反食品安全的相关规定，构成犯罪的行为，主要在于其侵害了社会主义市场经济秩序这一法益，笔者认为这是有欠妥当的。该章中的食品安全犯罪既包括生产、销售伪劣商品罪一节中的生产、销售伪劣产品罪，生产、销售不符合安全标准的食品罪，生产、销售有毒、有害食品罪，也包括扰乱市场秩序罪一节中的非法经营罪、虚假广告罪和提供虚假证明文件罪等。当然，还有本次《刑法修正案

① 人民网：《中华人民共和国刑法修正案（八）全文》，http：//npc. people. com. cn/GB/14010445. html.

(八)》增加的食品监管渎职犯罪。下面我们具体就规定食品安全犯罪的三个主要的罪名：生产、销售伪劣产品罪，生产、销售不符合安全标准的食品罪，生产、销售有毒、有害食品罪和一个新增加的罪名：食品监管渎职犯罪进行探讨。

生产、销售伪劣产品罪，是指生产者、销售者故意在产品中掺杂、掺假，以假充真、以次充好或者以不合格产品冒充合格产品，销售金额5万元以上的行为。生产、销售伪劣产品罪与生产、销售不符合安全标准的食品罪，生产、销售有毒、有害食品罪之间是一般罪与特殊罪的法条竞合关系，也就是说满足后面两个罪的情形下，一般也会满足前一个罪，当出现这种法条竞合情况下，一般按照特殊优于一般、择重处罚原则。关于这个罪有一个问题值得探讨，就是说伪劣产品尚未销售，或者销售金额没有达到5万元的，能否认定为本罪的未遂犯？这个问题有关的司法解释做出了规定，对于生产伪劣产品尚未销售，货值金额达到15万元的，以生产、销售伪劣产品罪（未遂）定罪处罚。司法解释的思路就是："销售金额5万元以上"不是犯罪成立要件，只是犯罪既遂条件；但并非任何犯罪的未遂都应处罚，只有情节严重的未遂才处罚；伪劣产品尚未销售，但货值金额达到刑法第140条规定的销售金额3倍以上的，应认定为情节严重，宜追究刑事责任[①]。张明楷教授则不认可司法解释的说法，他认为：只有销售金额达到5万元，才可能构成本罪；销售金额没有达到5万元，不应以本罪的未遂犯论处。我个人比较认同司法解释的说法，原因在于，这个罪是一个选择罪名即生产、销售伪劣产品罪，只要有其中之一的行为，无论是生产还是销售，达到构罪标准的即可成立本罪，不能一概看销售行为。同时考虑到社会危害性，降低本罪的构罪门槛，可以有效地防范社会中的制假、售假行为，尤其是食品安全问题。

生产、销售不符合安全标准的食品罪，是指生产者、销售者违反食品安全标准的管理法律法规，故意生产、销售不符合安全标准的食品，足以造成严重食物中毒事故或者其他严重食源性疾病的行为。本罪属于危险犯，以"足以造成食物中毒事故和其他严重食源性疾病"为客观方面的要件[②]。判断的标准是司法解释的有关规定：经省级以上卫生行政部门确定的机构鉴定，食品中含有可能导致严重食物中毒事故或者其他严重食源性疾病的超标准的有害细菌或者其他污染物的情形。但对生产、销售有毒、有害食品的不以本罪论处。《刑法修正案（八)》对本罪的修改体现在加大了刑罚量，体现了对食品安全的重视，加大力度打击危害人民群众食品安全的犯罪。

生产、销售有毒、有害食品罪，是指在生产、销售的食品中掺入有毒、有害

① 张明楷著：《刑法学》（第四版），法律出版社2011年版，第647页。

② 朱建华主编：《刑法分论》，法律出版社2011年版，第91页。

的非食品原料，或者销售明知掺有有毒、有害的非食品原料的食品的行为。本罪属于行为犯，原则上只要“在生产、销售的食品中掺入有毒、有害的非食品原料，或者销售明知掺有有毒、有害的非食品原料的食品”就构成本罪并且既遂。本罪与生产、销售不符合安全标准的食品罪是特殊罪与一般罪的关系，成立本罪的行为，也必然符合生产、销售不符合安全标准的食品罪的犯罪构成。当一个行为触犯两个罪名时，会出现法条竞合的关系，此时要依照特别法条优于一般法条、择重处罚原则。《刑法修正案（八)》对本罪的修改同样体现在加大了对生产、销售有毒、有害食品罪的打击力度，体现了对食品安全犯罪的重视。

食品监管渎职罪，是指负有食品安全监督管理职责的国家机关工作人员，滥用职权或者玩忽职守，导致发生重大食品安全事故或者造成其他严重后果的行为。本罪是《刑法修正案（八)》新增加的罪，作为《刑法》第408条之一，增加此罪是在面对众多食品安全事故频发的现状下，我们看到食品安全监管的无力和缺位，我们不能把食品安全问题完全归责于企业自身，我们国家职能部门的监管应为百姓把好食品安全的最后防线。此罪的客观方面表现为玩忽职守和滥用职权，笔者认为这个罪可以分为两个罪：食品监管玩忽职守罪和食品监管滥用职权罪，把食品监管渎职的行为分别进行定罪量刑比较恰当。从刑罚的角度可以看出此罪既是情节犯，又是结果加重犯，这对于特定国家机关工作人员渎职犯罪是前所未有的，体现了立法机关对食品安全监督渎职罪的惩罚力度和决心。

三、对当前食品安全问题的几点看法

众所周知，刑法具有最为严厉的强制性。可以说，任何法律都具有强制性，任何侵犯法律所保护的社会关系的行为人都要受到法律的制裁，都要承担相应的法律责任，都要受到国家强制力的干预。但其他法律、法规的强制性都不及刑法的强制性严厉①。所以作为保卫社会关系的最后一道防线，自然适用于食品安全犯罪。应该说，在构建社会主义和谐社会中，食品安全问题是一个很值得关注的问题，尽管《刑法修正案（八)》对食品安全犯罪进行了修改，体现了在食品安全犯罪问题认识上的大转变，但是这样的转变实际上并不是彻底的。无论是从理论上还是从实践中，食品安全问题不可能得到彻底解决。下面具体谈下我个人对当前食品安全问题的几点看法。

（一）对食品安全犯罪的定性不准确

我国现在的刑法分则是将食品安全犯罪归在了破坏社会主义市场经济秩序这

① 张亚军著：《风险社会下我国食品安全监管及刑法规制》，中国人民公安大学出版社2012年版，第213页。

一章中，如前所述，笔者认为这是欠妥当的。因为刑法分则的分类是基于犯罪行为侵害的客体不同而进行的划分，也就是说立法者普遍认为，食品安全犯罪侵害的最主要的是社会主义市场经济秩序这一法益，而忽略了食品安全问题涉及的公民人身健康、社会公共安全乃至国家安全问题。因为食品安全侵害的最主要的是不特定多数人的健康权利和生命安全，明确这一点，更能体现刑法以人为本的理念，更能保护公共安全，提高对食品安全犯罪的社会危害性的认识。食品安全犯罪不仅仅是破坏了社会主义市场经济秩序，这明显低估了其性质的严重性，而应该把食品安全犯罪放入危害公共安全犯罪中为宜。

（二）增加刑法分则有关食品安全问题的罪名

我国现在的刑法分则对食品安全犯罪的规定的罪名极其少，如前所述，最主要的是生产、销售伪劣商品罪中的三个和《刑法修正案（八）》新增加的一个。面对司法实践中频发的食品安全犯罪，仅仅三四个罪名，不足以达到预防犯罪和保障人权的刑法目的，使很多的食品安全犯罪行为成为漏网之鱼，不能对它们施以刑罚的制裁。而且刑法中规定的有关食品安全犯罪的行为，大部分构成犯罪的在主观上要求是故意，而这样的规定使构罪的门槛很高，很多犯罪行为变成了违法行为进行处理，这也恰恰是现在社会食品安全问题频发的原因之一。所以，要杜绝食品安全问题的再发，必须在刑法中增加食品安全犯罪方面的罪名，而且要降低构罪的门槛，把主观过失也纳入食品安全犯罪的构成要件。

（三）增加不安全食品持有、储存者的刑事责任

我国现在的刑法分则对食品安全犯罪的规定主要集中在破坏社会主义市场经济秩序这一章，而其中涉及的食品安全犯罪的罪名很少，刑法主要是追究生产者、销售者、食品安全监督者的刑事责任，对不安全食品持有者、储存者不追究。而在现实中，并不是说只有生产、销售不安全食品，食品安全监督渎职行为才具有社会危害性，对于不安全食品的持有者、储藏者同样具有社会危害性。目前的持有、储藏行为是销售行为的前端，其最终的目的是通过销售等方式获得利益。转手之前暂时不会发生实际的危害，但一旦转手，其社会危害性必定产生。所以，为了更好地打击食品安全犯罪，很有必要把食品安全犯罪的持有者、储藏者纳入刑法规制的范畴内。

（四）完善食品犯罪的刑阶

在这里我们主要探讨两个涉及食品安全犯罪的刑阶设计，即生产、销售不符合安全标准的食品罪与生产、销售有毒、有害食品罪。经过《刑法修正案（八）》的修改，两个罪的刑罚量都有所提高，这是针对现在食品安全犯罪频发的正确认识。但是具体到这两个罪名，生产、销售有毒、有害食品罪比生产、销售不符合安全标准的食品罪起刑点更高，根据刑法的罪刑相适应的原则，要求刑

罚的轻重要与犯罪行为的社会危害性相适应。其中，生产、销售不符合安全标准的食品罪是危险犯，生产、销售有毒、有害食品罪是行为犯，当我们把生产、销售不符合食品安全标准的食品的行为所造成的危险与生产、销售有毒、有害食品的行为进行利益权衡时，立法者站在了生产、销售有毒、有害食品的行为社会危害性比较大的立场。但是果真如此吗？笔者认为不一定，当在一种食品中加入不符合安全标准的甲醛化合物时，我们很难区分这是属于生产、销售不符合食品安全标准的食品还是生产、销售有毒、有害食品，而且当这种食品投放消费领域内，所造成的危害性是相同的。因此，我们给两个罪设置不同的起刑点，划分不同的刑阶，没有充分的理由说明一个罪是轻的，一个罪是重的。可见，两个罪之间的刑阶的差异不符合法律追求的公平正义。

和谐社会语境下的食品安全问题研究

——以我国刑法对食品安全问题的规制为视角

陈 香

民以食为天，食品既是人类生存和发展的必需品，是人类自然属性的体现，也是社会发展进步、解决社会基本矛盾的必要手段，体现人类的社会属性。因此，保证食品安全是一项十分重要的工程，这不仅关系到广大人民群众的生命、人身安全，也关系到我国社会主义现代化建设目标的实现。按照“和谐社会”治国理念，在“以人为本”本质属性指导下，我国必须高度关注人们的“衣、食、住、行”问题，尤其是食品安全问题，确保人们吃得放心、吃得安心，增强人民群众对社会的信任感和归属感，最终促进我国社会主义和谐社会的构建。

一、和谐社会“以人为本”思想概述

(一) 和谐社会“以人为本”思想内涵

以“民主法治、公平正义、诚信友爱、充满活力、安定有序、人与自然和谐相处”为特征的和谐社会理念是中共十六届六中全会通过的与“政治民主、经济发展、文化繁荣、生态文明”共同发展的社会主义现代化建设目标之一。其基本内涵是人与人之间的和谐，人与社会之间的和谐，人与自然之间的和谐，人的自身和谐以及世界和谐。和谐社会以“以人为本”为其本质属性，这里所说的“以人为本”就是代表最广大人民群众的根本利益，将人民利益作为一切工作的出发点和落脚点，尊重人民的历史主体地位。具体而言，我国社会主义现代化建设过程中，必须将人民的需要作为行为的前提，尊重和保障人权，而不是盲目地追求物质利益，强调一种尊重人、解放人、依靠人和为了人的价值取向。

(二)“以人为本”思想对食品安全的影响

根据1996年世界卫生组织的定义，食品安全是对食品按其原定用途进行制作和食用时不会使消费者受害的一种担保，它主要是指在食品的生产和消费过程中没有达到危害程度一定剂量的有毒、有害物质或因素的加入，从而保障人体按

作者简介：陈香，(1993—)，女，重庆大足人，西南政法大学法学院刑法专业硕士研究生。

正常的剂量和以正确的方法摄入这样的食品时不会受到急性或慢性的危害，这种危害包括对摄入者本身及后代的不良影响。这是狭义的食品安全，广义的食品安全还包括食品中某种人体必需的营养成分的缺失或营养成分的相互比例失调，人们长期摄入这类食品后出现的健康损害。①

食品安全问题关涉人们的生命、健康权利，是对基本人权的侵犯，影响人类的生存和自由全面的发展，同时也极易造成社会秩序的混乱，影响国家的长治久安，为此，关注我国食品安全问题的现状、找出食品安全问题的缘由、探索食品安全问题的解决方法，确保人们吃得安心、放心必然是“以人为本”思想的题中之意。

在“以人为本”思想的指导下，我国必须重新审视“从农田到餐桌”全过程中的食品安全问题，完善我国相关的法律法规和监管体系，提高人们的食品安全意识和维权意识，确立明确的食品安全标准。

二、我国食品安全问题的现状及成因

(一) 我国食品安全问题的现状

从2001年广东河源某饲料公司出现的“瘦肉精”事件到2003年金华火腿敌敌畏事件，再到2005年加入“苏丹红”的红心咸鸭蛋事件，以及2009年造成无数宝宝成为“大头娃娃”甚至死亡的加入“三聚氰胺”的三鹿奶粉事件，这些都表明我国的食品安全形势十分严峻、不容乐观，虽然我国相继出台了相关的调整措施，但我国的食品安全问题仍然层出不穷、没有得到根本的解决，具体表现在：

1. 食品源存在严重污染

我国食品生产加工的原材料基本由广大农民提供，由于他们缺乏食品卫生安全意识，不了解国家食品安全标准，过度使用农药、化肥、兽药、生长调节剂等农用化学品，这必然使初级产品含有不利于人体健康的成分，从源头上产生食品安全隐患。而且我国农产品产地环境污染严重，各种土壤污染、水污染、海洋污染频发，② 这也造成我国食品安全存在源头上的污染。而且，我国每年向卫生部上报的数千件食品中毒中，大部分都是由于致病性微生物引起的食源性疾病。我国食品污染物监测网数据显示，沙门氏菌、肠出血性大肠杆菌、单核细胞增生李斯特氏菌3种常见食源性致病菌检测阳性率逐年上升。微生物污染造成的食源性

---

① 肖元：《对食品安全刑法保护的思考》，载《西南民族大学学报》（人文社科版）2006年第2期。

② 任端平、潘思轶、薛世军、何晖：《论中国食品安全法律体系的完善》，载《食品科学》2006年第5期。

疾病问题已成为首要问题。①

2. 食品生产加工过程食品安全标准不明确、掺杂掺假现象严重

在我国，规范食品安全的标准存在着国家标准、地方标准、行业标准以及国际标准，四个标准之间难免出现对规范对象的交叉、重复，然而四个标准可能采用的标尺不一，以至于生产者在食品加工生产时不知采用什么标准。我国长期为了经济的发展，满足人们对物质生活的要求，对食品生产加工的安全标准并未采用发达国家所使用的严格标准，目前采用的各项标准是很多年前制定的，已不能符合现在的实际情况，而且对很多应当用食品安全指标约束的事项，存在着指标缺失的情况。此外，食品在生产加工过程中，生产者为了谋取利益，有的在食品中添加非食品原料，有的滥用或超量使用增白剂、保鲜剂、食用色素等加工食品，有的掺杂使假，以次充好，如生产假酒、劣质奶粉、用地沟油加工食用油等。②

3. 食品运输、储存过程中存在着安全隐患

有的食品可能对运输时间、储存的温度、容器、包装等条件有特殊的要求，如果在食品的运输和储存过程中不严格执行该要求，就可能使食品发生腐烂和变质，产生不适合人类食用的物质，人们一旦食用，就可能危及健康和生命。

4. 对食品安全的监管不力，监管体系存在漏洞

我国目前形成了以《食品卫生法》等食品安全法规和标准体系为依据，农业、环保、卫生、质量监督、工商等各职能部门实行条块管理，各司其职的管理体系。③ 但在食品安全的监督管理过程中，各部门职能交叉、职权不明的情况时有发生。而且由于信息不对称、不公开，没有建立相关的预警和预防机制、应急处理机制以及相关问责制，导致食品安全监督往往是事后监督，而且存在着监督处罚过轻、处罚效果不明显的情形。

（二）我国食品安全问题的成因

造成我国食品安全问题严峻，老百姓对食物不放心的原因主要有：

第一，企业“以人为本”思想缺失，片面追求经济利益。企业作为主要的食品生产、经营者，应该把保障消费者的身体健康与生命作为己任，做到诚信生产和经营、以人为本。然而在物欲横流的时代，企业往往过多地追求经济利益，偷工减料、弄虚作假，企业社会责任感缺失，这就导致了危害人体健康和生命的

① 高阳、杨薇、王佳江、侯长希、王海岩：《我国食品安全现状、问题及对策》，载《中国食物与营养》2009 年第 1 期。

② 高阳、杨薇、王佳江、侯长希、王海岩：《我国食品安全现状、问题及对策》，载《中国食物与营养》2009 年第 1 期。

③ 林镝、曲英：《中美食品安全管理体制比较研究》，载《武汉理工大学学报》（信息与管理工程版）2004 年第 3 期。

食物中毒、食物致害现象经常发生。

第二，我国食品卫生安全检测技术落后。我国目前缺乏对人体危害大的污染物的关键检测技术，导致在国内被检测合格的食品在国外被检测出有害指标过高以致退货的情形，这不仅影响我国的对外贸易，也使国民的生命、健康处于威胁之中。

第三，消费者在购买食品中的信息不对称、对食品安全问题不重视以及维权意识淡薄加剧了食品安全问题。在实践中，消费者仍然处于信息弱势一方，对很多企业不公布的食品产地、配方等信息无从知晓，对食品的成分不关心，对食品的储存、运输条件等情况更是不会问津，在出现食品致害的情况下，也宁愿选择赔偿损失等息事宁人的解决方法，而不会主动维权。而且我国存在着维权成本过高的弊端，这也阻碍了消费者的维权行为。这助长了企业或个人在食品原料种植、食品生产、加工、经营、运输过程中的导致食品安全隐患的行为。

第四，有关食品安全的法律法规不健全、处罚力度不足。目前调整食品安全的法律法规主要有《食品卫生法》《食品卫生行政处罚法》《食品卫生监督程序》《消费者权益保护法》《传染病防治法》《刑法》《生猪屠宰管理条例》《兽药管理条例》等。[①] 虽然法律法规数量较多，但因分段立法、条款相对分散、单个法律法规调整范围较窄，食品安全相关法律体系缺乏系统性和完整性。而且，各法律法规对食品安全违法犯罪行为的惩处上普遍存在处罚力度不足的问题。例如根据《食品卫生法》第39条的规定：违反本法规定，生产经营不符合卫生标准的食品，造成食物中毒事故或者其他食源性疾患的，责令停止生产经营，销毁导致食物中毒或者其他食源性疾患的食品，没收违法所得，并处以违法所得1倍以上5倍以下的罚款；没有违法所得的，处以1000元以上5万以下的罚款。违反本法规定，生产经营不符合卫生标准的食品，造成严重食物中毒事故或者其他严重食源性疾患，对人体健康造成严重危害的，或者在生产经营的食品中掺入有毒、有害的非食品原料的，依法追究刑事责任。有本条所列行为之一的，吊销卫生许可证。[②] 这种处罚力度对打击造成食品安全问题的行为远远不够。

三、我国刑法对食品安全问题的规制

作为社会防卫的最后手段，刑法的制裁方法具有其他法律所不能比拟的严厉性，因此刑法应发挥谦抑性，但一旦其他法律不能调整时，刑法就应该介入，否则不利于对社会秩序的维护以及对各种法益的保护。因此，在对食品安全问题进

① 高光亮：《论食品安全法律体系的完善》，载《特区经济》2007年第7期。

② 全国人大法规库：《中华人民共和国食品卫生法》，http：//www. 39. net/focus/zbxx/141197. html.

行规制时，由于其他法律的缺失、不完善，导致对食品安全问题调整不力时，刑法就有必要介入。

我国目前调整食品安全问题的刑法条款主要是《刑法》第 143 条的生产、销售不符合卫生标准的食品罪以及第 144 条的生产、销售有毒、有害食品罪。这对生产、销售领域的相关食品安全犯罪行为进行了调整，有利于保障我国对食品卫生的监督管理秩序以及公民的生命、健康权利，有利于满足人们的基本物质需求，有利于人们的自由全面的发展以及和谐社会的构建。但是我国现行刑法的规定仍然存在很多不足，需要完善。

在调整范围上，我国现行刑法仅对生产、销售领域的食品安全犯罪行为进行了规制，而没有涵盖“从农田到餐桌”的整个过程，这使得大量与生产、销售不符合卫生标准的食品罪以及生产、销售有毒、有害食品罪的社会危害性相当的危害人体健康、生命的食品安全行为游离在刑法之外，导致食源性危害犯罪、运输储存过程中的食品安全犯罪得不到有效规制，这已经不符合现代社会的需求和人们的需要，因此，有必要以单行刑法或附属刑法的形式对食源性、运输储存过程中的食品安全犯罪行为进行调整。

在主观构成要件上，生产、销售不符合卫生标准的食品罪以及生产、销售有毒、有害食品罪都要求是故意犯罪，对于过失或意外情况下实施的食品安全行为不以犯罪论处。这缩小了刑法的打击面，却不利于对人们生命、身体健康的保护，已不符合社会现实的需要。因此，可以借鉴《产品质量法》中有关产品责任的规定，即产品生产者、销售者对因其制造、销售的有缺陷的产品造成他人财产、人身损害应承担赔偿责任，此种责任为无过错责任，即无论行为人是否有过错，都要因为损害事实承担赔偿责任。我国刑法在有关食品安全方面的犯罪行为上也可以采取“无过错责任原则”，这主要是基于行为的严重社会危害性考虑，但对犯罪人的惩罚就应该以财产刑为主。

在惩罚力度上，我国现行刑法规定的法定刑存在着偏低的倾向。这不利于实现刑罚特殊预防与一般预防的目的，很多企业和个人仍然为了经济利益以身试法。而在发达国家，法律对问题食品的生产经营者处罚非常严厉，例如在美国，法律规定，无论金额大小，只要有制假或售假的行为就构成犯罪，处以 25 万美元以上 100 万美元以下罚款，并处 5 年以上监禁。① 因此，我国可以相应提高相关犯罪的法定刑，实现罪刑相适应，有力地打击食品安全犯罪行为。

此外，根据我国刑法的规定，对生产、销售不符合安全标准的食品罪以及生产、销售有毒、有害食品罪的认定需要借助于食品安全标准，而我国现行标准存

① 高光亮：《论食品安全法律体系的完善》，载《特区经济》2007 年第 7 期。

在着制定工作滞后方面的问题。目前国际通行的食品安全的标准是CAC，它是联合国粮农组织237种食品的检测标准和41个卫生安全标准，对158种农药、54种兽药、1005种添加剂和25种食品污染物进行了评估，一共有8000个左右与食品相关的标准。20世纪80年代初，英、法、德等国家采用国际标准已达80%，日本国家标准90%以上都采用国际标准，发达国家目前采用的国际标准面更广，某些标准甚至高于现行的CAC标准水平。而我国国家标准只有40%左右等同采用或等效采用了国际标准，覆盖面远远不够，标准化工作也有差距。[①] 因此，有必要加快制定相关食品安全的标准，做到有标准可依。同时提高已有的标准水平，使之与国际接轨。

我国还应该对普通民众进行食品安全知识普及和教育，在企业和群众之间树立“以人为本”思想，提高消费者的自我维权意识，提高人们与食品安全犯罪行为做斗争的能力与自觉性。只有这样，才能从根本上解决我国的食品安全问题，保证我国的食品卫生管理秩序和人们的生命、健康安全，促进社会主义和谐社会的构建。

① 徐晓新：《中国食品安全：问题、成因、对策》，载《农业经济问题》2002年第10期。

和谐社会语境下的食品安全问题研究

——兼谈刑法功能的价值与和谐社会价值的关系

洪 豪

随着构建和谐社会的理念的提出，在围绕着经济建设这个中心的社会发展模式下，国家和人民在完成中华民族伟大复兴的过程中，也更多地开始关注民生领域的议题。胡锦涛总书记曾指出："民以食为天，食以安为先。"食品安全问题的出现不能完全说是社会发展过程中的必然，但至少具备很高的发生概率。现在的一些重要发达国家在其发展的过程当中乃至现在也不无食品安全问题的发生，但经过一系列的举措之后，问题得到了很大程度的解决。我国现在处在社会发展转型的关键时期，对食品安全问题的妥善处理显得格外意义深远，不仅对我国的经济发展影响重大，对我国的社会管理以及法治建设都有举足轻重的影响。所以，在和谐社会的构建中着眼于食品安全问题是很有必要的。

一、食品安全问题概述

（一）当前食品安全问题探讨

随着媒体曝光度增加，对食品安全问题的揭示更加透彻。正如有人指出的那样，我国食品安全基础薄弱，受产业发展水平、企业管理水平、消费结构水平、诚信道德水平等因素制约，当前的食品安全状况不容乐观，一些违法违规顽疾仍未根治，新的问题时有发生、屡禁不止，特别是以食品非法添加为代表的食品安全问题比较集中地暴露出来，人民群众反映强烈。① 对有关食品安全问题的认识，笔者认为以本着客观务实，"没有调查研究就没有发言权"的心态，去认真对待信息来源，以及对相关专业问题的正确理解，避免误解造成对信息的误读和误传。强调对信息的公开，以对抗公众的质疑。对媒体和政府相关职能部门对信息处理"不好说，不说好"的情况予以改善，消除公众的疑虑，使公众加强对信息的客观认知。

作者简介：洪豪（1989—），男，四川自贡人，西南政法大学法学院刑法专业硕士研究生。

① 《人人都要维护食品安全》，载《人民日报》2011年4月22日第5版。

目前，在我国，食品安全问题主要呈现出以下几个方面的特点：

1. 原因复杂

（1）企业主体方面：高速的经济增长，对经济利益的盲目追求；企业良知缺失；从众心理，形成行业的潜规则；法律规制的不完善，百密一疏，易导致犯罪侥幸心理等。

（2）监管主体方面：监管失灵；问责不够；打击不力；威慑不足等。

2. 牵涉“面”广，“线”长

涉及各类与人饮食相关的领域，在食品生产、加工、储运、检测和消费的产业链上，每一个环节都可能存在不同程度的问题。

3. 短期内问题聚集出现

食品安全问题随着科学检测技术以及信息传媒工具的发展，出现了集中“爆发”的情况，这样的集中主要体现在时间概念上。

（二）现行法律规制情况

食品安全问题大量不断涌现，使得相应配套的法律设施不断得以完善，这是积极意义方面。但我们也应该正视矛盾的尖锐，法律法规仍然不完善，法律法规的落实情况仍然不佳，致使在制度层面，造成了食品安全问题的失控。对此，笔者就部分最重要和最新实行的法律法规进行列举和评析。

《中华人民共和国食品安全法》经十一届全国人大常委会第七次会议通过，于2009年6月1日起实施。该法对食品安全的评定标准予以明确，对标准的评定主体以及评定依据明确规定，使得食品安全标准更具有权威性和透明性，充分考虑消费者的意见使得更容易被消费者所接收。

《刑法修正案（八）》一方面对食品安全犯罪的犯罪对象、罚金刑、自由刑进行了修改，另一方面，增加犯罪情节要件和增设食品监管渎职罪，从而加大了对食品安全犯罪的惩处力度，使得刑法对食品安全的保护更为严密和全面。[①] 刑法的谦抑性，使得其只能作为食品安全问题调控的最后一道屏障。而被刑法所规范的食品安全问题由于具备一定程度的社会危害性，应当备受重视。对此，《刑法修正案（八）》对食品安全犯罪相关条款进行了修订，切实贯彻不枉不纵的理念。

最高人民法院、最高人民检察院联合下发《关于办理危害食品安全刑事案件应用法律若干问题的解释》，从严惩处食品滥用添加行为，严厉打击食品非法添加行为，为依法惩治危害食品安全犯罪编织了严密刑事法网。针对当前仍然十分

---

① 俞小海：《食品安全犯罪立法修正之评析及其再完善——以〈刑法修正案（八）〉为样本》，载《北京人民警察学院学报》2012年第1期。

严峻的食品安全形势，该解释进一步明确了危害食品安全相关犯罪定罪量刑标准，提出了相关罪名的司法认定标准，统一了新型疑难案件的法律适用意见。

二、刑法功能的价值与和谐社会价值的关系

尽管规范食品安全问题的法律法规体系庞大，就打击的范围广度和严厉程度来说，刑法对食品安全犯罪的问题的规范是值得重视的，这也是笔者主要分析问题的角度。针对现实的社会问题，寻求治理的途径，对症下药，方能药到病除。在此之前，笔者认为应当充分加强对“药”效的认识，自然离不开刑法对食品安全犯罪的功能的分析。通过实现刑法的功能，解决社会问题，解除社会危险，做好民生工程建设，实现和谐社会的价值。

（一）刑法功能简要分析

功能，是指事物或方法所发挥的有利的作用、效能。刑法的功能，是指刑法在社会生活中起的作用。根据刑法学者的观点，我国刑法的功能包括：刑法的评价功能，刑法的惩罚功能，刑法的促进功能。刑法功能的理论是从司法实践当中予以抽象的理论构建，扎根于社会实践当中，同时也具有应然层面的价值属性。笔者认为刑法的功能是应然层面的，是学者对刑法的价值的一种构想和追求。具有一定的功能，不一定起到相应的效果，而刑法的功能只能通过具体的法律条款的实施，起到相应的功能效果，回归到实然层面，进而体现应然层面的价值属性。

（二）和谐社会理论内容分析

构建和谐社会，中国共产党赋予其的内涵是胡锦涛总书记阐述的28个字：“民主法治、公平正义、诚信友爱、充满活力、安定有序、人与自然和谐相处”的社会。李培林指出，构建和谐社会这一社会发展目标的确立，既是中国社会深刻总结历史经验和教训的所得，也是国际国内形势发展使然。理论和实践表明，这一时期也正值我国社会的一个矛盾骤增、各种不确定的风险难以预见的时期。所以，笔者认为，和谐社会就是能够调动一切积极因素，全面激发社会的创造活力，社会大多数成员的最基本权益能够得到切实保障的社会形态。“和谐”是中华民族伟大复兴道路上予以贯彻的价值追求。

（三）刑法功能与和谐社会价值的关系

从刑法功能的视角出发，正如前所述，刑法的功能体现出刑法在应然层面的价值。这也是法律规范具有的普遍特点，因此需要强调对法律实施环节的把握，以期达到良好的实然法律效果。刑法的三个功能，从规范的广度和深度角度出发，体现了规范食品安全犯罪的价值选择。从刑法功能的应然性到刑法实施效果的实然性的回归，必须切实贯彻落实刑法的实施工作。在刑法实施的过程中，对

其利用和谐社会的价值理念予以指导，以便达到良好的法律效果与社会效果的统一，使刑法的功能与和谐社会的价值联系起来。

利用和谐社会的价值理念对刑法实施予以指导，实现法律效果与社会效果的统一，是理想状态中的价值追求。在司法的过程中，法律规范在社会迅速发展的时候存在着一定程度的滞后性，出现了在和谐社会构建中——社会调控机制与社会现实的矛盾。要使刑法功能与和谐社会价值统一起来，应该妥善处理社会调控机制同社会现实之间的矛盾，使二者和谐，笔者认为这也是和谐社会价值内容的一个方面。

三、刑法功能的价值评价

正如前文提到的，刑法的评价、惩罚和促进三个功能，体现了规范食品安全犯罪的价值选择。分别从“广度”“深度”出发对食品安全犯罪进行细化，明确打击范围，强化打击力度，对食品安全犯罪予以规制，实现刑法的功能的价值与和谐社会价值的统一，促进食品行业安全发展。英国哲学博士 W·D·拉蒙特认为：“价值判断不是关于事物及其性质的判断，而似乎是关于事物的存在、保持和消亡的判断。”这就要求对价值目标的追求，而构建和谐社会的“和谐”的价值理念的要求，对刑法的功能予以科学的评价。

（一）刑法的评价功能，是指利用刑法规范，对行为进行评价，决定是否应予以刑法制裁

在食品安全犯罪方面，通过对现今违反刑法规范的食品安全犯罪划定范围，对其范围的确定的规范化，结合食品安全问题发展趋势予以确定。体现出刑法规范该问题的广度的价值定位。

1. 根据食品安全犯罪罪状表述划定规范范围

生产、销售不符合安全标准食品罪，应根据《食品安全法》第 28 条规定的安全标准，结合犯罪造成的严重后果的表现来划定规范范围。

生产、销售有毒、有害食品罪，从客观行为主要表现来划定规范范围，主要表现为三个类型：一是在生产的食品中掺入有毒、有害的非食品原料；二是销售的食品中掺入有毒、有害的非食品原料；三是明知是掺有有毒、有害的非食品原料的食品而销售。[①]

食品监管渎职罪，明确主体为负有食品安全监督管理职责的国家机关工作人员，且由于其渎职行为造成严重的后果的程度和表现来划定规范范围。

---

① 张明楷著：《刑法学》（第四版），法律出版社 2011 年版，第 652 页。

2. 食品安全问题发展趋势要求刑法规范范围的科学化

（1）以生产、销售不符合安全标准食品罪为例。有学者指出，我国刑法对食品安全问题规范存在着“厉而不严”的情况。第一，食品安全犯罪的主体范围、行为方式、行为对象“不严”；第二，食品安全犯罪的刑罚种类虽然包括生命刑、自由刑、罚金刑、财产刑，但缺失剥夺犯罪分子犯罪能力的资格刑。第三，食品安全犯罪以故意犯、作为犯居多，过失心态下的危害食品安全行为，以及不作为方式和持有方式的危害食品安全行为无法得到刑法规制。第四，刑法介入食品安全犯罪的时间过于滞后，入罪门槛过高，且采用以结果本位为主的立法模式，生产、销售伪劣产品罪，食品监管渎职罪是结果犯，生产、销售不符合安全标准食品罪是具体危险犯。①

（2）以食品监管渎职罪为例。首先对食品监管渎职罪实行行为的理解，本罪是法定犯，实行行为是违反食品监管领域相关法律、行政法规、规章的违法危害行为，包括滥用职权和玩忽职守两种行为；其次对“结果”要素的理解。第一，“导致发生重大食品安全事故或者造成其他严重后果”的定性，笔者主张构成结果要素说。第二，“导致发生重大食品安全事故或者造成其他严重后果”的具体量化。这里必须达到或者可能达到致使人体器官的基本功能严重丧失的严重危害健康的程度，以及必须达到一定严重程度事故，可以从人身伤亡的人数、财产损失的数额、受影响的区域范围等方面予以衡量。对“造成其他严重后果”的理解，笔者以为这是一个兜底性的规定。②

根据学者对两个罪名规范科学化的建议，结合我国食品安全问题的发展的趋势特点，对刑法规范食品安全问题范围的广度进行拓展和确定，明确刑法的打击范围，提供刑法惩治功能发挥的基础。

（二）刑法的惩罚功能，指刑法通过法律的明文规定，对符合犯罪构成的行为予以正确定罪，并处以公正合理的刑罚

刑法的惩罚功能，以对犯罪人造成“痛苦”为目的，通过对食品安全犯罪进行打击惩处，体现刑法规范食品安全问题的力度价值定位。近几年来，食品安全问题案件有两大特点：一是危害食品安全刑事案件数量大幅攀升，2011 年、2012 年审结这类案件同比增长 179. 83%、224. 62%；二是重大、恶性食品安全犯罪案件时有发生。在刑法实施的过程当中，贯彻宽严相济的刑事政策，对当前的食品安全犯罪问题应具体分析，深度分析其构成要件中影响量刑的因素，实现

① 储槐植、李莎莎：《论我国食品安全犯罪刑事政策》，载《湖南师范大学社会科学学报》2012 年第 2 期。

② 储槐植、李莎莎：《食品监管渎职罪探析》，载《法学杂志》2012 年第 1 期。

罪刑相适应。

生产、销售有毒、有害食品罪名的设置，主要是对企业生产、销售主体进行规范。在对此类犯罪进行定罪量刑时，要充分考虑犯罪数额、犯罪手段、犯罪行为及其主观恶性对人民群众的生命安全和身体健康的危害、对市场经济秩序的破坏程度等。对于具有累犯、前科、共同犯罪主犯、犯罪集团的首要分子等法定情节，以及犯罪数额巨大、情节恶劣、危害严重等酌定情节，那些群众反映强烈，给国家和人民利益造成重大损失的犯罪分子，依法严惩，应当判处死刑的，要依法判处死刑。对于具有自首、立功、从犯等法定从宽处罚情节的罪犯，可以依法从宽处理。对实施最高人民法院、最高人民检察院《关于办理危害食品安全刑事案件应用法律若干问题的解释》规定的犯罪分子，应当依照刑法规定的条件严格适用缓刑、免予刑事处罚。根据犯罪事实、情节和悔罪表现，对于符合刑法规定的缓刑适用条件的犯罪分子，可以适用缓刑，但是应当同时宣告禁止令，禁止其在缓刑考验期限内从事食品生产、销售及相关活动，体现出对其资格的限制。[①]

食品监管渎职罪的设置，主要是对监管主体，即负有食品安全监督管理职责的国家机关工作人员的行为进行规范。当前，虽然司法解释还没有规定本罪的立案标准，首先从食品监管渎职罪与一般滥用职权罪和玩忽职守罪的关系来看，两者是特殊罪名与一般罪名的关系。其次，从两者的法定刑配置来看，食品监管渎职罪与徇私舞弊情节下的滥用职权罪和玩忽职守罪的量刑幅度相同，因此，最高人民检察院《关于渎职侵权犯罪案件立案标准的规定》[②] 第 1 条关于滥用职权罪和玩忽职守罪立案标准的规定是具有参考价值的，在量刑环节上，可由法官根据具体案件予以自由裁量。[③] 对食品监管体制要求，不仅要监督企业，也要监督监管部门自身的执法活动。通过食品监管渎职的严厉惩戒，主要以期达到以下目标：明确监管职责，提高监管效率，消除监管部门间“搭便车”心态，消除“有利争着管，无利往外推”“执法走过场”“以罚代管”等执法现象。为促进企业责任意识，推进质量失信惩戒制度，避免监管者与被监管者由于利益牵扯相互勾结，贯彻依法执法。通过严厉的惩处，达到规制食品安全犯罪的最佳效果，为促进和谐社会构建的进程提供强有力的保障。

（三）刑法的促进功能，促进对企业方责任缺失和监管方责任缺失的改善，使食品行业沿着安全的轨道发展

食品安全是一个系统工程，涉及社会的方方面面，因此风险治理的主体不能

---

① 李立众编：《刑法一本通》，法律出版社 2012 年版，第 149 页。

② 关于滥用职权罪和玩忽职守罪的立案标准，详见 2006 年 7 月 26 日公布施行的最高人民检察院《关于渎职侵权犯罪案件立案标准的规定》。

③ 储槐植、李莎莎：《食品监管渎职罪探析》，载《法学杂志》2012 年第 1 期。

再像过去那样仅由政府来承担，需要政府、科学家和社会大众的共同努力，应该说，每一个公民对此都有自己的责任和义务，[①] 进而“社会共治”理念得以自然孕育。实行“社会共治”的关键是要落实各方责任。企业要落实主体责任，自觉树立严格把关质量的意识；同时，政府部门的有效监管是关键要素。对监管部门的信任，是提高社会参与食品安全积极性的首要前提。

近来，国务院办公厅《关于印发2013年食品安全重点工作安排的通知》在第二部分提出严惩违法犯罪，加强应急处置：第一，进一步加大打击惩处力度；第二，强化食品安全应急处置；第三，加强舆情监测和信息发布，形成“社会共治”的监管体系，各方将食品安全监管的责任担当起来。

结　语

在开展食品安全工作的讲话中，胡锦涛总书记曾强调，保障食品安全，必须树立全程监管理念，坚持预防为主、源头治理的工作思路。要切实完善食品安全监管体制和支撑体系，搞好食品监测基础设施建设，完善检验技术手段，加强食品安全宣传，完善食品安全信息发布机制，提高群众食品安全意识，形成全社会关心、理解、支持食品安全工作的良好氛围。为了食品安全，需要全社会共同努力。随着政府监管体制、机制的不断完善，企业第一责任人的意识更加重视和全社会的共同监督，我们的食品安全会越来越好。

① 闰钟：《风险社会视野中的科技进步》，载《科学技术与辩证法》2006年第5期。

和谐社会与食品安全的刑法控制

李军乐

党的十六届四中全会提出了建设社会主义和谐社会的重要任务，这是“十一五”时期我国发展的重要内容，反映了我们党对中国特色社会主义事业发展规律的新认识，也反映了我们党对执政规律、执政能力、执政方略、执政方式的新认识。这是按照以人为本的执政理念，着力解决人民群众最关心、最直接、最现实的利益的问题。食品安全作为公共安全的重要组成部分、重大的公共卫生和经济问题，直接关系到广大人民群众的身体健康、社会安定和我国食品产业的发展，因此与社会主义和谐社会建设有着必然的内在联系，而且密不可分、相辅相成。

一、和谐社会对食品安全内在要求

和谐社会是一个内涵极为丰富的概念，它涉及人与人、人与社会、人与自然等多重关系，涵盖了经济生活、政治生活、文化生活及人们日常生活等各个方面。

食品安全同样是个综合性概念，具有社会学、政治学、经济学和法律上的考量。它首先客观反映的是在种植、养殖、生产加工、销售、消费等环节的食品卫生、质量和营养等相关方面的内容。作为社会学概念的食品安全主要是指社会治理，不同国家以及不同时期，食品安全所面临的问题和治理要求都有所不同，当前我国食品安全所侧重的是市场经济发育不成熟所引发的问题，如假冒伪劣、有毒有害食品的非法生产经营等。作为政治概念的食品安全，是政府对社会最基本的责任和必须做出的承诺，近年来国际社会逐步以食品安全的概念替代食品卫生、食品质量等名词，更加凸显了食品安全的政治责任。作为法律概念的食品安全，国际上从社会系统工程建设的角度出发，正逐步以食品安全的综合立法替代卫生、质量、营养等要素立法的趋势。如今由于市场经济的特定性和城乡差别的客观性，广大农村成了问题食品的重灾区，而且随着我国城市化进程的进一步发展，这一现象正在向城乡接合部和城市下岗失业人群中蔓延，这些问题发生的背

作者简介：李军乐（1991—），男，河南安阳人，西南政法大学法学院刑法专业硕士研究生。

后集中反映了食品安全的经济学属性。

二、食品安全频发的原因

2008 年“三鹿奶粉事件”后，我国对食品安全加大了监管力度，并于 2009 年出台首部《食品安全法》，与该法配套的相关细则也相继出台。然而，近年来，食品安全事故仍频频出现，这除了企业主体责任意识薄弱、诚信缺失外，政府有关部门监管管理滞后也有不可推卸的责任。

目前，我国有食品生产企业 40 多万家、食品经营主体 323 万家，小作坊、小摊贩更是难以计数。食品加工小作坊和食品摊贩这些食品生产经营的“小散户”本来就是食品安全事故的高发群体，目前国内小作坊多，而且缺乏明确的监管法律。我们应当看到我国食品安全监管工作虽然近几年得到了加强，但还存在着诸多弊端和问题，主要表现在行政治理体制不顺畅，目前我国食品监管的部门仍然是分段管理，其中农业部门管农产品，质监部门监管食品加工环节，餐饮又由卫生部门监管。在分段管理中，问题始终不能被发现和解决。管理主体的不同，带来了食品安全问题上巨大的监管漏洞。

三、对当前我国危害食品安全行为刑法控制体系的梳理

从上述案例中可以看出，我国刑法对危害食品安全所进行控制的基本框架已初步显现。在此基础上，对我国刑罚体系中涉及食品安全犯罪控制的内容进行梳理，明确构架，以利明晰体系，弥补不足。

（一）对直接生产、销售食品行为的刑法控制

对不符合食品卫生（安全）标准的生产销售行为的刑法控制。1997 年《刑法》对于危害食品安全的生产、销售行为的基本控制手段集中体现在第 143 条、144 条即生产、销售不符合安全标准的食品罪和生产、销售有毒有害食品罪两个罪名中。为进一步加强对危害食品安全犯罪行为的控制，并与《食品安全法》相配套，《刑法修正案（八）》对上述两个条文进行了修订，具体体现在：将该类犯罪的最低刑提高至有期徒刑，而不是原来的拘役；对于罚金，也没有规定数额上限；在第二档刑罚的使用条件中删去“造成严重的食物中毒事故或者其他食源性疾患”的内容，增加“或者有其他严重情节的”这一适用刑罚的条件。这意味着食品本身的危害性明确，尽管没有造成严重后果，但从非法获利的金额、销售食品的数量、食品扩散的范围等角度能够证明其严重危害的，仍然可依法给予更严厉的刑罚处罚；在《刑法修正案（八）》第 141 条中还规定，对人体健康造成严重危害或者有其他严重情节的，处 5 年以上 10 年以下有期徒刑，并处罚金，致人死亡或者有其他特别严重情节的，处 10 年以上有期徒刑、无期徒刑或

者死刑。刑法典通过上述手段的设定，对生产、销售危害食品安全的犯罪行为进行控制。

对生产不合格食品行为的控制手段。[①] 1997 年《刑法》第 140 条规定，生产者、销售者在产品中掺杂、掺假，以假充真、以次充好或者以不合格产品冒充合格产品，销售金额 5 万元以上的，构成生产、销售伪劣产品罪。该罪名的适用通常是生产、销售的食品中没有法律规定的有毒有害非食品原料，仅属于不合格产品的。根据最高人民法院熊选国副院长的讲话可知，实践中有大量的危害食品安全犯罪案件是以生产、销售伪劣产品罪等其他罪名追究刑事责任的。

（二）对生产、销售造成食品安全犯罪的添加剂犯罪行为的刑法控制

越来越多的食品安全犯罪行为涉及添加剂的问题，而食品添加剂又可分为两种：法律允许的和法律禁止的。这里主要研究法律禁止的添加剂的生产、销售行为。对此，我国刑法主要通过以下手段加以控制：其一，非法经营罪，即未取得食品生产、经营许可证从事食品生产经营活动，或者未经许可生产食品添加剂、食品相关产品，或者食品生产经营者依法取得食品生产、流通或者餐饮服务许可证后，不再具备本法规定的生产经营条件仍从事食品生产经营活动，构成《刑法》第 225 条的非法经营罪。其二，以危险方法危害公共安全罪，即实施以与刑法法条明确规定的放火、决水、爆炸、投放危险物质等危险性相当的其他方法危害公共安全的行为，依据《刑法》第 114 条、115 条规定追究刑事责任。在三鹿奶粉案和河南瘦肉精案中，均有被告人被认定为实施以危险方法危害公共安全罪，其主要原因如下：第一，被告人行为侵害了公共安全。两案中生产、销售三聚氰胺混合物和瘦肉精的行为均不属于危害公共安全的一般危险犯，而是已经造成严重结果的实害犯，被告人的行为已经给消费者的健康安全埋下了严重隐患，并造成了巨大的经济损失。被告人的行为侵害的是不特定众多者的生命健康和不可控的重大财产安全，符合我国刑法关于危害公共安全罪的本质特征的规定。第二，被告人的行为属于危害公共安全的行为。我国刑法虽然只规定了放火、决水、爆炸、投放危险物质四种明确的危害公共安全的行为方式，但其中还包括一类概括的方法，即“以其他危险方法”危害公共安全。作为兜底性的法律规定，这类概括性的危害公共安全的方法，通常是指与法律明示的放火、决水等危害性相当的方法，其在本质上同样危害的是公共安全。两案被告人的行为严重地危害了公共安全，其故意生产、销售对人体有害的三聚氰胺混合物和瘦肉精并将其投放市场，其行为性质属于刑法规定的“以其他危险方法”危害公共安全的行为。

① 王雅丽：《食品安全犯罪的刑法控制》，载《铁路警官高等专科学校学报》2011 年第 6 期。

第三，被告人在主观上具有危害公共安全的犯罪故意。[①]

（三）关于食品安全监管人员犯罪方面的刑法控制

食品安全犯罪往往与食品安全监管人员的滥用职权、玩忽职守有关。《刑法》第397条规定的滥用职权罪、玩忽职守罪包括食品生产、流通、餐饮服务监督管理部门或者其他有关行政部门不履行规定的职责或者滥用职权、造成严重后果的情形。构成此罪，其主要负责人、直接负责的主管人员和其他直接责任人员依法应被追究刑事责任。为强化食品安全监管中渎职行为的刑事责任，同时也为体现刑法修改中强化对民生保护的主线和意图，《刑法修正案（八）》规定：负有食品安全监督管理职责的国家机关工作人员，滥用职权或者玩忽职守，导致发生重大食品安全事故或者造成其他严重后果的，处5年以下有期徒刑或者拘役；造成特别严重后果的，处5年以上10年以下有期徒刑。这也就意味着对食品安全监管部门的渎职行为原来可以滥用职权和玩忽职守罪定罪处罚，这次将其单列为一条。除上述主要的刑法控制手段外，对食品安全犯罪的刑法控制还可能包括：提供虚假证明文件罪，即食品检验机构人员违反法律规定，出具虚假检验报告，构成提供虚假证明文件罪，依照《刑法》第229条的规定追究刑事责任；虚假广告罪，即在广告中对食品质量作虚假宣传，欺骗消费者的，或食品安全监督管理部门或者承担食品检验职责的机构、食品行业协会、消费者协会以广告或者其他形式向消费者推荐食品的，依照《刑法》第222条的规定追究责任。特别需要指出的是，食品安全犯罪中往往会出现一行为触犯数罪名的法律现象，即想象竞合犯。刑法理论认为对这类犯罪应按照所触犯的数罪中最重的罪定罪处罚。在刑罚的适用上，根据最高人民法院、最高人民检察院、公安部、司法部2010年9月15日公布的《关于依法严惩危害食品安全犯罪活动的通知》，对于危害食品安全犯罪活动，公安机关应及时立案快速侦破，法院在适用刑罚方面应坚持罪当判死刑要坚决判处死刑，并且对于贪腐渎职涉案者不得免刑。

整体而言，我国目前对危害食品安全犯罪行为的刑法控制体系已经基本建立，尤其是《刑法修正案（八）》的出台，对于完善这一体系将起到重大作用。笔者认为，食品安全犯罪刑法控制制度的缺陷会导致两个比较大的问题：一是刑法中食品犯罪罪名设置过少，阻碍了刑法在预防食品犯罪方面作用的发挥。一些与食品安全相关的人员由于法律素质较低，无法对现行刑法相关条文进行充分的理解，只能理解字面意思，进而出现主观上的认识错误，实施犯罪行为而不知。二是影响罪刑法定原则。为应对刑法中没有设置的犯罪行为制裁的需要，司法机关往往需要对现有刑法条文进行解释，这就难免会出现扩大解释的情形，这对法

① 卢建平、方翌：《完善食品安全的刑法保护》，载《昆明理工大学学报》（社会科学版）2009年第1期。

治社会中刑法的罪刑法定原则造成冲击，影响法治社会的完善。如已经出现的对食品安全犯罪适用以危险方法危害公共安全罪的质疑声音。①

四、完善危害食品安全犯罪刑法控制体系的构想

为从基础上解决食品安全犯罪的预防与惩治问题，需要对刑法进行调整和完善，以形成食品安全法律责任体系的层级性、严密性和强力性，确保食品安全法律责任体系的无缝衔接，全方位构筑食品安全法律屏障。建议通过以下两个方面开始实施：一是在刑法分则第三章设专节规定违反食品安全标准罪，并增加相应的罪名。当前情况下，将危害食品安全犯罪归类至危害公共安全一章中存在障碍。立法机关在《刑法修正案（八）》中采取的措施已经清晰地表明对危害食品安全犯罪类罪名的归类态度，而且在理论上确实存在较大的争议。为尽快完成对危害食品安全犯罪的刑法控制体系的完善，采用在第三章中设置专节的方式予以强化，同样可以表明立法机关对危害食品安全犯罪行为的打击态势。同时，根据《食品安全法》的内容，增设相关罪名。食品安全涉及食品生产经营、食品添加剂的生产经营、食品相关产品的生产经营、食品的安全管理、食品安全的监督管理等众多领域和环节，结合《食品安全法》第 20 条、第 27 条等的规定，建议增设的罪名包括非法生产经营食品罪、生产经营伪劣食品罪、生产经营不符合食品安全标准相关产品罪、违反食品安全标准管理罪、食品安全事故不报罪、出具虚假食品检验证明罪等，并将《刑法修正案（八）》中涉及食品安全犯罪的“生产、销售”行为也修订为“生产经营”，主要的原因是食品安全犯罪行为存在于生产、收获、加工、包装、运输、贮藏和销售等整个从农田到餐桌的全过程中，而不仅仅是生产、销售行为，而“生产经营”可以涵盖此类行为。同时，针对食品安全法规定的不安全食品的召回义务，设置不作为的犯罪，罪名可考虑设置为“拒不履行召回不安全食品义务罪”。二是将所有危害食品安全的犯罪行为的起刑标准均设置为行为犯，避免只有在重大危害后果产生后才能追究刑事责任的情况，同时通过这一途径强化刑法对危害食品安全犯罪的预防作用，告诫所有的生产经营者。②

---

① 张博源、孟宇：《北京市食品安全监管法制环境的检讨与反思》，载《求实》2011 年第 1 期。

② 汤天曙、薛毅：《我国食品安全现状与对策》，载《中国食品与营养》2002 年第 4 期。

和谐社会与食品安全的监管体制和刑法修正

杨婷婷

近年来，食品安全问题频频出现，对人民群众的身体健康和生命安全构成了严重威胁，也给中国食品的信誉蒙上了阴影。我国政府高度重视食品安全工作，新的食品安全法律法规不断颁布实施，各部门不断增加食品安全监管力量，但从监管效果上看，目前仍未摆脱食品安全严峻形势。我们有必要对当前食品安全监管法律实践问题进行研究与分析，通过法律手段更好地解决食品安全在监管体制机制等方面存在的问题。食品安全事故频发，也表明企业主体责任薄弱，社会诚信缺失，政府监管更有不可推卸的责任。社会公共安全是社会主义和谐社会最基本的内容和保障，而食品安全是社会公共安全的重要内容。政府应完善法律法规体系，加快食品安全信用体系建设，加强政府监管和社会监督，企业应强化食品安全责任意识，自觉加强诚信道德规范，从而通过全社会的共同参与和努力，进一步提高食品安全保障能力，维护人民群众的切身利益，促进社会的和谐稳定。

一、和谐社会理念对制定食品安全法的重要意义

（一）制定食品安全法是贯彻落实科学发展观，构建以人为本的和谐社会的具体体现，是保证公众身体健康和生命安全的需要

胡锦涛总书记在中央经济工作会议上从经济社会发展全局的高度，对食品安全工作提出了具体的要求：高度重视并切实抓好食品药品质量安全和生产安全，建立最严格的食品药品和安全生产标准，建立权责利相对应的法律追究惩治体系，严厉打击各种违法违规生产经营行为。温家宝总理在2009年国务院政府工作报告中也指出，食品安全事件和安全生产重特大事故接连发生，给人民群众生命财产造成重大损失，教训十分深刻。这充分体现了中央对食品质量安全和人民群众生命安全问题的高度重视。

“民以食为天，食以安为先。”以食品安全为代表的民生问题与人民幸福安康息息相关，保障民生既是经济社会发展的出发点和落脚点，也是以人为本、构

作者简介：杨婷婷（1991—），女，河南南阳人，西南政法大学法学院刑法专业硕士研究生。

建社会主义和谐社会的具体体现。我国政府历来十分重视食品安全问题，但随着我国社会经济飞速发展，一方面，国家和广大人民群众对食品问题的关注已经从数量增长转变到了对卫生、品质、功效、安全等一系列综合指标的关注，对食品安全和与之相配套的食品安全法律体系建设提出了更高要求；另一方面，单独制定食品安全法也符合国际立法新趋势。因此，制定符合我国食品实际的食品安全法成为当务之急。在长达四年的制定过程中，有关部门按照科学立法、民主立法的原则，向社会公开征求意见，其中包括政府部门、食品生产经营企业、食品行业组织、普通消费者，以及世界卫生组织、欧洲委员会驻华代表团，全面充分地反映了不同地区、不同行业和社会各阶层的意见。在经过认真调研、听取各方面意见的基础上，将食品卫生法的名称改为食品安全法。从“卫生”到“安全”两个字的改变，是中国食品安全立法观念的转变，更是监管模式的全方位重大转变。即从注重食品卫生、对食品监管以外在为主，转变为深入到对食品生产经营的内部的安全隐患以及食品应有的安全指标进行监管，是贯彻落实科学发展观在国家立法活动中的具体体现。制定食品安全法，在法律框架内解决食品安全问题，理顺食品安全监管体制，明确监管部门职责，切实解决人民群众最关心、最直接、最现实的利益问题，是党和政府在坚持以经济建设为中心的同时，高度关注民生改善，顺应人民群众新期待，切实为广大群众谋福祉的重大举措，也是社会和谐稳定和维护广大人民群众根本利益的需要。①

（二）制定食品安全法是加强社会领域立法，完善我国食品安全法律体系，形成适应经济社会发展的管理科学、综合治理的现代食品安全监管制度的需要

改革开放以来，为保障广大人民群众的身体健康和生命安全，全国人大及其常委会制定了《食品安全法》《产品质量法》《农业法》等近40部相关行政法规；国务院农业、卫生、质检、工商等部门制定了近150部部门规章。上述法律、行政法规、部门规章初步构建了我国食品安全保障的基本法律框架，促进了食品安全保障的法制化水平，为提高我国食品安全水平发挥了积极作用。制定食品安全法，在法律框架内解决食品安全问题，着眼于以人为本、关注民生、保障权利，切实解决人民群众最关心、最直接、最现实的利益问题，促进社会的和谐稳定，是贯彻科学发展观的要求，维护广大人民群众根本利益的需要。同时，在现行的食品卫生法的基础上，制定内容更加全面的食品安全法，与农产品质量安全法、农业法、动物防疫法、动植物检疫法、产品质量法、进出口商品检验法、农药管理条例、兽药管理条例等法律、法规相配套，有利于进一步完善我国的食品安全法律制度，为我国社会主义市场经济的健康发展提供法律保障。

① 张敬礼：《解决食品安全问题的重大举措》，载《医药经济报》2009年第6期。

二、和谐社会中完善食品安全的监管体制

广义的食品安全监管体制包括食品安全监管部门、有关单位和利益相关方的构成及其责任义务，《食品安全法》中涉及的食品安全监管部门、有关单位和利益相关方有卫生行政、农业行政、质量监督、工商行政管理、食品药品监督管理和国家出入境检验检疫等政府监管部门、县级以上地方人民政府、食品安全委员会、食品生产经营者、食品检验机构、社会团体、基层群众性自治组织或者个人等。《食品安全法》第103条规定，国务院根据实际需要，可以对食品安全监督管理体制做出调整，这是按照法定职能对狭义的食品安全监督管理体制的规定。从全国人大常委会法制工作委员会对此条款的解释说明来看，法律授权国务院调整的主要是食品安全监管部门的职责和权限。

（一）分段监管为主的食品安全全程监管模式

我国的食品安全监管模式原来是由卫生行政部门一家负责，法律依据主要是《食品卫生法》。但由于食品安全监管工作量大，逐渐形成了多部门管理的监管体制，体现在2004年国务院发布的《关于进一步加强食品安全工作的决定》中。该文件明确了我国的食品安全监管体制采取分段监管为主、品种监管为辅的方式，将食品安全监管分为初级农产品生产、食品生产加工、食品流通和餐饮消费四个环节，分别由农业、质检、工商和卫生部门负责，进出口农产品和食品监管由质检部门负责，食品药品监管部门负责食品安全的综合监督、组织协调和依法组织查处重大事故。2008年将卫生部门与食品药品监管部门在食品安全工作中的职责对调。2009年颁布实施的《食品安全法》延续了分段监管的食品安全监管体制，质检、工商和食品药品监管部门分别对食品生产、流通和餐饮服务活动实施监督管理，卫生部承担食品安全综合协调职责。

（二）品种监管与分段监管的综合运用

采取分段监管还是品种监管的模式，是《食品安全法》立法的难点和重点。每一种模式都有其优点和不足，问题是不管选择哪种模式，都要充分考虑其适用性，并采取有效的措施弥补该模式的缺陷。世界各国的食品安全监管体制都不尽相同，有的是单设一个机构监管，有的是多部门按产品管，有的是多部门按环节管。

有人希望从发达国家找到现成的摹本直接移植过来，这在现实中几乎不可能。事实上，任何国家和地区的食品安全监管工作与我国一样，都要经历发现问题、研究问题、解决问题这些阶段。因此在研究解决食品安全问题时，可以借鉴其他国家和地区的成熟经验和做法，但更重要的是学习发达国家科学决策、科学管理的理性态度和务实精神，在充分调研和论证的基础上探索和创新，制订适合

中国国情的合理有效的制度措施。

（三）综合协调在理清部门职责方面的作用

分段监管模式要求各食品安全监管部门分工明确，密切配合，相互衔接，形成严密、完整的监管体系。这种体制能否有效运行，有两点十分关键：一是每个环节是否能明确一个监管部门，既不能出现监管空白，也要避免职能交叉；二是各部门能否做到及时通报情况，形成监管合力。在实践中，由于多部门管理造成职责不清、相互推诿等问题不断发生，凸显出综合协调的重要性。① 2003 年，成立了国家食品药品监督管理局，食品药品监管部门被定位为食品安全的综合监管和协调机构。之后，质监部门、卫生部门先后做过牵头组织和综合协调工作。但从实践情况看，由一个部门牵头或负责协调行政平级单位十分困难。为解决多部门管理易出现的管理空白和职责交叉等问题，《食品安全法》规定设立国务院食品安全委员会，发挥协调、组织、指导、监督等职能作用，在全程监管分段实施的过程中锁定责任，实现纵向到底、横向到边的无缝对接。2010 年 2 月 6 日，国务院设立了食品安全委员会，但其定位是国务院食品安全工作的高层次议事协调机构。虽然它成员单位多，规格高，但并不进入国务院组成部门序列，因此不少地方和部门对其存在的时间和执行力存有疑惑，一些工作也因此打了折扣。为了保证各部门食品安全监管责任的落实，实现真正意义的综合协调功能，应该将食品安全委员会定位为长设实体性机构，提高其权威性和执行力。

三、和谐社会中食品安全相关刑法的修正

食品安全是严重关涉百姓民生问题的大事。当我们对屡屡出现的食品安全事件进行谴责和严惩时，探寻问题产生的根源，并预防相关问题的再次发生也同样重要。就法律层面看，民生问题不仅需要相关民事法律、行政法规的有力保护，更需要刑事法律的有力保障。强化刑法对药品、食品安全的保护，加强民生的刑法保护是刑法修改的重要内容。民生刑法的一个重要标志是中国加强了对药品和食品安全的法律保护。为保障药品、食品安全，《刑法修正案（八）》调整了一些犯罪的构成要件，修改了药品、食品安全犯罪的刑罚条件，降低了入罪门槛，增强可操作性。

首先，对《刑法》第 141 条的生产、销售假药罪进行修改。《刑法修正案（八）》第 23 条规定的生产、销售假药罪取消了“足以严重危害人体健康的”构成条件，这意味着销售假药罪入罪门槛降低。只要是有生产、销售假药活动的，不论是否达到一定的数额标准或货值金额标准，都可以构成此罪。新规降低了食

---

① 刘丹松：《当前食品安全监管法律实践问题研究与分析》，载《当代法学》2012 年第 2 期。

品安全犯罪的侦查、调查举证的难度，即使犯罪行为对人体没有造成严重危害，但从非法获利的金额、销售数量等角度能够证明其严重危害的，仍然可依法处以刑罚。此外，对生产、销售不合格食品和有毒、有害食品的犯罪作了修改，进一步降低入罪门槛，加大处罚力度。《刑法修正案（八）》与2009年通过的《食品安全法》相衔接，将《刑法》规定的“不符合卫生标准的食品”改为“不符合食品安全标准的食品”。同时在该条内容的第二档法定刑幅度中增加一个适用条件，即除了对人体健康造成严重危害外，增加了“或者有其他严重情节的”刑罚条件。

其次，从刑罚设置上看，《刑法修正案（八）》删除了食品安全犯罪法定刑“五年以下有期徒刑或者拘役”中的“拘役”，这意味着食品安全犯罪最低刑罚将提升至有期徒刑。同时保留了严重危害食品安全犯罪可判处死刑的规定，体现刑罚的威慑效应——因食品安全犯罪而致人死亡或者有其他特别严重情节的，处10年以上有期徒刑、无期徒刑或者死刑。

最后，增设“食品监管渎职罪”，并单独列明食品安全监管部门渎职的刑事责任，进一步强化对食品安全这一重大民生问题的刑法保护，体现此次刑法修改的主线和意图。危害食品安全恶性事件往往与国家工作人员的渎职行为交织在一起。为此，《刑法修正案（八）》第49条规定，在《刑法》第408条后增加一条，作为第408条之一：“负有食品安全监督管理职责的国家机关工作人员，滥用职权或者玩忽职守，导致发生重大食品安全事故或者造成其他严重后果的，处五年以下有期徒刑或者拘役；造成特别严重后果的，处五年以上十年以下有期徒刑。”同时强调，“徇私舞弊犯前款罪的，从重处罚”。

通过梳理《刑法修正案（八）》关于危害食品安全犯罪的刑法规制，笔者推断，中国危害食品安全犯罪刑事立法的发展趋向将呈现出刑法保护的早期化与刑罚处罚的重罚化两个特点。刑法保护的早期化是指对一些比较严重的犯罪，刑法提前介入，以便对法益进行提前保护，防止更严重危害结果的发生。就中国刑法立法而言，《刑法修正案（八）》中就有许多体现刑法保护早期化的相关规定，这点在危害食品安全犯罪的刑法规制中尤为突出。例如，《刑法》第141条规定的生产、销售假药罪，第143条规定的生产、销售不符合食品安全标准的食品罪，第145条规定的生产、销售不符合标准的医用器材罪就有关于危险犯的规定，致使刑法提前介入对法益的保护。刑罚处罚的重罚化主要包括两种形式：一是规定在原先犯罪的法定刑幅度内从重处罚，主要是基于行为人具有某种特殊身份，或者具有某种特定事由；二是对一些具体的犯罪行为加重刑罚处罚，或者提高最低（或最高）法定刑，或者增设更高一级的法定刑幅度。相比于一般犯罪，危害食品安全犯罪更能体现刑罚处罚的重罚化趋向。例如，在关于“在生产、销售的食品中掺入有毒、有害的非食品原料的，或者销售明知掺有有毒、有害的非食品原料的食品”行为的处罚规定中，把“造成严重的食物中毒事故或者其他食源性疾患”内容删除，即不论是否中毒或患病，只要对人体健康造成严重危害的，就将受到刑罚处罚。

针对当前严峻的食品安全形势，为充分运用法律武器严厉惩治危害食品安全犯罪，有效遏制危害食品安全犯罪的猖獗势头，切实保障人民群众的身体健康和生命安全，2013 年 4 月最高人民法院、最高人民检察院联合发布了《关于办理危害食品安全刑事案件应用法律若干问题的解释》，一共 22 条，点多面广地具体解释了相关刑法的规定。

构建社会主义和谐社会必须坚持以人为本的原则，始终把最广大人民的根本利益作为党和国家一切工作的出发点和落脚点，实现好、维护好、发展好最广大人民的根本利益。食品安全问题是当前公共安全领域面临的最主要威胁之一，也影响着社会的和谐稳定。因此，无论是在相关立法上，还是实践领域的监管体制上，都需要不断探索和完善。

和谐社会与食品安全问题内在关系研究

刘洋君

俗话说得好："民以食为天"，"人是铁饭是钢"。我们人类的发展离不开食品，食品是人类生存和发展的最基本物质，人类在对食品永不满足需求的同时，也不断地促进和发展了食品的生产。当今，食品产业已经在许多国家众多产业中占据重要地位。对于食品而言，安全性是最基本的要求，在食品的三要素中（安全、营养、食欲），安全是消费者选择食品的首要标准，然而现在我们食品安全出现问题的情况却屡见不鲜，百姓对中国质监局以及我国食品商家的信赖感直线下降，在这一状态下，隐藏的极不稳定的因素可能影响我国和谐社会的构建。

一、食品安全的含义

对于食品安全的含义学界目前没有达成一个统一明确的定义，美国学者Jones曾建议将食品安全分为绝对安全和相对安全。绝对安全是指确保绝对不会因为适用某种事物而危及人体健康或者对人体造成伤害的一种承诺。相对安全是指一种食物或者成分在正常合理的食用的情况下不会导致对人体健康的损害的实际确定性。[①] 1996年世界卫生组织对食品安全进行了界定："对食品按其原定用途进行制作食用时不会使消费者健康受到损害的一种担保。"1998年联合国粮农组织在发布的《保障食品的安全和质量》一文中指出食品安全和食品质量有时混淆不清。食品安全涉及那些可能使食品对消费者健康构成危害（潜在的或者立现的）的所有因素。食品的质量包括可能影响产品消费价值的所有其他特性，包括腐烂、编制、脏物污染等以及一些有利的产品特质例如产地、颜色、香味、加工方法等。[②] 食品卫生定义则在范围上比食品安全要窄，为了确保食品安全性和适合性，在食物链的所有阶段必须采取的一切条件和措施。可见，食品安全的要求要比食品卫生的要求高很多，严格很多。

作者简介：刘洋君（1989—），女，四川巴中人，西南政法大学法学院刑法专业硕士研究生。

① 杨洁彬、王晶等：《食品安全性》，中国轻工业出版社1999年版，第19-20页。

② 参引张涛著：《食品安全法律规制研究》，厦门大学出版社2006年版，第22页。

二、我国存在的食品安全问题

（一）微生物污染问题

几年前，最突出的食品安全问题很容易出现在添加剂、农残和兽残等方面，引起了质监部门的高度重视，不断加强监督力度，此方面问题有了一定程度的改善，食品中这类有害化学物质的污染率不断下降。然而，食品安全问题却此消彼长，因生态破坏和环境污染、食品生产模式及饮食方式的改变、食品流通的日益广泛、新的病原体的不断出现、细菌耐药性的产生等，使食品，尤其是动物性食品，被病原体及其毒素污染的可能性越来越大。一方面传统的食品污染问题继续存在，如沙门菌污染、霉菌毒素污染、农药污染和寄生虫污染等；另一方面发达国家出现的一系列新的食品污染问题在我国同样突出，如大肠埃希菌已在国内多个省爆发流行等。全国食品污染物和食源性疾病监测网五年来所获监测数据也表明，食品中农残和兽残的污染及违规使用食品添加剂问题得到了有效控制，但食品中的病原体污染连年以较快速度上升。

（二）企业在生产过程中违法操作

在许多企业，不仅仅是中小企业，也包括大企业，在生产过程中对商品掺杂掺假，为了获得利益而将食品安全置于不顾。比如当年轰动一时的肯德基的“苏丹红”事件、使三鹿奶粉信誉跌至谷底的三聚氰胺事件。在日常生活中诸如此类的食品安全问题已经屡见不鲜，不足为奇。人们甚至对这些食品案件从最初的愤慨到现在已经处于一种无奈漠视的状态。

（三）食品流通环节监管不严

职能部门在食品监管上有很大疏忽，各个环节配合力度不够，许多地方脱节，导致违法分子有机可乘，甚至有时还形成官商勾结，职能部门成为违法分子的保护伞，为其残害百姓遮风挡雨。另一方面，企业本身的问题，许多小企业将生产地点放在农村乃至更偏远的地方以便逃脱监管，输出完全无质量保证的“三无”产品。而且对于此种企业查处难度非常大，他们随时搬迁生产地，就跟游击队作战一样，加大了职能部门的查处难度。

（四）食品安全标准体系滞后

我国有国家、行业、地方、企业等不同的食品行业标准，数量超过千项。没有一个统一的标准，导致众多企业生产出来的同类商品质量都不一样。在国家标准方面又分卫生标准和产品质量标准，基本形成了一个由基础标准、产品标准、行为标准和检验方法标准组成的国家食品标准体系。但这一体系，目前还很不完善，许多规定的标准其实对人体的伤害还是存在的，而且我国的食品标准，无论与食品安全形势的实际需求，还是与国际食品安全基本标准相比，还有较大差距，我们亟须制定合格的质量标准，与其他发达国家的质量标准接轨。

（五）检测水平低，不能满足当前的需要

我国食品安全检验检测机构分布在农业部、卫生部、国家质检总局等多个政府部门，多部门从事同一种行为的管理，切入点和管理手段基本相仿，使本来稀缺的资源更加捉襟见肘，影响了食品安全的监督力度和震慑威力。新的快速、灵敏的检测手段，如基因探针、聚合酶链反应等分子生物学技术已应用于食源性病原体检验，但在我国仍主要用于研究单位。

三、和谐社会语境下食品安全问题的对策研究

（一）政府的各个职能部门应该相互配合，加强监管

在和谐社会语境下要求我们要实现民主法治，首先，职能部门在监管时一定要按照相关法律，公平、公开、公正地对各个商家企业进行监管，在监管时相互配合，形成一个完整的监管链条，不放纵任何一个违法分子，不让他们有机会侵害任何公民的健康权和生命权。坚持以人为本是科学发展观的核心，全心全意为人民服务是党的根本宗旨，党的一切奋斗和工作都是为了造福人民。其次，改善食品安全监管的体制机制，健全相关的法律法规。要依法加强对食品市场的监管力度，从源头、生产、流通、销售各环节控制食品的污染，加大对涉及食品安全事件责任企业和责任人的惩罚和打击力度，尤其对恶意侵害人民群众生命安全的行为严加惩处，为食品违法和犯罪行为布下天罗地网；要严格食品行业的准入制度，把不合格的企业挡在市场门外。再次，执法要严格透明，加大投入常抓不懈。要定期检查和不定期抽查相结合；要推动食品安全问题公开透明，及时公布食品安全存在的问题；要严厉打击食品安全监管方面的官商勾结行为；要加大技术和设备的投入，及时快速准确地检测出存在的问题。建立长效机制，不搞一阵风。

（二）企业应该加强自我责任感，秉持业界良心

和谐社会是一个诚信友爱的社会，它要求生活在社会中的我们要做到诚实友爱，相互帮助，团结友爱。我们都知道食品既是经验产品又是信赖产品，消费者之前购买缺乏足够的信息，但当他们使用之后通过经验判断感觉良好，便会长期使用此类产品并且信赖它。所以，企业在生产商品时应当首先做到诚实友爱，不应为了一己之私而置大家的生命健康不顾，应在考虑大众的健康的基础上来追求利益最大化，而不是以牺牲大家的生命健康来换取利益最大化。这样势必导致许多不稳定因素的激增，人与人之间作为最基本的构建和谐社会的因素将不复存在，构建和谐社会的目标将无从谈起。也就是说，如果一个企业没有正确认识自身所处的位置，没有树立良好的社会责任感，就必然会有一些专家和生产经营者

为了谋取利益而昧着良心，把不该放的东西加到食品当中。由三聚氰胺事件就可见一斑，三鹿奶粉的生产者明明知道三聚氰胺会导致肾衰竭，但是为了增加其劣质婴幼儿奶粉中的蛋白质，他们居然对刚出生的婴儿伸出了罪恶的手。据此可知，食品生产者是食品安全的第一责任人，决定食品质量的关键因素不是生产技术，也不是管理设备，关键在于食品生产经营者的职业操守和道德水准。①

（三）完善法律体系，建立一个对公众负责的监管体系

我国目前为止，法律体系很不健全尚待完善。法律作为一种上层建筑，它指导着各职能部门的行为以及大众的行为。构建和谐社会最重要最迫切的就是要做到有法可依，有法必依。所以，在未来构建和谐社会下食品安全体系时，必须首先完善健全法律体系。

（四）加大食品安全宣传教育力度，充分动员社会力量实施监督

提高人民群众对食品安全的参与意识和责任意识。普及食品安全知识，努力营造人人关注食品安全、个个重视食品质量的良好社会氛围。设立有奖举报制度，建立举报网络，有利于消费者投诉，鼓励广大人民群众积极参与打击违法活动。强化消费者监督和维权意识，通过电视、广播、报纸等多种媒体渠道，广泛宣传消费者监督的社会意义和维权的知识。拓宽消费者监督渠道，设立专门的监督举报电话和举报网站，提高消费者组织的工作效率，及时调查并在网站等多种媒体上公布调查的结果。根据我国消费者人数众多、维权法律意识淡薄的实际情况，赋予消费者组织代表公益诉讼的诉讼主体地位，建立消费者法律援助制度，从制度上支持消费者监督和维权。最终形成一个全社会共同监督打击不法分子的合力，让有毒食品无法流入市场摆上老百姓的餐桌。

（五）消费者要加强自我保护意识

消费者缺乏自我保护意识和自觉监督意识。我国消费者的自我保护意识还很薄弱。有些消费者食用了有害食物而中毒，但没有马上报案，而这种案件的调查取证有极强的时间性，报案错过了时效给了不法商贩以可乘之机，使违法者不能受到应有的制裁。还有的消费者在投诉时不能提供发票，相关部门缺乏有力的证据而使调查陷入僵局。还有的消费者事先发现食品安全问题，但抱有事不关己的态度听之任之，缺乏自觉监督的意识。所以，消费者在未来遇到此类问题时一定要提高警惕，加强自我保护意识，不要给违法犯罪分子可乘之机。

四、食品安全问题和构建和谐社会的关系

和谐社会是个极其丰富的概念，它包含了政治、文化、经济关系方面的和

① 参见豆丁网：《食品安全问题和构建和谐社会的思考》，http：//www.docin.com/p-413265850.html#documentinfo.

谐，还有人与人、人与社会、人与自身、人与自然的和谐。构建和谐社会是一个庞大的工程，我们在做好构建和谐社会的工作中，必须始终坚持以人为本，始终把国民的利益作为构建和谐社会的出发点。而做好食品安全问题就是以人为本的核心，食品是人们赖以生存的基础，只有国民吃饱穿暖了，才有能力谈和谐社会，历史可以证明这一点。20世纪50年代末，人们经历了大饥荒，吃不饱穿不暖，连基本生存问题都没解决，整个社会陷入一种涣散迷茫的状态，人们根本无暇去追求更高的精神层面的东西。所以只有当我们的物质条件达到一定层次的时候，才能去追求更高的精神。而食品安全便是作为物质层次的第一问题，它是社会公共安全最重要的内容。关注食品安全问题就是关爱人民的生命健康，就是关爱人民。这是和谐社会里最核心的以人为本的体现。而且，食品安全问题还关系到了政府的公信度，只有人民相信信任政府，人民才能更好地配合政府实施一系列的构建和谐社会的改革。同时这也关系到了一个民族凝聚力的问题，当社会成员之间的信任不复存在时，和谐社会的建立又从何谈起呢。

另一方面，和谐社会的构建也有利于我们建立良好的食品安全体系，当社会成员都秉承着诚信友爱的思想，将心比心，那么将不会出现那么多无良的黑心商家，我们也不会见到那么多令人发指的食品安全问题。所以只有在一个安定有序的社会环境下，我们才能谈得上安全问题，当社会这个大的基础都乱成一团的时候，那食品安全犹如无本之木。

所以，食品安全连着千家万户的餐桌，它与和谐社会是息息相关的，两者是相辅相成的，相互促进的。只有搞好食品安全，保障好民众的生命权、健康权，我们才有资格谈论和谐社会的构建。

结 语

食品问题重于泰山，如果食品安全得不到保障，和谐社会便无从谈起。值得高兴的是，目前国家已开始加大对食品安全的监管力度，制订了行动计划，完善了食品安全卫生法规、准则和标准。并且在媒体的关注下，国内食品企业越来越关注食品安全问题，制定相应的管理办法，建立安全管理机制加强产品的安全保卫工作。在这样一个大环境下，新时代健康产业集团将继续加强企业自律，通过对上游供应商更有效的管理和企业自身质量保证体系的不断完善，充分发挥行业龙头企业的带头作用，更好地带动整个食品产业链朝着健康、安全的方向发展，为广大消费者提供安全健康的食品，为构建社会主义和谐社会贡献一分力量。为了让老百姓吃得健康、吃得放心，在政府、企业、消费者三方的共同努力下，相信我们一定会构建好当代的和谐社会，为人民营造一个良好的社会环境。

和谐社会语境下食品安全问题研究

——以《刑法修正案（八）》为视角

李奕锭

自党的十六大以来，构建社会主义和谐社会成为当前我国现代化建设的重要任务。和谐社会是指民主法治、公平正义、诚信友爱、充满活力、安定有序、人与自然和谐相处的社会。这个要求的达成并不是自然的，而是需要人们进行一系列的制度改革、政策制定与实施来实现。

在构建社会主义和谐社会的过程中，改善民生是社会建设的重点。孙中山先生对于民生问题有一个经典的解释："民生就是人民的生活，社会的生存，国民的生计，群众的生命。"从该定义中，可见民生问题的重要性。它关乎最广大民众最直接、现实的利益，更关乎国家的安定和谐。"衣食住行"是普通百姓的生活基础。正如胡锦涛总书记所指出："民以食为天，食以安为先。"食品安全无疑成了广大人民群众关心的民生问题。食品安全历来也是两会关注的焦点问题之一。尤其是近几年来，从2008年的"三聚氰胺"事件到2010年山东淄博销售假酒案、湖南宁乡制作销售假冒伪劣"加加"酱油案，再到2011年"瘦肉精"事件、"染色馒头"事件，2012年皮鞋制作酸奶果冻、二氧化硫漂白蜜饯等，层出不穷的食品安全事件使得公众要求加强食品安全管理的呼声越来越强烈。其实，原本一些违反食品监管秩序的行为是由行政或者民事手段调整，或者有一些虽有刑法的相关规定，可是由于刑法规定的入罪门槛过高、惩罚力度不足等原因，使得对于当下愈演愈烈的食品安全问题没有强有力的法律措施来保障人们的利益。

如前所述，和谐社会不会自发形成，需要一系列的制度、措施的保障，食品安全问题作为构建和谐社会的一个迫切而棘手的问题，无疑更需要法制的保障。刑法作为最严厉的法律，作为保护社会的最后一道屏障，理应发挥其在该领域的作用，严格规范食品安全，保障公众的利益。

作者简介：李奕锭（1990—），女，浙江诸暨人，西南政法大学法学院刑法专业硕士研究生。

一、当前有关食品安全的刑法保护

在《刑法修正案（八）》通过之前，我国刑法对于食品安全的保护主要体现在《刑法》第143条和第144条。后通过《刑法修正案（八）》第24条、第25条、第49条对食品安全犯罪的刑事立法进行了修改。《刑法修正案（八）》第24条规定了生产、销售不符合安全标准的食品罪，即："足以造成严重食物中毒事故或者其他严重食源性疾病的，处三年以下有期徒刑或者拘役，并处罚金；对人体健康造成严重危害或者有其他严重情节的，处三年以上七年以下有期徒刑，并处罚金；后果特别严重的，处七年以上有期徒刑或者无期徒刑，并处罚金或者没收财产。"第25条规定了生产、销售有毒有害食品罪，即："在生产、销售的食品中掺入有毒、有害的非食品原料的，或者销售明知掺有有毒、有害的非食品原料的食品的，处五年以下有期徒刑，并处罚金；对人体健康造成严重危害或者有其他严重情节的，处五年以上十年以下有期徒刑，并处罚金；致人死亡或者有其他特别严重情节的，依照本法第一百四十一条的规定处罚。"第49条规定了食品监管渎职罪，即："在刑法第408后增加一条，作为第408条之一：负有食品安全监督管理职责的国家机关工作人员，滥用职权或者玩忽职守，导致发生重大食品安全事故或者造成其他严重后果的，处五年以下有期徒刑或者拘役；造成特别严重后果的，处五年以上十年以下有期徒刑。""徇私舞弊犯前款罪的，从重处罚。"

应当说，《刑法修正案（八）》的此次修改对于食品安全的保护有了很大的改善。比如刑法典第143条经修改，不合格的食品安全标准由原来的"卫生标准"升级为"食品安全标准"，体现了对于食品安全要求的提高，更加有利于保护人民的生命安全和身体健康。再如，原本刑法典144条的刑罚规定设有拘役刑，现《刑法修正案（八）》将拘役刑删除，使该罪的最低法定刑升至有期徒刑，加大了对犯生产、销售有毒有害食品罪的惩罚力度。还专门增设了食品监管渎职罪，从监管的角度，扩大了食品安全犯罪的主体，抓紧食品监管的环节，有利于增强刑罚对于食品安全犯罪的惩治力度。

但是，《刑法修正案（八）》也存在着一些缺憾，需要我们反思，比如食品安全犯罪的主体范围是否过于狭窄？除了食品的生产者、销售者，食品的种植者或者饲养者、运输者等在食品的种植或者饲养、运输等过程中有无犯罪的可能性？另外，《刑法修正案（八）》将第143条和第144条的罚金刑由按比例改为无限额罚金刑，赋予法官极大的自由裁量权，但是在实际的操作中，因为没有具体的计算方法，容易导致法官量刑难，也易出现法官徇私舞弊。此次《刑法修正案（八）》还有别的不足，以下笔者将详细叙述之。

二、对食品安全犯罪的立法完善建议

（一）食品安全的定位问题

当前的刑法立法，将生产、销售不符合安全标准的食品罪与生产、销售有毒、有害食品罪规定在刑法典第三章破坏社会主义市场经济秩序罪中，将食品监管渎职罪规定在第九章渎职罪中，这样的体例安排体现出立法者主要将食品安全犯罪认定为是市场经济秩序犯罪，是经济性质的。

考察一下我国关于食品安全犯罪的立法演变就会发现，在我国 1979 年刑法中，并没有关于食品安全犯罪的规定。直至改革开放后，我国在近年来经济飞速发展的同时，各种破坏市场经济秩序的犯罪也开始出现了，其中自然包括食品犯罪。立法者及时调整思路，对刑法进行补充修改，颁布相关的单行法规。1997 年修订后刑法典将包括《关于惩治生产、销售伪劣商品犯罪的决定》在内的涉及有关市场经济犯罪的 12 个补充规定（除贪污贿赂犯罪之外）全部纳入到市场经济秩序犯罪中。[①] 应当说，结合当时的经济体制改革初期的标准，食品安全犯罪的危害性的确更多地体现在对于经济体制的破坏层面上。这样的立法设置在当时是合理的。

随着社会的发展，食品安全犯罪的危害性也越来越大。一方面是由于食品安全犯罪的客观行为不断严重化，极大地侵害了民众的消费权乃至威胁到生命健康权；另一方面，是由于人民的权利意识日益强烈，对于政府的期望也越来越高，而食品安全问题的处理不当会损坏政府威信。因此笔者认为有必要提高对食品安全的保护。

在司法实践中，2008 年的“三聚氰胺”案件最终以“以危险方法危害公共安全罪”定性，2011 年的“瘦肉精”案件最终的判决结果亦是主犯以“以危险方法危害公共安全罪”定罪。在司法实践中，对《刑法修正案（八）》有关食品安全的规定适用较少。笔者认为，食品安全与大众的日常生活息息相关，人民的生命健康理应优先于社会主义市场经济秩序。因此，不妨将食品安全犯罪纳入到“危害公共安全罪”这一章中。这样的做法同时也符合世界上大多数国家的立法习惯，如《德国刑法典》就将食品安全犯罪设置于 28 章“危害公共安全”中，《意大利刑法典》将食品安全犯罪规定在第六章“危害公共安全罪”中。

（二）对完善生产、销售型食品安全犯罪的建议

1. 犯罪客观方面的规定过于简单

生产、销售不符合安全标准食品罪将客观方面的危害行为仅仅局限于生产、

---

① 刘伟：《风险社会语境下我国危害食品安全犯罪刑事立法的转型》，载《中国刑事法杂志》2011 年第 11 期。

销售行为，范围是否过于狭窄呢？以农产品为例，在种植过程中存在过度使用农药、滥施植物激素（如毒生姜、用膨大剂泡猕猴桃）等行为，在动物饲养过程中存在违规添加一些工业添加剂等行为，比如苏丹红红心鸭蛋。笔者认为对于食品的加工过程其实也应当纳入刑法规制的范围，因为加工环境的脏、乱、差、细菌污染也会导致食品的变质，进而有引发严重的食品安全问题的可能性。最后，对于食品的存储、运输过程也有必要进行规范，因为现实中确实存在一些不良商家为了更好地存贮和运输，采取一些不法手段。总而言之，笔者认为当前现行刑法对于食品安全犯罪的客体方面规定过于狭隘，应当拓展到食品从源头到人民餐桌的整个过程。食品链条的每个环节均有引发食品安全问题的可能性，理应将种植、饲养、制造、加工、运输、贮存、销售等所有环节纳入刑法体系中进行规制。

此外，生产、销售有毒、有害食品罪，笔者认为该罪名的“掺入”罪状需要进一步完善。在食品生产过程中，常常发生用有毒、有害物质浸泡、涂抹农副产品以更好地保质保鲜或者增鲜增艳的行为。虽然可能在最终结果上与一般的掺入行为无异，均是严重侵害了消费者的生命，但是这些行为并不能包含在“掺入”一词中。浸泡、涂抹属于缓慢渗透进入，而掺入可以等同于混同。若将“掺入”直接扩大解释为包括浸泡、涂抹、洗涤则有类推解释之嫌疑，有可能超出国民的预测可能性。因此，笔者建议不妨直接修改该罪的罪状，将浸泡、涂抹、洗涤行为包含在内。

2. 相应地扩大食品安全犯罪的主体

既然之前已经论述表明应当扩大食品安全的客观方面，从简单的生产、销售环节拓展到从源头到餐桌的整个过程，那么各个环节的主体也应该纳入犯罪主体的范围之中，以便协调一致，即可以增加农产品种植者、动物饲养者、食品运输者、食品包装者、食品加工者等作为犯罪的主体。

3. 在刑罚的设置上应当更加详细化

《刑法修正案（八）》第 24 条、第 25 条将罚金刑由原来的比例制罚金刑修改为无限额的罚金刑，具有一定的灵活性，但是弊端也不少。一方面没有对该罚金刑的上限下限进行规定，使得法官在具体操作时没有一个具体的“度”，增加了实际操作的难度；另一方面，无限制的罚金刑赋予法官巨大的自由裁量权，还有可能导致法官徇私枉法，反而破坏了司法权威，无法真正起到维护广大人民群众切身利益的作用。基于此，笔者建议不妨对罚金刑设置一定的最低限额，且为了显示刑罚的严厉性，刑罚罚金的最低限额应高于《食品安全法》的行政罚款。并且，对于一般的自然人犯罪与法人犯罪可以有所区分，考虑到单位犯罪的严重性，应当为单位犯罪设置同等条件下比普通单个自然人犯罪更加严厉的财产刑。

此外，针对《刑法》第143条、第144条规定的两个罪名，还可以增加资格刑的设置。所谓资格刑，是指剥夺犯罪人享有或者行使一定的权利，具有剥夺或者限制再犯能力的独特功能，有利于达到预防犯罪分子重新犯罪的目的。[①] 食品安全犯罪自然人的资格刑包括剥夺一定年限从事食品生产经营的权利或者剥夺从事食品生产经营权利终身，食品安全犯罪法人资格刑包括剥夺一定年限从事食品经营的权利，停业整顿、强制解散。[②]

（三）增设食品安全犯罪的相关罪名

1. 增加持有型危害食品安全的犯罪

所谓"持有"是指行为人对特定物品进行事实上和法律上的支配与控制。[③] 持有不同于作为，也不同于不作为，只要求持有某种物品就成立犯罪，持有是一种独立的形态。之所以持有型危害食品安全行为要入罪，理由如下：行为人持有不符合食品安全的食品并非是其最终的目的，暂时的持有行为只是在为最后的销售盈利做准备。这种不符合食品安全的危险食品一旦流入社会被民众食用，就会严重损坏人体的健康，甚至威胁生命安全，一旦发生了就很难复原。因此，笔者认为这种持有型危害食品安全的犯罪有必要单独列出来受到刑法规制。就本罪的犯罪构成而言，客观方面应该是行为人持有达到一定数量的不符合食品安全标准的食品。若没有达到一定的数量，则其社会危害性就不大，没有必要用刑法予以惩戒，而是可以用行政法进行制裁。就主体而言，犯本罪的主体没有必要局限于该危险食品的所有人，只要是持有人即可，且持有既包括直接持有，也包括间接持有。就主观方面而言，笔者认为限定为故意比较妥当，不包括过失。

2. 增设拒不召回不符合食品安全标准食品罪

2011年统一奶茶塑化剂风波以及2012年皮鞋做酸奶果冻事件，本来，对于这些事件中的不符合食品安全标准的食品，生产商和销售商都应该下架召回。然而在现实中，却是在各大商城降价促销，这种行为是应当予以严厉谴责的，是对民众生命的极度不负责任，因而有必要增设该罪名进行规制。本罪的客观方面是违反国家食品安全召回制度，不履行食品召回的法定义务，情节严重的行为。本罪达到情节严重的程度方可入罪，若情节较轻则可以予以行政处罚。主观方面是间接故意，即行为人明明知道如果不履行召回危险食品的义务会发生严重的社会危害而放任该结果发生的主观心态。

---

① 马克昌著：《刑罚通论》，武汉大学出版社1999年版，第222页。

② 房清侠：《食品安全刑法保护的缺陷与完善》，载《河南财经政法大学学报》2012年第2期。

③ 高铭暄、马克昌主编：《刑法学》（第三版），北京大学出版社、高等教育出版社2007年版，第79页。

和谐社会语境下的食品安全问题研究

——浅谈食品监管渎职罪的立法完善

王冠群

乌尔里希·贝克将后现代社会诠释为风险社会，其主要特征在于：人类面临着威胁其生存的由社会所制造的风险。①“构建社会主义和谐社会”是社会转型时期为了缓解风险社会中的各种矛盾，平衡各个群体之间的利益关系，全面建设中国特色社会主义社会而提出的。胡锦涛总书记曾指出：“民以食为天，食以安为先。”食品安全关乎人民的切身利益，但我国的食品安全问题却屡禁不止，“我们身边原本充满了看不见的危险，但现在我们不幸看见了，而且是在餐桌上”②。在风险社会的背景下，在和谐社会的语境下，刑法作为食品安全的最后一道防线，如何回应亟须解决的食品安全问题备受关注。近年来涉及食品安全的事件频发，固然有商家逐利的因素，但是政府部门的监管不力更是导致生产厂商肆无忌惮的深层原因，由此，食品监管渎职罪的立法完善尤为重要。

一、食品监管渎职罪的罪名解读

食品监管渎职罪是国家为了应对日益严峻的食品安全问题而设立的一个新罪名，全国人大常委会通过的《刑法修正案（八）》第49条第1款规定，在《刑法》第408条后增加一条，作为第408条之一：“负有食品安全监督管理职责的国家机关工作人员，滥用职权或者玩忽职守，导致发生重大食品安全事故或者造成其他严重后果的，处五年以下有期徒刑或者拘役；造成特别严重后果的，处五年以上十年以下有期徒刑。”最高人民法院、最高人民检察院公布的《关于执行〈中华人民共和国刑法〉确定罪名的补充规定（五）》，将其正式更名为“食品监管渎职罪”。

作者简介：王冠群（1989—），女，山东烟台人，西南政法大学法学院刑法专业硕士研究生。

①［德］乌尔里希·贝克著：《风险社会》，何博闻译，译林出版社2004年版。

②［美］凯斯·R·孙斯坦著：《风险与理性》，帅帅译，中国政法大学出版社2005年版，第278页。

（一）食品监管渎职罪的罪名确立

在最高人民法院、最高人民检察院关于确定罪名的司法解释公布之前，对于该罪的罪名确立在刑法理论界主要有两种争议：一种观点认为应该采用“一罪名说”，在“一罪名说”中有的学者认为应当表述为“食品安全渎职罪”①，有的学者认为应当表述为“食品安全监管渎职罪”②；另一种观点认为应该采用“二罪名说”，将该罪状分别概括为“食品安全监管玩忽职守罪”和“食品安全监管滥用职权罪”③。最高人民法院、最高人民检察院最终将其确立为“食品监管渎职罪”。

虽然我国刑法第399条将滥用职权罪和玩忽职守罪确立为两个独立的罪名，但是由于在同一条款中均采用简单罪状的描述形式，致使滥用职权罪和玩忽职守罪的界定不仅成为学术界长期争议的焦点问题，也是实务部门的难点。对于两罪的区别学术界争议颇大，难以统一，在司法实践中，滥用职权罪中的不依法正当行使职权的行为与玩忽职守罪中的不履行或不认真履行职责的行为区分困难，法院与检察院在类似案件中关于滥用职权罪和玩忽职守罪的罪名认定上容易产生分歧。“食品监管渎职罪”中的“滥用职权”“玩忽职守”与“滥用职权罪”中的“滥用职权”，“玩忽职守罪”中的“玩忽职守”具有相同性④。将食品安全监管的滥用职权行为和玩忽职守行为均归为食品监管渎职罪，有助于提高食品安全监管渎职类犯罪的惩处力度。

（二）食品监管渎职罪的罪过形式

对于食品监管渎职罪的主观罪过形式，目前存在分歧，主要有“故意说”“过失说”“复合罪过说”⑤。“故意说”认为玩忽职守类的食品安全监管渎职罪和滥用职权类的食品监管渎职罪的主观罪过形式均应认定为故意；“过失说”⑥认为玩忽职守类的食品安全监管渎职罪和滥用职权类的食品监管渎职罪的主观罪过形式均应认定为过失；“复合罪过说”认为其罪过形式为间接故意与过于自信的过失并存。笔者认为食品监管渎职罪的罪过形式应当采用“过失说”，其理由主要有以下几点：

第一，罪过作为认定犯罪主观方面的核心要素，分为故意与过失两种不同的

① 于杰：《最高检：纵容非法生产等食品安全渎职罪将重查》，载《京华时报》2011年5月4日。

② 孙瑞灼：《设立“食品安全监管渎职罪”值得期待》，载《燕赵晚报》2010年12月22日。

③ 袁彬、唐仲江：《关注〈刑法修正案（八）〉热点争议问题》，载《法制日报》2011年3月9日。

④ 孟庆华、梁柱：《食品监管渎职罪的几个适用问题探析》，载赵秉志、张军主编《全国刑法学术年会文集》2012年（下卷），第1320页。

⑤ 储槐植、李莎莎：《食品监管渎职罪的复合罪过》，载《检察日报》2012年3月1日第3版。

⑥ 贾宇：《食品监管渎职罪的认定及其适用》，载《河南财经政法大学学报》2012年第2期。

罪过表现形式，在定罪量刑上，对故意犯罪的论处要普遍重于过失犯罪。若依“复合罪过说”将间接故意与过于自信的过失的罪过形式并存，并规定相同幅度的法定刑，有将故意与过失等价评价之嫌，二者不能并存同一罪名之中。因此，食品监管渎职罪的罪过形式只能从故意或过失中选择一个。

第二，认定罪过形式是属于故意还是过失，不但要考虑行为人的认识因素，还要考虑行为人的意志因素。从《刑法》第408条之一的罪状表述来看，“导致发生重大食品安全事故或者造成其他严重后果”“造成特别严重后果”，行为人即便是“明知”自己的行为可能会造成一定的危害结果，但是对于危害结果的发生也是抱着侥幸可以避免、消极抵制的心态。

第三，采用“复合罪过说”将使食品监管渎职罪的共同犯罪问题更加复杂化，届时将出现部分犯罪人基于间接故意的主观罪过形式构成共同犯罪，部分犯罪人基于过于自信的过失的主观罪过形式不构成共同犯罪的现象。食品监管渎职罪的罪名确立就是为了解决滥用职权罪与玩忽职守罪在司法实践中混淆不清的问题，采用“复合罪过说”就使得这两者的区分问题再一次浮现，不符合立法的目的与本意。

二、食品监管渎职罪的司法困境与出路

（一）监管职责认定困难

我国在食品安全领域目前采用的是“分段监管为主，品种监管为辅”的监管模式，在“从农田到餐桌”的食品产业链中包括生产、加工、仓储、流通、销售、餐饮等多个环节，涉及不同监管部门的职责分配问题。这使得食品产业链很难做到无缝链接，出现各个食品监管部门在责任分配中存在职能的交叉或空白，并且不同监管主体依据的法律不同，行使管理的手段、方式、责任追究等都有很大差异。在司法实践中经常出现食品安全危害结果的发生是由不同部门的多个渎职行为所产生的共同作用力所致，责任本身就较难认定。因此，食品安全事故发生后，检察机关追查案件事实、追究刑事责任时，各个部门相互推诿，司法机关很难查明犯罪主体。

在我国以“分段监管为主，品种监管为辅”的监管模式下，各个食品监管部门在责任分配中存在职能的交叉或空白，经常出现食品安全危害结果的发生是由两人以上渎职行为共同导致。将食品监管渎职罪的主观罪过形式认定为过失，就有必要研究共同过失情形下的责任分配问题。我国《刑法》第25条规定：“……二人以上共同过失犯罪，不以共同犯罪论处；应当负刑事责任的，按照他们所犯的罪分别处罚。”对于共同过失犯罪，应以分别处罚的原则进行处罚，行为人只对本人的过失行为承担刑事责任，刑罚的轻重完全以本人的过失行为为

转移。

（二）法条适用标准模糊

本罪中出现的“重大食品安全事故”“其他严重后果”“特别严重后果”均没有明确的界定，也没有与之相对应的司法解释。目前，亟须出台相关的立案标准，否则司法实践中很难适用。2006 年最高人民检察院下发了《关于渎职侵权犯罪案件立案标准的规定》（以下简称《规定》），对各类渎职犯罪的立案标准做出了规定。因食品监管渎职罪与滥用职权罪和玩忽职守罪法条本身就有种属或包容关系，在最高人民检察院出台食品监管渎职罪的具体立案标准之前，可以参照适用该《规定》。

但值得注意的是在该《规定》中，滥用职权罪和玩忽职守罪的立案标准并不相同，例如滥用职权罪的立案标准为：“造成死亡 1 人以上，或者重伤 2 人以上，或者重伤 1 人、轻伤 3 人以上，或者轻伤 5 人以上的……”玩忽职守罪的立案标准为：“造成死亡 1 人以上，或者重伤 3 人以上，或者重伤 2 人、轻伤 4 人以上，或者重伤 1 人、轻伤 7 人以上，或者轻伤 10 人以上的……”而《刑法》第 408 条之一将食品安全监管的滥用职权行为和玩忽职守行为归为一罪，因此，在参考《规定》时如何取舍与协调，也将是对广大法律人智慧的一大考验。笔者认为，食品监管渎职罪的罪名确立就是为了解决滥用职权罪与玩忽职守罪在司法实践中混淆不清的问题，因此在讨论本罪的主观罪过形式时就将罪过定为过失，在适用《规定》时也应参照过失犯罪的标准。对于滥用职权罪，理论界的通说认为其主观罪过形式为故意，对于玩忽职守罪，理论界的通说认为其主观罪过形式为过失，因此，在适用《规定》时也应参照玩忽职守罪的立案标准进行定罪处罚。

三、食品监管渎职罪的立法建言

（一）确立食品监管渎职罪与受贿罪的数罪并罚制度

受贿罪是指国家工作人员利用职务上的便利索取他人财物，或者非法收受他人财物，为他人谋取利益的行为。从实践中可以看出，食品监管渎职类犯罪中，负有食品安全监督管理职责的国家机关工作人员，除了单纯的滥用职权行为和玩忽职守行为以外，往往还伴随着收受贿赂的情况发生。对此，是应当“从一重”处罚，还是实行数罪并罚存在分歧。有学者认为，《刑法》第 399 条第 4 款的规定体现了对牵连犯的一般处罚原则，是处理其他贪赃枉法类渎职罪的依据[①]。但

① 韩轶、唐大森：《论食品监管渎职罪的立法完善与对食品安全犯罪的遏制》，载赵秉志、张军主编《全国刑法学术年会文集》2012 年（下卷），第 1386 页。

是，渎职罪与受贿罪都是性质严重的国家工作人员的职务犯罪，二者有牵连关系和没有牵连关系，其社会危害性是一样的，并没有孰重孰轻之分，对其数罪并罚符合刑法罪刑相适应的原则①。

笔者认同数罪并罚的观点，《刑法》第399条第4款的规定只能适用于司法工作人员有前三款行为，又有收受贿赂行为的情形。《刑法》第399条第4款是针对该条前三款犯罪的特别规定，应区别于总则条款，并没有普遍适用价值，并不能类推适用于其他类型的渎职类犯罪中。对渎职类犯罪中除了前三款以外的其他犯罪类型，应当数罪并罚。因此，对于触犯食品监管渎职罪，又有收受贿赂情形的犯罪分子，应当实行数罪并罚。

（二）增设资格刑处罚

《食品安全法》第93条规定："受到刑事处罚或者开除处分的食品检验机构人员，自刑罚执行完毕或者处分决定作出之日起十年内不得从事食品检验工作。"由此可见，可以根据犯罪情节的轻重，分别处以自刑罚执行完毕或者处分决定做出之日起十年内不得从事食品检验工作、终身不得从事食品检验工作。资格刑是一种政治上的否定性评价，其主要类型有剥夺一定的权利、禁止担任一定的职务、禁止从事一定的职业等。剥夺政治权利不限于"剥夺担任特定职务的权利"，还包括"剥夺从事特定职业的权利"，从而使犯罪分子无职可渎，无权可滥用②。

本罪的主体为负有食品安全监督管理职责的国家机关工作人员，因此，对于触犯食品监管渎职罪的犯罪人员除判处主刑外，还可以判处剥夺政治权利。对于情节轻微的食品监管渎职罪可以单处剥夺政治权利，禁止其担任国家公职人员；对于情节严重的食品监管渎职罪除判处主刑外，可以附加剥夺政治权利；对于情节特别严重的食品监管渎职罪除判处主刑外，可以附加剥夺政治权利终身。

---

① 王俊平、贺洁：《渎职罪》，载赵秉志主编《刑法学的新动向》2009年卷，中国人民公安大学出版社2010年版，第354页。

② 蒋小燕：《财产刑和资格刑在职务犯罪中的重构》，载《佛山科学技术学院学报》（社会科学版）2009年第4期。

和谐社会语境下的食品安全问题研究

——以食品安全事故引发者为视角

李 洁

一、引发者视角下中国食品安全考察

（一）食品安全概述

1. 食品

食品，在《现代汉语词典》中，指“商店出售的经过一定加工制作的食物”。我国2009年通过施行的《中华人民共和国食品安全法》（以下简称《食品安全法》）第99条规定“食品”的定义为：指各种供人食用或者饮用的成品和原料以及按照传统既是食品又是药品的物品，但是不包括以治疗为目的的物品。由此可见，食品主要有以下特征：食用或饮用的用途，成品或原料的形态。这也把它和食品添加剂、食品相关产品和食用农产品区别开来。

2. 食品安全

首先，食品安全是由食物安全扩张而来的。1974年11月联合国粮农组织通过的《世界粮食安全国际约定》将“食物安全”定义为“保证任何人、在任何时候都能得到为了生存和健康所需要的足够的粮食”。1996年11月世界粮食首脑会议通过的《罗马宣言》和《行动计划》将世界食物安全定义为：“只有当所有的人在任何时候都能够在物质上和经济上获得足够、安全和富有营养的食物，来满足其积极和健康生活的膳食需要和食物喜好，才实现了食物安全。”世界卫生组织在《全球食品安全战略草案》中指出，食用安全的食品可增进健康，并能为促进社会发展和缓解贫困提供一个有效的平台。

其次，食品安全是由食品卫生发展而来的。新中国成立后一直对食品卫生采取行政监督，并没有实行刑法规制；直到1979年制定《食品卫生管理条例》，1982年制定《食品卫生法（试行）》，1995年正式出台《食品卫生法》后，食品卫生才正式纳入刑法视野；2009年施行的《食品安全法》以“食品安全”取代

作者简介：李洁（1990—），女，四川仁寿人，西南政法大学法学院刑法专业硕士研究生。

"食品卫生"，扩大了法律调整范围，涵盖了"从农田到餐桌"的全过程，体现了立法理念的变化。世界卫生组织发表的《加强国家级食品安全性计划指南》①将食品卫生界定为"为确保食品安全性和适合性在食物链的所有阶段必须采取的一切条件和措施"，将食品安全定义为"对食品按其原定用途进行制作和食用时不会使消费者受害的一种担保"，二者在范围、侧重点上有重大区别。

我国《食品安全法》第99条认为，食品安全，指食品无毒、无害，符合应当有的营养要求，对人体健康不造成任何急性、亚急性或者慢性危害。

理论上，食品安全包括：食品数量安全、食品质量安全、食品可持续安全、绝对安全性与相对安全性。

3. 食品安全事故及其引发者

食品安全事故，指食物中毒、食源性疾病、食品污染等源于食品，对人体健康有危害或者可能有危害的事故。在国外，据其程度不同，也被称为食品安全事件、食品安全恐慌。随着信息媒介的广泛、深入、快速的发展，食品安全事故所造成的恐慌更甚从前，对消费者的指引或打击也利弊共存。

基于食品安全事故而产生的食品安全犯罪是刑法调整的题中之意。食品安全犯罪作为一个学术名称，囊括了在食品的生产、流通、经营过程中发生的犯罪活动。食品安全犯罪有最广义、广义与狭义之分，最广义的食品安全犯罪指食品量的犯罪和食品质的犯罪的总和，广义的食品安全犯罪包括食品数量安全犯罪和食品质量安全犯罪，狭义的食品安全犯罪仅指食品质量安全犯罪。所以，食品安全犯罪是指，在食品（食品初级原料）的生产（种植、养殖、加工、包装）、流通（贮藏、运输）、经营（销售、消费）等活动中，违反国家强制标准和要求，存在可能损害或威胁人体健康的有毒、有害物质以及导致消费者病亡或者危及消费者及其后代的隐患的行为。②

由此可见，食品安全事故的引发者包括了针对食品（食品初级原料），违反国家强制标准和要求，存在可能损害或威胁人体健康的有毒、有害物质以及导致消费者病亡或者危及消费者及其后代的隐患的生产者、流通者及经营者。

（二）中国食品安全的现状综述

我国《政府工作报告》至少连续三年将食品安全摆在"人们关注的突出问题"上，食品安全事故的引发者在生产、流通、经营等不同环节对初级农产品、食品的生产原料、添加剂，甚至有毒、有害物质"做手脚"，曝光出来的现象触

① 王其莵、卫健敏、邓垦等：《APEC成员国HACCP应用动态》，载《中国检验检疫》2007年第9期，第45-46页。

② 江献军、崔素琴、郝增录：《食品安全犯罪的刑法规制》，载《中国监狱学刊》2011年第3期。

目惊心，而食品安全事故监督者相比之下总显得反应滞后、查处不力、应对艰难，夹在中间的广大国民也就只有无奈连连了。集齐了2001—2011十年内中文媒体关于国内食品安全问题的17268篇报道，吴恒发布了《中国食品安全问题新闻资料库（2004—2011）》、《易粪相食：中国食品安全状况调查（2004—2011）》和《掷出窗外：面对食品安全危机，你应有的态度》①，一时在层出不穷的食品安全事故报道中又敲了一记重锤。基于GIS生成的中国逐年食品安全形势图，让人心惊胆战，揭示出食品安全事故特点：涉及面特别广，手段特别狡猾，危害特别巨大，查处特别困难。

另据最高人民法院2012年7月31日发布的《关于人民法院依法惩治危害食品、药品安全犯罪有关情况》信息显示：2011年，全国法院受理生产、销售有毒、有害食品，不符合卫生标准的食品，不符合安全标准的食品案367件，审结333件，生效判决人数410人。2012年1至6月，全国法院共受理生产、销售有毒、有害食品，不符合卫生标准的食品，不符合安全标准的食品案330件，审结276件，生效判决人数425人。除此之外，根据刑法第149条及相关司法解释关于犯罪竞合的处理规定，还有大量的危害食品安全犯罪案件依照生产、销售伪劣产品罪、以危险方法危害公共安全罪、非法经营罪等罪名从严追究刑事责任。

相比每日曝光的食品安全丑闻，相较食品安全行政部门日常的查处通报，思及合理推测范围内已经发生或正在发生但尚未揭露的食品安全事故，最高人民法院的发布多少显得“杯水车薪”，让人忧心。

（三）食品安全刑事保护现状

我国食品安全刑事立法进程基本历经了三个阶段：第一阶段，1949—1979年的非犯罪化时期，主要以行政手段来调控食品卫生不法行为。第二阶段，1979—1997年的犯罪化时期，1979年制定《食品卫生管理条例》，1982年制定《食品卫生法（试行）》，1995年正式出台《食品卫生法》，以及1997年《刑法》正式将食品卫生纳入刑法视野。第三阶段，1997年至今的犯罪化日趋完善时期。2009年施行的《食品安全法》以“食品安全”取代“食品卫生”，2011年发布的《刑法修正案（八）》做出一定修改，进一步完善了食品安全刑事立法。

由此可知，目前我国食品安全刑事规制主要依赖《刑法》、单行刑法、相关附属刑法及司法解释，如最高人民法院、最高人民检察院《关于办理生产、销售伪劣商品刑事案件具体应用法律若干问题的解释》（法释［2001］10号），最高人民法院、最高人民检察院《关于办理非法生产、销售、使用禁止在饲料和动物饮用水中使用的药品等刑事案件具体应用法律若干问题的解释》（法释［2002］

---

① 吴恒：《掷出窗外：面对食品安全危机，你应有的态度》，载http：//www.zccw.info/.

26号），最高人民法院会同最高人民检察院、公安部下发《关于依法严惩“地沟油”犯罪活动的通知》（公通字［2012］1号），最高人民法院、最高人民检察院《关于办理危害食品安全刑事案件适用法律若干问题的解释》（法释［2013］12号）。

从刑法及司法实践来看，针对食品安全事故引发者的犯罪可以分为两大类：一是非法经营类的犯罪；二是生产经营类的犯罪。

非法经营类的犯罪，是指未取得食品生产、经营许可证而从事食品生产经营活动，或者未经许可生产食品添加剂、食品相关产品，或者食品生产经营者依法取得食品生产、流通或者餐饮服务许可证后，不再具备法律规定的生产经营条件仍从事食品生产经营的行为。此类行为通常构成非法经营罪。

生产经营类的犯罪，是指具备合法生产经营的资格和条件，但生产、经营过程违反《食品安全法》有关规定而构成犯罪的行为。在刑法中有明确规定的是生产、销售不符合安全标准的食品罪，生产、销售有毒、有害食品罪，生产、销售伪劣产品罪，（过失）以危险方法危害公共安全罪。此外，食品生产经营者还有可能构成走私普通货物、物品罪，逃避商检罪，虚假广告罪以及不报或谎报事故情况罪。

二、和谐社会语境下食品安全的现实命运

（一）食品风险提升的要求

人类的生活秩序与方式高度得益于也深刻改变于工业革命与现代科技。它给我们创造了传统社会无法企及的便利的物质，也带来了无数的新生危险源和扩散的技术风险。① 食品生产方式的工业化、食品贸易的全球化和食品消费的便利化正是这种风险的写照。

在德国学者贝克看来，不同于传统风险，现代风险已逐渐建构性、人为化，兼具积极与消极意义，形成了影响后果延展性及影响途径的不确定性，导致了风险社会具有全球性、普遍性和不可控性。这些特性决定了“不是要根除或被动防止风险，也非简单考虑风险的最小化，而是设法控制不可欲的、会导致不合理的类型化危险的风险，并尽量公正地分配风险”②。而对此，刑法显然有些力有不逮。

首先，传统刑法中个人的、物质的、静态的法益范畴无法涵盖新的权益类型。风险社会下，各种风险铺天盖地针对不特定的主体袭来，有形或无形造成威

---

① ［德］乌尔里希·贝克著：《世界风险社会》，吴英姿译，南京大学出版社2004年版，第146页。

② 劳东燕：《公共政策与风险社会的刑法》，载《中国社会科学》2007年第3期。

胁、危险和损害，而这种潜在或已发现的风险却可能并不止于一己之身，更可能传给后代，这已经没法由传统的权益类型所保护。

其次，传统刑法中以个人责任为主的责任形式存在很大的危机。在此种责任模式下，高度发达的科学和技术使劳动分工高度分化，每个人的行为可能根本不存在任何不法，但是一系列的人的行为结合起来，就构成了风险，任何人都既是原因又是结果，因而是无原因的，由此产生了“组织化的不负责任”。这主要体现在两个方面，一是广泛覆盖各个领域的风险来临时，制度高度发达的现代社会仍无法有效地事前预防和事后解决，二是无人或组织对人为风险造成的日趋严重的潜在的与显性的破坏负责。

最后，传统刑法针对实害发生后的保护无法防卫风险社会不可预测的风险。风险社会的风险往往具有一种未来性的内容，刑法在此时到底要不要介入是传统刑法难以做出回应的。

因此，风险社会的现实刺激了人们对刑法进行反思，如何在风险社会中法益的普遍性、时代性，因果关系的广泛性，责任主体的不易追究性及风险的不可预测性和破坏性的特点下，寻求刑法行为规制、法益保护和自由保障的平衡。对食品安全事故的刑法规制反思，正是风险社会下食品风险提升的要求。

（二）和谐社会构建的需要

构建社会主义和谐社会的提出，反映了党和国家理念和哲学的不断提升。党的十六大报告，首先提出了“六个更加”，就是经济更加发展、民主更加健全、科技更加进步、文化更加繁荣、社会更加和谐、人民生活更加殷实，党的文件第一次将“和谐”二字写进了报告。此后，“和谐”逐渐成为我国政治生活中的主旋律，人民对和谐社会的理解和期盼也不断加深。我们所要建设的社会主义和谐社会，应该是民主法治、公平正义、诚信友爱、充满活力、安定有序、人与自然和谐相处的社会。社会主义和谐社会的这些基本特征是相互联系、相互作用的，需要我们在构建社会主义和谐社会的进程中全面把握和体现。

在食品安全新形势下，和谐社会建设需要更多地关注食品安全刑法秩序和刑事规制。首先，这有利于保障人民群众生命健康及社会团结稳定。胡锦涛总书记曾指出：“民以食为天，食以安为先。”在食品安全事故频发的情况下，每个人都没办法自全，唯有在和谐社会观的影响下，设法控制不可欲的、会导致不合理的食品工业化风险，并尽量公正地分配该风险，才能保障人民群众生命健康及社会团结稳定。其次，这有利于我国社会主义市场经济秩序的构建与发展。风险社会与市场经济的影响是相互的，其乱象可以相互催生，其优点亦可相互借持，所以只有规制好食品安全现状，才不致使社会主义市场经济秩序恶性循环，才有可能促进社会主义市场经济秩序的健康构建与发展。再次，这有利于促进我国对外贸易的发展。从进出口统计和当年的食品安全事故曝光可以看出，中国的食品安全事故一经曝光，进出口数据就呈现出陡增陡降的趋势，故提高我国食品安全的放心度有利于促进我国对外贸易的发展。

三、和谐社会语境下对食品安全事故引发者的行动

（一）明晰犯罪性质认定、部门法律的衔接

从目前看，食品安全事故引发者的规制的问题主要体现在：

第一，食品安全事故引发者犯罪性质认定仍不统一，犯罪类型归属划分不明，定位不准。我国刑法对食品安全事故引发者的刑法规制主要分布于分则第二章危害公共安全罪，第三章破坏社会主义市场经济秩序罪下第一节生产、销售伪劣商品罪、第八节扰乱市场秩序罪当中，明显低估了食品安全事故性质的严重性，也不能有效打击食品安全犯罪。

第二，刑法与食品安全法等附属刑法的衔接不足。首先，继《食品安全法》后相继出台了大量配套法规、食品安全标准等法律法规，但由于诸多法律法规的颁布部门不同，使得重复交叉难免，给司法和执法工作带来了相当多的隐患，导致处理不一，影响法律法规权威性。其次，各项标准也比较陈旧，难以跟上时代和世界的要求，产生很多内外差别①。

第三，更为麻烦的是，《食品安全法》所涉食品规范环节和对象广泛，而刑法范围则比较窄，如仅涉及“生产”和“销售”环节，对“流通”环节则无。又如，仅规定了“食品”和少数在单行刑法中涉及的如盐酸克伦特罗等非食品原料物质，未囊括食品添加剂及食品相关产品②。再如，现行刑法也缺少对初级农产品和新科技带来的转基因产品等的规制。

因此，首先，必须明晰犯罪性质的认定。考察食品安全事故引发者犯罪所侵犯的客体，基于对不特定多数人的生命健康权利和国家的食品安全监管秩序的双重保护，将其作为破坏社会主义经济秩序犯罪，难以体现其客体的重要性和危害的严重性，故应将其性质认定为危害公共安全类犯罪。

其次，必须畅通食品安全相关部门法之衔接。“无救济则无权利”，故应当进一步理顺刑法与以《食品安全法》为代表的法律法规的衔接问题。对此有两种解决途径，其一，坚持刑法一元论的体制，加大对刑法及单行刑法的立法力度，完善其相关内容，如主体、环节、对象等方面；其二，倡导刑法二元论体

① 如最近争议正盛的农夫山泉标准事件、国产和洋奶粉之争现象等。

② 如食品的包装材料、容器、洗涤剂、消毒剂和用于食品生产、经营的工具设备等。现实中很多食品安全事故也源于此，如塑化剂风波、水井坊事件等。

制，可以保持刑法典的精炼，对附属刑法做出与时俱进的修订。

（二）把握风险社会下食品安全刑法权的扩张与限度

一方面，风险社会下要求刑法对法益的保护提前化，以达到预防未来危险的发生和法益的保护的目的；另一方面，风险社会下偏重预防危险的刑法趋势亦隐藏着摧毁自由的巨大危险：此间风险社会下食品安全刑法权的扩张与限度又开始了新一轮的博弈。

自我国刑法修正案的出台，我们看到了食品安全刑法权扩张的趋势，如《刑法修正案（八）》修改第 144 条规定的生产、销售有毒、有害食品罪为抽象危险犯即是一体现。但是从总体上看，我国刑法有关食品安全犯罪的规定仍难以满足风险社会下食品安全事故频发规制、预防的需要，主要体现在：首先，部分预备、未遂行为未视其特殊性予以特殊考察；其次，不安全食品的持有、流通（储存和运输）刑事责任缺失；第三，缺乏对食品安全不作为型犯罪刑法规制。

因此，为顺应风险社会下保护法益、预防危险的需求，对食品安全事故的引发者的刑法规制可做如下扩张：第一，适当惩罚部分预备、未遂行为。如对于为了生产不符合食品安全标准的食品或有毒有害食品而大量购入问题原料，或为了销售大量购入不符合食品安全标准的食品或有毒有害食品的行为，应当予以刑罚处罚。第二，加强持有行为、流通（储存和运输）行为的定罪处罚。不安全食品的持有、流通（储存和运输）刑事责任缺失使法益已处于危险中，并可能助长行为人的侥幸、冒险和漠视心理，与刑法保护食品安全的目的相悖，刑法应予以正视和弥补。第三，不作为型犯罪入罪构建。食品安全监管法律法规规定了一系列的作为义务，最为典型的即查证查货义务、缺陷食品召回制度，当生产者或经营者对此负有作为义务，自当积极行为，否则应承担不利的刑法后果。

当然，风险社会下刑法权的扩张并非毫无限制，必须受制于比例原则和刑法谦抑性精神，做到张弛有度，不枉勿纵。

（三）完善刑罚阶梯设计

对不同犯罪适用不同的刑罚方法予以处罚，是理性立法、正确司法的必然后果，也是有效达到一般预防与特殊预防的当然要求。针对食品安全事故引发者的犯罪，刑罚方法主要包括自由刑、罚金刑和没收财产刑。但从立法和司法看，对食品安全事故引发者的刑法阶梯设计主要存在以下问题：其一，罚金刑操作难。《刑法修正案（八）》之前甚至存在罚金刑设置低于行政处罚的现象，修正后，对罚金的限额、处罚依据和标准仍模糊不清。其二，没收财产刑虚置。撇开没收财产刑普遍存在的问题不谈，没收财产刑与罚金刑现实中的博弈、单位犯罪与自然人犯罪比例的变化使得没收财产刑虚置。第三，资格刑缺失。随着市场经济的发展，食品领域的准入标准日臻完善，这无疑对保障食品安全具有重要意义，而对食品安全事故引发者的惩处和犯罪预防居然缺失了资格刑，不得不说是一大硬伤。

因此，需完善刑罚阶梯设计，具体从如下几个方面行动：

第一，完善罚金刑和严格适用没收财产刑。对食品安全事故引发者犯罪必须适用罚金刑，因为，罚金刑针对行为人的犯罪动机，对此类贪利型犯罪有着必然的预防效果。《刑法修正案（八）》对此已有相当程度的完善，取消原有的适用基础，直接规定“并处”罚金或没收财产，但缺乏对罚金限额和依据的规定。所以，为实现量刑规范化，罚金刑和没收财产刑的适用应当发挥其“剥夺违法所得”的功效，适用时考虑销售金额或货值金额，无法查证上述金额时，考虑生产、经营的数量和规模，并综合考虑影响刑事责任的其他情节，针对不同的犯罪行为，设置不同的幅度。[①]

第二，增设资格刑。资格刑，又称为名誉刑、能力刑、权利刑等，是刑之最轻者。[②] 我国《刑法》中并没有规定对食品安全事故引发者处以剥夺其从事食品生产、经营的资格刑。在相关的行政处罚中，责令“停止生产营业”“没收违法所得”“吊销卫生许可证”虽有相应的规定，但此类行政处罚却难以达到预防再犯的目的。国外，如《西班牙刑法典》《俄罗斯联邦刑法典》等均对资格刑做了规定。因此，借鉴外国经验根据我国的实际，我国刑罚中应当增设针对食品安全事故引发者犯罪，禁止其从事食品生产、经营行为的资格刑。

暴露在风险社会中，正如约翰·多恩所说：“没有人是一座孤岛，可以自全”，我们可能势单力薄；沐浴在和谐社会的阳光中，也如约翰·多恩所说：“每个人都是大陆的一片，整体的一部分”，我们却又可以众志成城。在共同面对食品安全事故的严峻局势下，通过刑事法律的调整，我们能够做得更多，在和谐社会理念的指引下，不必“问丧钟为谁而鸣”！

---

① 杜菊、刘红著：《食品安全刑事保护研究》，法律出版社 2012 年版，第 94-95 页。

② 陈兴良著：《刑罚适用总论》（下卷），法律出版社 1999 年版，第 246 页。

和谐社会与食品安全的立法完善研究

李近近

胡锦涛总书记曾指出："民以食为天，食以安为先。"食品是人的生存权得以实现的重要物质，直接关系到人民群众的身体健康和生命安全。保障食品安全无疑是关乎国计民生、关乎人民群众切身利益的重要问题。然而近年来，我国的食品安全问题频频出现，如三鹿"毒奶粉"事件、瘦肉精问题、禽流感事件等，这些问题的出现使得人民群众对食品安全的信心大幅下跌，对最基本的吃饭问题的担忧也极大地降低了国民的幸福指数，对最基本的生命健康权的威胁必将对我国劳动者的全面发展产生影响，甚至影响社会生产力的发展，这对我国构建社会主义和谐社会是极为不利的因素。2005 年 2 月，胡锦涛总书记在中央党校举办的"省部级主要领导干部构建社会主义和谐社会能力"的专题研讨班上指出："我们所要建设的社会主义和谐社会，应该是民主法治、公平正义、诚信友爱、充满活力、安定有序、人与自然和谐相处的社会。"① 胡锦涛总书记对社会主义和谐社会定义的简要说明，既深刻揭示出了社会主义和谐社会的科学内涵，又精辟概括出了社会主义和谐社会的基本特征。和谐社会应当包括人与人之间的和谐、人与社会之间的和谐、人与自身之间的和谐以及人与自然之间的和谐。食品安全问题的出现主要破坏了人与人之间的和谐以及人与社会之间的和谐，部分不法生产者在利益的驱动下生产出的对人体有毒有害的食品极大地危害了人民群众的身体健康，破坏了诚信友爱的社会风气。部分民众甚至因此对国内食品失去信心，在消费时更倾向于购买国外食品，这不仅会影响政府的形象，也必然会对国内经济发展带来负面影响，进而阻碍中国特色社会主义和谐社会的构建。和谐社会的构建与食品安全息息相关，相互影响。食品安全问题的解决必将促进社会主义和谐社会的建设，社会主义和谐理念的提出也会对食品安全问题的解决提供有益指导。当前情况下，我们应该坚持以科学发展观为指导，采取积极有效的行动，把

作者简介：李近近（1990—），女，江苏盐城人，西南政法大学法学院刑法专业硕士研究生。

① 胡锦涛：《在省部级主要领导干部提高构建社会主义和谐社会能力专题研讨班上的讲话》，《人民日报》2005 年 2 月 20 日。

社会主义和谐社会的要求贯彻落实到食品安全监管工作当中，维护人民群众的切身利益。

一、食品安全问题产生的原因

食品是人类赖以生存和发展的客观存在的必备物质，安全则是依赖于人的主观评价的价值判断，食品安全是指这二者相交叉的范畴。一般来说，食品不可能做到完全安全、不会发生任何不良影响的程度，我们一般认为的食品安全应当是相对安全，即："从食品构成及食品科技的现实出发，认为安全食品并不是完全没有风险的食品，而是在提供最丰富营养和最佳品质的同时，力求把可能存在的任何风险降至最低限度。"① 我国《食品安全法》第99条规定，食品安全是指食品无毒、无害，符合应当有的营养要求，对人体健康不造成任何急性、亚急性或者慢性危害。也就是说，一般情况下，食品应当是对人的生命健康有益的，不会对身体造成不良损害。安全的食品是社会主义和谐社会中人民群众的基本需求，也是全面构建社会主义和谐社会的基础支撑。但是，由于各种各样的原因，食品安全已经成了令人担忧的问题。

（一）不法企业唯利是图

在食品原材料的生产过程中，由于部分企业随意排污，造成环境污染。农田、水源等都受到一定程度的影响，一些人为了追求较高收益，滥用农药、化肥，使得作为食品加工原材料的大米水果等农药含量超标，直接从源头上使得食品安全存在隐患。在食品生产过程中，部分食品生产企业为了追求利益的最大化，不惜以牺牲人民群众的生命健康为代价，以次充好，以假乱真，在生产过程中掺假、掺杂，滥用食品添加剂，如苏丹红、滑石粉等对人体健康有害的化学物质。同时，为了节约成本，不法商家在采购原材料时往往为了贪图价格的便宜而不顾其质量问题，如采购不新鲜的肉、从非法途径采购低廉的食品原料等。卫生问题也是不法企业常常忽略的部分，一些商家甚至会将食品重复利用进行再加工，不对餐具进行消毒处理，仅仅在卫生监管部门检查时临时突击一下应付检查。特别是一些小作坊、食品摊贩的安全卫生意识极差，大量存在食品安全隐患。在食品流通领域，部分销售者为了一己私利，甚至不顾人民群众的生命健康将过期食品进行再包装对外销售。

（二）消费者维权意识薄弱

在各种虚假广告夸大宣传中，普通消费者缺乏辨别安全食品的能力，不能分清哪些是安全食品，哪些是假冒伪劣产品，较容易陷入不负责任的媒体宣传中，

---

① 杨洁彬、王晶等：《食品安全性》，中国轻工业出版社1999年版，第1页。

错误消费不合格产品。我国消费者的维权意识还比较薄弱，自我保护意识和自觉监督意识都有待加强。有些消费者食用了有毒有害食品以后，如果没有发生较大事故一般都得过且过，没有通过法律途径维护自己的权利的意识。此外，我国相当一部分消费者在购买食品时都没有索要发票的习惯，这也使得办案机关在调查案件时遇到极大的阻碍，难以找到确切的证据，不能及时地惩治不法商家，有时甚至导致不法分子逍遥法外的结果。最后，消费者的自觉监督意识比较薄弱，即使发现了食品安全问题，如果没有对自己的切身利益造成直接的损害，一般也抱着事不关己的态度听之任之，不会主动地监督食品安全，用法律维护自己的利益。

（三）食品监管体系存在缺陷

食品安全问题的最终解决还是要通过实际的执法活动予以实现，健全的法律法规也只有通过执法机关的严格执法才能达到应有的效果，因此，建立合理的食品监管体系是十分必要的。然而，我国的食品安全监管部门众多，包括农业、质检、工商和卫生部门等多个监管部门，部门之间职能交叉现象比较严重，在某些领域甚至出现监管真空。由于缺乏明确具体的职能分配，各部门的监管难以形成合力，容易造成各部门互相推诿扯皮的现象，为了本部门的利益，各部门往往会集中注意对有利益的事情勤加监管，而对没有收益的事情则怠于管理，造成管理上的真空地带，这就给不安全的食品流入市场提供了机会。另外，还要防止食品监管部门贪污腐败，与经营者有不正当的利益往来，不仅要通过制度对各部门进行约束，还要发挥新闻媒体的监督力量与网络舆论的监督力量，强化监管的公开和透明，促使食品监管部门严格执行法律。最后，食品监管部门缺少相应的人才储备以及先进的设备支持，对一些食品安全问题的解决缺乏专业人才的指导和相应的检测手段，大大制约了食品安全监管工作的深入开展。

（四）法律法规不健全

食品安全问题的处理主要还是要依靠相关法律法规的贯彻执行，然而，我国的食品安全法律法规存在较多问题，严重制约了食品安全监管工作的开展。规范食品安全的法律法规众多，各法规的侧重点不同，有些法规相互交错，相互冲突，实施起来存在困难。此外，某些食品安全监管法律具有严重的滞后性，不能适应社会主义市场经济的快速发展，对社会发展过程中新出现的一些问题缺乏具体的法律规定，有时会造成无法可依的现象，从而难以遏制食品安全问题的发展，比如对小作坊、食品摊贩的管理仍然没有具体明确的法律规定，存在法律上的空白。最后，对食品安全问题的处罚力度相对较轻，难以对违法人员起到较强的震慑作用，这也是食品安全问题泛滥的一个重要原因，对于一般的食品安全事件，多是仅予以行政处罚而没有提起法律诉讼。

二、食品安全监管完善之建议

（一）完善政府监管体系

明确各食品监管部门的职能和权限范围，避免各部门的监管冲突，使各部门能够明确自己的职责所在，有针对性地对食品安全领域的部分行为进行管理，使食品安全领域出现的各种问题都能够找到相关的责任部门，防止各部门推诿扯皮的现象发生以及食品监管真空地带的出现，形成完整的食品监管体系。同时各食品监管部门应该加强交流与合作，由于各部门仅仅负责食品安全监管工作的一部分，很多工作如果不配合进行将难以完成，因此各部门之间应该根据各自掌握的情况对食品安全问题做出整体的分析，共同制订出完整的食品安全工作计划以更好地处理食品安全问题。此外，由于对食品监管部门的处罚往往在出现重大的食品安全事故时才会适用，一些工作人员往往就抱着侥幸心理疏于自己的监管工作，因此需要加强对食品安全监管部门的监督，强化食品安全领域的执法，对不依法执行法律法规的工作人员或单位应依法追究其相应的责任，使得食品安全监管方面的法律法规得到有效的贯彻和执行，食品流通的各个环节得到有效的监管。最后，应当提高食品监管部门的工作人员的素质，增加专业性工作人员的人数以及改进现有的工作设备以期提高食品安全工作的质量。

（二）完善食品安全法律体系

我国应当以《食品安全法》为核心，制定、修改、完善相关的法律法规。对《食品安全法》尚未规范到的食品安全问题尽快制定具体的法律法规，填补法律空白。对于之前制定的已经不符合社会发展需要或者与现实社会脱节的法律法规，应当及时予以修改或者废弃，对社会发展过程中出现的新问题还没有相关法律对之进行规制的应尽早制定相应的法律法规，避免这些问题进一步恶化，有效指导食品安全执法，在食品安全领域做到有法可依，如针对实际生活中食品行业由于入门门槛比较低，因此存在不少卫生条件、加工环境比较差的小作坊等较容易出现不安全食品的商家，对此可以制定相关法律明确规定从事食品行业的单位和个人必须具备的资质和条件，适当提高食品行业的从业标准，食品生产经营者只有符合相关法律的规定，在能够保障企业食品安全生产经营的条件下才被允许进入食品行业，从而可以从源头上杜绝一些不安全食品生产经营企业的产生。同时，还应当加强对食品安全问题的处罚力度，不能仅仅依靠行政处罚手段，我国《刑法修正案（八）》加重了对食品安全问题的处罚力度，增设食品监管渎职罪，以刑事责任追究食品安全问题责任人的责任，不仅提高了罚金的惩罚标准，也规定了相对确定的自由刑，对食品安全工作的执法人员产生较大的震慑作用，必将对食品安全工作产生积极影响。但是在我国的食品监管法律体系中，大部分食品领域的违法行为并没有通过刑事制裁进行规制，而仅仅是给予罚款或者行政处罚，这种惩罚力度明显不足以遏制食品安全问题的发展，难以产生良好的执法效果。因此，笔者建议在制定食品安全领域的法律法规时可以适当增加处罚的种类，除了民事处罚或者行政处罚，还可以增加一些刑事处罚，加大对危害食品安全的违法人员的处理力度，更好地预防此类犯罪的再次发生。另外，对犯罪分子处以罚金或者罚款的金额可以适当增加，由于此类犯罪多是由于不法分子为了追求高额的利益而产生的，因此对其处以高额的经济处罚可以收到较好的威慑效果。

（三）提高全社会的食品安全意识

对消费者，政府可以借助媒体的力量，利用电视、网络、报刊、广播等媒介向公民宣传食品安全常识以及相关的法律知识，提高公民对食品的鉴别及监督能力，畅通消费者维权通道，鼓励公民通过法律途径维护自己的合法权益，披露不法商家的不合格产品，引导公民进行正确消费、安全消费。努力发动社会力量共同监督食品安全，积极主动参与食品安全管理，使假冒伪劣产品失去消费市场，逐渐淡出人们的日常生活，进而促进我国社会主义和谐社会的构建。此外，还要加强食品生产企业的安全意识和责任意识，对食品生产企业进行道德宣传和教育，提高企业的诚信意识和社会责任感，使企业认识到生产安全食品对社会对企业未来发展的重要性，使企业了解食品安全方面的法律法规，明白生产假冒伪劣产品的法律责任，提高其责任意识。同时要在全社会加强思想道德教育，道德的力量是惊人的，对人的影响也是非常深远的，它能够对法律规制不到的地方发挥自身的作用，在全社会形成良好的社会风气，建立一个诚信友爱的社会，使生产者、经营者、消费者以及执法者都能够认识到自己应担负的社会责任和应遵守的社会道德规范，遵纪守法，诚实守信，树立共同建设社会主义和谐社会的伟大目标。只有发动全社会的公民将维护食品安全作为自己的社会责任，才能彻底有效地遏制食品安全问题的进一步恶化，进而保障人民群众的身体健康，维护社会的安定和谐。

结　语

构建社会主义和谐社会，建立安定团结的社会秩序必须重视食品安全问题的解决。政府应当从为人民服务的角度出发，完善食品监管工作，切实保护人民群众的利益，增强人民群众对食品安全的信心及幸福指数，并严厉打击破坏食品安全的违法犯罪活动，保持社会的稳定与和谐。

和谐社会语境下的产品安全问题研究

廖若冰

一、和谐社会与产品安全概述

《尚书·尧典》云：百姓昭明，协和万邦。民为邦本，本固邦宁。意思是说，执政者应当把人民放在首位，必须顺应民心，国家才能安宁太平，社会才有和谐的可能。民是社会的细胞，国是全民的神经中枢，“国应知天下阨赛，穷闾陋巷，民之疾苦也”。所以，和谐与民生是紧密相连的，没有民生的基础，就谈不上和谐的构建，如果淡漠和轻视民生，这就是不和谐的体现。①

在我国对内加快推进工业化、城镇化，对外接受经济全球化的挑战以及我国经济社会生活出现四个多样化的大背景下，党的十六届六中全会通过了《中共中央关于构建社会主义和谐社会若干重大问题的决定》，将社会主义和谐社会的特征概括为：民主法治、公平正义、诚信友爱、充满活力、安定有序、人与自然和谐相处。这既是社会主义和谐社会的基本特征，也是我们构建社会主义和谐社会的最终目标。所谓目标，其潜在的含义就是，我国当前社会还没有完全做到民主法治、公平正义、诚信友爱、充满活力、安定有序、人与自然和谐相处。那么，怎么做、从什么方面开始着手做，是我们当前面临的一个重大问题。

2008 年三鹿奶粉三聚氰胺事件、2010 年南京小龙虾致肌溶解事件、2011 年浙江金华地沟油事件、2011 年台湾食品塑化剂事件、2012 年毒胶囊事件的出现，让我们再次聚焦民生问题。2010 年 6 月，在《食品安全法》施行一年之后，相关机构对全国 12 个城市开展公众安全感调查，在社会治安等 11 项安全问题调查中，食品安全以七成的比例，成为被调查者最担心的安全问题。当前社会，假冒伪劣产品泛滥成灾，据有关资料报道，全世界假冒伪劣商品交易额占世界贸易总额的 5% 到 7%，每年高达 1800 亿美元左右，是全世界滋长速度最快的犯罪之一，成为仅次于贩毒的世界第二大公害。根据马斯洛需求层次理论，从低到高依

作者简介：廖若冰（1989—），女，四川南江人，西南政法大学法学院刑法专业硕士研究生。

① 巴湘著：《和谐论》，世界知识出版社 2010 年版，第 133 页。

次为：生理需求、安全需求、社交需求、尊重需求、自我实现的需求。由此可见，人们对安全的需求仅次于生理需求，因此，执政者保障公民的安全，包括劳动安全、职业安全、生活稳定、希望免于灾难和希望未来有保障，是稳定社会秩序，实现人与人之间、公民与国家之间和谐的前提与基础。那么，作为一个法律研究者，我们要做的，就是为执政者、为立法者提供好的建议，从民主法治的角度为公民安全设置一道屏障，阻却违法犯罪行为对公民安全的伤害。

二、我国刑法对产品安全的规定

针对产品安全，我国刑法在破坏社会主义市场经济秩序罪一章中，专设一节生产、销售伪劣商品罪对其进行调整。生产、销售伪劣商品类罪之下又分设生产、销售伪劣产品罪（第 140 条），生产、销售假药罪（第 141 条），生产、销售劣药罪（第 142 条），生产、销售不符合安全标准的食品罪（第 143 条），生产、销售有毒、有害食品罪（第 144 条），生产、销售不符合标准的医用器材罪（第 145 条），生产、销售不符合安全标准的产品罪（第 146 条），生产、销售伪劣农药、兽药、化肥、种子罪（第 147 条），生产、销售不符合卫生标准的化妆品罪（第 148 条）九个罪名。从表面上看，我国刑法对产品安全的规定似乎很全面，从具体的药品、医疗器材、食品、农资、化妆品到一般的普通产品，几乎已经能够囊括商品市场中的全部产品，那么为什么当下我们还会面临严峻的产品安全的挑战呢？

三、我国刑法对产品安全规定的缺陷及解决措施建议

（一）罪名的问题

我国刑法在第三章第一节，使用的是生产、销售伪劣商品罪这一类罪名，同时，第 149 条又规定：生产、销售本节第 141 条至第 148 条所列产品，不构成该条规定的犯罪，但是销售金额在 5 万元以上的，依照本节第 140 条的规定定罪处罚。生产、销售本节第 141 条至第 148 条所列产品，构成各条规定的犯罪，同时又构成第 140 条规定之罪的，依照处罚较重的规定定罪处罚。也就是说，第 140 条规定的产品其实囊括了第 141 条至 148 条规定的特种产品以及除此之外的其他产品，即第 140 条规定的产品与类罪名中的商品，在外延上是一致的。所以，有学者建议，在第一节中统一使用“商品”一词，以保证刑法典内部概念的统一性。相应的，第 140 条就应改为“生产、销售一般伪劣商品罪”。[①] 但是，在我国《产品质量法》中统一使用了“产品”一词，刑法作为一国法律体系中的第

① 黄京平著：《破坏市场经济秩序罪研究》，中国人民大学出版社 1999 年版，第 79-80 页。

二道屏障，在规定产品安全方面，应当与作为第一道屏障的《产品质量法》相衔接，[①] 实现法与法之间的和谐，因此，笔者认为应当将第三章第一节的类罪名改为“生产、销售伪劣产品罪”，为避免用语重复导致理解歧义，将第140条改为“生产、销售伪劣普通产品罪”。

涉及罪名的第二个问题是，从第140条到第148条这一类罪，无论是单从罪名的文字表面看，还是考察立法者的价值取向，这一类罪都应当是选择罪名，即行为人如果单纯有生产行为，则可能构成生产伪劣商品罪，如果行为人单纯只有销售行为，则可能构成销售伪劣商品罪，如果两种行为兼而有之，则可能构成生产、销售伪劣商品罪。但是，根据刑法罪状的描述，无论是生产行为还是销售行为，都需要一定数额的销售金额的支撑才构成犯罪。何为“销售金额”，根据最高人民法院、最高人民检察院《关于办理生产、销售伪劣商品刑事案件具体应用法律若干问题的解释》（以下简称《解释》）第2条之规定：“销售金额”是指生产者、销售者出售伪劣产品后所得和应得的全部违法收入。为了解决生产者没有出售其所生产的伪劣产品而无法入罪的问题，《解释》第2条第2款继续规定：伪劣产品尚未销售，货值金额达到刑法第140条规定的销售金额三倍以上的，以生产、销售伪劣产品罪（未遂）定罪处罚。由此可以看出问题所在，即生产者如果只有生产行为，且未出售的货值金额不到15万，那么该生产伪劣产品的行为还不能进入刑法的调整范围，但是这合理吗？作为整个伪劣产品犯罪过程的源头，仅仅因为数额问题，其处罚比单纯的销售行为还要轻，这显然是违背立法理论和价值取向的。有些学者就提出，“销售金额”是本罪的成立要件，生产了伪劣产品也只在销售之后构成犯罪，因此，完全可以将本罪罪名改为销售伪劣产品罪。[②] 笔者认为，这种观点有合理之处，但不是最理想的选择，因为它将生产行为排除在犯罪行为的范围之外，放弃了对生产伪劣产品入罪的可能性。因此，对于这个问题最彻底的解决办法是，将生产行为与销售行为分开规定，即在刑法中体现为两个罪名：生产伪劣产品罪和销售伪劣产品罪，使生产行为不受销售金额的限制。如果考虑到生产与销售行为之间的内在联系，将其定为两个分离的罪名抹杀了这种联系，可以在现有的选择罪名基础之上增设一款，分别规定生产伪劣产品罪和销售伪劣产品罪。[③]

同时，为了严密刑事法网，可以通过规定持有性犯罪，惩罚早期预备行为以

---

① 朱进东、曾原：《生产、销售伪劣产品罪探讨》，载《现代商贸工业》2010年第13期。

② 张明楷：《刑法第140条“销售金额”的展开》，载《清华法律评论》1999年第2期。

③ 张闻晋：《生产、销售伪劣产品罪罪名探讨》，载《中山大学研究生学刊》2010年第3期。

防止将来严重的犯罪，[①] 这类似于现有的非法持有枪支、弹药罪。行为人持有大量的伪劣产品必然是为了出售以牟利，如果在持有阶段就将行为人查处并入罪，显然可以有效阻止之后的销售行为，达到风险控制的目的，还给消费者一片安全的天空，这种做法也暗合了和谐社会以人为本的要求。

（二）归类的问题

改革开放之后，伴随经济高速发展的是各种经济犯罪的不断涌现，和谐的社会出现了不和谐的因素。基于当时的社会环境和立法者的认知程度，我国的刑事立法认为伪劣产品犯罪破坏的主要是市场竞争秩序和消费者的合法权益，从而将此类罪名归入破坏社会主义市场经济秩序罪一类中。随着伪劣产品犯罪案件的数量和社会危害性不断增加，在《刑法修正案（八）》出台之前，结合我国严峻的伪劣产品犯罪尤其是食品安全犯罪，有学者就提出，应当将生产、销售伪劣商品罪从破坏社会主义市场经济秩序罪转入危害公共安全罪一章中，并增设危害公共卫生罪一节。[②] 因为生产、销售伪劣商品罪侵犯的是复杂客体——国家对产品的管理秩序和消费者的合法权益（包括人身权益和财产权益），而现如今，由于科技的发展，此类犯罪尤其是食品、药品犯罪对消费者权益的侵害已达到相当大的规模和相当严重的程度，甚至可以说它超过了对产品管理秩序的冲击。按照德国社会学家乌尔里希·贝克“风险社会”的观点：工业革命与现代科技深刻改变了人类的生活秩序和方式，它既提供了传统社会无法想象的物质便利，也创造出众多的危险源，交通事故、核辐射、转基因食品、环境污染等。作为维持社会生活秩序的法律，若要真正发挥其功能，必然需要从传统的事后处罚转变为事前的风险控制，否则，对于风险社会中民众的安全诉求，法律将无计可施。[③]

（三）构成要件的问题

第一，犯罪主体。根据刑法犯罪主体理论，笔者认为生产、销售伪劣商品罪的主体是一般主体，包括自然人主体和单位主体。刑法将犯罪主体分为一般主体和特殊主体的目的在于，行为人是否具有特殊身份会影响行为社会危害性的有无以及大小程度。而本类罪的成立无须主体有特殊身份，即使主体有特殊身份，也不会影响生产、销售伪劣商品行为的社会危害性。

第二，犯罪客体。关于本类罪侵犯的客体，多数观点都认为是复杂客体，笔者亦赞同这种观点，只是在具体客体的选择上略有区别。有一种观点认为本类罪

① 刘伟：《风险社会语境下我国危害食品安全犯罪刑事立法的转型》，载《中国刑事杂志》2011 年第 11 期。

② 刘远、景年红：《卫生犯罪立法浅议》，载《法学》2004 年第 3 期。

③ 刘伟：《风险社会语境下我国危害食品安全犯罪刑事立法的转型》，载《中国刑事杂志》2011 年第 11 期。

侵犯了国家的产品质量管理制度和消费者的合法权益。所谓犯罪客体，按照通说是指为我国刑法所保护，但被犯罪行为所侵害的社会关系。何谓社会关系，其实质上就是利益关系，这种关系的稳定存在表现形式就是秩序。[①] 所以，将本类罪的客体归纳为国家的产品质量管理制度有不妥之处。本类罪侵犯的应当是国家产品质量管理秩序和消费者的合法权益。

第三，犯罪主观方面。首先是本类罪的主观罪过。对于本类罪的主观罪过形式，有三种不同的观点，一种是本类罪既有直接故意，也有间接故意，即明知是伪劣产品仍然进行生产、销售；[②] 第二种观点认为本类罪只有间接故意形式，即行为人为了牟利而放任某种危害结果发生；[③] 还有一种观点是本类罪只有直接故意，即行为人明知自己的行为会破坏国家产品质量管理秩序，为了牟利仍积极追求这一结果。[④] 笔者认为，既然本类罪的客体是复杂客体，就应该分别考察行为人对每一客体的主观罪过形式。在冲击国家产品质量管理秩序时，行为人明知自己生产、销售的是伪劣产品，也就必然明知自己的生产、销售行为会破坏管理秩序，但是为了谋取高额利润，仍然漠视自己行为的危害性，积极追求生产、销售的结果，在明知必然发生危害结果的情况下，积极希望危害结果发生，根据刑法理论，这是直接故意的罪过形式。当面对消费者合法权益时，行为人明知自己生产、销售的伪劣产品会对消费者的人身、财产权益造成损害，但对消费者权益的侵害不是行为人的主要目的，为了攫取高额利润，行为人也不反对消费者权益受损这一结果的发生，所以这是间接故意。其次，是关于共犯的罪过问题。根据《解释》第9条的规定：知道或者应当知道他人实施生产、销售伪劣商品罪，而为其提供生产、经营场所或者运输、仓储、保管、邮寄等便利条件，或者提供制假生产技术的，以生产、销售伪劣商品犯罪的共犯论处。这里有一个词“应当知道”值得关注。所谓“应当知道”，就是说这里的提供便利者，根据自己的经验、常识判断，行为人是在进行生产、销售伪劣产品的犯罪活动，进一步能够推测出，行为人的这种犯罪活动会对国家的产品质量管理秩序和消费者的合法权益造成损害，但是由于某种原因，可能是疏忽大意而没有预见到行为人以及自己提供便利的行为会对社会或他人造成损害。不难看出，这种情形出现在刑法对过失犯罪的规定中，也就是说，如果提供便利者是“应当知道”行为人在实施生产、销售伪劣商品的行为而提供便利或技术，那么他在主观上是一种过失。而根据刑法第25条之规定：共同犯罪是指两人以上共同故意犯罪。所以，“应当知道”的

① 张云：《生产、销售伪劣产品罪及若干问题研究》，载《政治与法律》2003年第1期。

② 吴大华、谢玉童主编：《中华人民共和国新刑法实务全书》，红旗出版社1997年版，第277页。

③ 高西江主编：《中华人民共和国刑法的修订与适用》，中国方正出版社1997年版，第399页。

④ 黄京平著：《破坏市场经济秩序罪研究》，中国人民大学出版社1999年版，第111、113、185页。

情形不应出现在此处。“刑乱世用重典”固然没错，但是不能因为乱世而动摇罪刑法定的根基，法无明文规定不为罪，法无明文规定不处罚，如果司法解释能够仅仅依靠推定而对刑法做出扩大解释，那么人权何以保障？和谐社会何以实现？

第四，犯罪客观方面。关于客观方面，笔者主要探讨一下第140条中的销售金额问题。前文已经论述过销售金额对生产伪劣产品行为入罪的限制问题，这里主要探讨销售金额是否有存在必要。对于销售金额的问题，很多学者已经做出过论述，大部分学者主张将“销售金额”改为“经营数额”或者“货值金额”，以此取消“销售金额”对生产行为以及未出售货物定罪的限制。此说有一定的合理之处，对于平衡生产行为与销售行为的罪行有一定的作用，但是，基于第140条存在数额限制的问题，即使将“销售金额”改为“货值金额”，如果行为人生产的伪劣产品货值金额达不到15万的标准，根据司法解释的规定，仍然只能对行为人定生产、销售伪劣产品罪（未遂），难道这就实现罪刑均衡了吗？当然没有。笔者以为，彻底取消第140条的数额限制，才能彻底解决这一问题。基于前文的风险社会理论，在风险控制的驱动下，传统刑法应逐渐向安全刑法转型。[①]也就是要让刑法提前介入，避免出现实害结果才进行处罚的滞后性。因为在伪劣产品的危害中，很多危害是潜在的，在使用初期甚至使用之后很长一段时间内危害结果不会明显表现出来，等到实害结果表现出来，为人察觉，或已过追诉时效，或时过境迁，案件事实难以查明，从而放纵犯罪。如果我们能从立法上取消此类犯罪的数额限制，规定生产、销售行为一经实施，即构成本类罪，刑法理论上称之为抽象危险犯，我们就能从犯罪初期遏制犯罪，阻止之后严重危害结果的发生。其实，在这方面我们已经开始尝试，《刑法修正案（八）》第23条规定的生产、销售假药罪，第25条规定的生产、销售有毒、有害食品罪，其实就是抽象危险犯，生产、销售假药和有毒、有害食品的行为一经实施，就构成该种犯罪。探索之后的关键是将其推广到生产、销售伪劣商品类罪。对于此种做法，不必担心刑法过于严厉，认为普通的生产、销售行为也可能被纳入刑法的处罚之下。但是我们应当注意到罪名的表述——生产、销售伪劣产品罪，伪劣产品并没有合格产品的用途，它只是行为人谋取非法利益的工具，除此之外毫无价值。所以，刑法从行为实施阶段开始介入，并不会伤及无辜。刑法的任务是惩罚犯罪，保障人权，对两者不偏不倚，和谐社会的根基才会稳固。

（四）犯罪形态的问题

犯罪形态的问题主要涉及产生、销售伪劣产品罪未遂犯的认定。它其实是

---

① 刘伟：《风险社会语境下我国危害食品安全犯罪刑事立法的转型》，载《中国刑事杂志》2011年第11期。

"销售金额"衍生出来的另一个问题。根据司法解释的规定，这里的未遂到底是生产行为的未遂还是销售行为的未遂？如果是生产行为的未遂，生产行为已经完成，何来未遂？如果是销售行为的未遂，那就有否定生产伪劣产品罪独立成罪之嫌。此外，它还会造成对生产行为双重减轻处罚的结果。因为单纯的生产伪劣产品的立案标准是货值金额达到15万元以上，此立案标准已经高于销售行为的5万元标准。其次，即使生产的伪劣产品货值金额达到了15万元，根据司法解释的规定，也只能定未遂，而对于未遂犯，可以比照既遂犯从轻或者减轻处罚。这样的规定，很难说符合罪刑相适应原则，更严重的后果是，这样的规定会鼓励行为人大量生产假冒伪劣产品。而一个充斥着假冒伪劣产品的社会，无论如何也不会是一个和谐的社会。

结 语

法律的公平与正义，是一个社会和谐的根基，社会要安定有序，必须要有自己的规则。实现法律的公平与正义，就是要做到"不枉不纵"，检验法律是否做到不枉不纵的标尺就是，人民通过法律的风险控制而充分享有安全感，而对产品安全的诉求将是人民安全感的重要组成部分。

第七编

和谐社会语境下的人身权利研究

和谐社会语境下的人身权利研究

——关于安乐死的合法性探讨

温小龙

社会主义和谐社会，是指一种和睦、融洽并且各阶层齐心协力的社会状态，是中国共产党进入21世纪以来提出的社会发展战略目标。根据中国特色社会主义发展的实际情况与未来社会的发展方向，中国共产党高瞻远瞩，提出了“社会主义和谐社会”的科学概念，并提出将“和谐社会”作为执政的战略任务。就目前来看，“和谐”的理念已经成为建设“中国特色的社会主义”过程中的价值取向，这一理念的提出，为未来中国的社会经济发展指明了方向。

和谐社会的建设，主要包括“民主法治、公平正义、诚信友爱、充满活力、安定有序、人与自然和谐相处”六个方面的内容，从这六个大的方向出发，进而将整个社会的发展建设囊括到和谐社会这个大概念中来。社会主义和谐社会的建设，要求人与人之间的和谐，人与社会之间的和谐，人与自然之间的和谐以及人与自身和谐。在建设和谐社会的过程中，应当始终坚持“以人为本”的理念，使人的尊严得到有效维护，人的价值得到充分体现，人的潜能得到最大的发挥。

和谐社会的内在精神要求与刑法保护人身权利的目的是一致的。和谐社会，要求人的人身权利得到充分的保障，通过对刑法的制定来保障人身权利是和谐社会的价值追求，所以根据刑法的规定，非法侵犯、剥夺人身权利的行为是违反刑法规定，应当追究刑事责任的行为。但是在社会的现实生活中，存在一些违反法律但却合乎日常伦理道德的行为，这些行为不被法律所容忍，但却符合和谐的要求，其中，安乐死是一个十分敏感的问题。安乐死的合法性问题，便是在传统道德与现代法律之间所做的选择。

自从1986年王明成先生因为给自己身患绝症的母亲实施“安乐死”，而成为我国首例被检察机关以故意杀人罪提起公诉的“安乐死”案当事人以来，安乐死的合法化便始终是社会关注的问题之一；而作为当事人的王明成先生在死之时，仍然遗憾未能成功“安乐死”，一直到今天，“安乐死”仍未取得合法的

作者简介：温小龙（1990—），男，湖南冷水江人，西南政法大学法学院刑法专业硕士研究生。

“许可证”，即使“安乐死”已经家喻户晓。

安乐死源于希腊文，原意是“快乐的死亡”或“尊严的死亡”。英文解释为：无痛苦处死患不治之症而又非常痛苦者和非常衰老者。而中国学者们给安乐死下的定义则是：患不治之症的病人在危重濒死状态时，由于精神和躯体的极端痛苦，在病人或家属的要求下，经过医生的认可用人为的方法使病人在无痛苦状态下度过死亡阶段而终结生命全过程。① 应当说，从20世纪30年代以来，关于“安乐死是否应该合法化”的争论，在全世界就从来没有停止过。可是到目前为止，也只有荷兰、比利时等少数几个国家，在法律上完全承认了安乐死的合法化。

在近30年中，中国对于“安乐死是否应该合法化”的争论，也同样没有停止过；但由于安乐死在法律上的合法化，将可能与中国的民间信仰、道德伦理、法律以及国情等方面不可避免地发生不同程度的冲突矛盾，而可能使国家社会在诸多方面上都产生各种各样的复杂问题。纵使如此，关于安乐死的问题亦进入了立法者的视野范围。

自1994年始，全国人民代表大会提案组每年都会收到一份要求为安乐死立法的提案。在1987年首次全国性的“安乐死”学术讨论会上，多数代表拥护安乐死，个别代表认为就此立法迫在眉睫。直到最近的《刑法修正案（八）》正式颁布之前，依然有许多专家学者认为应该将安乐死合法化。安乐死立法已不可避免。如若法律付诸实践，将安乐死合法化，同样存在极大的强迫性，它就像横在病人面前的一把双刃剑，用得好，就可以真正解除病人的痛苦；用得不好，就可能成为剥夺病人选择生命权利的借口，被不法不义之徒滥用。

在我国，虽然上海等地有悄悄实施安乐死的案例，但安乐死并未获得合法地位。据现行刑法的规定和相关司法解释：对于没有法律根据实施的剥夺他人生命的行为，应以故意杀人罪论处。实施安乐死的行为，被认定为一种侵犯公民人身权利的行为，是故意杀人的行为表现之一，应当定故意杀人罪，而非是具有违法性阻却事由的行为。

但随着时代的进步和发展，社会人权思想的不断扩展，盲目地将安乐死定性为故意杀人行为已经越发站不住脚，特别是进入新世纪以来，中国共产党提出了建设社会主义和谐社会，对人身权利的保障越发重视，安乐死问题的处理，关乎和谐社会中人与人的和谐、人与社会的和谐、人与自身的和谐的实现。因此，早日实现安乐死在我国的合法化，有其重要的社会意义和积极的社会效果。

---

① 念九州：《价值冲突：安乐死合法化的根本障碍》，载《西北民族学院学报》（哲学社会科学版）2000年第1期。

首先，从本体上来考察，安乐死的行为与刑法上的故意杀人罪有着本质的区别。

根据我国刑法的具体规定：没有法律根据地剥夺他人生命的行为，原则上应该构成故意杀人罪，法律有另外规定的除外。这个例外的规定则是认为刑罚死刑的执行以及特殊防卫中剥夺他人生命的行为，这意味着我国刑法是不承认安乐死这样一种介于伦理、道德、法律之间的剥夺他人生命的行为的。

参考故意杀人罪的犯罪构成要件：客观要件上来看，第一，必须有非法剥夺他人生命的行为，作为、不作为均可构成。第二，剥夺他人生命的行为必须是非法的，即违反了国家的法律。执行死刑、正当防卫中的特殊防卫均不构成故意杀人罪。第三，直接故意杀人罪的既遂和间接故意杀人罪以被害人死亡为要件，但是，只有查明行为人的危害行为与被害人死亡的结果之间具有因果关系，才能断定行为人应负的罪责。从客体要件上来看，故意杀人罪主要侵犯的是被害人的生命权利。故意杀人罪的主体要件则是已满 14 周岁具有辨认和控制自己行为能力的自然人。主观要件上分析，故意杀人罪在主观上须有非法剥夺他人生命的故意，包括直接故意和间接故意。即明知自己的行为会发生他人死亡的危害后果，并且希望或者放任这种结果的发生。但值得注意的是，刑法以及司法实践中认为动机因素对构成犯罪与否不产生影响，但在量刑时作为一个酌定的量刑情节加以考虑。①

与故意杀人罪的犯罪构成要件相对照，安乐死确实在一定程度上符合故意杀人的各个要件。但安乐死又与故意杀人行为有着一定的差别，甚至与违法阻却事由有着微妙的联系。首先安乐死针对的对象是患不治之症而又非常痛苦者和非常衰老者，而故意杀人却是针对一切人；其次安乐死采取的手段是无痛苦的处死，即让受害人平静安稳地死去，这在合理的情况下，虽然变相剥夺了被害人的人身权利，但何尝又不是对人性的尊重呢？而故意杀人是没有限制的，有时候甚至是相当残忍的；最后，主观上安乐死是想减轻病人的痛苦，使其得到真正的解脱，这与故意杀人的主观要件，报复性或仇恨性的致其死亡，是南辕北辙的。虽然安乐死也是人为性地提前结束人的生命，但两者的出发点完全相斥，一定条件下所实施的安乐死是为了保护相对人的精神利益和肉体权益，是人性的体现。②

从以上各种论述都可以认定安乐死不同于故意杀人。当然，关于人的主观思想，我们是很难从事实上进行认证的，一个事实上进行了故意杀人行为的人完全

---

① 管士寒：《安乐死合法化的法律理由和路径》，载《云南大学学报法学版》2005 年第 18 卷第 3 期。

② 魏东、肖敏：《安乐死合法化：基本分析和立法建议》，载《国家检察官学院学报》2004 年第 12 卷第 3 期。

可以狡辩自己的行为是为了减轻病人的痛苦，使其安乐死。我们无从揭示他的内心世界，他说什么我们就只能认为是什么的，即使我们不认同，但内心世界我们依然无法取证。

所以对于其法律后果，一直有两种争论。一方认为，安乐死不能阻止行为的违法性，仍构成刑法上的杀人罪，但处罚可以从轻。另一方认为，安乐死虽然在形式上具备故意杀人罪的要件，但安乐死是在病人极度痛苦、不堪忍受的情况下提前结束其生命的医疗行为，而医疗行为是正常行为，因而可以阻却其违法性，不构成杀人罪。

然而对人身权利的保障，不仅应当从正面捍卫人身权利，使得人身权利不受侵害，同时还应当尊重当事人正当行使人身权利，这也是和谐社会中人与人之间的和谐，人与社会之间的和谐，人与自身的和谐的重要体现。“安乐死”是一种在特殊情况下，在不违背国家、社会和他人利益的情况下所采取的一种对生命的特殊处分方式，虽然国家有帮助公民延续生命的责任，但这既不意味着国家可以强制公民延续自己的生命，也不意味着国家不能帮助公民结束自己的生命。所以安乐死也可以理解成公民行使自身人身权利的合理方式。

再者，从法的人文精神出发，安乐死的合法化也是有相当根据的。

法的人文精神首先体现为：法律没有禁止的就是允许的。纵观我国各个部门法，找不出哪一门法律明确禁止个人在这种身患绝症、濒临死亡且极端痛苦的情况下，选择终结自己生命的权利。同时根据《宪法》的规定，公民人身自由与人格尊严不受侵犯，公民个人有权选择生存的方式，在特定条件下也有权选择死亡的方式。因而这种权利应当是被允许的，法律不应该因此而追究行为人的法律责任。个人的自由如果没有受到不必要的限制的法便是良法，这其中体现了法律应有的人文关怀精神。

法的人文精神的另一体现是法无明文规定不为罪，这主要是针对刑法而言。刑法是强制性法律，其条文都是一种否定性规定，它所规定的行为都是不允许去做的行为，一旦人们做了这种行为，违反了刑法的规定，则会受到刑法的否定性评价。因而刑法是对人的自由的限制，对其范围的规定应该慎之又慎。对安乐死也是如此，一旦安乐死被列为刑法的禁止性行为，则当现实生活中发生这种情况时，就会遭到来自国家的强制力的干扰。正当合理的安乐死是不符合犯罪构成要件的，即使是帮助实施安乐死的医生的行为，也不能充分符合故意杀人罪的构成要件，在其合理的主观意志支配下的行为不具社会危害性而不能以犯罪论处。反之，如果惩罚这种行为，则将导致客观归罪，有违罪刑法定原则，有违刑法的人文关怀精神。而且，就帮助实施安乐死行为而言，它内在地反映了该医生的内心善良和对患者的关爱，惩罚这种行为也有悖现代刑法的人道性。

最后，从人类道德情感方面来说。中国儿女讲尽孝，朋友讲关爱。市民的普遍看法，总觉得活着比死了好，很多人不愿意接受、不敢接受安乐死。就目前身体健康的人群而言，他们是估计不到要求安乐死的人群的承受能力，对于他们而言，更是很难预测得到的这种濒临死亡的痛苦。与其让生者在结束生命之前还要受尽折磨与痛苦，为何不让其舒舒服服地进入另一个世界，从不应有的痛苦中解脱出来。著名刑法学者陈忠林教授认为，刑法的适用应该符合“三常”，即常情、常理、常识。在至亲被病痛折磨时，每个人心中都是无比痛苦和饱受折磨的。病者不愿自己和亲人忍受折磨选择安乐死符合常情常理常识，如果刑法能将正当合理的安乐死合法化，便极大地体现了“以人为本，人本主义”的和谐主义思想，是和谐社会精神的体现，也是和谐社会建设的重要进步。①

当然，由于安乐死容易被少数别有用心之人利用而大钻其中的法律空子，为谋杀他人、逃避自己的赡养责任、摆脱医疗失误等提供了更多的方便等，所以安乐死的适用必将是严格限制的，适用条件也应当是极其严苛的：

第一，从实施对象上来看，必须是现代医学知识和技术上认为病人患不治之症并已临近死期；

第二，从病状程度来看，必须是病人极端痛苦，不堪忍受，生存权利已经是对个人的极大折磨，而且是肉体上的折磨；

第三，从实施结果看，必须是为解除病人死前痛苦，而不是为了解除亲属、国家、社会利益的负担而盲目实施安乐死，恶意剥夺病者生命的行为；

第四，从病者态度上看，必须是病人神志清醒时的真诚的嘱托或同意，一切违背病者主观真实意图的安乐死行为可以认定为故意杀人的行为；

第五，从执行机构上，原则上必须由国家认定的特定的医疗机构以及具有相关资质的医师执行；

第六，从手段方式看，必须采用社会伦理规范所能承受的，符合社会道德的妥当方法。

安乐死的问题，涉及基本人权的保障，在刑法当中便通过人身权利来体现。保护生命是人身权的保护，对死亡方式的选择也是人身权利的重要表现之一，当人死亡在不违背基本社会伦理道德的情况下，人们能否选择合适的、高质量的、更人道的死亡方式，是人身权利是否真的得到重视和贯彻落实的重要表现。也只有通过全面系统地规定人身权利的保障方式，才真正体现和谐社会的本质和精神，才能使和谐社会的要求融入人身权利保障的程序过程当中。

---

① 夏强：《安乐死合法化探究》，载《中国刑事法杂志》2001 年第 5 期。

和谐社会语境下的人身权利研究

——浅谈未成年人犯罪的刑法保护

韩 燕

2002年11月8日，江泽民同志在党的十六大报告中明确指出："对为祖国富强贡献力量的社会各阶层人们都要团结，对他们的创业精神都要鼓励，对他们的合法权益都要保护，对他们中的优秀分子都要表彰，努力形成全体人民各尽其能、各得其所而又和谐相处的局面。""我们要在本世纪头二十年，集中力量，全面建设惠及十几亿人口的更高水平的小康社会，使经济更加发展、民主更加健全、科教更加进步、文化更加繁荣、社会更加和谐、人民生活更加殷实。""可持续发展能力不断增强，生态环境得到改善，资源利用效率显著提高，促进人与自然的和谐，推动整个社会走上生产发展、生活富裕、生态良好的文明发展道路。""发展社会主义民主政治，建设社会主义政治文明，是全面建设小康社会的重要目标。必须在坚持四项基本原则的前提下，继续积极稳妥地推进政治体制改革，扩大社会主义民主，健全社会主义法制，建设社会主义法治国家，巩固和发展民主团结、生动活泼、安定和谐的政治局面。""完成改革和发展的繁重任务，必须保持长期和谐稳定的社会环境。""我们愿与国际社会共同努力，积极促进世界多极化，推动多种力量和谐并存，保持国际社会的稳定。"① 这是"和谐"首度出现在中国执政党的纲领里，并且达六次之多。这两个当时不太引人注目的字眼，成为中国新一届领导人治国方略的路标。②

2004年以来，中国新一届领导人开始明确提出并逐渐丰富"和谐社会"的理念。2004年9月19日，中共十六届四中全会通过的《中共中央关于加强党的执政能力建设的决定》，在我们党的历史上第一次提出了"构建社会主义和谐社

作者简介：韩燕（1990—），女，河南信阳人，西南政法大学法学院刑法专业硕士研究生。

① 江泽民：《全面建设小康社会，开创中国特色社会主义事业新局面——在中国共产党第十六次全国代表大会上的报告》，http：//www. hzdj. gov. cn/16dzt/jianghua. html.

② 裴闯、陈斌华、顾钱江：《和谐：我国新一届领导人从民族传统中汲取治国之道》，http：//news. xinhuanet. com/newscenter/2005-03/06/content_ 2657369. html.

会”的科学命题。至此，“和谐社会”这一令人神往的概念全面地进入中国政界和学界的话语体系和理论、实践视野。2004 年 12 月 3 日至 5 日，胡锦涛总书记在中央经济工作会议上强调指出：“调整收入分配构建和谐社会”，“坚持以人为本，努力构建社会主义和谐社会”，“积极扩大就业，努力完善社会保障体系，逐步理顺分配关系，加快社会事业发展，是维护群众利益、促进社会公平、构建社会主义和谐社会的重要任务”。

一、和谐社会与人身权利保护

在西方文化中，最早提出系统和谐说的是古希腊哲学家毕达哥拉斯，他认为对立统一就是和谐，和谐是普遍的绝对的，启发人们从对立统一中去认识和谐。柏拉图的“理想国”构建了政治视野下的和谐：人的禀赋差别决定了社会分工与协作，各安其位，各尽职守，统一于哲学的统治之下。科学主义学派创始人奥古斯都·孔德认为人类社会发展的最高状态有“和谐”“秩序”“进步”三特征。人本主义思想家马尔库塞主张建立一个人与人、人与社会、人与自然“宁静生存的真正和谐”的社会。

几千年来，和谐文化在中国文化传统中也一直占有重要地位，和谐是中国传统文化的基本理念。《中庸》中有“喜怒哀乐之未发，谓之中，发而皆中节，谓之和。中者天下之大本也，和者天下之达道也。至中和，天下位焉，万物有焉”。通过自我控制而适当思考问题和处理问题，达到和谐，这样万物处于一种有序的协调发展状态。《说文解字》解释：“和，相应也”；而“谐”是“配合得当”。“和谐”就是“相应”并且“配合得当”。因此，一个社会要达到和谐状态，各种社会要素“必须统一，应该比例恰当，各得其所，协调平衡，互动共振，才能产生优异的功能，良好的效应”。

中共十六届六中全会明确提出建设社会主义和谐社会，并概括了社会主义和谐社会的六大特征，即“民主法治、公平正义、诚信友爱、充满活力、安定有序、人与自然和谐相处”。以人为本是建设和谐社会的基本要求，每个个体的全面自由发展是和谐社会的终极价值追求。保护人权既顺应国际潮流和历史发展，也是与和谐社会思想深深契合的。

民主法治居于构建和谐社会的首位，和谐与法治存在着难以割舍的关联，和谐社会以人为本，必然崇尚法治，必然是一个权利有保障、权力受约束、社会秩序井然的社会。[①] 作为基本法律规范之一、权利保护的最后一道屏障——刑法，其基本功能表现为惩罚犯罪，保护人权。它更多地更直接地关注社会中的矛盾冲

① 宋茂荣、刘再辉：《和谐之美的刑法底蕴》，载《重庆工商大学学报》2006 年第 3 期。

突，在斗争中追求和谐；在国家权力和公民权利之间划定严格、确定、合理的界限，保障权利的正常行使和社会的安定有序。

二、和谐社会与未成年人犯罪刑法保护

和谐社会是社会中的每个个体都能全面和自由发展的社会。社会中的每个成员都是从婴儿阶段开始，逐渐成长为心理、身体成熟的个体。未成年阶段是形成人生观、世界观和养成健康人格、体魄的重要阶段。未成年人身心发展尚未成熟，容易受到外界的影响，权利极易被侵犯，同时自我保护能力较弱，所以需要法律专门保护。法律对于未成年人的生存权、发展权、参与权和获得帮助权等权利的保障可以为未成年人的发展创造一个良好的环境，保障未成年人的健康成长。

对未成年人犯罪的刑法保护与和谐社会的构建具有密切的联系，相互作用、相互促进。和谐社会是安定有序的社会，反对、预防、惩治犯罪；和谐社会是民主法治的社会，以法律保障公民权利；和谐社会的核心是以人为本，关注社会中每一个人的权利保障，尤其关注未成年人的健康成长和未来发展。

对未成年人犯罪刑法保护的理念是促进未成年人改过自新，积极进步，保障其身心健康成长。换言之，其核心在于保障未成年人的权益。和谐社会的精神内核是以人为本，即和谐社会是一种提升人的价值、拓展人的自由、推动人的全面发展、谋求人的全面解放的人性社会。其次，未成年人犯罪刑法保护的目标是增强未成年人适应社会的能力，脱离违法犯罪的轨道，再社会化成长为正常的社会成员。平等、自由、诚信、友爱是和谐社会的题中之意，是其得以存续和发展的重要前提。社会成员之间以相互依赖和诚信为依托的互助，是和谐社会存在的基础，同时合作也带来社会成员的自由，这是和谐社会追求的终极目标。此外，和谐社会具有多元化、开放性、互动性的特征，这是和谐社会作为一个良性社会存在的必然要求。未成年人犯罪刑法保护的措施也具有开放性、多元性的特征，同时，它通过较为广阔的社会资源，如学校及社区，对未成年人进行教育、监督、救助，促进未成年人的自新。①

三、和谐社会中未成年人犯罪保护的若干思考

由于未成年人自身的特殊性，保护未成年人利益应优于保护社会利益，被确立为未成年人犯罪刑罚价值取向的主要目标。刑法关注的焦点由犯罪行为转向犯罪人，刑罚的使命由主要惩罚犯罪而转向教育、改造犯罪人以减少犯罪。为此，

---

① 张秀玲：《和谐社会构建中的未成年人犯罪预防》，载《内蒙古农业大学学报》2007 年第 4 期。

国际社会在未成年人犯罪上几乎采取了一致的做法：弱化刑罚的报应观念，强调特殊预防中的教育刑论，重视刑罚的个别化和保安处分、不定期刑的适用，以轻缓的刑罚或多种非刑罚方法来处理未成年人犯罪。①

联合国针对未成年人犯罪和保护问题，专门出台了《公民权利和政治权利国际盟约》《儿童权利公约》《联合国少年司法最低限度标准规则（北京规则）》《联合国预防少年犯罪准则（利雅得准则）》《联合国保护被剥夺自由少年规则》等文件。我国针对未成年人犯罪出台有《中华人民共和国未成年人保护法》和《中华人民共和国预防未成年人犯罪法》，目前在办理未成年人犯罪的案件中，适用的依据仅有《刑法》和《刑事诉讼法》当中的少数几个条文以及公安机关、检察院和法院分别出台的三个司法解释。在当今立法资源相对欠缺的前提下，对未成年人的刑事权益保护还需要深入广泛地研究，以期为建立更和谐的社会提供理论根据。

（一）确立未成年人独立的法律主体地位，建立健全专门的未成年人案件实体法、程序法

早在1950年海牙国际监狱会议中即已指出："关于未成年人犯罪之法律，无论实体法、手续法，均不能以适用于成年人之规定为标准。此种法律，应特别就未成年人犯罪之需要、其社会关系及不妨碍彼等将来更生等节，为重要之考虑。"②

实体法方面，明确未成年人犯罪的概念，包括年龄、刑事责任能力和犯罪行为；把未成年人犯罪从轻、减轻处罚的原则具体化；明确对未成年人适用的刑罚种类和量刑幅度；扩大、放宽对未成年人缓刑、假释、减刑的适用范围，规定非刑罚的处置方法以及建立前科消灭制度。

程序法方面，明确专门机关、未成年人及其法定代理人、诉讼代理人的权限和职责。未成年人案件的处理从侦查、起诉到审理都有相应的专门少年司法组织负责，并且有法律依据。此外，根据未成年人的身心特点，对于讯问、羁押、审理中的未成年人可以规定一些特殊的程序，如律师的提前介入、人格调查制度、简易程序、辩诉交易等。

（二）对未成年人犯罪暂缓移送审查起诉、暂缓起诉、暂缓判决，充分运用教育手段和制度耐心进行感化、挽救

对于可以移送起诉、起诉、定罪判决的未成年人，在符合法定条件的情况下，本着教育、感化、预防、挽救的原则，让被告人回到社会上继续就业或就

---

① 阮晓苗：《未成年人的刑法保护理念与刑法价值》，载《河北大学学报》2005年第8期。

② 林纪东：《少年法概论》，国立编译馆1972年版，第27页。

学，对未成年犯罪嫌疑人、被告人设定一定考核期，对其进行考察帮教，期满后根据具体情况做出是否移送审查起诉、起诉以及判处相应刑罚处罚的刑事诉讼处理方法。

（三）对未成年人的犯罪处理，体现社会责任，健全社区矫正制度，坚持未成年人犯罪的行刑社会化，坚持非监禁化

未成年人犯罪的行刑社会化、非监禁化在我国可在三个方面展开，一是积极探索非刑罚处遇机制，二是替代自由刑的完全社会化行刑，三是监狱行刑本身向社会化方面靠拢。随着责任社会化和人道主义思想的产生，少年保护的理念开始融入全世界少年司法中，刑罚替代措施为犯罪矫治开辟了一条新的道路。探索非监禁处置措施的种类，应提倡少年恢复性司法的理念，借鉴国外的各种非刑罚措施，我国可采用以下几种非刑罚的处理方法，主要是保护处分和教育处分，这些处分措施一般适用于犯罪危害不大或者犯罪与环境、与行为人身心缺陷有密切关系的未成年人，以利于改过和身心的健康成长。这种处分方式主要有五种：（1）家长监管令：责成未成年人的父母或者其他监护人严加管教。（2）保护观察令：由专门研究未成年人心理的机构进行保护观察，经常与未成年人保持通信联系或者进行访问，鼓励他们积极向上。（3）劳动赔偿令：责令未成年人为被害人劳动，折抵相应的损失。（4）限制进入令：限制未成年人在特定时间段进入某些场所，如网吧、娱乐场所等。（5）社区服务令。社区服务，在国外也被称为社会服务令、社区劳役和劳动赔偿等，是法院判令被告人在社区从事一定时间的公益劳动，作为对社会赔偿的一种方式。社区服务符合我国社会主义刑罚预防犯罪的根本目的，它可以通过义务劳动使罪犯自我教育、自我改善。[①]

社区矫正在西方发达国家是兼有监督、管理、矫治、更新以及为犯罪人提供各种帮助的职责，是由专门的社区矫正机关及专职的管理工作人员负责管理。我国对于管制、缓刑和假释的罪犯在执行期间要求公安机关进行监督考察，却未能规定进行教育和改造，即未规定矫正职责，这不利于罪犯更好地重新与社会结合。实践表明，绝大多数受到刑事制裁的未成年犯罪人要重新回归社会，由于社会的迅速发展，对人的社会化要求不断提高，与此相适应，引起犯罪发生的原因与社会的相关性越来越紧密，正因为如此，社会在运用刑罚惩罚罪犯（惩罚终究不是传播公道和理性原则的最好方法）的同时，有责任创造尽可能有利于他们回归的条件。[②] 基于这一认识，社区矫正已成为当今世界各国刑罚处遇制度的发展

① 滕利燕、何靖：《和谐社会语境下完善未成年人犯罪刑事政策探析》，载《法制与社会》2008 年第 11 期。

② 陈明华、郎胜、吴振兴：《刑法热点问题与西部地区犯罪研究》，中国政法大学出版社 2003 年版，第 1378-1382 页。

趋势。

社区矫正是与监禁矫正相对的行刑方式，是将符合社区矫正条件的罪犯置于社区内，在相关社会团体、民间组织以及社会志愿者的协助下，在判决或裁定规定的期限内，由专门的国家机关矫正其犯罪意识和行为恶习，并促进其顺利回归社会的非监禁刑罚执行活动。① 社区矫正充分利用各种社会资源，综合社会各方面力量，对罪行较轻、主观恶性较小、社会危害性不大的罪犯，或者经过监管改造确有悔改表现不致再危害社会的罪犯，在社区中进行有针对性的管理、教育和改造。实践中，社区矫正应当科学可行、全面系统，既有传统的文化教育、职业技术培训项目，又有新型的旨在提升未成年犯生活技能的项目。② 具体来讲，用学习教育、监督管理、社会实践等各种形式，对未成年犯罪人进行心理矫治、道德重塑，使其能够重新适应社会，成为守法公民。

① 冯殿美、韩建祥：《社区矫正：刑事政策学的诠释》，载《犯罪研究》2004 年第 4 期，第 24-28。

② 何显兵：《开放式处遇制度的价值与反思》，载《刑事法学》2005 年第 10 期，第 37-42 页。

和谐社会语境下的人身权利研究

——以虐童罪为视角

李　旺

近年来，幼儿园教师虐童事件时有发生。随着一张虐童照片的传出，浙江温岭幼儿教师颜艳红虐童案被曝光。颜艳红在长达两年时间里对十多名幼儿采取罚站、打骂等方式进行虐待，并拍下702张照片进行炫耀的恶性事件，引起媒体舆论的高度关注，也强烈地刺激了公众情感神经。然而温岭市公安局以寻衅滋事罪对颜艳红进行刑事拘留的做法是否符合刑事法律规定却遭受了各方面的质疑，也暴露出刑事立法和司法实践在这一领域缺乏必要的规制。近年来每遇此类案件，总会引发自上而下的立法呼吁，刑法学界亦不断有学者提出刑法应当增设“虐童罪”，以通过刑法对幼童这一弱势群体的保护来彰显刑法的人权保障机能。但不得不说，当前的相关研究还缺乏一种刑法目的观的思维，社会舆论也呈现一种“为了惩罚而惩罚”的报复倾向。同时由于历史传统文化和现代发展水平的差异，大量的外国立法也只具有立法技术上的借鉴意义。究竟要不要对这种引起社会舆论广泛谴责的虐童行为犯罪化处理以及如何处理是我们不得不面临的问题。如果坚持认为此类行为具有实质可罚性的话，那么就必须为本罪的设立在理论上证成其存在的必要性和可行性。下文拟在以人为本理念下展开对上述问题的讨论，希望能对“虐童行为是否入罪”的问题提供一种新的研究思路。

一、虐童行为法律规制之困境分析

近年来，多地虐童事件屡屡发生，尤以幼儿教师虐童最甚，令人发指的幼师虐童行为在新闻网络上已不鲜见，幼童合法权利的维护面临前所未有的挑战，严重违背以人为本的社会主义和谐社会的理念。这与我国现行立法难以完善解决幼师虐童的相关问题有很大关系。

（一）适用虐待罪之困

针对颜艳红虐童一案，有人就产生了为什么明明是虐待行为却以涉嫌寻衅滋

作者简介：李旺（1986—），男，河北保定人，西南政法大学法学院刑法专业硕士研究生。

事罪对其采取刑事拘留的疑问。为什么不以涉嫌虐待罪对其刑事拘留？根据我国《刑法》第260条的规定，司法机关无法对非家庭成员关系的虐童行为以虐待罪进行追诉。所谓虐待罪，是指经常以打骂、冻饿、禁闭、有病不予治疗、强迫过度劳动或限制人身自由、凌辱人格等方法，对共同生活的家庭成员进行肉体上、精神上的摧残和折磨，情节恶劣的行为。[①] 虐待罪的构成要件要求行为主体必须是共同生活的家庭成员，即要求虐待者与被虐待者之间存在一定的血缘关系或收养关系，如父母虐待子女、丈夫虐待妻子、儿媳虐待公婆等。一般情况下，虐待者在家庭生活中处于经济上或生理上的优势地位，能利用这种优势地位对被虐待者进行精神上的强迫，并伴随身体上的摧残。然而，诸如温岭颜某虐童案中此类幼儿教师与被虐待儿童之间并不存在共同生活的亲属关系，不满足《刑法》第260条虐待罪的成立要件，无法以此罪进行追诉。从这个方面看，虐待罪对行为主体的限制虽然起到了防止司法权滥用的作用，但已与普通民众的法感情相去甚远。

（二）适用寻衅滋事罪之困

温岭市公安局以涉嫌寻衅滋事罪对颜艳红进行刑事拘留的做法也值得商榷。根据《刑法》第293条的规定，以下四种情况构成寻衅滋事罪：（1）随意殴打他人，情节恶劣的；（2）追逐、拦截、辱骂、恐吓他人，情节恶劣的；（3）强拿硬要或者任意损毁、占用公私财物，情节严重的；（4）在公共场所起哄闹事，造成公共场所秩序严重混乱的。刑法规定寻衅滋事罪，旨在保护公共秩序或社会秩序。[②] 寻衅滋事罪是从1979年刑法规定的“流氓罪”中分离出来的一个罪名，其“侵害的客体是社会公共秩序”。[③]“随意殴打他人”类所保护的法益，应该是对社会上不特定的人的人身权利、社会公共秩序的侵犯，同时对这种人身权利的侵害不能达到轻伤以上后果，否则便符合故意伤害罪的构成要件了。正因为这样，针对特定对象的殴打行为、家庭成员间的殴打行为、在私人场所的殴打行为，不成立寻衅滋事罪。幼儿园作为教育幼儿的封闭空间，却不是刑法意义上的社会公共场所，因此该案中公安机关虽以寻衅滋事罪对颜艳红进行了刑事拘留，却以撤回批捕申请、补充侦查的方式告一段落。

（三）将虐童行为作为行政违法处理存在的问题

从实践中看，几乎所有虐童案件最后都以行政处罚结案，如山西太原李竹青虐童案中，在十几分钟内狂扇女童七十多个耳光的幼儿教师李竹青被处以15日

---

① 高铭暄、马克昌主编：《刑法学》（第三版），北京大学出版社、高等教育出版社2007版，第553页。

② 张明楷著：《刑法学》（第四版），法律出版社2011年版，第935页。

③ 魏克家等主编：《中国刑法实用辞典》，警官教育出版社1998年版，第689-690页。

行政拘留。浙江温岭幼儿教师颜艳红虐童案中施虐者颜艳红也仅受到行政拘留15日的处罚。《未成年人保护法》第21条规定，学校、幼儿园、托儿所的教职员工应当尊重未成年人的人格尊严，不得对未成年人实施体罚、变相体罚或者其他侮辱人格尊严的行为。根据《治安管理处罚法》第43条规定，殴打或者故意伤害不满14周岁的人，处10日以上15日以下拘留，并处500元以上1000元以下罚款，将侵害对象为不满14周岁的人规定为法定加重情节。

虐童行为具有严重的社会危害性，而对于危害性如此严重的行为仅仅以行政处罚应对，难以起到威慑与预防的作用。相比施虐者对幼童长期施虐过程所造成的严重后果，拘留和罚款等行政处罚方法使施虐者的违法成本降低，难以引起对幼童负有监管教育义务的人的充分重视，也无法警示社会，更难以避免虐童事件的再次发生。对一种具有严重社会危害后果的行为处罚过轻，使得法律的规制无法达到预期的效果，幼童的合法权益也无法得到有效的保障，这也是虐童事件层出不穷的重要原因。另外，施虐者受到的惩罚与其对受害幼童及其家庭造成的严重后果之间不成比例，背离了社会公众心目中对法律的合理期待，违反了法律设立的初衷，使得人们失去了对法律的信任，也容易触发更多的社会矛盾。

二、从“以人为本”的角度看待虐童行为

法律是调整社会关系的一种行为规范，其对社会关系的调整最终仍是通过对人的行为来达到调整社会关系的目的。而人的行为是人性之外化，在构建社会主义和谐社会的今天，应该更加关注以人为本，坚持以人为本就要关注人性。格劳修斯曾说：“自然法之母就是人性，社会交往的感情就产生于此，并非由于其他缘故。”[①] 在某种程度上可以说法律是通过对人性的调整来达到规制社会之目的。爱护同类中幼类，是所有动物与生俱来的本能，也是进行繁衍生息的必然要求。人作为一种高级动物，自然先天就具有这种本能。人作为社会中的人，对自己的同类尤其是弱势同类有着本能的同情，爱护幼童是人类的同情心本能与利他情感的体现，是一种基本的道德规范，应将其纳入刑法的保护范围，也是以人为本的本质要求。

法律是保障人性在总体上与总趋势平衡的最后一道防线，立法者必须重视正确的人性观，坚持刑事立法以人为本，用法律的手段惩罚人性中的“恶”、弘扬人性中的“善”。刑法作为法律体系中制裁手段最严厉的基本法，更应该将某些具有严重违背人性的虐童行为纳入自己的调整范围，并通过社会示范效应消除社会“人”的本性中的“大恶”，从而促进人的内在和谐以达到社会整体的和谐。

---

① ［荷］格劳修斯：《西方法律思想史资料选编》，北京大学出版社1982年版，第139页。

三、社会需要是刑法创制的终极目标

法律以社会为基础，应与时代相适应，作为党和国家新时期长期坚持的治国方略，刑法的制定也要反映社会主义和谐社会的需要。其制定和修改既要反映社会的需求，又要规制社会中的一些异常行为，目光不断往返于刑法规范与生活事实之间，[①] 建立良好的社会秩序。针对当前愈演愈烈的虐童事件，只有依赖刑法的介入增设"虐童罪"，才能有效保护幼童的合法权益，保障社会的健康发展。

（一）符合我国当前社会发展现状，有利于构建和谐社会

我国当前处于并将长期处于社会主义初级阶段，仍是一个人口多、底子薄、社会经济发展不平衡的发展中国家。我国的社会主义市场经济还处于起步和正在发展的阶段，随着全面建成小康社会的推进，我国进入一个非常关键和敏感的社会转型期，各种社会矛盾凸显。伴随着经济社会的进一步发展，人们的生活方式也发生了巨大的改变，生活观念也发生了很大的变化，家庭模式由过去的多子女家庭向现在的丁克家族、独生子女家庭转变。父母在生育子女的观念上也从原来的"养儿为防老"转变为"一切为了孩子，为了孩子一切"，子女在成为父母精神慰藉寄托方面发挥着不可替代的功能，成为父母的"中心"，由此也应该成为整个社会的"中心"。但是伴随着生活节奏的不断加快和日益增加的社会压力，许多年轻的父母已没有足够的时间和精力细致入微地关心子女的成长，家庭教育对子女的影响与传统社会中家庭教育相比作用越来越小。同时九年义务教育的大力实施以及当前各类营业性教育机构的迅速发展，许多父母更愿意把孩子送往教育设施齐全、教育资源丰富的教育机构接受系统全面的培养。"不能让孩子输在起跑线上"的口号也促使越来越多的父母更加自觉地给孩子报名参加各种各样的教育辅导机构，虽然对幼儿进行启蒙教育确实发挥着十分重要的作用，但也产生了一些不同于传统社会以家庭教育为主的新情况，不可避免地导致幼年子女的社会化阶段提前，同时使对儿童进行监管教育的责任由家庭承担为主转向社会承担为主。幼童在社会化过程中身心方面俱处于弱势地位，本身所具有的对他人强烈的依赖性使得其更容易受到侵害，尤其在当下矛盾日益凸显、冲突日益加剧的社会转型期，单纯依赖行政制裁措施和民事制裁手段已不能很好地维护处于社会化过程中的幼童的合法权益，频频爆发的虐童事件便是最好的证明，爱童意识低和虐童成本过低是导致此类案件频发的重要原因。只有提高虐童成本，以制裁性最为严厉的刑法予以规制才是完善立法以适应变化了的社会现实的有效措施，从而达到人自身的和谐、人与人的和谐、人与社会的和谐。

---

① 张明楷：《刑法分则的解释原理》（上），中国人民大学出版社 2011 年第 2 版，序说。

（二）有利于更好地保障人权，实现以人为本

我国《刑法》第 2 条“中华人民共和国刑法的任务，是用刑罚同一切犯罪行为作斗争，以保卫国家安全，保卫人民民主专政的政权和社会主义制度，保护国有财产和劳动群众集体所有的财产，保护公民私人所有的财产，保护公民的人身权利、民主权利和其他权利，维护社会秩序、经济秩序，保障社会主义建设事业的顺利进行”要求刑法正确发挥应有的打击犯罪功能和人权保障功能，二者相互制约相互依存。从刑法在司法实践中的运用来看，刑法的打击犯罪功能已得到很好的发挥，甚至在某些方面已超出了立法者的预期对犯罪概念进行了扩张，而人权保障机能却在“严打”刑事政策口号的号召下日益萎缩。立法者也逐渐认识到这个问题的严重性，于是开始注重在立法中加强对人权的保护，尤其是对弱势群体的保护，如《刑法修正案（八）》中增设“已满七十五周岁的人故意犯罪的，可以从轻或者减轻处罚；过失犯罪的，应当从轻或者减轻处罚”“审判的时候已满七十五周岁的老人，不适用死刑，但以特别残忍手段致人死亡的除外”等规定。然而，对未成年犯罪人的保护仍停留在 1997 年刑法修订时的状态，对作为被害人的儿童的保护却始终是空白。猥亵妇女、儿童罪，拐卖妇女、儿童罪，收买被拐卖的妇女、儿童罪等罪名将妇女与儿童作为社会能力相当的弱势群体进行同等保护虽有一定的合理性，但由于儿童尚未进行完整的社会化，身心都十分娇弱，相较于妇女对他人和社会的依赖性更强，刑法对其保护应更完善全面。同样，嫖宿幼女行为与奸淫幼女行为将刑法保护的对象仅限于未满十四周岁的女性儿童进行全面保护。

将各种各样的虐童行为类型化为虐童罪的犯罪客观要件，将更好地彰显刑法对儿童这一弱势群体的特殊保护，促使全社会形成一种尊重关心儿童的爱童意识，从而从根本上扭转虐童现象，从源头上控制针对儿童的犯罪行为，也是社会延续自身发展的需要，真正地实现以人为本。

四、虐童罪之罪名构建

（一）法条表述

在《刑法》第 260 条虐待罪后增设一条虐童罪，“以报复、取乐或侮辱为目的，虐待不满十四周岁的未成年人，情节恶劣的，处三年以下有期徒刑、拘役或者管制。犯前款罪，致使被害人重伤、死亡的，处三年以上十年以下有期徒刑”。

虐童罪，是指以报复、取乐或侮辱为目的，经常以打骂、禁闭、捆绑、限制人身自由、凌辱人格等方法，对不满 14 周岁的未成年人进行精神上、肉体上的摧残和折磨，情节恶劣的行为。为了突出刑法对幼童这一弱势群体权益的特殊保护，将虐待罪中所规制的对家庭成员中虐待幼童的行为剥离出来，纳入到虐童罪

的调整范围是必要的，也是合理的。在针对对不满十四周岁的未成年人的虐待过程中，如果不慎致使被害人重伤、死亡，是虐童罪的法定加重后果；如果在虐童过程中，行为人超过了虐待的限度，明显有伤害或杀害的故意的，应认定为故意伤害罪或者故意杀人罪。在这种情况下，如果除了这次故意伤害、故意杀害行为，以前的虐待行为足以构成虐童罪的，应数罪并罚，否则，仅以故意伤害罪或故意杀人罪论处。

（二）虐童罪与虐待罪的关系

虐童罪与虐待罪之间并不是简单的特别法条与普通法条的关系，二者主要有两点区别。第一，犯罪对象不同。将受虐对象为不满十四周岁的未成年人的情形统一纳入虐童罪的调整范围，有利于增强社会公民的爱童意识；而被剥离后的虐待罪所禁止的是共同生活的家庭成员间针对十四周岁以上的人所进行的虐待行为，如丈夫虐待妻子、子女虐待父母等。第二，犯罪主观方面不同，二者虽然都要求只能是直接故意，但对犯罪目的的要求有所不同。虐童罪要求行为人在针对幼童实施虐待行为时，主观上必须出于以报复、取乐或侮辱为特定的目的，如果仅仅是因为教育方法简单粗暴而致的动辄打骂的行为也不宜以犯罪论处；而虐待罪不要求施虐者具有特定的目的，只要情节恶劣的都可以以虐待罪论处。

（三）“虐童罪”之法条解读

首先，虐童罪所规制的虐童行为侵犯的是复杂客体。一方面对受害儿童的身心造成巨大伤害，严重影响其未来的健康发展，轻者经治疗可以痊愈，重者给受害儿童终生生活带来阴影；另一方面，这种行为也严重侵犯了社会存在发展所必需的善良风俗，拷问了人们的道德良心。其中，对受害儿童的侵害是显性的，对社会的侵害是隐形的，但从刑法规制的视角来看，后者的实质可罚性远远大于前者。

其次，行为人主观方面是故意，而且只能是直接故意，并具有报复、取乐或侮辱的目的。如果行为人对幼童实施的殴打辱骂行为不是以报复、取乐或侮辱的目的，则不构成本罪。如果其行为符合其他犯罪成立要件的，应以相应犯罪论处。

再次，虐童行为是否达到“情节恶劣”的程度。虐童罪必须是虐待行为达到“情节恶劣”才能构成，一般认为情节恶劣与否要从虐待的手段、持续的时间、施虐者的身份、受害人的年龄、社会影响、后果等方面进行综合评价。所谓情节恶劣，主要表现为：虐待手段残忍，持续时间长，受虐幼童众多，动机卑鄙，屡教不改，引起强烈公愤，等等。

和谐社会语境下的人身权利研究

——以性侵未成年人为视角

黄 理

未成年人是社会的希望和未来，未成年人的健康发展是构建和谐社会的目标之一。一个未成年人的健康成长关系到一个家庭的幸福，一个家庭的幸福关系到一个社会的稳定与和谐。① 未成年人由于年龄较小，正处于身心发展阶段，与成年人相比，无论是生理上，还是心理上，都非常不成熟。因此，对于未成年人，社会应当予以特殊的关注和保护。近年来，我国以未成年人，尤其是儿童、幼女为侵害对象的刑事犯罪呈不断上升趋势，主要犯罪类型有奸淫幼女、强制猥亵儿童、嫖宿幼女等，大部分的案件涉及未成年人的人身权利侵害，尤其是“性权利”。在新的犯罪形势下，如何打击侵害未成年人“性权利”的犯罪，遏制不断上升的犯罪势头，是我国亟须解决的问题。

一、关于性侵在校女生、猥亵女童案件的现状

未成年人由于身心发育尚未完成，缺乏辨别和控制自己行为的能力，自我保护意识不强，成了社会中较为特殊同时也是较为“弱势”的群体。相对于未成年人的“弱势”，成年人无疑是属于“强势”的一方，成年人拥有的成熟心智和丰富的社会经历，理应能够给未成年人提供成长指导和保护；但对于一些社会不安定分子，这种“强势”就有可能转化为对未成年人下手的动机，甚而直接行动给未成年人带来危害。

近年来，在全国各地频频发生性侵在校女生、猥亵女童案件。在2009年，媒体报道了震惊全国的“贵州公务员嫖宿幼女案件”。此案中，被告人袁某是社会闲散人员，其伙同女友采用哄骗、利诱、以打毒针、拍裸照威胁等方式，多次组织幼女进行卖淫活动，牟取暴利，卖淫对象包括政府官员、司法干部、教师等公职人员。涉嫌犯罪的被告人除首犯袁某以“强迫卖淫罪”被判无期徒刑，其

作者简介：黄理（1989—），男，湖南湘潭人，西南政法大学法学院刑法专业硕士研究生。

① 秦前红：《和谐社会构建与未成年人保护》，载《中国妇运》2007年第6期。

他被告俱以“嫖宿幼女罪”定罪处罚。2013 年 5 月份，海南万宁“小学校长开房事件”被媒体曝光。此案一经报道就受到了社会各界的强烈反响。据报道称，5 月 8 日，海南省万宁市后郎小学 6 名小学女生集体失踪，引起了老师和家长的恐慌不安。在 5 月 9 日至 10 日之内，6 名女生先后被找到，但找到她们时其“精神恍惚”，身体表面“有瘀痕”，经过医院检查，证实 6 名女生下体都受到不同程度的侵害。案发后，万宁警方介入调查，以涉嫌猥亵儿童罪申请逮捕了犯罪嫌疑人万宁市第二小学校长陈某以及政府职员冯某。同年 1 月份，在安徽潜山，一名小学校长杨某被人报案在 12 年的时间里，先后对 9 名女童实施性侵犯，涉案的被害人最大已经 20 岁，最小的 9 岁。此案是近年来少见的性质极为恶劣的性侵女童案件。同一时间段内，在湖南嘉禾曝光了小学教师以“上课不专心”为由强制猥亵多名女生案件，在山东青岛也出现了幼儿园保安猥亵男童案。

在短短的几年里，媒体先后曝光了多起性侵在校女生、猥亵女童案件，引起了民间舆论的极大愤慨和社会各界的高度关注。尤其是在 2013 年 5 月份中，在一个月的时间里就有二十余起奸淫幼女、猥亵儿童、嫖宿幼女的案件发生，案发地点为校园或者是幼儿园，涉案的犯罪嫌疑人多以教师为主。如果说 2009 年的“贵州公务员嫖宿幼女案”只是给社会敲响了警钟的话，那么 2013 年集中爆发的“校园性侵案”已经实实在在地触动了社会敏感的神经。

二、关于性侵在校女生、猥亵女童案的成因分析

（一）教育监管制度缺失

在近几年发生的奸淫幼女、猥亵儿童、嫖宿幼女的案件中，我们可以总结归纳如下特点：第一是犯案人员中，政府公职人员、教职员工等直接参与少年儿童管理或者是教育工作的人员比例不断上升。第二是犯罪对象上，案件的被害人多为在校就读或者是正在教育机构接受教育的女生或儿童，其自身防护能力极为薄弱。第三是犯案手法上，犯罪嫌疑人大多利用其身份及其职权便利，采用利诱、哄骗等手法与幼女发生性关系，在事后则以其教师或者公职人员的身份威胁和控制受害的幼女，不准其告发，以达到长期满足其亵玩的目的。从以上几点我们可以看出，校园性侵案件的频频发生，与社会管理制度存在的巨大缺陷有很大关系。

目前来说，我国保护未成年人制度建设是不够完善的，特别是上述侵害未成年人案件中所暴露出来的教育管理体制的严重缺陷。首先，对于教师的选拔工作粗疏，教职工队伍良莠不齐。教师选任实施的是竞争上岗制度，学校选择老师时首要看重的是老师的“学历以及工作经验”，对于“德行”的考核则非常宽松，甚至于没有。某些社会不良分子甚至可以伪造“学历”就轻轻松松地踏上了教

书育人这一神圣的岗位。如此宽松的“口子”给学生利益保护埋下了极大隐患。其次，注重效率的教育环境，容易忽视学生利益。在曝光的案件中，我们可以看到，受害的大多数女生都没有甚至于不敢向家长或者学校反映，一直到家长或者其他人发现了“不对劲”的情况后案情才渐渐浮出水面。这固然与犯罪嫌疑人善于利用身份控制受害女生有关，同时从一个侧面也反映出了我国目前这种“只看学生成绩，不问其他”的教育背景给犯罪嫌疑人实行犯罪行为提供了便利条件。最后，学校内部管理体制严重不足。学校对于老师的评价体制是以升学率等业绩为重，只要老师能够拿出让校方满意的成绩，那么学校尽可放任老师“大胆施为”，甚至于“为非作歹”，完全漠视学生的利益，对于教师监管力度不到位乃至于根本没有，放任了某些教师的不良行为或者犯罪行为。

（二）未成年人的社会保护力度不够

家庭、学校是未成年人，尤其是少年儿童成长活动的主要场所。家长和老师直接承担着教育、抚养未成年人的职责。在我国目前的社会环境下，一方面是家庭保护的不到位，作为未成年人监护人的家长忙于工作和生计，尤其是在农村地区，大量青壮年外出打工，遗留了很多留守儿童和青少年，他们很少甚至基本得不到来自家庭的关爱和保护。另一方面是学校责任分配不明，在目前“功利化”的教育体制下，学校教学都向“升学率”看齐，无论是在小学、初中还是高中，重视学生的知识灌输却忽视学生的基本素质培养和权益保护，只有当问题暴露，学生的利益遭受巨大侵害以后，学校才做出反应，这种重事后检讨、忽视事前监管的做法让人痛心疾首。学校、家庭保护未成年人力度的缺失，理当由社会承担起弥补之职责。但是，我国社会保障未成年人权益制度建设是非常欠缺的，已颁行的两部法律《未成年人保护法》和《预防未成年人犯罪法》除了在立法精神上能够起到指导作用外，实践中应用的非常之少。而我们看到社会中侵害未成年人权益之行为却是层出不穷，大有上升之趋势。在目前的情势下，我国应当及时制定法律法规，首先应当明确规定学校保护、教育未成年人之职责，详细规定事前的监督以及事后问责体制，不能放任部分学校对于未成年人权益侵害“袖手旁观”的态度。其次，鉴于我国侵害未成年人犯罪行为的大量涌现，如“校园性侵案”“虐童案”等，我国刑事领域应当及时出台政策，严厉打击侵害未成年人的犯罪行为。

我国刑事立法对于性侵幼女犯罪行为有较为严厉的立法规定。《刑法》第236条第2款规定：“奸淫不满十四周岁幼女的，以强奸论，从重处罚”，同时在强奸罪中规定了奸淫幼女法定刑升格情形。但是在司法实践中，存在许多问题。例如在强奸罪之外另设嫖宿幼女罪，规定“嫖宿不满十四周岁幼女的，处五年以上有期徒刑，并处罚金”。这一规定人为地将幼女区分为良家幼女和卖淫幼女，给部分被害未成年少女贴上了“污名化”的标签，造成二次伤害，既不合社会道德风俗，也有悖人道主义原则。自嫖宿幼女罪设立以来，无论在学界还是司法实务界都产生了相当大的争议，废除之声不绝于耳。① 再如《刑法》第237条猥亵儿童罪中，法定刑升格的情形仅仅规定了“聚众或者是在公共场所猥亵儿童”而忽视了其他的严重情形，不利于打击猥亵儿童的犯罪情形。同时，对于一些轻型的，例如性骚扰未成年人，强迫未成年人看淫秽录像带等尚不构成犯罪的行为，我国缺乏相应的刑事政策进行规制，这对于全面保护未成年人显然是十分不利的。

三、保护未成年人特殊“性权利”刑事政策思考

（一）取消嫖宿幼女罪

“贵州公务员嫖宿幼女案”中参与嫖宿幼女的被告人俱以“嫖宿幼女罪”定罪，案件结果一出台，立刻引起了社会各界广泛争议和质疑，“重罪轻判”“包庇纵容公职人员犯罪”等呼声在各大网络平台频频出现，由此再度引发人们对于嫖宿幼女罪的存废之争。

我们认为，嫖宿幼女罪之设定有诸多不合理之处。首先，嫖宿幼女罪的设立造成了立法混乱。我国《刑法》第236条规定：“奸淫未满十四周岁幼女的，以强奸论，从重处罚。”这表明了我国刑事立法者认识到了幼女正处于身心发展阶段，其特殊的生理和心理特征都决定了幼女不适宜性交行为，因此刑法对于其性权利给予特殊保护，否认其有性同意能力，只要行为人明知是幼女而与之发生性交行为，俱以强奸罪从重处罚。而嫖宿幼女罪无疑是在立法上变相承认了幼女有性自主权，立法者认为“卖淫幼女”能够对于自己与成年人发生性行为的性质和后果有十分清楚的认识，为获取金钱或者其他利益，主动自愿地与成年人发生性关系，因此不构成强奸罪而成立嫖宿幼女罪。同样是处于生理发育期没有“性行为辨别能力”的少女，同样是保护未成年少女“性的绝对不可侵犯”法益，立法规定将幼女区分为“良家幼女”和“卖淫幼女”，一方面否认良家幼女没有性自主权，而一方面承认卖淫幼女有性同意能力，这无疑是非常荒谬的做法。②

其次，在司法实践中，嫖宿幼女罪量刑效果值得质疑。从表面上来看，嫖宿幼女罪的起刑点为5年有期徒刑，而强奸罪只有3年，嫖宿幼女罪似乎比强奸罪规定得要重。但是刑法第236条规定“奸淫幼女”是从重处罚情节，其量刑至少为5年以上。另外，在最高刑上，强奸罪最高刑死刑明显高于嫖宿幼女罪最高刑

① 乔丽品：《良法？恶法？——嫖宿幼女罪存废之争》，载《理论前沿》2013年第1期。

② 但未丽：《嫖宿幼女罪存废之再思考》，载《中国刑事法杂志》2012年第12期。

15年有期徒刑。嫖宿多名幼女、聚众嫖宿幼女、嫖宿幼女造成重伤或死亡结果的，其犯罪行为的社会危害性不会低于奸淫多名幼女、奸淫幼女情节恶劣的犯罪行为，但前者最高刑期为15年有期徒刑，后者则可判无期徒刑或死刑，害恶性相等的犯罪行为却“同害异罚”，这既不符合刑罚的报应性规定，也缺乏刑罚功利性的依据，是刑事立法一种明显不合理的选择。再次，嫖宿幼女罪为犯罪分子逃脱罪责开了方便之门。① 幼女缺乏辨认和控制自己行为的能力，其自我防范意识不高，因此容易成为犯罪分子下手对象。同样明知是与幼女发生性关系，成年犯罪人使用强迫、威胁的手段会被以强奸罪从重处罚；而使用所谓的“交易”方法，即以物质或者给予其他利益为代价与幼女性交，则很有可能逃脱罪责，被处以“刑罚较轻”的嫖宿幼女罪。同样是幼女性的绝对不可侵害权，不同的手法却导致了不同的罪名，甚至可能被重罪轻判，这不能不说是对犯罪分子犯罪行为的变相纵容。嫖宿幼女罪从某种程度上说为权势者（例如贵州嫖宿幼女案件中的政府公务员，以及海南校长开房案件中涉案的小学校长和政府职员），逃脱罪责，重罪轻判，开了方便之门。

（二）修改猥亵儿童罪的法定刑

在2013年5月中媒体连续披露了数起猥亵儿童案件，其中有湖南嘉禾教师猥亵女童案、河南桐柏教师猥亵女童案、山东青岛幼儿园保安猥亵男童案等。这些案件的犯罪分子大多与儿童的教育和管理工作有关，其利用职务之便，多次实施猥亵儿童的行为。我国《刑法》第237条规定了强制猥亵、侮辱妇女儿童罪，对于猥亵儿童的，比照猥亵妇女罪从重处罚。该罪设定了两个法定刑格，基本刑格为5年以下有期徒刑，当犯罪中有聚众或者在公共场所猥亵的情节时，法定刑升格为5年以上有期徒刑。我国刑法对于猥亵儿童罪的规定是相对合理的，猥亵儿童罪的社会危害性比强奸罪（奸淫幼女）的社会危害性低，其法定最高刑15年有期徒刑低于强奸罪最高刑死刑，具有刑罚序的合理性，符合刑罚报应性和功利性相统一的规定。但是，其规定亦有不足一面，其中最为明显之处是法定的情节加重犯中只规定了“聚众或者在公共场所猥亵”两种加重情形。而当下猥亵儿童犯罪出现了“犯罪人员复杂化、犯罪形式多样化”等特点，旧有刑罚设置不利于打击害恶性与“聚众或者在公共场所猥亵儿童”相等之犯罪行为，不符合刑罚报应性之规定。因此，我们认为，在第237条猥亵儿童罪中，应将法定升格刑规定为“聚众或者在公共场所猥亵，或者有其他严重情节的”，其他严重情节包括“特定人员实施猥亵行为，例如教师、公职人员，行为性质较为恶劣的，猥亵导致严重后果的”。在法定刑升格中规定恶性严重的犯罪行为较重刑罚不仅

① 王威：《嫖宿幼女罪争议问题解读》，载《中国检察官》2012年第11期。

满足了刑罚报应性的要求，同时能够较好地起到特殊预防与一般预防作用，符合刑罚功利性的规定。

（三）颁布“特殊禁止令”

对于实施奸淫幼女、猥亵儿童犯罪之外的轻型侵害未成年人人身权利的不良行为，例如对于青少年性骚扰，强迫青少年观看淫秽录像带等社会危害性尚不构成犯罪的行为，出于特殊保护未成年人权利之考虑，我国刑事政策领域可以出台相关之“特殊禁止令”。该“特殊禁止令”的适用条件为“曾有对未成年人实施过性骚扰，传播淫秽录像带等行为，不构成犯罪，受到治安处罚的”，适用对象为“有以上不良行为之成年人”，特殊禁止令的内容为：“在一定时期（一年到三年不等）之内，禁止从事任何有关未成年人的教育、医疗、就业、保险等行业，禁止进行收养儿童、抚养儿童等民事行为，直至考验期满。”“特殊禁止令”作为治安管理处罚的附带强制措施由公安机关做出治安管理处罚时颁布，由社区矫正机构配合公安机关执行。成年人实施的对未成年人的不良行为由于其社会危害性程度尚不构成犯罪，仅仅属于治安管理的范围，因此不宜动用刑罚进行处罚。但同时，由于其侵害对象大多为未成年人，治安处罚之效果不足以防止其再实施危害未成年人身心健康的行为。未成年人是国家需要特殊保护的群体，为了保障未成年人最大限度地免受来自社会不良分子的影响，对于有该类行为者宜适用国家强制力最大限度地隔绝其与未成年人之直接联系，限制其实施不良行为的条件。

（四）建立专门审理未成年人案件的少年法院

有鉴于我国目前严峻的侵害未成年人权益的犯罪形势，我们认为在刑事程序法上，有建立专门的少年法院主管此类案件之必要。从已判决的“贵州公务员嫖宿幼女案件”到目前正在审理的“海南小学校长开房事件”等诸多性侵犯少女、猥亵儿童案件，司法机关从立案、逮捕到最终判决，受到了来自各方面的质疑。最大质疑之一就是案件中涉案未成年人个人隐私信息保密工作做得很不到位，关于被害未成年人个人身份乃至案情细节被各种渠道流传出来。《刑事诉讼法》规定了已满 14 周岁未满 16 周岁的人犯罪不开庭审理，但对于未成年人作为被害人的案件却没有明确表示审判是否公开，例如上述的猥亵儿童案件等。我们认为，当未成年人作为刑事被害人时，其隐私是应当受到特殊保护的，因此，审理未成年人被害案件，一般情况下应不予公开审理。为保护未成年人的隐私及其他情况，建立专门的审理未成年人犯罪、未成年人刑事被害案件的审判机构就尤为必要。这不仅仅是为了追求司法公正和效率，而且能够最大限度地考虑未成年被害人之利益，充分听取其诉求，保障结果公正之余，尽可能地减少来自社会的对于未成年人未来成长的不利影响，确保刑事被害未成年人有一个与同龄人一样的平等成长环境。

结 语

频发的性侵幼女、猥亵儿童案件无疑深深地刺痛了社会大众的神经，尤其是政府公职人员、教师实施的性侵在校女生、猥亵女童的犯罪行为，已经大大突破了社会能够容忍的底线。加强校园制度监管力度，确立严厉打击侵犯未成年人人身权利的刑事政策，依法保护未成年人身心健康，保障未成年人有良好的成长环境，不仅是我国刑事制度改革，亦是社会各项制度建设必然的选择方向！

和谐社会语境下的人身权利研究

——浅析死刑犯生育权问题

贾园园

和谐社会是我国现阶段全国人民共同努力先要实现的奋斗目标。我们所建设的社会主义和谐社会是民主法治、公平正义、诚信友爱、充满活力、安定有序、人与自然和谐相处的社会。[①] 其要求社会关系协调和谐，社会各阶层和谐，人与自然、社会的和谐。我国犯罪人员基数很大，其可以作为我国社会中比较特别的一个利益团体，我们要想达到社会的和谐，就不能忽视与犯罪分子相关的制度建设，要在法治的理念指导下，正确处理其存在的问题和保障他们的权利。

一、死刑犯生育权问题的提出

死刑是刑法中最严厉的刑罚手段，用以惩治严重犯罪分子。由于我国现实的社会条件的不允许，废除死刑还有很长的一段道路要走。在不能废除死刑的情况下，我们更应该关注对死刑犯权利的保护。生育权作为人身权利的基本权利之一，在和谐社会下死刑犯是否具有生育权，值得我们重视和思索。

我们要构建的和谐社会，是要求全社会的和谐发展，保障人权，维护人应该有的权利的社会。首先从整体来看，构建社会主义和谐社会，我们要处理好阶层和利益团体之间的和谐问题。犯罪分子组成的特殊的利益阶层，是我国不能忽视的一个特殊团体，能否处理好其问题关系到社会主义和谐社会的建设。所以为了处理好各阶层利益，建设和谐社会，我们需要关注并且保障其权利。死刑犯作为其中重要的一部分，我们也必须重视对其权利的保护。

再者从个体看，死刑犯虽然触犯了法律，但是他们毕竟也是社会主义社会的一员。和谐社会是一个保障人权，以人为本的社会。生育权作为人身权利的基本权利之一，在和谐社会条件下死刑犯是否具有生育权，我国立法存在着空白点，

作者简介：贾园园（1989—），女，河北省石家庄人，西南政法大学法学院刑法专业硕士研究生。

① 胡锦涛：《在省部级主要领导干部提高构建社会主义和谐社会能力专题研讨班上的讲话》，《人民日报》2005年6月27日。

为了更好地构建和谐社会，保障人权，死刑犯生育权的问题值得我们重视和思索。

最后在实践中，在我国死刑犯生育权的问题引起讨论是由于一起案件。2001年5月29日浙江省舟山市某公司员工罗某因琐事与经理发生争执，失去理智将对方当场打死，被舟山市中级人民法院判处死刑。在向浙江省高级人民法院提出上诉期间，他的新婚妻子向当地两级法院提出了一个在传统司法实践看来很荒唐的请求：借助人工授精怀上爱人的孩子，为丈夫延续香火。两级法院分别以从来没有过类似的先例、无法律规定为由拒绝了该死刑犯妻子的生育请求。2002年1月18日，罗某被执行死刑。① 该案一经媒体报道，就在全国范围内引起了巨大的关注，随之法学界开展了一场关于“死刑犯是否享有生育权的问题”的大讨论。

关于死刑犯生育权的问题，在以人为本的和谐社会中，越来越受到各方的重视。在理论界，各方观点不一，存在肯定说、否定说、折中说三种观点。我们在建设和谐社会的历史条件下，更要正视社会中存在的问题，解决不和谐因素，所以不能回避死刑犯生育权问题。

二、死刑犯享有生育权

综合各方面考虑，本人比较支持肯定说，认为死刑犯在没被执行死刑之前应该享有生育权。得出此结论主要是基于以下几点原因：

第一，在我国刑法典中明确规定，死刑是剥夺犯罪分子生命的刑罚方式。《刑法》第57条规定，对于被判处死刑、无期徒刑的犯罪分子，应当剥夺政治权利。②《刑法》第54条：剥夺政治权利是剥夺下列权利：（一）选举权和被选举权；（二）言论、出版、集会、结社、游行、示威自由的权利；（三）担任国家机关职务的权利；（四）担任国有公司、企业、事业单位和人民团体领导职务的权利。③ 上述死刑所剥夺的是犯罪者的生命，剥夺的政治权利中，没有明确提出生育权。

首先从罪刑法定原则角度分析，罪刑法定原则是对于什么行为构成犯罪，构成什么性质的犯罪，以及犯罪应承担什么样的刑事责任，应该科处什么样的刑罚，都必须由法律事先做出明文规定，或者要根据法律的明文规定来判断。④ 我国刑法没有明文规定死刑犯要剥夺生育权，所以我们不能臆想国家要在某一时间剥夺犯罪分子的生命，就等于在判决下达后，就被剥夺了生育权，这完全违背罪

---

① 聚贤：《死囚被执行死刑，其妻子要求人工授精难如愿》，http：//new s. sina. com. cn/s/449669. html.

② 《中华人民共和国刑法修正案（八）》，2011年2月25日。

③ 《中华人民共和国刑法修正案（八）》，2011年2月25日。

④ 李永升：《刑法总论》，法律出版社2011年版，第28页。

刑法定原则。

再者从法无明文禁止可行为，法无明文规定不得行为分析，从公民角度看，法律没有明文规定禁止的行为，即为许可；从国家角度看，法律没有明文规定的行为不得做。我认为虽然死刑犯是犯罪分子，但是并不妨碍他是公民，所以国家要剥夺犯罪分子的什么权利，要事先用法律一一列举出来，没有列出，就推断为没有限制。我国法律没有列出剥夺死刑犯的生育权，所以我认为死刑犯也享有生育权。

和谐社会是民主法治的社会，社会的各方面的运行必须依照法律进行，在现实中，任何人不能凌驾于法律之上，任何行为都不能超越于法律。很明显从法律中找不到剥夺死刑犯生育权的依据，所以笔者从此点出发，认为死刑犯是享有生育权的。

第二，我国死刑是适用于罪行极其严重的犯罪分子，剥夺其生命权目的是在消灭犯罪者本身，阻止其再犯罪，防止其社会危害性，达到保护国家、社会和人民的目的。但是如果剥夺其生育权又起到了什么作用呢？死刑犯行使生育权，诞生一个新生命，不会使他又有再犯罪的机会，也不会增加其犯罪的能力。对于一个新生命，也不可能说会危害社会，危害人民。所以，剥夺死刑犯的生育权没有任何意义，对于预防犯罪、保护人民没有什么作用，达不到刑罚的目的。所以我认为没有必要剥夺死刑犯的生育权，他们是可以享有生育权的。

第三，公民的生育权是一项基本的人权，公民的生育权是与生俱来的，是先于国家和法律发生的权利。作为人的基本权利，生育权与其他由宪法、法律赋予的选举权、结社权等政治权利不同，是任何时候都不能剥夺的。在2006年，以色列的一名被判处终身监禁的极端杀人犯伊加而·拉米尔向法院申请：希望可以通过人工授精的方法行使其生育权。最后以色列高等法院准予伊加而通过人工授精的方法行使生育权，使其妻子怀孕，达到传宗接代的目的。在国外，很多国家废除了死刑，终身监禁是最严厉的刑罚，但是在这种条件下，还是会保障犯罪分子的生育权，作为一项基本的人权，它是不能被国家法律随意剥夺的。和谐社会是一个开放的社会，能够不断吸收世界先进思想。所以在构建和谐社会的理念下，我们要跟上世界人权保障发展的潮流，承认死刑犯享有生育权，并且正确认识生育权的本质，在死刑犯没有被执行死刑之前，要明确此阶段死刑犯是享有生育权的。

第四，中华民族是一个古老的民族，有着鲜明的民族性格特色。追溯历史，我们可以发现，中国人非常重视传宗接代，重视子嗣。《孟子·离娄上》说：不孝有三，无后为大。[①]《十三经注述》中专门解释了“无后为大”的含义即不结婚生子，为不孝，其为所说的三种不孝中最严重的。直到21世纪的现在，我们民族还是一直很重视子嗣问题，没有孩子是一个家庭中很严重的问题。而且我们实施计划生育以来，很多家庭中只有一个孩子。如果一个家庭中只有一个儿子，并且犯罪被判处死刑，他的处死，会留下自己孤老的父母，这就会产生民间所说的“绝户”，就是没有孩子可以继承香火，断了一个家庭的延续命脉。这个结果是非常伤害其他家庭成员感情的，会使死刑犯父母产生巨大的精神压力和生活负担。此情况下这个家庭是多么希望能留下这个死刑犯的孩子，可以弥补感情上的问题，给父母带来安慰。允许死刑犯享有生育权也有着重要的历史参考。在古代法律中就有规定：“凡依行处死者，新婚未同房，特许新妇入狱一夜，下不为例。”[②] 根据我们的伦理道德的思想和计划生育实施后的现实国情和民族感情，我们更应该认真思索关于死刑犯的生育权问题，我们不能武断剥夺死刑犯的生育权，所以我认为死刑犯是享有生育权的，虽然实施此项权利有重重阻碍，但是我们要肯定其享有此项权利。

第五，生育权是指具有合法婚姻关系的男女依照法律规定享有决定是否生育、何时生育和生育子女数量的权利。[③] 我们可以从生育权的概念看出来，生育权是男女双方的彼此联系的权利，具有一定的自主性。假设我们剥夺了一名男性死刑犯的生育权，如果他有妻子，我们就等于同时剥夺了其妻子的生育权，即使其妻子没有任何违法犯罪行为。从死刑犯一审被判处死刑，到二审，再到死刑复核，再到执行死刑，这期间被关押，其妻子与他的婚姻关系在此期间并没有解除，如果我们认为已经剥夺了其生育权，不能通过任何方式行使，其妻子也就不能自主决定生育问题，她的生育权也等于被我们强行剥夺。这是违背法治精神的。我们和谐社会的法治要求公平正义，其妻子在没有任何过错的情况下，被强行剥夺了生育权，这是违公平正义的法治精神的。为了维护公平正义的法治精神和无辜者的权利，所以我认为在此期间死刑犯享有生育权。即使我们现在不一定能保障其实现生育权，但是我们不能否认权利的存在，其实现需要等到各方条件成熟。

三、死刑犯实现生育权的现实阻碍

笔者认为死刑犯享有生育权，但是也不得不承认在现阶段的中国法制体系

① 《孟子·离娄上》。

② 《大清律例》（中国清王朝制定，草创于顺治三年，经康熙、雍正、乾隆三朝的完善基本定型，一直在清朝实行，直到其灭亡）。

③ 杨东霞：《生育权初探》，载《云南大学学报》（法学版）2007年第6期。

下，死刑犯生育权的实现还要一段很长的路途要走。笔者认为死刑犯生育权的实现存在着以下几方面的现实阻碍：

（一）法律理论上的阻碍

第一，我国现阶段没有法律规定死刑犯生育权的问题，既没有否认死刑犯享有生育权，也没有肯定，所以造成了法律方面的空白，造成了社会各界的迷茫，使得法院遇到这种问题不知所措，只能选择回避。但是在当今社会发展的趋势下，关于死刑犯是否享有生育权的问题和怎么实现生育权的难题，一定会不断出现。我们司法部门不可能一直采取回避的态度，搪塞死刑犯和其家属，这样会造成更多不和谐因素，不利于和谐社会建设的大局。所以我们法律要制定关于死刑犯享有生育权的法律规范和死刑犯怎么实现生育权的具体细则，弥补法律空白。

第二，部分学者提出对于女死刑犯生育权的实现，可以采取代孕的方式，但是我国现在不允许代孕，《人类辅助生殖技术管理办法》中明确指出不允许代孕，所以这么做是违法的。如果为了保障女死刑犯生育权的实现，国家允许代孕的话，就需要再专门制定关于代孕这方面的法律规范，这是一个巨大的工程。其中代孕还要受到技术的限制，什么资质的医院和医生可以进行，这又会产生医学方面的一系列问题，需要制定庞大复杂的医疗制度，不是一朝一夕可以实现的。并且代孕又与我国传统伦理道德产生一定的冲突，很可能会产生一些社会问题，也是需要我们考虑的问题。

第三，我国《刑法》第 49 条规定：犯罪时候不满十八周岁的人和审判时候怀孕的妇女，不适用死刑。[①] 即使要执行死刑时发现怀孕的妇女也要停止执行死刑。所以我国女死刑犯要实现生育权比男死刑犯实现生育权有更大的难度，女死刑犯生育权的实行与现行法律存在冲突，如果让女死刑犯怀孕，岂不是就不能对其实施死刑了，这会成为女死刑犯逃避刑法处罚的一种手段。如果不能处理好相关问题，只要女死刑犯一行使生育权，就不能实现刑罚，使法院判决成为一纸空文。但是我国提倡男女平等，我们不可能只保障男死刑犯的生育权，而因为女死刑犯的生育权实现更困难而不保障。所以这是一个现实的问题，需要法学界、医学界等更多方面出谋划策，来解决此问题。

（二）现实实践中的阻碍

第一，生育权不仅仅是合法夫妻按照自己意志生育子女的问题，还包括父母对子女的责任问题。在此我们不得不考虑死刑犯未来子女的利益。保障死刑犯生育权留下的子女，会处于单亲家庭中，并且有一位死刑犯的父亲或者母亲，我们要考虑到其未来生活的保障，现实社会中的压力会不会对其健康成长产生不良的

---

① 《中华人民共和国刑法修正案（八）》，2011 年 2 月 25 日。

影响等现实问题。不能仅仅只顾实现生育权而忽视对于子女的利益的保障，这是一个同时需要解决的难题。

第二，死刑犯中不只是有已婚的，还有未婚的死刑犯。未婚的死刑犯没有配偶，所以其生育权的实现，会比已婚死刑犯的实现更复杂。我们承认死刑犯享有生育权，但是并不保证其一定实现其生育权。其生育权的实现是需要各方面条件的，需要其自己或者家庭提供，我们政府对于其生育权的实现提供力所能及的保障。但是例如其家中的妻子不愿意，我们不能因为要保障死刑犯的生育权的实现而强制要求其妻子，这还是要在自愿平等的条件下进行的。未婚死刑犯生育权的实现比已婚死刑犯更加复杂，怎样审查确定接受人工授精妇女的自愿性和保障其利益，是我们需要思索解决的难题。

第三，现实中，如果保障死刑犯的生育权的实现，由于现在医学技术的限制，人工受孕的成功率还不能保证百分之百，在规定期限内如果还没有成功，或者成功后，妻子不小心流产，又申请的，如何处理。这些都关系到这方面整个法律制度的构建和实践中的操作性，是不能忽视的问题。

结　语

在和谐社会中，我们要保障社会成员的人身权利，并且使人可以全面协调地发展。死刑犯罪分子虽然触犯法律，但是其毕竟是我们社会中的一员，其应享有的权利，我们必须予以保障。所以作为基本人身权利之一的生育权，我们认为死刑犯是享有的，并且应该在一定条件下保障其实现。但是其实现不是一朝一夕的事情。在目前法律制度框架下，死刑犯生育权的实现存在很多的阻碍。生育权也是人类基本的权利之一，在世界人权发展的趋势下，迟早世界各国都会对死刑犯生育权做出相关的规定，并且会落实保障死刑犯的生育权。所以我们要走在人权保障的前沿，并且为我国法治完善而努力，从法律规定的制定到相关制度的落实实施都要切切实实保障死刑犯的生育权。

和谐社会语境下的人身权利研究

——兼谈人身权利保护存在的问题及解决方案

唐大淋

民主法治是社会主义和谐社会理论的一个基本特征。民主法治是解决各种矛盾，实现社会和谐的基本途径。民主是指人民当家做主，即充分保障公民的各种权利，其中人身权利是公民的基本权利，是保障其他权利之实现的基础。我国刑法第四章规定了对侵犯公民人身权利、民主权利犯罪行为的处罚。在此，对公民的人身权利和民主权利规定在一章中也是因为人身权利是民主权利的基础，如果没有人身权利就无所谓民主权利。自刑罚产生以来，侵犯人身权利的行为就已经成了重点关注的对象。从古今中外的刑法发展史上看，对人身权利的保护取得了重大的进步，尤其是近代个人主义思潮的发展，促进了公民对个人权利的追求。

一、人身权利的内涵和外延

我国没有相关法律文件对人身权利的概念进行专门的全面的阐述，关于人身权利的内涵和外延，只有从一些零星的法律规定中来寻找。

（一）人身权利的内涵

宪法是我国的根本大法，规定了社会生活中应该遵循的基本原则，具有最高指导作用，一切国家机关和个人的行为都不得违背宪法，一切部门法的制定也不得违背宪法。宪法第二章规定了公民的权利与义务，公民享有人身自由，人格尊严，住宅不受侵犯，等等。这里用列举的方法规定公民享有的人身权利，不涉及人身权利的内涵。在民事法律领域，也有规定人身权，所谓的人身权，又称人身非财产权，是指民事主体依法享有的，与其人身不可分离而无直接财产内容的民事权利。[①] 它是民事主体进行民事活动不可或缺的基本权利，有几个特点，一是与主体的不可分离性，即专属性，二是非财产性。在刑法中，第四章是侵犯公民人身权利、民主权利罪，这章既包含了人身权利，又包含了民主权利，造成我们

作者简介：唐大淋（1988—），女，重庆铜梁人，西南政法大学法学院刑法专业硕士研究生。

① 张玉敏主编：《民法》，高等教育出版社2007年版，第167页。

没法通过该章判断人身权利的内涵与外延。当然，还有其他一些部门法，如行政法中有对侵犯公民人身权利行为的处罚，又如刑事诉讼法中有对犯罪嫌疑人、被告人人身权利的保护。学界对于人身权利的内涵有以下几种定义：

人身权利是指与公民依法享有的身体不可侵犯的权利以及与人身不可分离的权利。[①] 这种定义区分了直接针对人身的权利和间接与人身相关的权利。

人身权利就是指人的生命、健康、人格、名誉和自由的权利。[②] 直接采取列举的方法阐述人身权利的内涵。

人身权利是犯罪行为所侵犯的公民的人身和与人身直接有关的权利，不具体阐述人身权利的内容，直接在具体的犯罪中说明其是对公民人身权利的侵犯。

综上所述，由于人身权利与人具有紧密的关联性，而公民其他的权利也是建立在人身权利这个基础之上，很难具体区分出人身权利与其他一些权利的不同，尤其是在刑法第四章范围内的人身权利和民主权利。

（二）人身权利的外延

人身权利的外延是指人身权利具体包含哪些权利。宪法中规定的人身权利包括人身自由和人格尊严，住宅不受侵犯的权利；民法中将人身权利分为了人格权利与身份权利，人格权是指民事主体依法享有的为维护自己的生存与尊严而必须具备的人身权利，具体包括生命权、身体权和健康权，身份权指基于特定的身份而享有的人身权，包括亲权、亲属权等。根据刑法第四章可以将人身权利分为生命权、健康权、性的不可侵犯权、人身自由权、人格名誉权、住宅不受侵犯权。我国刑法学界一般根据这种分类来研究人身权利。

二、国际人权保护

国际人权概念是在第一次世界大战和第二次世界大战过后，经过长时间发展确定的国际通行的保护公民合法的个人权利的原则。其中最具有影响力的文件是《世界人权宣言》《公民权利与政治权利国际公约》《经济、社会及文化权利国际公约》，这三个文件被称为国际人权宪章。此外各国为顺应国际人权主义发展的大趋势，在自己的宪法性文件中规定了对人权的保护，2004 年人权概念正式进入我国宪法。欧洲人权法院是国际保护人权法院，公民的基本人权在穷尽本国司法途径后仍得不到救济的可以起诉到欧洲人权法院寻求国际保护。

由于国际人权保护在国家主权与人权的地位问题上的争议，国际人权保护发生作用的范围与程度都是有限的。国际人权法律文件的最主要的作用是确立了一

① 齐文远：《刑法学》，法律出版社 1999 年版，第 519-520 页。

② 杨春洗、杨敦先：《中国刑法论》，北京大学出版社 2001 版，第 308、316 页。

些人权保护的主要原则，如平等保护原则，法治保护原则，全面保护原则，特别保护原则，等等。[①] 另外，在内容上，国际人权保护包括了以下几个方面的内容：

第一，人身权是个人依法享有的，与人身直接有关的各项权利的总称，其构成了国际人权保护的基础。

第二，对人权的保护包含了两个方面的内容，一方面是保护公民的人身权利免受其他公民的非法的侵犯，另一方面是保护其免受国家公权力的侵犯。现代国家为防止公民对个人权利的侵犯，普遍建立起了一个完整的机制，而公权力对公民人身权利的侵犯还有一个很艰辛的过程需要去经历，这是由公民与国家所处的不同的地位决定的。我国新修订的刑事诉讼法在保护犯罪嫌疑人、被告人人身权利方面更多地与国际人权保护相衔接。

第三，在一个法治社会中，保护人权的最好的方法是建立一个良好的有效的法律体系，既增强公民保护其合法的人身权利的能力，又能够遏制国家和其他在实际上最具可能侵犯公民人身权利的机构实施侵害行为。

第四，鼓励各国做出对人身权利保护的最大程度的努力，例如，减少和严格限制死刑的使用，对少数弱势群体进行特殊保护，等等。“在现代国际人权法中，对以生命权、健康权、自由权和人格名誉权为核心的全部人身权范畴，都没有对法律可以进行干涉的等级作出任何的限制性规定，相反，鼓励各国提高对包括人身权在内的基本人权的保护水平，是现代国际人权法的重要立法精神的内容。”[②]

三、我国对人身权利的保护框架

我国对人身权利的保护在制度上已经建立起了一个完整的框架体系，仅从这点上看，能够有效地保护我国公民的人身权利不受非法的侵犯。

(一) 我国宪法对人身权利的保护

前面已经提到了2004年人权入宪，这是对人身权利的最高的保障。此外宪法通过第二章专章规定公民的权利与义务，虽然涉及的公民的人身权利的范围并不广泛，但是仍然具有重要的作用。再者，宪法中保障公民合法权利的一些原则，如法律面前人人平等的原则，在最高效力上给予公民人身权利强大的支持。宪法对各国家机关的产生，权利的行使，以及监督都进行实体性和程序性的规定，以制约公权力，救济公民的人身权利。

(二) 对人身权利的民法保护

我国没有民法典，对人身权利的保护主要集中在《民法通则》和《侵权责

---

① 王世洲：《国际人权标准与我国刑法人身权保护的发展方向》，载《法学家》2006年第2期。

② ［英］亨利·梅因：《古代法》，商务印书馆1959年版，第102页。

任法》中，民法中的人身权利与刑事法律中的人身权利有着本质的区别，一是它们的性质不一样。民法中的人身权利是民事主体享有权利的主体资格，而刑事领域中的人身权利就是指的最基本的人权。二是它们调整的权利关系的程度也不相同。民法中的人身权利虽然是一种非财产性利益，但是它最终要表现为财产性的权益，仅仅涉及当事人双方，而刑事领域中的人身权利还涉及国家和公民之间的关系。

（三）对人身权利的行政法保护

我国的《治安管理处罚法》与《行政处罚法》等行政法及一些行政规章都有对公民人身权利保护的内容。例如，对公民健康权的轻微的侵害，不构成犯罪的，根据《治安管理处罚法》的规定进行处罚。从内容上看，刑法保护的人身权利的范围与行政法保护的人身权利的范围有很多的重合的地方，二者的深度有所不同。这与行政法和刑法的性质有关。刑法作为最后保障法，解决的是其他部门法所不能解决的问题，也是最严厉的法，因此其处罚的手段也是最严厉的。

（四）对人身权利的刑事法律保护

前面已经提到了对侵犯公民的人身权利构成犯罪的行为才需要刑法和刑事诉讼法。目前，我国刑法对人身权利的保护主要是通过以下几种方式：

第一，在刑法第四章中专章规定侵犯人身权利的犯罪。我国刑法是根据主要客体的不同来进行的分类，再根据社会危害程度的不同来进行的排序①。从第四章内部来看，可以根据客体的不同分为侵犯生命、健康的犯罪，侵犯性的决定权的犯罪，侵犯自由的犯罪，侵犯名誉、隐私的犯罪，侵犯民主权利的犯罪，妨害婚姻家庭的犯罪。前面四种是侵犯人身权利的犯罪，其顺序也由其侵犯的客体的重要程度决定。

第二，此外，在其他章节的罪名中，涉及对人身权利侵犯的，有专门的规定。如《刑法》第263条规定，抢劫罪是指以暴力、胁迫或者其他方法抢劫公私财物的行为，其中暴力就涉及了对人身权利的侵犯。又如，携带凶器抢夺的行为按照抢劫罪的规定处罚，这也因为其严重的人身危险性，是对人身权利的保护。

第三，在量刑时，把对人身权利的侵害程度作为法定刑升格的条件。譬如，《刑法》第240条规定的拐卖妇女、儿童罪，犯本罪情节特别严重的处死刑，并处没收财产。其中，第3款规定奸淫被拐卖的妇女的，侵犯了妇女的性自主的权利。又如，之前提到的抢劫罪，抢劫致人重伤、死亡的也是法定刑升格的条件之一。

第四，在刑事诉讼的过程中，对犯罪嫌疑人、被告人人身权利的保护。保障

① 当然在顺序问题上一直存在着争议，这里在所不论。

人权与追诉犯罪是刑事诉法的两大价值，在过去，我国刑事诉讼以追究犯罪为主要目标，随着国际人权的不断发展和我国民主法治化建设的不断展开，保障人权被更多地引入到我国刑事诉法中来，尤其是在诉讼中的律师参与权得到了很大的发展。如，辩护律师拥有独立的辩护权，阅卷权，会见、通信权，调查取证权，提出意见权，等等，虽然在这些权利的行使上还存在很多问题，但是，至少在刑事诉讼法律中有了正式的明确的规定，这已经跨出了很大的一步。

四、我国对人身权利的保护中还存在的问题以及解决方案

从总体来看，我国对人身权利的保护有一个完整的框架，但是，在实际的操作中，现有的框架没能形成一个最有效的保护体系。其主要表现在以下几个方面：

（一）我国刑法本身规定的犯罪构成与犯罪概念关系模糊，导致了定性加定量的定罪模式的出现

《刑法》第 13 条但书规定的“情节显著轻微危害不大的行为不认为是犯罪”是罪魁祸首。这一条是一个情节性的要求，决定是否构成犯罪的标准是是否符合构成要件，由于有了第 13 条的规定，法官在司法实践中大量运用情节要素，这动摇了犯罪构成理论。因此也直接影响了对侵犯人身权利行为的打击效果。此外我国的犯罪构成理论是一个平面藕合式的理论建模，先判断犯罪客体，然后根据客体的指引来判断是否符合其他三个构成要件的要求。这样很大程度上要受到先入为主的影响，缺乏一个再判断和检查的过程。因此，采用德日的三阶层理论更为合适。

（二）从对人身权利的保护主体看，以前是忽视对犯罪嫌疑人、被害人的人身权利的保护，现在是缺乏对被害人人身权利的有效保护

根据现有的规定，刑事被害人的物质性的损害可以通过提起刑事附带民事诉讼或者单独提起民事诉讼来得到赔偿，而精神性损害是不能够得到支持的，理由是刑罚是国家公权力对侵害公民的合法权利的罪犯惩罚，既然国家已经对犯罪者进行了处罚，就应该视为对被害人情感的抚慰。国家、被害人、被告人是一个三方的结构，国家惩罚权的根据是国家不能容忍被告实施了影响社会生活正常进行的行为，因为这些行为动摇了国家存在的基础。被害人遭受了人身上的伤害，这些伤害当然应该包括精神上的损害，所以应该支持被害人精神损害赔偿请求。

此外，针对被害人损失的物质性赔偿来说，根据现有的制度，只规定了对被害人赔偿的顺序人身权要优先于财产权，被害人的损失不能得到有效的弥补。一方面被告人的能力是有限的，不能够很好地补偿被害人的损失，尤其是在被害人很多，或者是被告的经济能力极低的时候这种情况更加的明显；另一方面由于刑

事诉讼没有一个有力的财产保全制度，即使被告本来的经济能力很好，但是在诉讼中有可能早就转移了财产，致使被害人得不到应有的补偿。对于该问题，笔者建议建立国家赔偿制度，由国家先行代为赔偿，再向被告人追偿。

（三）从我国刑法所设定的犯罪圈看，它不是对类型化的行为进行惩罚的法律，而且涉及的范围大

对一些轻微的犯罪行为，这些行为因为社会危害性不大，情节不严重等情况而没有进入到刑事诉讼程序，而是根据《治安管理处罚法》的规定进入了行政程序。相对于完整的刑事诉讼程序而言，行政程序追求的是社会秩序的安定，因此效率和稳定是其基本价值，这必然导致对公民的人身权利的保护远不如刑事诉讼程序中的保护。解决的方案是完善预审制度，仍然将这些行为纳入到刑事诉讼程序中来。

第八编

和谐社会语境下的环境犯罪研究

和谐社会与环境犯罪的法律完善

韩娟娟

2012 年 11 月 8 日在北京召开了十八大，胡锦涛总书记号召大家学习十八大的精神，强调在新的历史条件下，实现社会主义的胜利要做到建立社会主义和谐社会。和谐社会的基本内容为“民主法治、公平正义、诚信友爱、安定有序、充满活力、人与自然和谐相处”。可见要实现和谐社会的构建，人与自然的和谐相处是不可或缺的部分。但是我国目前处于大力推进工业化进程的阶段，重工业的发展尤为迅速，与此同时重工业带来了严重的环境污染问题。我国目前对于环境事故多采用的是民事赔偿和行政处分、行政处罚的措施，这样的手段面对巨大的环境污染损失已经显得苍白无力，在构建“人与自然和谐相处”的和谐社会的今天，这就需要我国的刑法对环境犯罪进行规制。人与自然和谐相处是构建和谐社会不可缺少的部分，要实现人与自然的和谐相处就需要对于环境犯罪进行打击。

一、环境犯罪的概念

关于环境犯罪的概念众说纷纭，学界有各种不同观点。高铭暄教授认为环境犯罪是自然人或者非自然人主体，故意、过失或者无过失实施污染大气、水、土壤或者破坏土地、森林、草原、珍稀濒危动物等生态环境和生活环境，是有现实危害性或者实际危害结果的作为和不作为的行为。① 赵秉志教授认为，环境犯罪是指自然人或者单位违反环境保护法律，污染或者破坏环境，造成公私财物重大损失或者人身伤亡严重的后果的行为。② 笔者认为环境犯罪的概念应该着重从人和环境的和谐相处的方面，将人作为生态环境的一个元素加以考虑比较合适。所谓的环境犯罪是自然人或者法人故意、过失污染、破坏环境，造成或者足以造成环境或者其他危害的行为。

作者简介：韩娟娟（1988—），女，河北沧州人，西南政法大学法学院刑法专业硕士研究生。

① 高铭暄、马克昌：《刑法学》，北京大学出版社 2011 年版，第 55-56 页。

② 赵秉志著：《环境犯罪比较研究》，法律出版社 2004 年版，第 13 页。

（一）环境犯罪的范围

并非所有的破坏环境的行为都是犯罪，因为我们生活在环境中就必然会给环境带来不利的影响。环境有自己的承载量，在此范围内环境是可以承载的，一旦超过了就可能破坏环境。这就涉及环境行为入罪的范围问题。笔者认为进入刑法视野的环境犯罪需要满足以下条件：

1. 实质要件——严重的社会危害性

首先，环境犯罪是有社会危害性的，它是对于环境权益的侵犯。其次，这种危害的程度要达到严重。所谓的严重的标准笔者认为应以刑法具体环境犯罪的条文的规定为准。条文的确定一方面需要环保部门的专家进行检测、评估以确定一定的数据作为标准，另一方面要以社会上的普通人对环境损害的判断作为参考。陈兴良教授认为，社会危害性是要根据社会价值标准作为判断。① 日常生活中的野炊、农家的炉灶所放出的黑烟，笔者认为达不到严重的社会危害性程度，不足以进入刑法视野。

2. 形式要件——刑事违法性

刑法的基本原则是“罪刑法定原则”，坚持“法无明文规定不为罪，法无明文规定不处罚”的原则。环境犯罪以刑法典的明文规定为限。环境犯罪是违反我国刑法关于环境犯罪规定的行为。

要想对行为人的行为作为环境犯罪来加以惩处，只有同时满足以上两点要求才应该进入我们刑法规制的范围。

二、环境犯罪的构成要件

（一）犯罪客体要件

关于环境犯罪的客体众说纷纭。有学者认为，新刑法将“破坏环境资源保护罪”规定于“妨害社会管理秩序罪”一章中，表明环境犯罪所侵犯的客体是刑法所保护的环境管理和环境保护关系。② 有学者认为，破坏环境行为侵害客体中所蕴涵的人与人之间的社会关系，是通过侵害人与自然之间的平衡状态、损害他人或整个人类的生存权和生活质量的体现的。③ 笔者认为环境犯罪的客体是环境权。我国宪法以根本大法的形式规定了公民的环境权。第 26 条规定，“国家保护和改善生活环境和生态环境，防治污染和其他公害”。环境犯罪是通过侵犯一系列对象，如河流、土地等来破坏生态系统，实质上是侵犯了人们的环境权。

---

① 陈兴良著：《刑法哲学》，中国政法大学出版社 2004 年版，第 7 页。

② 陈明华、王占启：《海峡两岸环境犯罪之比较研究》，载《法律科学》2000 年第 1 期。

③ 赵秉志、王秀梅、杜澎：《环境犯罪比较研究》，法律出版社 2004 年版，第 45 页。

（二）犯罪客观要件

破坏环境主要表现为以下三种方式。第一，超过环境的承载力向环境排放有害物，如污染环境罪。第二，过度向环境索取资源，如滥伐林木罪。第三，不服从环境部门的监管。

（三）犯罪主体要件

我国刑法第346条规定："单位犯本节第338条至345条规定之罪的，对单位判处罚金，并对其直接负责的主管人员和其他直接责任人员，依照本节各该条的规定处罚。"可见自然人和单位都可以成为环境犯罪的主体，将单位纳入犯罪的主体是有意义的，一方面环境犯罪主要是通过单位犯罪的方式进行，另一方面环境犯罪是贪利性的犯罪，对单位判处罚金再配合对主要的负责人员的刑罚是有利于打击环境犯罪的。

（四）犯罪主观要件

我国目前的环境犯罪是以故意为主的，在14个罪名中除"污染环境罪"是过失犯罪之外，其余全是故意犯罪。有学者认为可以将无过失引入环境犯罪。① 因为从实践上看，证明这些责任人的主观罪过比证明犯罪本身更加困难，如果仍然恪守"罪刑法定"原则就不利于整个公共利益的保护。② 笔者认为，在中国的现状下引进无过失需要谨慎。我国目前的刑法坚持四要件，坚持主客观的统一，如果一旦引入了无过失极有可能向我国已经建立的构成要件的理论发起挑战，并且有客观归罪的嫌疑。即使未来在环境犯罪上有可能引进无过失，至少在今天，笔者认为环境犯罪的主观方面是故意和过失。

三、我国环境犯罪的现状以及产生原因

（一）我国环境犯罪的现状

据专家估计，我国每年因为环境污染损失大约2830亿元，③ 相当于94个唐山大地震所造成的经济损失。据报道全国70%的江河水系受到污染，40%基本丧失了使用功能，流经城市的河流95%以上受到严重污染；3亿农民喝不到干净水，4亿城市人呼吸不到新鲜空气；1/3的国土被酸雨覆盖，世界上污染最严重的20个城市我国占了16个，这是来自多个渠道的数据勾勒出的环境现状。④ 这些数字向我们展示了我国的环境已经是千疮百孔了，也暗示了我国环境保护的不利。然而，环境犯罪在我国的犯罪体系中所占的比例很小，在2005年水污染突

① 刘莉：《论环境犯罪的构成》，载《佳木斯大学社会科学学报》2002年第4期。

② 马克·科恩：《环境犯罪与刑罚》，载《刑法与犯罪学杂志》1992年第4期。

③ 《环境污染：中国每年损失2830亿》，http：//www.cctv.com/news/financial/20001009/159.html.

④ 《中国每年因污染造成损失达GDP的10%》，http：//www.envir.gov.cn/info/2000/10/1028064.

发事件中，只有 1 起被追究刑事责任；2006 年水污染突发事件 18 起，仅有 3 起追究了污染企业的刑事责任；2007 年的 9 起水污染事件中没有人被追究刑事责任；2008 年，5 起水污染事件中的责任人被追究刑事责任。①

（二）我国环境犯罪产生的原因

1. 环境法的立法结构有缺陷

在环境犯罪上我们已经告别了“无法可依”的尴尬境遇。我们的《宪法》《水污染防治法》《大气污染防治法》《环境噪声污染防治法》《固体废弃物防治法》等法律已经规定了环境污染的处罚。1997 年刑法在第六章妨害社会管理秩序罪中第六节设立了“破坏环境资源保护罪”，其中有 8 条，涉及了 14 个罪名。当然还有一些关于环境犯罪的罪名散见于其他的章节：危害公共安全罪中如决水罪，危险物品肇事罪；可能导致环境污染的走私罪，如走私固体废物罪；可能导致环境污染和资源破坏的渎职罪，如滥用职权罪，玩忽职守罪。整个环境犯罪章节不系统化，在应用的时候带来巨大的阻力。

2. 环境犯罪成本低

法律经济学认为，每个人都是追求自身利益或者效用最大化的理性人。他会对犯罪进行分析，认为自己的犯罪行为所带来的收益大于所承担的成本的时候就会选择实施犯罪，反之，则不会。② 在 2005 年的松花江的重大环境污染事故中，司法机关对于中石化吉林分公司给予了 100 万元的处罚，而没有追究相关当事人的刑事责任，笔者认为这是放纵犯罪。这样的处罚恰恰使人产生了环境犯罪是一种低投入、高产出的行为的错误意识。当然基于环境犯罪本身是一种贪利性的犯罪，罚金刑是必要的，但是可以对直接负责人员处拘役、管制、有期徒刑等刑罚。面对着巨大的成本，任何人都不会冒着自由被剥夺的风险去犯罪。

以上是我国在构建和谐社会中实现人与自然和谐的阻碍，要实现和谐社会，就需要所有的人一起努力，在立法、司法和执法方面进行完善。

四、和谐社会语境下环境犯罪的法律完善

（一）立法方面

1. 国内法的完善

设立专章规定环境犯罪。我们刑法中共有八大类罪，刑法类罪的划分标准是有独立的客体。但是环境犯罪不是独立的类罪，而是规定在第六章妨害社会管理

① 杜蒙：《中国水污染事件频发，刑事立法缺陷致制裁难》，载《法制日报》2009 年 6 月总第 8458 期。

② 钱弘道著：《经济分析法学》，法律出版社 2003 年版，第 362 页。

秩序罪的一节，虽然环境犯罪和社会管理秩序有一定的联系，但是笔者认为应该将环境犯罪单独成章为佳。环境犯罪有其独立的客体，应该脱离社会管理秩序章节。建议可以学习奥地利采取修正刑法的方式，对环境犯罪设立专章进行规定的做法。

2. 借鉴相关的国际环境立法，为构建和谐社会进行科学法律移植

我们目前所处的环境污染阶段，西方国家在过去的很长时间也存在。所以，借鉴西方国家的经验和教训对预防我们的环境犯罪有重大的意义，对于构建和谐社会有巨大的指导意义。第一，我们可以学习美国环境犯罪处罚上的相对重刑主义。根据美国《水污染防治法》罚金的最高额可以达到每天 25 万美元，最高刑期可以达到 15 年，如果是环境犯罪累犯的话，罚金最高可以达到每日 50 万美元，最高刑期为 30 年。我国的大部分的环境污染是通过行政和民事手段解决的，即使是有刑事责任的，刑罚也是较轻的。所以，有人说环境犯罪是低成本、高产出的，其高利润低风险吸引了很多的犯罪集团和犯罪组织参加。所以有必要通过对环境犯罪适用重刑来打击。第二，我们可以借鉴日本在环境犯罪方面的立法。日本在 1970 年创制了《公害罪法》，是世界上环境刑法单行法的先例。[①] 该法对环境犯罪的构成、刑罚、诉讼时效、管辖权等问题做出了明确的规定。这是日本之前发生的严重的环境污染的产物。我们目前没有这样的单行刑法，要预防环境犯罪的扩大和膨胀，采用刑法的手段已经成为必要。

3. 增设相关的罪名

我国的刑法只是规定了部分的较为严重的环境犯罪。其中涉及固体废物、捕捞水产品、珍贵濒危野生动物和珍贵濒危野生动物制品、非法狩猎、占用农用地、采矿、林木等内容。可见内容还不是很完善，这就需要对破坏自然保护区、开垦森林、采掘地下水资源[②]、破坏草原等行为进行限制。所以立法应该增设相关的罪名。

（二）司法方面

首先，严格按照立案条件进行立案。有立案权的机关在接到当事人的报案后，在决定是否立案的时候，要严格地按照“有犯罪事实需要追究刑事责任”的立案标准，对于符合立案标准的环境犯罪的案件应该进行立案，对于已经立案的环境犯罪的案件严格按照程序进行侦查。其次，严格按照程序起诉。对于侦查机关移送审查起诉的案件，人民检察院经过审查后认为符合提起公诉的条件，应

① 冯军、尹孟良：《日本环境犯罪的防治经验以及其对中国的启示》，载《政法视野》2010 年第 1 期。

② 张明楷：《外国刑法纲要》（第二版），清华大学出版社 2007 年版，第 660 页。

该起诉的，要依法向法院提起诉讼，追究相关当事人的刑事责任。严禁在环境犯罪的案件中通过缴纳罚金的方式替代自由刑，严禁以行政处罚的方式代替刑事处罚，做到民事、行政、刑事三种手段相互配合但互不代替。完善我国环境犯罪的公诉制度，可以在检察院中设立环境犯罪科作为其内设部门，主要负责对环境犯罪进行调查、公诉以及对后续的执行进行监督。最后，坚持公正审判。对于环境犯罪审判时要坚持“宽严相济”，一方面对于符合我国刑法规定的环境犯罪的行为进行定罪处罚，起到一般的预防的效果。另一方面，考虑环境犯罪中当事人的犯罪前后的表现，如有积极进行治理、主动缴纳罚金、自首立功等情节，可以酌情减轻处罚，做到不放纵犯罪也不违背罪刑相适应的原则。

（三）执法方面

第一，执法环节是惩治环境犯罪的主要的环节。在执法过程中，现阶段要坚持民事、行政和刑事相结合的特点。吉林石化分公司双苯厂硝基苯精馏塔发生爆炸，造成8人死亡，60人受伤，直接经济损失达到了6908万，并引发松花江水污染事件。处理结果是对12位负责人员进行党内处分，通过行政的方式解决，其中最严重的处分是撤职；对松花江污染事件的主要责任者中国石油天然气股份有限公司吉林石化分公司处以100万元罚款。有网友称这是损失巨大，处罚不力。但是官方却说，这已经是最高的处罚金额了。对于这种损失巨大的情况为什么不能采用刑法呢？刑法是最后的保障法，由于当时《刑法修正案（八）》还没有出现，可以以“重大环境污染事故罪”对相关的责任人进行刑事处罚。严格限制以罚金代替有期徒刑的做法。对于严重的环境犯罪，可以要求相关的责任人员承担三重责任：对于被害人的民事赔偿责任，行政机关的行政处罚责任和违法的刑事责任。

第二，建立双层救济机制。从纵向来说，由于环境犯罪一旦实施就会产生长久的延续性的不利后果，环境犯罪不是一次性就可以根治的，它需要很长时间的后续的观察，后续的治理。从横向来说，环境犯罪是没有国界的，它侵犯的不是某一个国家的环境权益，而是整个人类的环境权益，最终为环境犯罪买单的不是一个国家或者地区。笔者认为需要建立双重的社会救济机制：

一方面，建立国内环保基金，基金的主要来源包括国内的所有企业预缴的预防环境污染费，对污染了环境的相关人员、企业和组织的罚款以及政府的财政拨款三个部分。作用有两个，第一，当产生了环境污染的时候，一次性的对相关人员和组织的罚款是解决不了问题的。对于环境污染的后续的治理，在污染者无力承担的时候，为了防止环境治理被搁置，需要启动环境基金，环境治理不能承受等待。第二，由于环境的检测、监控、预防和治理对技术的要求很高，这就需要专门的技术和人员的支持。所以此笔资金可以经申请用于绿色技术的研发。该环境基金由环保部门统一进行管理，启用需要经过严格的审查程序，对于基金的具体的动向需要人民检察院司法监督和定期公开的社会监督两方面，以保证环境基金真正地落到实处。

另一方面，建立国际环保基金。和谐社会不仅仅是我国这一个国家的和谐，它更重要的是全人类各个国家的和谐。构建人与自然和谐的社会自然离不开全人类的努力。环境是全人类的环境，需要设立国际环保基金，国家和相关的国际组织需要按照一定的标准和规格缴纳环境保护基金。环境保护基金交由联合国的相关环境保护部门进行统一管理和使用。此笔基金主要适用于国际化的环境污染问题，比如说全球变暖、臭氧层空洞、酸雨等严重的涉及全人类的利益的污染，同时，对于经济很落后的国家的严重的环境污染进行救助。

此外，建立完善的监督机制。对于环境犯罪需要法律制度的监督、社会大众的监督和舆论监督。检察院对环境犯罪进入刑事诉讼的全过程进行监督，监督侦查程序的合法性、监督审判程序的合法性、对于环境犯罪的执行阶段进行法律监督。检察院对环保部门收取的罚款的上缴情况、专项基金的适用情况进行监督。人民大众和社会舆论对环保部门、各个企业的污染行为进行监督。

总之，笔者从我国目前规定的环境犯罪的现状及原因，以及改善等方面对环境犯罪进行了阐释。要构建和谐社会，构建和谐世界，建立人与自然和谐相处的社会，需要刑法对环境犯罪进行规制。本文的很多内容是站在了巨人的肩膀上，以期引起对于环境犯罪刑法保护的注意，并期望对我国的环境犯罪规范有所启发。

和谐社会与环境犯罪的责任追究机制

潘百强

随着工业的快速发展，环境污染、生态失衡已经成为我们难以抹去的梦魇，环境污染、生态破坏的危害之大、影响之广、贻害时间之长令人们对之深恶痛绝。为了构建社会主义和谐社会，真正实现人与自然的和谐共处，1997 年刑法对环境犯罪的规定已不能满足这一要求，虽然在《刑法修正案（八）》中对之进行了部分修改与补充，但是我国对环境犯罪规定的不足与缺陷还是显而易见的，因此完善刑罚关于环境犯罪的规定已经是迫切需要我们解决的问题。

一、环境犯罪概述

环境与刑法的结合在我国是进入 20 世纪 90 年代才出现的，发展的历史也仅仅十几年，有关环境方面的立法罪名还不能涵括一些主要的危害环境和生态的行为，环境犯罪概念需要重新界定，以确立该犯罪与其他犯罪的明确界限，同时要真正做到依法治国就必须有法可依，那么环境犯罪立法体系的完善也不容忽视。

（一）环境犯罪的概念

关于环境犯罪我国 1997 年刑法是将其作为《刑法》第六章“妨害社会管理秩序罪”的第六节“破坏环境资源保护罪”予以专节规定的，这就说明环境犯罪并非某一个实际的犯罪，而是一类犯罪的总称。当然每一类犯罪都有其特有的概念以区别于其他犯罪。但是对于环境犯罪概念如何界定，刑法理论界存在着不同的看法，笔者认为既然环境犯罪作为犯罪的一类，就必须具有犯罪的一般特征——严重的社会危害性、刑事违法性。但环境犯罪是现代社会的新型犯罪，又具有自己的一些独有特征，因此我认为定义环境犯罪既要包含犯罪的一般特征也要包含其特有特征。具体包括两种定义方式：一是列举式的，即环境犯罪要与《环境保护法》规定相一致，环境法中规定环境是指影响人类生存和发展的各类天然的和经过加工改造的自然因素的总体，包括大气、水、海洋、土地、矿藏、森林、草原、野生生物、自然遗迹、人文遗迹、自然保护区、风景名胜区等，因此

作者简介：潘百强（1990—），男，湖南邵阳人，西南政法大学法学院刑法专业硕士研究生。

环境犯罪是指自然人或单位违反国家法律法规，故意或者过失实施危害上述对象并产生客观的危害结果或者造成损害结果危险的行为；二是概括式的，即在列举式的基础上进行总结归纳，环境犯罪是指违反环境方面的法律法规，故意或过失地实施危害生态环境和自然资源，并造成人身财产损害、生态失衡、环境破坏或者有导致上述损害发生危险的行为。

（二）环境犯罪的立法体系和罪名体系

我国1997年刑法对环境犯罪是用9条14个罪名来规定的，位于刑法第六章第六节，根据现行刑法的规定，这一类犯罪侵犯的客体是国家对社会的管理秩序，但事实上环境犯罪侵犯的不仅仅是社会秩序，更为严重是这类行为破坏了自然生态系统，所造成的损害大多是持久性的和不可补救的，因此我认为环境犯罪应当设专章规定以突出其重要性；其次从环境犯罪各具体犯罪的规定来看，对于环境犯罪基本上都是采用空白罪状，这一做法使得认定环境犯罪行为的主要依据在于行政法中的附属刑法规范。然而这类附属刑法规定本身就很笼统，明确性不强，因此缺乏可操作性，从而导致刑法规范的不确定性。所以要在设专章规定的基础之上尽量减少空白罪状的采用。

根据《环境保护法》对环境所下之定义来看，环境的内容十分丰富，牵涉面很广。而刑法中规定的却只涉及了珍稀动植物、土地、海洋生物、森林这几个方面，对于其他的污染行为仅仅用一个“重大环境污染事故罪”做了一个概括性的规定，张明楷教授认为本罪经《刑法修正案（八）》修改后，主观罪过形式应当为故意。但是笔者认为，其一，环境犯罪其罪过形式应当包含故意和过失两种形式，如果仅仅规定该罪为故意犯罪，那么过失将成为行为人逃脱罪责的借口；其二，从操作性的层面来讲，对环境法规定各种对象的侵害行为都是存在差别的，因此应该把该罪拆分为水环境污染罪、大气污染罪、海洋污染罪以及噪音污染罪；其三，“重大环境污染事故罪”规定“造成重大环境污染事故，致使公共财产遭受重大损失或者人身伤亡的严重后果的，处三年以下有期徒刑或者拘役”，这一规定告诉我们重大环境污染事故罪属于结果犯，但是环境犯罪具有极大的破坏性和损害的不可挽回性，如果等到出现危害结果我们才对之进行处罚，在很大程度上缩小了环境犯罪的处罚范围，不符合人们的公平正义之观念，应当将环境犯罪的危险犯和行为犯纳入刑罚处罚的范围；其四，自然资源和生态环境是关乎人类能否实现可持续发展的载体，对它的破坏无异于对人类生存的损害，因此这一犯罪的危害性不亚于危害公共安全和国家利益，应该将这一犯罪单列一章置于与危害公共安全犯罪同等的地位。

二、环境犯罪的责任追究机制

刑事责任是犯罪行为应当承担的否定性的法律评价。相对于环境犯罪而言，环境犯罪刑事责任是指“行为人因实施环境违法行为而应当承担的法律后果”，环境犯罪的责任追究机制就是如何认定环境犯罪行为与危害结果之间的因果关系、追责原则以及责任形式。

（一）环境犯罪的因果关系认定

环境犯罪必须有证据来证明，如果没有证据来证明，也就不存在犯罪。同样，环境犯罪也必须要有证据来证明，证明是对环境犯罪惩治的前提。然而，环境犯罪的证明和其他传统犯罪及其他犯罪的证明相比存在相当大的难度，其难点在于对该种犯罪因果关系的证明，而证明的结果对行为人刑事责任的有无及刑事责任的轻重具有至关重要的影响。一般来说，传统犯罪中因果关系比较简单明了，只要遵循传统的因果关系判断的一般原理就可以判定。而环境犯罪中的因果关系判断则比较复杂，在实践中具有一定的难度。一些学者在20世纪70年代就提出了证明“公害或食品、药品公害”等犯罪的因果关系的两个难点：一是难以查清原因物质，二是难以查清“污染源头”。环境犯罪中的因果关系认定因对有害物质的排放及其危害程度的确立、检验涉及高新科学技术而无法依据一般的经验规则加以认定。如果固守传统的行为与结果之间存在内在的、合乎规律的、直接的联系就认定存在因果关系这一方法，将会把大量的环境犯罪行为排除在惩罚范围之外。为了有效地打击环境犯罪，我们需要设计一种新的因果关系认定理论来解释环境犯罪中的因果关系——疫学因果关系。

疫学因果关系理论起源于日本，根据该理论推定某种污染物质与某种疾病之间具有因果关系须具备以下几个条件：第一，该因子在发病前的一定时期内起着作用；第二，该因子作用的程度极为明显地提高了该疾病的患病率；第三，从该因子分布消长的情况来看，与记载疫学所观察的流行特征并不矛盾；第四，该因子作为原因而作用的机制能够毫无矛盾地在生物学上得到说明。概括起来说，某种因子与疾病之间的关系，在医学上、药理学上即使得不到科学证明，但是根据大量的统计、观察，能说明该因子对产生疾病具有高度的盖然性时，就可以肯定因果关系。在德国，尽管有学者对该理论提出质疑，如阿·考夫曼等认为，既然没有确定自然科学的因果法则，就不能肯定有刑法学上的因果关系，但疫学因果关系仍然在理论界得到普遍的认可，并在司法中也有运用。

鉴于环境犯罪的特殊性及传统的因果关系理论在环境犯罪领域面临挑战，为了有效地制裁犯罪、及时救济受害者，在追究环境污染行为人责任时，我们有必要借鉴德日的做法，根据流行病学理论，运用与事实正义相关的间接证据的积累、比较并结合推定因果关系，采用因果关系推定原则。考虑到推定因果关系中因与果之间尽管具有高度的盖然性，但毕竟不是依靠科学方法来确定的，而是一种推定的因果关系，为了保证其适用的统一以避免其被滥用而侵犯被害人的合法权益，我们应用法律形式将其确定下来，其内容涉及因果关系推定原则适用的范围、适用的规则、对因果关系推定的抗辩等，从而为因果关系推定在实践中的运用提供充分的法律依据。

（二）环境犯罪的追责原则

环境犯罪由于其严重的危害性、复杂的专业性以及复杂的因果关系等特性，在我国有适用严格责任予以规制的必要性。严格责任不同于绝对责任，但并不违背主客观相统一原则和无罪推定原则，对其适用严格责任是切实可行的。

严格责任不同于绝对责任，有些学者混淆了这两者的本质，因此有必要加以区分，明确严格责任的概念和内涵。现代意义上的刑法严格责任是指法院在对某些特殊犯罪案件的犯罪主体的主观罪过难以辨清时，控诉机关只要查明行为人实施了一定的为刑法法律所禁止的行为并导致了某一法定的危害结果，而被告人又不能证明自己主观上不存在过错（包括已尽自己努力注意和避免），就明确推定行为人具备犯罪意思（至少存在过失）而判令其承担相应的刑事责任的一种规则制度。推定其实就是一种法律拟制，是将因推定而有利于一方当事人的证明责任转移至他方当事人，它在诉讼中的意义在于以存在合法的客观情况为由。在严格责任制度中的推定就是法律重新分配了举证责任，将无罪的证明责任转移到了被告方身上，是以客观事实为基础的。所以只惩罚推定有过错的行为和允许被告提出抗辩理由正是体现了严格责任的公平性，并不是只重效率而轻公平。

罪过作为犯罪构成的必要要素这一点严格责任并没有否认。在适用严格责任时，仍然要求行为必须符合犯罪构成的主体、主观方面、客体、客观方面四大要件，只不过是将该证明自己没有故意或者过失罪过表现的责任适当转移给被告承担，即对起诉时控诉方对被告主观方面的证明责任的免除。如果被告不承担刑事责任，则被告必须能够提供合理的抗辩事由来证明自己在实施该行为时不存在过错或者过失以证明自己已尽注意的责任。严格责任的适用本身仍然是个主客观相统一的概念，它体现了刑法的公正公平和效率等价值。

在使用严格责任的场合，即使是适用绝对责任，对被告人定罪量刑只有经过法院的合理程序审判后才行，否则就不能认定其有罪。况且适用严格责任并不意味着这些犯罪被告人或者犯罪嫌疑人没有罪过，实质上此类环境犯罪的实施大多仍然是在犯罪嫌疑人或者被告人的主观罪过支配下的，且从一般常识上来看，对于污染企业或者个人造成的环境污染，污染者一般存在着一定的过错，或出于故意或出于过失。因此，根据刑法的明确规定追究刑事责任，前提是只要有证据证明涉嫌犯罪的企业或个人发生了重大污染行为就可以，这不能说不是一种既不与传统刑法理论相悖而又切实可行的规则方式。

（三）环境犯罪的责任形式

作为环境法律体系的一个重要组成部分，环境法律责任形式带着鲜明的环境法烙印。环境法的开放性、规范协调性和部门边界模糊性的特点决定了环境法律责任的实现具有其自身的特点。

第一，由于我国刑法规定的环境犯罪责任方式的种类较少，过于轻缓，不利于刑罚功能的实现，因此笔者建议增加环境犯罪刑罚的种类，适当提高自由刑的刑期，实现刑罚方式的结构性调整。尽管现代刑法的发展趋势是刑罚轻缓化，谦抑原则成为现代刑法所追求的目标，但就环境犯罪而言，已经呈现越来越严重的趋势，这也是目前环境问题愈演愈烈的原因之一，鉴于此，要有效地遏制环境犯罪，对犯罪行为人施以重刑是必要的。我国犯罪的刑罚一般情况下为 3 年或者 5 年以下，后果严重的可以达到 7 年或者 10 年，只有少数情况下规定可以达到 10 年以上。相比之下，我国关于环境犯罪的刑期就相对来说很短。事实上，环境犯罪侵害的客体不仅仅是人身权和财产权，更重要的是环境权，涉及的是社会的公共利益甚至是后代人的生存权利。因此，惩治环境犯罪关系到现代人以及后代人的长远利益。根据罪刑相适应原则，应适当提高自由刑的刑期，以对自然人实施环境犯罪起到威慑作用。

第二，我国刑法中对罚金没有规定具体的金额，缺少可操作性，导致罚金刑的作用远没有充分发挥出来。我们可以参照国外关于环境犯罪的罚金刑制度规定我国的罚金刑幅度，但其最高数额应当高于罚款的额度。

第三，我国刑法中规定的环境犯罪非刑罚方式过于单一，难以适应环境犯罪的实际情况。非刑罚方式是对环境犯罪人实施的刑罚以外的惩罚方式，其目的在于恢复被环境犯罪破坏的环境以及救济被损害的自然环境。因此应当增加非刑罚方式的种类，并使其得到广泛适用。由于环境犯罪一般都具有贪利性，运用与民事、行政相关的制裁措施会收到比适用单纯的刑事制裁措施更好的效果。在现行刑法规定的非刑罚措施的基础上，应当根据环境犯罪的特征补充增加非刑罚方式的种类：一是补救性措施，如责令种树造林；二是恢复性措施，如恢复环境原状等，此类措施适用于能够将被污染的环境恢复到以前的状态的环境犯罪。需要指明的是，非刑罚方式应当与刑罚方式配合使用，才能使环境犯罪行为受到应有的惩罚，实现保护人身权、财产权和环境权的目的。

结　语

本文仅从环境犯罪的概念入手讨论环境犯罪的追责相关因素，希望对今后完善我国的环境刑法可以起到一定的作用。环境的改善和生态的保护事关我国的可持续发展战略的实现与和谐社会的构建，我们都应当为这一事业贡献我们自己的一分力量。

和谐社会与环境犯罪的刑事立法完善

李　会

环境是人类赖以生存的家园，环境是人类生存发展的物质基础，为人类提供生存发展所需资源，可以说人类的一切都源自于环境。在人类早期社会，人类活动对环境影响非常小，人与自然环境的关系也非常融洽、和谐。自工业革命之后，随着科学技术的进步，人类利用自然、开发自然的能力迅速提升，人类的需求也日趋多样化，对自然资源的开发、利用程度越来越强，方式也越来越多样化，人类逐步地由利用自然环境资源演进到掠夺、破坏自然环境，环境污染、资源浪费越来越严重，人类与环境的关系越来越紧张，环境问题开始出现。到20世纪60年代之后，随着第三次科学技术革命的到来，环境问题逐步成为全球性的问题，并受到广泛关注。1972年6月5日，联合国设立世界环境日，以激发全世界的环保意识。

2002年，我国中共十六大明确提出将人与自然的和谐相处作为社会主义和谐社会建设的总体目标之一，并且2012年在中共十八大时明确提出：面对资源约束趋紧、环境污染严重、生态系统退化的严峻形势，必须树立尊重自然、顺应自然、保护自然的生态文明理念，把生态文明建设放在突出地位，融入经济建设、政治建设、文化建设、社会建设各方面和全过程，努力建设美丽中国，实现中华民族永续发展。建设和谐社会，实现人与自然的和谐统一，必须从多角度入手，全方位地治理环境。在法治观念深入人心的今天，各国通过完善立法来规制和解决日益突出的环境问题。而在所有环境保护法律制度中，刑法作为最后一道屏障的保障性法律，是不可或缺的。

一、我国的环境刑事立法现状

我国环境犯罪的立法最早出现在1979年《中华人民共和国刑法》分则的“破坏社会主义经济秩序罪”中，该章规定了盗伐林木罪、非法捕捞水产品罪等罪名，但并未作专章规定。之后，随着环境问题的日益凸显，全国人大及其常委

作者简介：李会（1990—），女，山东济宁人，西南政法大学法学院刑法专业硕士研究生。

会相继通过了一些单行刑法和附属刑法调整不断出现的特别的环境犯罪。在《野生动物保护法》《环境保护法》《大气污染防治法》等单行环境保护法的法律法规中或多或少都有刑事处罚的规定。直到1997年刑法将严重污染环境的犯罪行为单独作为一节纳入刑法典，形成了法典化模式的环境刑法。[①] 刑法典共规定九条包括重大环境污染事故罪、非法处置进口的固体废物罪、走私废物罪在内的14种环境犯罪罪名，对破坏资源、环境的犯罪行为作了刑法规定。在之后刑法的实施过程中，相继又通过了许多关于环境犯罪的法律解释。我国当前的环境刑事立法有其可取之处，也有诸多不足之处。

(一) 我国环境刑事立法的可取之处

一部法律得以出台，必然有其可取之处，我国环境刑事立法虽有许多不足之处，但不可否认的是，其仍存在许多非常可取的规定。

1. 建立了相对完善的环境犯罪的体系

相比包含在1979年刑法"破坏社会主义经济秩序罪"中涉及的环境犯罪的罪名，以及单行刑法、附属刑法中不成系统支离破碎的规定，1997年刑法对于环境犯罪这一问题予以了超过以往的重视，设立了专节。与此同时依据对环境的不同分类，1997年刑法将环境犯罪分为污染环境的犯罪和破坏自然资源的犯罪，使得刑法体系系统化大大增强。此外，刑法的其他章节里还规定了与破坏环境资源保护罪相关的一些可能造成环境污染和破坏环境资源的犯罪，如危害公共安全罪、走私罪、渎职罪，体现了整个刑罚结构的紧密联系性。[②] 在刑法的实施过程中，对相关规定又相继发布了各种司法解释，以确保刑法准确适用，也在司法实践层面完善了环境犯罪。

2. 现行罪名基本涵盖了环境犯罪的危害对象

针对环境污染、生态破坏、资源短缺等环境问题，我国刑法环境犯罪中的环境采取广义概念，犯罪对象既包括大气、水、土壤等生态环境，也包括森林、矿产、动植物等自然资源。比如污染环境罪的犯罪对象就是土地、水体、大气，非法处置进口固体废物罪的犯罪对象是非法的境外固体废物，非法采矿罪的犯罪对象是矿产资源等，现行刑法规定的罪名基本上涵盖了常见的环境犯罪行为，同时还规定了可能出现的新罪名以避免新的环境犯罪发生时司法实践面临无法可依的尴尬。

3. 环境犯罪的入罪门槛降低

在《刑法修正案（八）》出台之前，我国刑法关于重大环境污染事故罪的入

① 张桂梅、陈俊洁、李岩：《和谐社会语境下的刑法改革》，山东大学出版社2012年版，第99页。

② 赵星：《环境犯罪论》，中国人民公安大学出版社2011年版，第174页。

罪标准是“造成重大环境污染事故，致使公私财产遭受重大损失或人身伤亡的严重后果”，《刑法修正案（八）》将入罪标准修改为“严重污染环境”，相应的罪名也修改为“污染环境罪”，降低了入罪门槛。在2013年6月19日起施行的最高人民法院、最高人民检察院《关于办理环境污染刑事案件适用法律若干问题的解释》中，对“严重污染环境”“后果特别严重”等标准作了具体仔细的规定，比如非法排放、倾倒、处置危险废物3吨以上或致使乡镇以上集中式饮用水水源取水中断12小时以上的或致使1人以上重伤、中度残疾或者器官组织损伤导致严重功能障碍的就构成“严重污染环境”；如若致使县级以上城区集中式饮用水水源取水中断12小时以上或致使10人以上轻伤、轻度残疾或者器官组织损伤导致一般功能障碍的或致使3人以上重伤、中度残疾或者器官组织损伤导致严重功能障碍的便达到“后果特别严重”的标准。新的司法解释使得环境犯罪的入罪门槛降低，把更多环境犯罪行为纳入刑法制裁的范围内。

（二）我国环境刑事立法的不足之处

我国现行的环境刑事立法有很多亮点和可喜之处，但毕竟我国环境刑事立法的起步晚，理论支撑不充实，加上前期国家重视经济发展，对环境保护的重视程度不够，导致我国的环境刑事立法存在诸多不足之处。主要体现在：

1. 环境刑事立法指导思想和目标没有突出环境权益

刑法虽然将环境资源犯罪独立出来进行规定，但是保护环境资源的指导思想并没有贯彻始终。环境资源犯罪首先是对生态环境的损害，其次才涉及人身或财产，而人身或财产损害只是环境资源遭到破坏后所导致的后果。[①] 环境刑事立法的指导思想首先应该是保护环境权益，但根据我国现行《刑法》及相关法律的规定，我国惩治环境犯罪行为首先保护的目标是人身或财产，而不是环境权益，这一点从界定行为是否构成犯罪的标准上便可得知。我国成立环境犯罪大部分是因为环境犯罪给人身或财产造成了严重损害，而不是对环境造成了严重污染、破坏，虽然《刑法修正案（八）》等将入罪标准改为“严重污染环境”，但是没有突出对环境权益的保护，居于保护首要位置的仍然是人身或财产权益。

2. 环境刑事立法保护范围不够全面

虽然1997年刑法规定了14种环境犯罪的罪名，但是十几年过去了，在环境资源犯罪领域出现了许多新的问题，有些在生态环境中非常重要的因素、目前急需要保护的区域或者整体生态系统没有纳入保护的范围，如缺乏有关保护特殊或脆弱的环境资源或重要自然区域的规定，对造成水土流失、草场退化和土地荒漠化这些严重破坏环境资源的行为没有做出规定。此外，新出现的光污染、声音污

① 彭俊：《环境资源刑事立法研究》，武汉大学出版社2009年版，第197页。

染、噪声污染等也没有进行规定。

3. 刑罚规定有诸多不合理之处

首先，我国环境犯罪的法定刑普遍较低，难以做到罪刑相适应。在《刑法》规定的现有9个罪名中可以判处10年以上有期徒刑的罪名仅限于：第339条规定的非法处置进口的固体废物罪、擅自进口固体废物罪；走私固体废物罪和第341条规定的非法猎捕、杀害珍贵、濒危野生动物罪；非法收购、运输、出售珍贵濒危野生动物、珍贵、濒危野生动物制品罪，而且是在后果特别严重或情节特别严重的情况下。其他罪名一般都在7年有期徒刑以下刑罚，与环境犯罪所带来的持续而严重的后果难以相称。其次，罚金刑的规定过于笼统，没有具体的标准。这些犯罪中都规定了罚金刑的适用，但是都仅仅规定“并处或单处罚金”，对于具体数额、幅度没有进行规定，导致实务上操作性不强，而实践中往往对较为严重的污染和破坏环境现象只作轻微罚金，不足以起到弥补损失和制裁犯罪行为的作用。① 再次，刑罚规定种类太少，特别是单位犯罪仅以罚金刑处罚。针对环境犯罪刑法只规定了自由刑和罚金刑，刑罚种类过于单一，而且基本上环境犯罪的主体是单位，对单位判处罚金、对负责人判处自由刑，但是污染企业一般不把那些罚金看在眼里，而且甚至每年在经费预算中预留出罚金的数额，对于负责人，一个判处刑罚了，还有后任的负责人，所以现有刑罚手段对于打击单位犯罪的力度是远远不够的。

4. 环境刑事立法中没有规定危险犯

环境犯罪是一种非常特殊的犯罪，它有着危险潜在性、危害持久性、危害面积广泛性等特点，而且环境犯罪在造成直接环境污染、资源破坏的后果后，都会带来人身和财产损害的间接后果。一旦污染已经形成，再治理污染、恢复生态环境的难度就非常之大了，有些环境要素一旦被污染破坏则具有不可逆转性。所以对于环境问题，应防患于未然。我国刑法对于环境犯罪仅规定了结果犯，没有规定危险犯，这就导致了法律手段介入过迟，使得环境犯罪带来更加严重的后果。

二、完善我国环境刑事立法相关建议

在我国环境问题日益严重，建设社会主义和谐社会的背景下，针对我国现行刑事立法存在的缺陷，现提出以下几点建议：

（一）环境刑事立法指导思想突出对环境权益的保护

现行环境立法指导思想还是以保护人身财产权益出发，对环境权益的保护被置于次要位置。如果不改变现行的立法指导思想，我们所做的任何努力都将是治

① 赵秉志、王秀梅、杜澎著：《环境犯罪比较研究》，法律出版社2004年版，第93页。

标而不治本，环境问题还是得不到真正的、根本的解决。所以，为了实现遏制环境犯罪，立法者必须在立法时突出对环境权益的保护，将环境权益放置在首要位置。

（二）通过法律解释等对环境犯罪对象及时扩充

刑法的确定性导致的一个必然结果是无法满足法律出台之后，新出现的环境犯罪类型的需要，无法适用新的环境犯罪行为。这是每个法律都无法避免的问题，然而，刑法的确定性和其权威性又决定了不能对刑法随意地、频繁地进行修改。所以当遇到现行刑法没有规定环境犯罪行为时，就要由立法机关或司法机关通过合法的、正当程序出台相关法律解释，对原有法律条文在法律允许范围内进行合理解释，以避免司法实践中出现无法可依的尴尬局面。

（三）完善对环境犯罪相关刑罚的规定

第一，虽然刑事立法一直强调轻刑化，但对于环境犯罪法定刑相对较轻这一问题，立法机关应在保持基本刑不变的基础上，适时地提高环境犯罪的最高刑，将最高刑升至无期徒刑。这就可以解决很多环境犯罪造成的后果比一般的犯罪行为严重很多倍，但法定刑却比一般犯罪行为轻很多的问题，以实现罪刑相适应。第二，明确罚金刑的适用数额和幅度，罚金刑扩大适用是全球的一个趋势，针对我国环境刑法罚金刑的不足，应该效仿我国台湾地区，对不同的犯罪情节和危害后果，处以不同的罚金数额，其数额幅度在法条中明确规定，以增加法的透明度，并且司法人员在使用时也容易判断。此外，对于罚金，不应全部上缴国库，应该将罚金的大部分设立环境治理基金，专门用来治理被犯罪行为破坏的环境。第三，对环境犯罪特别是单位环境犯罪应该设立资格刑，在自然人或单位实施了污染、破坏环境的犯罪行为之后，应该对其判处禁止从事相关行业的限制，以断绝其再次实施环境犯罪行为的可能性。

（四）环境犯罪设立危险犯

环境犯罪的后续危害大、波及范围广、潜伏时间长，而且危及后代、难以恢复，所以对环境犯罪的预防意义要胜于惩罚。我国现行法律对于环境犯罪规定的都是结果犯，并没有对危险犯的规定。这就导致在环境犯罪中只能达到为惩罚而惩罚的作用，对于已经破坏和污染的环境的治理失去最宝贵的时机。所以，有必要设立环境犯罪的危险犯。环境犯罪的危险犯是指行为人违反国家法律、法规实施的危害环境的行为，足以造成环境的污染或破坏，而使自然和人的生命、健康和公私财产处于危险状态。① 但是因为危险犯的规定涉及犯罪的层面较广，牵扯的行为人较多，如果滥用，可能会阻碍生产经营活动的展开，加重人们在生产经

① 戚道孟：《有关环境犯罪刑事立法几个问题的思考》，《南开学报》2000 年第 6 期。

营时的心理负担，影响社会经济的发展。所以危险犯的规定必须相当谨慎，避免滥用刑罚。危险犯适用时必须注意的条件：一是危险犯必须是重大危险，而不是小范围的利益受损，应当是对生态环境或人身健康等造成重大威胁，二是环境犯罪的危险必须是现实存在的，不应是司法机关凭空推测或主观臆断的；三是危险必须是出于故意，不能是过失；四是危险必须具有时间或程度上的紧迫性。

结　语

在当今世界生态问题越来越引起公众的强烈的关注，人们越来越意识到生态环境的重要性，对环境的保护日益加强。特别是在我国解决环境问题，建设生态文明，实现人与自然的和谐，是实现社会主义和谐社会的必由之路。所以立法者要以实现和谐社会为宗旨，站在可持续发展的高度，采取从严的刑事政策，通过降低入罪门槛，提高刑罚幅度等方式，完善环境刑事立法的相关规定，以建设美丽中国、和谐中国。

和谐社会语境下环境犯罪的深层研究

刘　芳

一、环境犯罪的界定

(一) 环境犯罪的概念

环境犯罪作为一类犯罪的统称，并非单指某个犯罪，而且环境犯罪是一个综合性的犯罪类别。关于环境犯罪概念的界说，我国理论界在见解上存有分歧，缺乏统一的认识。

虽然观点学派众多，但大致可归纳为三类。① 一类是，认定环境犯罪，须以造成认定生命健康或财产的损害为前提要件。据此推论，若没有对人的法益造成现实的侵害的话，即便是对环境的污染或生态的破坏再严重，也不构成犯罪。这种观点是完全的人类主义环境伦理学观点，它的建立是以人类中心主义为依据，即人对环境的主宰关系来设计的，其起点和归宿点均是人类和人类利益。依此派观点，环境及自然资源只是可资利用的对象，而人类是宇宙的主人，可以主宰一切。在此观点主导下的人的行为，必然导致对环境及资源的恣意污染及掠夺性开发，这与当今社会提倡的保护生态环境，人类只是生态环境中的一个组成部分的观点背道而驰，因而是不可取的。另一类认为，环境犯罪不仅侵害的是人的生命、健康，还包括对环境的严重侵害。此派观点比第一派观点有所进步，关注到了环境特有的独立属性，然而在对环境的侵害构成的犯罪之表述上，依然要以造成严重后果为前提，其还是以传统的人本主义为出发点和归结点，因此仍然是不足取的。第三类认为，环境犯罪是侵犯生态系统及环境价值自身的犯罪，其研究视点已从传统的保护人本法益的思想转到保护环境上来，并且将环境法益当成一种独立的法益看待，此派观点虽已与现代生态法观点比较接近，但仍未避免的是依然将现实危害性或实际危害后果的有无作为环境犯罪认定的标准，此观点的最大不足即是无法将环境犯罪与环境违法加以区别。

作者简介：刘芳（1989—），女，陕西西安人，西南政法大学法学院刑法专业硕士研究生。

① 王俊著：《环境犯罪概念的刑法展开》，载《云南大学学报》2006 年第 6 期。

如前所述，定义环境犯罪的观点众多，但仍存不足，在我国构建和谐社会的语境之下，界定环境犯罪的概念应持绿色环境观，即从人与环境和谐相处、人只应是作为生态环境的一个元素加以考虑的部分而无须特别强调人类利益。

（二）环境刑法的特征

环境刑法具有一定的独立性，因此其特征除具备犯罪的一般特征之外，还有其相对独立的特征，主要表现在以下几个方面：

第一，多元性。即环境刑法内容的多样性及其表现形式的多样性。由于环境刑法所涉及内容非常广泛，故其内容难为普通刑法全部包括，环境刑法大部分分布在其他法律法规之中。

第二，行政从属性。我国现行环境刑法的内容皆涉及违反环境行政法，如果行为人的行为构成环境犯罪，就已具备了违反行政法的前提。具体表现在两个方面：首先，概念上的行政从属性。环境刑法条款涉及的专业性概念以环境行政法为依据；其次，违法性要件的行政从属性。环境刑法的客观行为方式及程度应依照行政法界定。①

第三，超越性。指环境刑法对传统刑法理念的冲击，如关于环境刑法保护的法益理论问题，就有学者提出“环境刑法自然法理论的适用产生了革命性的结果，大规模使用生态环境只不过给现在一代的少数人带来利益，却冒着臭氧层和世界气候破坏的风险，是一种最大程度的不负责任和社会危害，因而成为当前世界经济秩序中比灭绝种族罪更严重的犯罪”。在大陆法系国家，确立法人环境犯罪的刑事责任问题是对传统刑法观念和理论的严峻挑战。

二、环境刑法的伦理基础

在刑事法领域内，对环境严重侵权行为追究刑事责任的正当根据可以在三种传统观点和学说即报应论、功利论、折中论之中寻找。刑罚之所以是合理的，主要是因为它是预防犯罪的手段，在此意义上，预防论可以被视为是一种以目的的合理性来证明手段的正当性的学说。折中论则将报应与预防都作为刑罚正当性的理由，在这种观点看来，报应所蕴含的公正价值和功利所包括的预防价值共同构成了刑罚正当性的根据。

笔者认为，报应观念本身蕴含着浓重的公平公正观念，而且由于它强调已然之罪对刑罚的决定作用，因此具有较强的客观性倾向，这在很大程度上可以起到避免随意出入人罪的效果，值得肯定。当然，报应论过度强调已然之罪对刑罚的影响制约作用、忽视刑罚应当具有的防控效果的取向明显存在着逻辑不周延的问

① 王秀梅、杜澎著：《论环境刑法的概念与特征》，载《人民检察》2008 年第 5 期。

题。预防论最大的可取性就在于它对于犯罪预防的重视，它在很大程度上给刑事法注入了灵活性。只是当预防论单纯强调预防犯罪而采取某些预防措施的时候，可能会偏离刑罚根本的公正基础，将人作为社会治理的工具来加以利用。折中论能够克服报应论与预防论各自的片面性，值得提倡，只是在我们看来，那种区分犯罪种类和刑事处置阶段来具体阐释折中内涵的做法不足取，因为，这种折中理解没有认识到报应和功利客观存在着的内在相通性，也就是说，如果没有对已然之罪追究刑事责任的强制性报应功能的充分发挥，功利性功能的实现其实是纸上谈兵的幻想，刑罚的功利性和报应性功能在很大程度上是互相依托、互为因果的关系，它们是刑罚功能不可分割的两极，片面过分强调某一个方面都是不正确的。

环境刑法的发展在很大程度上需要不断借鉴现代环境伦理学的一些合理观点和科学结论来修正、完善和拓展自身的研究内容、分析重点和发展趋向，以期更好地实现对于环境犯罪行为的动态防控。例如，环境刑法强调以人为本，这里“人”的内涵就需要做出清晰的厘定：究竟这里的人是指所有人，还是仅指部分国家和地区的人，是仅指当代人还是也包括后代人？如果包括后代人，是一至二代以内的后代人还是数代以后的后代人？而这些问题的明确都需要借鉴现代环境伦理关于人类区际正义、代际正义等相关学说的新成果和新观点。[①] 再如，在以人为本的基础之上如何不断调整对于自然的保护力度，如何将环境刑法的当前利益与长远价值平衡衔接、动态结合，从而实现环境刑法理论体系的长期稳定和科学合理等，这都是一国处理环境问题时需要解决的重要问题，这些问题所关涉的实质都必须借助于环境伦理学才可能有机会找到令人满意的答案，离开了对环境伦理积极研究成果的借鉴，这些工作都很难完成。随着现代环境科学、生态科学的发展和社会的全面进步，各种环境、生态因素的重要性和价值会不断发生变化，现代环境伦理对于刑法的保护范围的动态调整和拓展将肯定会起到更加积极的促进作用。

三、环境刑法的法益

（一）环境刑法法益的概念

刑法法益是“由刑法所保护的人的生活利益”[②]。法律的出现都是利益发生冲突的结果，社会的和谐发展需要法律对这些相互冲突的利益重新平衡。刑法也不例外，它是人类社会发展中的利益原因，从微观上是利益受损，宏观上是出于

① 赵星、安然、杨修庚著：《论环境刑法正当性的基础》，载《法学杂志》2010 年第 12 期。

② 张明楷：《法益初论》，中国政法大学出版社 2003 年版，第 167 页。

利益的冲突。犯罪本质与犯罪原因统一在“利益”上。[①] 与一般部门法不同的是，刑法法益范围较广，一般部门法只是保护某一方面的利益，而刑法保护各个方面的利益。[②]

环境利益反映的是人与环境资源之间的关系，刑法法益是由刑法所保护的人的生活利益。环境利益也是人的生活利益，因此环境利益和刑法法益具有反映主客体关系的共同本质。只不过刑法法益是受到了刑法保护的生活利益，就像法律关系和社会关系之间的区别一样，社会关系经过法律调整上升为法律关系。环境利益作为人的生活利益是客观存在的，如果环境利益受到刑法保护就上升为立法法益了。这个共同本质使得环境利益通过刑法法益进入刑法保护的视野具有可行性。[③]

（二）环境刑法法益的选择

生态利益在环境利益中占据基础地位，具有不可替代性。长远地看，人类生存与发展必须处于一种稳定和谐的生态环境之中，只有这种稳定和谐的生态环境才能满足人类持续生存和发展的需要，环境资源的生态价值就体现在维持生态系统平衡以支持生命的存在。维护生态利益就是保护和优化生态系统，而生态系统本身是人类物质财富的来源，保持生态生产力可持续运行能力就是保护生态系统持续为人类提供物质资源的能力。因为无论环境资源是作为劳动对象，还是作为劳动的辅助条件为人类创造经济利益，都是由生态系统直接或间接提供的。

相对于经济利益，生态利益是更加基础的问题，有学者认为“虽然某个具体的或多大数量的环境资源能够被替代还是未知数，但某些自然资源不可挽回的消耗明显构成环境资源枯竭的破坏或者形成这种不负责任破坏的风险。其中有上述提及的臭氧层和世界气候危害，还有动物种类的灭绝，世界大面积的放射性污染，全部植物的破坏”，这“成为建立与维护当前世界经济秩序中出现的比灭绝种族罪更严重的犯罪”。[④] 可以说，生态利益是经济利益的根源，两者同质同源。

四、和谐社会与环境犯罪二者相互影响

（一）和谐社会对环境犯罪的影响

2005 年，胡锦涛总书记在中央党校举办的“省部级主要领导干部提高构建社会主义和谐社会能力”专题研讨班上，全面阐述了构建社会主义和谐社会的时

---

① 丁后盾：《刑法法益原理》，中国方正出版社 2000 年版，第 6 页。

② 廖华：《从环境法整体思维看环境利益的刑法保护》，中国社会科学出版社 2010 年版，第 68 页。

③ 廖华：《从环境法整体思维看环境利益的刑法保护》，中国社会科学出版社 2010 年版，第 75 页。

④ 王秀梅著：《刑事法理论的多维视角》，中国人民公安大学出版社 2003 年版，第 29 页。

代背景、重大意义、科学内涵、重要原则和主要任务，指出我们所要建设的社会主义和谐社会，应该是民主法治、公平正义、诚信友爱、充满活力、安定有序、人与自然和谐相处的社会。

我们现在要建立的社会主义和谐社会，继承和吸收了中国传统文化中的优秀部分，又借鉴了西方现代社会的一些发展经验，是一个“民主法治、公平正义、诚信友爱、充满活力、安定有序、人与自然和谐相处的社会”，是指社会系统中的各部分、各要素处于一种相互协调的状态。

人与自然和谐相处就要求落实科学发展观，经济健康、理性地发展及维持环境与环境之间的平衡是科学发展观的本质要求。因此，在实践中，既要转变发展观念，转变经济增长方式，又要进一步转变政府职能。在经济发展过程中，仍有一些地方政府把“以经济建设为中心”理解为“以速度为中心”，不惜以牺牲资源、环境为代价追求产值，粗放型发展方式带来了一定范围内的经济发展，但却付出了昂贵的资源环境代价。因此，要实现经济健康、稳步的发展，就要求各地方政府响应党中央的号召，转变发展观念。在发展过程中要着力强调发展效益，以节约资源、保护环境为目标，大力发展以科技进步为支撑的循环经济，在发展区域内提倡绿色的发展方式。经济发展与生态环境有着密切联系，这就要求在制定经济发展计划时充分考虑环境的承载能力。践行“科学发展观”，坚持经济可持续发展，就要求经济发展与人口资源环境协调，人与自然和谐相处。只有兼顾经济发展的质量与效益，才能促进经济的长远发展，才能实现“科学发展观”以人为本的核心价值。

因此，在构建和谐社会的条件之下，和谐社会以人为本等核心价值理念影响着立法理念，特别是在强调人与自然和谐相处的现代社会，和谐社会的内核必定会深深植根于环境犯罪的立法理念之中。

（二）环境犯罪的完善是构建和谐社会的必然要求

社会观念的变化，人们对人与自然环境之间关系的转变，必然会影响到环境犯罪的法律观。从价值层面来讲，人本主义是现代法的基本精神和价值蕴涵，其以人为本的核心理念与我国和谐社会的精神底蕴相契合。因此，环境犯罪的完善对于构建和谐社会发挥着积极的作用。首先，和谐社会是“安定有序”的社会，其社会结构必然稳定和谐。然而，良好结构的建立，取决于法律规则的实施。在现代社会里，法律具有至上性，法律与社会中的其他力量一起，通过迫使人们遵守规范、对犯罪行为实施制裁等方式，实现抑制冲突、理顺结构的目标。[①] 制裁犯罪，是建立有序社会的必要保障，而惩罚犯罪，恢复被犯罪行为破坏的社会秩

① 余捷主编：《和谐社会的构建与刑法改革》，中国检察出版社2006年版，第23页。

序恰是刑法社会保护功能的要旨所在，由此可见，建立安定有序的和谐社会，离不开刑法的保驾护航。其次，刑法从法律上给和谐社会构建以强有力的保障，刑法要起到好的社会效果，离不开其科学和相对完善的规定。[①] 因此，环境犯罪作为刑法规制的一个方面，其完善是构建和谐社会的必然要求。

① 左勇著：《和谐社会构建下的刑法内涵》，电子科技大学出版社 2012 年版，第 204 页。

和谐社会语境下的环境犯罪研究

——以环境犯罪的刑事责任为视角

杜　娟

一、和谐社会与环境犯罪

（一）促进和谐社会的构建是规定环境犯罪的根本目的

中国数千年的传统文化和社会实践中都蕴含着丰富的“和谐”思想，包括人际和谐、人与自然和谐等，而人与自然的和谐更是在“和谐”的文化传承中占据着极其重要的地位。例如，春秋时期著名思想家孔子主张：“山林非时不升斤斧，以成草木之长；川泽非时不入网罟，以成鱼鳖之长。”战国时期荀子也特别注重自然资源的持续保存和永续利用，并把其视为治国安邦之策。

到了新世纪，我党从中国特色社会主义事业总体布局和全面建设小康社会全局出发，提出了构建以“民主法治、公平正义、诚信友爱、安定有序、充满活力、人与自然和谐相处”为基本内容的社会主义和谐社会的重大战略任务，其中人与自然和谐相处作为极其重要的一环值得我们予以高度重视。特别是在当今社会生态环境日益恶化的背景之下，规定环境犯罪并且加强刑法对环境保护的介入已经成为历史发展的必然。将刑法介入环境保护之中的目的就是为更好地保护和改善自然生态环境，防治环境资源的污染和破坏，合理开发利用环境资源，推动经济社会的可持续发展，促进人与自然和谐相处。因此，归根结底，完善环境刑法的根本目的就是为了推动社会主义核心社会的构建。

（二）环境犯罪的实质是对和谐社会的侵害

关于环境犯罪的界定问题，由于其是一个相对较新的法学概念，因此至今理论界尚未达成一致意见。例如，有的学者认为，“环境犯罪是指违反环境保护法规，破坏自然环境和自然资源，情节严重的行为”①。有学者认为，“环境犯罪是

作者简介：杜娟（1991—），女，山东临沂人，西南政法大学法学院刑法专业硕士研究生。

① 陈兴良著：《刑法疏议》，中国人民公安大学出版社1997年版，第533页。

指违反环境资源保护法规和刑法规定，破坏人类环境和其他生态环境，构成犯罪的行为”①。还有学者认为，“环境犯罪是指违反国家环境资源保护法律，造成或者足以造成环境资源受到污染或者破坏，或者致使他人生命健康或公私财产遭受重大损害的行为”②。但是不论他们是在主观过错的有无上有分歧还是在实害结果的出现上有争议，他们对环境犯罪的客观表述基本一致，那就是对人类自然环境和生态环境造成了损害。而这种损害无疑与人与自然和谐相处的发展目标格格不入，更与和谐社会的积极构建背道而驰。因此，环境犯罪实质上就是对和谐社会的侵害。

环境犯罪与和谐社会息息相关、密切联系，而环境犯罪的刑事责任问题是整个环境犯罪中至关重要的一环，其不仅关系到环境保护的目标能否实现，也关系到人与自然能否真正和谐相处，更关系到和谐社会的构建之路能否顺利走下去。因此，笔者试图对环境犯罪的刑事责任问题进行以下简要论述。

二、和谐社会语境下的环境犯罪刑事责任

（一）环境犯罪刑事责任配置的现状

所谓环境犯罪刑事责任是指，“行为人因实施违反环境刑事法律的犯罪行为所应承担的来自国家的刑事处罚或否定性评价”③。我国1997年刑法对环境犯罪的规定主要集中在第六章第六节破坏环境资源保护罪之中，少量分布在第九章渎职罪中，共11个条文16个罪名。刑罚的种类基本采取“主刑+财产刑”的模式，其中7个罪采并科制，其他采复合制。主刑基本适用有期徒刑和拘役两种，很少规定或基本没有规定较重的无期徒刑及较轻的管制刑。财产刑中的罚金刑有大量适用空间，个别罪名也规定了没收财产刑。

（二）环境犯罪刑事责任配置的缺陷

1. 刑种配置不均衡

我国刑法所规定的环境犯罪的刑事责任适用范围最大的应属于自由刑。然而实际上，自由刑的执行成本是最高的，不符合现代社会的刑法谦抑理念以及非监禁刑扩大化的发展趋势。而且，自由刑的适用在环境犯罪中通常不能起到制止危害环境行为继续发生的作用，因而被认为是刑罚效益最差的一种环境刑事责任的实现方式。其次，虽然罚金刑在“除了环境渎职犯罪以外的所有犯罪中都进行了配置，但没有对数额和比例进行限定”④，这就有可能导致行为人所受的罚金数

---

① 蒋兰香著：《环境犯罪基本理论研究》，知识产权出版社2008年版，第29页。

② 王秀梅著：《破坏环境资源保护罪的定罪与量刑》，人民法院出版社1999年版，第62页。

③ 刘斌斌、李清宇著：《环境犯罪基本问题研究》，中国社会科学出版社2012年版，第114页。

④ 王蕴哲、翟子羽：《环境犯罪的刑罚配置与完善》，载《人民论坛》2013年第2期。

额远远低于其实施违法行为的不法收益，这无疑极大降低了财产刑在适用上的实效性。而且我国环境犯罪中的罚金刑数额采用的是无限额制，即在罚金数额上不加任何限制，是对罪刑法定原则的违背。再次，有关非刑罚处罚措施适用较少，赔偿损失或者给予行政处分的司法建议等措施往往由于各种原因而不会真正危及行为人的实体利益，更不会对环境犯罪的危害后果真正起到制止和预防作用。

2. 单位犯罪的处罚形式单一

随着单位在我国刑法中犯罪主体资格的确定，实践中，单位便也成为环境犯罪的重要主体。然而由于单位主体的特殊性，单位犯罪刑事责任的承担方式极其有限，只限于罚金刑，单位所犯的环境犯罪的刑事责任自然也不例外。我国刑法第 346 条规定“单位犯本节第三百三十八条至第三百四十五条规定之罪的，对单位判处罚金，并对其直接负责的主管人员和其他直接责任人员，依照本节各该条的规定处罚”。然而，由于我国刑罚体系中的资格刑仅有剥夺政治权利一种，这与环境犯罪几乎没有关系，并没有实际的价值，这就大大降低了资格刑应该发挥作用的空间。

3. 刑事责任归责原则不恰当

所谓刑事责任的归责原则是追究刑事法律责任的基本准则，其主要面临的问题是刑事责任的构成要不要以主观上的过错为条件。我国目前有关环境刑事责任主要采取过错责任原则，即要求主观上存在故意或者过失。然而，在环境犯罪领域实行过错责任原则是存在极大的风险的，其无力应对社会中出现的种种问题。首先，过错责任无力应对全球性的环境危机给人类带来的保护环境的紧迫性。和谐社会的构建要求人与自然和谐相处，然而我们不得不说，当前人与自然的关系已经到了“剑拔弩张”的境地了，随着工业革命的开展，人类不断地从环境资源中索求利益，经济开发失控，环境污染和资源枯竭无时无刻不威胁着人类的生存和发展。其次，环境犯罪有其不同于其他犯罪的特殊性，例如，环境犯罪因素的多元性，环境犯罪加害人和受害人的地位不平等性及环境犯罪中知识的专业性和环境犯罪后果的渐进性、潜伏性等，都使得适用过错责任原则时，司法机关要想证明行为人的主观心态非常困难。

三、环境犯罪刑事责任的实现

（一）完善财产刑的适用方式

前面我们已经阐述，当前我国刑法关于环境犯罪以自由刑的处罚为主的刑罚方式存在种种缺陷和不足，针对环境犯罪的特殊性以及当今世界刑罚的非监禁化的发展趋势，我们在对原有的刑罚体系进行改进的过程中，应该逐渐扩大财产刑在环境犯罪中的适用，并且对其进一步完善。首先，要进一步扩大并且规范罚金刑的适用。正如上文所述，我国环境犯罪中规定的罚金刑不仅与罪刑法定原则相违背，而且赋予法官极大的自由裁量权容易造成同案不同判的不良后果。因此，应当对罚金刑的数额作相对明确的规定，采取限额罚金制，并将限额确定在环境利益的短期损失和可预见的长期损失内，着重考虑犯罪情节，但也应兼顾犯罪人的经济状况。在确定具体上下限时，正如周光权教授所说，“具体犯罪的罚金额上限和下限，可以相关的环境行政法规中的行政处罚数额作为最低参数来确定，并区分基本犯、情节减轻犯、情节加重犯、特别情节加重犯配置不同的罚金限额幅度”①。另外，要适当借鉴外国做法，加紧确立罚金刑易科制度，以解决罚金刑执行难的重大难题，防止犯罪人恶意不缴纳罚金的情形。一般而言，罚金刑易科主要是易科自由刑，即当其不履行缴纳罚金的责任时，以自由刑来代替罚金，以此来敦促犯罪人及其家属主动配合、积极缴纳罚金。其次，要注重对没收财产刑的使用。目前我国刑法对环境犯罪的财产刑只限于罚金刑一种，因此我们在改进罚金刑的过程中应注重对没收财产刑的适度适用。外国也有许多国家有类似规定，如，在丹麦，罚金和没收非法收益就是其普遍使用的处罚措施；在荷兰的刑事法律中也规定了没收非法所得的刑事处罚措施。这些例证在一定程度上可以为我国提供一种有益的借鉴。

（二）增加资格刑的适用

我国刑法规定的资格刑种类只有剥夺政治权利一种，而这些政治权利的剥夺与环境犯罪关系不大，没有实际的价值。而外国许多国家都适用包括免除特定资格在内的资格刑并且取得了良好成效，因而值得我国借鉴。虽然我国行政处罚措施中包含某些资格上的禁止或限制，但毕竟没有上升到刑法的高度，不利于资格刑效力的真正发挥。因此，我国应该在刑法中，特别是环境犯罪中增设资格刑种类，以禁止或限制犯罪人从事某种特定职业或生产经营活动的权利。例如，对自然人犯罪人而言，限制或剥夺其在一定时期内从事某职业的资格或撤销相关的批准、许可。对法人犯罪而言，尤其应该注重资格刑的适用，以弥补法人犯罪处罚只能判处罚金的单一方式的不足。例如美国刑法就规定，对犯罪的法人或非法人组织可以适用吊销公司营业执照、取消外国公司的授权经营证件等刑罚方法。事实上，限制或剥夺法人的经营资格等在行刑效果上就相当于对自然人施以自由刑。在对法人资格刑的具体设定上可以考虑停业整顿、限制从事业务活动、剥夺经营权、勒令解散等方式。

（三）改进非刑罚措施

关于非刑罚处罚措施，我国刑法只是在总则中第 36、37 条对民事赔偿责任、

---

① 周光权著：《法定刑研究》，中国方正出版社 2000 年版，第 33 页。

非刑罚性处置措施做了简要的规定。其中第37条规定，“对于犯罪情节轻微不需要判处刑罚的，可以免予刑事处罚，但是可以根据案件的不同情况，予以训诫或者责令具结悔过、赔礼道歉、赔偿损失，或者由主管部门予以行政处罚或者行政处分”。然而仔细分析我们发现，其中比较有实际价值的就是赔偿损失和行政处分，但是实际上，“赔偿损失对于环境犯罪主体而言，要么是数额较少，没有刑罚的惩罚功能和威慑效果；要么数额较大，犯罪的法人承受不了，破产了之，而从中获罪的投资人往往以出资的有限责任为由置身事外”①。行政处分也往往由于各种地方利益考虑无法真正危及犯罪者的实质利益。因此，对非刑罚措施应在改进的基础上予以重用。我国也早有学者对非刑罚措施的改进进行了研究，其中付立忠教授就在其《环境刑法学》一书中指出，非刑罚措施应该包括公开悔过、责令补救、限制活动、限期治理以及勒令解散等形式。笔者认为，由于我们上文已经提出建议创设新的资格刑，因此限制活动、勒令解散应该属于资格刑的规制范围，其他几种非刑罚措施笔者予以高度认同。首先公开悔过要求犯罪人，特别是作为生产经营的企业法人，通过新闻媒体等公开承认自己的行为并做出深刻检讨，保证不会再犯。这种方式对企业的名誉有较大影响甚至直接关系到其以后的效益和生存，因而必能较好地实现其目的。其次，责令补救要求行为人对已经造成的损失，积极采取措施进行环境的修复。这就要求其不仅要防止以后再犯类似行为，还要尽可能地修复已造成的损失，比传统的刑罚措施更具有实际的社会意义。再次，限期治理是指限定一定的期限，让相关企业等非自然人主体完成规定的治理任务和目标。先前的实践中对其多是采取行政手段要求其限期治理，由于缺乏强制力而使得实际效果不佳，因此将其纳入非刑罚措施体系中不失为一种理性选择。除此之外，笔者认为判处犯罪人进行社区服务也是一种较好的方式，即判处犯罪人到社区之中进行无偿的社会劳动，例如维护社区的环保状况、植树等与环境犯罪具有相关性的内容，以期在其他方面弥补其因为环境犯罪而造成的无法弥补的损害。

（四）确立严格责任的归责原则

严格责任的归责原则是英美法系国家刑法理论中的归责原则之一，特别是在有关公共安全、公共卫生、公共秩序等方面较为普遍地适用，但是我国的传统刑法一直主张的是过错责任原则，即无过错则无责任，这显然是与严格责任相对而行的。但是近年来，越来越多的学者提议将严格责任归责原则引入到我国刑法规定的环境犯罪中去，笔者对此深表赞同。严格责任在环境犯罪中的确立是有其深厚的理论基础和巨大的实际效用的。首先，其符合罪刑法定原则，并且是对刑法

① 雷鑫著：《生态现代化语境下的环境刑事责任研究》，知识产权出版社2010年版，第183页。

的有益补充。虽然我国刑法总论没有明确规定严格责任原则，但是在刑法分则的具体罪名中，如奸淫幼女罪，以及司法实践中，都已经体现了对严格责任的适用。其次，其符合主客观相统一的原则。我们要清楚地知道，严格责任并不等同于客观归罪，其只不过是推定行为人主观上有过错而进行证明责任的转移，并不是完全不考虑行为人的主观心理状态，如果其不能证明自己没有过错将导致对其罪过推定的成立，因此其完全不是对主客观相统一的原则的违背。再次，针对环境犯罪的特殊性，严格责任更具实际效用。当前全球性的环境危机使得环境问题成为一个人类必须解决的很紧迫、很棘手的问题，环境的污染和生态的破坏可能会影响整个人类的生存与发展，环境犯罪不仅是要对犯罪行为进行惩治，更要做好预防工作防止灾难性的后果的发生。而环境犯罪由于其原因的复杂性和过程的渐进性等原因使得要证明其主观罪过存在很大的困难，适用严格责任能够在严密法网的同时，督促行为人时刻警醒，遏制犯罪。当然，由于严格责任的严厉性，我们在具体适用的时候要进行严格的条件限制。例如，在适用条件上，“只有那些因为企业生产的高度专业性和技术性而难以证明行为人主观心态的情形，才需要适用严格责任”①。在适用主体上，考虑自然人犯罪的环境危害一般而言较小，其后果无法与为片面追求经济利益而污染环境、破坏资源的单位犯罪所造成的恶劣后果相提并论，因而只对单位适用严格责任。另外，“在美国，被告可以援引宪法的‘正当法律程序条款’来对抗严格责任进行抗辩”②。由于其缓解了严格责任的严厉性所带来的负面影响而被越来越多的国家所认可，因此，我国可以借鉴国外做法，允许环境犯罪人享有一定的辩护权利，使其能够提出充分理由来排除自己行为的违法性和有责性。

---

① 喻永红：《论环境犯罪中的严格责任在我国的适用》，载《鄂州大学学报》2001 年第 2 期。

② 曹子丹、颜九红：《关于环境犯罪若干理论问题探讨》，载《烟台大学学报》1998 年第 1 期。

和谐社会与环境犯罪的立法缺憾及应对

师晓东

环境污染、生态建设已经受到了国家领导人的高度重视。2012 年 11 月，胡锦涛总书记在十八大报告中强调，必须要把生态文明建设放在突出地位，当前和今后一个时期，要重点抓好的工作包括，全面促进资源节约、加大自然生态系统和环境保护力度、加强生态文明制度建设等工作。① 中国共产党第十八次代表大会通过决议，同意将生态文明建设写入党章并做出了具体的阐述。同时，生态文明建设被纳入中国特色社会主义事业建设“五位一体”的总布局，凸显了环境保护在构建和谐社会中的分量。那么，在应对环境犯罪时，和谐社会之内的刑法应当担当什么样的角色是值得思考的问题。

一、环境犯罪——构建和谐社会的“枷锁”

和谐社会强调人与人之间的和谐、人与社会之间的和谐、人与自然之间的和谐，因此环境优美、生态文明是和谐社会的题中应有之意。马克思主义经典作家就曾深刻地指出，“人是自然界的一部分”②，也就是说，人是自然界的一分子，自然界发展正常与否同全人类的命运息息相关，人类对大自然所做的改造也能够经由大自然反作用于人类自身。另外，自然界是人类赖以生存的根本，人们不可能脱离于自然界、超越于自然界而独自发展。“不以伟大的自然规律为依据的人类计划，只会带来灾难”，③ 换言之，人与自然规律是相互制约、相互作用的，甚至在程度上，自然规律对人们的制约要略多一些，一些客观规律是人类绝对不能违背的，一旦触碰其底线，定会遭到巨大的反击乃至灭顶之灾。因此和谐社会其中的一个重要方面就是，人们必须要尊重自然规律、敬畏自然法则，在遵守自

作者简介：师晓东（1989—），男，河北衡水人，西南政法大学法学院刑法专业硕士研究生。

① 共产党新闻网，http：//cpc. people. com. cn/18/n/2012/1109/c350821 - 19529915. html，2013 年 6 月 29 日访问。

② 《马克思恩格斯全集》第 42 卷，人民出版社 1979 年版，第 95 页。

③ 《马克思恩格斯全集》第 31 卷，人民出版社 1998 年版，第 251 页。

然规律的基础上健康发展经济，实现人与自然的和谐相处。

然而，当前环境污染事件频发、环境犯罪猖獗，环境问题俨然成为制约构建和谐社会之艰巨任务的“枷锁”，严重束缚了和谐社会发展的脚步。和谐社会的空气应该是干净未遭污染的，而不会对人体健康造成巨大的潜在威胁，但是我们目前的空气状况令人担忧。根据 PM2. 5[①] 监测网 2013 年 6 月 30 日的实时监测，空气质量最差的廊坊市 PM2. 5 浓度最高为 $205\mu g/m^3$，而成功摘掉“雾都”帽子的伦敦，虽然空气质量很难达到欧盟的标准，境况不是很乐观，但是其 PM2. 5 年均值已达到 20。[②] 除空气污染严重之外，其他领域同样让人心悸。据《南方周末》报道，在著名的有色金属省份江西省一场以治理重金属污染为名义的整村搬迁的运动正在如火如荼地展开，一村民不安地说：“喝的井水，红褐色的，和洗矿的水一个颜色。”据介绍，鹰潭、新余两市已有 16 个村整体搬迁，涉 3850 余人。[③] 面对重金属污染，人们无奈地选择了背井离乡，这对构建和谐社会无疑是一个严峻的挑战。

中国经济总量位居世界第二，但是这是将生态环境作为牺牲品的。和谐社会必须解决看似不能破解的经济与生态环境的“二律背反”，在治理环境犯罪的问题上绝对不能考虑影响经济发展的因素，否则是不可能拆解和谐社会脖颈上的“枷锁”的。

二、和谐社会语境下治理环境犯罪刑法之定位

前文已述环境犯罪是一把套在和谐社会脖颈上的“枷锁”，那么如何运用刑法来破解这一“枷锁”便涉及和谐社会中环境刑法之定位问题。

（一）刑法只应将严重破坏环境的行为规定为犯罪

刑法不问琐事，是和谐社会下刑法应当秉承的一个基本准则。这也是刑法的谦抑性所要求的。刑法的谦抑性，张明楷教授指出“刑法应依一定的规则控制处罚范围与处罚程度，即凡是适用其他法律足以抑止某种违法行为、足以保护合法权益时，就不要将其规定为犯罪；凡是适用较轻的制裁方法足以抑止某种犯罪行为、足以保护合法权益时，就不要规定较重的制裁方法”[④]。陈兴良教授认为，“谦抑，是指缩减或压缩。刑法的谦抑性，是指立法者应当力求以最小的支出——少用甚至不用刑罚（而用其他替代措施），获取最大的社会效益——有效地

① PM2. 5 是指细颗粒物，是对空气中直径小于或等于 2. 5 微米的固体颗粒或液滴的总称。PM 是英文 particulate matter（颗粒物）的首字母缩写。

② 《“雾都”治理童话：奢侈的烦恼》，http：//www. infzm. com/content/89753.

③ 《重金属移民》，http：//www. infzm. com/content/91814.

④ 张明楷：《论刑法的谦抑性》，载《法商研究》1995 年第 4 期。

预防和控制犯罪”[①]。这是由刑法的严厉性决定的。刑法作为法律体系中最具惩罚性的部门法，不能把触角伸得过长。如果刑法规制的内容涉及社会生活的各个方面、各种细节，那么整个社会便处在刑法高压之下，非但不会形成良好的社会秩序，反而会严重阻碍社会的正常运转。

引发环境犯罪的原因是纷繁复杂的。从人们对环境的观念上来看，不仅不重视环境保护，而且认为环境是“公家的”，与己无关。费孝通教授曾经指出，中国人有一种普遍心理，认为是公家的东西，就可以占一点便宜，正是这种心理使他们屋后的小河成了垃圾河、公共粪便池。从当前的环境执法情形来看，环境犯罪居高不下的主要原因还是环境执法不严，政府部门或者基于对GDP的狂热追求，或者是以罚代管，不去真正治理环境污染，从而导致破坏环境的一般违法行为这种“小恶”逐渐积攒成为环境犯罪的“大恶”。因此幻想单纯依靠扩张刑法的处罚范围来治理与控制环境犯罪是不切实际的想法。环境犯罪是有其深刻的社会原因的，只有综合运用社会管理方法，创新社会管理，从根本上破解引发环境犯罪的诱发因素，对症下药，并且对于破坏环境的一般违法行为不能放纵姑息，要坚决予以惩处，充分发挥好行政制裁的第一道防线的功效，经过第一道防线“过滤”之后才能由刑法出马，以刑罚方法治理严重破坏环境的犯罪行为这条“大鱼”。

在人们头脑中普遍存在一种心理预判，一旦社会上发生具有重大影响的恶性事件，便认为刑法法网的缺疏，不能对相应的行为做出严厉规制是导致该事件发生的重要原因，随之而来的便是呼吁刑法做出修改，对该类事件做出回应。这是一种刑法万能的观点，体现了对刑法的过度依赖的刑法情怀。和谐社会里刑法应当找到自己正确的定位。过去封建时代刑法一枝独秀，“无人能敌”，随着市场经济的迅速发展，私法呈现勃兴，刑法等公法貌似逐渐式微。但是刑法学者对此莫要感到失落，刑法的谦抑性不代表刑法地位的下降与衰落，相反是刑法的理性复归，刑法只规定严重的犯罪行为，表明了刑法对维持社会秩序的根本保障性，是社会存续发展的坚实后盾。

（二）在应对环境犯罪时不应过度强调重刑主义

重刑主义一直是法家所提倡的观点。商鞅就强调“禁奸止过，莫过重刑”[②]，另一代表人韩非也主张“重一奸之罪，而止境内之邪”[③]。这些人物与观点流行的时代虽然已经远去，但是对我们当代仍然有着很大影响。我国法制历史上屡次开展的“严打”运动就是这种思想的真实写照。“现在，我国的社会治安状况还

① 陈兴良著：《刑法的价值构造》，中国政法大学出版社1998年版，第353页。
② 《商君书·赏刑》。
③ 《韩非子·六反》。

比较严峻，‘刑罚时轻时重’的合理性的一面被人们广为接受，造成了治安形势越严峻就越用重刑的局面。”① 因此，每当社会治安状况稍差，发生几起严重的刑事案件，重刑思想便有所抬头，大肆呼吁加重对相关犯罪的刑罚处罚力度，总以为是刑罚太轻，威慑不足导致犯罪率的居高不下，一概认为凡是重刑必定优于轻刑。

针对刑罚的副作用与消极影响，陈兴良教授指出，刑罚也是一种恶。耶林也口出名言：“刑罚如两刃之剑，用之不得其当，则国家与个人两受其害”。② 这是在应对和谐社会中环境犯罪之时，我们必须牢记在心的，不能单纯依靠重刑的威慑来控制环境犯罪，事实证明，重刑的威慑效果不但是弱的，而且易使民众反感，从而拉大民众与刑法的距离。贝卡里亚也指出，“对于犯罪最强有力的约束力量不是刑罚的严酷性，而是刑罚的必定性……因为，即便是最小的恶果，一旦成了确定的，就总令人心悸”③。

值得欣慰的是，中国立法者已经注意到这一问题。自 1979 年刑法颁布以来，对破坏环境资源保护罪的三次修改中，并没有单纯提高相关犯罪的法定刑。2001 年的《刑法修正案（二）》将刑法第 342 条规定的“非法占用耕地罪”的“非法占用耕地改作他用”的行为方式，修改为“非法占用农用地罪”的“非法占用耕地、林地等农用地，改变被占用土地用途”的构成方式，法定刑没有修改；2002 年《刑法修正案（四）》将第 344 条规定的犯罪对象由“珍贵树木”拓展为“珍贵树木或者国家重点保护的其他植物”，并将“非法收购、运输、加工、出售”上述植物及其制品的行为规定为犯罪，该罪的法定刑也没有提高；《刑法修正案（四）》将第 345 条第 3 款“以牟利为目的，在林区非法收购明知是盗伐、滥伐的林木”的规定修改为“非法收购、运输明知是盗伐、滥伐的林木”，法定仍旧没有改变；即使 2012 年的《刑法修正案（八）》对第 338 条规定的污染环境罪和第 343 条规定的非法采矿罪均作了相应修改，但是并没有针对刑罚做出调整。三个刑法修正案的共同点是对刑事法网编织得更严，但均没有提升破坏环境资源保护罪的刑罚，这并非一种巧合，说明立法者已经深刻认识到重刑主义不能解决环境犯罪对和谐社会构建的束缚。因此，和谐社会语境下的环境刑法必须摒弃重刑主义。

三、当前刑法应对环境犯罪的缺憾及其完善

虽然前后共有三次刑法修正案对破坏环境资源保护罪作了修改，在一定程度

---

① 张明楷：《论刑法的谦抑性》，载《法商研究》1995 年第 4 期。

② 林山田著：《刑罚学》，台湾商务印书馆 1985 年版，第 127 页。

③ [意] 贝卡里亚著：《论犯罪与刑罚》，黄风译，中国法制出版社 2005 年版，第 72 页。

上，刑法关于环境犯罪的规定有了很大的进步与完善，但是，不可回避的是，刑法还存在诸多的有待完善的地方，需要进一步增进其规定的精致程度。笔者从以下几个方面进行阐述：

（一）环境犯罪的法网疏密

根据刑法的谦抑原则，刑事法网不能过于稠密，事无巨细，但是也不能太过于稀疏，致使“漏网之鱼”大量存在，这也是不符合和谐社会的法治原则的。笔者以为，刑事法网要做到严而不密。“严”是指法网覆盖的范围要足够宽广，不能允许没有刑法来保障的区域的存在，不应当留有刑法“监管”的空白，这也是由刑法的保障性决定的；“密”是指刑事法网“网眼”的“直径”不能太小，不能将一些没有达到应受刑罚惩罚程度的一般违法行为纳入犯罪圈，换言之，“密”的程度是与如何合理地划定犯罪圈密切相关的。

1. 环境犯罪的立法缺憾

第一，环境犯罪规定的犯罪对象过少。（1）刑法关于毁坏植物的犯罪之规定包括第344条规定的非法采伐、毁坏国家重点保护植物罪与非法收购、运输、加工、出售国家重点保护植物、国家重点保护植物制品罪以及第345条规定的盗伐林木罪、滥伐林木罪与非法收购、运输盗伐、滥伐的林木罪。虽然《刑法修正案（四）》已经将保护的对象由珍贵树木拓宽为国家重点保护的植物，且增加了几种相关的行为方式，但是认真审视便会发现，该类犯罪所规定的犯罪对象的范围还是有些过窄。只规定保护国家重点保护的植物或者成系统及规模较大的林木，对一些对自然资源与生态环境的健康发展与维持息息相关的植物则不予理会，例如，一些对防风固沙或者水土保持具有重要作用，但是又不属于林木的植物，则不能予以充分保护。（2）刑法第342条规定的非法占用农用地罪，从其规定可以明显看出，该罪的犯罪对象仅限于耕地、林地等农用地，这就极大地限制了本罪的适用范围。对于一些非农用地比如山地、沼泽等，这些土地对于生态系统的平衡同样起着至关重要的作用，而且现实中存在大量非法开山采石等行为，将局部的生态环境破坏殆尽，因此极有必要将其纳入刑法的保护范围。

第二，规定的犯罪的行为方式不全面。刑法第345条第1款与第2款规定的对林木的破坏方式仅限于“盗伐”与“滥伐”两种方式，即所谓的非法采伐，但是在现实生活中存在着具备同样社会危害程度的其他行为方式，也应当纳入刑法的处罚范围，例如，“在森林里开采矿石、矿砂、石灰或者其他矿物质，妨碍森林或植被再生”①。

① 郭建安、张桂荣著：《环境犯罪与环境刑法》，群众出版社2006年版，第450页。

2. 环境犯罪的立法完善

第一，将第344条规定的“非法采伐、毁坏国家重点保护植物罪”与第345条的“盗伐林木罪”“滥伐林木罪”合并为一条，修改为“非法采伐、毁坏维持生态平衡的植物罪”；第二，为了充分保护土地资源，将第342条规定的“非法占用农用地罪”修改为“非法毁坏土地罪”。

（二）环境犯罪的刑罚体系

1. 环境刑罚的立法缺憾

“预防犯罪，理所当然地应成为我国刑罚的目的。”① 但是，在治理环境犯罪方面，刑罚应该有所创新，不能停留在单纯地依靠自由刑或者罚金来惩罚行为人。与犯罪中的被害人相比，环境有其特殊性。对行为人判处刑罚，在一定程度上可以平复被害人的不平衡心理，因此刑罚具有安抚、补偿功能，但是对环境而言，按照当前的刑罚体系，即使对行为人判处极为严厉的刑罚，被破坏的环境与失衡的生态是不可能或者说很难自动恢复的。2002年有两起特殊的案件，一起是四川省的黎伯伦过失烧山，一起是湖南省的王双英滥伐林木，二人分别被判处在缓刑执行期间承担种树义务。但是，这样的判决是缺乏明确的法律依据的。“这是因为我国刑法对于环境犯罪普遍规定了自由刑和罚金这样的刑罚手段，而没有规定类似责令恢复环境的刑罚手段。”②

另外，目前的刑罚措施“在一定程度上确实起到了遏制犯罪的威慑作用，但对于环境来说却没能很好地得到补偿，只能由国家投入大量的人力、物力、财力去恢复。目前，我国每年因环境污染和破坏造成的经济损失超过千亿元。这样巨大的损失都由国家来补救，负担沉重”③。

面对具有特殊性的环境犯罪，我国目前的刑罚体系捉襟见肘，弊端凸显。因此，及时完善环境刑罚的刑事立法，也就显得极为重要。

2. 环境刑罚的立法完善

为了使恢复环境的劳动在刑罚体系中有合理的位置，使相应的判决有明确的法律依据，从而更好地治理环境犯罪，笔者建议，在刑法总则关于缓刑的规定中，新增“劳动令”之规定，即被宣告缓刑的破坏环境资源保护罪，可以根据犯罪情况，同时责令犯罪分子采取积极措施恢复被其损害的环境。犯罪分子违反劳动令的，应当撤销缓刑，执行原判刑罚。

---

① 张明楷著：《刑法学》，法律出版社2012年版，第459页。

② 杨源：《制裁环境犯罪需要新的刑罚手段》，载《中国环境报》2003年6月21日。

③ 郭建安、张桂荣著：《环境犯罪与环境刑法》，群众出版社2006年版，第454页。